Manfred Pohlen / Margarethe Bautz-Holzherr

Eine andere Psychodynamik

Manfred Pohlen
Margarethe Bautz-Holzherr

Eine andere Psychodynamik

Psychotherapie als Programm zur Selbstbemächtigung des Subjekts

Verlag Hans Huber
Bern · Göttingen · Toronto · Seattle

Das Umschlagbild trägt den Titel: „Adam und Eva". Es stammt von Wolfgang Mattheuer (Öl auf Leinwand 200 cm × 170 cm; 1993).

Adresse der Autoren:
Prof. Dr. M. Pohlen
Dr. M. Bautz-Holzherr
Fasanenweg 8
D-35041 Marburg

Pohlen, Manfred:
Eine andere Psychodynamik : Psychotherapie als Programm zur Selbstbemächtigung des Subjekts / Manfred Pohlen ; Margarethe Bautz-Holzherr. – 1. Aufl. – Bern ; Göttingen ; Toronto ; Seattle : Huber, 2001
ISBN 3-456-83189-7

Lektorat: Dr. P. Stehlin
Herstellung: D. Berger
Anregungen und Zuschriften bitte an:
Verlag Hans Huber, Länggass Strasse 76, CH-3000 Bern 9
Tel. 0041 (0)31 300 4500 / Fax: 0041 (0)31 300 4593
E-Mail: verlag@hanshuber.com / Internet: http://www.HansHuber.com

1. Auflage 2001

Druck: Druckhaus Beltz, Hemsbach
Printed in Germany

Inhalt

II. Die Qualitätsfrage in der Psychotherapie

III. Das Marburger Psychotherapie-Programm: eine Konzeption psychodynamischer Therapieorganisation und Interaktionsgestaltung

IV. Das Marburger Psychodiagnostik- und Therapieinventar: ein theoriegeleitetes Untersuchungs- und Behandlungsprogramm

V. Psychodynamische Therapieforschung im Marburger Programm: Falldokumentation und Therapiebewertung von typischen Persönlichkeitsstrukturen

Anhang CD-ROM

Anhang CD - ROM

Psychodiagnostik- und Behandlungsinventar des Marburger Psychotherapie-Programms

Biographische Dokumentation

Textuale Version der Biographischen Dokumentation

Leitfaden zum Aufnahmegespräch

Leitfaden zur Patienten-PsychoAnamnese

Patientenfragen zur PsychoAnamnese

Leitfaden zur Partner-PsychoAnamnese

Leitfaden zur Familien-PsychoAnamnese

Leitfaden zur Fallkonzeptualisierung und Therapieplanung

Formblatt zur Fallkonzeptualisierung und Therapieplanung

Leitfaden zur Rekonzeptualisierung und weiteren Therapieplanung

Leitfaden zum Therapieverlaufsbericht des Therapeuten

Fragen an den Patienten zur Therapie

Fragen an den Therapeuten zum Therapieende

Fragen an den Patienten zum Therapieende

Fragen zur Katamnese

Einleitung

I

Im Laufe eines langen Weges durch die Psychoanalyse und am Ende dieses Diskurses, der unsere Auffassung von der klinischen Psychoanalyse und unsere Vorstellung ihrer Stellung in der Medizin und in den Wissenschaften enthält, fragen wir uns nach dem Sinn unseres Tätigseins für die Psychoanalyse und dem Beweggrund unseres Einsatzes. Das Motiv dieser Arbeit liegt in dem Bedürfnis, ein Dokument über die Möglichkeiten klinischer Psychoanalyse vorzulegen und eine Standortbestimmung ihres wissenschaftlichen Charakters zu geben; und zu zeigen, dass die Kulturtheorie der Psychoanalyse von ihrer klinischen Theorie nicht zu trennen ist. Die Weite unseres Diskurses bezeugt, dass die klinische Psychodynamik des gesellschaftlichen Blicks bedarf, um eine Perspektive zu haben, was dem Menschen in der Gesellschaft angetan wird und was ein Therapeut ihm antun kann, wenn er für die gesellschaftliche Verursachung von Leiden keinen Blick mehr hat.

Es war unser Begehren, die kritische Potenz der Psychoanalyse wieder „aufzumischen", um einer anderen und neuen Generation von Psychotherapeutinnen[1] und Psychotherapeuten die kritischen Impulse ihrer Wissenschaft weiterzugeben. Damit soll die Grundfrage wieder erinnert werden, welchem Auftrag Psychotherapeuten folgen, für wen sie tätig sein wollen und was ihre Hilfe für den Menschen sein kann. Die Parteinahme des Analytikers für das Begehren des Subjekts wollen wir in den Blickpunkt rücken und eine Konfrontation darüber einleiten, was denn die rechtverstandene Funktion eines psychodynamisch denkenden Psychotherapeuten sein kann; wie er seine sogenannte hilfreiche Beziehung sehen muss, wenn er tatsächlich für die Emanzipation des sich ihm anvertrauenden Patienten eintreten will.

Die Trauer über den Zustand der Psychoanalyse darf uns nicht hemmen, über ihre besseren Möglichkeiten nachzudenken und zu demonstrieren, was sie sein könnte, wenn man das im Freud'schen Denken liegende Vermächtnis und den darin enthaltenen Auftrag nach Versinnlichung des Lebens ernst nimmt. Nur eine freimütige und offene Rede, ein klares Bekenntnis zur eigenen Position kann nach unserer Meinung auch dem Leser wieder Lust ma-

[1] Im Gesamttext des Buches haben wir den Terminus „Psychotherapeut" als Gattungsbegriff für beide Geschlechter verwandt.

chen, sich einen freien Blick zu erlauben auf seine Bedürfnisse und auf die Verhältnisse, unter denen er leben und arbeiten muss mit seinen Patienten. Wir wissen um das militante Unverständnis gegenüber den psycho- und soziohistorischen Faktoren von Kranksein, das einem Psychotherapeuten den Atem nehmen kann, über die Bedingungen seiner Arbeit und die gesellschaftlichen Verwicklungen kritisch zu reflektieren. Aber gerade die kritischen Impulse des psychodynamischen Denkens wollen wir wieder aufrühren, um den Geist des Widerspruchs für die psychotherapeutische Arbeit zurückzuholen. Denn wie können wir als Therapeuten dem Patienten dienlich sein, wenn wir nicht einen Blick dafür haben, welcher Widerspruch in seinem symptomatischen Verhalten zu dem ihm aufgenötigten Beschränkungen seines Begehrens enthalten ist. Wir können uns nämlich als Therapeuten nicht aus den gesellschaftlichen Versagungen und Zwängen herausstellen, denen unsere Patienten unterliegen und denen wir in unserer Arbeit mit ihnen ausgesetzt sind.
Der psychodynamisch denkende Therapeut ist allein schon aufgrund seiner Anschauung von der Natur des Menschen davon eingenommen, den verborgenen, unterdrückten Triebwünschen des Subjekts nachzukommen und seine hilfreiche Beziehung so zu handhaben, dass der Patient im therapeutischen Anerkennungsprozess seines Aufbegehrens sich gesellschaftlich einrichten lernt, ohne sich erneuten Beschädigungen auszuliefern. Die psychodynamische Tätigkeit bewegt sich also in einer Widerspruchssituation zwischen dem Erwecken der schlafenden Geister und der Verantwortung, die wachgerufenen Geister nicht wieder zurückzuschicken, sondern sie das Leben lernen zu lassen.
Die Selbstaufklärung des Therapeuten über die Motive seines unterdrückten Begehrens macht ihm den Blick frei für den im Kranksein des Anderen liegenden Protest. Wir verkennen nicht, dass die zeitgemäße Verflüchtigung des Sexuellen, die allgemeine Triebbereinigung in einem sich überschlagenden medizinischen Konformismus den Psychotherapeuten in seiner Praxis durch all jene Restriktionen eines gesellschaftlichen Ordnungszwangs um so mehr in die Isolierung mit seinem Patienten treibt, je mehr er dem Patienten für dessen Emanzipation dienlich sein will. Denn die jedem Therapeuten heute aufgenötigten Kontrollprozeduren seiner Tätigkeit sind der Einbruch des Öffentlichen in den privaten Raum der Praxis und sollen die allgemein erwartete, affirmierende Arbeit an der Normalisierung des Menschen überwachen.
Der gesellschaftlich delegierte Auftrag an den Therapeuten lautet nämlich auf Wiederherstellung von Normalität und widerspricht dem Bedürfnis von

Therapeut und Patient nach Anerkennung eines die Öffentlichkeit ausschließenden privaten Raums, in dem das bisher Exkommunizierte zur Sprache kommen kann. Mit anderen Worten: Psychotherapeuten sind gezwungen, wenn sie ihr Handwerk für den Patienten brauchbar ausüben wollen, ein gewisses Doppelleben zu führen zwischen dem delegierten Normalisierungsauftrag und dem nötigenden Begehren des Patienten, dass er durch die therapeutische Kunst seine verdrängten Wünsche und Möglichkeiten wiederentdecken und leben lernen kann. Bedauerlicherweise werden diese Widersprüche der Praxis und die unaufhebbar erscheinenden Zwänge für psychodynamisch tätige Therapeuten überhaupt nicht öffentlich erörtert; denn daraus könnte eine Unterstützung des Widerstandsmoments für die Praxis psychotherapeutischer Arbeit entstehen. Aber der Blick auf die tatsächlichen Verhältnisse wird verstellt durch die affirmativen Bemühungen der Repräsentanten der Wissenschafts- und Fachpolitik, deren servile Haltung gegenüber der konformistischen Machtpolitik in Medizin und Gesellschaft gerade die Entwicklung zur allgemeinen Kontrolle und Überwachung befördert.
Wir haben in unserem Diskurs den Blick offenzuhalten versucht gegenüber all diesen widersprüchlichen Erscheinungen, zwischen der vom psychodynamischen Denken vorgegebenen Trieb- und Kulturtheorie und der in der gesellschaftlichen Öffentlichkeit vor sich gehenden Unterdrückung einer Wissenschaft vom Begehren. In der allgemeinen Medizinalisierung haben wir die Mechanismen erkannt, mit denen die Menschen einem alles durchherrschenden Konformitätszwang unterworfen werden sollen. Dabei sind die Subjekte in der Gesellschaft zur Zeit von der gegenläufigen Bewegung eingenommen, ihre Differenz neu zu artikulieren und gerade nicht ihre Gleichheit zu suchen. Der vor sich gehende Emanzipationsprozess zwischen den Geschlechtern unterminiert das soziale Konsensdiktat und bewirkt, bisher wenig ernst genommen von den berufenen gesellschaftlichen Aufsichtsorganen, eine Änderung der Grundlagen der Geschlechter- und Familienorganisation – jenseits der von den Ordnungskräften in Medizin und Justiz verfolgten Fiktion einer naturgegebenen Ordnung.
Das Titelbild von Adam und Eva haben wir mit Bedacht gewählt: es steht für unseren Diskurs über „Eine andere Psychodynamik", in der es um die Perspektive des Therapeuten für den Patienten geht, wie die Welt zu sehen ist. Freilich verlangt dies vom Therapeuten eine Reflexion darüber, welchen Blick er auf die Welt wirft und welche Sehweisen er für seinen Patienten eröffnen kann. Der tiefenpsychologische Blick des Therapeuten steht gegen den Oberflächenblick einer Psychologie des gesunden Menschenverstandes.

Es geht um die therapeutische Fähigkeit, dem Patienten für die dunklen Seiten seiner selbst die Augen so zu öffnen, dass er in seiner Selbstwahrnehmung Zugang zu den ihn antreibenden, unbewussten Kräften findet. Allerdings scheint uns jede therapeutische Aufklärungsarbeit daran gebunden, dass der Therapeut einen offenen Blick für die Motive seines Heilungsbegehrens gegenüber dem Anderen hat und ein Mitsein und Mitwissen um die Abseite des Lebens in sich trägt, welches das Wissen um die eigene Abartigkeit mit einschließt.

Der künstlerische Einblick durch das Bild in die noch in der Latenz ringenden Kräfte eröffnet den Ausblick durch die Zeit auf die Zukunft eines gesellschaftlichen Prozesses. So stellt das Titelbild von Adam und Eva nicht mehr das menschliche Urpaar in der Vertreibung aus dem Paradies dar, nachdem es durch den verbotenen Akt der Erkenntnis schuldig geworden war; vielmehr in einem ferneren Schritt der Evolution der menschlichen Wahrnehmungserkenntnis. Denn die Bilder der Vertreibung aus dem Paradies zeigten noch unmittelbar die Bestürzung aus dem Verlust der ursprünglichen Ganzheit der hermaphroditischen Urfigur des Einen Menschen, der durch seine Entzweiung in die beiden Hälften des Menschlichen von der Einsamkeit der göttlichen Absolutheit erlöst war; zugleich aber aus der ununterscheidbaren Kontinuität der Natur vertrieben wurde und sich nun seiner geschlechtlichen Differenz und der Differenz vom Leben zum Tod bewusst werden musste.

Der christliche Mythos von Adam und Eva und der von Freud zitierte Mythos vom platonischen Kugelmenschen stehen für einen Ursprungsmythos der Entzweiung und der treibenden Sehnsucht des Menschen nach Wiederherstellung und Erneuerung der verloren gegangenen Einheit, worin nach Freud der Trieb des Menschen nach Wiederherstellung des „primären Befriedigungserlebnisses“ der infantilen Vorzeit zu suchen ist. Das archetypisch treibende Moment im Begehren nach Wiedervereinigung, das die menschliche Sexualität in dauernder Spannung hält, hat sich in der Evolution der Wahrnehmungserkenntnis, die von der Psychoanalyse entschieden vorangebracht wurde, in das Verlangen verwandelt, die beiden Hälften des Menschlichen in ein souveränes Gleichgewicht ihrer Kräfte zu bringen.

Die Titelfigur von Adam und Eva zeigt augenscheinlich die Verfasstheit in der Auseinandersetzung der Geschlechter: zwischen Mann und Frau ist die Welt, und der Blick beider geht durch die Welt zum Anderen. Jeder sieht auf den Anderen durch seine Welt und im Anspruch auf die Welt seiner Erfahrung. Die Nacktheit des Paares macht seine geschlechtliche Differenz und sexuelle Polarität offenkundig und ruft beim Betrachter das dem Bild innewohnende Begehren wach. Während die Körper dem Gesetz des Begehrens

folgen können, zeigt sich im Streit um den Zugriff auf die Welt die Auseinandersetzung um den Souveränitätsanspruch: die Frau hält die Welt umfangen und wehrt den Zugriff der einen Hand des Mannes auf die Welt ab, dessen andere Hand die Welt noch in Besitz hält.
Der Künstler zentriert den Blick auf das unverhüllte Geschlecht der Frau, die ihr Begehren heute nicht mehr schamhaft verhüllen muss und auf dem Weg der narzisstischen Anerkennung ihrer körperlichen Souveränität ist: die Überwindung der defizitären, phallozentrischen Bestimmung ihres Geschlechts befreit sie zur Selbstwahrnehmung ihrer Potenz. Das Monopol des androzentrischen Blicks auf die Welt und die Unterdrückung der femininen Sicht und des Verlangens der Frau nach Selbstherrschaft scheinen im Augenblick die treibenden Kräfte der Veränderung der Subjekte wie der Verhältnisse in der Gesellschaft zu sein; auch wenn die entfesselte Gleichheitsideologie im Interesse der Bewahrung der herrschenden Zustände, von den Geschlechtern kaum durchschaut, das unverändert weiterbestehende, reaktionäre Muster androzentrischer Organisation der Gesellschaft verschleiern soll.
Das Titelbild reflektiert aber das Souveränitätsverlangen im emanzipatorischen Prozess zwischen den Geschlechtern und ist eine Zustands- und Zeitbeschreibung durch die Oberflächenphänomene der Gleichheitsideologie hindurch, welche die unüberbrückbare Differenz zwischen den Geschlechtern im Verhältnis zueinander, im Blick auf die Welt, in der Auffassung vom Leben, in der Wahrnehmung der Wünsche und in der Bemächtigung von Wirklichkeit in Abrede stellt. Die Auseinandersetzung um den herrschenden Blick auf die Welt und der Konflikt um die Vorrangstellung des phallologischen, rationalistischen Zugriffs auf die Welt ist ein kulturhistorischer Prozess, der den Charakter eines Kulturkampfes zwischen den differenten Lebensprinzipien und Weltsichten hat und zur Zeit von den reaktionären Kräften in der Medizin mit Militanz gegen die Aufklärungswissenschaften geführt wird.
Der Leser muss sich vor Augen halten, dass Freud mit seiner Analyse der hysterischen Frau noch im 19. Jahrhundert den Blick freigemacht hat für das unterdrückte weibliche Begehren in Differenz zur männlichen Sexualität und zugleich das Wesen des Sexuellen, Stein des Anstoßes schlechthin, als Abweichung an sich erkannte. Und durch die Aufklärung des Zwangstypus als Triebumwandlung ins charakterologische Syndrom gelang Freud die triebtheoretische Begründung des zweiten Zivilisationstypus der Moderne: die Unterdrückung der Sexualität und die Triebumwandlung analer Strebungen ins Charakterologische sind die von der Psychoanalyse entdeckten Instrumente der Zurichtung des Menschen im modernen Zivilisationsprozess.

Die Perspektive auf den triebtheoretischen Grund der menschlichen Verfasstheit war und ist das umstürzende und Ärgernis erregende Moment psychodynamischen Sehens. Die Subversion der Psychoanalyse liegt nämlich in der Demaskierung des auf die Frau eingeschriebenen Begehrens im androzentrischen Blick und der sich daraus ergebenden Beschädigung der Sinnlichkeit beider Subjekte; und die Analyse des auf die Subjekte eingeschriebenen Begehrens der gesellschaftlichen Mächte zur Produktion willfähriger Vollstrecker ihrer Vorschriften zeigt sie auf der Seite der oppositionellen Kräfte. Allemal geht es bei der psychoanalytischen Aufklärung um die Dezentrierung der hierarchischen Ordnung und um das Bewusstmachen der unterdrückten, polyzentrischen Kräfte des Triebes.

II

Den Diskurs „Eine andere Psychodynamik" führen wir als Herausforderung für das Wiedergewinnen jener psychodynamischen Mentalität, die in den Anfängen das aufrührerische Denken, den freien Geist und die Experimentierlust des Analytikerkreises um Freud bestimmte und die auch die erste Generation der Analytiker Nach-Freud (Ferenczi, Federn, Reich, Groddeck u. a.) in ihrem klinischen Experimentieren prägte. Die gewisse anarchische Frechheit des Denkens wie in den Anfängen wäre heute für die von puritanischer Austrocknung gezeichnete Psychoanalyse eine wünschenswerte Medizin. Es bedarf aber der Erinnerungsarbeit der Psychoanalytiker für die Aufhebung der Verdrängung ihrer eigenen Vergangenheit, um die Menschen wieder für das Abenteuer des Unbewussten zu interessieren, damit sie jenseits des akademischen und gesellschaftlichen Konformismus vom Geist der Psychoanalyse, ihrem kritischen Denken und klinischen Experimentieren wieder ergriffen werden.

Die Erwartungen unserer Leser auf eine freimütige Rede über die Tiefenpsychologie des Begehrens werden wir sicherlich nicht enttäuschen. Denn wir haben uns davon leiten lassen, kein Blatt mehr vor den Mund zu nehmen, da es nach einem so langen Leben in und für die Psychoanalyse rücksichtslos wäre, seine Meinungen und Überzeugungen der nachfolgenden Generation vorzuenthalten. Wir waren uns immer im Klaren darüber, dass unser psychoanalytischer Widerspruch bei den bestallten Vertretern der psychoanalytischen Bürokratie kein Wohlgefallen finden würde. Aber der Gang der Geistesgeschichte, von welcher die Psychoanalyse ein essentieller Bestandteil ist,

lässt sich weder von den Angestellten des akademischen Betriebs noch von den Verwaltern eines psychoanalytischen Ausbildungsapparats regulieren.
Am Ende ihres mitverschuldeten Niedergangs wird, wie es immer in der Geschichte von Geistesbewegungen zu sehen ist, eine Wiederbesinnung als Reflexion auf die Wurzeln der Psychoanalyse erfolgen; und zwar in dem Moment, wo der jetzt alles überwältigende Positivismus an sein Ende gekommen ist und wieder tiefergründende, kulturelle Interpretationssysteme von den Menschen gefordert werden. Denn das Grundbedürfnis des Menschen nach Reflexion über sein Woher, Wozu und Wohin wird, auch wenn gegenwärtig die Entfremdung des Menschen ihrem Höhepunkt zutreibt, ihn immerfort bedrängen und Antworten fordern auf die Frage danach, was der Mensch ist. Die Psychoanalyse Freuds hat nach dem Ende der Philosophie ihre Antwort darauf gefunden und im Begehren die Wahrheit des Subjekts erkannt.
Dieser Diskurs „Eine andere Psychodynamik“ als Programm zur Selbstbemächtigung des Subjekts liegt in der inneren Logik seiner Vorläufer: unserer Interpretation der Psychoanalyse als „Eine andere Aufklärung“ (Eine andere Aufklärung – das Freud'sche Subjekt in der Analyse 1991 und 2001) und der Darstellung der Verfallsformen von Psychoanalyse (Psychoanalyse – das Ende einer Deutungsmacht 1995), in der wir auch den Ansatz einer klinisch-empirisch begründeten, nicht empiristischen, psychoanalytischen Praxistheorie ausgeführt haben.
Gegen die rationalisierende Vereinnahmung der Psychoanalyse im Aufklärungsprogramm der Moderne haben wir die Freud'sche Analyse über das Andere der Vernunft, die nicht zu domestizierende Triebnatur des Subjekts gestellt und sein Denken in der absoluten Gegenfinalität zur rationalistischen Perspektive der Welt offen gelegt. Die Stellung der Psychoanalyse im Diskurs der westlichen Aufklärung wird erst ins rechte Licht gerückt, wenn man sie als die negierende Kraft der Vernunft (Adorno), als heterogenes Element in der allgemeinen Homogenisierung begreift und ihre Unterminierung des identitätslogischen Denkens, die Dekonstruktion positivistischer Eindimensionalität als Vollendung der Aufklärung endlich zur Kenntnis nimmt.
Das „Ende einer Deutungsmacht“ bezeichnet dagegen die unterlassene Selbstaufklärung der Psychoanalyse und artikuliert die Demaskierung der von der psychoanalytischen Bewegung bewirkten ideologischen Verfremdung des Freud'schen Denkens. Die psychoanalytische Bürokratie hat sich bei der Verwaltung der Freud'schen Wahrheiten erwartungsgemäß davon nicht stören lassen. Wir sehen allerdings heute, dass man zu Tode verwaltete Systeme absterben lassen sollte, um den Geist ihrer Grundlagen für einen Neubeginn wieder frei setzen zu können. Man kann ideologisierte Bewegun-

gen nicht am Zeug flicken und sie in die Pflicht des von ihnen verwalteten Denkens nehmen, wo ihre Macht doch gerade auf der bürokratischen Verwaltung eines reglementierten Denksystems beruht.

Die vorliegende „andere Psychodynamik“ gründet dagegen in einer über anderthalb Jahrzehnte gehenden Auseinandersetzung über die Konzeptualisierung klinischer Psychoanalyse und bringt den Urkonflikt zwischen intellektuellem Interesse und klinischer Option in einer theoriebegründeten, klinischen Psychodynamik zur Lösung. Sie hat den umfassenden Anspruch, den Organisationsbedingungen von Psychodynamik gerecht zu werden. Aber über diesen Teilaspekt ihrer Anwendung hinaus will sie eine grundlegende Praxistheorie für klinische Psychoanalyse im Sinne ihrer therapeutischen Anwendung sein und die psychodynamische Therapeutik in einen unbedingten Zusammenhang mit der Kulturtheorie der Psychoanalyse stellen.

Freilich ist in der modernisierten Psychoanalyse von der lustbereitenden, die gesellschaftlichen Konventionen sprengenden Kraft der Triebe nicht mehr die Rede (Parin und Matthèy 1986), und der Mensch wird in den neueren Entwicklungen der Psychoanalyse nicht mehr als „Subjekt im Widerspruch“ erkannt. Die Daseinsform des aufbegehrenden Menschen, dessen subversives Potential sich für den verständigen Kliniker in der Symptomproduktion darstellt, ist der allgemeinen Triebbereinigung zum Opfer gefallen. Diese Triebbereinigung als Entfernung der grenzüberschreitenden Kräfte des sinnlichen Körpers ist Symptom des allgemeinen Entsinnlichungsprozesses der Moderne. Der Exorzismus der Sinnlichkeit bewirkte im Verlauf dieses Prozesses einen verdinglichten Körper, dem durch die ausgetriebenen Leidenschaften die Widerstandskraft gegen die Zurichtung zum allseits anpassungsbereiten, fungiblen Objekt gebrochen werden sollte.

Die „andere Psychodynamik“ ist ein Programm des Widerspruchs: es folgt einer Tiefenpsychologie des Begehrens und richtet sich gegen die Vereinnahmung der Psychoanalyse durch ihre Instrumentalisierung in einer rationalisierenden Aufklärung wie gegen ihre Vernutzung in einer medizinischen Pragmatik, welche die triebbedingte Konfliktdynamik des Subjekts nicht mehr zum essentiellen Gegenstand der psychodynamischen Arbeit macht. Der im Symptom niedergeschlagene Widerspruch des Subjekts gegen seine Unterdrückung wird nämlich unkenntlich gemacht durch die Entledigung der Triebproblematik der Symptome, deren historisierende Sicht als Erfolg eines Konflikts einem allgemeinen Störkonzept funktionalisierender Betrachtungsweise weichen musste.

Psychoanalyse hat es aber mit der Aufklärung der unterdrückten Sinnlichkeit zu tun, bringt das Begehren des Körpers zum Sprechen und ist eine genetische Theorie von den Abkömmlingen unbewusster Triebkräfte in den Sublimationsphänomenen der Bewusstseinssphäre. Ihr Gegenstand ist die andere Seite des Bewusstseins, und ihre wissenschaftliche und praktische Arbeit auf der Abseite des Lebens und der Gesellschaft stellt sie als negierende Kraft an sich in Opposition zu den bejahend-positiven, affirmativen Kräften in Wissenschaft und Gesellschaft. Die zugewiesene Außenseiterposition zeichnet ihren Widerspruch wider das Geläufige in einer Zivilisation, die den Geist nicht mehr als Widersacher an sich gegen das Alltagsdenken anerkennen kann, obwohl Denken als Widerspruch in ihrer, die vorfindliche Wirklichkeit transzendierenden Intention die endlose Kontinuität der Geistesgeschichte auszeichnet.

Das Novum der auslaufenden bürgerlichen Kultur zeigt sich in der totalitären Intention eines Anschluss- und Gleichschaltungsdenkens als Ausdruck absterbender Vitalität, da die Spannung und Konfliktdynamik zwischen den divergierenden Kräften der Negierung und der Affirmation nicht mehr ausgehalten und im Widerstreit ausgetragen werden, so dass das gesellschaftliche und wissenschaftliche Leben durch die Unterdrückung der heterogenen Elemente in allgemeiner Homogenisierung erstarrt. Im gesellschaftlichen Homogenisierungsprozess der Konfliktbereinigung spiegelt sich die allgemein vor sich gehende Triebbereinigung, die Säuberung von triebtheoretischen Interpretationssystemen der menschlichen Interaktionsdynamik und der gesellschaftlichen Dynamik antagonistischer Kräfte.

Die „andere Psychodynamik" versteht sich als Programm der Wiedereinführung der Dialektik der Gegensätze von Individuum und Gesellschaft, der Macht des Triebes und der Gewalt der Untersagung, des Krankseins als Revolte, und steht gegen die zeitgemäße Harmonisierung im Ideal einer für alle gleichen Normalität und widerspruchslosen Gewöhnlichkeit des Lebens.

Durch unseren Diskurs zieht sich als roter Faden, an dem sich alle Aspekte einer psychodynamischen Praxistheorie aufreihen, die Auseinandersetzung um den Widerspruch zwischen dem Aufbegehren des Menschen, seinem Verlangen nach Souveränität im Konflikt mit den ihm verhängten Versagungen. Unser Blick, der auf die Sprache des Begehrens gerichtet ist, fokussiert auf das in den Symptomen niedergeschlagene Triebverlangen des Menschen. Die Ansprüche des Subjekts, die sich in den Symptomen zu Wort melden, sollen nach unserer psychodynamischen Auffassung in ihrer Bedeutung für das Subjekt entbunden und zur Anerkennung gebracht werden. Denn die Selbstbemächtigung eines Subjekts vollzieht sich in der Bejahung seiner unterschlagenen Triebwünsche. Und die Zentrierung auf die Symptome liegt in der Konsequenz einer Triebtheorie, welche das Symptom als Erfolg einer

Konfliktdynamik begreift und in seinem Bildungsprozess den hervorstechenden Ausdruck der individuellen Triebproblematik sieht: Symptome sind produktive Antworten des Individuums, autoplastische Erfindungen der Selbstgestaltung infolge der dem Subjekt aufgenötigten Konflikte, die den Lebensgang eines Menschen auszeichnen oder die spezifische Konfliktdynamik einer Lebenssituation widerspiegeln.

Im Verlauf unseres Diskurses „Eine andere Psychodynamik", die im Begehren die Wahrheit des Subjekts sucht, stellen wir eine psychodynamische Praxistheorie vor, die klinisch neue und andere Wege weisen will zur Wiederaneignung des Verdrängten. Dabei haben wir die alten, von der Tradition vernachlässigten Spuren von Ferenczi, Reich, Federn und anderen wieder aufgenommen und uns von der Lust am klinischen Experimentieren leiten lassen, um zu klinisch praktikablen Wegen des therapeutischen Aneignungsprozesses für den Patienten zu gelangen.

Der Blick auf das umfangreiche Inhaltsverzeichnis führt dem Leser vor Augen, dass wir uns der schon lange anstehenden Aufgabe gestellt haben, das intellektuelle Interesse an der Psychoanalyse und ihre klinische Option zusammenzuführen und die unselige Aufspaltung zwischen der klinischen Theorie und Praxis und der kulturtheoretischen Analyse aufzuheben. Denn die Trennung zwischen klinischer, sog. beobachtungsnah gebildeter Begrifflichkeit und der theoretischen Begrifflichkeit der Kulturtheorie ist ein verhängnisvolles Widerstandsmoment, um den Zusammenhang zwischen den subjektiv-psychodynamischen Bedingungen des Krankseins und der gesellschaftlichen Verursachung von Krankheit auszublenden.

Die Chronologie des Inhaltsverzeichnisses folgt zwar der Logik eines inneren Begründungszusammenhangs der vorgelegten psychodynamischen Praxistheorie, jedoch lassen sich die einzelnen Kapitel auch als in sich schlüssige Bestandteile unabhängig voneinander lesen, so dass der Leser frei ist, sich nach momentan vordringlichem Interesse oder augenblicklicher Gestimmtheit mehr der klinischen Anwendung oder der theoretischen Begründung zuzuwenden. Freilich ergeben sich notwendigerweise immer Überschneidungen zwischen klinischer Anwendung und theoretischer Grundlegung, um die verschiedenen Teilaspekte der Praxistheorie in einem verständlichen Zusammenhang zu zeigen, so dass gewisse Wiederholungen und Überschneidungen ohnehin unvermeidlich sind.

Der Arbeitsprozess an diesem Projekt, welches von der Dynamik des Begehrens eingenommen ist, folgt dem psychodynamischen Arbeitsprinzip einer sich ständig weiter ausgestaltenden Perspektive komplexbesetzter Themata, um die sich die Aufmerksamkeit zentriert, und wird von dem aufstrebenden

Moment jeder Aufklärung bestimmt, definitiv Licht in die Sache zu bringen und durch eine gelungene Aufklärung Herr zu werden über das noch dunkle Feld der interaktiven Triebkräfte im Therapieprozess. Psychodynamische Arbeit hat es mit dem Abenteuer des Unbewussten zu tun, und wie könnte man davon absehen, vom Unbewussten eingenommen zu sein, wenn man an ihm arbeitet?

Die dunkelste Seite dieses Prozesses liegt im Bezirk des Phantastischen, der Phantasie und Einbildungskraft, die wir auch im Fortgang unseres Textes immer noch nicht genügend in ihren Wirkmechanismen aufklären konnten. Denn auch der vorletzte Schritt unserer Aufklärung, die Phantasie als Erkenntnismittel und Erkenntniszweck des therapeutischen Prozesses zu sichten und ihr eine zentrale Stellung im psychodynamischen Prozess einzuräumen, fordert zur weiteren Klärung heraus: was denn diese „phantastische Induktion" als begriffliches Instrument der Prozessgestaltung in ihrem triebhaften Moment eigentlich darstellt. Denn die „phantastische Induktion" ist ein Instrument, die Beschaffenheit der Phänomene im Lichte ihrer Potentialitäten zu sehen, im Hinblick auf ihre Möglichkeiten unter der Perspektive ihrer gegenwärtigen Unterdrückung und Verneinung; das heißt auch, zu unterscheiden zwischen zukunftsweisenden, progressiven Phantasien für eine andere Wirklichkeitsbemächtigung und vergangenheitsfixierten, regressiven Phantasien zur Realitätsflucht. Die Beschäftigung mit der Phantasie und ihren Wirkmechanismen scheint uns identisch zu sein mit dem Abenteuer des Unbewussten und ist auch so einnehmend für den psychodynamisch denkenden Kliniker und Forscher, weil sich die Abenteuerlust immer wieder an jenem noch wenig erforschten Bezirk entzündet: Psychoanalyse ist eine erzphantastische Wissenschaft und die Phantasie ein Mittel unreglementierter Erfahrung an sich.

Die klinische Erfahrung zehrt vom Phantasievermögen des Therapeuten und Forschers, und die theoretische Begründung seiner Erfahrung bedarf wieder der Phantasie, um zu konsistenten Anschauungen über den Weg seiner Erkenntnisse zu gelangen. So gründet unser Diskurs „Eine andere Psychodynamik" in der klinischen Erfahrung vielfältiger Fallkonzeptualisierungen und psychodynamischer Prozessgestaltungen, die wiederum das Bedürfnis weckten, diese Erfahrungen in der Theorie der Psychoanalyse vermittelbar zu machen, so dass sich ein ständiger Kreislauf zwischen phantasiegeleiteter klinischer Erfahrung und phantasieorientierter theoretischer Ausformulierung dieser Erfahrung vollzog.

Es ist nach unserer Erfahrung der Gang einer jeden psychodynamischen Erkenntnis, jenseits einer positivistischen Bestimmung des Erkenntnisweges in Schlussketten, und wird bestimmt vom Imaginationsvermögen und der inventiven Logik bildhafter Gestaltung der Erfahrung des Fremdseelischen, in dem sich das Eigenseelische widerspiegelt. Die hermeneutische Zirkelstruktur psychodynamischer Wissenschaft ist unabweisbar und zeichnet auch die Dynamik ihrer Schöpfungen aus, der Wirklichkeit immer neue Erfahrungen hinzuzufügen.

So kann man die „andere Psychodynamik“ als in Text geronnene psychodynamische Erfahrung lesen und den klinischen Aspekt aus den Augen des theoretischen und den theoretischen Aspekt aus den Augen des klinischen in den Blick nehmen. Den Leser soll es nicht irritieren, dass wir uns an der vorfindlichen Tradition abarbeiten mussten. Denn wie sonst hätten wir verfahren können, um jene selbsternannten Wissenschaftsrepräsentanten in der Psychoanalyse zu unterminieren, die unter dem Banner wissenschaftlicher Zweckmäßigkeit im Auftrag ihrer community den Kampf gegen die sog. psychoanalytische Beliebigkeit und Spekulation führen und gerade darin ihre Kapitulation vor dem Geist demonstrieren, der sich im psychoanalytischen Denken als Phänomen denkerischer Möglichkeiten artikuliert.

So ist dem Leser freigestellt, im Diskurs des Buches hin und her zu gehen zwischen der Lektüre der exemplarischen Fallkonzeptualisierungen und der evaluierten Fallstudien, in denen das psychodynamische Einflussgeschehen sichtbar gemacht wird, und der Suggestionstheorie als psychodynamische Induktionstheorie, welche die Mechanismen der therapeutischen Einflussnahme offen legt. Im Kontext der Wirkmechanismen der Einflussnahme sind die Ausführungen über die ingeniöse Kompetenz des Therapeuten als Quelle der Heilkraft und das Wahrnehmungsprinzip der Metaphorik als analogisierendes Verfahren der Psychodynamik zu lesen.

All diese Erkenntniswege gründen auf der Symptomtheorie, die als Schlüssel zum psychodynamischen Verständnis einer Lebensgeschichte zu begreifen ist und wiederum die Erörterung von triebbereinigten Konzepten im psychodynamischen Denken nach sich zieht, denen durch die simplifizierenden Inkulpationsmythen über die Mütter die Komplexität ihrer psychosozialen Interdependenzen entzogen werden. Die Simplifizierung in monokausalistischen Vorstellungen läuft in den Exzess einer biologistischen Psychiatrie, die aus ihrer Theorielosigkeit Zuflucht zu einer gentechnologisch verkleideten Erbbiologie sucht.

An dieser Kreuzung wird der Abgrund zwischen psychiatrischer Devianzauslese, dem Ungeist moderner Selektionspolitik und dem humanistischen Geist einer mitwissenden und mitfühlenden Erfahrung des Fremd-Anderen in der psychodynamischen Verständigung als dem Möglich-Eigenen unüber-

sehbar. Und die Konfrontation zwischen den verschiedenen Daseinsentwürfen identifizierender mitmenschlicher Teilnahme am Schicksal des Anderen oder projizierender Distanzierung in der Abweisung des Fremd-Anderen in ihrer inhumanen Konsequenz ist unausweichlich. Die Trennungslinie in den Humanwissenschaften läuft zwischen der medizinischen Mentalität eines beobachtenden Standpunktes von Klassifikation und Devianzauslese und der hermeneutischen Mentalität eines deutenden Standpunkts von Sinn- und Bedeutungsfindung. Der Diskurs der „anderen Psychodynamik" führt hier in den Bereich der antizipatorischen Kompetenz eines Therapeuten und Forschers, in seine seherischen Qualitäten, und bringt auch die Voraussetzungen und Bedingungen der Güte eines Therapeuten oder eines therapeutischen Raums zur Sprache, in dem sich für den Patienten die Möglichkeit der Entfaltung seiner unterdrückten Wünsche erst ergeben kann.
Im Fluss dieses Diskurses der Interdependenzen von klinischer und theoretischer Psychodynamik sind auf dem Boden klinischer Erfahrungstiefe zwei Grundpfeiler gesetzt: das Kapitel über die andere Wirklichkeitssicht psychodynamischen Denkens, in dem wir den in den Sozialwissenschaften längst historisch gewordenen Positivismusstreit in der psychodynamischen Wissenschaft entfachen und die Unterdrückungsmechanismen der positivistischen Suprematie in der gesellschaftlichen und wissenschaftlichen Wirklichkeitszurichtung aufweisen. In Zukunft mag sich an diesem Positivismusstreit die Auseinandersetzung entzünden zwischen der psychoanalyseeigenen Wissenschaftlichkeit und der ihr aufoktroyierten wissenschaftlichen Fremdbestimmung.
Den anderen Grundpfeiler unseres Diskurses haben wir in den Kapiteln über die Psychodynamik der Wahrnehmung und des Fragens, vor allem im Kapitel über die Voraussetzungen und Bedingungen psychodynamischer Forschung gesetzt, in denen wir mit den psychoanalyseeigenen Erkenntnismitteln den ihr eigenen methodischen Weg vorgezeichnet haben. Dem psychodynamischen Denken wurde, jenseits positivistischer Entfremdung, der ihm gebührende Rang in den Wissenschaften eingeräumt und die verloren gegangene Kontinuität in ihrem wissenschaftlichen Diskurs wieder hergestellt durch Anknüpfung an die hermeneutische Tradition. Bei der Auseinandersetzung des Wissenschaftscharakters von Psychoanalyse kamen wir an einer Dekonstruktion all jener Quasi-Objektivierungen und pseudo-naturwissenschaftlichen Entstellungen des psychoanalytischen Verfahrens nicht vorbei und haben uns auch nicht gescheut, diese affirmativen, intellektuell dürftigen Bemühungen beim Namen zu nennen.

In der Konsequenz all dieser dekonstruktiven Analysen der objektivierenden Pseudoverwissenschaftlichung von Psychoanalyse in Mimikry der Naturwissenschaften haben wir ein umfassendes interaktives Fragesystem aus der psychodynamischen Erfahrung heraus entwickelt, das den Gang psychodynamischer Arbeit in 15 Verfahren abbildet und auf der CD-ROM im Anhang niedergelegt ist. Diese Verfahren: die Biographische Dokumentation, die Leitfäden zu den PsychoAnamnesen (Patient, Partner, Familie), der Leitfaden zur Fallkonzeptualisierung und Therapieplanung, die Fragen an den Patienten und den Therapeuten am Therapieende, die Fragen zur Katamnese und anderes mehr, sind in umfassenden Erläuterungen in ihren psychogenetischen und psychosozialen Dimensionen kommentiert. In diesem Inventar ist das gesammelte Erfahrungswissen klinischer Psychoanalyse verarbeitet und unsere klinischen Innovationen und Parameter in ihrer prozessleitenden Funktion herausgestellt worden.

Das psychodynamische Diagnostik- und Behandlungsinventar ist zugleich ein Ausbildungsinstrument psychodynamischen Sehens für die Hintergründe des Patientenverhaltens und die Phänomene der Interaktion; es ist auch der Grundstein für ein psychoanalyseeigenes Forschungsinstrument zur Beurteilung des psychodynamischen Prozesses, auf dem andere aufbauen können. Der interessierte Leser und praktizierende Psychotherapeut kann in diesem Psychodiagnostik- und Behandlungsinventar Anleitungen für eine psychodynamisch angemessene Vorgehensweise in der Erkundung des Fremd-Seelischen und in der Herstellung des psychodynamischen Verständigungsprozesses finden.

Den Diskurs „Eine andere Psychodynamik“ haben wir schließlich geschärft mit Fallstudien über den medizinischen Konformismus in der psychodynamischen Wissenschaft, wie er sich in der Psychotherapeutischen Basisdokumentation (Psy-BaDo), der Operationalisierten Psychodynamischen Diagnostik (OPD) und in jenem, Repräsentativität beanspruchenden psychoanalytischen Katamneseprojekt zeigt. Wir wollen dem Leser durch eine exemplarische Analyse dieser Fallstudien deren Weg in die verhängnisvolle Medizinalisierung und Entsubstantialisierung des psychodynamischen Denkens vorführen und unsere Gegenposition in der klaren wissenschaftlichen Standortbestimmung psychodynamischer Wissenschaft offensiv darlegen. In diesen Kontext der Psychiatrisierung von Psychotherapie haben wir auch die Verhaltenstherapie eingeordnet, die wie keine andere der psychotherapeutischen Methoden sich so willfährig zur Magd der Psychiatrie gemacht hat.

Freilich muss der Diskurs „Eine andere Psychodynamik“ aus sich selber sprechen und den Leser darin überzeugen, dass Theorie und Praxis sich stimmig ineinander fügen, und dass die von uns entworfenen neuen Parameter in der klinischen Psychodynamik, ob es sich um die Erfindung von Techniktheorie handelt, die Technik der symptomzentrierten Fokussierung in der Fallkonzeptualisierung oder die Technik der „korrigierenden kognitiven Erfahrung", die Techniken der Amplifikation, der Bewährung des Therapeuten, der Beidseitigkeit und anderes mehr, für den sachkundigen Psychotherapeuten eine Bereicherung seines Wissens, seiner Technik und seiner Reflexion sein können.

III

Die „andere Psychodynamik" will ein Bewusstsein darüber schaffen, dass der psychodynamischen Wissenschaft die besondere Aufgabe zufällt, das oppositionelle Moment eines Subjekts, das im Begehren liegende Aufbegehren des Menschen gegen seine gesellschaftliche Zurichtung, klinisch wie wissenschaftlich, in ihre Obhut zu nehmen; gerade in einem Moment entfesselter Normalitätsdiktatur, die jede Abweichung als Bedrohung empfindet und medizinalisieren muss.
Die Grundintention der therapeutischen Angebote, die heute in einer Vielzahl unterschiedlicher Konzepte zur Gesundung offeriert werden, sind primär auf Normalisierung, Selbstkontrolle und Beseitigung dysfunktionalen Verhaltens gerichtet und dienen weniger dem Souveränitätsgewinn des Patienten. Selbstbemächtigung aus dem Geist der Opposition, aus dem Motiv des Aufbegehrens und dem Bedürfnis nach anderem und unterschiedlichem Verhalten, ruft die Kräfte der Gesundheitsdienste auf den Plan und hält dem nicht-angepassten Individuum den geltenden „Gesundheitsspiegel" vor Augen, mit dem alle übereinzustimmen und an dem sich alle zu orientieren haben.
Die Verinnerlichung dieses Normalitätskanons fortgeschrittener Zivilisation, der auch im Instrument eines medizinisch verbindlichen Diagnostikschlüssels (z. B. ICD-Glossar) zur Diskriminierung von krankem und gesundem Verhalten zum Ausdruck kommt, drängt den Einzelnen dazu, abweichende Bedürfnisse und Wünsche als dysfunktional wahrzunehmen und Abhilfe in den Gesundheitsdiensten zu suchen, und veranlasst die Gesundheitsdienste zur Wahrnehmung ihrer selegierenden Ordnungsfunktion.
Die Selbstdefinition des Menschen unserer Zeit steht unter dem Gesetz der Normalisierung, nach dem sich das Subjekt zu definieren hat: jeder muss im Gleichen erkennbar sein und sich im Gleichen erkennbar machen. Und die

Kehrseite dieses Gesetzes ist das Gebot der Selektion, der Ausschließung alles Ungleichen, Normabweichenden und dessen Verdrängung ins gesellschaftliche Abseits oder in die medizinische Verwaltung der Abseite des Lebens. Dieses Definitionsgebot ist ein „Feststellungsverfahren" für den Menschen, in dem sich Jedermann eindeutig feststellbar definieren muss. Es hat auch jene Klassifikationsmanie in Gang gebracht, ein psychiatrisierendes Bewusstsein, das durch den Definitionszwang zugleich ein Sicherheitsgefühl der Wahrnehmung bewirkt in der Abgrenzung vom Anormalen: die Simplizifizierung als Norm ist das Wesen dieses Gleichschaltungsprozesses, der nur noch den Unterschied zwischen normal und anormal zulässt.

Ein psychohistorischer Blick ist für den Therapeuten vonnöten, wenn er den kranken Menschen in seiner Zeit begreifen und erkennen will, in welcher kranken Welt der Patient sein Leben einrichten muss und was dem Menschen angetan wird. In der Nach-Freud'schen Entwicklung der Psychoanalyse ist der Blick auf die gesellschaftliche Verursachung von Krankheit verloren gegangen und psychisches Leiden familialistisch und subjektivistisch beschränkt worden. Die psychoanalytische Krankheitslehre ist in den Lehrbüchern von jedem Aspekt gesellschaftlicher Verursachung von Leiden bereinigt und Kranksein so individualistisch gefasst, dass die im Subjekt niedergeschlagenen Widersprüche und Konflikte zwischen dem individuellen Begehren und den gesellschaftlichen Geboten nicht mehr zur Diskussion gestellt werden. Die von Freud entdeckte ödipale Konstellation als elementare Konfliktsituation des Subjekts zwischen untersagender Gewalt und überschreitendem Triebverlangen ist auf ein familiaristisches Verursachungsmodell von Krankheit heruntergebracht. Und die Konflikte des Subjekts werden durch diese Widerspruchsbereinigung ihrer gesellschaftlichen Verwicklung entledigt und auf bloße Störungen als Ergebnis einer Entwicklungspathologie zurückgeführt.

Das Spannungsverhältnis zwischen subjektivem Begehren und dem objektiven, von der Gesellschaft vorgeschriebenen Anpassungsgebot in dem für alle maßgebenden Einheitskodex von Verhalten, spiegelt sich auch in den differenten Menschen- und Weltbildern psychotherapeutischer Schulen: dieser Grundkonflikt stellt sich aber in aller Schärfe dar im Gegensatz zwischen psychiatrischer und psychoanalytischer Auffassung über die menschliche Natur und über den Antagonismus zwischen der menschlichen Natur und den gesellschaftlichen Anforderungen an das Subjekt.

Die Parteilichkeit des psychotherapeutischen Klinikers und Wissenschaftlers für die Ansprüche des Subjekts auf Selbstherrschaft setzt ihn in Opposition zu den gesellschaftlichen Anpassungsansprüchen an den Patienten; und der

Einsatz des Psychiaters in seiner gesellschaftlichen Ordnungsfunktion der Ausschließung des Dysfunktionalen stellt ihn in Widerspruch zum Anspruch des Patienten auf Anerkennung und Befriedigung des unterdrückten Triebes. Der Widerspruch zwischen der psychodynamischen Archäologie der verdrängten Wünsche und der psychiatrischen Mentalität der Wiederherstellung von geordnetem, funktionalem Verhalten macht den Antagonismus dieser im Widerstreit liegenden Disziplinen, die zur gleichen Zeit Ende des 19. Jahrhunderts ihren Anfang nahmen, offensichtlich.

Der unversöhnlich scheinende Gegensatz zwischen Psychoanalyse und Psychiatrie entstammt der Differenz zwischen dem humanistischen Aufklärungsgeist der Psychoanalyse und der autoritären Staatsmentalität von Überwachung und Selektion durch Psychiatrische Dienste: in deren System lag immer schon die latente Bereitschaft, sich auch politisch in den Dienst der Aussonderung von kritischen Elementen und Störenfrieden nehmen zu lassen und diese durch Einschließung und pharmakologische Behandlung zur Ruhe zu bringen – allgemein bekannt von autoritären und besonders von totalitären Regimen, unter denen die Psychoanalyse immer zu den ersten Opfern zählte.

Die Psychiatrie diente von vornherein bis heute der Medizinalisierung des Psychischen, und die Psychoanalyse reklamierte von Anfang an den Anspruch einer Psychologisierung der Medizin: medizinisch-klassifikatorische Haltung, die Ordnung des Dysfunktionalen, subjektiv wie gesellschaftlich, stand von Anfang an im Widerspruch zur identifikatorischen Teilhabe des Psychoanalytikers, seinem Mitwissen und Mitsein gegenüber der Abseite des Lebens, den gesellschaftlich tabuisierten Bezirken des Menschlichen. Allerdings ist dieses Phänomen der Marginalisierung, der Ausschließung und Unterdrückung ein Symptom der Moderne, die auf dem Weg zur normalen Vernünftigkeit das Andere eines vernunftregulierten Lebens, die Triebe und Leidenschaften, die Sinnlichkeit des Menschen ins Irrationale verdrängen musste.

Der Widerspruch zwischen der herrschenden Rationalität, die das nichtkonforme Begehren als unvernünftig ausschließen muss, wiederholt sich im Gegensatz zwischen Psychiatrie und Psychoanalyse, zwischen gesellschaftskonformer psychiatrischer Einstellung und psychotherapeutischer Dissidenz in der Arbeit für die nicht-konformen, heterogenen Elemente des Menschen. Unter dieser Optik vollzog sich immer schon ein Kulturkampf zwischen den divergierenden Kräften in der Gesellschaft um die Herrschaft über die Interpretationssysteme, und im Moment scheint dieser Kulturkampf zugunsten

der positivistischen Definitionsmacht zur Gleichschaltung und Unterdrükkung alles Andersartigen auszugehen.
Unsere Arbeit ist aber ein Indiz dafür, was Psychoanalyse gewesen war, sein kann und wieder werden wird, wenn sie sich von all jenen affirmativen Kräften und simplifizierenden, triebbereinigenden Intentionen selbst befreit hat und wieder die Stärke aufbringt, sich ihrer Arbeit am subversiven Moment des Triebes zu stellen. Die Zukunft der Psychoanalyse ist also davon abhängig, klinisch wie wissenschaftlich, sich auf ihren eigenen Gegenstand, ihre essentielle Aufgabe einer Tiefenpsychologie des Begehrens zu besinnen und dem Subjekt wie der Gesellschaft das zurückzugeben, was der allgemeinen Homogenisierung zuwider läuft: die kritische Reflexion der Triebbasis des Menschen und die lebenspraktische Arbeit am Begehren.
Den sogenannten Urkonflikt in der Psychoanalyse zwischen dem eher theoretischen Interesse Freuds und dem mehr klinischen Interesse von Ferenczi, Reich und anderen haben wir in unserer Arbeit zu lösen versucht, weil die theoretische Durchdringung der kranken Welt der klinischen Durchdringung des krank gewordenen Subjekts bedarf und umgekehrt, wenn man die gesellschaftliche Verursachung von Krankheit und den Niederschlag des gesellschaftlichen Prozesses am Grund des Subjekts richtig ermessen und für den Selbstgewinn des Subjekts angemessen bearbeiten will. Der gegenwärtig sich überschlagende Positivismus und die Psychiatrisierung der Psychotherapie konnte doch nur jene in der psychodynamischen Wissenschaft überraschen, denen durch Selbstpsychiatrisierung das Fundament ihres Denkens, die Triebbasis abhanden gekommen ist und die im Wetteifer um Teilhabe an den Reparaturdiensten der Gesellschaft vor allem darauf bedacht waren, nicht das Nachsehen zu haben.
Die Psychoanalyse hätte ein besseres Schicksal verdient nach dem Ende ihres Katakombendaseins und dem Aufstieg aus der Katakombenwissenschaft (Mitscherlich), nachdem ihre Vertreter auf die neuen Lehrstühle für Psychotherapie berufen worden waren. Allerdings hat diese gesellschaftliche Anerkennung in dialektischer Weise die Akademisierung und Medizinalisierung der Psychoanalyse beschleunigt, und die professorale Verwaltung der Psychoanalyse hat zu jener Sterilität ihres Denkens geführt, das sich heute in einem medizinischen Konformismus darbietet.
Allerdings rumoren unter der Decke der Medizinalisierung die Geister psychodynamischen Denkens, und gerade die Banalität all jener antipsychoanalytischen Psychologien, die keine nennenswerten Theorien hervorgebracht haben (Jacoby 1985), unterhält die Sehnsucht nach Wiederverlebendigung der Psychoanalyse. Das psychodynamische Denken mit seinen kritischen

Impulsen, seinem Non-Konformismus und seinem kosmopolitischen Humanismus wird in der intellektuellen Wüste positivistischer Simplizität wieder eine Quelle für die Befriedigung von Wissensgier werden.
Die „andere Psychodynamik" verstehen wir als Baustein auf dem Weg zu einer immer weiter zu entfaltenden psychodynamischen Praxistheorie, die von einer anderen Generation weitergeführt werden muss. Gerade die Ödnis positivistischer Mechanei: der Mangel an Theorie, die fehlenden Möglichkeiten, sich ein Bild von der Welt, den Menschen und ihren Beziehungen zu machen und die Wirkmechanismen der Intersubjektivität zu begreifen, wird den psychoanalytischen Blick durch die Oberfläche der Erscheinungen hindurch wieder intellektuell anziehend machen und wider Willen eine Entwicklung hervorrufen, welche dem psychodynamischen Denken die ihm wesensgemäß zukommende Bedeutsamkeit im Wissenschaftlichen und Gesellschaftlichen zurückgeben wird.

Wir wollen an dieser Stelle vor allem Herrn Dipl. Psych. Thomas Schneyer für die engagierte methodische Unterstützung der Therapieforschung, sein besonderes Verständnis für das psychodynamische interaktive Fragesystem, seinen Beitrag zur Fragebogenkonstruktion und die gelungenen graphischen Abbildungen zum Marburger Psychotherapie-Programm danken; nicht zuletzt möchten wir ihm für seine Mitarbeit an der Evaluationsstudie unsere besondere Anerkennung und den ihm gebührenden Dank aussprechen.
Dank gilt auch Herrn Dr. Wolfgang Pfeiffer für seine Unterstützung bei der kritischen Durchsicht des Manuskripts.
In besonderem Maße sind wir Herrn Dr. Peter Stehlin vom Huber-Verlag zu Dank verpflichtet, der mit großem Gleichmut auf unsere immer neuen Entwürfe reagierte und sich nicht entmutigen ließ, an den erfolgreichen Abschluss des Unternehmens zu glauben. Seine Empathie für unsere Arbeit haben wir als wohltuend empfunden und seinen kritischen und geisteswissenschaftlich geübten Verstand in der verständnisvollen Teilhabe am Fortgang der Arbeit erfahren.

Manfred Pohlen — Margarethe Bautz-Holzherr

Marburg, im Juni 2001

I. Die psychodynamische Praxistheorie – eine Heuristik der Entsprechung

1. Psychodynamische Einflusstheorie: von der determinierenden Kraft der therapeutischen Einflussnahme

1.1 Die Suggestion als Wirkprinzip der Interaktion

Wenn man davon ausgeht, dass eine therapeutische Beziehung eine professionelle Form der Einflussnahme zwischen einem Helfer und einem Hilfesuchenden ist und sich nicht damit zufrieden geben will, dass es hier um den Typus einer „hilfreichen Beziehung" geht, sondern um die Abhängigkeit zwischen einem Heiler und einem Leidenden, dann stellt sich die Machtfrage: aufgrund welcher Bedingungen erhält der Heiler Macht und wie wirkt sich die Macht heilend auf den Leidenden aus. Denn der Leidende ist als Hilfesuchender auf die Heilkraft des Therapeuten, auf dessen Heilplan angewiesen. In dieser Optik müsste für alle Therapieschulen die Frage nach den Bedingungen ihrer Einflussnahme und die Klärung der Einflussfaktoren von essentiellem Gewicht sein.

Nun sehen wir aber in den Therapieschulen wenig Interesse an der Aufklärung der grundlegenden Mechanismen der therapeutischen Beziehungsgestaltung; vielmehr wird statt der Untersuchung der kommunikativen Bedingungen die Bedeutung des technisch-instrumentellen Einflusses in den Vordergrund gestellt. Solange die Therapieschulen sich aber über ihre Differenz in den Psychotechniken definieren, um im Konkurrenzkampf untereinander wegen der gesellschaftlichen und Krankenkassenanerkennung wissenschaftlicher begründet zu sein, brauchen sie sich mit der gemeinsamen Grundlage und den Mechanismen des therapeutischen Kommunikationsprozesses nicht zu konfrontieren. Die wissenschaftliche Legitimation, die aller Orten als „Kniefall vor der Wissenschaft" (Frank 1997) betrieben wird, ist eine Unterwerfung unter die exakten Wissenschaften (die klassischen Naturwissenschaften im engeren Sinne), denen heute in der Gesellschaft allein Relevanz zuerkannt wird. Will man aber die Grundlagen menschlicher Kommunikation wissenschaftlich bestimmen, dann wird man feststellen müssen, dass es hier um naturwissenschaftlich nicht zu begründende Konstituentien einer Behandlungspsychologie geht; auch wenn sich Psychotherapie immer noch nach dem positivistischen Kanon affirmativ präsentieren möchte. Die ganze Konvulsion um Legitimation wäre nur eine frustrane Erregung gewesen.

Bemerkenswert ist nun, dass die Repräsentanten einer Effektstärkenpolitik (Grawe et al. 1994) durch eine fragwürdige Metaanalyse den verschiedenen Schulen Effizienznoten vergeben haben und ihrer Schule dadurch eine gesellschaftliche Vorrangstellung im Verdrängungswettbewerb zu verschaffen suchten, indem sie die ihrem Messsystem entstammenden Vergleichskriterien für Effektstärke zum beherrschenden Diskriminierungsinstrument machten: der Wert und die Tauglichkeit aller Therapieschulen bestimmte sich aus diesem methodischen Monopolanspruch. So nimmt es kein Wunder, dass im Vergleich der verschiedenen Schulen nach den selbstgesetzten Standards der eigenen Methode alle anderen als weniger effizient ausgewiesen wurden - von den methodischen Unzulänglichkeiten des Vorgehens ganz abgesehen (s. dazu Tschuschke et al. 1997, u. a.). Der Vergleich der Effizienz verschiedener Schulen erfolgte also nach Methodenstandards, die für die Verhaltenstherapie gültig sein mögen und denen sie auch am ehesten entsprechen kann wegen ihres lerntheoretischen Konzepts, in dem Veränderung als Umlernen von Fehlanpassung und Therapieerfolg als richtiges, umgelerntes Verhalten definiert ist. Das Ziel des Lernprozesses bestimmt sich demnach am Maßstab der herrschenden Standards von Verhalten, so dass Änderung, das Verlernen von abweichendem Verhalten, zwangsläufig am psychiatrischen Devianzkatalog ausgerichtet ist – die unreflektierte Übernahme des ICD-Glossars durch die klinische Psychologie ist dafür ein Symptom.
Die Ausrichtung der Therapieziele am Prinzip der Devianz folgt einer Defektpsychologie der Person und mündet konsequent in einer Defizienzpsychotherapie zur Normalisierung von dysfunktionalem Verhalten. Hier ist der kritische Punkt, an dem sich der Therapeut einer jeden Schule fragen müsste, was für ihn Behandlung ist, welchem Auftrag er folgt: einem Behandlungsauftrag als Reparaturauftrag im Dienste des Gesundheitssystems zur Entstörung des dysfunktionalen Verhaltens oder einem Behandlungsauftrag als emanzipatorische Anstrengung zur Selbstaufklärung und Selbstbemächtigung des Patienten?
Ein Therapeut kann aber wissen, wenn er über den Zaun seiner Disziplin schaut, dass devianzzentrierte Arbeit eine pathologiezentrierte ist, die ihn gefangen setzt im Normalisierungssystem einer Gesellschaft. Und jeder Therapeut sollte unabhängig von seiner Schule sich darüber klar werden, welchen Blick er auf Krankheit und Gesundheit wirft und welcher Macht er dient, wenn er für sich undurchschaut lässt, was Kranksein für das Subjekt jenseits der festgelegten Pathologie oder der verordneten Normalität bedeutet. Der Therapeut kann seine Einflussmacht gebrauchen in der professionellen Delegation als approbierter Therapeut im Versorgungssystem und da-

durch seine Prestigebedürfnisse fraglos befriedigen; er kann aber auch seine Einflussmacht darin gebrauchen, dass er identifikatorisch die Selbstbemächtigung des Patienten im therapeutischen Prozess als Zeichen seiner Wirkkraft mitgenießt. Die Selbstaufklärung des Therapeuten über seine Funktion als Machthaber der Situation wäre freilich die Voraussetzung dafür, dass er zu solcher Souveränität gelangen könnte.
Man kann sich nämlich des Eindrucks nicht erwehren, dass Verhaltenstherapeuten auf der standes- und wissenschaftspolitischen Bühne als Sachwalter einer sog. wissenschaftlichen Therapie so auftreten können, weil sie die Frage der Einflussmacht neutralisiert haben im Selbstverständnis ihrer Therapie als Anwendung von Technik: indem sich der Therapeut von jeder Triebverwicklung emotional isolieren kann, bringt er seine therapeutische Machtfunktion zum Verschwinden und kann scheinbar wissenschaftlich legitimiert den hegemonialen Anspruch seiner Methode vertreten. Die Neutralisierung der Machtfrage zeigt sich in dieser Rationalisierung, ein wissenschaftlich begründetes Therapieverfahren zu sein, so dass man die Augen verschließen kann gegenüber der wissenschaftlich nicht zu begründenden Einflussnahme des Therapeuten.
Eine Praxistheorie, die sich der Analyse des essentiellen Moments des kommunikativen Prozesses entzieht, entschlägt sich damit auch der systematischen Professionalisierung ihrer Einflussnahme. Im Begriff des „unspezifischen Faktors", der unspezifischen Persönlichkeitsvariable, ist gerade die spezifisch wirksame Einflussgröße versteckt. Und die Pflege dieses Terminus ist ein Symptom für die Flucht vor der Auseinandersetzung der Machtfrage, obwohl die Wirksamkeitsforschung inzwischen längst erwiesen hat, dass diese sog. unspezifischen Phänomene das Spezifikum im therapeutischen Geschehen repräsentieren. Die Scheu vor der Selbstwahrnehmung der unbewussten Motive des therapeutischen Handelns kann aber nicht erklärt werden aus der Angst vor Erschütterung des Therapeuten und seines Systems; sie lässt sich aber begreifen aus den Machtansprüchen und deren Befriedigung im gesellschaftlichen Feld, weil die Anerkennung der konstituierenden Bedingungen des Einflussprozesses den Verlust der gesellschaftlichen Selbstdarstellung und der wissenschaftspolitischen Legitimation des therapeutischen Systems mit sich brächte. Zugleich würden durch eine Reflexion auf das allen gemeinsame Fundament des therapeutischen Prozesses die bisher befriedigten Privilegien der Macht- und Geltungsansprüche einer wissenschaftlich verkleideten Therapieschule verlorengehen. Die Ignoranz gegenüber der Selbstaufklärung des Therapiesystems verdunkelt dem Verhaltenstherapeuten die Mechanismen des Einflussgeschehens, und diese

Ignoranz wird unterhalten und verstärkt durch die Akzeptanz von Verhaltenstherapie, weil sie sich den gesellschaftlichen Standardisierungs- und Normalitätsansprüchen gegenüber dem Subjekt und durch ihre positivistische Einkleidung gegenüber der herrschenden Wissenschaftsdoktrin so fraglos einpasst.

Der frühe Behaviorismus vertrat in der Ausrichtung an der Lerntheorie das mechanistische Konzept eines unbedingten Machbarkeitsglaubens. Mit der Entwicklung zur kognitiven Verhaltenstherapie musste sich jedoch die Verhaltenstherapie von der Vorstellung der alleinigen Bestimmung des Menschen durch situative Einflüsse lösen und ihren radikalen Determinismus zurücknehmen. Sie konnte nicht mehr davon absehen, dass ihre Klienten Sinn- und Identitätsfragen stellten, nachdem sie von der anfänglichen Behandlung monosymptomatischer Störungen überging zur Therapie von Persönlichkeitsstörungen. In dem Moment, als sie sich mit Lebensentwürfen, Zielen und Werten ihrer Patienten beschäftigen musste, war sie mit dem Begehren des Patienten konfrontiert, Subjekt seiner Geschichte werden zu wollen. Und sie musste erfahren, dass anderes Denken entstehen kann, das sich nicht deterministisch aus den situativen Voraussetzungen des Menschen ableiten lässt.

Mit der Entwicklung der kognitiven Verhaltenstherapie hätte eigentlich eine Selbstbefragung des Systems eingeleitet werden können, die das lerntheoretische Modell im Grunde erschüttert haben würde und eine dynamische Konzeption der kognitiven Prozesse erfordert hätte. Allerdings hat die kognitive Verhaltenstherapie, die davon überrascht war, dass sich durch Reflexion des Handelns neue, verhaltensändernde Orientierungen im Patienten entwickeln können, obwohl die situativen Bedingungen unverändert bleiben, zu keinem neuen theoretischen Ansatz gefunden; vielmehr hält auch die kognitive Verhaltenstherapie an der Dichotomisierung von normal und anormal, funktional und dysfunktional fest: die Therapie zielt letztlich auf die Austreibung des falschen Denkens und falschen Bewusstseins und die Einübung des richtigen Denkens und richtigen Bewusstseins. Die kognitive Therapie folgt hier einem Nacherziehungsauftrag in Fortsetzung des gesellschaftlichen Erziehungsauftrags an die Familie gegenüber dem Kind, der in dem allgemeinen Erziehungstenor gehalten ist: „Dass Du mir nicht auf dumme Gedanken kommst?“, soll heißen: die Erziehung ist darauf gerichtet, dem Kind die dummen Gedanken, das sind die unzulässigen, als falsche auszutreiben und zu unterbinden, dass sich das Begehren des erwachenden Subjekts jenseits der verordneten Normalität zu Wort meldet. Eine unreflektierte therapeutische Einflussnahme, die sich nicht fragt, was im gesellschaft-

lichen Verhaltenskodex falsches oder richtiges Denken ist, muss zu einer fatalen Nacherziehung in der Anleitung zur Selbstunterdrückung des Patienten führen.
Die Entfernung der Störung und die Beseitigung des Symptoms als Fremdkörper erweist die Nähe auch der kognitiven Verhaltenstherapie zum psychiatrischen Denken und die Anstrengung für ein vernunftreguliertes Leben zeigt sie auf der Seite des gesunden Menschenverstandes. Ihre therapeutische Bemühung als exorzistische Praxis um das richtige Denken in der Austreibung des falschen schlägt das über vernünftige Normalität hinausgehende Denken zur irrationalen Abseite des Subjekts.
Warum die kognitive Verhaltenstherapie nicht den Blick vom Verhalten auf die Motive gewendet und zu einer Motivationspsychologie gefunden hat, kann wohl kaum aus der Aversion gegen Psychoanalyse verstanden werden, obwohl der Schritt zum psychoanalytischen Denkmodell naheliegend wäre. Sollte es denn an der „Sicherheit der Wahrnehmung" liegen, sich immer noch im Nachklang des alten behavioristischen Schemas von unmittelbarer Beobachtbarkeit, freier Zugänglichkeit und unbedingter Nachvollziehbarkeit bewegen zu müssen und dadurch vor der Angst gefeit zu sein, mit der Abseite des vernunftregulierten Lebens konfrontiert zu werden?
Die verhaltenstherapeutische Alltagspraxis wird trotz ihrer Rationalisierung und Standardisierung auf Dauer nicht daran vorbeisehen können, was die interaktionell entscheidende Determinante des Prozesses ist: der suggestive Charakter der therapeutischen Kommunikation, der auch in der Konvention der Psychoanalyse als jener „krude Einwand" (Ricoeur) abgewiesen wurde, ist jedoch jene zwischenmenschliche Macht in der Therapeut-Patient-Beziehung, der nach dem Fazit der Wirksamkeitsforschung die entscheidende Bedeutung zukommt. Diese Macht ist nach den empirischen Untersuchungen (vgl. Strupp 1993) unabhängig von der jeweils verwendeten spezifischen Technik in allen Spielarten der Psychotherapie wirksam; und die sog. Technikkompetenz, die Anwendung störungsspezifischer Interventionsstrategien, ist weniger von Bedeutung als die Güte der Beziehung, die sich aus der Güte der therapeutischen Kompetenz (Interaktionskompetenz) ergibt. Jene suggestive Macht, deren Wirksamkeit bei der Untersuchung gerade auch psychoanalytischer Verfahrensweisen als entscheidender supportiver Wirkmechanismus beschrieben wurde, scheint der tragende Grund der Therapeut-Patient-Beziehung zu sein und über Deutungsstrategien und spezifische Interventionstechniken hinauszugehen.

Wir können heute von Grawe[2] (1998) nach seiner Rezeption Franks (1961) zu unserem Erstaunen erfahren, dass gerade spezifische Interventionstechniken nicht primär erfolgswirksam sind. Das Wirkprinzip soll vor allem darin liegen, dass der Patient in seinem Zustand der Hoffnungslosigkeit positive Erwartungen auf Besserung und Veränderung gewinnt und den Glauben an eine bessere Zukunft vermittelt bekommt. Dieser Induktionsprozess positiver Erwartungen wurde von Frank als von jeder Therapieform unabhängiger, gemeinsamer Wirkfaktor von Psychotherapie angesehen und hat nun, notgedrungen, Eingang bei den Vertretern einer positivistischen Wissenschaftsdogmatik gefunden. Die Wiederkehr der verdrängten Freud'schen Erkenntnis von der Suggestion als Urphänomen, Grundtatsache des Seelenlebens, und der als Übertragung wirkenden Suggestion zeigt sich heute in der psychotherapeutischen Wissenschaft in der scheinbaren Neu-Erkenntnis des Induktionsphänomens als konstitutive Bedingung der Kommunikation. Das Neue ist also so neu nicht, vielmehr das Alte, das nun als neu entdeckt wird und jetzt bei jenen Forschern zur Sprache kommen darf, nachdem mit der Effizienzpolitik nichts mehr zu gewinnen ist.
Im Gegensatz zur klinischen Psychologie hat sich aber die Sozialpsychologie aufgrund ihrer Erfahrung mit der Empfänglichkeit von Versuchspersonen für die Beeinflussung durch die unausgesprochenen Erwartungen des Versuchsleiters („Rosenthal-Effekt"; Rosenthal 1963) mit der Wirkung des Hypnotiseurs als Hauptakteur an der hypnotischen Situation wissenschaftlich beschäftigt: allein die Tatsache, dass eine Forschergruppe die Arbeitsbedingungen von Menschen untersuchte, führte zu Veränderungen der motivationalen Einstellung der Betroffenen. Dies wirft ein bezeichnendes Licht auf die hochsensible Empfänglichkeit gerade hilfsbedürftiger Patienten, die doch in einer viel größeren Abhängigkeit vom „Versuchsleiter" stehen wegen ihrer Erwartungen auf Entlastung und Erleichterung ihres Leidenszustands und deshalb einem viel stärkeren Druck ausgesetzt sind, die unausgespro-

---

[2] Es sei diesem Forscher, der kompetente und sachkundige Kliniker schulmeisterlich aufforderte, „noch einmal über die Bücher zu gehen" (Grawe et al. 1994) geraten, über den Zaun zu schauen und sich erst das klinische Wissen und die psychotherapeutische Erfahrung anzueignen, die unerlässliche Voraussetzungen für die Urteilskompetenz in der klinischen Wissenschaft sind – das Unverhältnis zwischen klinischer Sachkennerschaft und dem Anspruch, sich zum technischen Überwachsungsverein (TÜV) der Psychotherapie aufzuwerfen, ist in diesem Fall besonders aberwitzig. Grawes Metaanalyse ist ein eklatantes Beispiel für Machtanmaßung im berufsständischen Interesse, die unter pseudowissenschaftlichem Anspruch Evaluationspolitik gegenüber konkurrierenden Schulen betreibt, um sich dadurch eine Definitionshoheit im Wissenschaftsbetrieb zu sichern.

chenen Erwartungen des Therapeuten zu erfüllen (Pohlen u. Bautz-Holzherr 1995a, Frank 1997).
Die Tabuisierung des suggestiven Phänomens in der psychoanalytischen Tradition wie in den anderen Therapieschulen hat die von Freud aufgeklärte Suggestion, die sich als entscheidende Einflussgröße in der als Übertragung wirkenden Suggestion darstellt, in ihrer Bedeutung als essentieller Wirkfaktor der therapeutischen Beziehungsgestaltung unterdrückt. Die von Freud entwickelte Übertragungspsychologie, in der die Suggestion das wirksame Prinzip darstellt, ist die einzige Interaktionstheorie in der psychotherapeutischen Wissenschaft. Keine Therapieschule hat bisher eine Interaktionstheorie entwickelt, in der die Phänomene der Intersubjektivität eine Erklärung finden könnten. Die Wirksamkeitsforschung der letzten Jahrzehnte zeigt offensichtlich, dass die Wirkfaktoren im Therapieprozess suggestiver Natur sind, dass die sog. supportiven Techniken die Wirksamkeit des therapeutischen Prozesses bestimmen und spezifische Techniken, vor allem störungsspezifische Interventionsstrategien, von weit geringerem Einfluss sind (s. Strupp u. Binder 1991; Strupp 1993; Frank; 1997 u. a.).
Man kann sich des Eindrucks nicht erwehren, dass in der klinischen Psychologie die Gleichschaltung mit der einzig als relevant angesehenen, objektivierenden Methode der Naturwissenschaften dazu geführt hat, dass der zentrale Gegenstand der klinischen Forschung, die therapeutische Kommunikation, bewusst aus dem Forschungskatalog ausgeklammert wurde. So kann man aus dem zeitgemäßen Rahmen des Wissenschaftskonsenses nicht herausfallen, hatte seine Legitimation vor der „scientific community" und die akademische Karriere nicht gefährdet. Die in der europäischen Tradition stehende amerikanische Wirksamkeitsforschung präsentiert aber eine klinische und wissenschaftliche Forschungsmentalität, die fern jeder ideologischen Verkrampfung eine von klinischer Erfahrung gesättigte psychodynamische Pragmatik vertritt, die den offenen Blick auf die Phänomene der therapeutischen Kommunikation ermöglicht.
Nach dieser Forschungstradition ist die Qualität der therapeutischen Beziehung die Bedingung des Erfolgs für den Patienten, und diese Perspektive zieht sich leitmotivisch durch die Arbeiten von Ferenczi (1984), Alexander und French (1946), Reich (1970), Fromm-Reichmann (1950), Karen Horney (1939) und anderen Vorläufern der Wirksamkeitsforschung. In Fortführung dieser therapeutischer Konzeptionen wurde dann in der empirischen Wirksamkeitsforschung von Strupp u. Binder (1991), Frank (1981, 1997) und anderen die Bedeutung der Therapeut-Patient-Beziehung und ihre Gestaltung als zentrales Moment des Prozesses bestätigt.

Der therapeutische Prozess besteht danach aus einer Reihe von interpersonellen Transaktionen, bei welchem dem Therapeuten die Rolle eines bedeutsamen Anderen (significant other), einer wichtigen Bezugsperson, zugewiesen (übertragen) wird, mit der unbewusste oder im Unbewussten wurzelnde Konflikte und fehlangepasstes Verhalten in der Interaktion inszeniert werden. Es geht also nicht um ein einfaches Modellernen durch Identifikation, sondern um die Dynamik eines Übertragungsgeschehens, in dem Konflikte und konflikthafte Verhaltensweisen aufgeführt werden und durch die Art der Auseinandersetzung zwischen Therapeut und Patient eine andere und neue interaktionelle Erfahrung für den Patienten eröffnet wird, die ihn befreit zu einem anderen kognitiven Blick auf seine Konflikte und eine andere emotionale Erfahrung im Umgang mit ihnen. Die therapeutische Struktur des interaktionellen Geschehens ist prototypisch für jede Intersubjektivität und macht deutlich, dass professionelle Strategien des Umgangs mit zwischenmenschlichen Problemen nur auf dem Hintergrund eines Beziehungsrahmens wirksam werden. Die Wirksamkeit einer Technik ist immer eine sekundäre, unbedingt abhängig von der primären Gestaltung des Beziehungsrahmens.
Die Wirkfaktoren des psychotherapeutischen Prozesses sind überwiegend in supportiven Techniken und dem ihnen zugrunde liegenden suggestiven Geschehen begründet. Der Bedeutung dieses Phänomens kann sich auch die Verhaltenstherapie nicht mehr entziehen, nachdem experimentelle Prüfung ergab, dass die besonderen Erfolge der systematischen Desensibilisierung in der Wirksamkeit des Rituals und dessen Glaubwürdigkeit für den Klienten und nicht in seinen technischen Komponenten begründet liegt (Emmelkamp 1982). Allerdings wird diese späte Erkenntnis der suggestiven Wirksamkeit von Grawe (1998) in der Übernahme des Terminus „Placebo-Therapie“ (Fish 1973) schon im Begriff medizinisch neutralisiert und die Induktion, das heißt der subjektive Einfluss nicht primär dem Therapeuten, sondern dem Patienten unterstellt, der aufgrund seiner Besserungserwartung diese induzierende Kraft beim Therapeuten auslösen soll. Es ist offensichtlich, dass durch Verschiebung der Verantwortung für das anrüchige Phänomen auf den Patienten und durch Wortmagie das für den Forscher unerträgliche Phänomen der Suggestion zum Verschwinden gebracht werden soll; vor allem in einem Therapiezweig, der sich um jeden Preis naturwissenschaftlich definieren will.
Die Einflussnahme des Therapeuten scheint demnach nicht in Zusammenhang gebracht werden zu dürfen mit dem Phänomen der Suggestion und einer dadurch erforderlichen Suggestionstheorie, wie wenn damit eine unzulässige, wissenschaftlich verwerfliche Beeinflussung eines Kranken einge-

standen würde. Das Fazit der Wirksamkeitsforschung konfrontiert jedoch mit einer Fülle von Tatsachen, welche die Erkenntnis unabweisbar machen, dass die entscheidenden Wirkvariablen und die offenkundige therapeutische Wirksamkeit in den suggestiven Prozessen des interaktionellen Geschehens zu suchen sind, und die Mechanismen dieser Intersubjektivität suggestiven Bedingungen ihre Existenz verdanken.

Das Wissenschaftsverständnis scheint sich heute der naturwissenschaftlichen Definitionsgewalt zu unterwerfen in der Referenz auf eine Wissenschaftlichkeit, die letztlich nur die exakten Wissenschaften, die klassischen Naturwissenschaften, als Wissenschaft gelten lässt: analog zur äußeren Natur wird die Steuerung und Beherrschbarkeit der menschlichen Natur als bestimmendes Ziel der Wissenschaft oktroyiert. In dieser Hinsicht möchten alle psychotherapeutischen Schulen von der Psychoanalyse bis zur Verhaltenstherapie durch Referenz auf solch verstandene Wissenschaft sich ihr Ansehen verschaffen. So wird verständlich, dass die psychotherapeutische Wissenschaft, die nicht mehr ihre Grundlagen in den Sozial- und Geisteswissenschaften sieht, sich unbedingt den Nimbus einer Naturwissenschaft geben will und deshalb alles meiden muss, was sie mit dem anrüchigen Phänomen der Suggestion in Berührung bringen könnte; bis zu der absurden Sprachregelung, von Induktion zu sprechen, wo jedermann wissen müsste, dass es um Suggestion geht.

Aber die Ergebnisse der Wirksamkeitsforschung sprechen eine unmissverständliche Sprache: danach hat der Erfolg einer Therapie ein gemeinsames Überzeugungssystem von Patient und Therapeut zur Grundlage, das die Bindung schafft, aus der die Erwartungen auf Veränderung und die Hoffnung auf Verbesserung entsteht; die Symptomverminderung wird als Reaktion auf die Hoffnung auf Erleichterung angesehen, die durch das Behandlungsangebot hervorgerufen wird; und die durch das Symptom bedingte Demoralisierung des Patienten im Verlust von Selbstachtung und Selbststeuerung erfährt allein durch den Aufbau einer verständnis- und vertrauensvollen Beziehung zum Therapeuten eine entscheidende Minderung; vor allem die Einordnung der unerklärlichen und befremdlichen Erfahrungen des Patienten durch ein Erklärungs- und Interpretationsschema des Therapeuten, das dem Patienten das Gefühl emotionaler und intellektueller Integration gibt, mindert die Demoralisierung und erzeugt ein Gefühl möglicher kognitiver Selbststeuerung; und nicht zuletzt das Provozieren emotionaler Erregungen, die in jeder Konfrontation als kathartische Abfuhr hervorgerufen wird, führt zu einer Empfänglichkeit für Einstellungsänderungen, weil solche, vom Therapeuten auf-

gegebene Erfahrungen, das Selbstvertrauen, die Erwartung auf Selbstgestaltung stärken (s. Frank 1997).
All diese Interaktionsphänomene, die noch weiter fortzusetzen wären, führen auf die Suggestionskraft der Therapeutenrolle, auf die Wirksamkeit von suggestiven Mechanismen zurück, die aus Gründen falsch verstandener Wissenschaftlichkeit theoretisch nicht geklärt werden. Dabei hat Freud (XIII) schon in den zwanziger Jahren eine explizite Suggestionstheorie entwickelt, auf die wir zurückgreifen müssen, wenn wir die Psychologie der therapeutischen und allgemeinmenschlichen Intersubjektivität verstehen wollen: diese Theorie enthält die Voraussetzungen und Mechanismen menschlicher und therapeutischer Einflussnahme und zeigt die Psychotherapie in Fortführung uralter Zauberer- und Priestermachthierarchie.

Die psychoanalytische Suggestionstheorie[3]: eine psychodynamische Interaktions- und Induktionstheorie

Die Einflussnahme des Analytikers und seine Überzeugungsmacht stehen nach Freud in einer uralten Tradition: in der tief im unbewussten Elternkomplex begründeten Gefügigkeit gegenüber dem Arzt (XIII, S. 18) und in der uralten Gefügigkeit gegenüber dem ärztlichen Zauberer, dessen Ansehen sich der von der göttlichen Macht abgeleiteten Priesterheilkunst verdankt (V, S. 301). Die Einflussmacht des Psychotherapeuten ruht auf einem archaischen Erbe, und die Wirksamkeit des therapeutischen Prozesses bestimmt sich nicht durch die „intellektuelle Einsicht“ des Patienten, sondern einzig durch sein Verhältnis zu dieser mythischen Autoritätsfigur (XIV, S. 255 f. u. XI, S. 463).
Die Einflussmacht des Therapeuten zehrt aus der archaischen Tradition des Eltern- und Priesterkomplexes, in dessen Reihe er steht und die ihm die Bereitschaft des Patienten verbürgt, seiner Autorität zu glauben und sich auf die von ihm verfügte Übertragung einzulassen. Der Glaube stiftet die therapeutische Beziehung; er ist der Grund der Erzeugung von Übertragung durch den Therapeuten und der Grund für die Übertragungsbereitschaft des Patienten als Reaktion auf die Übertragung des Arztes: der Einfluss des Therapeuten beruht auf derselben Macht der Tradition, die den Patienten bewegt, den Einfluss auf sich zu nehmen.
Freud hat diese Grundlegung jeder Kommunikation als die wirkende Kraft beschrieben, die den Einfluss des Arztes bedingt: die „Gläubigkeit der Liebe“ ist

[3] Wir folgen hier einem Exkurs, der andernorts (Pohlen u. Bautz-Holzherr 1991, 1995a) umfassend entwickelt wurde und die Bedingungen der therapeutischen Einflussnahme besonders unter dem Aspekt der Machtproblematik analysiert.

die „uranfängliche Quelle“ der Autorität (V, S. 50). „Der Glaube wiederholt dabei seine eigene Entstehungsgeschichte; er ist ein Abkömmling der Liebe und hat zuerst der Argumente nicht bedurft. Erst später hat er ihnen soviel eingeräumt, dass er sie in prüfende Betrachtung zieht, wenn sie von einer ihm lieben Person vorgebracht werden. Argumente ohne solche Stütze haben nichts gegolten, gelten bei den meisten Menschen niemals im Leben etwas“ (XI, S. 463). Und auf dieser „Gläubigkeit der Liebe“ als uranfänglicher Quelle der Autorität beruht die Suggestion als Urphänomen, Grundtatsache des Seelenlebens. Und die als Übertragung wirkende Suggestion ist die konstitutive Bedingung der Kommunikation. Die Freud'sche Psychoanalyse zeigt hier ihre von der psychoanalytischen Bewegung und von der psychotherapeutischen Wissenschaft sorgsam verhüllten suggestiven Konstituentien der therapeutischen Kommunikation. Durch die Freilegung dieser verleugneten Wurzeln des Interaktionsgeschehens werden die „unwissenschaftlichen Grundlagen“ jeder Kommunikation offenkundig.

Die psychoanalytische Beziehung beruht wie jede therapeutische Beziehung auf Suggestion, und nur die Klärung des in der rhetorischen Tradition selbstverständlichen Geschehens der Einflussnahme durch Überzeugung kann die grundlegenden Mechanismen und Strategien von Interaktion handhabbar machen; statt sie der Aufklärung zu entziehen und im Okkulten zu belassen.

Die Semantik von Suggestion, vom Verbum suggerere, führt in seinem Gegensinn die Doppelbödigkeit von Einflussnahme vor Augen: in der ursprünglichen Bedeutung bezeichnet suggerere das Einflößen von etwas, das dem Anderen schmecken soll, und sein Gegenteil, das Einflößen wider Willen, das Eingeben unter Ausschaltung der Verstandeskontrolle des Anderen. Dieser semantische Doppelsinn liegt auch Freuds Unterscheidung zwischen psychoanalytischem und hypnotischem Einfluss durch Suggestion zugrunde, da die hypnotische Suggestion die Übertragungsfähigkeit des Patienten nur benutze, während in der Psychoanalyse an der Übertragung selbst gearbeitet und die Macht der Suggestion in den Dienst der in der Übertragung sich abspielenden analytischen Arbeit gestellt werde (Freud XI, S. 469 f.). Die Macht der Suggestion ist nach Freud die treibende Kraft der Übertragung; Übertragung ist auf Suggestion und Suggestion auf Übertragung zurückzuführen in der Weise, dass sich die Einflussnahme immer der Übertragung bedient im ursprünglichen Sinn des Von-einem-Ort-zum-anderen-Tragens (metapherein), und dass die Übertragung Einflussnehmen ist im buchstäblichen wie im symbolischen Sinn. Der semantische Doppelsinn kehrt wieder in der Unterscheidung zwischen einer dem Patienten bekömmlichen Suggestion, der psychoanalytischen, und einer dem Patienten nicht bekömmlichen, der hypnotischen.

Freud hat die Suggestion unter den verschiedenen Bedingungen der Libidobesetzung untersucht: im Phänomen der Hypnose, der Verliebtheit, der Massenbildung. Unter diesen Erscheinungen zeigt sich die als Übertragung wirksame Suggestion. In der Hypnose ist es die passive Auslieferung in der uneingeschränkten Übertragungsbereitschaft auf ein übermächtiges Objekt, in der Analyse ist es die Abhängigkeit von einer die Übertragung aktiv handhabenden Autorität (mächti-

ges Objekt). Beide Prozesse zehren aus der Macht der Suggestion, in beiden Fällen geht es um Identifizierung und Ich-Ideal-Ersetzung durch das Objekt. Die Ersetzung des Ich-Ideals durch das Objekt des Analytikers ist die Idealisierung des Therapeuten, wie sie sich gleichermaßen in der Verliebtheit und in der Hypnose als Sexualüberschätzung ereignet. Die Sexualüberschätzung ist die Entleerung des Ichs und die Überfüllung des geliebten Objekts mit Libido: das Objekt hat das Ich sozusagen aufgezehrt (Freud). Das Objekt, das in der Verliebtheit ganz an die Stelle des Ich-Ideals gesetzt wird und sich gesetzt hat, gewinnt seine Mächtigkeit durch den Entzug der Libido des anderen. Die Entleerung des „Verliebten“, seine Entmächtigung, ist der Überfluss und die Übermacht des „Geliebten“, des Hypnotiseurs, des Zauberpriesters wie des Psychotherapeuten.
Freud hat in „Massenpsychologie und Ich-Analyse“ (XIII) für den Gläubigen darüber hinaus aufgezeigt, dass er Christus zum Ideal nimmt und zugleich mit Christus identifiziert ist (Nachfolge Christi). Und dies scheint sich für den Patienten analog zu konstituieren: der Patient nimmt den Analytiker zum Ideal (= Ersetzung des Ich-Ideals durch das Objekt des Therapeuten), und zugleich ist er mit ihm identifiziert, so dass auf diesem Weg, der Ersetzung des Ich-Ideals und der Identifizierung, die Suggestion als Prozess des Überzeugens vor sich geht. Und die Identifizierungsschritte ereignen sich jeweils im Zusammenhang der Bewährung des Therapeuten, die seine Glaubwürdigkeit herstellt und fortdauern lässt. Das heißt: der psychodynamische Prozess vollzieht sich nicht, wie es die Lehrmeinung will, in einer auf Einsicht zielenden Therapie der Aufarbeitung, sondern in einem Identifikationsprozess der Übereinstimmung des Patienten mit seinem Therapeuten. Die Übertragung des Ich-Ideals auf den Therapeuten scheint neben der Identifizierung das entscheidende Moment für den Patienten zu sein, die Übertragung von dessen Anschauungen auf sich zu nehmen, um das für die therapeutische Arbeit notwendige Ideal eines gemeinsamen Überzeugungssystems aufrechtzuerhalten: die psychotherapeutische Beziehung situiert sich als Glaubensgemeinschaft auf Zeit (Pohlen u. Bautz-Holzherr 1995a, S. 235 f.).

1.2 Die ingeniöse Kompetenz des Therapeuten: Quelle der Heilkraft

Wenn wir der Rolle des Therapeuten in der therapeutischen Beziehung die entscheidende Funktion beimessen, dann ist die Reflexion über den Gebrauch der Einflussmacht die naheliegende Konsequenz; denn für den Patienten wie für den Therapeuten und die therapeutischen Schulen ist Aufklärung darüber notwendig, wie der Therapeut die Welt sieht, wie er den Patienten anleiten will, die Welt zu sehen. Das heißt, welche Fragen stellt sich der Therapeut und damit dem Patienten über das Wesen von Krankheit, über die Entwicklung des Subjekts und seine Stellung in der Gesellschaft, wie ist das innere Verhältnis des Therapeuten zu seinem eigenen Herkommen, seiner persönlichen und beruflichen Entwicklung und wie sieht er seine Funktion in dieser Gesellschaft für den Patienten. Diese Fragen führen zu weiteren Fragen: wie der Therapeut seine Einflussmacht gebraucht, wenn er die Erzählform des Analytikers, des Verhaltenstherapeuten oder des humanistischen Psychologen gewählt hat; oder warum er die Einweg-Kommunikation medizinischer Diagnostik als Abhören von Abweichung, als Devianzauslese wählen musste; warum ein Therapeut das Hilfeersuchen des Patienten als Reparaturauftrag zur Normalisierung versteht oder als Anspruch des Patienten aufnimmt, ihm dienlich zu sein bei der Suche nach angemesseneren Lösungen für seine Lebensfragen.

Ein Therapeut, der sich entschieden hat für die psychodynamische Erzählform als Therapiemethode, sollte wissen, dass er die Aufklärung des Subjekts Patient über Sinn und lebensgeschichtliche Bedeutung seines Leidens zu besorgen hat, und dass sich dieser Prozess in einer dialogischen Kommunikation vollzieht, in welcher er den Patienten zum Mitarbeiter seiner Erkundung machen muss. Der psychodynamische Aufklärungsprozess ist ein zweiseitiger: als Aufklärung des Therapeuten über die Bedeutung des symptomatischen Verhaltens und zugleich Selbstaufklärung des Patienten über den Sinn des ihm widerfahrenen Schicksals. Der Deutungsvorgang, dessen Geschick in die Verantwortung des Therapeuten gestellt ist, ist eine Benennung des bisher namenlosen Geschicks, das durch seine Namenlosigkeit[4] das

[4] Der Entzug des Namens, wie er sich durch Dissoziation ereignet und das Motiv des Geschicks unbewusst macht, ist zugleich in seiner Namenlosigkeit eine ungreifbar wirkende, anonyme Macht: Odysseus, das ist oudeis, griechisch ein Nichts und Niemand, konnte sich den Folgen seines Frevels an Polyphem, dem er das Augenlicht raubte, dadurch entziehen, dass er keinen Namen hatte, und so konnte Polyphem ihn nicht vor dem Gericht der Götter anklagen. Denn ein Nichts und Niemand kann nicht zur Verantwortung gezogen und kann nicht schuldig werden. Indem Odysseus sich namenlos machte, gab er dem Anderen keine Macht über sich,

Subjekt der Macht unbewusster Kräfte auslieferte. Es ist eine Selbstentmächtigung des Subjekts durch die unbewusst wirkenden Mächte in seinen Symptomen, die ihm fremd und unerklärlich sind und durch Erklärungen, das sind Benennungen[5], ihre anonyme Macht verlieren. Indem das Ich nicht Herr im Haus ist, keine Macht über die namenlosen Phänomene, seine unbewussten Ansprüche in den Symptomen hat, kann das (kranke) Subjekt über sie nur Macht gewinnen durch die Benennung eines Anderen: Selbstbemächtigung ist Folge des Benennungsaktes eines Dritten; wie das Kind aus der Sprachlosigkeit der symbiotischen Zweierbeziehung erst durch das Dazwischentreten des Dritten (strukturalen väterlichen) Elements zu seinem Namen kommt, der es in seine eigene Geschichte ruft.

Im Akt der Benennung vollzieht sich der Einfluss des Therapeuten, zeigt sich seine Macht (Inspirationskraft), dem Unerklärlich-Fremden einen Namen zu geben und das Bewusstsein des (kranken) Anderen von der Macht des „Zwerges" (der unbewussten Kräfte) zu befreien. Es ist der Ursprungsakt einer psychodynamischen Beziehung, in der sich der therapeutische Prozess als Erwartung des „besseren Etwas" (Bloch), der Hoffnung auf Veränderung herstellt.

Die Einflussmacht des Therapeuten offenbart sich in der Wirksamkeit seiner Benennungen; sie hat ein therapeutisches Voraussein zur Bedingung, die treffenden Fragen zu stellen, um die passenden Antworten (Deutungen) aus dem Fundus seiner Imagination zu finden. Fragen ist Einflussnehmen, in dem Begehren zu finden: der Therapeut muss eine Anschauung (theoria) darüber haben, was er finden soll, wenn er die lebensgeschichtlich bedeutsamen Ereignisse eines Subjekts ergründen will. Alles Finden ist ein Wiederfinden. Die psychodynamische Suchenslehre ist immer schon eine Findenslehre, sich ein Bild von dem zu machen, was man sehen, erkennen möchte: „Ich suche nicht, ich finde" (Picasso), und Freuds immer wiederholter Ausspruch Michelangelos über seine Vorstellung von psychoanalytischer Arbeit: „Diesen Engel muss ich aus dem Marmor befreien", meint: der Therapeut muss ein Bild in sich haben und sich ein Bild machen können über das, was

---

entzog sich dessen Einfluss. Denn Einflussnehmen heißt über den Namen verfügen, einen Namen geben und einen Namen haben: der Name steht für das Wesen der Sache, für das Wesen der Person in der Sprachmagie der Worte (s. Pohlen u. Bautz-Holzherr 1991).

[5] Es ist das sog. „Rumpelstilzchen-Phänomen" (Torrey 1972, zit. in Frank 1997) der Psychotherapeuten, die namenlose Macht des Unbewussten zu brechen durch Benennung und damit den unerklärlichen, fremd und verwirrend wirkenden Erfahrungen des Patienten einen Sinn zu geben – bekanntlich wurde die Willkürherrschaft des Zwerges über die Königin durch seine Benennung gebrochen.

aus dem Universum menschlicher Möglichkeiten, und im Fall der empirischen Wirkungsgeschichte des jeweiligen Patienten, die treffenden Fragen und passenden Antworten sein könnten – wenn man den Lebensgang eines Menschen auf dem Hintergrund der ihm auferlegten Konfliktdynamik sehen will und das Leben als ständige Auseinandersetzung widerstreitender Kräfte begreifen kann.

In diesem Kontext ist der Blick auf die unbewussten Motive der Gestaltung von Intersubjektivität zu richten, auf die Beweggründe einer für den Patienten fördernden oder hemmenden Beziehungsgestaltung des Therapeuten. Das bedeutet: die Perspektive einer offenen Wahrnehmung einzunehmen im Gegensatz zu einer geschlossenen; das Begehren, die Interaktion klassifizierend einzugrenzen, oder das Begehren, die Interaktion mäeutisch[6] zu handhaben. Die Modi der Beziehungsgestaltung hängen mit den prägenden Mustern der Objektbeziehungsweise (den inneren Objekten, inneren Bildern) des Therapeuten zusammen, machen den Unterschied kenntlich zwischen einem kompetenten Psychotherapeuten und einem bloß diskriminierenden Diagnostiker: ob er Partei nehmen kann für die zu lösenden Wünsche und Probleme des Patienten und sein vorrangiges Interesse darin besteht, den Patienten zu entbinden von infantilen Abhängigkeiten und mit ihm den Fortgang der Beziehung in der Befreiung von autoritären Mechanismen zu suchen; oder ob der Therapeut Partei nimmt für die bestehende Ordnung, um ihn unter diesem Druck zurückzubringen auf vernünftige Normalität und zur Selbstunterdrückung seiner Lebensansprüche anzuhalten. Das entbindend-lösende und entwicklungsöffnende Verhalten des Therapeuten ist Bedingung für den Prozess der Selbstbemächtigung des Subjekts, während das rückbindend-konservierende und „feststellende" Verhalten, wie es die klassische psychiatrische Position kennzeichnet, ein In-Gang-Kommen von Intersubjektivität als fortschreitender Prozess von Selbstaufklärung des Patienten unterbindet.

Die psychodynamische Psychotherapie folgt wie jede andere Therapieschule, auch wenn dies übersehen wird, einem rhetorischen Prinzip in den Kategorien der Überzeugungskraft und Glaubwürdigkeit des Therapeuten und dem Glauben und Vertrauen des Patienten; und sie hat zugleich eine ästhetische Dimension in ihrem gestaltschaffenden Prinzip, verborgenen Bedeutungen zur Gestalt zu verhelfen (s. Pohlen u. Bautz-Holzherr 1991). Und die Heilkraft eines Psychotherapeuten, seine antizipatorische und ingeniöse

[6] Mäeutik (sokratische Fragemethode) ist die Entbindungskunst des Therapeuten, die Fähigkeiten und Möglichkeiten eines Menschen ins Leben zu rufen.

Kompetenz, scheint in diesen „angeborenen Talenten" zu liegen, die zwar „durch Übung gesteigert werden können"; aber genauso wie beim „Musiker kann kein noch so intensives Üben einen Horowitz oder Rubinstein hervorbringen, noch kann es jemanden, der kein musikalisches Gehör hat, in einen Pianisten verwandeln" (Frank 1997, S. 122).
Die Kunst des empathischen Hörens bedeutet, sich als Therapeut „seiner eigenen Gefühle, Bilder, Phantasien und Assoziationen gewahr zu werden" (Strupp 1996, S. 86), um die „unausgesprochenen Botschaften" des Patienten aufnehmen zu können. Es ist ein „intuitiver Prozess" (Strupp l. c.): das intuitive Geschehen vollzieht sich in dem, was der Therapeut in den „unausgesprochenen Botschaften" erblicken kann und als seine Wahrnehmung dem Patienten mitteilt. Und in den passenden Eingebungen (Einflüssen) des Therapeuten ist das wirksame Agens des Verständigungsprozesses zu sehen. Der „komplette Therapeut" (Kottler 1990), gemeint ist wohl der ideale Psychotherapeut, ist der Therapeut des Einfühlungsvermögens, der Kompetenz, der Überzeugungskraft und der Weisheit, der eine außergewöhnliche Sensibilität für die innere Welt anderer hat und sich als fürsorglicher Mensch um andere kümmert, ohne Abhängigkeit zu erzeugen und den Anderen beibringt, wie sie sich selbst etwas beibringen können (Kottler nach Strupp 1996, S. 87). Freilich erstaunt, dass hier nicht nach- und weitergefragt wird, auf welchem Weg sich dieses „Beibringen", das ein Einflussnehmen ist, vollzieht. An dieser Stelle bricht immer der Diskurs in der Psychotherapieforschung ab, wo es um das Denktabu der Suggestion geht, um die theoretische Explikation des Einflussprozesses.
Die Inspirationskraft und das ingeniöse Talent[7] des Therapeuten, seine Kunst, das Verborgene zu erraten und überzeugend darzulegen, führt die ästhetische und rhetorische Dimension von Psychotherapie vor Augen. Die Enträtselung des verborgenen Sinns der Symptome in der immerwährenden Frage nach dem Wieso und Wozu ist das treibende Moment eines Dialogs. Und der Typus des Fragens induziert den Typus der Antwort; entweder äußert sich das Subjekt als defizitäres Objekt medizinischen Interesses oder als Autor seiner (in-

[7] Das ingeniöse Talent des Therapeuten folgt dem gestaltschaffenden Prinzip der Ästhetik, deren Güte sich in der Prägnanz (Gestaltqualität) des Wahrnehmungsgegenstandes erweist. Das besondere Wahrnehmungsvermögen des Therapeuten findet zwar seine methodische Selbstbegrenzung im schulspezifischen Entzifferungsschlüssel, der die analogische Tätigkeit des Therapeuten unter die spezifischen Gestaltprinzipien der Deutung bringt. Aber das ingeniöse Vermögen des Therapeuten ist ein angeborenes Talent, das durch Übung zwar gesteigert, durch Ausbildung jedoch nicht erzeugt werden kann.

spirierten) „Einfälle" auf die Fragen des psychodynamischen Begehrens nach dem Wieso und Wozu: „Wieso gerade ich", „Wozu dies mir?"
Die Entschlüsselung dieser Fragen (des kranken Subjekts) mit dem „Phantasieschlüssel" des Therapeuten ist die Essenz des psychodynamischen Prozesses. Freuds Antwort auf diese Fragen, die sich in Hiobs Klagen niederschlagen, ist die Konstruktion der psychoanalytischen Situation als Wiederholung der Kindheitssituation in der Übertragung auf den Therapeuten: aus dem Universum von Fragen über die „Gründe" menschlichen Leids hat Freud die Perspektive des Kindes, des werdenden Subjekts, gewählt als Ursprungssituation des Fragens. Und darin liegt die von Freud gefundene subversive Optik existentieller Selbstbefragung, das umstürzende Moment des Blickwechsels: aus der Optik des Kindes, des erwachenden Subjekts und seiner Fragen, die Welt zu sehen, und nicht mehr aus der Optik normativ zugerichteter Erwachsener. Indem Freud das Jetzt seiner Beziehung zum Patienten in Analogie zum Früher des Patienten verstand, hatte er eine Analogieschlusstheorie entworfen, die ihm den Schlüssel zur Kindheit gab, das Kind im Patienten mit seinen Fragen wiederzuerkennen in der Wiederholung der analytischen Situation[8]. Zugleich stiftete Freud eine psychologische Verstehenstheorie, indem er das Verhalten des Patienten in der Übertragungssituation als „Reiz" für den Therapeuten verstand, auf den Patienten so zu reagieren wie dessen Eltern, und sich dadurch in die Lage zu versetzen, das Interaktionsschema des Patienten deutend zu bearbeiten.
Freuds psychodynamisches Denken hat mit diesem Kunstgriff die Fragen des Kindes an die Eltern wieder aufleben lassen und in den Reaktionen des Therapeuten vergegenwärtigt. Das Kind ist die Antwort auf die ungelösten Fragen der Eltern: „Wer bist Du, wer seid Ihr, dass ich so bin?" - die Frage des Kindes; „Wer bin ich, wer sind wir, dass Du so bist?" - die Frage der Eltern. Wer die ungelösten Fragen der Eltern begreifen will, muss die auferlegten Antworten (Konflikte) des Kindes verstehen. „Warum fragst Du mich das"; „Warum sagst Du mir das?" spricht das „Kind" zum Therapeuten in

[8] Die Freud'sche Erkenntnis- und Verstehenstheorie hat ihre Gültigkeit bewahrt, obwohl sie in der Routinepraxis zu einem Instrument entfremdender Erfahrung zwischen Therapeut und Patient wurde, weil die schematische Anwendung der Übertragungspsychologie zu einer Entfernung von Nähe und Gegenwärtigkeit in die Vergangenheit der Kindheit geführt hat, so dass immer mehr das Früher an die Stelle des Jetzt einer aktuell notwendigen Auseinandersetzung getreten ist (s. Pohlen u. Bautz-Holzherr 1995a). Die Ziele und Aufgaben in der dynamischen Psychotherapie sind allein schon wegen der breiten Anwendung in der Kurztherapie begrenzter und die psychodynamische Arbeit zentriert sich heute mehr auf die Integration der dissoziierten Aspekte der Person.

Wiederkehr der früheren Frage und im „nachträglichen Verständnis[9]" verspätet, überträgt der Therapeut dem Früher Bedeutung – Deutungen sind demnach „nachträgliche" Antworten, Erklärungen für frühere Erfahrungen. Der Ruf „fortschrittlicher" Analytiker nach Überwindung der sog. Freud'schen Ein-Personen-Psychologie durch Überführung in eine Zwei- und Mehrpersonen-Psychologie mit den entsprechenden Settings zeugt von einer naiven Verkennung menschlicher Intersubjektivität, besonders der therapeutischen, weil sich in der Kommunikation zwischen Therapeut und Patient die Welt familialer und sozialer Objekte, der inneren wie der äußeren, versammelt. Freud wusste schon darum, dass er immer zugleich mit drei Personen sprechen würde; er meinte damit sich selbst und die Vater-Mutter-Kind-Figuration im Gegenüber des Patienten, übersah aber die ins Spiel kommende eigene Dreier-Konfiguration, so dass eigentlich sechs Subjekte in einer Zweier-Situation immer präsent sind; abgesehen von anderen inneren primären Objekten und Objekten der Geschwister wie äußeren Objekten, Partner, Freunde und andere. Eine endlose Objektverkettung inszeniert sich durch die psychische Repräsentation der vergangenen Objekte und die Repräsentation der gegenwärtigen Objekte in jeder psychodynamischen Intersubjektivität, und es liegt am Phantasievermögen des Therapeuten, das Ensemble dieser Stimmen auch zu hören oder zum Sprechen zu bringen. Der Ruf nach der Mehrpersonen-Psychologie entspringt einer naiven Gleichsetzung von innerer, psychischer Realität mit der äußeren Realität, wie wenn die dyadische Konfiguration der Therapie eine solipsistische Monaden-Psychologie produzieren würde, in der das Ensemble all jener Stimmen des Subjekts nicht zur Geltung kommen könnte. Im therapeutischen Dialog spricht nicht nur die Vielfalt von inneren und äußeren Objekten, sondern auch die verschiedenen Stimmen aus den unterschiedlichen Lebensepochen des Kindes im Erwach-

---

[9] Die psychoanalytische Erinnerungstheorie Freuds, im „nachträglichen Verständnis" (XII, S. 72 f.) dem Früheren Bedeutung zu übertragen, ist eine Theorie des „post scriptums" (Derrida 1972), weil immer erst verspätet auf das „Dunkel des gelebten Augenblicks" (Bloch) das Licht der späteren Bedeutung fällt: das Später kommt vor dem Früher, die nachträgliche Erzeugung von Vergangenheit ist auch für das historische Subjekt eine Notwendigkeit, im Strom des faktischen Geschehens nachträglich einen historischen Sinn für sich zu erzeugen. Wann wird man endlich zur Kenntnis nehmen, dass Freud eine Erinnerungstheorie aufgrund seiner klinischen Erfahrung geschaffen hat, dass „Kindheitserlebnisse (infantile Erinnerungen) nicht mehr als solche zu haben sind"(Freud II/III, S. 190); und dass Konstruktionen (Deutungen) des Therapeuten, wenn sie passend für den Patienten sind, denselben Wert haben wie Rekonstruktionen (rekonstruierte Erinnerungen) für die Herstellung von Selbstverständigung des Patienten. Bei der psychodynamischen Arbeit am Symptom als Integration der dissoziierten Aspekte in das Selbstkonzept der Person geht es immer auch um die passende Konstruktion.

senen und des Erwachsenen im Kind. Und es liegt an der Kunstfertigkeit des Therapeuten, in diesem „Stimmengewirr“ den roten Faden zu finden.
Indem wir hören, können wir fragen, und indem wir fragen, wissen wir von uns, was unsere Erfahrung ist. Das Fragen ist der maßgebende Zug des psychodynamischen Denkens. „Warum fragst Du mich das?“ – will heißen: „Warum sagst Du mir das?“ (in den Deutungen) und führt zu der Frage des „Kindes“ an den Therapeuten: „Wieso, wozu bin ich?“ (für Euch, meine Eltern); und „Was könnte ich für mich sein?“: es ist die über die Wiederholung der Kindheitsmisere hinausweisende, entscheidende Frage an den Therapeuten über die Zukunft des Subjekts. Denn die Selbstaufklärung kann ihre eigentliche Erfüllung nur darin erfahren, was für den Kranken möglich sein könnte, für ihn immer noch aussteht.
Der glaubwürdige Therapeut ist das Subjekt, das weiß (Lacan), das dem Ungesehenen und Ungehörten des Patienten zur Gestalt verhilft und das Fremde dem Ich vertraut macht. Die Glaubwürdigkeit des Therapeuten liegt darin beschlossen, dass er durch seine vermittelten Gestalten dem Patienten eine Durchblickbahn eröffnet; dass sein Einfluss von interpretatorischen und verhaltensmodifzierenden Interventionen so passend ist, dass seine Glaubwürdigkeit immer aufs Neue bestätigt wird – der therapeutische Kreislauf als ein sich selbst bekräftigendes Glaubenssystem. In dieser Hinsicht ist die Freud'sche Konstruktion der psychodynamischen Situation im dargestellten Analogieschlussverfahren und der psychologischen Verstehenstheorie ein Glaubenssystem, das sich auf die von ihm entdeckte Suggestion als Urphänomen des Seelischen gründet: die im Freud'schen Sinne als Übertragung wirkende Suggestion ist die Ausgestaltung eines sich selbst beglaubigenden Systems.
So gesehen sind alle therapeutischen Systeme Glaubenssysteme, die ihre Überzeugungen ständig selbst bestätigen in Art einer sich selbst erfüllenden Prophezeiung. In diesem Licht muss die Häme von Karl Krauss, dass Psychoanalyse immer die Ostereier findet, die sie selbst versteckt hat, anders gelesen werden: alle therapeutischen Systeme unterliegen als Einflusssysteme dem hermeneutischen Zirkel und sind darin gleichermaßen erfolgreich, wenn die Selbstbeglaubigung des Systems den Interaktionsprozess trägt und dieser das System immer wieder bestätigt. Der Mythos des gemeinsamen Überzeugungssystems als der tragende Grund therapeutischer Wirksamkeit erklärt auch die Tatsache, dass die verschiedenen psychotherapeutischen Schulen mit verschiedenen Entzifferungsschlüsseln („Phantasieschlüssel“) zu verschiedenen, aber gleichwohl ähnlich erfolgreichen Erzählschemata für den Patienten gelangen.

Unter dieser Perspektive ist die Anwendung des konventionellen Wissenschaftsbegriffs in der Frage nach der Validität des Schlüssels auf das hermeneutische Geschehen der therapeutischen Interaktion unzulässig, weil die verschiedenen Entzifferungsschlüssel der verschiedenen Schulen aus der Gemeinsamkeit des jeweiligen Glaubenssystems von Therapeut und Patient schultypisch überzeugendes Material (freudianisch, jungianisch, kognitionspsychologisch und so fort) produzieren. Eine jede therapeutische Schule wird nämlich aufgrund eines anderen Erzählschemas zu einer anderen Selbstinterpretation des Patienten gelangen und die notwendige Veränderung darin bewirken, dass er zu einer überzeugenden Selbsterklärung seiner Geschichte findet – die Bejahung seiner selbst, das Ja-Sagen zum ungewollten Geschick (Nietzsche) ist der den Menschen auszeichnende Beweggrund zur Befriedigung seines Sinnhungers.

Vom Wahrnehmungsprinzip der Metaphorik: das analogisierende Verfahren der Psychodynamik

Kein Bild hat der beste Künstler in sich, das nicht ein Marmorblick in sich enthielte,
allerdings mit dem, was darüber hinausgeht;
nur die Hand, die dem Einsichtsvermögen folgt, gelangt zu jenem Bild.

Michelangelo, Sonett LXXIII (1547)

Dieses Sonett ist im Kontext jener von Freud so oft zitierten Sentenz Michelangelos zu lesen: „Ich muß diesen Engel aus dem Marmor befreien." Es ist die Kunst der Entsprechung in der Imagination des Forschers und Künstlers mit dem aus dem Stoff herauszuarbeitenden Werk. Die metaphorische Tätigkeit der Herstellung von Ähnlichkeit zwischen Phantasiebild und herauszuschaffendem, im Stoff noch verborgenen Wesen einer Sache zeichnet den artistischen Vorgang. Den Stoff gleichwie der Einbildung zu gestalten, das Ähnliche aus dem Material herauszubringen, ist die Intention metaphorischer Arbeit, die in ihrem Vollzug aufdeckt, was vorher nicht gesehen wurde. Die Phantasie in den Wirklichkeitsstoff einzubilden, hängt freilich am ingeniösen Talent des Forschers und Künstlers, die Ähnlichkeit der Dinge und Sachen auch zu erkennen und herauszubilden (Vico 1965, 1981). Das Erfinden, die inventive Tätigkeit, geht allem begründenden Denken voraus: das Erscheinenlassen des bisher Verborgenen bringt das Wesenhafte eines Phänomens zum Vorschein.
Die intuitive Wahrnehmungserkenntnis eines Forschers zeichnet also den bildhaften Grund des Denkens, im „Augenblick" der Erkenntnis durch Metaphorierung die inneren Bilder passend auf das „Material" zu entwerfen. Der sinnlich-materielle Prozess des Metaphorierens, die Entstehungsgeschichte der rein kör-

perlich bestimmten Einbildungskraft, gründet darin, dass ursprünglich alle Metaphern in Analogie zum menschlichen Körper gebildet wurden, in Projektion des Körpers und seiner Funktionen entstanden sind (s. Vico und Grassi). So ist die semantisch-hinweisende und zeigende Rede, die sich analogisierend in Metaphern darstellt, von unmittelbarer Vergegenwärtigung in einem einleuchtenden Bild; während die rational-begründende und ableitende Rede die „archaische" Sprache des Semantischen zu ihrer Voraussetzung hat und erst auf dem Weg der Beweisführung in langen Schlussketten zu ihren Folgerungen kommt, die auf dem bildhaften Grund des Subjekts und der Welt beruhen.
Im Falle des wissenschaftlichen Erkenntnisprozesses von Kekulé gründet sein beweiserhebendes Verfahren um die Verifizierung der angenommenen Benzolformel auf dem „archetypischen" Bild vom Uroboros. Die Beziehung zwischen analogischer und beweisender, rationaler Rede in der Wissenschaft wird an Kekulés Entdeckung der Benzolformel anschaulich. Kekulé suchte die Formel von Benzol, die er eines Tages im ringelnden Qualm von Abgasen als Bild vor Augen hatte: eine sich selbst in den Schwanz beißende Schlange, das antike Bild des Uroboros als Figur eines in sich geschlossenen Systems. Er suchte dann in der Empirie, was er bereits in seinen Prämissen, in seiner Hypothese vom Uroboros gefunden hatte und stellte die Versuchsanordnung her, die ihm die Möglichkeit gab, zu verifizieren, was er „unbegründet" vorhergesagt hatte.
Am Beispiel von Kekulés Erkenntnisweg wird das analogisierende Denken in der Übertragung von der sinnlichen Ebene des ringelnden Rauchs auf die symbolische Ebene des Uroboros buchstäblich. Die analogisierende Rede entwirft aufgrund ihres bildhaften Charakters den Rahmen für die rationale, logifizierende Betrachtung. Die Hypothesenbildung in der Naturwissenschaft erfolgt als ungerechtfertigte Vorwegnahme (in der Phantasie) in einer ihr zugrunde liegenden, jedoch gänzlich entgegengesetzten, „archetypischen Sprache" (Grassi 1979a). Und im naturwissenschaftlichen Experiment werden dann nur die Versuchsbedingungen hergestellt, um das zu beweisen, was schon längst gewusst ist.
Heisenberg (1981) hat auf die Bedeutung des Schönen in den exakten Naturwissenschaften, auf dieses ideelle Formprinzip der Pythagoräer und Platons als Urgrund alles Seienden verwiesen; dass eben die materiellen Dinge die Abbilder, die Schattenbilder der idealen wirklichen Gestalten sind. Die wahrgenommene Welt ist der Niederschlag eines Entwurfs von Welt, der immer schon Projektion einer vorgängigen Interpretation ist (Nietzsche). Der Mensch erkennt die Welt weniger durch das, was er ihr entnimmt, vielmehr durch das, was er ihr an Vorstellungen hinzufügt – das hermeneutische Ergänzungsprinzip menschlicher Welterfahrung.
Das Erfassen der Ideen, der inneren Gestalten durch den menschlichen Geist wird als künstlerisches Schauen, als Wiedererinnerung der Urbilder erfahren. Es sind intelligible Urbilder, die von vorneherein innerlich gegeben sind und als unmittelbar aufleuchtende Einsichten wahrgenommen werden können. „Die Fähigkeit zur Wahrnehmung muss also wohl ebenso angeboren sein wie das Muster selbst", sagt Heisenberg (1981, S. 80). Die Archetypen funktionieren danach als

anordnende Operatoren und Bildner in dieser Welt der symbolischen Bilder als Brücke zwischen den Sinneswahrnehmungen und den Ideen, den Urbildern: Goethes „Urphänomen“. Sie sind notwendige Voraussetzung für die Entstehung einer naturwissenschaftlichen Theorie. Dieses Apriori wissenschaftlicher Erkenntnis kann nicht ins Bewusstsein verlegt und auf bestimmte, rational formulierbare Ideen bezogen werden, sondern ist nach Heisenberg ein unbewusster Vorgang.

So hat Kepler (zit. n. Heisenberg 1981) zum Beispiel die Überzeugung von der Richtigkeit des kopernikanischen Systems primär nicht aus den einzelnen astronomischen Beobachtungsergebnissen gewonnen, sondern aus der Übereinstimmung des kopernikanischen Bildes mit einem Archetypus, dem Symbol der Heiligen Dreieinigkeit: Gott steht im Zentrum einer Kugel als das primär Bewegende; die Welt, in der der Sohn wirkt, wird mit der Oberfläche der Kugel verglichen; und der Heilige Geist entspricht den Strahlen, die vom Mittelpunkt der Kugeloberfläche laufen. Kepler hat die Überzeugung von der Richtigkeit des kopernikanischen Systems aus solchem Urbild gewonnen.

Die Wissenschaftlichkeit der Wissenschaft besteht im anschauenden Denken; darin liegt die schöpferische Kraft, die Imaginationsfähigkeit eines Forschers. Die Natur des Menschen ist eine des homo imaginosus (Bloch 1972), ohne die Archetypen der Phantasie ist keine Dichtung, keine Philosophie, kein wissenschaftliches Denken möglich. Diese utopische, vor-denkende Funktion der Imagination hat Bloch als die „schaffende Vernunft“ wiederentdeckt und das imaginierende Vorausgreifen als eine erkenntnistheoretische Dimension begriffen. Reine Empirie, Fakten sammeln, der typische „Vulgärempirismus“ nach Adorno (1972), wird nach Heisenberg unfruchtbar, weil es das Denken in endlosen Tabellenwerken ohne inneren Zusammenhang erstickt. Es bedarf nach ihm der Leuchtkraft der Anschauung, denn „die Schönheit (der Anschauung) ist der Glanz der Wahrheit“ (1981, S. 75).

Das analogisierende Verfahren psychodynamischer Arbeit haben wir andernorts ausführlich dargestellt (Pohlen u. Bautz-Holzherr 1991). An dieser Stelle geht es uns darum, die Grundzüge des metaphorischen Wahrnehmungsprinzips zu erläutern, um die strukturierende Macht psychodynamischer Wahrnehmungserkenntnis für die Psychotherapie vor Augen zu führen. Die metaphorische Rede hat nach semiotischem Verständnis Evidenzcharakter, unmittelbare Einsichtigkeit und Offenkundigkeit. Sie lässt etwas augenscheinlich werden, und dieses Sehenlassen und Zeigen drückt sich in ihrer bildhaften Sprache aus. Die metaphorische Rede ist in ihrem Wesen eine semantische, Zeichen setzende und Zeichen gebende, in der griechischen Bedeutung auch im Sinne des sakralen Vor- und Wahrzeichens, das aller Bezeichnung in seiner Vorbedeutung zugrunde liegt. Semainei heißt ein Zeichen geben, verkünden; bedeutet aber auch: die Vor- und Anzeichen, die jeder Verständigung vorausgehen, kundtun.

Dem Anspruch der logifizierten Rede auf Gültigkeit, die sich in der Wahrheit ihres Beweisgrundes legitimiert, steht der Anspruch der semantischen Rede auf Ursprünglichkeit entgegen; das heißt, der Geltungsanspruch einer allem voraus-

und zugrunde liegenden Rede, welche die Signaturen der menschlichen Welt bildet. Die Vieldeutigkeit der semantischen Rede, die in der Gleichzeitigkeit mehrfacher Bedeutung liegt, schließt sie aus der Rede des rationalen Denkens aus, da diese Rede der Eindeutigkeit in ihrem Schlussverfahren bedarf. Und diese Ausschließung der metaphorischen Rede aus dem Wissenschaftskanon ist ein die Moderne seit Descartes kennzeichnender Zug.

Im Rahmen dieser Entwicklung wurde das wissenschaftliche Denken identisch gesetzt mit dem syllogistischen Verfahren, das als Ausweis des Rationalen und der Logik galt, während die metaphorische Rede zur arationalen, alogischen, mithin auch unwissenschaftlichen gemacht wurde. Die das gesellschaftliche Bewusstsein durchherrschende Vorrangstellung des rationalistischen Diskurses verweist jedes andere Denken aus dem Geltungsbereich des Rationalen ins Arationale. Das vorherrschende Urteil aufgrund dieses begründeten und abgeleiteten Denkens ist Ausdruck von Vormachtstellung in der Bemächtigung einer bestimmten Wirklichkeitssicht, der allein Sinn und Bedeutung zuerkannt wird. Dadurch macht sich die rationale Rede in ihren Voraussetzungen unangreifbar, weil die Bedingungen ihrer Prämissen, die der metaphorischen Rede entstammen, nicht mehr innerhalb des wissenschaftlich zulässigen Denkens bedacht werden können.

Die metaphorische Rede ist die Grundart der menschlichen Aussageweise, die sich analogisierend vollzieht. Der Terminus Metapher bezeichnet ursprünglich eine konkrete Handlung und war das Tragen eines Gegenstandes von einem Ort zum anderen (s. Grassi 1979a), das Überführen im buchstäblichen Sinne, im Griechischen: den Leichnam überführen, das ist die letzte Übersetzung vom Leben zum Tod; in der übertragenen Bedeutung, das Anderswohintragen von der sinnlichen zur unsinnlichen Anschauung.

Das richtige Übertragen wird in dem Vermögen gesehen, das Ähnliche zu schauen, das Entfernteste durch Ähnlichmachen zu verknüpfen. Und diese Sicht des „Gemeinsamen", die durch Übertragung im Ähnlichmachen zustande kommt, ist der Grund der metaphorischen Fähigkeit: sie stellt durch Aufdecken der Ähnlichkeiten Verknüpfungen her, die einen neuen Zusammenhang zeigen. Dieses Schließen ist ein Erschließen aufgrund von Ähnlichkeiten, die zur Übereinstimmung gebracht werden in einer neuen Sicht. Die Analogie als Erkenntnisprinzip sucht die Entsprechung nach dem Grundsatz der Ähnlichkeit in der Übereinstimmung ähnlicher Merkmale, die den Schluss auf Zusammenhang nahe legen. Die exemplarische Form der Metapher ist die Analogie, durch welche die Ähnlichkeit aufgrund der hergestellten Verknüpfungen sichtbar wird.

Die Metapher, das metaphorische Denken, und nicht der Begriff steht am Anfang des Denkens (Grassi 1979a,b): sie entstammt einer anschauenden Urteilskraft, in der das Anschauen selbst ein Denken ist (Goethe 1965). Und dieses anschauende Denken ist nach Goethe ein „gegenständliches Denken", es erkennt die Bilder als Abbilder eines Urbildes, Archetypen der Phantasie. Die Metaphorierung entspringt diesen universellen Imaginationen des Subjekts: der Mensch als homo imaginosus (Bloch 1972). Die „fantasia“ Vicos (1965), die Einbildungskraft, ist Quelle und Ursache aller Metaphorierung und immer schon sinnlich-materiell. Nach dieser sinnlich-materialistischen Anschauung Vicos dachten die Menschen mit ihren Körpern, und sie fassten die Welt als Übertragung ihres Körpers auf. In Analogie zum menschlichen Körper und seiner Paarung imaginiert sich die Anschauung der Welt als Übertragung dieser komplementären Paarung: Uranos und Gaia sind keine Symbole, sondern Übertragungen vom menschlichen Körper auf den Kosmos, in dem oben und unten als ewig sich vereinigende Körper erscheinen. Vicos Vorstellung, dass alle Metaphern in Analogie zum menschlichen Körper entstanden sind und dass diese körperliche Einbildungskraft Quelle und Ursache aller Metaphorierung ist, stimmt in überraschender Weise mit Freuds Vorstellung der Metaphorierung überein; so zum Beispiel, wenn Vico darauf verweist, dass in Analogie zum menschlichen Haupt alle Erhebungen und Gipfel gebildet sind, in Analogie zum Mund alle Öffnungen, in Analogie zu den menschlichen Leidenschaften das Dürsten der Natur, das Leiden der Früchte und das Strotzen der Saaten und anderes mehr (s. Vico 1965). Die Menschen dachten ursprünglich mit ihren Körpern und fassten die Welt als einen Körper auf. Diese Metaphorierung ist die Grundlegung jedes Sprechens und Denkens, hervorgebracht aus der körperlichen Einbildungskraft (Phantasie).

Freud begreift die seelischen Mechanismen nicht anthropomorphisierend, sondern in Bildern, die einleuchtend sind und durch diese „Versinnlichung“ (Freud XII, S. 6) der seelischen Mechanismen diese einsichtig machen. Die Versinnlichung, „Symbolisierung“ der Leiblichkeit, oder die „architektonische Symbolik des Körpers“ entdeckte Freud in der Bildersprache des Traums wieder und begreift die Traumrede als Projektion, Entäußerung dieser inneren, körperbestimmten Bilder, so dass Pfeiler und Säulen Beine bedeuten (wie im Hohen Lied), jedes Tor an eine der Körperöffnungen (Loch), jede Wasserleitung an den Hahnapparat denken lässt; in diesen Fällen hat „der Sprachgebrauch, der Niederschlag von Phantasievergleichungen ältester Zeiten, reichlich vorgearbeitet (der „Weinberg“ des Herrn, der „Samen“, der Garten“ des Mädchens im Hohen Lied)“ (Freud II/III, S. 352).

Die Metaphorierung entspringt dem Begehren der sexuellen Triebnatur nach Vereinigung und Übereinstimmung: das Sexualziel, mit dem Anderen zur Dekkung zu kommen, hat sich hier entstellt in das sublimierte Ziel des sublimierten Eros, des Kosmogonischen, der an die Stelle des entfernten, konkret empirischen Sexualziels die Vereinigung der oberirdischen und unterirdischen Mächte gesetzt hat. Diese Weise der Metaphorierung bestimmt auch Freuds großartigen Entwurf seiner Imaginationslehre: aus der Ähnlichkeitsbeziehung des Entferntesten einen Zusammenhang zu knüpfen, der eine völlig neue Sicht der menschlichen Natur zeigt. Freud fand im Bild von der menschlichen Natur als Haus das Urbild der Natur als Haus wieder: es ist ein mythisches Bild vom Mikrokosmos des Hauses (Freud II/III, S. 351 f.) als Wiederholung des Makrokosmos, wie es sich im analogischen Denken des Mythos in jeder Behausung, individuell wie kollektiv, als

eine Wiederholung der „imago mundi“ (Eliade 1954) darstellt. Und die „imago mundi“ ist die Metaphorierung (Übertragung) der „imago corporis“.
Die psychischen Akte spielen sich in einem Haus ab, dessen einzelne Räume an ihren Schwellen Türhüter haben, Zensoren, die den Einlass (des lärmenden Volkes der Triebe) regeln. In der weiteren Entfaltung seiner Anschauung von der Natur des menschlichen Hauses sieht Freud das Triebschicksal als Kampf widerstreitender Kräfte zwischen den Instanzen sich bilden. Schließlich entwirft er ein Strukturmodell eines hierarchisch geordneten Hauswesens, für dessen Zusammenleben in über- und untergeordneten Instanzen es unbedingt erforderlich sei, „daß die oberste Instanz von allem Kenntnis erhalte, was sich vorbereitet, und daß ihr Wille überall hin dringen könne, um seinen Einfluss zu üben“ (Freud XII, S. 9).
Freilich kann die Ordnung dieses Zusammenwohnens gestört werden, wenn ein Teil der Bevölkerung im eigenen Haus sich der Herrschaft des Ichs entzieht und wie ein fremder Gast selbstmächtiger als die dem Ich unterworfenen Bewohner zu sein scheint. Das Ich hat seine Kraft überschätzt, wenn es geglaubt hat, es könne mit den Sexualtrieben anstellen, was es wolle und brauche auf ihre Absichten nicht die mindeste Rücksicht zu nehmen: „Da haben sie sich denn empört und sind ihre eigenen dunklen Wege gegangen, um sich der Unterdrückung zu entziehen“ (Freud XII, S. 10). Ein Ich, das sich wie ein absoluter Herrscher benimmt, der es sich an den Informationen seiner obersten Hofämter genügen lässt und nicht zum Volk herabsteigt, um dessen Stimme zu hören, kann nicht begreifen, dass dieses Volk nicht zu bändigen ist und muss ohnmächtig (krank) werden, wenn es die Macht dieser Triebe nicht berücksichtigt (Freud XII, S. 11). Die aufrührerische Kraft des Begehrens, das nie zu bändigende Freiheitsverlangen nach Selbstbemächtigung ist das umtreibende Moment des psychodynamischen Denkens.
Die Psychoanalyse als Wissenschaft der condition humaine nimmt in ihrer Heuristik die humanistische Tradition wieder auf und setzt Phantasie, die imaginative Einsicht, als Möglichkeit des „Eintretens“ in den Geist und die Situation des Anderen (Vico) wieder ein: in der „fantasia“ ist nach Vico (1981) eine genetische Erkenntnisweise vermittelt, und Freuds „Phantasieschlüssel“ als erfinderische Möglichkeit des imaginierenden Vorausgreifens gibt ihr im Sinne Blochs eine erkenntnistheoretische Dimension.

2. Psychodynamische Symptomtheorie: vom Triebgrund der Symptome, des Charakters und vom dissoziierten Begehren

Freud hat im Begehren die Wahrheit des Subjekts erkannt.
Lacan

2.1 Über die Triebdynamik der Ich-Bildung und des Verhaltens

Wenn man das Symptom auf der Grundlage der psychoanalytischen Konflikttheorie als Erfolg eines Konflikts ansieht, in dem Ersatzbildungen[10], symbolische Ersetzungen, das Symptom in seiner Besonderheit bestimmen; oder Kompromissbildungen, bei denen gleichzeitig der abgewehrte Wunsch und die Abwehrforderungen befriedigt werden; und schließlich generalisierte Reaktionsbildungen, welche die Besonderheit der Charakterstruktur als „Symptom" einer Person darstellen, dann muss die Triebtheorie als Basis der gesamten psychodynamischen Phänomenologie reflektiert werden. Die Reaktionsbildung als Prototypus der Symptomentstehung im triebbedingten Antagonismus von Gegenstrebungen zwischen Bejahung und Verneinung, zwischen Selbsterhaltung und Sexualität (Hunger und Liebe), Sexualität und Aggressivität (Liebe und Hass), ist in der Verwendung der Triebambivalenz für den Bildungsprozess des menschlichen Charakters die inhärent wirkende Kraft, das treibende Moment beim Aufbau psychischer Dämme von Scham, Ekel und Moral: die Tugenden des Menschen, die sich der Untugend der Triebe, verpönter Strebungen verdanken, repräsentieren in der Besonderheit der Zwangssymptomatik nur eine Übertreibung des gewöhnlichen Charakters. Charakter ist das die Person repräsentierende „symptomatische Verhalten"; je nach der Prävalenz des Triebdispositivs, ob der Trieb beim Einzelnen eingenommen ist von Oralität, Analität oder Phallizität, wird sich der Charakter als Erfolg der daraus entstehenden Konfliktdynamik ergeben.

---

[10] Ersatzbildungen, Ersetzung einer unmittelbaren Befriedigung durch einen symbolischen Ersatz, muss immer mit Kompromissbildung in Beziehung gesetzt werden, dem Leitprinzip der Symptomarchitektur. Jedes Symptom stellt einen Kompromiss dar zwischen einer Triebstrebung und deren Abwehr, da die Befriedigungsintention des unbewussten Wunsches und die Abwehrforderung immer im Symptom sich zu versöhnen suchen. Auch wenn die Reaktionsbildungen als direkte Wendung gegen eine Triebaktion, sozusagen als Gegensymptom (Mitleid gegen Grausamkeit) eine bloße Entgegensetzung als Akt der Abwehr zu sein scheint, so verbündet sich dennoch mit der Gegenregung (zum Beispiel der Ordentlichkeit eines Menschen) der antagonistische Übermächtigungstrieb, unter der Maske der Ordnung alles seinem sadistischen Regiment zu unterwerfen (s. auch Laplanche u. Pontalis 1972).

Das Symptom der Person ist der Charakter: je nach Triebdispositv und Erledigung des Triebkonflikts formt sich der spezifische Charakter (schizoid, depressiv, süchtig, zwanghaft, hysterisch oder phallisch) als Erfolg dieser konflikthaften Auseinandersetzung zwischen dem Begehren des Subjekts und dem Domestikationsanspruch der Gesellschaft in den verschiedenen Epochen des Subjekts. Charakter ist danach als „geronnene Interaktionsstruktur" (Stryz) zu begreifen.
Charakterneurosen muss man unter dieser Optik als Übertreibungen von spezifischen Strukturen ansehen und die Psychoneurosen wiederum als Zuspitzungen dieser individuellen Eigenarten. Die charakterologischen Grundlagen der Symptomneurosen und das Charakterensemble einer Person als narzisstischer Schutzpanzer ist in den Anfängen der Psychoanalyse noch selbstverständliches klinisches Wissen gewesen, wie es besonders von Reich (1970), aber auch von Ferenczi (1984, 1988), den hervorragendsten Vertretern der klinischen Psychoanalyse, repräsentiert wurde. Die Arbeiten dieser klinischen Pioniere stehen im Kontext der Freud'schen Erkenntnisse von den spezifischen Strukturen des Ichs als Triebumsetzungen von perversen Strebungen. Allerdings hat die modernisierte Psychoanalyse durch ihre Entstofflichung und Intellektualisierung in der ich- und selbstpsychologischen Wende die materielle Basis, den Triebgrund verloren und dadurch das anstößige und ärgerniserregende Moment der psychoanalytischen Triebpsychologie zum Verschwinden gebracht.
Es scheint uns heute wieder notwendig, die Bedeutung des triebbedingten Grundes menschlichen Verhaltens[11] zur Geltung zu bringen; vor allem den in der modernisierten Psychotherapie vergessen gemachten „physiologischen" Grund der Lebenserscheinungen, der eine durch Ich- und Objektbeziehungspsychologie durchrationalisierte Psyche zum Opfer gebracht wurde. Dieser Entstofflichungs- und Entsinnlichungsprozess der psychischen Phänomene liegt im Zeitgeist der Entfernung des Körpers als störendes Element, dessen unberechenbare Sinnlichkeit sich eben nicht machinal wie ein Uhrwerk (Descartes) regulieren lässt. Denn wie sonst könnte sich in der Psychotherapie eine Ich-Psychologie und besonders eine Objektbeziehungstheorie etablieren, die eine von den interagierenden Körpern abstrahierende Bezie-

[11] Allein ein Vortrag über den triebpsychologischen Bildungsprozess des menschlichen Ichs von M. Pohlen war für Funktionäre und Protagonisten der psychotherapeutischen Medizin seinerzeit (Psychosomatik-Kongress, Hamburg 1992) so ärgerniserregend, weil sie die Psychosomatische Medizin durch die psychoanalytische Triebtheorie in Verruf gebracht und sich selbst in ihrer akademischen Anerkennung bedroht sahen.

hungspsychologie bloßer Intersubjektivität betreibt und dies auch noch als Fortschrittsparadigma reklamiert. Klinisch bedeutet es eine radikale Aufspaltung im Psychophysischen, wenn die hauptsächliche Determinante der Dynamik in Beziehungen gesucht wird unter Ausblendung der Tatsache, dass Objektbeziehungen immer schon Folge von Objektschicksalen sind; und die Negierung des genetischen Aspekts macht die Geschichtlichkeit des Subjekts vergessen, dass sich nämlich in den Objektschicksalen die Triebschicksale des Subjekts mit den primären Objekten eingeschrieben haben.

Exkurs über die Triebwurzeln des Charakters[12]

Freud hat an dem in der Moderne präferierten Charaktertypus des Zwanghaften exemplarisch für jeden (Charakter-)Bildungsprozess die triebhafte Genese des Ichs aufgewiesen. Danach haben sich die Charaktereigenschaften des modernen Menschen in der Aufzehrung der Analerotik gebildet. Auf Kosten dieser von der Analerotik gelieferten Erregungen werden im Seelenleben Reaktionsbildungen, Gegenmächte geschaffen: Scham, Ekel und Moral, die sich als Dämme der Betätigung der Sexualtriebe entgegensetzen (Freud V, S. 27 f.). Der Charakter wird mit dem Material sexueller Regungen aufgebaut und setzt sich aus den perversen Trieben der infantilen Sexualität sowie aus solchen Konstruktionen zusammen, die zur wirksamen Niederhaltung perverser Regungen bestimmt sind: „Somit kann die allgemein-perverse Sexualanlage des Kindes als die Quelle einer Reihe unserer Tugenden geschätzt werden, insofern sie durch Reaktionsbildung zur Schaffung derselben Anstoß gibt“ (Freud V, S. 141).

Freud fasste die gesamte Ich-Tätigkeit im Begriff der Sublimierung, die er als den ichgemässen Weg ansah, über Libido zu verfügen. Und der Weg der Sublimierung wird in der Reaktionsbildung gesehen, also in dem, was wir den Charakter eines Menschen nennen. Sublimation als Ablenkung sexueller Triebe auf nicht-sexuelle Ziele, als zielgehemmte Strebung, wie Freud sie bezeichnete, erweist sich in der Tätigkeit der Charakterbildung, die in der sog. Gegenbesetzung der Reaktionsbildung die Libido der Partialstrebungen bindet. Die körperliche Grundlage des Charakters, der seine Bildung der Verdrängung perverser Sexualstrebungen verdankt, vergegenwärtigt sich in jedem Akt der kommunizierenden Subjekte. Die libidinöse Erregung leitet sich nämlich aus den einzelnen erogenen Zonen ab, deren Organtätigkeit der Grund der Produktion von Libido ist.

---

[12] Dieser Text ist ein veränderter Auszug aus der bei Suhrkamp 2001 als Taschenbuch wiederaufgelegten Publikation: „Eine andere Aufklärung – Das Freud'sche Subjekt in der Analyse“ (Pohlen u. Bautz-Holzherr 1991), in der das Thema von der triebbedingten Genese des Ichs in einem umfassenderen Kontext ausgeführt ist.

Freud hat eine ubiquitäre Erogenität des menschlichen Körpers entdeckt, das ist die Produktion von sexueller Energie in allen Organen, auch wenn es bevorzugte und besonders produktive Zonen der Erogenität in der Partialtrieborganisation der Libido gibt. Er sah in der bevorzugten Ausbildung einzelner Quellen der Sexualerregung (in den Fixierungsstellen) den Grund zur Differenzierung der verschiedenen Sexualkonstitutionen.
Freud kommt also in der Beschreibung des analen Charakters in der Trias von ordentlich, sparsam und eigensinnig zu der Vorstellung, dass diese Charaktereigenschaften sich gebildet haben mit der Aufzehrung der Analerotik mit Beginn der sexuellen Latenzperiode, die das Ende der infantilen Sexualblüte markiert (um das 5. Lebensjahr). In dieser Latenzperiode sollen auf Kosten der von der Analerotik gelieferten Erregungen die besagten Reaktionsbildungen von Scham, Ekel und Moral als Gegenmächte gegen die Betätigung der Sexualtriebe geschaffen werden (vgl. Freud, VII, S. 205). An dieser Stelle des Freud'schen Textes wird unabweisbar, dass die Reaktionsbildung eine Sublimierung ist, in der sich die von der analen Erogenität ausgehenden Erregungen aufzehren zugunsten einer Symbolisierung, die in ihrer Negation die Abstraktion und Isolierung vom Körper aufbaut. Freud gelingt in der Beschreibung des analen Charakters die Bestimmung des neuzeitlichen Menschen, der sich durch die Charaktereigenschaften der Ordentlichkeit (Sauberkeit), Sparsamkeit und Eigensinnigkeit eine „Reaktionsbildung gegen das Interesse am Unsauberen, Störenden, nicht zum Körper Gehörigen (‚Dirt is matter in the wrong place'; Freud VII, S. 206)" geschaffen hat. Das eigensinnige Kotinteresse, die besondere Vorliebe für Abfall und Schmutz, hat im Reinlichkeitskomplex der Moderne die sie kennzeichnende Entsprechung gefunden.
Der Sublimation der Ausscheidungsvorgänge entspricht eine Verschiebung von unten nach oben, die zugleich auch die Affektisolierung von den Ausscheidungsvorgängen sichert: der Charakter des modernen Ichs, des modernen Sprechens, ist die Entfernung von allem zum Körper Gehörigen. In der distanzierenden Aufwärtsverschiebung von unten nach oben vollzieht sich eine „organische Übereinstimmung" der oberen mit den unteren Körperregionen, eine unbewusste Identität von Mund und After. Der Grundstruktur der Sublimation, der Verschiebung von den niederen Regionen des tierischen Körpers, von dem wir uns durch den aufrechten Gang – den „organischen Faktor der Verdrängung" (Freud) – entfernt haben, zu den höheren Regionen des Kopfes, entspricht der Grundkonflikt des Menschen zwischen seinem tierischen Körper und seiner Geistigkeit. Mund und After liegen beim Tier auf einer Ebene, der Geruchssinn wie alle Nahsinne (die protopathischen Qualitäten) bestimmen das sexuelle Verhalten. Mit der Aufrichtung des Menschen stehen Mund und After vertikal zueinander. Die Entwertung des Geruchssinns, der Nahsinne, ist auch die Entwertung des tierischen Sexualkörpers und setzt zugleich die neue Wertung der Sinne in der Konzentration der Libido in den Fernsinnen. Das Auge bestimmt in der vertikal-hierarchischen Kommunikation das sexuelle Verhalten des Menschen. Und das Sehen und Sprechen ersetzt nun die anale Geruchsprüfung des Objekts, die in jedem tierischen Verhalten augenscheinlich ist. Die unmittelbare Sinnenprobe hat sich von den analen Duftdrüsen verschoben zu einer durch das Auge vermittelten.

Die psychoanalytischen Untersuchungen von Sprachstörungen zeigen am Beispiel der systematischen Unterbrechung des ordentlichen Sprechens, woher die für die Aufrechterhaltung des sauberen Diskurses unpassenden Kontaminationen rühren: die Psychoanalyse des Stotterns hat die unbewusste Organgleichsetzung von Mund und After, die Ersetzung des Analsphinkters mit seiner „Sphinktermoral" durch den Mundsphinkter ans Licht gebracht. Die unbewusste Äquivalenz von Winden und Gerüchen, von Sprechen und Musik, von Atmen und Furzen, die blasende Bewegung der Hervorbringung des Flatus ist zugleich ein ausscheidender, alles durchdringender, die Distanz aufhebender körperlicher Akt. Das Denken wird in dieser Sphäre des Sprechens als Flatuleszenz „ausgedrückt", ausgeschieden als geblähte Rede wie die Ausdünstungen der verdauten Nahrung: es ist der „Flatus-Komplex" als analer Triebgrund des Sprechens (Jones 1912, S. 563 f.).
Die Unterdrückung des Sprechens, die zurückgehaltenen Worte, entsprechen, wie die Analyse von Stotterern zeigt, unbewussten, obszönen Phantasien über Blähungen als giftige Ausscheidungsprodukte, von denen die Vergasung des Objekts befürchtet wird. Dieser unbewusste „Flatus-Komplex[13]" stellt sich in der charakterologischen Reaktionsbildung als Reinlichkeitskomplex des Anal-Sadisten dar, die Reinheit der Welt herzustellen durch Ausmerzung, Vergasung alles Unreinen. Der Anal Sadist tritt in der Erscheinung des autoritären Menschen[14] als präferierter Charakter totalitärer Systeme (s. auch Reich 1933) auf und wird wiederum von diesen als Typus erzeugt.
Die totalitären Säuberungen in der Moderne, die Vernichtung von lebensunwertem Leben und die Auslöschung von rassisch Minderwertigen, ethnische Säuberungen überhaupt, sind aus dem neuzeitlichen Begehren zu begreifen, reinrassige Menschen (den Arier) und mental-reine Menschentypen (den Sowjet-Menschen) herzustellen durch die Beseitigung aller unsauberen Elemente; und nicht zuletzt betreibt heute die Medizin den gentechnologischen Fortschritt, den menschlichen

---

[13] Den Vorwurf des Psychologismus scheuen wir nicht; denn wir haben es als Psychoanalytiker mit einer Wissenschaft vom „subjektiven Faktor" zu tun, und wir wissen auch, dass wir auf dem Grund eines jeden Subjekts den Niederschlag des „objektiven Faktors", der gesellschaftlichen Verhältnisse, auffinden. Aber wir geben zu bedenken, dass die Psychoanalyse als Veränderungswissenschaft in Theorie und Praxis im Gegensatz zur Soziologie des „objektiven Faktors" auf die Veränderung des Subjekts gerichtet ist, auf die psychodynamischen Bedingungen im Umbruch dieser Zeit. Wir sehen vom Wandel des „subjektiven Faktors" den emanzipatorischen Prozess getragen, offensichtlich an der feministischen Bewegung, von der heute die umwälzenden Veränderungen der die gesellschaftliche Verfasstheit bestimmenden Geschlechterbeziehungen und Familienstrukturen ausgehen. Es ist heute eine Verschiebung der Opposition im historischen Prozess zu erkennen, eine Verlagerung der negierenden Kräfte auf „subjektive Faktoren" (Bautz-Holzherr 2000, 2001): der „subjektive Faktor" zwingt die objektiven Bedingungen zu neuer Qualität.

[14] Der autoritäre Charakter zeichnet sich dadurch aus, dass er heute nach Dienstvorschrift die Fahrkarten locht und morgen, wenn es an der Ordnung ist, das Genick von Menschen locht (Ernst Jünger), und übermorgen wieder zu seiner alten Diensttätigkeit zurückkehrt, wenn es wieder an der Ordnung ist – die „Banalität des Bösen" ist das Unheimliche.

Erbcode zu optimieren durch Selektion ungesund-störender Gene. Der politische Furor der Faschisten und Kommunisten, einen von allen unsauberen Elementen bereinigten Volkskörper zu produzieren, hat sich heute in den medizinischen Furor gewendet, einen von allen Übeln bereinigten menschlichen Körper zu schaffen. Die andere Seite der Säuberungsideologie ist immer schon eine Züchtungsideologie der Optimierung von Rassen, Klassen und Gesellschaften.

Dem „Flatus-Komplex" entspricht im bürgerlichen Denken die Entgiftung von allem unreinen Denken; es ist das Denken und Sprechen in der Perfektion einer Rationalisierung, welche die Entfernung des Körperlichen als Unreines schlechthin herstellen soll. Der Umwertung des bisherigen oralen Triebgrundes der Kultur in den analen entspricht die Umwertung des oralen Sprechens in die anale Dominanz des Sprechens. Sie ist die letzte Entfernung des tierischen Körpers, die endgültige Selbstbezwingung auf dem Weg zur Sublimation der menschlichen Natur. Die Wiederkehr des Verdrängten in der Überschwemmung mit Schmutz und Unflat findet in gereinigter Form als Überflutung mit Informationsströmen toter und leerer Worte ihren Ausdruck. Die Informationsexplosion der Moderne ist ein nicht endender Ausstoß von Abfall, dessen Magie alle in Bann schlägt: es ist die anale Magie, die „Allmacht der Gedanken" (Freud), alles verfügbar zu haben und sich verfügbar zu machen im Wort.

Swift zeichnet in „Gullivers Reisen" das Zerrbild dieser sich abzeichnenden Sammelwut und Habgier der bürgerlichen Moderne, deren ungeheuere Anhäufung das Maß ihres Bedürfnisses nach maßloser Ausscheidung[15] ausdrückt. Er sah den Menschen der Moderne in unverstellter Analität als „exkrementales Tier" (vgl. Brown 1962) voraus: Swift erkannte schon im Übergang vom 17. zum 18. Jahrhundert hellsichtig, dass in der aufkommenden bürgerlichen Habsucht der anale Wunsch nach überwältigender Entleerung verborgen ist. Er hatte die Vision einer Zukunftsreise in ein Land exkrementaler Gesellschaftsordnung, deren Gemeinschaftsrituale sich in einem hierarchischen Fäkalsystem repräsentierten.

---

[15] Der ungeheuren Anhäufung in der bewussten Tätigkeit entspricht der verdrängte, unbewusste Wunsch nach maßloser Ausscheidung. Die Aufladung der Analität, das Übermaß der Kotvisionen in der unbewussten Produktion, erweist den Vorrang der Ausscheidung als das Moment der Moderne (Nietzsche). Die Vorherrschaft des Quantitativen, die Obsession des Zählens und Messens, die öde Mechanei der bloß quantitativ bestimmten Materie hat deren Qualifizierung verdrängt, wie sie in der Renaissance als Wiederholung antiker Anschauung wiederbelebt worden war. Die Unterdrückung der Renaissanceideen bewirkte auch eine Entfernung der qualitativen Materieidee. Eine Erinnerung an die blühende Vielfalt der Materieanschauung enthält die Renaissanceliteratur, in der die Darstellung des Leiblich-Materiellen, einer Ästhetik des Grotesken folgend, durch Übertreibung deren Überfluss zum Ausdruck brachte. Der groteske Körper ist ein Grundzug der Renaissanceästhetik: er ist ein Körper des Überschwangs und maßloser Verschwendung. Die Figuren bei Rabelais ergeben sich maßlosen Fress- und Sauforgien, sie koitieren, defäzieren und urinieren in exzessiver Weise – alles ist gezeichnet von zweckloser Verausgabung, einer verschwenderischen Fülle von Materie. Rabelais zeichnete den feudalen Typus oraler Verschwendung, der später vom bürgerlichen Typus der Sparsamkeit und Akkumulation verdrängt wird.

Die Freud'sche Triebtheorie versuchte die Verbindung zwischen der Triebquelle im Psychophysischen, dem „Grund" des Drangs und den Objekten und Zielen des Triebes im Psychischen herzustellen. Freilich hat die psychoanalytische Tradition aus der Freud'schen Triebtheorie eine flache Entwicklungspsychologie gemacht, eine quasi-biologische Reifungslehre in ihrer Phasentheorie (von oral über anal bis phallisch-genital) und zugleich die Freud'sche Triebpsychologie auf ein primitives Triebabfuhrmodell reduziert. So glaubte man, die psychoanalytische Triebtheorie bequem verabschieden zu können. Dabei sind doch die gesellschaftlichen Hintergründe nicht zu übersehen, die dazu geführt haben, dass sich die Vertreter der Psychoanalyse all dessen entledigen wollten, was anstößig an ihr war: und das ist essentiell ihre Triebtheorie. Dieses gesellschaftliche Moment der Anpassung ist um so beeindruckender, weil sich die psychoanalytische Theorie vor allem in ihrer Objektbeziehungstheorie der gängigen Oberflächenpsychologie der psychotherapeutischen Schulen anzuschließen suchte, um sich gleichzuschalten mit den allgemeinen Trends und nicht mehr in Opposition zur Gesellschaft stehen zu müssen.
Allerdings hätte eine systemimmanente Reflexion der Verelendung ihrer Triebtheorie zu einer oberflächlichen Entwicklungspsychologie die Analytiker dazu gebracht, sich des subversiven Moments ihrer Triebtheorie nicht entledigen zu können. Denn ein kritischer Blick auf die Freud'sche Triebtheorie würde jeden Nachdenklichen damit konfrontieren, dass Freud den Selbstbildungsprozess des Subjekts in Bildungskomplexen gefasst hat, die keine Stufenentwicklung darstellen im Sinne einer Höher- oder Reifeentwicklung, sondern als Triebdomestizierung an den Brennpunkten der Körperöffnungszonen (Erikson 1965) durch „Interventionen" (Lacan 1978) der Gesellschaft, vertreten durch den symbolischen Vater, exekutiert werden: die Oralität gefasst im Ablaktationskomplex (Stillkomplex), die Sozialität im Usurpator-Geschwisterkomplex, die Analität im Reinlichkeitskomplex und die Genitalität im Kastrationskomplex. All diese Komplexe haben ihre Übergänge, die sich auf den unstillbaren Hunger des Begehrens gründen, der sich in allen Komplexen durchhält; aber die Komplexbildungen der Triebe sind gesellschaftlich erzwungene Einschnitte, Triebmodellierungen zur Formierung des Begehrens, je nach den Vorschriften des gesellschaftlichen Erziehungsauftrags.
Es geht um das Dazwischentreten der Gesellschaft im erzieherischen Auftrag an die Familie, das Kind aus der Einheit mit der Mutter zu trennen (Ablaktation), aus der Zweisamkeit mit der Mutter zu vertreiben, soziabel zu machen (das Geschwister als Eindringling), von der Selbstherrlichkeit zu trennen

(Sauberkeitsdressur), vom Inzestbegehren zu trennen (Kastrationsdrohung als „Intervenire“ des gesellschaftlichen Anspruchs auf definitives Verlassen der Familie). Das „Interdire“ (Lacan), das gesellschaftliche Untersagen des Verlangens und das Aufbegehren des Subjekts gegen die Unterdrückung seines Begehrens, macht den inneren wie den äußeren Kampf des Menschen aus. Die Determinanten der sog. Intersubjektivität ergeben sich aus den Dispositiven in diesen Komplexen und den Triebschicksalen mit den bestimmenden Objekten dieser Zeit als Grund und Voraussetzung der Objektgestaltungen.

Die Entledigung der Triebtheorie hat auch noch eine andere, weiterführende Perspektive durch die Ignorierung des „biologischen Fels“: Freud setzte die Triebquelle im psychophysischen Grenzbereich, jenseits der gesellschaftlich vermittelten Repräsentanzenkette von Vorstellung und Affekt des Triebes, sah das eigentliche Unbewusste als Natur schlechthin, die in Vergesellschaftung nicht aufgeht. Durch eine solch biologische Festlegung, menschliche Triebnatur als unerreichbar für Vergesellschaftung anzusehen, wird das Subjekt der totalen Vergesellschaftung entzogen, bewahrt sich menschliche Natur vor absoluter Beherrschbarkeit und Fungibilität. Die Triebproduktion, der Druck des Verlangens auf Repräsentation aufgrund des Überflusssystems der Triebnatur wird dadurch zum Motor für die Sprünge in der menschlichen Entwicklung. Das Begehren, je schon auf der Suche nach Befriedigung, drängt auf neue Wege der Repräsentation, um zu seinem Ziel zu kommen und ist damit immer schon Veränderungsbegehren, jenseits gesellschaftlich vorgegebener Repräsentation des Triebes (s. Pohlen u. Bautz-Holzherr 1995a). Eine Psychoanalyse oder psychodynamische Therapie, die sich der Triebtheorie entledigt, hat für sich den Anspruch aufgegeben, eine Veränderungswissenschaft zu sein, wenn sie ignoriert, dass im Begehren die Subversion des Menschen aufgehoben ist, sein Aufbegehren wider das Überkommene. Will die psychodynamische Wissenschaft eine Aufklärungswissenschaft sein, dann muss sie sich über die Aufklärung des unterdrückten Begehrens, der Aufklärung von Unterdrückungsverhältnissen legitimieren. Insofern ist sie immer eine Gegenwissenschaft zum jeweils herrschenden Wissenschaftskanon; denn von ihrem Grundverständnis her sieht sie den Trieb immer in Opposition zur Kultur, besteht sie auf einem primären Antagonismus zwischen Triebnatur und Gesellschaft.

Dass die psychoanalytische Triebtheorie zu einer solch banalen Entwicklungspsychologie werden konnte, hat auch damit zu tun, dass der unaufhebbare Widerspruch zwischen infantiler und Erwachsenensexualität nicht mehr begriffen wurde: die antinomische Struktur der Sexualität zwischen der polymorphen Perversion des Kindes und der Domestikation der Erwachsenensexualität in der Hierarchisierung des Triebes unter dem genitalen Primat wird aus durchsichtigen Gründen nicht mehr zur Kenntnis genommen. Denn infantile Sexualität in ihrem polyvoken und polymorphen Anspruch steht für unproduktive Verausgabung des Triebvermögens schlechthin, entgegen einem gesellschaftlichen Kalkulationsprinzip unbedingter Produktivität des eingesetzten Kapitals: Gewinn aus Gewinn zu machen.

Im verflachenden Umgang mit der Triebtheorie konnte es dann passieren, dass man die infantile Sexualität nahtlos in der Erwachsenensexualität aufgehen ließ. Aber es gibt keine „natürliche Metamorphose des Oraltriebs in den Analtrieb" (Lacan 1978, S. 189) und des Analtriebs in den Genitaltrieb, sozusagen einen quasi-biologischen Wandlungsprozess von einer unterentwickelten Urform zu einem entwickelten Reife- und Endstadium der Sexualität. Die absolute Differenz der polymorph-perversen Strebungen des Kindes zur standardisierten Einheitssexualität des Erwachsenen wurde damit zum Verschwinden gebracht und der gesellschaftliche Stein des Anstoßes, der in der Freud'schen Sexualtheorie liegt, entfernt. Das Ärgernis der Subversivität liegt nämlich in einer infantilen Sexualität, die das Ensemble aller Möglichkeiten menschlichen Begehrens enthält und von daher eine subversive Kraft für die Gesellschaft darstellt durch ihr wesensgemäßes Aufstreben, das den Geltungsanspruch der herrschenden Sexualorganisation ständig bedroht.

Die Libido, Inbegriff der sexuellen Kraft, ist der triebhafte Beweggrund des Lebens. Sie ist der Triebtheorie inhärent und die Aufspaltung in nichtlibidinöse und libidinöse Befriedigung des Subjekts entsprechend der Aufspaltung in Selbsterhaltungs- und Sexualtriebe spiegelt die konventionelle Trennung zwischen Bedürfnis und Wunsch wider. Aber der Appetit, der den Hunger treibt, geht über den Hunger hinaus, weil die Befriedigung des oralen Triebes nach Einverleibung das körperliche Verlangen nach Nahrung übersteigt und von der libidinösen Dimension eines nicht zu stillenden Begehrens eingenommen ist. Das primordiale Ich wächst zugleich mit der Inkorporierung von Nahrung und dem affektiven Zufluss. Beide Aspekte des Einflusses bilden im Nahrungsstrom der körperlichen und seelischen Einstimmung zwischen dem primären Objekt und dem Kind die Grundbefindlichkeit des Ichs von körperlicher Zufriedenheit und dem gleichzeitig sich immer weiter ausspannenden affektiven Erwartungshorizont auf das Verkosten der Welt. Das Wachstum des Ichs speist sich stetig aus dem körperlichen und affektiven Reizzufluss und nährt den Reizhunger des Kindes – den aufkeimenden Psychismus des Begehrens. Das wachsende Ich bedarf der

„Reiznahrung“ (Rapaport 1958), um seinen Reizhunger zu entfalten und zu befriedigen, wie umgekehrt das Ich durch sensorische Deprivation verkümmert und seine Funktionen einstellt.
Das treibende Moment in diesem Prozess der Ich-Bildung ist die auf Lustbefriedigung gehende Objektsuche der Libido, die „primäre Objektliebe“ des Säuglings (Balint 1937). Balint geht entgegen den Theorien von Teilobjekt und Teilselbst von einem ganzheitlichen Empfinden des Säuglings aus. Das heisst, die kommunikative Befähigung des Säuglings wird als viel kompetenter angenommen als es die Lehren vom undifferenzierten Selbst und der Selbstentwicklung immer noch für die frühe Phase der Kindheit vertreten. Die Untersuchungen von Stern (1980) zeigen, dass selbst bei der Geburt eine Differenzierung zwischen dem Selbst des Säuglings und dem mütterlichen Ich schon vorhanden ist und bestätigen die neue Sicht vom „kompetenten Säugling“ (Stone et al. 1973). Man kann also nicht mehr von einer Phase des undifferenzierten Selbst sprechen. Die Mechanismen der frühen Interaktionprozesse vollziehen sich auch nicht über Bindungsvorgänge; vielmehr über Assimilationsprozesse zwischen Mutter und Kind. Diese beruhen auf grundlegenden sensorischen, primär auditiven Mechanismen, welche die Unterscheidungsfähigkeit zwischen kindlichem Selbst und mütterlichem Ich von Geburt an bedingen (s. auch Aslin et al. 1983).
In früheren, eigenen Untersuchungen (Pohlen 1967) haben wir aufgewiesen, dass die primäre Konstituierung von Ich über die frühe Differenzierung des Gehörsinns als körperliche Grundgegebenheit für die primären psychischen Prozesse sich vollzieht: in der „rhythmischen Einstimmung“ zwischen Mutter und Kind ereignet sich auf dem Weg der Induktion die primäre Strukturierung in der Lautassimilierung als erste Imago des Kindes. Dieser Einstimmungsrhythmus ist das primär organisierende Prinzip. Die Klangimago des Selbst geht nach Anzieu (1976) entwicklungsgeschichtlich dem Körperbild voraus: Auditive Perzepte (Lautsprache) werden als früheste Wahrnehmungsweisen eingeschrieben, lange bevor sich visuelle Perzepte (Bildsprache) als Muster der mimisch-gestischen Kommunikation bilden.
Der mütterliche „Einfluss“ verkörpert sich in der Gesamtniederschrift der vielstimmigen Lautsätze zwischen Mutter und Kind, die das primäre Selbstkonzept bilden: die Partitur des Lebens. Freilich ist es eine Partitur des Anfangs, ein Grundtext, der sich in seinen kompositorischen Elementen immer weiter ausgestaltet in der Synthese von Laut-, Bild- und Wortsprache und im Gang der Libido sich ständig umschreibt in der Auseinandersetzung mit den gesellschaftlichen Vorschriften an den sozialen Brennpunkten der Körperöffnungszonen (Erikson 1965) - in der Adoleszenz am radikalsten. Dieser

permanente Umschaffensprozess der primären Partitur zehrt aus der Kraft einer nicht zu stillenden Libido und treibt das Begehren zu immer neuen Objekten.

Der Hunger ist aber unstillbar, da die Gier des Menschen nach seiner ersten Nahrung überhaupt unstillbar ist und er den Verlust der Mutterbrust niemals verschmerzt. Die Liebesansprüche sind immer unmäßig und fordern Ausschließlichkeit (s. Freud XV, S. 130). Und dies hat Foucault (1974) im Sinne, wenn er von der „grenzenlosen Anmaßung der Begierde" spricht. Das menschliche Begehren, unermesslich in seinen Wünschen, ist von Natur aus infantil, urzeitlich und unsterblich, und ihre hervorragende Besonderheit ist nach Freud die Unzerstörbarkeit (II/III, S. 558); denn „die Drachen der Urzeit sterben nicht aus" (XVI, S. 73). Und diese verschlingende Gier macht den Appetit aus und ist als libidinöse Dimension dem oralen Nahrungsbegehren unterlegt in seinem Hunger nach Mehr: „Der bewusste Mensch ist das am schwersten zu sättigende Tier; er ist – in der Befriedigung seiner Wünsche – das Umwege machende Tier." ... „Hat er das Notwendige, so tauchen mit dem Genuss neue Begierden auf, die anders, doch nicht weniger quälen als vorher nackter Mangel" (Bloch 1973, S. 54). Dem Trieb ist immer ein luxuriös-verschwenderisches Moment eigen, das ihn zum unersättlichen „Treiber" in unberechenbare Verausgabung macht.

Der Hunger wird in seinem körperlichen Begehren, ob es um orale Sättigung, anale Bemächtigung oder genitale Befriedigung geht, immer von der libidinösen Dimension getragen, welche die Befriedigung körperlicher Bedürfnisse übersteigt. Der Trieb geht immer schon auf Einverleibung, Übermächtigung und Bereicherung, auch wenn Freud die Bemächtigung als Bemächtigungstrieb dem Destruktionstrieb zuordnet und als Wille zur Macht zeichnet. Freilich gelangt Freud nicht zu der Auffassung, dass Sexualität und Destruktivität dialektische Ausdrucksgestalt ein- und desselben Triebes sein könnte. Aber die „sadistische" Natur des Triebes ist eine Erscheinungsweise des Lebendigen, das im Triebbegriff Nietzsches jenseits von Moral aufgehoben ist. Die Libido findet also ihre Befriedigung immer in der Einverleibung und Selbstvergrößerung durch die Aufnahme des Objekts. Das Andere sich durch Übermächtigung zur Selbstmehrung anzueignen, angeeignet zu werden in der Übermächtigung durch den Anderen, ist der Gang der Libido, die wechselnd sich entäußert als Objektlibido oder in der Verinnerlichung als narzisstische Libido sich befriedigt – im aktiven wie im passiven Triebziel der Libido geht es immer um Wachstum und Vermehrung (s. Pohlen u. Bautz-Holzherr 1991, S. 197 f.). Freuds Prinzip der Wechselseitigkeit zwischen libidinöser und narzisstischer Besetzung, dem Antagonismus zwischen

dem Interesse an der Außenwelt und dem an der Innenwelt, hat sich als Arbeitsprinzip in der klinischen Erfahrung immer wieder bestätigt.
Dem Drängen des Triebes entkommt niemand, der Sehnsucht nach dem „besseren Etwas“ (Bloch) kann keiner entfliehen, auch wenn heute die Bestrebung drängend geworden ist, die Triebtheorie abzuschaffen oder in eine trübe, von den Körperbedürfnissen getrennte Affekttheorie umzuwandeln. Die Wünsche malen das Begehren aus und die Phantasien repräsentieren die Wunschinszenierungen des Verlangens als Muster der Lustsuche und treiben das Wollen an.
Der Hunger drängt im nicht zu bändigenden Appetit auf die reale Wunscherfüllung von jenen Träumen infantiler Sehnsucht, die Freud als urzeitlich und unsterblich erkannt hat. Und die „infantile Sehnsuchtsangst“ (Freud, XIII, S. 289) im Verlangen, all diese Trennungen, die sich in jenen Komplexen niedergeschrieben haben, rückgängig zu machen und die ursprüngliche Einheit mit dem mütterlichen Objekt und den ursprünglichen Zustand des polymorph-perversen Körpers der Kindheit wiederherzustellen, bringt den Diskurs zurück auf die Freud'sche Objektbeziehungstheorie, auf die Phantasie als Repräsentanz von eingeschriebenen Objektschicksalen. Nach Freud ist das Objekt das „variabelste am Triebe“ (X, S. 215); das heißt, dass das Triebobjekt sich durch besondere Züge auszeichnet, welche die infantile Geschichte, die Geschichte jedes Einzelnen determinieren: „Du suchtest mich nicht, hättest Du mich nicht schon gefunden. Das Schon gefunden ist immer dahinter, jedoch geschlagen mit etwas aus der Ordnung des Vergessens“ (Lacan 1978, S. 14). Der Mensch sucht also nicht, er findet das, was vom Vergessen geschlagen ist. Träger des Begehrens ist nicht das Objekt, sondern das Phantasma[16] der primären Objekte, die sich im Unbewussten als die ideale Imago eingeschrieben haben. Die Freud'sche Objektbeziehungstheorie stellt sich in einer „kreisläufigen Rückkehr des Verlangens“ (Lacan 1978) dar: das Leben ist danach ein Umweg auf der Suche nach dem Wiederfinden der idealen Imago, und alle Objektgestaltungen sind Vorentwürfe auf dem Weg zum endgültigen, nie erreichbaren Entwurf, der die Übereinstimmung der Objektbeziehung mit der idealen Imago, dem einzigen, uner-

[16] Die Freud'sche Psychoanalyse sieht in den unbewussten Phantasien, den Phantasmen als Wunsch-Inszenierungen des Verlangens die wirksamen Kräfte, auch im pathogenen Sinne, im Bildungsprozess des Subjekts, der ein Bildungsprozess seiner Objektbeziehungen ist. Denn die Phantasmen sind als imaginäre Schemata das Muster für die Befriedigung oder Versagung des Begehrens mit und am Anderen. Psychoanalyse ist in der Weise eine Imaginationslehre und handelt von der Einbildungskraft als Beweggrund des Psychischen und von der Kraft der „Einbildungen (Antizipationen) in den Wirklichkeitsstoff“ der Welt (Gadamer 1973 S. 307).

reichbaren Objekt sucht und nach Freud nur in der Rückkehr zum mütterlichen Schoß, der endgültigen Wiedervereinigung im Tod finden kann.
Auch wenn die ideale Imago, das unbewusste imaginäre Schema, das Muster des Verlangens und der Objektsuche und -findung darstellt, so ist doch die Freud'sche Psychologie eine Skizzentheorie des Lebens über die Vorläufigkeit aller menschlichen Beziehungsgestaltungen. Das tragende Moment dieses Entwurfcharakters menschlicher Beziehungen ist der Freud'sche Wiederholungsgedanke, dass das Subjekt in seinem Verlangen nach der idealen Imago des primären Objekts seine Objekte wählt und diese Wahl nichts als ein Versuch der Wiederholung der ursprünglichen Beziehung ist. Und dieser Versuchscharakter kennzeichnet das Leben als Experiment, die Objektgestaltungen des Menschen als Ausdruck des schöpferischen Eros, der aus dem Urbild des Liebesobjekts seine Entwürfe als vorläufige auf dem Weg zum endgültigen bildet: „Gleich wie man zu einem Kunstwerk verschiedene Entwürfe macht, die man nicht akzeptiert und schließlich den Entwurf findet, aus dem man das Werk gestaltet" (Freud-Zitat in Pohlen, in Vorb.).
Freuds Vorstellung des Lebens als künstlerischer Schöpfungsprozess schließt sich an Nietzsches „Artisten-Metaphysik"[17] an, wie er auch die Symptome des Menschen als künstlerische Schöpfungen, kunstfertige Erfindungen, als Antworten auf die dem Kind aufgenötigten Konflikte begreift. Der Mensch als Künstler seiner selbst, wie ihn auch Foucault in Nachfolge Nietzsches sieht, gestaltet seine Liebesbeziehungen erfinderisch als Kunstwerke, die gleichwie ein Symptom gebildet sind. Nach Freud ist die Liebe ein Symptom, und es stellt sich für ihn nur die Frage, ob sie ich-gerecht oder nicht ich-gerecht ist (s. Freud in Pohlen 2001). Soll dies heißen, dass eine Liebe passend oder nicht passend für das Ich ist, je nachdem, ob sie nach den gesellschaftlichen Moralvorschriften passend ist? Gilt dies aber nicht für jedes Verhalten des Menschen, dass es zum Symptom wird, wenn es unpassend ist für das Ich, je nach der gerade herrschenden Moral nicht passt? Und welche Agenturen haben die Funktion, darüber zu wachen, was jeweils nach dem Stand der herrschenden Moral passend ist?
Das Liebesphänomen als die ausgezeichnete Objektbeziehungsweise bringt das Bewertungsproblem von Verhalten als Symptom in den Brennpunkt der Reflexion über die Bedeutung des seelischen Krankseins. In der Freud'schen Fassung ist die Liebe cin Symptom und als Symptom der Erfolg eines Konflikts, der im Symptom der Liebe seine Ersatzbildung, die Ersetzung des

[17] Siehe dazu die ausführliche Explikation über Freuds „Artisten-Metaphysik" in Pohlen und Bautz-Holzherr 1991, S. 369 f.

„primären Objekts“ und des „primären Befriedigungserlebnisses“ gesucht und gefunden hat. Der Konflikt liegt in der Flucht vor der Inzest-Imago, und die Ersetzung des ursprünglichen Liebesobjekts führt zur Ursprungswahl zurück, treibt den Entwurf von der jeweiligen Objektbeziehung durch Unbefriedigung in die nächste auf den Weg einer endlosen Reihe von Beziehungsgestaltungen des Lebens zur endgültigen Wiedervereinigung mit der primären Imago: jede Liebe ist als Symptom Erfolg der Ersatzbildung für das unersetzliche Objekt, für die Ersetzung des unersetzlichen, unerfüllbaren Wunsches nach dem „primären Befriedigungserlebnis“. Hier zeigt sich der Wiederholungsgedanke[18] Freuds als subversives Moment einer triebgerechten Objektbeziehungstheorie und hier wird die „kreisläufige Rückkehr des Verlangens“ (Lacan) zum vorwärtstreibenden Moment, im Vorlaufen auf der Suche nach dem verlorenen Objekt jeweils in neuen Objekten das Alte wiederfinden zu wollen. Auf diesem Hintergrund wird begreifbar, was den unersättlichen Hunger in der Liebe treibt.

Wenn der Charakter *das* Symptom des Subjekts ist, das heißt das einen Menschen auszeichnende Verhalten sich als Erfolg eines Konflikts darstellt, dann ist zu fragen, wann wird ein Verhalten zum Symptom, was macht ein Verhalten zur Krankheit? Freud hatte die Antwort für das Symptom der Liebe im Kriterium der Ich-Gerechtigkeit einer Liebe als Zeichen des Passenden

---

[18] Die Einführung des Wiederholungsgedankens im Werk Freuds zeigt den tragischen Freud, der sich mit dem Tod in der Liebe oder der todesvermählten Liebe im „Jenseits des Lustprinzips“ auseinandersetzt und zu einer Anschauung vom Wesen der Liebe gelangt. An dieser Stelle bricht Freud auch endgültig mit der Psychologie, dem Evolutionismus und Biologismus, zeigt eine Psychoanalyse, die „in dieser Kultur das medizinische Denken mit vollem Recht in die philosophische Verfassung des Menschen einbezogen“ (hat) (Derrida 1998, S. 109). Der Wiederholungsgedanke, auf den Freud durch die „negative therapeutische Reaktion“ gebracht wurde, zeigt die Grenzen des Heilungsbegehrens und die Lust der Rückkehr zum Ursprünglichen im Wiederholungszwang des Menschen. Die Tiefe des Freud'schen Denkens wird erst durch philosophische Reflexion zur Anschauung gebracht, und der Verlust der Erfahrung der Anschaulichkeit seiner Begriffe wird angesichts der „modernen Objektsbeziehungstheorien“ schmerzhaft bewusst. Die Flucht vor den Freud'schen Erkenntnissen und die Unfähigkeit, seine Erfahrung aufzunehmen, ist die Bedingung der Verflachung in der psychoanalytischen Tradition. Auf dem Hintergrund dieses Verlustes von Erkenntnistiefe ist zu verstehen, dass die Beziehungen des Menschen als „reale“ missverstanden und für die hauptsächlichen Determinanten gehalten werden, und die unbewusst determinierenden Kräfte als die eigentlich motivierenden vergessen gemacht wurden. So war der Weg gebahnt in eine allgemeine Oberflächenpsychologie, in der sich alle qua Alltagskommunikation verständigen können. Es ist hier nicht der Ort, eine Auseinandersetzung über die sog. „neueren Entwicklungen der Psychoanalyse“ zu führen; dies haben wird andernorts deutlich genug getan (s. Pohlen u. Bautz-Holzherr 1995a) und wurde auch von anderen (s. Eagle 1988) genügend besorgt und auch nicht zur Kenntnis genommen.

gefunden. Es wäre also naheliegend, von ich-syntoner Liebe zu sprechen, wenn die Liebe oder das Verhalten mit dem Wertesystem der Person sich in Übereinstimmung befindet. Und eine Liebe oder ein Verhalten würde danach als ich-dyston empfunden, wenn es aus dem einheitlichen Werteschema der Person herausfällt. Ein Verhalten wäre danach nicht passend für das Ich, das heißt nicht ich-gerecht, wenn es vor dem Über-Ich als Vertreterin der gesellschaftlichen Vorschriften nicht gerechtfertigt ist.
Dann stellt sich aber die Frage: wird ein Verhalten zum Leiden für das Subjekt, wenn es dies als unpassend vor sich diskriminieren muss, weil es nach dem geltenden Normenkodex nicht passend ist? So gesehen gäbe es kein Leiden an sich selbst, das nicht zugleich auch ein Leiden an der Gesellschaft[19] ist und umgekehrt. Nach diesem Differenzierungskriterium von passend und unpassend ergeben sich die Fragen der Fragen: wann ist eine Schaulust, eine Zeige- und Bemächtigungslust, wann ist ein hysterischer, zwanghafter oder schizoider Charakter passend oder unpassend für eine Gesellschaft, die nach Reich (1969) immer jene Charaktertypologien präferiert, die für den Bestand der jeweils herrschenden Ordnung am dienlichsten sind. Daraus folgt die weitere Frage, in welcher Zeit, Epoche und Kultur, unter welcher herrschenden Ordnung ist dann für welche Klasse einer Gesellschaft ein Verhalten gesund oder krank, werden besondere Verhaltensweisen als passend gefördert, die in anderen Zeiten und für andere Klassen unpassend wären?
Die bürgerliche Gesellschaft hat sich ihre mental-hygienischen Überwachungsagenturen (s. Foucault 1971, 1978) geschaffen und diese mit ärztlicher Definitionsmacht darüber ausgestattet, was als pathologisch zu gelten hat. Das Urteil über gesund oder krank, normal oder anormal bedarf aber eines Bezugssystems zur Diskriminierung. Die in Gang gesetzte Ökonomisierung des Lebens und die dafür notwendige Rekrutierung der Menschen für den Arbeitsprozess verlangte die Zurichtung zu einer bestimmten Gesundheit und Tüchtigkeit, duldete keine müßig-kontemplativen, überflüssig-unnützen Menschen mehr, unterstellte alles einem Utilitätsprinzip, das keine Devianz mehr zuließ – das Humanum steckt aber im Unnützen.
Aus der Notwendigkeit, nach der nun herrschend gewordenen ökonomischen Ordnung für Gesundheit und Arbeitsfähigkeit zu sorgen, entwickelte sich der

---

[19] In Abwandlung des psychiatrischen Psychopathiebegriffs, der sich in der diskriminierenden Etikettierung Kurt Schneiders niederschlägt, dass der Psychopath ein Mensch sei, der an seiner Abnormität leidet und/oder unter dessen Abnormität die Gesellschaft leidet (Schneider 1950, S. 22): das Psycho-Pathische eines Menschen ist freilich das durch die Gesellschaft an sich selbst leidende Subjekt.

medizinische Blick auf die psychischen Phänomene, entstanden medizinische Schemata der Wahrnehmung, welche den leitenden gesellschaftlichen Schematismus der Wahrnehmung widerspiegeln (s. Adorno 1971). Man schuf sich ein psychiatrisches Devianzschema von normal und anormal nach den Kriterien der geforderten Normalität, die sich durch Selbstbezwingung und Selbstkontrolle auszeichnete (s. Elias 1976), so dass ein Abweichen von diesem Ideal als krank diskriminiert werden konnte: gesund war derjenige, der sein Triebkapital so akkumulieren, jede Verschwendung und unnütze Verausgabung so unter Kontrolle halten konnte, dass sich das aufgesparte Libidokapital effizient zur Maximierung seiner Arbeitstüchtigkeit verwerten ließ.
Wir wollen hier keinen psychohistorischen Diskurs über die Selbstbezwingung als Symptom des Menschen in der Moderne führen, dafür können wir nur auf den Diskurs von Max Weber (1920), Elias (1976) und vor allem von Foucault (1971, 1973, 1978) verweisen und fragen, warum diese psycho-und soziohistorischen Kulturanalysen in den Verhaltenswissenschaften nicht, nicht mehr zur Kenntnis genommen werden und warum gerade die Psychiatrie, die der Reflexion gegenüber ihrem undurchschauten gesellschaftlichen Auftrag doch am meisten bedürfte, darüber kein Wissen zu haben scheint. Diesen Zwischenschritt der psychohistorischen Aufklärung kann man aber nicht unterlassen, wenn man die Entstehungsgeschichte dieser Bezugssysteme begreifbar machen will.
Das diagnostische System der Psychiatrie legt einen Bezugsrahmen fest, nach dem die Phänomene vom Arzt am Anderen wahrgenommen werden. Das in diesem Bezugsrahmen liegende Wahrnehmungsschema ist ein normengeleitetes Bewertungssystem, welches das in Frage stehende Objekt, den Patienten, hinsichtlich der An- und Abwesenheit bestimmter Merkmale untersucht und einordnet. Der ärztliche Beobachter nimmt dadurch die Zuschreibung zu bestimmten Krankheitstypen in der Deskription von Abweichung vor. Das heute herrschende Diagnostik-Glossar (ICD-10) ist die Antwort auf die fehlende Reliabilität und Validität psychiatrischer Diagnostiksysteme, wie sie in den großen Studien von Hollingshead und Redlich (1958), Dohrenwend und Dohrenwend (1965), Strotzka (1969) bis zu den Arbeiten von Scheff (1973), Rosenhan (1973) und Klug (1977) nachgewiesen wurde (s. dazu Pohlen u. Bautz 1973). Freilich ist das ICD-Glossar ein Einheitsschema der Selektion, das eine weltweite Vereinheitlichung des Blicks zur übereinstimmenden Feststellung von Defiziten sicherstellen soll, die alle Kulturen und differenten Verhaltensweisen in den verschiedenen Kulturen einer uniformen Bewertung unterzieht – ein totalitärer Anspruch

auf universelle Gleichschaltung, der nach Baudrillard (1982) einen weißen Rassismus darstellt.
Die so gewonnene Reliabilität nach kollektiven, von der WHO weltweit durchgesetzten Bewertungsschemata ist ein Uniformitätsmythos, dem alle gehorchen, um die Sicherheit in der Devianzauslese zu gewährleisten. Diese Pseudoobjektivierung kann aber die fehlende Wissenschaftlichkeit der Psychiatrie nicht ersetzen, die sich mit diesem deskriptiven System immer noch in einem vortheoretischen Stadium befindet. Denn die Ersetzung der früheren morphologischen und physiologischen Begründung durch die heute vorherrschende neuroendokrinologische im Transmitterkonzept und der jetzt sich abzeichnende Rückgriff auf die ehemalige erbbiologische Psychiatrie, dieser Sprung in die biologische Infrastruktur des Menschen, kann den absoluten Mangel an einer psychologischen Theorie für die notwendige Begründung der psychischen Phänomene nicht verdecken.
Das Bezugssystem einer bloß phänomenalen Diagnostik, dessen Wahrnehmung auf die normative Kategorie von normal und anormal reduziert ist, ermöglicht keinen Zugang zu den lebensgeschichtlichen Besonderheiten des Anderen und veranlasst den Beobachter, seine Wahrnehmung und damit die Kommunikation an dem Punkt abzubrechen, wo er den Dialog mit dem Patienten um die Bedeutung des Krankseins aufnehmen müsste. So wird der Anspruch des Patienten, in einem Verständigungsprozess die Bedeutung seiner als fremd und unerklärlich erlebten Symptome mit dem Therapeuten aufzuklären und sich aus ihrem undurchschauten Zwang zu befreien, verweigert.[20] Die Verhaltenswissenschaften haben seit Devereux (1967) die Beobachtung des Beobachters zum Mittelpunkt der Untersuchung gemacht, um die Bedingungen der Wahrnehmung des Fremdseelischen zur Disposition zu stellen. Daher ist zu fragen, welche Motive einen „Experten" bestimmen, auf das Begehren des Patienten nach Aufschluss seiner undurchschauten Symptomatik mit der „Verschlüsselung" seiner Symptome (im ICD-Glossar) zu antworten. Die Schlüsselgewalt in der Definitionsmacht der Deskription wird in der Psychiatrie nicht reflektiert und der Anspruch des

[20] Die Feststellung von Merkmalsabweichungen nach dem Katalog des ICD-Glossars entgiftet den Beobachter von jeder emotionalen Beteiligung, da das Unverständnis gegenüber dem Fremdseelischen jetzt nicht mehr nach dem früher geltenden subjektiven Unterscheidungskriterium „einfühlbar" und „uneinfühlbar" diskriminiert werden muss, sondern scheinbar objektiv über das Abhören des Patienten nach den diagnostischen Kategorien des Glossars erfolgen kann. Das „Unverständnis" gegenüber dem unfassbar scheinenden psychotischen Geschehen kann sich jetzt in emotionaler Distanzierung durch diagnostische Zuschreibung im Glossar rationalisieren.

Patienten auf die Erschließung seiner unerklärlichen Erfahrungen, auf die Entzifferung und Sinnerhellung seiner Symptome, negiert.
Die Aufrechterhaltung der Position des „distanzierten Beobachters", obwohl die Notwendigkeit des „teilnehmenden Beobachters" für die Konstituierung eines Verständigungsprozesses zwischen Arzt und Patient seit Jahrzehnten wissenschaftlich nachgewiesen ist, verlangt nach Motivaufklärung. Die Selbstverborgenheit des „distanzierten Beobachters", sein Festhalten an der autoritären (Schlüssel-)Gewalt bleibt deshalb so fraglos, weil der gesellschaftliche Auftrag zu dieser Ausschließungspraxis solche öffentlich-politische Anerkennung und wirtschaftliche Förderung erfährt, dass man sich im psychologischen Negativismus[21], der letztlich auch ein therapeutischer ist, bestätigt fühlen kann.
Dagegen hat psychodynamische Psychotherapie einen anderen Anspruch und erwartet vom Therapeuten, dass er durch die Oberfläche der Entfremdungsbedingungen und der Mystifikationen der geltenden ökonomischen Moral hindurch das Begehren des Subjekts nach Souveränität nicht aus den Augen verliert. Sicher ist die Verflachung des psychodynamischen Denkens schon so weit fortgeschritten, dass in der Anpassung an die modernen Trends Reflexionsarbeit eher als hinderlich für die Stellung in der Gesellschaft angesehen wird. Aber die Verfallsformen von Psychotherapie können keine Legitimation dafür sein, die Realität der Praxis nicht zu messen an den Leitideen einer Wissenschaft; auch wenn offensichtlich ist, dass sie im Augenblick Not leiden. Aber trotzdem ist für den Fortschritt therapeutischer und wissenschaftlicher Erkenntnis weiter zu sorgen, obwohl man ihn nur „erhinken", aber nicht „erfliegen" kann: „Die Schrift sagt, es ist keine Sünde zu hinken" – Freuds Abgang im „Jenseits des Lustprinzips" (XIII, S. 69).
Nach der psychodynamischen Vorstellung kann ein Therapeut nur souverän tätig werden, wenn er sich nicht auf ein angstschützendes, diskriminierendes Bezugssystem stützt, und wenn er die Fähigkeit und den Mut besitzt, mit dem „Phantasieschlüssel", seinem Antizipationsvermögen, die Hintergründe der Lebensgeschichte im Dialog mit dem Patienten zu erschließen. Und seine Kunstfertigkeit liegt darin, den aufbegehrenden Aspekt des Symptoms zu

---

[21] Der therapeutische Negativismus entspringt dem psychologischen, da dem Patienten die Dialogfähigkeit abgesprochen und ihm damit eine andere und neue Erfahrung in der therapeutischen Intersubjektivität versperrt wird. Der Patient kann also, auch wenn ihm aus Psychoanalyse und Verhaltenstherapie entlehnte Techniken angeboten werden, zu keiner anderen Auffassung seines gestörten Weltbezugs kommen, weil der Psychiater wegen seines Theoriemangels keine substantiellen Vorstellungen darüber haben kann, wohin er mit dem Patienten im Rahmen des beide umgreifenden Menschenverständnisses unserer Kultur gehen soll.

erkennen und sich mit dessen Kraft zu verbünden, um dem Patienten eine Aussicht auf Veränderung zu eröffnen: durch die Anerkennung des dissoziierten Verlangens wird das im Symptom liegende Widerstandspotential zur Unterdrückung von innen jetzt in die Selbstbemächtigung nach außen gewendet, im Anspruch auf Einlösung seines Begehrens.
Freilich bewirkt die Integration des ehemals dissoziierten Triebverlangens im Patienten jetzt eine produktive Desintegration im gesellschaftlichen Raum wegen des nun bewusst gewordenen Widerspruchs zwischen dem Begehren des Subjekts und dem gesellschaftlichen Widerstand. Das Voraussein des Therapeuten, seine Vorleistung für den Patienten läge hier gerade in seiner Ambiguitätstoleranz, dass er nicht nur den Widerspruch der Antagonismen zwischen Individuum (Patient) und Gesellschaft aushalten kann, sondern vor allem den Widerspruch seiner therapeutischen Arbeit. Denn diese ist auf die Integration des dissoziierten Triebverlangens im Ich des Patienten gerichtet und bewirkt eine Desintegration zur Gesellschaft im wiedergewonnenen Widerspruchspotential des Patienten gegenüber den gesellschaftlichen Anpassungsforderungen, Einschränkungen und Versagungen.
Die paradoxale Verfasstheit der therapeutischen Intersubjektivität zeigt sich darin, dass der Therapeut, Anwalt der persönlichen Integration für den Patienten, zum Förderer der produktiven Desintegration seines Patienten wird. Nirgends sonst wird so deutlich, was die innere Logik der psychodynamischen Arbeit ausmacht. Zu diesem Widerstreit im Therapeuten sagt Freud: „Zur Triebunterdrückung, zum Verzicht und zur Sublimierung auffordern ..., hieße nicht analytisch, sondern sinnlos handeln. Es wäre nicht anders, als wollte man mit kunstvollen Beschwörungen einen Geist aus der Unterwelt zum Aufsteigen zwingen, um ihn dann ungefragt wieder hinunterzuschicken. Man hätte ja dann das Verdrängte nur zum Bewusstsein gerufen, um es erschreckt von Neuem zu verdrängen“ (Freud X, S. 312).
Nach psychodynamischer Erfordernis sollte der Therapeut die intellektuelle Kraft und Integrität zu einer Verstehenspsychologie besitzen, welche die Abseite des Lebens beleuchtet und Begründungszusammenhänge liefert für die Dissoziation zwischen Unterdrückung und Aufbegehren: es ist der nicht abzuschließende und nicht zu lösende Konflikt zwischen antagonistischen Kräften im Subjekt und zwischen dem Menschen und der Gesellschaft. In diesem Spannungsverhältnis widerstreitender Kräfte im Patienten und den Anpassungsforderungen der Gesellschaft arbeitet der Therapeut. Und in seiner Parteinahme für das Begehren des Patienten hat er zugleich die Schutzfunktion wahrzunehmen, dass der Patient im Drang nach Anerkennung seines Verlangens sich nicht gesellschaftlicher Schädigung aussetzt.

Ein Dialog kann nur in Gang kommen, wenn der Therapeut hören lernt, was der Patient ihm zu sagen hat. Und der Patient lernt hören, was er (eigentlich) in seinen Mitteilungen sagen möchte. Die Mitteilungen sind versteckte Botschaften an den Therapeuten über das, was dem Patienten fehlt, in der Erwartung, dass der Therapeut eine Erklärung für seine fremden und unerklärlichen Erfahrungen finden kann: es geht um eine begreifbare Antwort für das bisher Unbegreifliche. Die verborgenen Grundfragen des Patienten an den Therapeuten lauten: „Was ist mit mir, dass ich solches erleiden muss; wie konnte mir dies passieren; wie kann ich begreifen, was mit mir los ist; wie kannst Du verstehen, was ich als Antwort brauche und wie kann ich hoffen, dass Du in der Lage bist, mir das Passende zu geben?“ Es sind alles Fragen nach der möglichen Integration des bisher Desintegrierten, nach der Einverleibung und Aneignung des Fremden und Befremdlichen in die Zugehörigkeit des eigenen Erlebens. Unter dieser Perspektive ist die Arbeit am Symptom eine Arbeit am Wahrnehmungsschema des Patienten, die aber nur gelingen kann, wenn der Therapeut nicht im Schematismus eines rigiden Bezugsrahmens die Interaktion bestimmt und dadurch unbewusst eine Kommunikationsverweigerung inszeniert.
Die Integration des im Symptom abgespaltenen und verleugneten Verlangens ist eine Sache; eine andere Sache ist es, dem Patienten zu einer solchen Ich-Souveränität zu verhelfen, dass er eine produktive Desintegration gegenüber unterdrückenden Anpassungsforderungen durchhalten kann. Allerdings wird der Patient zu dieser Ich-Leistung nur in der Lage sein, wenn er durch die Identifikation mit einem souveränen Therapeuten Sinn und Bedeutung der desintegrierten Wünsche sehen und die Spannung der Widersprüche ertragen gelernt hat. Deshalb ist gerade eine symptomzentrierte Arbeit von essentieller Bedeutung für einen psychodynamischen Prozess, weil sich an diesem Punkt die Auseinandersetzung um das zentrale Moment der aufstrebenden beziehungsweise unterdrückenden Kräfte situiert.
Nach einer recht verstandenen psychodynamischen Symptomtheorie geht es niemals um die Beseitigung von Symptomen, und hier ist die konfliktpsychologische Konzeption der Symptome der medizinischen diametral entgegensetzt. Es geht vielmehr um den anderen Gebrauch der Symptome, wenn das desintegrierte Begehren aufgeklärt und wieder integriert ist in die Erfahrung des Subjekts, so dass das frühere Symptom in der Neuerfahrung des Patienten nicht anders bewertet wird als „symptomatisches“, das ist charakteristisches Verhalten, das als der Person zugehörige Element angesehen und bejaht wird.

2.2 Der Kausalismus des Bindungskonzepts: die Flucht vor dem triebhaften Sein und die Zuflucht zu Inkulpationsmythen über die Mütter in den neueren Entwicklungen der Psychoanalyse

Die Triebtheorie ist heute in weiten Teilen der Psychotherapie, vor allem aber der Psychiatrie, von der Bindungstheorie Bowlbys (1969) verdrängt, nach der es ein genetisch verankertes, autonomes Bedürfnis nach Kontaktbehagen geben soll. Das Freud'sche anaklitische Modell, wonach sich die Sexualtriebe an die Selbsterhaltungstriebe, an die Stillung des Nahrungsbedürfnisses anlehnen, soll durch die Untersuchungen von Harlow (1962) falsifiziert worden sein: Affenbabys wurden bei der Geburt von ihren natürlichen Müttern getrennt und von alternativen Ersatzmüttern betreut, die aus Draht mit Babyflasche und aus Frottee ohne Babyflasche bestanden. Die Affenbabys entwickelten eine Bindung an die Frottee-Ersatzmutter, die Kontaktbehagen spendete, auch wenn die Draht-Ersatzmutter seine sog. primären Triebe (Hunger und Durst) befriedigte.
Schon die in der psychoanalytischen Tradition simplifizierende Unterscheidung von Primär- und Sekundärtrieben missachtet den dialektischen Aspekt des Begehrens von körperlicher Nahrungsbefriedigung und der unterlegten libidinösen Dimension der „unersättlichen" Begierde nach Selbstmehrung. Der Harlow'sche Versuch, dem wir früher auch als Beweis für die Unrichtigkeit des Freud'schen Triebmodells aufgesessen sind, ist schon in seiner Anordnung falsch konzipiert. Wenn man beweisen will, dass die Liebesbindung des Kindes nicht in Anlehnung an das befriedigte Nahrungsbedürfnis entsteht, dann liegt darin ein Denkfehler, weil der Hunger, wie wir gezeigt haben, doppelbödig konstituiert ist, infolgedessen geht die Versuchsanordnung von Harlow an der Struktur des triebhaften Geschehens vorbei.
Soll die Bindung an die Frottee-Ersatzmutter, die Kontaktbehagen spendete, auch wenn eine andere Draht-Ersatzmutter die sog. primären Triebe befriedigte, beweisen, dass das Wesen der Liebe nach Harlow die Herstellung des Kontaktbehagens unabhängig von der Stillung des Nahrungsbedürfnisses ist? Für diesen Fall müsste die Versuchsfrage lauten: bestätigt die Bindung an die nahrungsspendende Drahtmutter die anaklitische Theorie oder verwirft die Bindung an die Frotteemutter die anaklitische Theorie? Der Nonsens dieser Versuchsanordnung besteht darin, dass die Bindungstheorie nur dann verifiziert würde, wenn das Affenbaby nur eine „Objektbeziehung" zur Frottee-Ersatzmutter eingehen würde und die „Objektbeziehung" zur Draht-Ersatzmutter ablehnen würde, folglich verhungern müsste.

Das Harlow'sche Experiment kann nichts beweisen, sondern nur zeigen, dass das Affenbaby den kurzfristigen Kontakt zur Nahrungsquelle sucht und im Wohlbehagen der Körperimitation der Frottee-Mutter längerfristig bleibt. Dies bestätigt aber wiederum die anaklitische Theorie, dass im Vollzug der körperlichen Befriedigung des oralen Triebes der über diese Befriedigung hinausgehende Hunger in den libidinösen Zielen der Selbstbereicherung befriedigt wird: das Bedürfnis nach Kontakt, Wärme, Geborgenheit, Sicherheit im Aufgenommensein von einem Anderen, der das Wohlgefühl, die Atmosphäre des Urvertrauens herstellt, die Wachstum erst möglich macht. Freilich geht bei der oberflächlichen Perspektive der Bindungstheorie unter, dass der Mund zugleich Saug- und Sprechorgan ist, „dass sich nämlich das Hauptwerkzeug der semantischen Kommunikation in engster anaklitischer Verbindung mit der Oralität entwickelt; dass orale Erlebnisse die allerersten Bausteine für die Sprache bilden" (Spitz 1978, S. 60). Es wird auch ignoriert, dass eine Veränderung der anaklitischen Situation zu einer entsprechenden Veränderung der Kommunikationssignale sowie zu einem anderen Anpassungs- und Abwehrverhalten führen muss (s. Spitz l. c.).

Die Frage wird überhaupt nicht gestellt, was die Katamnesen der Affenbabys des Harlow'schen Experiments zeigen könnten; denn diesen Babys wird das Urerlebnis des Sättigungsschlafs an der Brust genommen, die archaische Matrix für Spannungslösung. Allerdings gibt es darauf keine Antwort, da Affenbabys nicht sprechen lernen wie Menschenbabys, und wir die Entwicklung ihrer sprachlichen Kommunikation nicht untersuchen können. Für Menschenbabys ist aber das visuelle Perzept der Brust ein Archetypus für das Aufhören von Unlustspannung. Und Lewins Theorie (1946, 1950) vom Perzept der Mutterbrust als Ursprung des Traumhintergrundes führt zu der Frage, welchen Traumhintergrund als Matrix der Spannungslösung Babys haben, denen der Sättigungsschlaf an der Brust versagt wird: wie und was träumen also Kinder und Erwachsene, wenn sich die Stillgewohnheiten ändern; und was heißt es, wenn das Urerlebnis der Spannungslösung nicht mehr an einem bedürfnisbefriedigenden Objekt erfahren wird, sondern das Stillen ein mechanisches Abstillen an einem Apparat ist, der dem Säugling die Stillung der protopathischen Sinnesbedürfnisse verwehrt? Und wie entwickelt sich das Such- und Abwehrverhalten des erwachenden Subjekts, wenn ihm die Bedürfnisbefriedigung an einem lebendigen primären Objekt nicht gewährt wird?

Die anaklitische Objektwahl ist determiniert durch die (ur-)anfängliche Bedürfnisbefriedigung des Menschenkindes. Die Aufspaltung in mechanisch-orale Befriedigung durch die Babyflasche und Kontaktbefriedigung an einer

Frotteeattrappe muss zu einer affektiven und kognitiven Verstörung des Kindes führen. Eine Katamnese dieser in zweifacher Hinsicht geschädigten Babys durch Apparate für Kontakt- und für Nahrungsbefriedigung müsste der Frage nachgehen, welche Störungen in der semantischen Kommunikation eines Subjektes zu finden sind, das die Brust als Spritzmaschine und den Mund als Saugpumpe erfahren musste und Kontaktbehagen nur an einer Attrappe befriedigen konnte, die ihm den Sättigungsschlaf an der lebendigen Brust versagte. Die Spätfolgen solch affektiver Vernachlässigung müssten sich in einem mechanischen Sprechen, affektleerem Rationalisieren als Denken und gemütskaltem Verhalten zeigen, und das Interaktionsverhalten dürfte dem Muster oral-manipulativer Objektbeziehungen folgen.
Die Bindungstheorie[22] scheint heute, ähnlich dem anspruchslosen psychiatrischen Vulnerabilitätskonzept, für Psychotherapeuten wie Psychiater ein schlichtes Erklärungsprinzip an die Hand zu geben, vor allem, weil die angenommene genetische Verankerung ein Prägungsgeschehen nahelegt, analog dem ätiologischen Prägungskonzept im Tierreich nach Lorenz, so dass alle komplizierteren Fragen nach der Ätiologie, verursachenden oder veranlassenden Determinanten der Genese menschlicher Objektbeziehungsgestaltungen sich zu erübrigen scheinen. Denn das Abstraktum Bindung oder Kontaktbehagen kann doch die Frage nach dem Wesen von Bindung und Kontaktbehagen nicht beantworten. Im Absehen von der Vielschichtigkeit des Phänomens Kontaktbehagen sucht man auch Abstand von der mehrdimensionalen Erfahrung der darin liegenden körperlichen Befriedigung, die im-

[22] Es will uns nicht zufällig scheinen, dass die Bindungstheorie Bowlbys (1969) nach solch langer Latenz jetzt aufgegriffen wird, wo alle Bindungs- und Loyalitätsverhältnisse in der Gemeinschaft zerbrechen; wie wenn die Sehnsucht nach bindender Geborgenheit im Rückgriff auf naturvorgegebene Bindungsappetenz gestillt werden sollte. Die Repräsentanten der psychotherapeutischen Dienste möchten mit dem Angebot ihrer Bindungstheorie und -therapie dem entfremdeten Menschen eine „organische" Bezogenheit in der Regression auf die biologischen Wurzeln des Verhaltens verschaffen: eine Naturtheorie der Gebundenheit, die dem Subjekt auch die denkerische Anstrengung und den affektiven Aufwand erspart, sich um die Gründe des Bindungsverlustes sorgen zu müssen; das heißt, die gesellschaftlichen Verhältnisse durchleuchten zu müssen, die dem Subjekt die Möglichkeit der Bindungs- und Loyalitätsverhältnisse nehmen. Der Rückgriff aufs Biologische soll Halt geben im Sog zerstörerischer Verhältnisse und Geborgenheitswünsche im Rückblick auf „natürliche" Ungebrochenheit befrieden – der Sprung in die Biosphäre zur Rettung von Hoffnung. Die neue Übersichtlichkeit biologischer Begründung menschlicher Beziehungskultur soll die Unübersichtlichkeit des triebhaften Seins mit seinen unberechenbaren Konfliktverstrickungen endlich bereinigen. Das Anheimgeben an die Natur, wenn das Zutrauen in die menschlichen Fähigkeiten zur Herstellung menschengerechter Verhältnisse verlorengegangen ist, zeichnet eine fortgeschrittene Regression des Denkens.

mer schon eine libidinöse ist: ob man zur Deckung kommen will in seinem Bedürfnis nach Nahrung und Geborgenheit, zur Deckung kommen will im engeren libidinösen Sinne der sexuellen Befriedigung oder im weiteren Sinne der narzisstischen Bestätigung zur Übereinstimmung miteinander gelangen will; allemal geht es um die mit den primären Objekten erfahrenen Beziehungsmuster, die ihrerseits Grund und Voraussetzung sind für die Objektsuche und -findung des Einzelnen: die eingeschriebenen Trieb- und Objektschicksale bilden das Ensemble determinierender Objektbeziehungsformen. Die psychoanalytische Objektbeziehungstheorie handelt also von den internalisierten Objektbeziehungen, die aus den realen und imaginären Interaktionen mit den primären Objekten hervorgegangen sind und bestimmend werden für die Interaktionsformen des Subjekts.

Freilich ist die Notwendigkeit der Nahrungsaufnahme, das Bedürfnis der Ausscheidung und sexuellen Entladung wie das pubertäre Erwachen der Sexualität mit der Entwicklung der sekundären Geschlechtsmerkmale genauso genetisch verankert wie die Notwendigkeit der Transpiration. Aber die Modellierung dieser Bedürfnisse unterliegt einem Sozialisationsprozess, dessen Bedingungen im Einzelfall der Zughörigkeit des Subjekts zur jeweiligen Epoche, Kultur und Klasse spezifisch vermittelt werden und zu differenten Objektschicksalen mit diesen scheinbar unabhängigen biologischen Bedürfnissen führen. Deshalb könnte man Menschen klonen und würde trotzdem aufgrund der anders gearteten geschichtlichen Situation und den nicht identischen psychohistorischen Entwicklungsbedingungen einen zwar erbgenetisch duplizierten, aber nicht identischen Menschen produzieren. Die leichte Kost eingängiger Konzepte ist eine verführerische Kraft in der Aufwandsersparnis von Denken und heute besonders dienlich der positivistischen Einebnung differenzierter wissenschaftlicher Betrachtungsweise.

Abgesehen von der Problematik, die Wahrheit des menschlichen Begehrens im Tierversuch ergründen zu wollen, haben wir es heute im Wiederaufleben von Bowlbys Bindungstheorie mit einem deterministischen Fatalismus zu tun, der einer eindimensionalen Entwicklungslogik folgt von „Früher Störung“ (Kernberg, Kohut u.a.) und „Späten Folgen“. Diesem „linearen Ursache - Wirkungsschema“ (Petzold u. Orth 1999) liegt ein reduktionistisches Denkmodell zugrunde, nach dem die Kausalattributionen nicht nur einem Entwicklungsmuster von undifferenziertem Anfang und differenziertem Ausgang folgen, sondern dem ätiologischen Determinismus eines naiven medizinischen Ursache-Folge-Verständnisses erliegen, dass „B durch A verursacht wird, etwa so wie man sagen würde, dass der Mangel an Vitamin D (A) Rachitis (B) verursache“ (Eagle 1988, S. 172).

Die Zuschreibung von der „späten Misere" auf die „Kindheitsmisere" entspringt dem unreflektierten Kausalitätsbedürfnis von Therapeuten nach erklärenden Interpretationen für die unerklärlich wirkenden Erfahrungen des Patienten. Es hat jene leicht plausible regressive Ausrichtung in der Ursachenverständigung hervorgebracht, die den Grund des Übels allein am Ursprung des Subjekts verfolgt. Dieses allgemein verwendete Regressionsparadigma hat eine emotionale und kognitive Entlastungsfunktion für Therapeut wie Patient, indem die Aufklärung über das Unerklärlich-Erscheinende vom Therapeuten entfernt wird durch die Verschiebung in eine unerklärliche Vergangenheit, und der Patient durch Verschiebung auf die elterliche Schuld sich von seiner Verantwortung entlasten kann. Folge des psychotherapeutischen Regressionsparadigma sind „adultomorphe Konzepte" (Peterfreund 1978), die Neigung, frühe Stadien der Entwicklung aus der Sicht späterer, sog. pathologischer Zustände zu erklären, das Leiden des Erwachsenen unter der Optik einer zum Stillstand gekommenen Entwicklung des Kindes zu sehen.

Der eingängige Diskurs von Entwicklungsstillständen und -defekten, die Psychopathologie von narzisstischen oder Borderline-Persönlichkeiten greift im ätiologischen Konzept auf präpsychoanalytische Begriffe, auf konstitutionelle Faktoren (z. B. den konstitutionell bedingten, übermässigen Aggressionstrieb nach Kernberg) zurück oder auf den Faktor frühinfantiler Traumatisierungen (s. Eagle 1988), wie sie in der Bindungsideologie als gestörtes mütterliches Bindungsverhalten gefasst werden. Und das Gerede über eine Wiederaufnahme von Entwicklungswachstum und Beseitigung von strukturellen Defekten verdeckt, dass die Auswirkungen früher Schädigung allein durch Aneignung neuer Funktionen im Rahmen einer menschlich befriedigenden, anderen Beziehungserfahrung in der Therapie kompensiert werden (vgl. Gedo 1980); das heisst, durch die therapeutisch aktivierte Erfahrung bisher nicht gelebter Möglichkeiten gewinnt der Patient eine andere Lebensperspektive.

Die Phänomene von sog. Entwicklungsstillständen und -defekten sind seit jeher in der psychoanalytischen Literatur beschrieben worden als Fixierungen der Libido im Entwicklungsgang eines Subjekts. Und ihre Darstellung als Symptom der besonderen Psychopathologie von frühen, narzisstischen Störungen übersieht, dass Symptome immer der Erfolg von Konflikten sind: in diesem Fall der besonders heftigen Konfliktspannung zwischen dem bedürfnisbefriedigenden und wunscherfüllenden mütterlichen Objekt und der extremen Abhängigkeit des Kleinkindes von der Bedürfnisstillung und Wunschbefriedigung durch die Mutter. Es ist also immer eine Frage der

Perspektive, ob man statisch Entwicklungsstillstände und -defekte diagnostiziert oder einer dynamischen Betrachtung folgt, diese Fixierungen, stationäre „Überlebsel" (Freud) beim Weg der Libido durch die Stationen ihres „Lebensgangs", auf dem Hintergrund der darin verwickelten Konflikte zu sehen. Die deterministische Ausgestaltung des Bindungskonzepts zu einem Prägungskonzept von lebensbestimmender Wirkung macht die Biologisierung des Bindungsphänomens offensichtlich. Und der Schluß von sicheren Bindungen auf eine positive Entwicklung und von unsicheren Bindungen auf eine negative ist Symptom eines Entwicklungsdenkens, das den komplexen Bildungsprozeß des menschlichen Beziehungsgefüges auf eine einfache Ursachenverkettung reduziert. Die körperlich-zurückweisende Mutter, die von den Bindungsforschern als wesentlicher Faktor bei der Entstehung von unsicher-gebundenen Kindern angesehen wird, hat heute denselben Stellenwert in der Verursachungslehre von psychischen Störungen wie früher z. B. der Typus der „schizophrenogenen Mutter" mit ihrer „Double-bind-Strategie" für schizoides Verhalten verantwortlich gemacht wurde (s. Lidz u. Lidz 1949; Bateson et al. 1970; Laing 1970 u. a.).
Ätiologische Mythen und archaische Inkulpationen der Eltern werden sich auch in Zukunft modisch abwechseln, nicht nur weil Forscher und Therapeuten durch einfache Erklärungen ihre Kausalitätsbedürfnisse befriedigen wollen, sondern weil sie sich auch durch Projektion ihrer Schuldgefühle gegenüber den eigenen Eltern auf Patienteneltern Entlastung zu verschaffen suchen von der uralten mythischen Schuldverstrickung zwischen den Generationen: dass die Nachgeborenen aus dem Leben der Gewesenen zehren, in deren Schuld sie bis zum eigenen Tod stehen. Die theoretischen Mythen von Therapeuten scheinen in besonderem Maße Ideologien projektiver Entlastung darzustellen (s. auch Petzold u. Orth 1999).

Von der Verflüchtigung des Sexuellen: die Triebbereinigung in den postfreudianischen Konzepten als Entfernung des Gegensatzes von Triebstruktur und Gesellschaft

Es ist schon merkwürdig, dass alle Revisionen der Freud'schen Psychoanalyse simplifizierende Inkulpationsmodelle darstellen und zugleich desexualisierte, triebbereinigte ätiologische Konzepte zur Pathogenese offerieren. Die Regression der gesellschaftstheoretischen Reflexion und der kritischen Theorie des Subjekts, die Unterdrückung einer ideologiekritischen Untersuchung des Antagonismus zwischen Triebnatur und Kultur, zeigt sich in der Reduktion psychodynamischer Wissenschaft auf eine personalisierte und individualisierte Ätiologie defekter Mutterschaft: die neueren Entwicklungen in der Psychoanalyse sind letztlich Inkulpationsideologien, Mythen von den Müttern als Mängelwesen, die Mängelsubjekte erzeugen.

Die modisch grassierende Traumatheorie hat nun eine allumfassende Bedeutung erhalten durch die Feststellung mangelnder Mütterlichkeit und ihren Entwicklungsfolgen für die Subjekte einer Gesellschaft. Die Inkulpationspathologie ist jedoch eine Entwicklungspathologie, und insofern ist sie eine grandiose Mystifikation der gesellschaftlichen Verursachung von Leiden. Der gesellschaftliche Prozess der Individuation eines Menschen im Beziehungsgeflecht soziokultureller Vorschriften und Gesetze, klassen- und familienbedingter Verpflichtungen und Moralen, das unentrinnbare Gefüge moderner Erziehungsdiktatur wird jetzt heruntergebracht in der Simplifizierung der Ätiologie seelischen Leidens durch Reduktion auf eine monokausal verstandene Monade der Mutter-Kind-Beziehung. Der biologische Reduktionismus erlöst die Psychotherapeuten von der Schwierigkeit psychoanalytischen Denkens angesichts der Komplexität psychosozialer Phänomene mit einem Schlag durch die Rückführung aller Konflikte auf eine gestörte Mütterlichkeit. Diese Neuerungen sind wie Epidemien über die Psychoanalyse hereingebrochen und haben zum Teil, besonders die Kohut'sche Selbstpsychologie, den Charakter von Erweckungsbewegungen angenommen (s. Cremerius 1990).

Freilich sind diese Bewegungen im Kontext des fortgeschrittenen Prozesses eines in der Gesellschaft herrschend gewordenen, eindimensionalen Denkens zu verstehen, dessen Eindimensionalität auf den Feldern der Wissenschaft als Positivismus in Erscheinung tritt, in der Gesellschaft als repressive Egalisierung und im Subjektiven als Entwicklung zum Typus des normopathischen Menschen. Die neueren Konzeptualisierungen lassen sich im Container-Begriff[23] Bions (1984)

---

[23] Die Containerpsychologie Bions eignet sich auch deshalb so gut für ein monokausales autoritäres Verursachungskonzept, da es aus der Perspektive eines Militärs verfasst ist, der die Welt aus den Augen eines ehemaligen Panzerkommandanten sieht und die Organisierung der Psychotherapie als militärische Kommandosache betreibt. Bion schlägt seine psychotherapeutischen Schlachten als Panzerfahrer (Container): „Seine Waffe ist die schrecklichste von allen. Sie überrollt alles, Gräben und Menschen. Aber sie kennt auch keine Alternative, wie sie der Infanterist hat, der sich in der Erde verstecken, der weglaufen kann. Ein Volltreffer macht den Panzer zum Grab. Es gibt also nur Sieg oder Tod" (Cremerius 2000, S. 179); richtiges oder falsches Containment des Mutterpanzers, zu dem es als „Container" keine Alternative gibt: die Mutter als unentrinnbares Schicksal. Die Doppelbödigkeit des Containment als Halten und In-Schach-Halten offenbart die ganze Ambivalenz in dieser Konstruktion von der Mutter als einzigartigem Schicksal. Bion ist als Panzerkommandant „der Führer einer neuen Schule, Präsident der Britischen Psychoanalytischen Gesellschaft ... seine militärische Organisation (vor allem) der Gruppenpsychotherapie erscheint wie eine zivile Variante des Panzerkommandanten" (Cremerius l. c., S. 178). Das militärische Befehls- und Gehorsamsmodell eines vertikal-autoritären Ordnungssystems projiziert der Truppenführer Bion in sein Gruppenmo-

symptomzentriert fassen: die Mutter als Container für perfektes Containing in der absoluten Empathie einer symbiotischen Beziehung.
Die Gefahren für das werdende Subjekt gehen nun nicht mehr von der endogenen Triebhaftigkeit des Kindes oder der Mutter, dem familialen Beziehungsgeflecht und seinen gesellschaftlichen Implikationen aus, sondern die Bedrohung für die Entwicklung des Kindes liegt einzig in den Mängeln der Mütterlichkeit (s. Cremerius 1990). Dass dieses Container-Konzept kategorisch die Konflikthaftigkeit der Beziehung hinausverweist, macht es auch so brauchbar für die Rechtfertigung der psychotherapeutischen Interaktionsgestaltung, die das infantilisierende und regressivierende parentale Verhalten des Therapeuten unter der Rationalisierung des „Containing" jeder Reflexion über die Macht- und Bedürfniskonfiguration der Beziehung entziehen kann.
Die Defekte der Mütterlichkeit sind in diesen Konzepten Ursache für die Defekte im Selbst des Kindes: die mangelnde „Feinfühligkeit" der Mütter produziert nach dem Bindungskonzept Bowlbys (1969) und anderer „nicht-sicher-gebundene Kinder"; der mangelnde „Glanz im Auge der Mutter" (Kohut 1973), die fehlende positive Spiegelung und Bewunderung des grandiosen infantilen Selbst erzeugt ein pathologisches „falsches Selbst" des Kindes, und die Mutter als mangelndes Selbstobjekt des Kindes bewirkt nach diesem Konzept Selbstdefekte

---

dell: er behandelt die Gruppe als einheitliches Wesen, als Kommandoeinheit, und die ganzheitliche Ausrichtung der Gruppe, die sich nach seiner Vorstellung in einem gemeinsamen Gruppengefühl gleichschaltet, unterliegt einem gewaltsamen Homogenisierungsprozess, dessen Ablauf in typischen Grundeinstellungen die Beziehung zum Gruppenleiter regelt: die Grundeinstellung der Abhängigkeit (dependence) vom Leiter, dem omnipotente Eigenschaften zugesprochen werden; oder die Grundeinstellung von Kampf und Flucht (fight and flight), in der die Gruppe im Kampf um den Besitz des Gruppenleiters hin und her gerissen wird und sich aus Angst vor der Rache des Therapeuten zusammenschließt gegen einen Verfolger oder gegen ein Opfer. Das heißt, die Gruppe schafft sich durch Projektion den Feind, mit dem man kämpfen muss durch die Polarisierung von Gruppe und Gegner oder Opfer. Und die dritte Grundeinstellung Bions, die Paarbildung (pairing), zeigt die Militarisierung unverhohlen. Denn die Gruppe schließt sich als Paarbildung in der unbewussten Phantasie zusammen, dass aus ihr ein „Messias" geboren werde. Die Paarbildung soll eine Projektion des Führers (einer Gruppe) in die Zukunft ausdrücken. Freilich zeichnet sich hier eine unbewusste Phantasie ab, wie wenn die eigentliche Paarbildung zwischen dem Leiter und der Gruppe sich vollzöge und dadurch der Erlöser geboren würde als Reinkarnation des Gruppenführers. Voraussetzung solch militärischer Operationalisierungen des Gruppengeschehens ist die Entpersönlichung der Gruppenteilnehmer, die sich nach militärischem Reglement zu einer Gruppenperson zusammenzuschließen haben. Bions Gruppenmodell (1961) steht in einer Reihe von anderen Gruppenkonzepten (Schindler, Argelander, Grinberg, Langer u. Rodrigue, Ezriel u. a.), deren psychologische Essenz sich als Projektion einer autoritären Verschmelzungsphantasie von Therapeuten erweist, die in ihren therapeutischen Konzeptualisierungen der Faszination eines gewaltsamen Homogenisierungsbedürfnisses erliegen, das den Führer zum Auserwählten einer homogenisierten Masse macht. Eine systemkritische Analyse therapeutischer Konzepte (s. Pohlen 1972) scheint ebenso wenig im Interesse der psychotherapeutischen Wissenschaft zu liegen wie eine ideologiekritische Untersuchung zur Aufklärung von Inkulpationsmythen.

und Entwicklungsstillstände; mangelndes Containing von Müttern führt nach dem Container-Konzept Bions (1984) und anderer zu späteren Störungen der Container-Funktion bei den Erwachsenen; nach dem Kleinianischen Modell (Klein 1962) sind die Beziehungen des werdenden Subjekts geschlagen von den paranoiden Mechanismen verfolgter Verfolgung durch die „böse Brust", die als eigentliche Bedrohung für die Entwicklung des Kindes angesehen wird; in den Objektbeziehungstheorien, vor allem von Fairbairn (1952), werden die späteren sog. zwischenmenschlichen Beziehungen auf die frühe Spaltung im Mutter-Kind-Verhältnis in das „gute" und „böse" Mutterobjekt zurückgeführt, und die Verinnerlichung des „schlechten" Objekts erfolgt unter der Einwirkung von mütterlicher Deprivation und Frustration – infolgedessen wird auch der psychotherapeutische Prozess eine Bereinigungskur im Exorzismus des „schlechten" Objekts.
Das Dispositiv zu Spaltungsmechanismen ist also nach diesem Konzept und letztlich auch dem Spaltungskonzept Kernbergs (1976) auf mütterliches Versagen zurückzuführen, und schließlich sehen wir in den Konzepten Winnicotts (1974) und Mahlers (1968) von der früh-infantilen symbiotischen Mutter-Kind-Beziehung die Qualität der Differenzierung, die Individuation des Kindes, in die alleinige Schuld der Mutter gesetzt. Allemal ist die Entwicklungspsychologie in den revisionistischen Konzepten eine Inkulpationspathologie, die ätiologischen Mythen in der Verursachungslehre folgt und damit die unbedingte Kausalität des Anfangs, der „Mutter als Schicksal" (Kohut) „feststellen" will. Allerdings zeigen die wechselnden Methoden sowohl intra- wie interkulturell, nach denen die Sozialisation von Kindern erfolgt, dass „nichts weniger natürlich ist als Mütterlichkeit" (Cremerius 1990) und dass in der einen Kultur mütterliches Verhalten als grausam angesehen wird, was in anderen Kulturen als fürsorglich gilt (s. auch Parin, Morgenthaler u. Parin-Matthèy 1971).
In den Inkulpationskonzepten ist eine Mutterschaftsideologie enthalten, deren totalitäre Tendenz nicht zu übersehen ist: die biologistische Reduktion der Frau auf eine Container-Funktion, welche die Nöte der Individuation des Menschenkindes zu entsorgen und zugleich ein perfekter Behälter für dessen störungsfreie Aufzucht zu sein hat, erinnert an nationalsozialistische Mutterschaftsideologien zur Erzeugung rassengesunder Nachkommenschaft.
Dabei kann keine mütterliche Sorge je die Not des Kindes ausgleichen, das aus dem „parasitären Gleichgewicht des intrauterinen Lebens" (Lacan) mit der Mutter herausstürzt und bei der Geburt jenen „qualvollen Charakter" der Trennungsangst als Prototyp jeder Trennung, Urbild eines psychischen Traumas, erleidet.
In Fortsetzung dieses „Trennungskomplexes" stehen in endloser Reihe alle Trennungstraumata: vom „Entwöhnungskomplex" (Ablaktation) über den „Geschwisterkomplex" und „Anal-Komplex" zum „Kastrationskomplex". Alle diese Imagines konfigurieren die Abtrennung (Abspaltung) und die Trennungsangst. Das Urbild des psychischen Traumas, von der schützenden Mutter getrennt zu sein, ist die Grunderfahrung von Angst. Und das schrecklichste psychische Trauma, die Kastrationsangst, ist wiederum die Furcht, von der Mutter getrennt

zu werden, das Mittel zu verlieren, das die Wiedervereinigung mit einem Muttersatz im Geschlechtsakt möglich machen kann (Freud).
Die grandiose Inkulpation der Mutter, in deren alleinige Verantwortung das Triebschicksal des Kindes gestellt wird, scheint dem unbewussten Phantasma entsprungen nach Wiederherstellung der ursprünglichen Einheit und zugleich Rache- und Verfolgungsphantasien für die den Müttern angelasteten Trennungen und Spaltungen zu sein (s. dazu ausführlich Pohlen 1987). Der Lebensgang ist für das erwachende Subjekt und seine Beziehung zur Mutter eine Abfolge von Verlust- und Trennungserfahrungen, die allerdings in den familial und gesellschaftlich vorgegebenen Triebkonflikten ihren Grund haben. Akzidentelle Traumata, wie sie heute psychiatrisierend in der „posttraumatischen Belastungsstörung“ diagnostiziert werden, können sich nur dramatisch auswirken, wenn die gesellschaftlich vorgegebenen Trennungstraumata eine Kette nicht ausgleichbarer Verluste und Verlusterfahrungen mit sich gebracht haben.
Die positivistische Vereinfachung der Komplexität der Mutter-Kind-Beziehung ist das eine; das andere ist die radikale Funktionalisierung der Frau als desexualisierte Mutter: am Ende dieses biologistischen Reduktionsprozesses steht das triebbereinigte mütterliche Subjekt als Objekt einer perfekten Container-Funktion für die Gesellschaft. Und in der Gegenfigur des triebhaften Subjekts wird das Weibliche zur „bösen Frau“ und zum gesellschaftlichen Objekt der „schrecklichen Mutter“ gemacht, wie es immer schon als Domestikationsmittel zur Unterdrückung weiblicher Emanzipation dienlich war.
Wir können unser Staunen darüber nicht verhehlen, dass Analytikerinnen und Psychotherapeutinnen solch banale Inkulpationskonzepte sich unreflektiert zu eigen gemacht haben und diese biologistische Ideologie nicht als Instrument der Selbstunterdrückung und Verdinglichung der Frau erkennen und weiterhin in ihrer Praxis undurchschaut anwenden. Welchen Blick haben Therapeutinnen auf das Begehren ihrer Patientinnen, wenn ihre Mentalität von solch inkulpativer Optik mütterlicher Versündigung eingenommen ist, und wie sollen sie Emanzipation besorgen, wenn sie sich der Selbstaufklärung dieses Systems versagen und damit ihrer eigenen Selbstbemächtigung verschließen?
In der „Verflüchtigung des Sexuellen“ (Parin 1986, Cremerius 1990), in der Entfernung des Triebhaften, nimmt sich eine solche Psychoanalyse das Mittel der Selbstaufklärung, weil sie nicht mehr auf das subversive Moment des hinter diesen Erscheinungen liegenden Triebkonflikts reflektieren kann. Denn in der Domestikation des Weiblichen zur Mütterlichkeit durch Desexualisierung wird offenkundig, dass Abwehr gegen das Sexuelle der entscheidende Beweggrund (Cremerius l. c.) in diesen Inkulpationskonzepten ist. Ihre Urheber wie die Anhänger entledigen sich des Aufklärungsanspruchs gegenüber dem unterdrückten Begehren, um sich durch diese Bereinigung vom allgemeinen Trend der Gesellschaft zur Homogensierung nicht auszuschließen, endlich kein heterogenes Element mehr zu sein.
Die Abwehr des Sexuellen dient also der Unterdrückung der psychoanalytischen Aufklärung über die triebbedingten Motive der subjektiven wie objektiven Fak-

toren der Individuation des Subjekts gerade in der ödipalen Konstellation. Diese Abwehr verschleiert die Widersprüche zwischen dem Triebverlangen des Kindes und den durch die Eltern vermittelten gesellschaftlichen Vorschriften und Gesetzen, deren Auseinandersetzung wir als Niederschlag am Grund eines jeden Subjekts finden. Die Bereinigung der psychoanalytischen Triebtheorie ist die Entfernung ihrer kritischen Impulse, Macht- und Unterdrückungsverhältnisse aufzudecken, und dient nicht zuletzt der Verleugnung des widerspruchsbereinigenden Homogenisierungsprinzips, das nun als unreflektierte gesellschaftliche Faktizität hingenommen werden kann.

In der Regression zum medizinischen Biologismus hat das Bindungskonzept verständlicherweise in der Neurobiologie (s. Klauss et al. 1972, Vincent 1990 u. a.) starken Anklang gefunden, da es eine biologische Begründung menschlichen Verhaltens zu geben scheint. Die Bindungsmechanismen werden als programmierte Interaktionen angesehen, die nach einer „Biogrammatik" des Gehirns (de Château 1976) das Bindungsverhalten von Mutter und Kind festlegen, so dass innerhalb von wenigen Stunden ein Beziehungsmuster mit „schicksalshafter Unabänderlichkeit" (Vincent l. c.) geprägt werden soll. Diese Biologisierung des Bindungsphänomens wird in der Psychoanalyse freilich indirekt vertreten, weil die Verwendung des Bindungskonzepts zu einer Ersetzung der triebtheoretischen Affektlehre durch die Annahme primär-autonomer Affektzustände, die primäre Motivationssysteme repräsentieren sollen, geführt hat (Demos 1982, Krause 1983, Sander 1980, Stechler u. Halton 1987 u. a.).
Die Konstruktion primär-autonomer Affektzustände soll ein Erklärungsmodell für das Affektleben des Säuglings abgeben, das mit dem triebtheoretischen Modell nicht nutzbringend erklärt werden könne. So wird im Prozess der Abschaffung des triebtheoretischen Modells wegen seiner mangelnden Nützlichkeit (Dornes 1993) das Bindungskonzept als leitendes Modell für die frühkindliche Entwicklung übernommen, so dass der psychotherapeutische Forscher von allen klinisch-wissenschaftlichen und gesellschaftlichen Implikationen des psychoanalytischen Triebbegriffs entlastet ist.
Eine vom Triebbegriff unabhängige Affektlehre, primär-autonom, das heißt angeboren gedacht, befreit vom unaufhebbaren Widerspruch zwischen dem triebhaften Verlangen des Subjekts, seinem Begehren, das sich in seinen Wünschen ausmalt, in scinen Phantasien als Triebrepräsentanzen wirksam ist, und den kulturellen und zivilisatorischen Vorschriften, die der Befriedigung des Begehrens entgegenstehen: der Prozess von Untersagung der Befriedigung und verinnerlichter Selbstversagung bzw. der Kampf um die Anerkennung des Begehrens, das sich immer schon im Aufbegehren gegen

gesellschaftliche Unterdrückung des Verlangens darstellt, ist die Bühne psychoanalytischen Denkens und praktischen Handelns und spiegelt den Gesellschaftsprozess streitender Auseinandersetzung zwischen den subjektiven Interessen, Bedürfnisssen und Wünschen und den objektiven gesellschaftlichen Einschränkungen wider. Die Tendenz, Affekte nicht mehr als Kraft der Begierde, der Leidenschaften anzusehen, sondern sie als primäre Motivationssysteme zu abstrahieren und damit die Begleiterscheinungen des triebhaften Verlangens, die Affekte, zu „Ursachen", zu machen, zeigt die Verwirrung der Gemüter, die vom den im Begehren liegenden Beweggründen absehen möchten. Denn der Beweggrund der Libido geht je schon auf Aneignung, Vermehrung, Bereicherung, Übermächtigung, in jeder Hinsicht auf Selbstgewinn, und der Freud'sche Dualismus zwischen Eros und Thanatos ist dialektisch zu wenden in eine Libidoökonomie, in deren Vollzug es immer bei der Aneignung der Subjekte um gegenseitige „Enteignung" geht, so dass die Liebe immer ihre Kehrseite, den Hass, miteinschließt. Es ist ein gegensinniger Überfluß der Libido. Denn die Befriedigung vollzieht sich in verschränkter Identifizierung der Subjekte und in der Komplementarität ihrer Ziele: aktiv gegen passiv, voyeuristisch gegen exhibitionistisch, penetrativ gegen rezeptiv usf.

Die triebtheoretisch begründete Motivationstheorie, die eine Lehre von den lebensbewegenden „Triebgründen" ist, soll durch eine Affektlehre ersetzt werden: der Affektbetrag des Triebes wird also zur Erklärungsgrundlage für das Begehren gemacht. Der „biologische Fels", der Trieb, wird durch den Akt magischer Umdeutung entfernt. Die Abschaffung dieses Steins des Anstoßes bedeutet eine Enthistorisierung des menschlichen Begehrens. Denn die Entfernung des tierischen Erbes der menschlichen Triebnatur ist zugleich auch die Entfernung der archaischen, phylogenetischen Erbschaft des Menschen. Die Voraussetzung der Psychoanalyse ist die Axiomatik ihrer Triebtheorie; das bedeutet, Triebe als nicht mehr weiter zurückführbare Wesenheiten anzusehen: jene „mythischen Wesen", „großartig in ihrer Unbestimmtheit", die wir nie scharf sehen können (Freud XV, S. 101 f.), da sie in jenen Bereich der Gewalt der Naturkräfte führen, die hinter den Naturerscheinungen liegen und nur spekulativ erschlossen werden können.

Die Abschaffung des „biologischen Felsens" der Triebnatur ist die Verdunklung dieser Abseite des Lebens, der Gewalt der Leidenschaften. Die Erniedrigung einer psychoanalytischen Theorie der Leidenschaften zu einer beobachtungsnahen Affektpsychologie, die aufgrund allgemeiner Nachvollziehbarkeit nun durch Objektivierung auch der frühkindlichen Interaktionen den gewünschten wissenschaftlichen Kriterien entsprechen soll, folgt einem affirmativen Bemühen. Die Unüberschaubarkeit vielfältiger Gemütsbewegungen, die nicht durch einfache Zurückführung auf ihnen zugrundeliegende Triebe erklärt werden können, wird zum Problem der Triebtheorie gemacht und nicht dem der Forscher, welche vor der Komplexität der Naturerscheinungen auf platt-konkretistische Vorstellungen verfallen: „Zwei Triebe, Libido und Aggression sind zu wenig, um acht oder neun Primäraffekte zu erklären“ (Blum 1989, zit. in Dornes 1993, S. 149). So können Ärger und Freude gerade noch triebtheoretisch untergebracht werden, aber mit den Affekten von Interesse/Neugier, Überraschung und Trauer weiß man triebtheoretisch nichts mehr anzufangen.

Das Vergessen psychoanalytischen Wissens und die Verkümmerung der Einbildungskraft ist offensichtlich und der Verlust eines tieferen Wissens von den Naturprinzipien nicht zu übersehen. Das uralte organismische Prinzip des Ein und Alles (Hen kai Pan) des Parmenides, der Vielfalt in der Einfalt: das Primordiale ist der Kern einer noch nicht herausgekommenen Sache, die sich als Vielfalt des Lebens herausprozessiert, also sich entfaltet und nicht entwickelt. Gerade die sog. Primäraffekte des Interesses und der Neugier sind mehrfach triebdeterminiert, haben es mit der oral-einverleibenden Erkundung des Säuglings zu tun, mit analer Expansion der Raumbemächtigung, mit der phallischen Penetration des erobernden Eindringens.

Die Gier aufs Neue treibt auch den Naturwissenschaftler zum Aufschneiden der Körperoberfläche, zum Eindringen in die inneren Organe und zum Vordringen in die Zellen bis zu den Bausteinen der Materie. Die Neugier des Kindes in der lokomotorischen Lust der Raumeroberung ist so verschieden nicht von der Lust der großen Entdecker, die sich auch der letzten weissen Flecke bemächtigen wollen. Und der Analytiker, der mit Überraschung triebtheoretisch nicht umzugehen weiß, wird auch nicht verstehen, wenn Unerwartetes in die analytische Szene eintritt, wenn unbewusste Impulse plötzlich einbrechen und die gewohnten Erwartungen aufsprengen. Über das Fehlen des triebtheoretischen Verständnisses von Trauer kann man angesichts der Arbeit von Abraham über „Trauer und Melancholie“ (1971) nur verwundert sein.

Schließlich konfrontiert die Analyse des Denkens essentiell mit der Gier aufs Neue. Denn die Lust am Denken ist ein Erobern und Überwinden und im Erneuern auch ein Vernichten des Alten, weil Denken immer schon „Überschreiten des Gegebenen“ (Bloch) ist. Die Aneignung des eigenen Sinns bedeutet nämlich die Enteignung des anderen Sinns, auch das Verlangen nach Macht über die Symbolsysteme einer Gesellschaft: es geht um die Sinnproduktion gesellschaftlich geltender Deutungssysteme über die Wirklichkeit, heute um den Kulturkampf einer positivistischen Vorrangstellung der Wirklichkeitsbestimmung. Kreative Menschen sind subversiv getrieben von der Lust, alte Sehweisen umzustürzen, von der Obsession des Hinterfragens eingenommen und von der oralen Gier der Transgression besetzt, die vorfindliche Wirklichkeit zu entgrenzen. Die Weltanschaungstypen Diltheys lassen sich in triebtheoretisch zu ergründenden Denktypen fortführen: des Hysterischen der Transgression, des Analen der Bezwingung, des Depressiven der Versenkung, des Schizoiden der Entrückung, des Phallischen der Durchdringung und so fort. Allerdings gibt es keine reinen Denktypen; die Denkformen sind durchmischt wie die Trieborganisation aller Persönlichkeitsstrukturen, so dass sich nur in einer Oberflächenperspektive typische Formen des Verhaltens und Denkens darstellen.

Ein solcher Entwurf von Denktypen ist skizzenhaft gemeint und soll nicht weiter ausgeführt werden, weil es hier um die Ingredienz des Denkens als unmittelbare Lust der Entbindung von Altem und der Aneignung von Neuen geht. Das bedeutet, dass Charakterzüge und Denkformen zwar Sublimationen sein können. Es zeigt sich jedoch, dass der Trieb auf dem Weg der Verschiebung vom direkten zum indirekten Ziel die Lust nicht verliert, auch wenn das Ziel und das Objekt ferner rücken und aus der unmittelbaren Lust der Lokomotorik des Kindes zum Beispiel die fernere Lust der Eroberung des Raumes wird, den der Entdecker immer noch unter seine Füße nimmt und dabei die Lust der Raumbewältigung körperlich befriedigen kann. Und die anale Ausgrabungslust der Analytiker bei ihrer Archäologie der Wünsche sollte man auch nicht vergessen. In der psychoanalytischen Tradition hat sich nämlich die irrige Vorstellung eingeschlichen, wie wenn Sublimation die körperlich Lust ausschließen würde.

Der Umweg über die Diskussion triebtheoretisch zu verstehender Verhaltensmuster schien uns nötig, um die unfundierten Annahmen des Bindungskonzepts deutlich zu machen. Denn nach unserer Ansicht ist das Bindungskonzept eine Mittelschichtideologie, die den amerikanischen Familienmythos widerspiegelt von gesunden und sicher bindenden Müttern, die sicher gebundene und ungestörte Kinder haben: die späteren Träger der optimistischen amerikanischen Kultur, deren positivistische Maxime nur den auf Gewinnchancen ausgerichteten Blick nach vorne gestattet und jeden Blick des Zweifels zurück als Sünde wider den Geist ihrer Fortschrittsreligion begreift.

So sind im Modellversuch von Ainsworth et al. (1978) zum Trennungsverhalten einjähriger Kinder von ihren Mittelschichtmüttern unterschiedliche Typen des Bindungsverhaltens diagnostiziert worden. Entscheidende Einflußgröße

für die spätere Qualität der Bindung soll die Sensibilität der Mutter für die Signale des Kindes in der Frühphase (den ersten neun Monaten) sein. Das mütterliche Bindungsangebot wird kausal interpretiert, wie wenn das Kontaktverhalten der Mutter allein verantwortlich für das spätere Bindungsverhalten des Kindes wäre. Dieses deterministische Konzept glaubt sich durch Rekonstruktionen des frühen Bindungsverhaltens aufgrund von Patientenerinnerungen über ihre Mütter bestätigen zu können. Die Konstruktion der „sicher-bindenden" Mütter und ihren „sicher-gebundenen" Kindern gründet allein auf dem Merkmal der mütterlichen „Feinfühligkeit". Ähnlich dem undifferenzierten Vulnerabilitätskonzept der besonderen Verletzbarkeit der zur psychischen Erkrankung disponierten Kinder geht es hier um die fehlende Sensibilität der zu unsicher-gebundenen Kinder disponierenden Mütter.
Dann stellt sich aber die Frage, wie die kulturellen Unterschiede zwischen den mehrheitlich (68 %) sicher-gebundenen, 20 % vermeidend- und 12 % ambivalent-gebundenen Kinder in den USA gegenüber anderen Häufigkeitsverteilungen in anderen Kulturen interpretiert werden müssen. Nach interkulturellen Untersuchungen in Japan und Israel ist die Zahl der ambivalent-gebundenen Kinder größer als in USA und in Deutschland die der vermeidend-gebundenen Kinder (s. van Ijzendoorn et al. 1988, 1990). Die interkulturellen Differenzen verweisen auf die Problematik des Bindungskonzepts: entweder sind nicht-amerikanische Mütter weniger feinfühlig, oder das Phänomen der in der Mehrzahl sicher-gebundenen amerikanischen Kleinkinder bedarf einer anderen Erklärung. Denn der Einfluß der Mütter in der frühen Phase der Mutter-Kind-Beziehung ist zwar von großer Bedeutung für das Selbstkonzept des Kindes, aber die spätere Qualität des erwachsenen Bindungsverhaltens hat wahrscheinlich wenig mit der Qualität der haltgebenden Mutter zu tun, sondern im analytischen Sinne scheint es bei den sog. sicher-gebundenen Erwachsenen um das Mentalitätsproblem der kulturellen Idealbildung zu gehen. Die Rekonstruktionsversuche in der Therapie Erwachsener über deren frühkindliche Bindungserfahrungen sind auf dem Hintergrund der erwachsenen Idealbildungen einer Kultur zu sehen, die auch die Perspektive für die Interpretation von Kleinkindverhalten vorgibt.
So sind vermutlich die interkulturellen Unterschiede über das Bindungsverhalten in spezifisch unterschiedlichen Kulturstilen und differenten Familienmythologien zu sehen. Denn die sog. Feinfühligkeit der Mütter könnte in der amerikanischen Kultur auch ein „Ammenverhalten", eine Funktionalisierung des Mütterlichen repräsentieren, während in der deutschen wie überhaupt der europäischen Kultur „Feinfühligkeit" eher mit kulturell-skeptischer Mentalität der Mütter gepaart sein könnte und meidende Gebundenheit

der Kinder ein Zeichen für höhere Reflexivität; und in Japan könnte gerade die stärkere ambivalente Gebundenheit mit dem höheren Grad der analen Ritualisierung der Beziehungsgestaltung zusammenhängen. Das heißt, sichere oder unsichere Bindungen sind jeweils kulturspezifisch und different zu beurteilen, je nachdem, was schichttypisch die geltenden kollektiven Vorstellungen über das mütterliche oder kindliche Verhalten erwartungsgemäß befriedigt: es geht allemal um die Sicherheit der Wahrnehmung, sich im Gleichen darzustellen und vom Anderen im Gleichen identifiziert zu werden, also vom geltenden Normenkodex über durchschnittlich erwartbares Beziehungsverhalten nicht abzuweichen. In dieser Optik repräsentiert das Bindungskonzept auch eine Correctness-Psychologie.
Die Biologisierung des Bindungsphänomens hat dazu geführt, dass die Dynamik der subjektiven wie objektiven Prozesse der Verhaltensänderung aus dem Blick geraten ist. So wird überhaupt nicht in Betracht gezogen, dass die entscheidenden Veränderungen der Verhaltenseinstellung sich in der Adoleszenz vollziehen (s. Erdheim 1984 , Eagle 1988 u. a.) durch die Entbindung von alten Idealen (ideale Imagines) und der Übernahme neuer Ideale; dass die immer schon prozesshaft sich ausgestaltenden Umschriften der primären Einschreibungen von Objektbeziehungen zu neuen Umschriften (Freud) gerade in der Adoleszenz radikale Umschriften bewirken, wie sie sich in stürmischen pubertären Bewegungen zeigen. Aber diese pubertären Umschriften, die neuen Leitbilder in der Ich-Ideal- und Über-Ich-Organisation erweisen sich als wirksamer, sind von größerer sozialer und politischer Bedeutung als die sog. „Prägungen" im Säuglingsalter oder in der Kindheit. Der Triebaufruhr der Adoleszenz, der den Umsturz der alten Ideale und die Auflehnung gegen Konformität unterhält, ist die treibende Kraft der Umgestaltung in der Phase der Entbindung von den alten äusseren wie inneren Autoritäten.
Die Bindungen organisieren sich über die Identifizierungen mit gemeinsamen Idealen, und die gemeinsamen Ideale wiederum sind das libidinöse Bindungsmittel der Beziehungen. Daher ist von weitreichender Bedeutung, ob ein guter oder böser Geist das Leitbild besetzt hält. Die großangelegten Programme zur Indoktrination der Jugendlichen in totalitären Sytemen bedienen sich dieses Wissens, dass Ideale des Monströsen, die alle Tötungshemmungen beseitigen, genauso zum Gesetz werden können wie Ideale von Humanität und Toleranz, welche die solidarische Liebe pflegen.
Das Ein-für-Allemal ist das Erschreckende der Bindungsideologie, die in ihrer Verklärung eines unentrinnbaren Determinismus dem Subjekt den Anspruch und die Möglichkeit auf Veränderung abspricht und gerade dadurch die Ergebung an die Macht uralter Abhängigkeiten fortwirken lässt.

2.3 Die Rückkehr zur Erbbiologie: die Verdrängung der Psychodynamik durch die Wiederkehr psychiatrischer Devianzauslese – ein Instrument sozialer Kontrolle

Ein Diagnostik-Inventar, das ICD-Glossar, dient heute allgemein in der klinischen Anwendung als psychiatrische Krankheitslehre, welche die klassifizierten Phänomene als nosologische Entitäten behandelt. Der Psychiater kann sich nun des Diagnostik-Glossars als Devianzkatalog bedienen, der das fehlende ätiologisch begründete Konzept ersetzen soll, so dass es überhaupt keines Nachdenkens über die Gründe von Krankheitsphänomenen, keiner Erkenntnis- und Methodenreflexion über Psychopathologie mehr bedarf. Die psychiatrische Klassifikationsmanie wird seit jeher davon angetrieben, dass sie den Mangel einer Ursachenlehre (Ätiologie) und das Fehlen einer Entstehungs- und Entwicklungstheorie von Krankheit (Pathogenese) überkompensieren muss. So sah sich die deutsche Psychiatrie in der Nachkriegszeit erst durch einen von außen erzwungenen Abbruch ihres Eugenikprogramms genötigt, sich humanen Konzepten zu öffnen. Die Übernahme daseinsanalytischer, psychodynamischer und systemischer Konzepte verschaffte ihr vorübergehend eine theoretische Basis für eine psychologische Therapie psychischer Störungen.

Der immense Erkenntnisfortschritt und Wissenszuwachs und der beachtliche Gewinn an technischer und Interaktionskompetenz in der Psychotherapie von Psychosen veränderte auch in Deutschland die ehemalige inhumane Gesinnung der Psychiatrie zu einem humanen, menschenwürdigen Umgang mit psychisch Kranken, wie wenn sie sich von ihrem sozialdarwinistischen Erbe abgewandt hätte. Die Psychiatrie-Enquête der Bundesregierung zur Lage der Psychiatrie in Deutschland (1975) und auch die damit im Zusammenhang auftretende Anti-Psychiatriebewegung ließen überdies die Hoffnung aufkommen, dass in Deutschland definitiv die unselige Tradition menschenverachtender Selektionsprozeduren ein Ende gefunden hätte. Um so bemerkenswerter war der Rückfall in das alte psychiatrische Denken in dem Moment, als die Pharma-Industrie Zug um Zug Mittel verfügbar machte, mit denen Störungen und gestörtes Verhalten durch medikamentöse Beeinflussung rasch unterdrückt werden konnten und dadurch für die Öffentlichkeit beseitigt waren.

Der Rückfall in die längst überholt gewähnte psychiatrische Selektionspolitik wurde durch die pharmakologische Bereitstellung von unmittelbar wirksamer Verhaltensmanipulation schlagartig wiederbelebt und im Verlauf dieses Prozesses das Krankheitsspektrum nach dem ICD-Glossar dem medikamentösen Indikationsspektrum angepasst. Die ideologische Begründung wurde von der Industrie in wissenschaftlich nicht haltbaren kausalen Zusammenhängen zwischen Pharmaapplikation und spezifischen Änderungen in Transmitterprozessen zu liefern versucht; dabei erwiesen sich Theorien dieser Art, in denen ein bestimmter Wirkstoff für die Entstehung einer komplexen, äußerst heterogenen Verhaltensstörung verantwortlich gemacht wurde, in der Grundlagenforschung[24] in allen Fällen als unrichtig (Birbaumer u. Schmidt 1996).

Die Scheinlegitimation der alles dominierenden Pharmakotherapie liegt nicht in der so vordergründig ausgespielten Kostenfrage und in der absichtlichen Überschätzung einer kostenaufwendigeren psychologischen Forschung und Therapie in der psychiatrischen Medizin; vielmehr geht es um die Verfügbarkeit eines leicht handhabbaren Manipulationsinstruments zur Unterdrükkung von gestörtem Verhalten. Aber die Kosten dieser scheinbar einfachen Beseitigung von unerwünschtem Verhalten werden sich noch in ihrem Unmaß erweisen, wenn der systematische, ständig sich ändernde und steigernde Einsatz von Pharmaka wegen des Gewöhnungseffekts und die daraus entstehende medikamentöse Abhängigkeit, nicht zuletzt die Manipulation des gesamten Körpergeschehens zu einer iatrogenen Süchtigkeit führen, deren Folgeschäden überhaupt nicht abzusehen sind.

Psychodynamische, systemische, auch daseinsanalytische Konzeptionen, die das Kranksein des Subjekts nicht isoliert sehen von seinen sozialen Bezügen und die Bedeutung von Kranksein als gesellschaftlich verfolgtes Devianzproblem reflektieren, mussten für den ungestörten Vollzug der gesellschaftlich erwünschten, pharmakologischen Manipulation von auffälligem Verhalten entfernt werden: reflexive Konzepte und ihre Repräsentanten wurden selbst zu Störelementen, Unruhestiftern, die aus der gesellschaftskonformen Wissen-

[24] „Die Entdeckung von Transmittersystemen im ZNS schien die Erklärung für die Wirksamkeit mancher seit Jahren eingesetzter Psychopharmaka zu bieten, deren Wirkungsmechanismen bis dahin nur vermutet werden konnten. Daraus wiederum schloss man – vor allem für psychiatrische und psychologische Mechanismen – auf einheitliche kausale Beziehungen zum Verhalten: das Dopaminsystem wurde mit der Schizophrenie in Verbindung gebracht, das NA-System mit der Depression, die Endorphinsysteme mit der Sucht u. v. a. m. ... . Theorien dieser Art, in denen ein bestimmter Wirkstoff für die Entstehung einer komplexen, meist äußerst heterogenen Verhaltensstörung verantwortlich gemacht wurde, erwiesen sich in allen Fällen als unrichtig. Dies um so mehr, als bei allen psychiatrischen und psychologischen Störungen nichtneuronale Faktoren eine wesentliche Rolle spielen. Die Tatsache, dass manche der etablierten Psychopharmaka eine gewisse Affinität oder blockierende Wirkung auf den vermuteten Transmitter im Tierversuch ausüben, ist zwar ein Beleg für ihre therapeutische Wirkung, aber kein Beleg für die Genese der Erkrankung aus einer Störung des beteiligten neuronalen Systems beim Menschen“ (Birbaumer u. Schmidt 1996, S. 475).

schaft auszuschließen waren. Das Wiederaufleben der alten Selektionspsychiatrie mit Hilfe der Pharmakologie und die gesellschaftliche Amnesie für eine Psychiatrie, die seinerzeit das tragende Moment einer „Medizin ohne Menschlichkeit“ (Mitscherlich u. Mielke 1960) war, ist nur zu begreifen im Kontext der wieder herrschend gewordenen Totalitätsidee normalisierender und optimierender Zurichtung des Menschen.
Die Mentalität einer Devianzpsychiatrie als gesellschaftliches Überwachungs- und Kontrollorgan geht heute nahtlos über in die gentechnische Devianzkontrolle von ungesundem Erbgut, Manipulation des Gencodes und gentechnologische Diskriminierung in Erbgesunde und Erbkranke. Dass eine totalitäre Eugenik trotz der erdrückenden Vergangenheit jetzt wieder im öffentlichen Diskurs erscheinen kann, zeigt, wie unter dem Etikett der molekularbiologischen Forschung eine Eugenik als Genetik fortlebt, die nun in der Gentechnologie zur biogenetischen Diskriminierung angewandt werden kann. Wir sehen heute eine unblutige Erbgesundheitspolitik, wohingegen die Nationalsozialisten eine blutige Ausrottung der sog. unheilbaren Geisteskranken durchgeführt haben, welche auf die Juden und dann auf die anderen Insassen von Konzentrationslagern ausgedehnt wurden (s. Mitscherlich u. Mielke 1960, S. 209). Dabei waren die Psychiatriemodelle der Vergasung später direkt im Einsatz bei der Vergasung von Juden und anderen „unerwünschten Elementen“ oder waren Vorläufer von optimierten Modellen, die bei der Ausrottungspolitik in Osteuropa eingesetzt wurden. Die nationalsozialistische Politik der Verhütung erbkranken Nachwuchses zur Sicherung der Volksgesundheit und die Ausmerzung von unerwünschtem Volkstum, unerwünschten Kranken und minderwertigen Rassen entsprang einem Säuberungswahn der Selektion und Produktion eines von allem minderrassigen und erbkranken Blutes gereinigten Typus des deutschen Ariers. Dieser Säuberungs- und Reinlichkeitswahn hat sich in seinen totalitären Intentionen fortgesetzt in den heute dominierenden Normalitätswahn. Der universell[25]

[25] Wissenschaft ist zum Wirtschaftsfaktor geworden: da in den liberalen demokratischen Systemen Gentechnik und biotechnologische Forschung als Angelegenheit der Privatwirtschaft keinen politischen Regulationsmechanismen unterliegt, herrscht ein hemmungsloser Innovationskampf der Wissenschaftsindustrie unter dem Zeichen der „Zukunftsforschung“, um Innovationen hervorzubringen, die Märkte schaffen. Solche Wissenschaft weiß sich der Unterstützung durch die Wirtschaft und staatlicher Förderung sicher. In diesem ungezügelten Konkurrenzkampf kommen die Interessen von Wirtschaft, Wissenschaft und Politik zur Dekkung in der neuen ethischen Maxime, dass alles, was möglich ist, auch erwünscht ist; und alles, was erwünscht ist, auch erlaubt und machbar ist nach der Leitidee einer optimierten Menschengattung: erbgesund, vernünftig, effizient, flexibel, unauffällig-normal, ein fungibles Exemplar soll der Mensch der Zukunft sein.

gewordene genetische Säuberungswahn vollzieht sich heute ungetrübt von den Schreckensspuren der Vergangenheit auf einem technokratischen Niveau genetischer Selektion, die ihre Rationalisierung darin findet, die Gesellschaft vor belastenden Krankheiten und deren Folgekosten zu schützen.
Die gentechnische Leidensabschaffung durch Eingriff in den Gencode wird zunächst den Beifall aller Gesundheits- und Kostenbewussten finden, wenn es um die Ausmerzung von Chorea Huntington, Parkinson, Alzheimer zum Beispiel geht, um die Ausrottung von Epilepsie, des Schwachsinns und schließlich des Verrückten, Perversen und Süchtigen und aller genetischen Belastungen[26] im Erbgut durch karzinomatöse Risikogene; nicht zuletzt die Risikogruppe der „kriminellen“ Gene. Dabei folgen die Prognosen von biotechnischen Medizinern der naiven Vorstellung einer einfachen Korrelation von Eigenschaft und Gen, wo jedoch im menschlichen Genom aufgrund der geringen Zahl der Gene eine komplexe Beziehung zwischen Genen und Eigenschaften angenommen werden muß und daher die Vorstellung einer einfachen Eliminierung krankhafter Gene unsinnig ist (Nüsslein-Volhard). Derart schlichte Konstruktionen machen allerdings die Wunschvorstellung von unkomplizierter Beseitigung des Anormalen offensichtlich.
Man sollte aber nicht vergessen, dass zum Beispiel mit dem „Schizoid-Gen“ das Vermögen einer besonderen Introversion, auch der im Philosophieren sich selbst übersteigende Mensch ausgemerzt würde; mit dem „Depressions-Gen“ der melancholische Mensch bohrender Selbstvertiefung und verzweifelnden Sinnfragens eliminiert würde; mit dem „Sucht-Gen“ die das Humanum kennzeichnende Transgression, die Begabung der Transzendierung des

[26] Gendefekte sind nicht gleichbedeutend mit der möglichen Manifestation von Erkrankungen, wie sie von der Gentechnologie als monströse Auswüchse präsentiert werden. So litten zum Beispiel Lincoln und Paganini unter dem Marfan-Syndrom, das sich in einer Veränderung des Habitus (Überlänge der Gliedmaßen, Trichterbrust), des kardiovaskulären Systems und der Augen zeigt und mit einer mittleren Lebenserwartung von 32 bis 35 Jahren einhergehen soll. Lincoln wurde im Alter von 56 Jahren ermordet, Paganini starb im Alter von 58 Jahren; beides Persönlichkeiten mit ungewöhnlicher Aktivität und schöpferischer Kraft. Chopin litt an Mucoviscidose, einer angeborenen Stoffwechselerkrankung, von der angenommen wird, dass ungefähr 80 Prozent der Patienten zumindest das 19. Lebensjahr erreichen. Er starb bekanntlich im Alter von 40 Jahren an Lungentuberkulose. Gendefekte führen nicht mit Sicherheit zur Manifestation, und im Falle der Manifestation gibt es nicht nur eine Varianz im Schweregrad, sondern auch im Verlauf solcher Erkrankungen. Jeder Mensch soll nach dem Forschungsstand ungefähr 18 Genfehler haben; er ist eben nicht auf Fehler seines Gencodes reduzierbar, wie die Beispiele zeigen. Und ein TÜV der Embryonen, wie es die „Qualitätssicherung“ der Fruchtanlage durch Präimplantationsdiagnostik vorsieht, hätte uns um Paganini, Chopin und Lincoln gebracht; abgesehen von der Dunkelziffer der Genschäden all jener, welche die Kultur durch ihre Schöpfungen bereichert haben und bereichern werden.

Gewöhnlichen ausgelöscht würde: Künstler, Theologen, Poeten, ungewöhnliche Entdecker und Forscher, auch die Psychoanalytiker und viele andere reflexionsgeplagte „Störelemente“ und nachdenkliche Unruhestifter. Die im sog. Kranksein liegenden Potenzen des Menschen werden in der oberflächlichen Perspektive eines Normalitätskanons nur als störende Abweichung deklassiert und ihre produktive Bedeutung für die Lebendigkeit des Gesellschaftskörpers zum Verschwinden gebracht (s. die exemplarischen Fallkonzeptualisierungen in Kap. IV, D).

Die wissenschaftliche Irrationalität in der Vorstellung der einfachen Eliminierung krankhafter Gene bei psychischem Leiden demonstriert die neobarbarische Geistlosigkeit, die sich hinter der Optimierungs- und Heilungsideologie einer gentechnologischen Bereinigung des Menschen verbirgt. Aber der Geist ist immer schon bionegativ, und der kreative Mensch dient dem Gegenglück, dem Geist. Geistige Produktivität zehrt aus dem Leiden an der Welt, von dem der schöpferische Mensch geschlagen ist: die unerträglichen Widersprüche des Lebens und der Welt sind als inneres Drama im Schaffenden der treibende Grund geistiger Schöpfungen. Schopenhauer, Kierkegaard, Dostojewski und van Gogh, Strindberg, Ibsen, Rimbaud und Kant, Nietzsche und Hölderlin, Artaud, Althusser und de Sade, Pound und Dali, Wilde, d'Annunzio, Redon, Gertrude Stein, Henry Miller, Georg Heym und Camille Claudel: eine in die historische Retrospektive fortzusetzende, endlose Folge. All jene Existenzen in einer unendlichen Reihe von qualvoll-schaffenden, vom Denken zerrissenen, am Werk verzweifelnden Menschen sind bionegative Figuren, krankhafte Charaktere nach dem Normenkatalog des störungsbereinigten Menschen, durch deren „Abartigkeiten“ der Kulturprozess erzeugt und in Gang gehalten wird.

Es ist bemerkenswert, wie im Forschungsfieber der klare Blick für die eigentlichen Interessen dieser gentechnischen Devianzbestimmung vernebelt wird: die bloße diagnostische Verwertung der Gentechnik und die daraus entspringende ungeheure Profitrate bestimmt ihre Entwicklung zum radikalsten Instrument sozialer Kontrolle. Denn die Werbung für ihre Notwendigkeit zum therapeutischen Einsatz soll davon ablenken, dass die Biotechnologie für die Entwicklung von gentechnischen Therapiemethoden wohl kaum den Forschungsaufwand für die seltenen Erbkrankheiten betreiben würde, weil dies völlig unprofitabel wäre. Die Gentechnologie wird in Zukunft ihren ungeheuren Profit aus dem eugenischen Einsatz beziehen, und diese diagnostische Selektion macht sie in der unblutigen Ausmerzungstechnologie unbedenklich: die Präimplantationsdiagnostik ist dafür wegweisend.

Der hygienische Imperativ der Beseitigung vom Übel läuft immer auf eine Endlösung hinaus, die in der Dynamik des Beseitigungsprozesses angelegt ist: die Bereinigung von kleineren Übeln gebiert das Verlangen nach Beseitigung von größeren und führt schließlich zur Erwartung der Ausrottung noch größerer Übel, bis der Säuberungsprozess universelle Züge annimmt. Dieses Phänomen hygienischer Perfektion kennzeichnet alle Säuberungsprozeduren, in deren Dynamik die radikale Bereinigung angelegt ist. Der religiöse Charakter dieses Exorzismus, der sich heute naturwissenschaftlich verkleidet, ist unübersehbar. In der Moderne hat die verhängnisvolle Verbindung totalitärer Säuberungspolitik mit medizinischer Hygiene zu Verbrechen von mythischem Ausmaß geführt. So war die Forderung nach „Freigabe der Vernichtung lebensunwerten Lebens" (Hoche u. Binding 1920) seinerzeit aus dem philantropischen Anspruch der Psychiatrie erwachsen und hat seine Endlösung in der totalitären Vernichtung von „Leiden" durch Tötung von sog. „Ballastexistenzen" gefunden.
Es gehört nicht viel prophetische Gabe dazu, sich die nicht mehr insgeheimen Züchtungsvorstellungen von Gentechnologen über das optimierte Individuum im „Menschenpark" der Zukunft auszumalen: nach dem Modell der Tierzucht wird unerwünschtes Erbgut selegiert und die Gesellschaft in Erbgesunde, Genreiche und naturbelassenes genetisches Proletariat aufgespalten: die Entstehung eines Genadels mit der genetischen Mitgift intelligent, gesund, aktiv, extravertiert wird dem naturbelassenen Schwächeren den Platz in der Gesellschaft streitig machen; und der Besitz von Kapital wird zur Voraussetzung, sich der medizinischen Mittel zu bedienen, um zur privilegierten Genkaste zu gehören. Mit den medizinischen Möglichkeiten ändern sich die Ansprüche der Gesellschaft und die Herrschaftsmittel: wenn die Methoden zur Selektion vorhanden sind, werden sie aus Profitinteresse auch eingesetzt. Die Mitleids- und Barmherzigkeitsargumentation der Abschaffung von Erbleiden ist eine Mystifizierung des Interesses, durch Präimplantationsdiagnostik eine Selektionsentscheidung jenseits der Schwangerschaft durchzuführen, um sich eine optimale Startposition für die Privilegierung in der Gesellschaft zu sichern.
Die heute individuell propagierte Eugenik wird zwangsläufig zum kollektiven Einsatz führen. Entscheidungen für Kinder werden in Zukunft Genentscheide sein und Kinder kein spontanes Erzeugnis mehr einer Leidenschaft, sondern Zuchtprodukte, um sich vom Schicksal und seinen Unwägbarkeiten unabhängig zu machen und durch gentechnische Reproduktionsmethoden die Optimierung des Daseins zu sichern. Dass bei dieser Menschenzucht das

Individuum sich dem Selektionsdiktat biologischer Technokraten ausliefert, zeigt das Verschwinden der Souveränität des Subjekts an.
Die Gentechnologie ist das schleichende Gift einer systematischen Entwertung von Grundwerten, der Abschaffung der Unantastbarkeit des Lebens und der Singularität des Menschen mit der teleologischen Rationalisierung einer Begrenzung auf den besonderen medizinischen Fall, der den Einstieg in die allgemeine Eugenik verschleiern soll. Freilich verschwistern sich hier teleologische Scheinbegründung und philantropische Mentalität, die ehemals der Ausgangsort einer Gesinnung der Leidensabschaffung war und folgerichtig in eine totalitäre Ausmerzungspolitik mündete. Die Einstellung zur Präimplantationsdiagnostik markiert die Grenzscheide im Wertesystem, ob das für die Gemeinschaftsbildung konstitutive Prinzip des Tötungsverbots als Grundwert der Gesellschaft aufrechterhalten oder dem vermeintlichen hygienischen Fortschritt geopfert wird.
Die Selektionsmentalität der Moderne hat sich in der Präimplantationsdiagnostik eine pseudowissenschaftliche Legitimation geschaffen, mit der sich, medizinisch neutralisiert, die Aussonderung von nicht brauchbarem Menschenmaterial vollziehen lässt. Die anal-sadistische Struktur der bürgerlichen Kultur, die sich im Vorrang der Ausscheidung repräsentiert, bringt sich hier in ihrer tödlichen Konsequenz zur Geltung. Denn die Züchtung von Embryonen im Reagenzglas als TÜV zur Qualitätssicherung der Fruchtanlage bedeutet die Vernichtung von sog. „lebensunwertem Leben“, wenn durch den Nachweis potentieller Gendefekte Embryonen extrakorporal abgetötet werden. Die medizinische Teleologie der Prophylaxe für eine intakte Schwangerschaft verdeckt, dass es zur Erreichung dieses Ziels der Abtötung von Embryonen bedarf. Die therapeutische Argumentation für die Produktion von embryonalen Stammzellen oder die Klonierung von Eizellen mystifiziert in gleicher Weise, dass es hier um das Urteil über Leben als verwertbares Material geht. Die Ausnahmeregelung des besonderen medizinischen Falls kann aber die ethische Unbedingtheit der Frage nach der Unantastbarkeit des Lebens nicht außer Kraft setzen: es wäre die Ausnahme von Grundmaximen im Einzelfall, die sich durch pure Zweckmäßigkeit legitimiert und darin das fundamentale Moralgesetz: „Du sollst nicht töten“, hintergeht.
Die intellektuelle Ignoranz, mit welcher der Diskurs über die Präimplantationsdiagnostik von den wissenschaftlichen und politischen Protagonisten geführt wird, zeigt sich in der Flucht in die Unverbindlichkeit eines universellen Diskurses über Menschenrechte, wo Ethik immer nur in der Verantwortung der Einzelentscheidung als moralische Kategorie exemplarisch

wird. Das nationalsozialistische Programm der Eugenik hat vor Augen geführt, dass die Ausnahmeregelung in der Frage der Menschenwürde, die Ausnahme in der Respektierung des Lebensrechts von Geisteskranken, Juden, sog. Rassisch-Minderwertigen und Anderen, grundsätzlich die Aufhebung des Maßstabs für die moralische Grundkategorie der Menschenwürde und des Grundrechts auf Leben mit sich bringt. Die Erlösung vom Unheil und Übel des Kranken, jene sentimentale Philanthropie vom glücklicheren Leben, trägt das untergründige Begehren nach Entlastung von nutzlosem Leben in sich und tritt als Wohltätigkeitsprogramm zur Gesundheitspflege der Gesellschaft in Erscheinung. Die letzte Konsequenz systematischer Lebensvernichtung ist in der nationalsozialistischen Selektionspolitik historische Realität geworden in einer unfassbaren Monstrosität der Zahl, die in ihrem Unmaß das Ausmaß mythisch gewordener Todesproduktion anzeigt. Seither wissen wir, dass alles möglich ist, dass das Undenkbare geschehen kann, da es geschehen ist (Steiner 2001). Hinter diese singuläre Erfahrung gibt es kein Zurück mehr: das Dunkelste und Abgründigste konnte geschehen im Licht kultureller und zivilisatorischer Höhe.

Der Zivilisationsbruch ist im NS-Euthanasieprogramm endgültig geworden, und das Erschreckende am Wiederaufleben in der Selektionspraxis der Präimplantationsdiagnostik ist, dass es niemanden zu erschrecken scheint und dass die gentechnologische Variante des Euthanasie-Programms nur das Symptom eines um sich greifenden Euthanasie-Diskurses ist. Das Thanatos-Programm positivistischer Mentalität zeigt sich in der Vollendung des „Wertfreiheitspostulats“, im Gebot des kalkulierenden Denkens, das in seiner Wertfreiheit das Leben nach dem utilitaristischen Prinzip bemisst, so dass immanent alles wertlos ist, was keinen unmittelbar erkennbaren Nutzen für die Verwertung verspricht. Die anale Magie offenbart sich in jener Faszination des Machbaren, im Prozess unheimlicher Objektivation, in dem das Machbare zum Denkbaren wird.

Der Angriff auf das Leben und das Wesen des Menschen in den Phantasmen des Marquis de Sade ist heute machbar geworden, da die Biotechnologie jetzt in die Lage zu kommen scheint, den Menschen so zu machen, wie man ihn braucht. Die Maximierung der Verwertungsidee wird nun exemplarisch, und die Beseitigung von Unnützem, Kranken, Alten, Missgebildeten und Anormalen als dysfunktionale Elemente ist der unaufhaltsamen Entwicklungsidee zum Wohle der Menschheit inhärent. Das Selektionsprinzip ist die integrale Kraft der Züchtungs- und Optimierungsidee, deren treibendes Moment im Gewinn totaler Verfügungsgewalt über den Anderen als bloßes Objekt willkürlicher Vernutzung liegt. Diese Mentalität eines so erkennen-

den und handelnden Subjekts kann nur auf dem kulturhistorischen Hintergrund einer veränderten Objektbeziehung im Verhältnis zu Natur verstanden werden, die der Natur das eigene Wesen abspricht: Entsubstantialisierung der Materie und positivistisches Wertfreiheitspostulat sind Begriffsfassungen auf dem Weg des absoluten Zugriffs auf Natur, deren Verdinglichung die Voraussetzung ihrer Ausbeutung ist. Freilich offenbart sich im Omnipotenzphantasma der Moderne die Allmachtsidee im Angriff auf die Natur des Menschen als Objekt der Optimierung: was gegenüber Natur machbar ist, wird auch gegenüber menschlicher Natur machbar.
Im Moment des äußersten Erfolgs des kalkulierenden Denkens zeigt sich die Gleichgültigkeit gegen das Nachdenken im Sinne Heideggers, greift eine totale Gedankenlosigkeit um sich gegenüber der letzten Konsequenz technisch-instrumenteller Vernunft im Zugriff auf das Leben. Der Fortschritt hat die Phantasie der Menschen überholt. Es müsste aber „nachdenklich" machen, dass die anal-magischen Visionen des Marquis de Sade (1962, 1970, 1983, 1987) die Realität eingeholt haben.
Das Werk de Sades repräsentiert die vorwegnehmende Geschichtsschreibung der kapitalistischen Ordnung, welche die Vernunft vollends funktionalisiert hat; sie ist bloßes Organ der Kalkulation, gegen Ziele verhält sie sich wertneutral: „Sie ist zur zwecklosen Zweckmäßigkeit geworden, die eben deshalb sich in alle Zwecke spannen läßt. Sie ist der Plan an sich betrachtet" (Horkheimer u. Adorno 1969, S. 96). Der de Sade'sche Bildungsroman ist ein vorausgreifender Entwurf des kapitalistischen Bildungsprozesses, in dessen Verlauf sich nach dem durchrationalisierten Schema der Marktökonomie die Maximierung der Verwertung durch Rückführung der Abfallprodukte in den Kreislauf der Produktion vollzieht. Die Ökonomisierung und Durchrationalisierung des Subjekts in der Moderne und die radikale Egalisierung in der Bewertung der Dinge und Sachen bis zur Gleichsetzung von Nahrungsmitteln mit Abfall (Kot) hat bereits Jonathan Swift (1731) als Projekt der Zukunft schon vor de Sade beschrieben.
Die schwarzen Texte Swifts und de Sades zeigen das Subjekt der Moderne auf dem Platz anal-sadistischer Bemächtigung, die den Menschen einer allumfassenden exkrementalen Ordnung unterwirft. Der Abort wird zum zentralen Ort gesellschaftlicher Hierarchie: in den „120 Tagen von Sodom" (de Sade 1962) reguliert ein bürokratischer Apparat die Ausscheidungstätigkeit der Opfer, deren Essgewohnheiten einer totalen Reglementierung unterworfen werden, um die Qualität der Produktion zu sichern. Erzeugung, Verteilung und Verzehr der Fäces erfolgen nach dem durchrationalisierten Schema der Marktökonomie. Und die Herrschaft der Libertins etabliert sich über die

Kalkulation, Planung und Koordination der Kotfabrikation der Opfer. Die Ökonomisierung des Körpers treibt in ihren Exzess, wo in einer Maximierung der Verwertung die körperlichen Abfallprodukte nicht beseitigt werden, vielmehr der Kot als Nahrung in den Kreislauf der Produktion zurückgegeben wird (s. Pohlen u. Bautz-Holzherr 1991).
Swifts Ankündigung der kapitalistischen Welt der Moderne, die er in „Gullivers Reisen" (1985, S. 409 f.) als exkrementale Gemeinschaftsrituale darstellt, zeigt sich bei de Sade im Exzess analer Visionen und nach de Sade bei Freud im Aufweis des analen Charakters der kapitalistischen Zivilisation. Freuds Formel: „Exkrement wird Aliment" ist in den Phantasmagorien de Sades vorweggenommen und heute gesellschaftlich real geworden – die sog. Skandale in der Nahrungsmittelproduktion sind folgerichtig nichts anderes als Symptome des herrschenden Verwertungsdenkens. Der Vorrang der Ausscheidung und Absonderung, die Ausstossung (Selektion), ist das auszeichnende Moment der Moderne (Nietzsche). Im psychoanalytischen Sinne entspricht die ungeheure Akkumulation in der bewussten Produktionsweise dem unbewussten Phantasma maßloser Ausscheidung.
Die Biotechnologie ist heute zu einem Instrument des herrschenden Sauberkeits- und Normalitätswahns geworden, der sich im Exorzismus unreiner Gene manifestiert und paranoide Züge der Verfolgung der unsauberen Elemente des Menschlichen angenommen hat. Die Helden de Sades sind Heroen der modernen Produktion: sie sind vom Zwang besessen, Unmengen von Abfall zu produzieren. Sie erzeugen unheimliche Haufen von totem Fleisch, ihre Produktionsverfahren sind die systematische Zergliederung und Zerstückelung menschlicher Körper, um die Welt zu bereinigen von der Giftpflanze Mensch (de Sade 1970). Die Enträumlichung und Entvölkerung der verderbten Welt zeigt sich symptomatisch im Angriff auf die mütterlichen Gebärorgane als Anschlag auf die Fruchtbarkeit der Materie, zielt auf den Tod von materia. Die Orgien der de Sade'schen Helden sind endlose Vernichtungsorgien: von planetarischem Ausmaß im Wunsch der Durand, die Menschheit auf einen Schlag zu vergiften; in der Vorstellung Juliettes, den Kopf der Menschheit mit einem Hieb abzuschlagen, und von universellem Ausmaß in der Idee von Curval, die Sonne anzugreifen,um sie dem All zu entreißen oder die Erde damit in Brand zu setzen.
Die Visionen de Sades von der Vergiftung, Vernichtung und Zerstörung des Menschen und seiner Welt, die Vision vom Griff nach der Sonne, all diese analen Phantasmen sind auf dem Höhepunkt der technisch-instrumentellen Vernunft bereits in die industrielle Produktion gegangen. Der Leser kann sich selbst die Übersetzung der de Sade'schen Phantasmen in die modernen

Vernichtungstechnologien vor Augen führen, deren Erfindung immer als Wohlfahrt für die Gesellschaft rationalisiert wurde. Allerdings erscheinen die Visionen Swifts und de Sades, die in ihrer Zeit als monströs und verbrecherisch galten, heute als Phänomene des Normalen im ökonomischen und wissenschaftlichen Produktionsbetrieb. Denn in einem totalitär gewordenen Homogenisierungsprozess wird das Humanum zum Absonderlichen und das Inhumane zum Normalen. Die de Sade'sche Philosophie ist ein prophetischer Entwurf über die Auslöschung des Menschen im Aufbruch der bürgerlichen Revolution, und die moderne Biotechnologie betreibt das Verschwinden des (historischen) Subjekts.
Der totalitäre Normalitätswahn hat bereits seine Opfer, und der Umbildungsprozess der Gesellschaft nach dem Mythos absoluter Reinheit des Gencodes hat die Idee Gottes als prima causa, die nun durch die DNA repräsentiert wird, abgelöst. Das Leben am Ursprung, an der Keimbahn anzugreifen, zeigt den Menschen auf dem Platz des gentechnologischen Demiurgen und Propheten einer neuen Glaubenslehre der Erzeugung erbreiner Menschen. Die technologische Bemächtigung des Menschen in der Herrschaft über den Gencode ist paradoxerweise das mögliche Ende der Selbstherrschaft des Subjekts in der Auslieferung an eine Expertenmacht, die über gute oder schlechte Gene entscheiden kann.
Die Frage nach den Motiven des Genforschers und den Beweggründen der Genforschung muss gestellt werden: es geht freilich immer um Profitinteressen; aber im dezionistischen Gebrauch der Selektionsmacht von Experten in der Bestimmung von nützlichen oder unnützen Genen liegt das eigentliche totalitäre Moment der gentechnologischen Anwendung. Die Herstellung eines optimierten Genmaterials scheint freilich ihren metaphysischen Grund im Phantasma von Unsterblichkeit[27] zu haben, das die irratio der wissenschaftlichen Rationalität der Entschlüsselung des Lebens ist.

---

[27] Der Triumph der Genomforschung könnte gerade die Ankündigung ihrer Niederlage sein, weil die irratio des Phantasmas der Unsterblichkeit den Trugschluss der letzten Erklärung des Geheimnisses menschlichen Lebens unterhalten hat. Die kommerziell als Revolution hochstilisierte Entzifferung des Genoms wird sich zwar zu diagnostischen Zwecken gut vermarkten lassen, aber die entscheidende Revolution scheint sich, wie bei allen großen Entdeckungen in der Wissenschaft, still zu vollziehen: die Zukunft liegt höchstwahrscheinlich in der vernachlässigten Entwicklungsbiologie, welche den Wirkzusammenhang von Genom im Zusammenspiel mit zellulären Eiweißen und deren Einbettung in ein Ursachennetz genetisch-zellulärer und organismischer Wechselwirkungen untersucht und bei der Entzifferung der Lebensgesetze aufdecken wird, dass die Grenzen zwischen biologischen und psychosozialen Faktoren verschwimmen. Die eigentliche Revolution bei der Enträtselung des Lebens ist allerdings an eine neue Denkweise in den angewandten Naturwissenschaften gebunden, die aus dem Um-

Der Leser muss sich fragen, was es mit einer Gesellschaft auf sich hat, die den manipulierenden Eingriffen ins Leben freien Lauf lässt und der Barbarei keine Grenzen mehr setzt; und er muss weiter fragen, warum die Singularität des Menschen gerade von den für das Heil Berufenen nicht verteidigt wird. Letztlich stellt sich die Frage, wer die Entscheidung über die ontologischen Konsequenzen der Gentechnologie zu verantworten hat?

Es ist nicht zu erwarten, dass der entfesselte Normalitätswahn durch die Selbstbegrenzung dieser Experten eingedämmt würde; vielmehr bedarf es ethischer Gebote und politischer Regelungen mit Gesetzeskraft, um den Menschen vor sich selbst zu schützen. Die Gentechnologie könnte in Zukunft, wenn ihr keine Grenzen gesetzt werden, als verdeckt arbeitende Erbgesundheitspolizei für die Macht- und Wirtschaftsinteressen herrschender Gruppen beliebig in Dienst genommen werden. Müssen wir denn alles tun, was machbar ist und für wen – ist die ideologiekritische Frage? In diesem Fall wie überhaupt im Vollzug totalitärer Entwicklungen können wir versichert sein, dass das, was schon einmal möglich war, wieder möglich werden kann; dass sich die von den politischen Moderatoren der Industriepolitik gesteuerte Gesellschaft den Abgründen angewöhnen lässt, und sei es heute unter der Rationalisierung einer „Ethik des Heilens", mit der das Unheil als medizinischer Nutzen daherkommt.

Der Psychoanalytiker kann hier nur als Arzt und Diagnostiker der Kultur Stellung nehmen, die Symptome des Unheils klären und in seinem Tätigkeitsfeld dem Patienten helfen, die normalisierende Selbstunterdrückung zu überwinden und zur Anerkennung seiner aufbegehrenden Wünsche und Bedürfnisse nach einem selbstmächtigen Leben zu gelangen.

---

sturz des reduktionistischen Modells hervorgehen und die Bedingungen der Naturkräfte und -erscheinungen unter einer systemtheoretischen Perspektive aufklären wird.

3. Wirkprinzipien klinischer Psychodynamik: vom rhetorischen und artistischen Prinzip und von „korrigierender kognitiver Erfahrung“ als essentiellen Wirkmechanismen von Veränderung

3.1 Die erfinderische Handhabung der Beziehungsgestaltung: passende Einstellung und gemeinsame Überzeugung als Grund der Heilwirkung

Die Rede von Wirkprinzipien bedarf der Klärung, weil die psychodynamischen Prinzipien als heuristische zu verstehen sind: fruchtbare Annahmen zum Auffinden von Erkenntnissen. Heuristiken sind Methoden des Entdekkens, die sich der Erfindungsgabe des Subjekts verdanken. Dabei ist es nicht entscheidend, ob sie objektiv wahr sind, sondern ob sie fruchtbar sind für den Findensprozess.

Die Psychoanalyse und das von ihr ausgehende psychodynamische Denken ist eine heuristische Wissenschaft, eine Entdeckungswissenschaft, die allen anderen Wissenschaftsdisziplinen voranliegt und nicht nur die Entdeckung der Möglichkeiten des Subjekts repräsentiert, vielmehr noch die imaginären Wege des Schöpferischen. Die heuristischen Methoden folgen einer inventiven Logik, die der deduktiven des rationalen Wissenschaftsverständnisses entgegengesetzt sind. Das analogisch-metaphorische Denken, über die Herstellung von Ähnlichkeitsbeziehungen Erkenntnisse zu gewinnen, ist ein anschauendes Denken, das der Imaginationsfähigkeit des Forschers entspringt und die Grundlage jedes wissenschaftlichen Erkenntnisprozesses bildet. Denn die sog. Hypothesenbildung vollzieht sich als ungerechtfertigte Vorwegnahme, imaginierendes Vorausgreifen: die vordenkende Funktion der Imagination hat Bloch (1972) als die „schaffende Vernunft“ wiederentdeckt und das antizipierende Denken als erkenntnistheoretische Dimension wieder zur Geltung gebracht.

Die bestimmenden heuristischen Annahmen der klinischen Psychodynamik liegen nach unserem Arbeitsmodell im Prinzip der produktiven Wahrnehmung der Lebensgeschichte, der konstruktiven Interaktionserfahrung des Patienten, der rhetorischen und artistischen Heuristik des Therapeuten sowie im Prinzip der korrigierenden kognitiven Erfahrung als essentielle Handhabung der Deutungsfunktion; und im Kontext dieser Bedingungen wird die symptomzentrierte Fokussierung zum hauptsächlichen Instrument der Therapiestrukturierung und zum zentralen Moment der psychodynamischen Arbeit.

Wenn jede therapeutische Kommunikation den Grundbedingungen menschlicher Kommunikation folgt, dann sind die besonderen Bedingungen der therapeutischen Beziehung im Rahmen der allgemeinen Kommunikation zu klären. In der therapeutischen Kommunikation werden nur besondere Fragen aufgegeben, die aber denselben Gesetzmäßigkeiten der Rhetorik folgen wie jedes auf Antwort zielende Fragen in der menschlichen Kommunikation. Das Besondere der therapeutischen Kommunikation liegt darin, dass der Patient mit dem offensichtlichen Wunsch nach Änderung seines Zustandes, der Linderung und Besserung seines Leidens und dem Bedürfnis nach neuen und anderen Handlungsmöglichkeiten den Therapeuten aufsucht. Von daher liegt ein besonderes Gewicht auf der Überzeugungsmacht des Therapeuten, der dem Patienten durch seine Glaubwürdigkeit erst die Hoffnung vermittelt, förderlichen Einfluss zu nehmen und Änderungen bewirken zu können.
Das rhetorische Modell psychotherapeutischer Kommunikation haben wir in der Standortbestimmung von psychotherapeutischer Wissenschaft an anderer Stelle ausführlich dargestellt (Pohlen u. Bautz-Holzherr 1991,1995a). Nun wäre es endlich an der Zeit, dass sich psychodynamische Psychotherapie auf die Grundlage ihrer dynamischen Interaktionstheorie wieder besinnt. In unserem Diskurs über die Psychotherapie als Wissenschaft haben wir sie explizit als rhetorische und artistische Disziplin ausgewiesen, vor allem die essentielle Gewichtung ihres Interpretationsverfahrens als korrigierende Interaktionserfahrung herausgestellt und als Bausteine zu einer Praxistheorie entwickelt. Danach gründet die psychodynamische Interaktionstheorie in der Freud'schen Suggestionstheorie und enthält, wie wir gezeigt haben, eine Kommunikationstheorie, die ein Erklärungsmodell geben kann für den allen Therapieschulen gemeinsamen, fundamentalen Interaktionsprozess.
Die psychodynamische Rhetorik, deren Einfluss auf Überzeugung zum Zweck der Übereinstimmung gründet, bestimmt sich aus der Überzeugungskraft und Glaubwürdigkeit des Therapeuten und dem Glauben und Vertrauen des Patienten in den Therapeuten und sein therapeutisches System. Der rhetorische Erfolg beruht auf einem gemeinsamen Überzeugungssystem, auf dessen Hintergrund Erklärungen erst hilfreich sein können: ein konsistentes Theoriesystem (Erklärungsmodell) und sich daraus ableitende Deutungen (Benennungen) sind die Voraussetzung für den Patienten, den Therapeuten als kompetente Autorität anzusehen, Vertrauen in ihn und sein System zu setzen und durch die passenden Interpretationen und Interventionen davon überzeugt zu sein, dass er an eine Änderung glauben kann.
Das rhetorische Wirkprinzip einer gemeinsamen Überzeugung ist nicht zu trennen von dem artistischen Wirkprinzip, der ingeniösen, „hellseherischen"

Fähigkeit des Therapeuten, dem Talent seines „Phantasieschlüssels", der die Quelle der therapeutischen Heilkraft ist. Die Hauptquelle des therapeutischen Erfolgs liegt in diesem gestaltschaffenden Prinzip, den bisher nicht oder verzerrt wahrgenommenen Phänomenen Gestalt zu geben, die dem Patienten einleuchtet, um die bisher dunklen und für ihn unerklärlichen Felder seines Erlebens sinngebend zu klären. Und die Bedeutung dieser Wurzeln der Heilkraft müsste für eine wissenschaftliche Untersuchung so herausfordernd sein, weil davon ein Licht auf die persönlichen Voraussetzungen eines kompetenten Therapeuten und auf Diskriminierungskriterien für therapeutische Inkompetenz fallen dürfte.

Allerdings würde jeder Forscher, der versuchte, dieses Phänomen der „hellseherischen" Fähigkeiten von Therapeuten zu untersuchen, seine Reputation als zuverlässiger Wissenschaftler aufs Spiel setzen (Frank 1997), obwohl wir aus Untersuchungen wissen, dass nur etwa 15 % der Therapeuten, die eine psychodynamische Psychotherapie ausüben, genügend Talent und Sachkenntnis besitzen (de Schill 1997). Dieser Befund ist für alle Schulen zutreffend, sofern sie nun endlich den Vorrang der Interaktionskompetenz anerkennen und einsehen können, dass der „Phantasieschlüssel", die imaginative Kompetenz des Therapeuten, die entscheidende Bedingung der Heilkraft ist; auch wenn die Verhaltenstherapie durch die Überbewertung der Technikkompetenz, die heute wissenschaftlich nicht mehr aufrechtzuerhalten ist, die Diskussion um die elementaren Bedingungen einer wirksamen therapeutischen Interaktion immer noch nicht führt.

Der Psychotherapeut ist der Lehrmeister der Wahrnehmung, und seine Wahrnehmung des Fremdseelischen bzw. seine Fähigkeit, dem Fremdseelischen Namen zu geben, ist unabdingbar mit der Fähigkeit seiner Selbstwahrnehmung verbunden, aus dem Fundus eines weiten und tiefen Spektrums von Imaginationen schöpfen zu können. Seine kompositorischen Fähigkeiten sind die Bedingung, die Einschränkungen oder Verzerrungen der Patientenwahrnehmung zu ergänzen, indem er dem Patienten das noch nicht Bekannte, nicht Erfahrene aus seinem Fundus hinzufügt. Diese Ergänzungen der Erfahrung scheinen das entscheidend wirksame, hermeneutische Prinzip im therapeutischen Prozess zu sein und die Funktion des Therapeuten, die Güte seiner Einflussnahme, von diesem kompositorischen Talent unbedingt abhängig zu sein. Der Therapeut muss sich aufgrund der manifesten wie der latenten Botschaften des Patienten in seiner antizipatorischen Kompetenz ein Bild machen von der inneren Welt des Patienten, dessen „Träumen" und Erwartungen, um eine Vorstellung vom unerfüllten Begehren des Anderen zu bekommen. Das heißt, die Vorleistung des Therapeuten ereignet sich als

Phantasieaktivität der Gestaltfindung in seinem Kopf, bevor er tätig wird für das je individuelle Schicksal des Patienten. Psychodynamische Therapie ist eine hochindividualisierte Arbeit am einzelnen Patienten, und diese überhaupt nicht zu standardisierende Tätigkeit mit ihren persönlichen Ingredienzen verlangt den talentierten und sachkundigen Kliniker.
Das rhetorische und artistische Wirkprinzip sind eigentlich zwei Aspekte desselben Prinzips: die Überzeugungskraft und Glaubwürdigkeit des Therapeuten ist getragen von einem überzeugenden Therapiesystem, und dieses wiederum kann nur glaubwürdig sein für den Patienten, wenn der Therapeut aufgrund seines Interpretationssystems und seines Interpretationsvermögens („Hellsichtigkeit") dem Patienten die passenden Deutungen und modifizierenden Interventionen gibt, so dass ein Prozess sich fortsetzender gegenseitiger Bestätigung in einem gemeinsamen Überzeugungs- und Wertesystem zustande kommt. Ein Prozess von Gegenseitigkeit kommt ins Spiel, der sich einer Anerkennungsdialektik verdankt, in der Therapeut wie Patient in wechselseitiger Gebundenheit sich ihre Hilfserwartungen beziehungsweise ihr Hilfsvermögen bestätigen. Das therapeutische Geschehen wird durch die bindungsstiftende Erwartung beider Seiten auf Veränderung angeregt, und diese Veränderungsperspektive unterhält den Produktionsstrom der Phantasie als Inszenierung des Möglich-Neuen.
Und das dritte Wirkprinzip einer korrigierenden Interaktionserfahrung, das von uns so bezeichnete Prinzip „korrigierender kognitiver Erfahrung", ist gerade an die Voraussetzung einer besonderen imaginativen Begabung des Therapeuten gebunden, weil sich hier der Weg der Heilung als Förderung der Selbsteinsicht des Patienten in seine essentielle Konfliktdynamik vollzieht. Der neue Weg von anderer Selbst- und Problembetrachtung ereignet sich nämlich nach unserem Vorgehen als anderer Blick auf die Symptome. Der Blickwechsel hängt aber davon ab, welchen Blick der Therapeut unter der Optik des von ihm intuitiv erkannten Begehrens auf die Symptomatik des Patienten wirft. Und der Blickwechsel des Patienten von seiner selbstdiskriminierenden Ansicht, seiner pathologischen Überzeugung von sich selbst, zur Anerkennung der bisher dunkel-negativen Seite seiner Symptome hängt nicht nur von der überzeugend-sinngebenden, anderen Benennung seiner Symptome ab; denn der Patient ist nur zu einer Einstellungsänderung bereit, wenn ihm diese Umdeutung ein Gefühl möglicher und wachsender Selbstgestaltung vermittelt. Die Änderung der Selbstsicht ereignet sich also in einer anderen Interaktionserfahrung, die gerade nicht seine pathogenen Überzeugungen in Art einer sich selbst erfüllenden Prophezeiung bestätigt und sein symptomatisches Verhalten bekräftigt; vielmehr führt die andere

Interaktionserfahrung zu einem Blickwechsel in der Wahrnehmung auf sich selbst (Selbstwahrnehmung) und auf den anderen (Fremdwahrnehmung) und damit zu einer Erfahrung von Selbstbemächtigung.
Freilich verlangt der Blickwechsel des Therapeuten auf die Symptomatik eine grundlegende Einstellungsänderung. Das Prinzip von Neutralität und Abstinenz, von „gleichschwebender Aufmerksamkeit" des Therapeuten und dem „freien Assoziieren" des Patienten, wurde schon zu Beginn der analytischen Tradition von Ferenczi und Reich unterminiert: Ferenczi (1984) zeigte, dass alle Deutungen „Assoziationsgebote" darstellen und Reich (1980) demonstrierte, dass Deutungen an sich nicht zur Heilung führen, sondern eher „Reiztechniken" und paradoxale Interventionen. Ferenczi und Reich hatten schon eine Ahnung davon, dass die analytische Situation mit ihren Rahmenbedingungen eine Konstruktion des Therapeuten ist und die Bedingungen schaffte, unter denen schulspezifisch wahrgenommen und schulspezifisches Material produziert wird. Die von ihnen praktizierte Symptomzentrierung wurde nicht in die Tradition psychodynamischer Techniktheorie aufgenommen; vielmehr erregte Ferenczis „Reiztherapie" nur Widerstand, weil zu jener Zeit schon die Psychoanalyse sich von auffälligen Praktiken an auffälligen Patienten in die Unauffälligkeit der klassischen Handhabung von Analyse mit unauffälligen Patienten zurückgezogen hatte.
Plastizität und Flexibilität, wie sie von beiden Analytikern gefordert wurden, sind aber Grund und Voraussetzung für eine kunstfertig-erfinderische Handhabung der therapeutischen Beziehungsgestaltung. Und ihre situations- und fallspezifische Technikhandhabung bewirkte eine Änderung der Techniktheorie jenseits der üblichen „Hypokrisie" (Ferenczi) einer routinierten Praxis, jenseits der aseptischen Handhabung der psychotherapeutischen Situation.
Der Blickwechsel von der Tiefenarbeit am Unbewussten mit Tiefendeutungen zur Aufhebung der Verdrängung wurde für experimentierende Kliniker notwendig, weil diese Tiefenhermeneutik wenig erfolgreich war und deshalb der Blickwechsel zur Oberfläche, zum Verhalten, zur Symptomatik, zur Ausdrucksgrammatik und zum Charakterologischen als Hauptsymptom eines Subjekts zwingend geworden war. Diese Einstellungsänderung des Blicks brachte eine Umstellung in der Technik mit sich, indem die Arbeit am Unbewussten nicht mehr zentriert war auf die Beschäftigung mit dem aus freien Assoziationen und durch Deutungen hervorgerufenen indirekten Materialfluß des Unbewussten; vielmehr wurde Verhalten unter der Optik von symptomatischem Verhalten als „Material" der Analyse angesehen und mit entsprechenden Techniken geklärt. Verbunden damit war eine Entdramati-

sierung der oft dämonisierten analytischen Tiefenarbeit, der „Gang durch die Hölle“ als literarisches Klischee, und eine Wendung zu einer Oberflächenhermeneutik, welche den erfinderischen Geist der experimentierenden Kliniker zur technischen Kunstfertigkeit anstachelte; im Gegensatz zum „Zentralmassiv der Psychoanalyse“ (Balint), dessen Vertreter in der Handhabung der Deutungsfunktion als vorrangiges Instrument der analytischen Arbeit verharrten.

Der Geist experimentierenden Lebens war mit dem Ausschluss dieser innovativen Analytiker, welche die Reichweite der klinischen Theorie zu erproben wagten, aus der psychoanalytischen Tradition vertrieben. Eine Erneuerung der vom bürokratischen Apparat der Psychoanalyse verwalteten Wahrheiten, die Rückkehr aus den Sackgassen desexualisierter Selbstpsychologie und triebbereinigter (Objekt-)Beziehungstheorie scheint uns nur möglich durch die Verlebendigung der Möglichkeiten klinischer Psychoanalyse. Das Paradoxon der sog. technischen Experimente in der Psychoanalyse liegt darin, dass der Blickwechsel von der Tiefenhermeneutik zur Oberflächenhermeneutik, der Blick von der Höhe (des Bewusstseins) hinab eine Tiefenschärfe bewirkt in der unmittelbaren Vergegenwärtigung des Unbewussten im symptomatischen Verhalten.

Im psychodynamischen Sinne hat jeder Therapeut für sich selbst einen Umdenkungsprozess zu leisten, indem er wieder symptomzentriert denken lernt als Voraussetzung der gesamten Beziehungsgestaltung; auch wenn Psychoanalytiker immer noch von der Furcht geplagt sind, dass die Zentrierung der Arbeit auf die Symptomatik schon Verhaltenstherapie wäre und der Analytiker die ihm aufgetragene Tätigkeit an der Tiefenstruktur des Subjekts verraten würde. Dabei werden vom Therapeuten die charakterologischen Grundlagen einer jeden Neurose übersehen: dass die hysterische Symptomatik eine Zuspitzung des hysterischen Charakters ist, die Zwangssymptomatik eine Zuspitzung des Zwangscharakters und so fort. Von daher stellt jede Arbeit an der Symptomatik zugleich eine Therapie an den Grundelementen der Person dar. Freilich scheinen diese Erkenntnisse durch den Ausschluss Reichs und die Verfemung Ferenczis, der dem Ausschluss durch seinen Tod zuvorkam, für die Nachfahren mitverschwunden zu sein. Der Umdenkungsprozess des Therapeuten ist gleichbedeutend mit der Rückbesinnung auf die andere, technisch experimentierende Tradition klinischer Psychoanalyse.

Bei all jenen, die Psychoanalyse zerreissenden Kontroversen, die in Abfallbewegungen und Ausschlüssen endeten, ging es scheinbar um Praxis; im Grunde handelte es sich immer um einen offenen oder versteckten Machtkampf zwischen den Urheberansprüchen der Gründer, dem ihnen ergebenen

Apparat und den Originalitätsansprüchen derjenigen, die ihr Leben nicht als Schüler zubringen wollten. Im Machtkampf um die umstrittene Position einer anderen Technik spiegelte sich jedoch ein grundsätzlicher Dissens in der Reflexion über Machtbedürfnisse und ihre Befriedigung. Unter dieser Perspektive konnten sich die Repräsentanten der klassischen Technik in eine unangreifbare Position bringen durch eine rezeptive, nicht-aktive Haltung und durch das Neutralitäts- und Abstinenzprinzip[28]. Denn diese als Quasi-Experiment verstandene Technik mit der Scheinobjektivität der Deutungsfunktion machte den „Versuchsleiter" blind gegenüber seiner Deutungsmacht, so dass die Machtposition im Ohnmachtsgefälle zum Patienten nicht reflektiert zu werden brauchte.

Im Gegensatz zu dieser klassischen Haltung des Nicht-Eingreifens und der Nicht-Aktivität (s. Haynal 1989) steht die Haltung der experimentierenden Kliniker wie Ferenczi und anderen, die eine Position von Intervention und Aktivität vertraten, von aktivem Tätigwerden des Therapeuten für den gesamten Prozess und für das spezifisch individuelle Engagement in der Interaktion. In dieser Selbstverantwortung für den Gang der Therapie konnte der Therapeut nicht mehr von seiner Einflussmacht absehen. Denn Macht und Verantwortung für die Therapie lagen jetzt offensichtlich in der Hand des Therapeuten, und der Umgang mit Widerstand wurde nun zu einer Frage des Widerstands des Therapeuten.

Durch Ferenczi lernten erst die Therapeuten, dass sie von den Kranken und Kindern zu lernen haben: es ist jener „Traum vom gelehrten Säugling" (Ferenczi 1984, S. 502), in dem das Kind im Erwachsenen die Eltern über die Gefährdung des Kindes belehrt. Durch diese bewusste, durchgängige Übernahme von Macht und Verantwortung für den Prozess strukturiert sich zwangsläufig eine andere Praxistheorie mit einer Fokussierung der Technik auf die therapeutische Beziehung. Und die Professionalisierung der therapeutischen Aktivität verlangt ein Bewusstsein darüber, dass der Therapeut explizit das Feld der Wahrnehmung und der Wirkmechanismen strukturiert, durch seine Deutungen und Interventionen den Materialfluss des Patienten veranlasst, mit dem er arbeiten will – eine Reflexion über die bewusste Handhabung von Einflusstechniken ist die notwendige Folge.

Indem der Therapeut sich selbst in den Mittelpunkt der Überlegungen für die Prozessgestaltung stellt, angefangen von den Reflexionen Ferenczis (1984) über seine technischen Experimente und der Einführung des Therapeuten als

[28] Es ist jenes Prinzip „beruflicher Hypokrisie" (reservierte Kühle), in der nach Ferenczi Therapeuten ihre Antipathie gegen Patienten verstecken.

Beobachtungsobjekt bei Balint (1937) bis zu Devereuxs (1967) expliziter Beobachtungstheorie über den Beobachter, wurde ein Prozess der Mutualität in Gang gesetzt. Ein gegenseitiger Lernprozess über die Art und Weise der therapeutischen Begegnung stellt die Haltung und die Eingriffe des Therapeuten zur Disposition, weil nun der Patient durch die Konfrontation mit den Überlegungen des Therapeuten darüber reflektieren kann, was für ihn die eigentlich bekömmliche Kost ist. Nach Ferenczi und Reich müssen nämlich die Theorien und Techniken situations- und fallspezifisch je nach der Struktur und den Problemen dem Patienten angepaßt werden.
Der Therapeut ist danach dafür verantwortlich, ob eine angemessene psychologische Atmosphäre zwischen Therapeut und Patient hergestellt wird, die tatsächlich dem Patienten eine „anaklitisch-diatrophische Gleichung" (Spitz 1957, 1967) offeriert. In der Praxis zeichnen sich die experimentierfreudigen Therapeuten darin aus, dass sie eine „emotional entspannte Atmosphäre" und „ambivalanzfreie Beziehung" (Morgenthaler 1978), die stimmig ist, herstellen und für ein situatives Wohlbefinden[29] beider in der therapeutischen Situation sorgen können. Die Selbstbemächtigung des Therapeuten durch die Aktivierung seines erfinderischen Potentials in der notwendigen Anpassung von Theorie und Technik an die jeweiligen Probleme des Patienten macht ihn unabhängig von der herrschenden Doktrin; und es macht ihn auch widerstandsfähig gegenüber der Versuchung, gerade gängigen Moden in der Psychotherapie sich anzubequemen, statt sich in der Therapiegestaltung auf die vom Patienten vorgegebenen Trieb- und Realitätskonflikte einzulassen.

---

[29] Es soll nicht übergangen werden, dass es auch maligne Patienten gibt, wie es auch maligne Menschen gibt, die auf therapeutische wie mitmenschliche Angebote von Verständnis und Kooperation mit grundsätzlicher Obstruktion reagieren müssen, weil ihnen nur die destruktive Position Sicherheit gibt, so dass sie sich nicht aufs „Glatteis der Liebe" begeben müssen – doch das gilt für menschliche Beziehungen überhaupt; aber für die therapeutische Beziehungsgestaltung gilt es mit Geduld zu prüfen, ob nicht doch das Festungsdenken von Selbst-Sicherungsverwahrung dieser Patienten einen Ausfall ins Leben verträgt durch die Aussicht auf libidinöse Befriedigung.

3.2 Die Erfindung von Techniktheorie: von der Möglichkeit des Neubeginns

Wenn das Verhalten des Therapeuten in den Mittelpunkt der Therapie gestellt wird, dann hängt von der Beziehungsgestaltung, ihren Innovationen auch die Änderung der Praxistheorie ab. Denn die Techniktheorie, die Anschauung über die Handhabung der Technik, ist ein Reflex auf die Vorstellung des Therapeuten von der Art und Weise der Beziehung und wirft ein Licht auf seine Grundannahmen therapeutischer Intersubjektivität. Das differenzierende Kriterium für therapeutische Souveränität liegt nach unserer Auffassung in der Einführung einer Technik der Amplifikation, das ist die Erweiterung der Beziehungsgestaltung um den aktiven Beitrag des Therapeuten. Die Erweiterung der Beziehung auf Beidseitigkeit wurde ad hoc und intuitiv von Ferenczi, Reich, Jung und anderen praktiziert, allerdings nicht zu einer konsistenten Techniktheorie entwickelt. Die sog. Mutualität der Beziehung, die „mutuelle Analyse“ (Ferenczi), wurde erst dann zu einem Prozess tatsächlicher Beidseitigkeit, als Ferenczi am Ende seiner technischen Experimente die Ursachen einer gestörten Beziehung in den inneren Ablenkungen des Therapeuten zu erraten suchte und seine Selbstreflexion vor dem Patienten zur Sprache brachte (Ferenczi 1984, S. 514 f.). Solches Einbekennen von Ablenkungen, Irrtümern oder falschen Vorstellungen über die Entwicklungswünsche des Patienten sind ein entscheidendes Kriterium für die Souveränität des Therapeuten, seine kompetente Handhabung der therapeutischen Interaktion (s. Haynal 1989).

Im Diskurs über eine angemessene Techniktheorie läuft von den Anfängen der Psychoanalyse immer ein Subdiskurs darüber mit, was der Patient für den „Neubeginn“ (Ferenzci) braucht. Die Ergebnisforschung diente nämlich nur dem Ausweis der Effektivität der Methode vor der Forschergemeinschaft und dem konkurrierenden Vergleich der Therapieschulen. Die Bedürfnisse und Wünsche des Patienten waren aber nie Gegenstand der Untersuchung, wenn es um Wirksamkeitsdemonstration von Therapeuten ging. Auch in der klinischen Pragmatik bleiben Überlegungen zu interaktionellen Kriterien von Respekt, Akzeptanz, Toleranz und anderes auf den Therapeuten zentriert in der Differenzierung des angemessenen Therapeutenverhaltens gegenüber dem unangemessenen. Aber die Frage, was der Patient braucht und wie eine Interaktionserfahrung beschaffen sein soll, damit es zu einem „Neubeginn“ kommen kann, wird damit nicht beantwortet.

Wenn Morgenthaler (1978) davon spricht, dass der Patient keine Wiederauflage seiner infantilen Ambivalenzkonflikte am Therapeuten wünschen kann, dann ist der Therapeut heute gefordert, eine konsistente Techniktheorie zu entwerfen. Diese muss von der Anamnese über die Fallkonzeptualisierung und Zielformulierung bis zur Prozessgestaltung reichen und eine technische Handhabung der therapeutischen Beziehung entwickeln, die dem Patienten tatsächlich eine andere Erfahrung[30] offenstellt.

Die Bewährung des Therapeuten als Voraussetzung für Neuerfahrung

Die Bewährungsaufgaben für den Therapeuten stellen sich als kritische Ereignisse in der Therapie dar, in denen der Patient der besonderen Aktivität des Therapeuten bedarf und durch die andere Erfahrung in diesen Situationen eine veränderte Erwartungshaltung durch tatsächliche Befriedigung von Verständnis und Hilfe gewinnt. Die beschriebenen therapeutischen Funktionen sind keine Rezeptur, sondern „Orientierungstafeln im Fluss der emotionalen Bewegung" (Morgenthaler 1978, S. 13), in dem der Therapeut sich mit dem Patienten befindet und der gerade bei negativen Übertragungen infantiler Ambivalenzkonflikte in besondere Turbulenzen gerät. Die sympathetische Grundhaltung des Therapeuten, die ein Klima von Aufrichtigkeit und Natürlichkeit der Beziehung herstellt durch mitfühlendes und einfühlsames Verhalten, bedarf aber auch der offenen und freimütigen Herausforderung des Veränderungswillens eines Patienten und seines Einsatzes für die Therapie: in der Ernsthaftigkeit des therapeutischen Anspruchs kann sich der Patient ernst nehmen in seiner Verantwortung für die therapeutische Arbeit.

Die Handhabung der verschiedenen therapeutischen Funktionen sind nur auf dem Hintergrund einer „liebevollen Präsenz" komplentären und konvergierenden Austauschs (Nacht 1962) zwischen Therapeut und Patient und einer „diatrophischen Grundgleichung" (Spitz 1956) zu bewerkstelligen, die dem Patienten eine stützende, emotional entspannte und ambivalenzfreie Atmosphäre des Wohlbehagens (Morgenthaler l. c.) vermittelt. Auf diesem Boden freundlicher Anteilnahme des Therapeuten und Teilhaber des Patienten an einem gefühlsoffenen und freien Empfindungsaustausch kann sich eine emotionale Verfassung der therapeutischen Arbeit als „Anderes Erleben-Lassen" (Ferenczi) einstellen und eine

---

[30]Eine solche Erfahrung liegt jenseits des Gegenübertragungsklischees, das wiederum auf den Patienten die Verantwortung verschiebt, indem die Gegenübertragung des Therapeuten als Reaktion auf die Übertragungen des Patienten angesehen wird; damit bleibt für den Therapeuten ausgeblendet, dass er die spezifische Übertragung des Patienten produziert durch die Rahmenbedingung seiner therapeutischen Methode: die therapeutische Beziehung konstituiert sich in jeder Schule durch die Übertragung des Therapeuten auf den Patienten, indem der Therapeut den Wahrnehmungs- und Reflexionsrahmen festlegt, innerhalb dessen sich der Patient wahrnehmen, verstehen und verhalten lernt.

stimmige Beziehung für die notwendige Identifizierung des Patienten mit dem Therapeuten herstellen.

Der therapeutische Prozess ist nämlich als eine Identifizierungsgeschichte zu lesen, die sich dadurch herstellt, dass der Therapeut die Bewährungsproben besteht. So bewegt sich der therapeutische Prozess von einem Identifizierungsschritt zum nächsten vorwärts: der therapeutische Fortschritt folgt den Identifizierungsschritten, und die jeweils erfolgte Identifizierung ist der Indikator für die Bewährung des Therapeuten. Die Kriterien der Bewährungsaufgaben für den Therapeuten liegen nach unserer Erfahrung in den „passenden Angeboten“ (Morgenthaler 1978), die eine Reaktion auf die spezifischen Appelle des Patienten an die Handhabung der „hilfreichen Beziehung“ sind.

Die nutritive Funktion des Therapeuten, seine Bereitschaft, Unterstützung und Ermutigung zu gewähren, prüft der Patient in depressiven Appellen, um zu erfahren, ob er mit Deutungen abgespeist wird, statt die erwünschte andere Erfahrung zu machen, in solchen Situationen nicht alleingelassen zu werden und konkret Hilfe zu bekommen. Die Souveränitätsfunktion des Therapeuten prüft der Patient in autoritären Appellen des Aufbegehrens, in denen er durch souveräne Handhabung des Therapeuten die Erfahrung machen möchte, den Aufstand proben zu können, ohne in die infantile Aufsässigkeit verwiesen zu werden. Hier spielt die kognitive Anerkennung des Anderen eine entscheidende Rolle, die auch konkret zu nehmen ist in direkten Empfehlungen an den Patienten. Die Autoritätsfunktion des Therapeuten ist immer wieder gefordert gegenüber der Wut und fressenden Gier (Triebimpulsivität) des Patienten, die geleistete Arbeit zu zerstören, den Erfolg der Therapie zu unterminieren, um den Therapeuten in der autoritativen Haltefunktion der schützenden und bewahrenden Grenzziehung zu prüfen – anstatt dass dieser durch regressivierende Deutungen ein Phantasma von Zerstückelungsphantasien produzieren lässt und den Patienten in die vom Therapeuten projizierten frühkindlichen Hass- und Verfolgungsbeziehungen treibt.

Die pädagogische Funktion des Therapeuten im Sinne der Ich-Pädagogik ist immer dann gefragt, wenn der Patient gerade aufgrund seiner generellen Ambivalenzkonflikte in der Unentschiedenheit bleibt, um den Therapeuten in dessen kognitivem Spektrum prospektiver Alternativen zu prüfen und dadurch zu den naheliegenden Schlüssen für sich zu kommen – die bei Analytikern vorherrschende professionelle Deformation, sich der Stellungnahme gegenüber dem kognitiven Begehren des Patienten zu verweigern, ist eine pure Hypokrisie in der fachlich legitimierten Abweisung von Ratgebung. Die Verantwortungsfunktion des Therapeuten wird in einem System unterschlagen, das die Konstruktion der gesamten Beziehung auf den Patienten zurückwendet, in dessen ganze Verantwortung das Gelingen wie das Scheitern des Prozesses gelegt wird. Und nicht zuletzt wird die Fürsorgefunktion des Therapeuten geprüft, die therapeutische Handhabung so zu gestalten, dass man Gebote und Verbote ausspricht, um eine selbstschädigende und infantilisierende Konfliktunterhaltung zu verhindern. In diesen Zusammenhang gehört auch die aktivierende Handhabung der therapeutischen Situation, wie wir sie mit Ferenczi als Gebots-, Verbots- und Forcierungspraxis darstellen.

Der Therapeut steht schließlich in ständiger Bewährungsprobe um die narzisstische Anerkennung des Patienten: die stetige Förderung und Anerkennung der kognitiven Potenz ist die unerlässliche narzisstische Grundlage für die Bewältigung der Triebkonflikte. Wir wollten hier nur eine Hierarchie von Prüfungen und Bewährungsproben für den Therapeuten aufzählen, die sich als kritische Ereignisse in der Therapie lesen lassen, auf die der Therapeut Antworten zur Hand haben muss. Die Kriterien für die Bewährung des Therapeuten liegen in den Identifizierungsschritten des Patienten, in denen sich dieser dann identifiziert zeigt mit den Nutritions-, Souveränitäts-, Autoritäts- und Fürsorgefunktionen des Therapeuten. Der Patient kann jeweils nur dann wohlwollend mit sich umgehen lernen und sich wohl fühlen in den entsprechenden Aspekten seiner Person, wenn er das Wohlwollen seines Therapeuten in diesen Prüfungen erfahren hat.

Mit dieser Beschreibung von Erwartungen und Bedürfnissen aus der Sicht des Patienten, auf die der Therapeut mit seiner Technikvariation antworten muss, wollen wir die vorherrschende Pathologisierung des Patientenverhaltens überwinden und dem näherkommen, was die Inhalte einer „hilfreichen Beziehung" sein könnten. Denn die „Leitidee Therapeut" (Thomä u. Kächele 1985) und der Begriff der „hilfreichen Beziehung" (Luborsky 1988) sind bisher eine leere Abstraktion geblieben und nur ein neues Kleid für die konventionelle Neutralisierungsfunktion, in der einseitig aus Gründen der Selbstsicherung und der Einflusskontrolle die Situation für den Therapeuten beherrschbar bleiben soll.

Solange sich Therapeuten nicht damit konfrontieren, was Patienten brauchen, werden sie zu keiner Klärung des allen Schulen gemeinsamen Erfordernisses einer bedürfnisgerechten therapeutischen Kommunikation für den Patienten gelangen und nicht dazu kommen, eine dem Interesse des Patienten auf Selbstbemächtigung dienende Techniktheorie zu entwickeln.

Es müsste heute möglich sein, zu untersuchen, warum Therapeuten am herkömmlichen Abstinenzprinzip noch festhalten, dass die Therapie in der Versagung durchzuführen sei; warum die Neutralitätsfunktion von Systemtherapeuten immer noch als unerlässliche therapeutische Einstellung aufrechterhalten wird; warum durch die Entfernung von Nähe in der Rückverweisung auf die Vergangenheit die Neutralisierung von Affektionen zwischen dem Therapeuten und dem Patienten weiter kultiviert wird; und warum Verhaltenstherapeuten ihre gesellschaftliche Vermittlungsfunktion für die herrschenden Gesundheitsvorstellungen im therapeutischen Lernprozess immer noch nicht reflektieren? Denn auch sie müssten inzwischen wissen, dass Psychotherapie keine Methodenapplikation im gesellschaftsleeren Raum ist, sondern eine Intersubjektivität darstellt mit sich durchkreuzenden individuellen wie gesellschaftlichen Bedingungen beider Seiten (Therapeut wie Patient), in der die Macht- und Verantwortungsfrage auf Seiten des Therapeuten liegt. All diese Phänomene scheinen uns dringend der Aufklärung bedürftig, vor allem im Hinblick auf die Rationalisierungen des Therapeutenverhaltens, die dem Schutz vor Vergegenwärtigung von Gefühlen, Erwartungen und Konflikten des Patienten dienlich zu sein scheinen.

Die Problematik therapeutischer Abstinenz wurde schon in den Anfängen der Psychoanalyse von den klinisch experimentierenden Therapeuten in Frage gestellt und bewirkte in der psychoanalytischen Bewegung eine Idiosynkrasie gegen jede technische Innovation: vom inkriminierenden Verzärtelungs- und Sexualisierungsvorwurf gegenüber Ferenczi, den massiven sexuellen Verdächtigungen gegenüber Reich, aber auch der Ignoranz gegenüber der therapeutischen Einstellung Balints (1966), der aufgrund seiner Vorstellungen von primärer Liebe das entscheidende Moment der Übertragung im fundamentalen Wunsch des Patienten sah, total und bedingungslos geliebt zu werden und aufgrund dessen seine theoretischen und technischen Parameter entwickelte – das Handhalten Balints bei regressiv verstörten Patienten ist das Rudiment eines widerständigen Therapeuten gegen das schulisch auferlegte Versagungsprinzip.

Wenn wir jetzt die technischen Variationen Ferenczis und Reichs in Erinnerung rufen, dann wollen wir damit zeigen, dass unsere Techniktheorie auf Experimente in der psychodynamischen Praxis zurückgreifen kann, die in der Tradition der Psychoanalyse keine Geltung erlangten. Allerdings sind diese Technikvarianten von Reich und Ferenczi ad hoc erfundene, aus der unmittelbaren Notwendigkeit der therapeutischen Situation entworfene Techniken, die nicht in eine konsistente Praxistheorie gefasst wurden.

So war schon Freuds wie Ferenczis Angstexposition der Phobiker, die Ferenczi als „Aufmischung" (1984, S. 60) bezeichnete, eine paradoxale Technik wie seine Gebots- und Verbotspraxis, die er alternierend einsetzte (wechselnde „Gebots- und Verbotsperioden"), um die Konflikte im therapeutisubschen Raum zu inszenieren (Ferenczi 1984, S. 70 f.). Das Symptom-Agieren-Lassen (Symptomverschreibung), um durch Konfrontation eine unmittelbare Erfahrung der angsterregenden Hintergründe beziehungsweise der ängstigenden Triebansprüche zu erreichen und Ferenczis Technik der „Reizkonfrontation" bei Zwangskranken, sind technische Varianten, die nur auf dem Hintergrund der „Tragfestigkeit der Übertragung" (Ferenczi), einer verlässlichen Beziehung zum Therapeuten angewandt wurden. Auch die Nötigung von Hysterikern zum Ausphantasieren statt der Ausgestaltung (Agieren) im hysterischen Anfall und seine sexualtherapeutischen Interventionen hatten ebenfalls paradoxalen Charakter und wurden von Ferenczi als „Reiztherapie" angesehen, um das Wiedererleben der dissoziierten Affekte

im therapeutischen Arrangement zu ermöglichen. Denn er musste wie Reich erfahren, dass das Wiedererinnern als Folge der Deutungsarbeit und die damit verbundene Einsicht keine Änderung brachte.
Im Zentrum der Innovationen von Ferenczi steht die Technik forcierter Phantasien, entweder als „erdichtete", frei erfundene Phantasieerlebnisse, zu denen er die Patienten aufforderte, um im Erlebnisstrom dieser erfundenen Phantasien allmählich zur Provokation authentischer Affekte und Phantasiegehalte zu gelangen; oder er phantasierte bei Patienten, die nichts produzierten, „was (der Patient) ungefähr in der gegebenen Situation hätte fühlen, denken oder phantasieren sollen" (Ferenczi 1980, S. 91). Diese Provokationsmethode bringt die Amplifikation nach unserer Vorstellung tatsächlich in eine authentische Beidseitigkeit und gibt dem Patienten die Möglichkeit der Über-Ich-Entlastung, der Zulassung unbewusster Impulse zum Bewusstsein und die Möglichkeit des Widerstands gegen unpassende Phantasien und Vorstellungen des Therapeuten, so dass sich dieser als „Irrender"(Ferenczi) vor dem Patienten zeigen kann, woraus neue Möglichkeiten der Auseinandersetzung entstehen. Die Gegenüberstellung mit einer „irrigen" Ansicht des Therapeuten gibt dem Patienten erst die Freiheit der Bejahung oder Verneinung in der interaktionellen Auseinandersetzung und bedingt für beide eine souveräne Bemächtigung in der gegenseitigen Abhängigkeit von Zustimmung oder Ablehnung.

3.3 Beidseitigkeit als Kriterium gelungener Technik

Der Indikator für die Einstellungsänderung des Therapeuten zur aktiven Technik, in der sich seine Souveränität zeigt, liegt für uns in der technisch professionell gehandhabten Amplifikation. Darin gibt der Therapeut eine „technische“ Antwort auf die Botschaften des Patienten, die im symptomatischen Verhalten, in der Psychomotorik, im Schweigen oder in der Phantasieleere und anderem sich äußern können: es gibt also kein spezifisches Material für die psychodynamische Arbeit und die Kompetenz des Therapeuten liegt in der Kunstfertigkeit seiner technischen Antworten. Alle Äußerungsformen des Patienten sind Material, und die Einschränkung auf verbale Ausdrucksformen ist die vom Therapeuten ausgehende Beschränkung der Interaktion. Die von uns entwickelte Technik der Amplifikation halten wir für die entscheidende technische Innovation, um eine psychodynamische Arbeit jenseits der konventionellen Sprachkur in der Tiefenstruktur der Person voranzubringen.

Die Amplifikation hat in unserem klinischen Gebrauch ein besonderes Gewicht bei schweigenden oder „phantasieleeren“, den sog. Alexithymie-Patienten: das Schweigen ist das Material des Patienten und seine Botschaft an den Therapeuten, eine Antwort darauf zu finden; je nachdem, wie der Therapeut das Schweigen einschätzt, soll die Intervention passend sein für Struktur und Konflikt. Dem Depressiven, der ins Schweigen regrediert, muss durch die Wortbrücke des Sprechens die Beziehung zum (mütterlichen) Körper des Therapeuten aufrechterhalten werden; bei Gelegenheit könnte er an die Hand genommen werden, und gelegentlich soll es sogar vorkommen, dass Therapeuten Patienten auch einmal tröstend in den Arm nehmen dürfen. Es geht darum, den Bindungshunger zu stillen, den Nahrungsstrom nicht abreißen zu lassen, um die pathologische Überzeugung des Patienten nicht zu bestätigen, dass der Andere sich von ihm abschneidet, weil er wertlos ist. So gesehen ist das Schweigen eine Prüfung auf die Verlässlichkeit des Therapeuten.

Ein anal oder paranoid strukturierter Patient wird hartnäckig schweigen, wenn es um seine zerstörerischen Impulse geht, so dass der Therapeut durch Vorphantasieren darüber, was der Patient momentan denken oder fühlen könnte, eine Über-Ich-Entlastung und zugleich eine partizipierende Identifikation der Triebwünsche anbietet. Damit hebt er für den Patienten den sich selbst bestätigenden Kreislauf auf, dass er fallengelassen wird, weil er so zerstörerisch und gefährlich ist. Würde ein Therapeut hier Antwort geben durch Schweigen, dann könnte die therapeutische Situation in einem lähmenden Schweigekampf erstarren, dem Patienten die Bestätigung seiner pathologischen Überzeugung liefern und ihn in eine solch unbewusste Ver-

schuldung treiben, dass er glauben muss, den Therapeuten durch seine zerstörerischen Gedanken zum Verstummen gebracht zu haben.
Das Vorphantasieren des Therapeuten ist bei psychosomatischen Patienten, vor allem bei der Magersucht nach unserer Erfahrung der entscheidende Wirkmechanismus für die Relibidinisierung des Körpers. Der Phantasieleere dieser Patientinnen wird durch die phantasierende Vorleistung des Therapeuten über mögliche körperliche Gefühle und Impulse allmählich ein Raum geöffnet für die Schöpfung eines eigenen Phantasiespektrums, so dass die Magersüchtigen ein Triebpotential entzünden können am triebfreundlichen Vorphantasieren des Therapeuten. Sexualtherapeutische Interventionen, die neben anderen körperbezogenen und bildnerischen Verfahren von uns angewandt wurden, haben allein zu keiner Änderung des mechanistischen Umgangs mit dem eigenen Körper geführt; vielmehr das geduldige und beharrliche Auffüllen des Patienten mit den Phantasien des Therapeuten über mögliche innere und körperliche Befindlichkeiten. Erst dadurch kann der „Kopf" solcher Patientinnen wieder zu ihrem Körper kommen und die pathologische Überzeugung der Anorektiker von ihrem toten Körper, der die Körper der anderen so schreckt, dass sich zwischen ihnen keine Liebe entzünden kann, aufgehoben werden. Denn die kalte Vernunft toter Körper kann die Anorektiker vor der Entzündung der maßlosen Gier ihrer Körper schützen.
Die Leere und das Schweigen ist eine besondere Ausdruckssprache und verlangt die besondere Phantasieaktivität des Therapeuten und die Überwindung seines Widerstands, das Schweigen nicht dem Patienten als Widerstand anzulasten. Schweigen ist nämlich Material, Botschaft, Aufforderung und Prüfung zugleich der imaginativen Fähigkeiten des Therapeuten: „Wenn ich schweige, musst Du wissen, was Du mir zu sagen hast." Die artifizielle Spaltung in verbale und nonverbale Kommunikation verkennt, dass der grundlegende Modus der Interaktion in der Ausdrucks- und Gebärdensprache liegt und in der emotionalen Atmosphäre von Stimmung und Gestimmtheit und dass die Affektion der Stimme die Stimmigkeit der Kommunikation ausmacht. Die Übereinstimmung der Affektsprache im Mimischen und Gestischen beider Körper mit der verbalen Kommunikation oder die Unstimmigkeit zwischen Körper- und Wortsprache ist für beide unübersehbar. Und gerade das Auseinanderklaffen zwischen Wort- und Körpersprache muss Anlass zur Reflexion für beide und Aufgabe zur Beseitigung der in dieser Unstimmigkeit liegenden Konfliktspannung sein.
Nach Reich (1969) ist das Hauptaugenmerk in der Analyse auf den aktuellen Sinn des Verhaltens eines Patienten zu richten, mehr das Wie als das Was zu beachten. So hatte Reich in Anlehnung an die „Reiztherapie" Ferenczis, dem

er in seiner Technikvariation sehr verbunden war, ebenfalls eine Reizkonfrontation entwickelt. Das Symptom-Agieren-Lassen war für ihn auch eine wichtige therapeutische Intervention; vor allem die provozierende Nachahmung von maniriertem, faxenhaftem und stereotypem Verhalten von Patienten war eine Provokationstechnik, in welcher dem Patienten am Coping des Therapeuten sein Verhaltensmuster konfrontiert wurde.

Die Entstauungstechniken Reichs sind für die klinische Arbeit unerlässliche Aktivierungsprinzipien, weil sie die maligne Regression der Libido in die Aufladung infantiler Verhaltensmuster verhindern; wie die notwendige aggressive Entstauung durch motorische Abfuhr (in Körpertraining und Bewegungstherapie) und vor allem die sexuelle Entstauung durch therapeutische Anleitung zur sexuellen Befriedigung. Das Wechselverhältnis von aktuellem Triebstau (Aktualneurose) und libidinöser Aufladung von infantil-regressivem Verhalten (Infantilneurose), wenn für keine Entstauung gesorgt wird, ist klinisch unabweisbar. Und solche Entstauungstechniken gehören in den Bestand von Aktivierungstechniken eines allgemeinen Relaxationsprinzips (Ferenczi) zur Beförderung des therapeutischen Prozesses. Mit der Technik der (Trieb-)Spannungsabfuhr ist auch ein kathartischer Effekt verbunden, weil auf diesem Weg auch andere „eingeklemmte Affekte" bei der Entstauung mitgerissen werden. Denn die allgemeine Angstspannung von affizierten Patienten ist vor allem auf eingeklemmte sexuelle und aggressive Affekte zurückzuführen, die im Mechanismus des Spannungsrückschlags ungelöster Sexualenergie die allgemeine Angstspannung mitunterhalten. Der kathartische Effekt, das Hervorrufen emotionaler Erschütterung, ist bezeichnend für den Heilungsprozess aller Heilrituale und hat immer schon die mythischen und religiösen Exerzitien und Initiationsriten bestimmt bis zur früheren Freud'schen Strategie der Abreaktion, die auch bei seiner Entwicklung zur Deutungsarbeit als affektive Abfuhr noch eine entscheidende Rolle spielte; in der psychoanalytischen Tradition allerdings an Bedeutung verlor, ausgenommen Ferenczis Neo-Katharsis.

Wenn die Grundsprache in der Gebärden- und Ausdruckssprache liegt, in der auch enthalten ist, wie ein Mensch sich kleidet und gibt, dann gewinnt diese Dimension des Sprechens eine besondere Bedeutung im therapeutischen Prozess, vor allem im Durchbrechen der üblichen Affekt- und Körpersprache in den Konvulsionen der Spontaneität von Lachen und Weinen.

Gerade das Lachen ist eine explosionsartige Abfuhr von Lust, eine Affektentbindung durch plötzliches Eintreten des unbewussten Wunsches ins Bewusstsein. Lachen ist je schon ein Indiz für Übertretung, die Überraschung einer unerwarteten Wende, die sich im Gefühl des Komischen entlädt. Der

Affekt des Lachens folgt einer Logik der Umkehr von oben und unten, von groß und klein, von Macht und Ohnmacht, von Erwachsenem und Kind. Daher manifestiert sich im Lachen das Gesetz der Travestie und der Anlass ist immer eine groteske Situation: das Kind lacht über den Clown, nicht nur, weil der Clown sich so dumm benimmt, sondern weil er sich dummerweise alles erlaubt und jede Regel übertritt.

Das Lachen ist ein Auslachen und Verlachen der Ordnung: „Das Gefühl des Komischen ist stets ein Durchbrechen der Lust an einer asozialen Regung" (Ferenczi 1984, IV, S. 187). Das Komische ist die Lust am Ungehörigen; es ist nach Freud „stets auf der Seite des Infantilen", die Wiedererweckung des „verlorenen Kinderlachens" als reine Lust im Gegensatz zum Gefühl des Komischen beim Erwachsenen (l. c., S. 256). Die übergroße Lustentbindung verdankt sich dem Übertritt des infantilen Wunsches ins Bewusstsein: die Verhältnisse auf den Kopf zu stellen, aus dem Blickwinkel des Kindes dem Erwachsenen einen Streich zu spielen.

Und so liegt in der überraschenden Umkehr der Verhältnisse von oben und unten auch der Lacheffekt in der Analyse, wenn die Deutung des Therapeuten einer Logik der Umkehr folgt, die Ohnmacht als Travestie der Macht des Patienten aufzeigt und die Macht der Autorität dem Patienten als Travestie von deren Ohnmacht vorführt. Denn der scheinbar Ohnmächtige (Patient) erkennt nun die Macht seiner Verführung gegenüber dem Mächtigeren, dessen Autorität er einen Streich gespielt hat, indem er ihn dazu brachte, seine Macht in der Unterdrückung zu inszenieren und sich dadurch der Souveränität zu begeben: die Autorität ist in dem Moment entblößt, wo sie sich in die äußerliche (Unterdrückungs-)Macht einkleidet.

Dieses Moment der Travestie liegt jeder Deutung unbewusster Motive des Handelns zugrunde und wirkt darin befreiend und lustentbindend, da es eine Umkehr der Verhältnisse herstellt; denn die Analyse folgt dem aufständischen Charakter der unterdrückten (infantilen) Wünsche und stellt aus diesem Blickwinkel für den Patienten die Verhältnisse auf den Kopf. Danach müsste die Analyse die Lust des Kinderlachens wiedererwecken und nicht aus der Perspektive ernsthafter Erwachsener betrieben werden, denen unter dem Gebot der Abstinenzordnung das Lachen schwer gemacht wird. So gesehen ist psychodynamische Arbeit ein Travestieunternehmen gegen die herrschende Ordnung. Und mancher Therapeut täte sich leichter, seine Spontaneität in der Therapie zur Geltung zu bringen und dem Patienten vorzumachen, wie lustvoll die Umkehr der Verhältnisse sein könnte, wenn nicht die strangulierenden Gesetze der Ausbildung die Therapeuten so zwanghaft regulieren würden.

Das subversive Moment der Psychoanalyse ist in der Travestie der herrschenden Ordnung aufgehoben. Dies gilt aber auch in der Umwendung auf die psychotherapeutische Situation. Die Subversion der Macht-Ohnmacht-Beziehung erweist sich in tatsächlicher Mutualität: indem der Therapeut in seinen amplifizierenden Interventionen, möglich-irrigen Phantasien und Vermutungen, unrichtigen Deutungen oder nicht passenden Aufgabenstellungen sich der Kritik des Patienten aussetzt, wird durch seine selbstkritische Reflexion vor dem Patienten die Freiheit zum Irrtum eingeräumt. Die Souveränität des Therapeuten erweist sich in diesem Akt der Umkehr, welcher die festgefahrenen Rollen von Hilfegewährendem und Hilfesuchendem verkehrt. Der Umsturz des Schemas von oben und unten, Macht und Ohnmacht, Erwachsenem und Kind, in dem sich die im Subjekt niedergeschlagenen Unterdrückungsverhältnisse repräsentieren, ist der eigentliche Akt von Souveränität in der therapeutischen Intersubjektivität: das Abwegige, das in einer solchen Verkehrung liegt, ist die Transgression der gesetzten Ordnung des therapeutischen Arrangements und steht stellvertretend für die Verkehrung aller hierarchischen Ordnungssysteme.

Die „Tragödie einer unmöglichen Wechselbeziehung“ zwischen Analysand und Analytiker, die Sartre kommentierte (in Abrahams 1977), zeigt sich in der erzwungenen Machtumkehr eines Analysanden, in jener Travestie der analytischen Situation, in welcher der Patient die analytische Regel auf den Kopf stellte. Nachdem er sich mit Unterbrechungen über ein Jahrzehnt dem Regiment der analytischen Ordnung unterworfen hatte, probte er den Aufstand in einer burlesken Verdrehung der Situation. Der Patient kam zum Therapeuten, um die Regel der analytischen Ordnung aufzukündigen: „Ich will, dass endlich etwas geklärt wird. Bis jetzt habe ich Ihre Regeln befolgt, nun sollten Sie einmal versuchen ... (auf mich zu hören, d. Verf.)“ (Abrahams 1977, S. 13). In diesem Moment konnte er davon sprechen, dass er vom „Vaterproblem“ losgekommen sei, als er sich „umdrehen“ und den Analytiker „ansehen“ konnte. Das heißt, der Patient war imstande, die verordnete Sprachregelung zu durchbrechen, indem er das Vater-Sohn-Verhältnis umkippte.

Der Einbruch des souveränen Subjekts in den therapeutischen Raum ereignete sich als Vorfall des Absonderlichen: „Weil ich plötzlich die Sache in die Hand nahm! Bisher waren Sie es gewöhnt, die Situation völlig unter Kontrolle zu haben, nun bricht plötzlich etwas Absonderliches bei Ihnen ein“ (Abrahams 1977, S. 26). Die Umkehr des ödipalen Unterdrückungsschemas macht den Therapeuten zum Objekt des Prozesses und den Patienten zum Subjekt des Geschehens: der Arzt wird in dieser Analyse als Usurpator entlarvt, der den Platz des Vaters eingenommen, sein Kindheitsproblem umgekehrt hat, indem er den Patienten zum Kind macht, das vor dem Vater steht. Dieser Umsturz von der Macht des Arztes in die Ohnmacht des Kindes macht die Situation für den Therapeuten so „gefährlich" und in den Augen des Patienten so „kindisch". Der Arzt entpuppt sich als das „kleine Kerlchen", das gefährdete Kind, das über die Rolle des Therapeuten die eigene Schwäche und Hilflosigkeit in die Position ärztlicher Definitionsmacht wenden kann, um sich vor der Einsicht zu schützen, dass die Zuordnung zur Normalität oder Anormalität bloß an den Besitz eines gesellschaftlich genehmigten Diagnostikschlüssels gebunden ist. Die Chance der Transgression wurde jedoch von jenem Therapeuten nicht ergriffen, der über diese Wendung seiner Ordnung ins Absurde nicht lachen konnte, sondern die Ordnungsmacht (Polizei) rief, um solch verrücktes Begehren mit der Einweisung in die Irrenanstalt[31] zu bestrafen (s. Pohlen u. Bautz-Holzherr 1995a).

Die Anerkennung des souveränen Begehrens eines Patienten zeigt sich in der Möglichkeit der Umkehr der Verhältnisse in der therapeutischen Situation und macht offensichtlich, dass der Therapeut nicht flüchten muss in die Erwachsenenposition als einfache Umkehr der Kindheitsposition, sondern dass er seine eigene „Kindlichkeit" bejahen kann, indem er dem Patienten zugesteht, den Therapeuten in die Position des Kindes zu bringen. Es geht hier nicht um die Bejahung eines möglichen Infantilismus des Therapeuten; vielmehr um die Logik des kindlichen Denkens, in dem sich noch nicht die unterdrückende Macht- und Wertehierarchie der Erwachsenenwelt verfestigt hat, so dass der Therapeut den Erwartungshorizont des Wünschens mit dem Patienten noch erkunden kann. Wie sollte ein Therapeut dies vermögen, wenn für ihn die Kindheit abgeschlossen ist? Dies sei all jenen Therapeuten in Erinnerung gerufen, die sich von solchen Problemen frei wähnen, weil sie nicht wissen, was sie nicht haben, was ihnen und dem Patienten fehlen könn-

---

[31] Wer so „irr" ist, dass er meint, die gewohnten Verhältnisse auf den Kopf stellen zu können, gehört ins Irrenhaus. Das irrende Subjekt ist das vom rechten Weg abgekommene, der Mensch auf dem falschen Weg, und der rechte Ort für solche Subjekte ist das Irrenhaus: es ist der Ort, wo all jene solange eingeschlossen werden, bis sie zur Ordnung gebracht sind. Freilich hat sich heute die sichtbare Einschließung in die unsichtbare Einschließung der Pharma-Fesselung verschoben; wie auch die Etikettenänderung vom Irrenarzt zum Psychiater, von der Irrenanstalt zum Psychiatrischen Krankenhaus nichts an der gesellschaftlichen Verfolgung und Ausschließung des Andersartigen geändert hat. Auch Ferenczi wurde für verrückt erklärt vom Anwalt des „Zentralmassivs" der Psychoanalyse, Ernest Jones, weil er so irr war, in seinen Experimenten Abwege zu gehen vom rechten Weg der Psychoanalyse. Aber: es irrt der Mensch, solange er strebt (Faust, Prolog im Himmel).

te – eine Unwissenheit[32], die beide um die Einsicht in den Motivationsgrund der therapeutischen Beziehung bringt.
Das Thema der Verweigerung von Gegenseitigkeit ist das ungelöste Problem aller psychotherapeutischen Schulen, welche die Handhabung des Souveränitätsanspruchs eines Patienten nicht zum Erkennungszeichen einer auf Souveränität gerichteten Praxistheorie machen. Und gerade in technikzentrierten Therapiekonzeptionen wie der Verhaltenstherapie kommt die Machtproblematik überhaupt nicht vor. So kann man davon absehen, dass der Patient durch Anpassung der herrschenden Ordnung zum Opfer gebracht wird.
Eine andere Seite der Befreiung von den inneren (infantilen) Objekten, der Lösung von uralten Abhängigkeiten, ist die Erschütterung des Weinens im Loslassen der infantilen Objekte. Es ist die Trauer um den unwiderbringlichen Verlust der Kindheit und um die verlorenen Möglichkeiten eines entgangenen Lebens, das der Therapeut mit dem Patienten in gemeinsamer Trauer um die verlorene Zeit durchleben muss. Die befreiende Kehre in der Trauer liegt im schöpferischen Akt des Ergreifens der eigenen Macht, im Begehren der Souveränität, dem inneren Lebensplan zu folgen und im Widerstand gegen die Versuchung, die alten gegen die neuen Abhängigkeiten einzutauschen. Die Lösung von den primären Objekten ist zugleich auch die Lösung von den infantilen Ansprüchen an sie. Erst die Überwindung der Inkulpation der Eltern, das Aufgeben der Einforderung dessen, was sie dem Kind anscheinend schuldig geblieben sind, kann das Subjekt erfahren lassen, was es sich selbst schuldig geblieben ist. Denn die eigentliche Schuld liegt nach Lacan darin, sich von seinem Begehren (nach Souveränität) nicht in Anspruch nehmen zu lassen. Die Befreiung von der parentalen Inkulpation löst den Blick für die Not der Eltern und macht das Subjekt frei auch für die Trauer um die entgangenen Möglichkeiten der Eltern und die Anerkennung ihrer Lebensgesetze: eine befriedende Verständigung jenseits der uralten, infantilen Ambivalenzkonflikte wird damit möglich. Freilich ist hier die Aktivität des Therapeuten besonders gefordert, aber auch seine Anstrengung um intellektuelle Integrität, um sich von gängigen Klischees parentaler Inkulpationstheorien in der Psychotherapie zu emanzipieren.

---

[32] Man muss wissen, was man nicht hat, wie es beschaffen ist und wie man es sich verschafft: „Wissen Sie, wie man in anständigen Schuhen geht, ich meine in leichten, nach Maß, aus feinem Leder, wo Sie sich wie ein Tänzer fühlen, und richtig geschnittene Hosen aus weichem Material, wer kennt das schon von Euch? Das ist aber eine Unwissenheit, die sich rächt, die Unwissenheit über Steaks, Schuhe und Hosen ist eine doppelte: Sie wissen nicht, wie das schmeckt, und Sie wissen nicht, wie Sie das bekommen können, aber die Unwissenheit ist eine Dreifache, wenn Sie nicht einmal wissen, dass es das gibt“ (Brecht nach Völker 1976).

3.4 Die Technik der „korrigierenden kognitiven Erfahrung“ als Gebrauchstravestie der Symptome

Die Gebrauchstravestie der Symptome, die das Leitmotiv unserer Arbeit ist, ist die konstruktive Umkehrung ihrer Defizienzerfahrung und folgt dem gleichen Grundprinzip psychodynamischer Aufklärung von der Ohnmacht der Selbstdiskriminierung zur produktiven Selbstbemächtigung. Und ein retrospektiver Blick auf die klinischen Pioniere in der Psychoanalyse zeigt, in welche Richtung eine rechtverstandene klinische Aufklärungsarbeit gehen muss. Die andere, neue Interaktionserfahrung ergibt sich aus einem Ensemble von Technikvariationen, die eine passende Antwort sein müssen auf die Struktur und Konflikte eines Patienten und erst im Zusammenspiel den Effekt einer „korrigierenden emotionalen Erfahrung“ mit sich bringen. Der eingeschränkte Aspekt der anderen Einstellung zu einer spezifischen Übertragung des Patienten, wie es Alexander und French (1946) in ihrer Technikvariante isoliert vertreten und anzuwenden scheinen, wirkt artifiziell: wenn zum Beispiel ein Patient erwartet, von einer strafenden Autoritätsperson dominiert zu werden, dann solle der Therapeut in seinem Handeln ganz bewusst warmherzig und nachgiebig sein; und die emotionale Korrektur soll damit aktiv gefördert werden, indem sich der Therapeut bewusst so verhält, dass er die Übertragungserwartungen des Patienten drastisch widerlegt (s. auch Strupp u. Binder 1991). Eine solche Haltung des Therapeuten mag den Patienten zwar entlasten, weil sich seine Selbstprophezeiungen nicht erfüllen, wegen seiner Schlechtigkeit bestraft zu werden. Die eigentlich korrigierende Erfahrung könnte doch nur darin liegen, dass die Schutzfunktion in der Selbstbestrafungstendenz für den Patienten beleuchtet würde. Denn seine Straferwartung und die Selbstauslieferung an die strafende Autorität scheinen doch dem Schutz vor Aufsässigkeit und Rebellion zu dienen: es ist eine in der Auslieferung an den Machthaber selbst niedergeschlagene Revolte, um die es hier vermutlich geht.

Herausgestellt aus einer konventionellen Interaktionserfahrung müsste eine isolierte Anwendung von emotionaler Erfahrungskorrektur einem Patienten als pure Manipulation erscheinen und wäre kaum überzeugend. Denn der generelle Einsatz von Aktivierungstechniken, die im Zusammenhang einer konsistenten Techniktheorie andere Interaktionserfahrungen offen stellen, lassen den Patienten durch das andere Erleben erst an einen „Neubeginn“ (Ferenczi) glauben. Deshalb wäre es treffender, von einer anderen Interaktionserfahrung zu sprechen statt von „korrigierender emotionaler Erfahrung“, weil es um das andere, neue Erleben des Patienten in der therapeuti-

schen Beziehung geht, die von Anfang an daran orientiert sein soll, was der Patient in den verschiedenen Aspekten seines Verhaltens an neuen Erfahrungen korrigierend erleben muss.
Wenn nämlich im Mittelpunkt einer anderen Psychodynamik die Frage stehen soll, was der Patient braucht, dann muss die Aufmerksamkeit des Therapeuten darauf gerichtet sein, in Erfahrung zu bringen, was sich im Leiden des Patienten ausdrückt. Die Frage des Therapeuten müsste lauten: warum kommt der Patient gerade jetzt, wozu braucht er Hilfe und was kann ich für ihn tun? Und der Patient kommt mit der Frage: wie kann ich verstehen, was mir passiert ist und wie kannst du mir helfen, damit es besser wird?
Der Patient kommt doch zum Psychotherapeuten, weil er sich schlecht, wertlos, gefährlich, minderwertig, isoliert, fremdartig oder durch übermächtigende Impulse bedroht fühlt, und er erwartet Abhilfe für die unerklärlichen, befremdlichen Erfahrungen, die ihn leidend machen. Das heißt, der Patient kommt mit dem Defizienzerleben seiner Symptomatik und der selbstdiskriminierenden Erfahrung, dass ihm etwas fehlt, wie es nach dem konventionellen Schema der Medizin vorgegeben ist, wo der Arzt den Patienten fragt, was ihm fehlt. Das Fehlende ist in der medizinischen Konvention Zeichen für den Hilfsappell des Subjekts, um dessen Beseitigung sich der Arzt bemühen soll. In der psychotherapeutischen Arbeit jedoch sollte dieser Hilfsappell des Patienten vom Therapeuten so beantwortet werden, dass er den Patienten darauf lenkt, das „Fehlende“ im fehlenden Sinn seines Leidens zu suchen. Es kann also nach unserer Ansicht in der Psychotherapie überhaupt nicht um Symptombeseitigung gehen, sondern nur darum, das bisher isolierte und befremdliche Erleben durch passende Erklärung wieder ins Ich-Gefühl des Patienten zu integrieren.
Dieses andere Erleben der Symptome, das in unserem Konzept als Symptomklärung definiert ist, hat eine prozesssteuernde „korrigierende kognitive Erfahrung“ zur Voraussetzung, die den Patienten von vorneherein über alle Dimensionen der psychodynamischen Arbeit in seiner Wahrnehmung auf eine konstruktive Erfahrung seines Verhaltens und seiner Entwicklung lenkt. Es ist eine Anleitung des Patienten zur Introversion mit dem Ziel, durch Nachdenken über „aufbauende“ Aspekte seines Lebens und seiner mitmenschlichen Beziehung eine andere Erfahrung einzuleiten jenseits des Defizienzerlebens. Die eigentliche Aktivierung liegt in unserem Konzept in der Technik dieser „korrigierenden kognitiven Erfahrung“, die den Patienten aktivieren soll zu einer produktiven Sicht seines Erlebens, besonders der Anerkennung und Bejahung der im Symptom enthaltenen, verborgenen Potentialität.

Die Lenkung der Wahrnehmung auf eine konstruktive Sicht ist buchstäblich eine von Grund auf aufbauende, weil sie den Patienten aus dem Versagenserleben herausführt und den Therapeuten aus der therapeutischen Versagungshaltung. Denn die kognitive Aktivierung verlangt vom Therapeuten die Exposition seiner Denk- und Lebenshaltung: die „Verliebtheit ins Gelingen“ (Bloch) und der prospektive Imperativ kennzeichnen den Therapeuten vor dem Patienten, dem er durch kognitive Korrektur den Blick öffnen muss für die Aussichten seines Lebens.
Deshalb war es für uns notwendig, ein Psychodiagnostik- und Therapieinventar zu entwickeln (von der biographischen Dokumentation, den Leitfäden zum Aufnahmegespräch und den Psychoanamnesen, der Fallkonzeptualisierung bis zur Prozessgestaltung), das einer einheitlichen Techniktheorie folgt, die konsistent die Wahrnehmungs- und Suchrichtung auf das konstruktive Erleben des Patienten richtet. Die bewusste Selbstwahrnehmung in der Aktivierung durch kognitive Strategien bewirkt beim Patienten ein wachsendes Bewusstsein seiner mentalen Fähigkeiten und fördert sein Konfliktlösungsvermögen beträchtlich. Die Änderung der kognitiven Erfahrung ist aber nicht zu trennen von der Änderung des emotionalen Erlebens, weil die Einstellungsänderung des Patienten durch die positive Umwertung seiner Symptomatik zugleich eine Veränderung seines Selbstgefühls bewirkt und eine neue affektive Qualität von Sicherheit in der Selbstwahrnehmung mit sich bringt: es geht also in der Einstellungsänderung immer um Änderung der Selbstbewertung, welche die Umstellung der affektiv-kognitiven Komplexe eines Menschen von einer lebensnegativen zu einer lebensproduktiven Einfärbung anstößt.
In dieser Einstellungsänderung durch kognitive Korrektur vollzieht sich ein schöpferischer Prozess, der aus der Introversion des Patienten zehrt, aus der Rückbesinnung auf seine Möglichkeiten, welche an die Regression ins Nachdenken gebunden ist. Die Differenzierung in progressionsförderliche und regressionsvermeidende Therapie (s. auch Fürstenau 1994) wendet sich gegen das Regressionsklischee eines konventionellen Therapieverständnisses, das von der Vorstellung der in der Regression zu wiederholenden Trieb- und Entwicklungsphasen ausgeht; wie wenn ein Subjekt unter den Bedingungen der Therapie seine Entwicklung wiederholen könnte. Dabei ist Balint (1968) schon diesem groben Missverständnis von Psychotherapie entgegengetreten mit der Differenzierung der Regression in eine maligne, die auf primitive Formen der Triebbefriedigung zurückgeht, und eine gutartige Form der Regression, die man als „Regression im Dienste des Ichs“ bezeichnete. Sie wurde aber von Balint als jener entspannte und vertrauensvolle Zustand mit dem Ziel des Erkanntwerdens beschrieben und von Morgenthaler (1978) als

„emotional entspannte, stimmige Atmosphäre“ und „ambivalenzfreie Beziehung“ verstanden. Das progressionsförderliche Klima einer Therapie in dieser introversiven Grundhaltung von Patient und Therapeut schafft jene Stimmung eines schöpferischen Prozesses des Umdenkens, der einen „Neubeginn“ auszeichnet.

Eine so verstandene Regression als Introversion von Therapeut und Patient ist die Bedingung dafür, eine neue Ansicht der Symptombedeutung für den Patienten zu schöpfen: die Symptomklärung ist demnach ein Prozess des Nachdenkens, des Nachdenklichmachens durch den Therapeuten und des Nachdenklichwerdens für den Patienten, um dem Symptom die prospektive Seite abzugewinnen. Das Begehren des Patienten, der den Therapeuten aufsucht, um die Bedeutung seiner unerklärlichen Erfahrungen zu klären, ist an das Begehren des Therapeuten gebunden, dem Patienten den undurchschauten Zwang seiner Symptome aufzudecken. Die narzisstische Befriedigung besteht für beide darin, die Lust des im Symptom verborgenen Aufbegehrens zu erfahren. Denn die Verbündung mit dem im unterdrückten Wünschen enthaltenen Widerstandspotential, das durch die Wendung von der Selbstunterdrückung in die Selbstbemächtigung virulent wird, eröffnet für beide die Aussicht auf Veränderung und bestimmt die Richtung des therapeutischen Prozesses. Die Frage des Patienten: wie kann ich begreifen, was mit mir los ist, und wie kannst du verstehen, was ich brauche? - all diese Fragen richten sich auf eine mögliche Integration des bisher Desintegrierten, auf die Einverleibung und Aneignung des vom Ich-Gefühl abgespaltenen Erlebens. Der narzisstische Gewinn für den Patienten liegt in der „Ver-Ichung“ (Federn 1956), im Zugehörigwerden des Fremden zum Eigenen, in der Erweiterung des Ich-Gefühls. Das Symptom als Fremdkörper wird nun zu einem charakteristischen, der Person zugehörigen Element, das darin bejaht werden kann. Das heißt, die Verleugnung der Wünsche und Bedürfnisse des einen Teils des Ichs, die von dem anderen Teil angestrebt werden, schafft jene Unverträglichkeit im Ich-Gefühl, die zu dieser Verleugnung und Spaltung im Ich führt; denn das für das Ich Unverträgliche, die Einheit des Ich-Gefühls Bedrohende, wird aus dem Ich-Gefühl ausgeschlossen.

Das Ja-Sagen zum Dissoziierten, die Erweiterung des Ich-Gefühls um das bisher Ausgeblendete, bewirkt jenes narzisstische Hochgefühl des sich steigernden Selbst-Gewinns – das Lustmoment jedes Erkenntnisaktes. Diese narzisstische Befriedigung im Ja-Sagen-Können zum verleugneten Begehren unterhält und treibt den therapeutischen Prozess, und es ist erstaunlich, dass der Patient, entgegen der üblichen psychodynamischen Erwartung, nicht mit dem Widerstand reagiert, welcher dem Verdrängungsaufwand entsprechen müsste. Dies hat uns aber schon früh darauf verwiesen, dass es auf dieser Strukturebene weniger um ins Unbewusste verdrängte Gehalte geht, sondern um im Vorbewussten ablaufende Prozesse, die „nur“ durch Spaltung und Verleugnung der Wahrnehmung entzogen sind. Deshalb ist hier aufgrund der klinischen Erfahrung eine andere theoretische Sicht gegenüber dem Struktur- und Bildungsprozess von Symptomen angezeigt.

Eine tiefenpsychologische Klärung der den kognitiven Prozessen zugrunde liegenden triebpsychologischen Bedingungen ist auf die Aufklärung der Wurzeln der Bejahung bzw. des seelischen Mechanismus der Verneinung angewiesen. Die Ich-Funktion der Verneinung ist nämlich neben dem adaptiven Funktionsprinzips des Ichs (Ich-Psychologie der Anpassung) und dem defensiven (Psychoanalyse der Abwehr) nach unserer Auffassung von essentieller Bedeutung für die Genese des Ichs und zentral für die Gestaltung des Therapieprozesses. Denn die triebpsychologische Grundlage der „korrigierenden kognitiven Erfahrung“ ist in der Ich-Leistung der Verneinung zu suchen. Das „Nein“ in seiner Doppelbödigkeit von verneinender Bejahung und bejahender Verneinung, je nach seiner Ausrichtung auf das fordernde Begehren oder die Einforderung der Anpassung, führt uns zum Ursprung der Urteilsfunktion in der oralen Sphäre und zu den daraus genetisch abzuleitenden kognitiven Prozessen.

Vom Verneinungsprinzip als Mittel der Umwertung der Wertesysteme

Das Wachrufen des Widerspruchsgeistes eines Patienten, die Fähigkeit zum Nein-Sagen-Können ist in der Perspektive unserer psychodynamischen Arbeit die entscheidende Determinante für einen Veränderungsprozess, der dem Patienten eine Umgewichtung zwischen Selbstunterdrückung und Emanzipation vermitteln soll: das „Nein“ ist das Unabhängigkeitsmanifest des Ichs (s. Spitz 1978). Die Untersuchungen von Spitz (1957) haben gezeigt, dass die Synthese von körperlichen Reifungs- und seelischen Entwicklungsprozessen sich in bestimmten, Phänomenen anzeigt, welche die Hauptintegrationsstufen von Affektion und Kognition repräsentieren und von Spitz als Organisatoren der Psyche bezeichnet werden. Die Ausbildung eines Organisators innerhalb der Psyche wird jeweils angezeigt durch das Auftreten spezifischer neuer Verhaltensphänomene – sozusagen als Symptome der stattgefundenen Integration. Diese kennzeichnenden Verhaltensweisen sind Indikatoren der kognitiven Kompetenz des Kindes: der Indikator des ersten Organisators der Psyche ist das erste Lächeln des Kindes (4.-6. Woche) als Reaktion auf das Lächeln der Mutter; der Indikator des zweiten Organisators ist das Erscheinen der Achtmonatsangst – das Fremdeln des Kindes; der Indikator des dritten Organisators ist das „Nein", das Kopfschütteln um den 18. Lebensmonat. Es ist der Organisator des symbolischen Spracherwerbs. Sowohl der erste wie der zweite Indikator, das Lächeln und die Achtmonatsangst äußern sich als Handlung, als körperliches Zuwenden oder Abwenden. Erst der dritte Indikator, gegen Ende des zweiten Lebensjahres, besteht in der Aufnahme einer semantischen Beziehung zu einem anderen Selbst.

Die Bildung des dritten Indikators ist durch die Erwerbung des semantischen Neins gekennzeichnet und konstituiert endgültig die kommunikative Selbstdifferenzierung. In diesem Stadium trennen sich körperliches Handeln und Kommunikation als gerichtete Mitteilung im semantischen Sinne (s. Pohlen u. Bautz-Holzherr 1991, S. 93 f.). Das Nein-Sagen mit Beginn des zweiten Lebensjahres ist das Anzeichen für die semantische Differenzierung zwischen Selbst und Nicht-Selbst. Und das Nein-Sagen-Können steht für den ersten Denkakt und drückt die Fähigkeit des Kindes aus zur Bildung des abstrakten Begriffs: das „Nein" stellt das entscheidende Mittel dar in der Wendung von der Passivität zur Aktivität; das Urteilen, die Urteilsfunktion wird nun zu einer Hauptfunktion des Ichs (Spitz 1978). Die Entdeckung der Organisatoren des Psychischen durch Spitz behalten weiterhin ihre Gültigkeit für die kognitive Differenzierung des Kindes und ihren Wert für die klinische Theorie. Auch wenn wir heute ihre Einbettung in eine Lehre vom undifferenzierten Selbst des Anfangs nach der Erkenntnis eines ganzheitlichen Empfindens des Säuglings als nicht mehr passend ansehen müssen, so bleibt doch ihre Bedeutung für eine triebtheoretische Begründung der semantischen Theorie unbestritten.

Die Nein-Geste ist eine Widerspruchsgeste und zeigt das Kind nun auf dem Platz des Handelnden. Die antithetische Struktur der Nein-Geste wird offensichtlich im kopfschüttelnden Nein des kleinen Kindes, das „Nein" sagt und den Kopf schüttelt, wenn man ihm etwas anbietet, zugleich aber nach dem angebotenen Gegenstand greift (Spitz l. c., S. 80): die Opposition zum Erwachsenen und das Hinstreben zum begehrten Objekt drückt den Widerspruch aus zwischen Ja und Nein im Nein. Im Unterschied zu Spitz halten wir dies nicht für eine Erscheinung des noch undifferenzierten Ichs, sondern für ein kennzeichnendes Phänomen der triebbedingten Ambivalenz der Kognition. Das „Nein" des Kleinkindes zeigt demnach schon eine antithetische Struktur zwischen der Anlehnung an das bedürfnisbefriedigende Objekt und der „Übernahme der eigenen Ausführungsgewalt" (Spitz l. c., S. 114), die im „Nein" der offenen Verweigerung zur Zeit der Auflehnung in der analen Phase als exzessive Antinomie offenkundig wird: das „Nein" gegen die „Erzieher" ist das Ja zur Durchsetzung des eigenen Wollens. Diese Dialektik von Verneinung und Bejahung hat Freud in der Sprache der oralen Triebregungen ausgedrückt, dass die ursprüngliche Urteilsfunktion zwei Entscheidungen zu treffen hat: „... alles Gute sich introjizieren, alles Schlechte von sich werfen. Das Schlechte, das dem Ich Fremde, das Außenbefindliche, ist ihm zunächst identisch" (Freud XIV, S. 13).

Im Unbewussten gibt es nach Freud kein Nein, denn die Triebe streben „naturgemäß" nach Befriedigung; das Verlangen ist immer schon aufstrebend, strebt zur Spannungsabfuhr hin: was spannungsmindernd ist, wird hineingenommen; was Spannungen schafft, wird ausgestoßen (Spitz l. c., S. 76). Und die Vernei-

nungsfunktion ist positiv oder negativ konnotiert, je nach der Perspektive: Verneinung gegen Anpassungsforderungen oder Verneinung gegen Triebforderungen. Die Verneinung des Gegebenen ist die Bejahung des Aufbegehrenden. Der Trieb ist Bejahung an sich, er folgt einem organismischen Prinzip der Spannungsabfuhr. Die Unbedingtheit drängenden Verlangens offenbart die unbezwingbare Natur des Triebes, der sich nur durch ein Realitätsprinzip als Unlustvermeidungsprinzip zur besseren Triebbefriedigung domestizieren lässt.
Das Triebgeschehen ist determiniert durch eine drängende Positivität, die einen Triebaufschub nur in der Umwegfunktion einer aktuellen Unlustvermeidung zum Zwecke einer später zu gewinnenden größeren Lust zulässt. Die Bejahung des Triebverlangens bricht sich am unlustvermeidenden Prinzip der Schutzfunktion des Über-Ichs: die „Übernahme der Ausführungsgewalt" (Spitz l. c.) des erwachenden Subjekts mit Auftreten der Verneinungsfunktion bedingt zugleich die Übernahme der elterlichen Schutzfunktion und der damit verbundenen Funktion der Selbstbeobachtung, in deren Konsequenz das Urteilen im Für und Wider nach dem Unlustvermeidungsprinzip erfolgt.
Auf diesem Hintergrund wird die therapietheoretische und therapiepraktische Bedeutung der Verneinungsfunktion offensichtlich. Diese essentielle Ich-Leistung nimmt eine Schlüsselstellung zwischen affirmierender Verneinung gegenüber Triebansprüchen und subversiver Verneinung gegenüber Anpassungsforderungen ein; gespeist aus dem Reservoir subversiver Libido, die zur Wunschbefriedigung hinstrebt, eine Realitätsveränderung anstrebt, um die gewünschte Triebbefriedigung zu erreichen.
Für eine psychodynamische Praxistheorie ist die Anschauung über die triebpsychologische Bedeutung der Verneinungsfunktion von grundlegendem Interesse. Denn die klinische Technik wird an dieser Schlüsselfunktion ansetzen müssen, um ein veränderungswirksames Instrument zur Hand zu haben. Die therapeutische Situation wiederholt in Verschiebung auf den Therapeuten die zentrale Aufgabenstellung dieser Ich-Leistung, eine „Maßregelung" zu treffen zwischen dem auffordernden Begehren und der geforderten Domestikation der Triebe; das heißt, mit dem Patienten ein neues Gleichgewicht zu finden zwischen der Subversion des Aufbegehrens und der Repression der Triebversagung. Die Übernahme dieser Schutzfunktion durch den Therapeuten und die darin liegende Über-Ich-Entlastung für den Patienten schafft jene Bedingung, die dem Patienten einen humaneren Umgang mit seinem Begehren ermöglicht. Die Ich-Leistung der Verneinung steht im Zentrum des therapeutischen Handelns als Vermittlungsprinzip: Die Urteilsfunktion konstituiert sich über die maßgebenden Werte des Über-Ichs und entscheidet, was gut oder schlecht, ich-zugehörig oder fremd, ich-synton oder dyston ist, entscheidet über die Wahl des Handelns aufgrund des verfügten, introjizierten Maßstabs. Und an diesem Wertesystem einer Person setzt unsere therapeutische Arbeit an als Umwertung der bisherigen Bewertung durch eine andere Selbstbewertung: durch die Wendung der Diskriminierung der Eigenheiten (Symptome) in deren bejahende Wertung vollzieht sich die Sinnaufklärung der Symptome, die zugleich eine Verneinung der selbstunterdrückenden Affirmierung darstellt.

3.5 Der Mechanismus der Dissoziation als konstitutives Element der Ich- und Bewusstseinsorganisation: von der Integration des Dissoziierten als konstitutives Element psychodynamischer Arbeit

Die Faszination vom Krankheitsbild der sog.„frühen Störung", deren Struktur und Erscheinungsweise sich so wenig fassen lassen wie Proteus, jene Gestalt des antiken Mythos, die sich durch endlose Verwandlung jeder Feststellung entzog, entspricht der Faszination, die vom Borderline-Kranksein ausgeht; auch hier das Proteushafte der Erscheinung und zugleich wie bei der „frühen Störung" die Verführung vom Zauber einer Tiefe, die sich der Entrückung des kranken Subjekts aus der Gegenwart seiner Konflikte verdankt. Hier folgt die neuere Entwicklung in der Psychoanalyse einer Tiefenrede ohne Tiefe, einer mystagogischen Faszination vom Urtrauma[33] des kranken Subjekts.

Die Behauptungen Kernbergs (1976), dass Spaltungsprozesse im dritten oder vierten Lebensmonat beginnen, zwischen dem sechsten und zwölften Monat ein Maximum erreichen sollen und im zweiten Lebensjahr oder zu Anfang des dritten allmählich verschwinden würden, sind wegen ihrer wilden Spekulation genauso eine intellektuelle Zumutung wie die Behauptungen Rosenfelds (1990), dass Empfindungen eines vier Monate alten Säuglings-Selbst auf den Therapeuten übertragen werden und dass der Patient Erlebnisse der ersten vier Lebensmonate durch Erinnerung im Erwachsenenalter wiederbelebt und später in der therapeutischen Situation wiederholt habe. Solche Konzeptionen, die als ätiologisch-kausale Feststellungen des Therapeuten über „frühe Störungen" dargeboten werden, sollen auf dem Weg „spiegelnder Empathie" (Kohut 1973, 1979) im psychotherapeutischen Prozess gewonnen worden sein – es sind allerdings jene Spiegelungsprozesse „narzisstischer Grandiosität" in der Projektion vom Therapeuten auf den Patienten.

Dabei wissen wir seit Freud und auch durch die Gedächtnisforschung unterstützt, dass Kindheitserlebnisse aus dieser Frühzeit des Subjekts als solche

---

[33] Die wieder modisch gewordene Traumatheorie, wie sie psychiatrisiert als „posttraumatisches Belastungssyndrom" auftritt, füllt die Leerstelle absenter Theorie und verkennt, dass Verhaltensstörungen das Ergebnis einer Kette von traumatisierenden, sich immer wiederholenden Ereignissen sind (s. zum Beispiel die Verlustkette bei Depressiven) und dass das sogenannte Trauma immer nur Anlass und nicht Ursache für die Reaktionen des Subjekts sind. Über die Traumatheorie wird indirekt eine Inkulpationstheorie eingeführt, welche die Grundlage einer Entwicklungspathologie abgibt. Nach einem monokausalen Verschuldungsprinzip wird nach dem einmaligen Ereignis gefahndet oder die Ursache des Verhängnisses in Mythen von parentaler Inkulpation gesucht.

nicht mehr zu haben sind (Freud II/III, S. 190). Dennoch werden derartige traumatisierende Ereignisse, die für die sog. vulnerable Kindheitsphase zwischen dem ersten und zweiten Lebensjahr angenommen werden, weiterhin zur Grundlage einer spezifischen Entwicklungspathologie gemacht. Angesichts solch intellektueller Depravation, die den Geist der psychoanalytischen Wissenschaft auf psychiatrisierende Pathologie herunterbringt, nimmt es kein Wunder, dass die Psychoanalyse ihre intellektuelle Anziehungskraft in der Herausforderung für schöpferisches Denken eingebüsst hat. Und die autoritäre psychotherapeutische Bewegung produziert ein Expertentum, dessen Autorität darin gründet, durch fortgesetzte Verweise auf andere Autoritäten, deren Behauptungen ungeprüft sind, seine Aussagen scheinbar wissenschaftlich zu legitimieren: es ist jene fatale Gesinnung, die durch ständige Wiederholung ungeprüfter Behauptungen eine Tradition unbewiesener Tatsachen erzeugt.

Die apokryphen Schriften Kernbergs und anderer mutierten unter der Hand ihrer Evangelisten (Rhode-Dachser 1979 u. a.) zu authentischen Theorien über psychische Phänomene, die so willig aufgenommen wurden, dass ein Verlangen nach kritischer Prüfung überhaupt nicht mehr aufzukommen scheint. Dagegen widersteht die Komplexität und auch die Widersprüchlichkeit der Freud'schen Theorie einer Nutzung als ätiologisches Konzept für kausal-mechanische Erklärungen von Störungen im medizinisch-psychiatrischen Sinne. Die Vorstellung von Entwicklungsdefekten und -stillständen der Selbstpsychologie und der frühen Spaltungsprozesse der Borderline-Psychologie ist Symptom einer defektzentrierten Entwicklungspathologie, die einem linearen Ursache-Wirkungs-Schema von „frühen Störungen" und „späten Folgen" erliegt. Dieses undifferenzierte Regressionsparadigma, das durch die Erkenntnisse der Gedächtnisforschung und longitudinalen Entwicklungspsychologie (s. Petzold u. Orth 1999) als mythische Traumaprojektion ihrer Urheber verstanden werden kann, repräsentiert ein Phantasma deterministischer Unentrinnbarkeit: das monokausalistische Konzept „früher Störungen" entspringt einem medizinischen Denken, das in einem größtmöglichen Gegensatz zum Emanzipationsanspruch seiner Anhänger steht. Die Übernahme solcher Konzepte und ihre schulenbildende Wirkung fordert Aufklärung über die Motive der Proselyten solcher Ideologien, die nach unserer Vermutung eine Flucht aus der greifbaren Gegenwartsbewältigung mit dem Patienten in eine unangreifbare und endlose Vergangenheitsschau darstellt.

Die Ich-Spaltung ist jedoch kein Abwehrmechanismus einer „frühen Störung", sondern ein allgemeines Phänomen der Ich-Organisation zur Aufrechterhaltung eines einheitlichen Ich-Gefühls. Freud ist in seiner letzten

Schrift zu seinen früheren Formulierungen zur „Spaltung" des Ichs zurückgekehrt und hat am Beispiel des Fetischismus gezeigt, dass Verleugnung und Anerkennung nebeneinander existieren, ohne dass sie sich gegenseitig beeinflussen (s. Eagle 1988). Der Fetischist verschafft sich in der Verschiebung auf das Symbol des Penis im Schuh oder anderem die Verleugnung der Penislosigkeit der Frau, und zugleich kann er sie dadurch anerkennen und für sich die Angst vor der Bedrohung der eigenen Penislosigkeit abwehren. Eine solche Koexistenz von Verleugnung und Anerkennung ist typisch für jede Symptombildung und auch der Grund dafür, dass sich die andere, dissoziierte Seite des Symptoms, vor dem sich der Symptomträger schützt, ohne großen Widerstand erhellen lässt.
Ich-Spaltungen machen also den Kern der sog. Psychopathologie aus (s. Eagle l. c.) und bedingen auch nach unserer klinischen Erfahrung, dass die therapeutische Arbeit auf der Ebene der affektiv-kognitiven Integration dieser desintegrierten Anteile in das Ich-Gefühl vor sich gehen muss. Die Dämonisierung von Abwehrstrategien durch jene Spaltungspsychologie, die sich in der Borderline-Konstruktion niederschlägt und die mysteriöse Konzeption „früher Störungen", haben dazu geführt, die Vorgänge an der Oberfläche der Ich-Organisation nicht mehr in den Blick zu nehmen. Allerdings hat diese Oberfläche eine differenzierte, in ihren affektiv-kognitiven Komplexen vernetzte Struktur, die sich in Korrespondenz zu den Triebkomplexen (des Oralen, Analen und Phallischen) organisiert hat.
Wir müssen hier, um unseren klinischen Ansatz theoretisch darzustellen, auf Federns Ich-Psychologie, seine Konzeption der Ich-Zustände (Federn 1956) zurückgreifen, um eine Anschauung dafür zu bieten, dass die Dissoziation paradoxerweise die Einheit des Ich-Gefühls bedingt und die Isolierungsfunktion des Ichs zur Abspaltung von unzuträglichen, für die Einheit des Ichs bedrohlichen Ich-Zuständen die integrative Ich-Leistung darstellt. Die Isolierungsfunktion muss man sich als essentiellen Bestandteil des Verneinungsprinzips vorstellen, das nach Maßgabe des Über-Ichs Wahrnehmungsobjekte bejaht oder verneint, mit Hilfe der Isolierung aus dem Bewusstsein abspaltet oder ihre Präsenz zulässt.
Freilich haben wir Federns Ich-Psychologie im Licht unserer klinischen Erfahrung und in Konsequenz unserer klinischen Theorie (Triebtheorie) vertieft und erweitert um die Verbindung zwischen dem ich-psychologischen und dem triebpsychologischen Aspekt der psychodynamischen Theorie. Nach Federn erstreckt sich das integrierende Ich, paradoxal verfasst, als Subjekt der Wahrnehmung, des Erlebens und als Selbst, Objekt der Beobachtung und Untersuchung, über das gesamte Feld des Vorbewussten. Das

Wahrnehmungsbewusstsein des erlebenden und beobachtenden Ichs ist danach identisch mit dem Scheinwerferlicht (Freud), das sich auf dem dunklen Feld des Vorbewussten bewegt und je nach Zuträglichkeit für die Kohärenz des Ichs Wahrnehmungsfelder (Ich-Zustände) beleuchtet.

Das Bewusstsein erzeugt sich durch Wahrnehmungsarbeit: die Ausleuchtung des Wahrnehmungsfeldes durch den Scheinwerfer des Bewusstseins erfolgt nach dem Gesetz des Über-Ichs: was für das Über-Ich zuträglich ist, darf zugänglich sein; ausgeschlossen von der Wahrnehmung durch Isolierung/ Dissoziation ist das für das Über-Ich Unzuträgliche. Die Ausleuchtung des Wahrnehmungsfeldes ist also vom zuträglichen Wahrnehmungsgegenstand bzw. den durch den Wahrnehmungsgegenstand aktivierten Verbindungen, dem sich ausweitenden Feld von Wahrnehmungsverknüpfungen (Geschichten mit Wahrnehmungsobjekten) abhängig.

Die zentralistische, zentralisierende Ordnungsfunktion der Isolierungstätigkeit der Bewusstseinsarbeit wird hier offensichtlich, das heißt, die Arbeitsweise der Herstellung von Bewusstsein nach dem Maß der Zuträglichkeit, die das Ausmaß der Wahrnehmung bestimmt; ebenso die Abschaltung des Bewusstseinsscheinwerfers, die Dissoziation bei Berührung mit unverträglichen Verknüpfungen und Verbindungen, die durch Ausschalten unzugänglich gemacht werden.

Die Erzeugung von Bewusstsein und die Qualität des Bewusstseins, die sog. Bewusstheit, verdankt sich der Synchronisation zwischen den aktivierten Wahrnehmungsobjekten und dem Zensor (Über-Ich), welche die Weite und Tiefe des Bewusstseins bestimmt. Von daher ist es naheliegend, die Güte des Ich-Ideals als Urmeter für die Über-Ich-Aktivität anzusehen, von dessen Differenziertheit Quantität und Qualität der Wahrnehmung abhängen.

So wird begreiflich, dass zum Beispiel ein anonymes Dressatgewissen, das fungibel und jederzeit austauschbar ist, je nach den herrschenden Unterdrükkungsverhältnissen einen ebenso anonymen Dressatgehorsam zur Folge hat. Denn ein solches „Ideal", Ergebnis einer Ich-Intropression, ist nur nach dem Maß von Gewalt gebildet und funktioniert nach der Maßgabe von Gewalt (der Unterdrückung). Deshalb ist auch der autoritäre Charakter durch Isolierung, Spaltung und Verleugnung der Dressate gekennzeichnet, die je nach den Gewaltverhältnissen wechseln und sich der Kohärenz ihres Ichs durch Aufrechterhaltung von Kontinuität in der Unterwerfung unter ich-intropressive Autoritäten versichern. Willige Vollstrecker haben stets ein „gutes Gewissen", da sie sich immer auf der Seite der Ordnungsmacht im Befehlsnotstand situieren und sich infolgedessen wegen Gehorsamsnötigung immer schon exkulpieren können.

Am autoritären Charakter ist zu studieren, dass sich Kohärenz, die Einheit im Ich-Gefühl als integrale Funktion der Ich-Tätigkeit durch Verleugnung aller Bedürfnisse nach Souveränität und Individualität herstellt. Danach ist es von der Güte, das heißt von der Differenziertheit und Substantialität des Über-Ichs abhängig, wohin das Subjekt in seiner Wahrnehmung geführt wird, welches Vermögen zur Reflexion es hat und zu welcher Bewusstseinsweite, das ist vor allem die Wahrnehmung antagonistischer Aspekte, es fähig ist.
Die Isolierungsfunktion ist also integraler Bestandteil der Kohärenzerzeugung. Das Bewusstsein bildet sich durch Wahrnehmungsarbeit, und die Orientierung der Wahrnehmung entspringt den Intentionen des Über-Ichs, das nach der Maßgabe des Ich-Ideals die Wahrnehmung aktiviert, nach dem Kriterium von bekömmlicher oder unbekömmlicher Rezeption (Kost) im Sinne der von Freud entdeckten oralen Urteilsfunktion. Das Vorkosten der Nahrung (Wahrnehmungsobjekt), diese elementare Funktion der Über-Ich-Prüfung, vollzieht sich unbewusst, und erst das positive orale Urteil über die Bekömmlichkeit setzt die bewusste Aktivation der Wahrnehmungsarbeit in Gang, an deren Ende eine Befriedigungsmöglichkeit oder Unlustvermeidung steht, die dem Subjekt Handlungsoptionen eröffnen. Die Wendung von der unbewussten Rezeption in die Perzeption, die aktive Aufnahme des Wahrnehmungsobjekts in die Bewußtseins- und Ich-Organisation, macht den rezeptiven Vorgang erst zur Perzeption, zu einem inhärenten Bestandteil von Bewusstsein, das ist Bewusstheit.
Das Paradoxon ist: das Bewusstsein erzeugt sich durch Wahrnehmungsarbeit und die Wahrnehmungsaktivation ist an das Bewusstsein seiner Selbst, an Selbstwahrnehmung (Über-Ich-Introspektion) gebunden. Der Bewusstseinsscheinwerfer wird also gespeist von der Wahrnehmung und die Wahrnehmung erzeugt Bewusstsein. Die Verknüpfungstechnik der Wahrnehmungsarbeit (Aktivation) ist ein Synchronisierungsvorgang, der zu kohärenten Strukturen führt nach dem Gesetz der Kompatibilität zwischen Über-Ich und Wahrnehmungsgegenstand. Der energetische Aspekt, woraus die Leuchtkraft des Scheinwerfers herrührt, ist in jenen dynamischen Vorgängen zu suchen, die auch die Mechanismen der Libido-Erzeugung in den erogenen Zonen kennzeichnen. In diesen Körperzonen wird durch die Tätigkeit der Organe Libido erzeugt, die bei der Erregung durch die Reizzufuhr der Sinnesorgane zustandekommt.
In diesem Sinne ist die Wahrnehmungsaktivation eine Funktion der Gehirntätigkeit, die als Schaltzentrale aller Tätigkeiten der Sinnesorgane eine dynamische Integration zu leisten hat. Das Ergebnis dieses Prozesses konsti-

tuiert das Selbst als Mittel- und Bezugspunkt aller Wahrnehmungen und als Koordinationsorgan der Synchronisation, deren Energie sich aus dem Zusammenfluss der Erregungen der Sinnesorgane durch Reizzufuhr speist.
Die für die Psychologie zentrale Frage der Introspektion ist ohne die Klärung der Rolle der Aufmerksamkeit nicht zu lösen. Und diese steht im Mittelpunkt einer recht verstandenen Bewusstseinspsychologie und damit im Zusammenhang mit der Stellung des Unbewussten in der Wahrnehmungsaktivation. Die Aufmerksamkeit des Subjekts ist, wie wir gezeigt haben, dadurch bestimmt, was dem Menschen aufgrund seines spezifischen „Geschmacks" bekömmlich ist. Dieser spezifische „Geschmack" gibt den Orientierungsrahmen für das Suchverhalten in der Wahrnehmung und ist in seiner Verknüpfungsarbeit, in der Herstellung von Verbindungen der Wahrnehmungsgegenstände, unbewusst geleitet.
Das Bewusstsein erzeugt sich als Ergebnis unbewusster Informationsverarbeitung, das ist die Synchronisation der Wahrnehmungsaktivationen; mit anderen Worten: das Bewusstsein ist nichts anderes als die Oberfläche des Unbewussten. Und dass die Bindungs- und Verknüpfungsprozesse der Wahrnehmungsaktivation auf der Basis des neuronalen Netzwerks erfolgen, steht in keinem Widerspruch zur psychologischen Dimension. Denn die korrespondierende Organtätigkeit ist das Vehikel der Psychismen, entsprechend dem Verhältnis von telefonischer Information und Leitungssystem, bei dem das Netz der Träger der Kommunikation ist. Daran wird offensichtlich, dass eine Klärung der Bewusstseinstheorie die Voraussetzung für eine Theorie des Unbewussten ist und dass eine noch weiter auszuarbeitende Theorie des Bewusstseins die Bedeutung des Unbewussten als Basis der Erzeugung von Bewusstsein erweisen wird. Unser Beitrag dazu kann nur ein Baustein sein. Interdisziplinär gesehen ergeben sich hier Berührungspunkte zur neurophysiologischen Bewusstseinsforschung, die ebenfalls die elementare Funktion der unbewussten Informationsverarbeitung für die Erzeugung von Bewusstsein als integralen Bestandteil ihrer Bewusstseinstheorie ansieht. Die Erkenntnisse[34] der neuro- und psychobiologischen Grundlagenfor-

---

[34] Die differente Sprache der Neurobiologie wäre auch in die semantische der Psychoanalyse zu übersetzen. Wir halten es aber für angemessener, die Sprache der Informations- und Neuropsychobiologie authentisch wiederzugeben. Nach Birbaumer und Schmidt (1996) ist die Produktion von Bewusstsein eine Eigenschaft des Kurzzeitgedächtnisses, während Prozesse im Langzeitgedächtnis in der Regel nicht bewusst sind. Langzeitgedächtnisinhalte werden erst bei Übertragung in das Kurzzeitgedächtnis bewusst: „Bewußtseinsprozesse resultieren stets aus vorbewußter Informationsverarbeitung" (Birbaumer u. Schmidt l. c., S. 514). Und die Selektion von Wahrnehmung, die Aufmerksamkeitsfokussierung, wird zentral gesteuert durch

schung über die Produktion von Bewusstsein (Birbaumer u. Schmidt 1996) zeigen eine offensichtliche Nähe mit den von uns in der psychoanalytischen Erkenntnisform gewonnenen Ansichten.

Die „physiologische Grundlage" des Ichs wird von Federn (l. c.) im Doppelaspekt von seelischem und körperlichem Ich gefasst: die seelischen Ich-Grenzen umschließen die spezifischen Inhalte objektgebundener Erfahrungszustände verschiedener Objektbeziehungen aus verschiedenen Epochen des Erlebens und der Entwicklung (affektiv-kognitive Komplexe); und die körperlichen Ich-Grenzen erstrecken sich auf die Besetzung des Körperschemas (Schilder 1923), dessen Besetzung einem wechselnden Rhythmus unterliegt. Das Ich ist organismisch gedacht. Federn folgt dem Freud'schen Prinzip des „organischen Denkens", in dem das Ich als lebendiges Organ von Ausdehnung (Extension) und Rückzug (Restriktion) seine Libidobesetzungen variiert – in der Metapher Freuds und Nietzsches vom Protozoon, dem Protoplasmatierchen, das seine Pseudopodien ausschickt oder zurückzieht, um sich die Dinge und Sachen der Welt ein- oder auszuverleiben. Das Ich ist danach ein pulsierendes Organ, das seine Besetzungen zwischen Wachen und Schlafen (Orthriogenese, griech.: das Tagwerden – des Ichs) einzieht oder ausschickt; wobei das seelische Ich beim Einschlafen wie beim Aufwachen zuletzt seine Besetzungen zurückzieht beziehungsweise zuletzt wieder ausschickt - zu beobachten am Fallen des früher einschlafenden Körpers und am schläfrigen Bewusstsein des morgendlich späteren Erwachens des seelischen Ichs, das durch Waschrituale und anderes zur schnelleren Wiederbesetzung gebracht wird. Besetzung meint hier den Vorgang der Besetzung mit Ich-Libido.

---

einen übergeordneten Prozess der Bewertung ankommender Informationen, abhängig vom Resultat eines Vergleichsprozesses zwischen ankommenden Reizmustern und im Langzeitgedächtnis gespeicherten Modellen desselben Verarbeitungssystems. Jede Abweichung vom gespeicherten Modell („mismatch") löst eine Orientierungsreaktion aus. Der Vergleichsprozess in der Verarbeitungskette ankommender Informationen steht zeitlich unmittelbar zwischen vorbewusster und bewusster Verarbeitung. Und die Orientierung ist unauflöslich mit der Bildung von Erwartungen verbunden: entsprechend dem Ausmaß der Abweichung des ankommenden Reizmusters vom erwarteten Reiz („mismatch") wird eine Mobilisierung der Sinnessysteme in der Peripherie und der zentralen Sinnessysteme (Orientierung) sowie der motorischen Systeme eingeleitet und der momentane Inhalt des Kurzzeitgedächtnisses abgeschwächt, das Kurzzeitgedächtnis vom alten Modell bereinigt und im Langzeitgedächtnis das gespeicherte Modell des Reizes modifiziert; danach ändert sich die Erwartung erneut und sofort. Dieser Auszug aus der neurobiologischen Forschung macht die Übertragungsmöglichkeiten auf die psychoanalytische Bewusstseinstheorie augenscheinlich.

Das Ich ist eine bloß fakultative Einheit, die sich dauernd wiederherstellen muss, um seine Kohärenz zu wahren; ein pulsierendes Organ[35], das multiple Ich-Zustände verschiedener Ich-Stadien in sich versammelt und eine stete Integrationsleistung vollbringen muss, um die der Einheit dienlichen Zustände zu integrieren oder die der Einheit nicht zuträglichen Zustände zu dissoziieren. Das Ich pulsiert nicht nur im Rhythmus des Tages (besonders deutlich an den Tagesschwankungen von depressiven Patienten), sondern variiert auch dynamisch seine Besetzungen im Rhythmus der Befindlichkeiten des Subjekts, seiner Tätigkeiten, seiner Objektbeziehungen, seiner veränderten Anforderungen, Wünsche und Bedürfnisse in den verschiedenen Lebensepochen. Das Ich wird sowohl im körperlichen wie im seelischen Ich so weit gefühlt, wie das kontinuierliche Gefühl von Körperlichem und Seelischem reicht.

Das körperliche Ich-Gefühl ist nicht auf den nackten Körper beschränkt. Man fühlt es in seinen Kleidern, es erstreckt sich auf das Zimmer, den umgebenden Ort und verleiht der Umgebung den Charakter von Zugehörigkeit als partizipierender Teil des erweiterten Körper-Ichs; wie es am Beispiel des Wechsels einer Automarke für den Benutzer deutlich zu machen ist, wenn er die Grenzen seines Körper-Ichs auf die neuen Maße des Wagens einstellen muss. Im Extremfall merkt das Subjekt den Rückzug der körperlichen Besetzung des Ichs im Kleinerwerden des Körpers bei Ermüdung, Erschöpfung und an der Konzentration des Körper-Ich-Gefühls bei schweren Schmerzzuständen in den erkrankten Organen – das Körper-Ich-Gefühl kann sich in einem kranken Zahn verdichten. Der Rückzug der Körper-Ich-Besetzung wird vor allem in der Depersonalisation bei Ich-Störungen exzessiv, wo Teile oder der ganze Körper als fremd oder leblos empfunden werden, wie die Elevationserlebnisse von Entrückten bezeugen. Andererseits wird die Überbesetzung und Erweiterung des Körper-Ich-Gefühls im Naturerlebnis erfah-

---

[35] Das Ich ist in seiner longitudinalen Perspektive ebenfalls unter dem psychodynamischen Aspekt einer ständigen Umarbeitung der Triebkomplexe und der ihnen korrespondierenden Ich-Zustände zu sehen. Diese Umschriften von Niederschriften, das sind ständig neue Überschreibung der alten Einschreibungen, vollziehen sich je nach Lebensepoche und Lebenskonstellation und bestimmen die Dynamik der Person, deren Lebenstext sich nach Art eines Palimpsests (s. Freud II/III, S. 141) darstellt: Palimpseste sind wiederbeschriebene Handschriften, auf denen die ursprüngliche Schrift mehrfach und vielfältig mit neuen Texten überschrieben waren; wobei die Überschreibungen des alten Textes immer mit dem Verlust des Originals verbunden sind, das als Spur in „Überlebseln" der Urschrift „archäologisch" noch zu entdecken ist. Die Vorstellung von der Einheit der Person ist eine wissenschaftlich nicht haltbare Illusion; freilich verlangt der soziale Konsens die Aufrechterhaltung dieser Fiktion als Garantie für die Sicherheit von Wahrnehmung.

ren, welches die Ausdehnung der Körper-Ich-Grenzen bewirkt. Enge oder Weite einer Landschaft korrespondieren mit Enge oder Weite des Körper-Ich-Gefühls.
Es wäre interessant zu wissen, wie sich Selbstpsychologen, Beziehungstheoretiker und kognitive Therapeuten die Schwerelosigkeit, auch die Schmerzfreiheit des Elevationsphänomens bei Schizoiden, Fakiren und Mystikern erklären und welche Theorie sie sich für die Anästhesie von Körperzonen bei Hysterikern, der Leblosigkeit von Katatonen und den Phantomschmerz bei Amputierten machen, um das Fehlen von Körper-Ich-Gefühl bzw. seine schmerzhafte Präsenz im fehlenden Glied zu begreifen.
Die Ich-Zustände als objektgebundene Erfahrungskomplexe des Ichs sind zeitlich bestimmte Zustände, in denen das Objekt immer als Teil eines gesamten Aktes, das heißt nach unserer Vorstellung im szenischen Zusammenhang wahrgenommen und aufgenommen wird, so dass Objekt auf Objekt durch Identifikation erworben wird in seinem situativen Kontext von Anfang an. Die multiplen Ich-Zustände der Person (multiple Individualitäten) sind der Niederschlag verschiedener Ich-Stadien und nach unserer Sicht vernetzt mit den Stadien der Trieborganisation (Triebkomplexe), in denen jeweils der zeitgebundene Sprachzustand niedergeschrieben ist. Wie sich an Brennpunkten der Körperöffnungszonen die Triebkomplexe bilden durch das Dazwischentreten der Repräsentanten des Erziehungsgesetzes (s. den Ablaktationskomplex und andere von uns beschriebene Komplexe), so organisieren sich im Zusammenhang mit diesen Triebbildungskomplexen die Ich-Zustände an den betreffenden Brennpunkten: Triebmodellierung wie Ich-Modellierung korrespondieren nach unserer Vorstellung miteinander, und die Variation der Ich-Zustände entspricht der Variation der Trieborganisation. So können Ich-Zustände genauso fixiert sein, wie die Triebfixierung eine spezifische Befriedigungsform festhält. Die Variationen der Ich-Zustände sind nach Federn (l. c.) oraler, analer, phallischer, exhibitionistischer, aktiver, passiver, weiblicher und männlicher Natur und so fort, entsprechend den in den Ich-Zuständen niedergeschriebenen, objektgebundenen Erfahrungszuständen, deren Permanenz sich gerade bei der Störung der Isolierungsfunktion zeigt.
Die Lockerung der Isolierungsfunktion, welche die unzuträglichen Ich-Zustände ausschließt und die fakultative Einheit des Ichs gewährleistet, zeigt sich im Auftreten multipler Personalitäten, in Bewusstseinsspaltungen, in assoziativer Auflockerung und Diffusion der Ich-Grenzen bei Ermüdungserscheinungen und Intoxikationen. Bei körperlicher und seelischer Erschöpfung, unter Alkohol- und Drogeneinfluss, kann die Isolierungsfunktion des

Ichs so geschwächt bzw. die Hemmungsfunktion des Über-Ichs so gemindert werden, dass die Ich-Grenzen diffundieren und zum Beispiel multiple sexuelle Ich-Zustände das Wahrnehmungsfeld so überschwemmen, dass alle Wörter sexuelle Bedeutung annehmen; oder multiple aggressive und sadistische Ich-Zustände im Bewusstsein so vorherrschend werden, dass die gesamte Kommunikation sadistischen und obszönen Charakter annimmt. Das bedeutet: bei der Schwächung der Isolierungsfunktion des Ichs wird seine Kohärenz durch Dissoziation des Unpassenden und Anstößigen nicht mehr aufrechterhalten, und hinter der zentralistischen und zentralisierenden Isolierungsfunktion kommt eine unterirdische Ordnung nach dem Prinzip der polymorphen Perversion zur Geltung. Und der Zerfall der Isolierungsfunktion des Ichs tritt ein durch massive Verringerung der Libidobesetzung des Ichs, wenn schwere Konfliktaufladung mit äußerster Ambivalenz, exzessive Leistungsanstrengungen, Schlafentzug, Intoxikation und anderes mehr zu einer Verarmung von Libido im Ich der Schizoiden führt oder Deprivation[36] die Libidozufuhr für das Ich unterbindet. Deshalb ist auch die Regeneration durch den Schlaf, der „zweite Gang im Gastmahl der Natur" (Federn 1956) so wichtig für die Restrukturierung der Ich-Funktion.

---

[36] Die Selbstdeprivation von Mönchen führt die Wirkmacht der Libidodynamik vor Augen: durch formelhafte rituelle Anrufungen (Mantras) eines Gottes oder einer bestimmten Wesenheit wird der Rückzug von der äußeren Welt eingeleitet. Und die Besetzung der Innenräume bewirkt durch Introversion der Libido eine Überbesetzung der enterozeptiven Wahrnehmung statt der extrozeptiven. Das Auflassen der körperlichen Ich-Besetzungen lässt den Körper nur noch Hülle sein. Die Überbesetzung des seelischen Ichs erzeugt allein durch die unmittelbar evidente Erfahrung des seelisch-geistigen Raums ein psychisches Realitätsgefühl.
Die Introversion der Libido führt zunächst zu Depersonalisation, Wahrnehmungsveränderungen und Halluzinationen, und die weitere Selbstversenkung bedingt eine Selbstberauschung, die sich in Erleuchtungen und Visionen darstellt. Und die egokosmische Fusion der Libido im Rückzug auf das ozeanische Gefühl der Entgrenzung von Ich und Welt stellt eine totale Entleerung des Ichs von Libido dar. Das eigentliche Ziel dieses spirituellen Begehrens, das aus der exzessiven Sublimation der körperlichen Begierde stammt, ist die absolute Selbstübersteigung in der Selbstentäußerung des Subjekts, das Ankommen im Nirwana. Diese mystischen Erfahrungen des religiösen Menschen zeigen die Wandlungsfähigkeit der Libido und die Potenz des Menschen zu außergewöhnlicher Wahrnehmung, die in der religiösen Tradition von Kulturen ihren besonderen Wert hatten und ihre gesellschaftliche Bedeutung in kompensatorischer Austauschfunktion zwischen spiritueller und profaner Welt. Die Marginalisierung des Ungewöhnlichen wird in der Ausschließung des „Verrückten" in der Moderne sichtbar: „Die Verrückten sperrte man im Mittelalter nicht ein ... (man) sah ... im Narren einen Mann Gottes, ein Wesen, das auf gewisse Weise an der Erkenntnis der unsichtbaren Welt teil hat. Man mußte ihn also respektieren, durfte ihn nicht abschieben" (Duby 1996, S. 74). Der Geist einer Gesellschaft zeigt sich also am Umgang mit dem Unsichtbaren, ihr Ungeist wird in der Marginalisierung des Ungewöhnlichen sichtbar.

Im Extremfall bewirkt der Zerfall der Isolierungsfunktion des Ichs den Verwirrtheitszustand in der Wahnstimmung, wenn divergierende, aus differenten Stadien stammende Ich- und Sprachzustände ins Bewusstsein einbrechen. Denn die Abstraktion[37] von der konkreten Erfahrung eines Gegenstands und einer Sache zum Begriff, zum Beispiel vom Tisch als Platte mit vier Füssen, wird aufgelöst im Zerfall der Integrationsleistung des Ichs bei Schizoiden durch die Invasion all jener Ich- und Sprachzustände, der vielfältigen konkreten Erfahrungen des Ichs in seiner Wahrnehmungsgeschichte mit dem Objekt Tisch. Die Isolierungsfunktion ist auch eine der Abstrahierung, der Entfernung all jener unmittelbar sinnlich-konkreten Wahrnehmung der Gegenstände und Sachen zugunsten einer symbolischen Vorstellung (Sprachsymbol). Der sog. Zerfall der Symbolisierungsfunktion bei Schizoiden ist aber die Auflösung der Isolierungsfunktion und bedingt die Invasion einer Fülle unmittelbar-sinnlicher, szenischer Wahrnehmungskomplexe.
Der Schizoide erlebt im Moment des Verwirrtheitszustandes seiner Wahnstimmung, seiner Wahnwahrnehmung, den Tisch nicht mehr in abstrakter Vorstellung, sondern in der Vielfalt seiner Erfahrungen an und mit dem Tisch als Objekt der Essensszene in verschiedenen Lebensstadien, der Arbeitsszene in verschiedenen Situationen und Zeitepochen, der Konfliktszene und Sexualszene in verschiedenen Ich-Zuständen und Stadien der Trieborganisation und sofort. Das verrückte Lachen im sog. Bedeutungserleben ist ein Indikator für den Einbruch des Absurden ins Bewusstsein, für den unheimlichen Umsturz des dem Subjekt verordneten Schemas von räumlicher, zeitlicher und logischer Ordnung: der Zerfall der Isolierungsfunktion[38] setzt nach unserer Erfahrung bei Schizoiden eine immense Lustentbindung frei, erweckt die unmittelbare infantile Lust im Triumph über die Auflösung des Ordnungsschemas – als Therapeut muss man sich distanzieren von der konventionellen Vorstellung einer schrecklichen Ich-Katastrophe und lernen, die

---

[37] Die Abstraktion beruht nach Rapaport (1951) auf einem Isolierungsmechanismus: es ist die Fähigkeit, Erfahrungen mit Hilfe von Symbolen und Zeichen, die vom aktuell gegebenen Gegenstand abgelöst sind, einzuordnen. Spitz (1978) beschreibt diese Isolierungsfunktion, die Abstraktionsfähigkeit als selbständige Errungenschaft der synthetischen Aktivität des Ichs, das heißt als Integrationsleistung des Ichs durch Isolierung.

[38] Schizophrenie (griech.: Seelenspaltung) bringt schon im Begriff vom Spaltungs-Irresein eine Irreführung mit sich: der Schizoide leidet nicht an einer Spaltung, sondern an der Auflösung der Spaltungsmechanismen, am Zerfall der Isolierungsfunktion, so dass die für die Einheit des Ich-Gefühls bedrohliche Invasion von unbewussten, divergierenden Ich-Zuständen nicht mehr verhindert wird. Es ist die Diffusion des Ichs, eine Grenzüberschreitung im fundamentalen Sinne, die das verrückte Geschehen kennzeichnet.

Lust des Schizoiden an der exzessiven Transgression, die sich im verrückten Lachen entlädt, zu akzeptieren[39].
Wir haben hier auf der Basis der Ich-Psychologie Federns in Verbindung mit der psychodynamischen Triebtheorie ein Theoriegerüst entworfen, an dem wir die Dissoziationsvorgänge in der Symptombildung zwischen dem anerkannten und dem abgespaltenen Aspekt des Begehrens verdeutlichen können. An dieser Fortführung der Ich- und Triebtheorie von Freud und Federn wird deutlich, auf welches Niveau eine körperlose Selbst- und Objektbeziehungstheorie, die sich schlussendlich in einer Theorie des Selbstbezugs darstellt, verkümmern kann, wenn sie sich der Triebtheorie entledigt hat. Die Entfernung des physiologischen, körperlichen Grundes der psychodynamischen Theorie macht sie vielleicht konsensfähig für eine akademische Psychologie; allerdings präsentiert sie sich damit als „Dame ohne Unterleib" oder anders gesagt: als körperloses Seelentraktieren.
Integration und Desintegration von Wünschen und Bedürfnissen, Verleugnung und Abspaltung von einem Teil und Anerkennung eines anderen Teils des Ich-Selbst lassen sich durch die Einführung der Psychodynamik der Ich-Zustände in ihrer Struktur und in ihren Mechanismen begreifen. Danach ist begreifbar, warum die Übersetzung der abgespaltenen Teile ins Ich-Gefühl ohne besondere Widerstandsarbeit vor sich geht. Und die Übersetzungsarbeit gelingt umso leichter, weil das Ja-Sagen zum dissoziierten Aspekt eine augenblickliche Erweiterung des Ich-Gefühls mit kathartischem Effekt bewirkt, eine narzisstische Befriedigung um die Bereicherung der bisher abgespaltenen Aspekte. Die Erweiterung der Selbstwahrnehmung des Patienten ist jedoch an die Wahrnehmung des Therapeuten gebunden, die sich in den Deutungen widerspiegelt, die er dem Patienten anbietet.

---

[39] Die Aufgabe des Therapeuten ist in diesem Fall die unermüdliche Übersetzungstätigkeit für den von konkretistisch-sinnlichen Wahrnehmungen überschwemmten Patienten durch Übertragung in eine ordnungsstiftende, metaphorische Sprache, welche durch ihre Bilder wieder einen Zusammenhang herstellt zwischen sinnlicher Konkretion und ihrer Anschauung in passenden Bildern. Und so gilt es, wie in einem Puzzle, Bild um Bild mit dem Patienten zusammenzusetzen, um eine kohärente Kommunikation herzustellen, so dass sich durch Identifikation mit dem Therapeuten eine Kohäsion im Ich des Patienten wieder bilden kann. Die unmittelbar konkreten Erfahrungen von Essensszenen, Arbeitsszenen, Konfliktszenen, Sexualszenen mit dem Objekt Tisch zum Beispiel sind in eine Wahrnehmungsgeschichte ad hoc zu übersetzen. Denn die Metaphorierung wirkt für den Patienten sinnstiftend und gibt Halt in der Flut konkretistischer Erfahrungen mit den Dingen und Menschen. Mit anderen Worten: Szene um Szene müssen übersetzt werden, so dass der Patient eine Gestalt gewinnt für seine Geschichte mit dem Tisch und dadurch das Erleben mit dem Tisch eine bildhafte Ordnung erhält, welche den Zusammenhalt (Kohäsion) des Ichs wieder befördert.

Die Fokussierung der Aufmerksamkeit des Therapeuten auf die konstruktive Möglichkeit in der Symptomatik des Patienten hat aber zur Voraussetzung, dass seine Wahrnehmungsweise bestimmt ist von konstruktiver Lebensauffassung, der „Verliebtheit ins Gelingen“ (Bloch). Unter dieser Perspektive wird der Therapeut die Wahrnehmungsfelder beleuchten, die den Patienten auf das hintergründige Thema der Symptomatik einstellen. Und die ständige Wiederholung der Fokussierung auf die verschiedenen Aspekte der Symptomatik macht das immerwährende Thema der Therapie aus, erzeugt Bedeutungszusammenhänge für die darin verwickelte Geschichte des Patienten. Allerdings kann der Patient die Blickrichtung des Therapeuten nur aufnehmen, wenn diese ihm einleuchtend ist und er sich damit identifizieren kann: der Identifizierungsvorgang ist die entscheidende Ich-Leistung des Patienten und durch ihn vollzieht sich Einsicht in der Einverleibung des anderen Blicks – die Integration des Dissoziierten ist die Folge.
Auch die angewandten Aktivierungstechniken des Therapeuten stehen unter dem gleichen Vorbehalt, dass sie nur angenommen werden, wenn sich der Patient mit ihnen identifizieren kann; und das kann er nur, wenn sie passend sind. Die Quelle der erfinderischen Wahrnehmung des Therapeuten und seine technische Kunstfertigkeit liegt im Fundus seines Imaginationsvermögens, von dem wir schon sagten, dass „Hellsichtigkeit“ und „Heilkraft“ eines jeden Therapeuten von seinem angeborenen Talent abhängen. Die Fokussierung der Aufmerksamkeit, das heißt die Lenkung der Wahrnehmung, zeichnet den sachkundigen und erfahrenen Kliniker aus und ist eine Bedingung des Erfolgs; nicht nur in der Fokal- und Kurztherapie, vielmehr in jeder psychodynamischen Therapie.
Psychoanalyse hat die Evolution der Wahrnehmung in einer Tiefenstruktur so weit vorangebracht und ein solch immenses heuristisches Wissen angesammelt, dass wir heute in der Lage sind, die Fokussierung technisch gekonnt einzusetzen, weil wir nicht mehr, wie in der Entwicklungszeit der Psychoanalyse, zum klinischen Erfahrungsgewinn auf ein möglichst breites, ungelenktes Wahrnehmungsspektrum angewiesen sind. Die Kompetenz des Therapeuten liegt nach unserer Ansicht daher in der Fähigkeit zur Aufmerksamkeitslenkung und zum gezielten Technikeinsatz, um sich mit dem Patienten auf eine selektive, themenzentrierte Arbeit einzustellen.
Wie aber kommt der Therapeut zum treffenden Blick auf die Symptome des Patienten? Zunächst muss er die pathologischen Überzeugungen (s. auch Weiss u. Sampson 1986) des Patienten als Reaktion auf dessen defiziente Erfahrung seiner Symptome begreifen. Die Selbstüberzeugungen des Patienten leben nämlich aus der ständigen Selbstbeglaubigung einer sich selbst er-

füllenden Prophezeiung, indem der Patient die Interaktion immer so inszenieren muss, dass er in seinem depravierenden Glauben bestätigt wird: die Überzeugung des Depressiven von seiner Wertlosigkeit und Schlechtigkeit; des Schizoiden von seiner unerreichbaren und einzigartigen Einsamkeit; des Zwangskranken von seiner Gefährlichkeit und Übergriffigkeit; des Phobikers von seiner ohnmächtigen Abhängigkeit; des Hysterikers von seiner Ungeliebtheit; des phallischen Patienten von seiner penetrativen Aggressivität; des Angstkranken von seiner Bedrohung und Auslieferung und so fort. All diese Selbstüberzeugungen sind Selbstdeutungs- und Selbsterklärungsmuster, welche die Folge der Defizienzerfahrungen des Patienten durch die Symptome sind. Diese Selbstdeutungsmuster sind privatistische Wertungssysteme des Patienten als Ausdruck seiner defizitären Selbstwahrnehmung.
Aus der Sicht des distanzierten Beobachters könnte man die pathologischen Überzeugungen des Patienten als „dysfunktionale Kognitionen“ oder „falsches Denken“ diagnostizieren; wenn man nicht sehen kann, dass diese Überzeugungen im psychischen Sinne real und konsequent sind. Denn in ihnen spiegeln sich die unbewussten Motive dieser Patienten wider, die den „Grund“ für diese Bewertung liefern und im Symptom ihren Kompromiss gefunden haben. Erst der konstruktive Blick auf eine andere Bedeutung der Symptome macht den Zusammenhang mit den pathologischen Überzeugungen sichtbar unter der heuristischen Perspektive, dass die depressive Symptomatik einen Schutz vor aggressiven Größenansprüchen darstellt (in der Negation durch Selbstverkleinerung, Selbstentwertung und Selbstdestruktion); die schizoide Symptomatik einen Schutz vor Selbstauslöschung im Fusionsbegehren (in der Selbstübersteigung, Selbstüberhebung und menschenfernen Isolierung); die Zwangssymptomatik ein Schutz vor Kontamination ist (in den Zwangszeremonien); die phobische Symptomatik ein Schutz vor Lösung und Trennung ist (in der Objektanklammerung und Meidung von Versuchungssituationen); die hysterische Symptomatik einen Schutz vor Verführungsgewalt und Transgression darstellt (in der Dissoziation und im obsessiven Objektwechsel); die Angstsymptomatik ein Schutz vor Triebüberwältigung ist (in der generellen Objektmeidung); die phallische Symptomatik ein Schutz vor penetrativer Destruktivität (in der Flucht zu vielen passageren Objekten) und so fort.
Bereits die Anerkennung der Symptomatik über die Bewertung als Schutzfunktion bahnt das Bewusstwerden der Bedeutung des im Symptom liegenden dissoziierten Anteils, des unterdrückten Begehrens. Unter der Bedingung, dass der Patient den Schutz vor Kontamination zum Beispiel akzeptieren kann, wird schon eine Ahnung eröffnet für die darin liegenden hapti-

schen Triebansprüche und Fähigkeiten des Subjekts; Ähnliches gilt für die orale Disposition, für die besonderen identifikatorischen und ekstatischen Fähigkeiten eines Menschen; bei der schizoiden Disposition für das ungewöhnliche Introversionsvermögen; bei der hysterischen Disposition für die besondere Fähigkeit zur Verführung und Grenzüberschreitung zu Neuem; bei der phobischen Disposition für die besonderen Bedürfnisse und Fähigkeiten zur Bindungs- und Traditionsbewahrung; bei der phallischen Disposition für die besonderen agonal-wetteifernden Fähigkeiten und die aktivistische Produktivität und so fort. Das heißt: der Therapeut muss eine Vorstellung darüber haben, was sich an aufstrebenden Möglichkeiten in der jeweiligen Schutzfunktion der Symptomatik und der korrespondierenden Struktur des Patienten verbirgt.

Das Wissen um die universellen Tiefenstrukturen der Sprache (s. Chomsky 1996; Fillmore 1969), das sind die Motivations- und Bedeutungsebenen von Sprachen in ihrer verschiedenen Zugänglichkeit, macht es doch zur Aufgabe[40] des Therapeuten, die Bedeutungsgeschichte von psychischen Phänomenen und die Folgerichtigkeit der Symptomatik des Patienten zu begreifen und aufzudecken.

Die „korrigierende kognitive Erfahrung“ ist in unserem klinischen Gebrauch das entscheidende Wirkprinzip im Rahmen genereller Aktivierungstechniken und zugleich die übergreifende Strategie einer anderen Interaktionserfahrung, die prinzipiell auf die Beförderung von Potentialitäten des Subjekts gerichtet ist: sie ist der rote Faden der Therapie, der sich im Ensemble umfassender Technikvariation als grundlegendes Moment der Selbstaufklärung, in der Symptomklärung, durch den Prozess hindurchzieht und Selbstbemächtigung des Subjekts erwirken soll.

Der erste Schritt einer konstruktiven Erfahrung ist die Umdeutung der negativen Symptomwertung des Patienten in ihrer produktiven Funktion. Die Aufklärungsarbeit der Schutzfunktion ist die Bedingung für eine Bejahung der Symptomatik durch den Patienten. Hier beginnt das Umdenken des Patienten, eine Umwertung seiner pathologischen Überzeugungen. Denn die

---

[40] Selbst Verhaltenstherapeuten nähern sich heute von der kognitiven Seite, zwar mit Zittern und Zagen, über die Linguistik der Tiefenstruktur der Sprache, um sich nicht in das Fahrwasser der psychoanalytischen Tiefenhermeneutik begeben zu müssen. Allerdings hätte man kognitionspsychologisch in der Motivationspsychologie und Phantasiekonzeption der Psychoanalyse ein bewährtes System zur Handhabung der Tiefenrede zur Verfügung. Aber das hieße, von der Höhe der Formalisierung der Prozesse herabzusteigen in die Niederungen der Lebenspraxis, in die Konfrontation mit dem Begehren des Subjekts, um den Sinn der psychoanalytischen Begrifflichkeit zu erfahren.

Anerkennung der Schutzfunktion bedeutet für ihn die erste Korrektur seiner defizitären Selbstüberzeugung. Mit dieser befreienden Umwertung der negativen Symptomwertung zur Schutzfunktion wird ein Prozess sich entwikkelnder konstruktiver Erfahrung der Symptomatik eingeleitet. Im nächsten Schritt, in der mit dem Patienten zu erarbeitenden symptomzentrierten Fokussierung, wird die „korrigierende kognitive Erfahrung" zum leitenden Prinzip der therapeutischen Aufklärungsarbeit. Im Fluss der therapeutischen Bewegung sind diese „Schritte" nicht hierarchisch in zwingender Stufenfolge gedacht, sondern als Gewichtungen in der therapeutischen Arbeit, die wechseln und immer wiederholt werden, je nach der Prozesskonstellation.
Diese psychodynamische Vorgehensweise beruht auf der durch die Psycho-Anamnesen (s. Kap. IV) organisierten, konstruktiven Wahrnehmungs- und Suchrichtung, welche die Einstellung des Patienten vorstrukturiert für eine symptomzentrierte Fokussierung. Die „korrigierende kognitive Erfahrung" in der Symptomwertung, Symptomumwertung und symptomzentrierten Fokussierung als bestimmender Konfliktkonstellation ist in unserem Praxiskonzept die Leitorientierung für die psychodynamische Therapiegestaltung (s. Kap. III).
Unsere klinische Konzeption ist ein Baustein für eine konsistente Techniktheorie, die systematisch eine konstruktive Erfahrung des Patienten im psychodynamischen Interaktionsprozess vermitteln soll. Wir sind der Meinung, dass die Psychoanalyse über die Erneuerung ihrer Praxistheorie eine Revitalisierung erfahren kann und herausgeführt wird aus ihrer exegetischen Erstarrung beziehungsweise ihrer klinischen Banalisierung durch die Vernutzung der psychotherapeutischen Medizin.

4. Die andere Wirklichkeitssicht psychodynamischen Denkens: von der Natur des Menschen und der Vorrangstellung der Intuition im Erkenntnisprozess von Natur und Psyche

Ohne die Unterscheidung der Erscheinung vom Wesen
ist die Psychoanalyse ihrer kritischen Impulse beraubt.

Adorno (1972)

Wenn man alle Klischees der verschiedenen Psychotherapieschulen über die Funktion des Therapeuten beiseite lassen würde, dann würde man erkennen, dass die Therapeut-Patient-Beziehung davon bestimmt ist, in welcher Art der Therapeut den Patienten anleitet, die Welt zu sehen: Psychotherapie ist eine Schule der Wahrnehmung des Selbst und der Welt; und es hängt von der Perspektive des Therapeuten ab, zu welcher Wahrnehmung der Patient gelangen kann.

Die Schule der therapeutischen Wahrnehmung kann ein Wahrnehmungstraining sein nach dem Maßstab des gesellschaftlich erwünschten Realitätsprinzips; sie kann aber auch einen Blick durch die Oberfläche der Erscheinungen hindurch eröffnen nach Maßgabe des für den Patienten zu gewinnenden Wirklichkeitsbewusstseins. Die Weite und Tiefe der anderen und neuen Erfahrung eines Patienten ist davon abhängig, welche Durchblickbahn der Therapeut auf die Wirklichkeit hat, wie sich ihm Wirklichkeitsdimensionen jenseits einer Oberflächenperspektive von Wahrnehmung darstellen.

Jede psychotherapeutische Schule müsste, wenn die Anpassung an die herrschende Wissenschaftsrationalität die Reflexion nicht unterbinden würde, dem Modus eines intuitiven Erkennens folgen; das bedeutet, die besondere Wahrnehmungserkenntnis des Sehens anerkennen. Zeigen und Sehen-Lassen ist über alle technischen Besonderheiten der verschiedenen Schulen hinweg die semantische Funktion des Therapeuten. Die Wirklichkeitserfahrung des Therapeuten ist daher von determinierender Bedeutung für die Einflussnahme in der therapeutischen Interaktion.

Im Gegensatz zum linear-diskursiven Denken der sog. positiven Wissenschaften mit ihrem syllogistischen Verfahren beruht das intuitive Erkennen auf dem anschauenden Denken. Das Ich lebt eben nicht diskursiv in schlussfolgernder Erkenntnis seiner Lage; das Ich lebt intuitiv als sehendes und sich selbst anschauendes Subjekt, das jeweils aus der realen Vergegenwärtigung seiner Bedeutungswelt Ansichten über die Anderen und die Welt gewinnt. Das psychodynamische Denken folgt im Typus seiner Wahrnehmung dem intuitiv-erlebenden Ich und seiner anschauenden Urteilskraft; diese Wahrnehmungserkenntnis des Sehens, des Figuren-Lesens und -Erkennens und liegt jedem diskursiven und abstraktiven Denken voran. Intuitive Erkenntnis richtet sich immer auf faktisch existierende und präsente Objekte; und die ursprüngliche, intuitive Verstandeserkenntnis gilt jeweils nur für den einzelnen Fall, geht nur auf das Nächste. Sie ist ein Werk des Augenblicks und nicht das Produkt langer Schlussketten in abstracto (s. Schopenhauer 1988). Das bedeutet die Verteidigung des Sinnlich-Konkreten gegenüber dem Abstrakt-Rationalen.

Der ingeniöse Einfall ist ein Phänomen der Intuition: das Erfinden von Neuem richtet sich immer auf die verborgenen Entwicklungsmöglichkeiten des präsenten Objekts und zehrt aus der Einbildungskraft des Subjekts, Neues durch eine andere Sicht der vorfindlichen Realität hervorzubringen. Der Typus des Intuitiven befindet sich aber nie dort, wo die allgemein anerkannte Wirklichkeit zu finden ist, sondern immer da, wo es Möglichkeiten zu entdecken gilt (C. G. Jung 1949). Die Anschauung des Therapeuten, sein „Phantasieschlüssel" (Freud) eröffnet den Horizont auf die ungeahnten Möglichkeiten. Das „Erahnen" und „Erraten" von versteckten Bedeutungen für das Subjekt war für Freud wie für C. G. Jung die wesentliche Ingredienz psychodynamischer Wahrnehmungserkenntnis – in der Enträtselung zeigt sich die seherische Potenz eines Psychotherapeuten. Der Blick des intuitiven Denkens geht also auf eine Wirklichkeitsdimension von menschlicher Natur als Ermöglichungsgrund und Ermöglichungsraum des Subjekts. Die Wirklichkeit, die Natur des Menschen und der Dinge, bleiben jedoch dieselben: es ändert sich nur der Blick auf die Natur, auf die der menschlichen Fragestellung ausgesetzte Natur.

Der zeitgemäßen Wirklichkeitsverkürzung der positivistischen Sicht steht die psychodynamische Perspektive auf eine Struktur des Wirklichen entgegen, die von jener anderen Dimension einer nicht direkt beobachtbaren Realität menschlicher Lebenswelt handelt. Der Einblick in die Dimension triebbedingter Motivation des Handelns vollzieht sich über die Vermittlungsfunktion des Einbildungsvermögens, der Phantasiekraft.

Die Beschränkung der Wahrnehmungserkenntnis des Sehens auf die Objektivation des Gegenstands zeigt das beobachtende Subjekt auf dem Platz eines Protagonisten der Unmittelbarkeit, der nur das augenscheinlich Nachvollziehbare und Wiederholbare als eindeutig feststellbare Realität gelten lässt. Es ist erstaunlich, dass der sog. vorurteilslose, forscherische Geist sich der Beschränkung der Wahrnehmungserkenntnis bedient, um das Diktat unbedingter Objektivation des Gegenstands zu erfüllen. Der positivistische Realitätsbegriff leitet also aus dem Prinzip eingeschränkter Wahrnehmung seinen

Geltungsanspruch als Definitionsmacht im wissenschaftlichen Ordnungssystem ab. Ordentliche und nichtordentlichen Wissenschaften verdanken danach ihre klassifikatorische Zuordnung der Sicherheit in der Wahrnehmungserkenntnis: all jenes, was die Region verlässlicher Nachprüfbarkeit durch Wiederholbarkeit überschreitet, wird von Positivisten ins Reich des Spekulativen verwiesen und als vorwissenschaftliches Denken marginalisiert.
Freilich scheint in der Atemlosigkeit dieses Wissenschaftsbetriebs für den denkerischen Selbstzweifel keine Zeit mehr zu sein, so dass die Selbstbefragung des eigenen Systems keiner Frage mehr bedarf. Die herrschende materialistische Forschungsdoktrin, die eine ideologisierte Wirklichkeitsbemächtigung darstellt, kann sich durch die Abweisung von wissenschaftlicher Selbstreflexion in unbedingtem Konsens ihrer Forschergemeinschaft halten. Solange der Forscherdrang dem Gebot des Zählens und Messens nachkommt und darin seine wissenschaftliche und gesellschaftliche Anerkennung finden kann, gerät er nicht in Gefahr, durch Nachdenken von der Einbahnstraße verordneter Wissenschaftlichkeit abzukommen und sich auf das unsichere und ungewisse Terrain experimentierenden Denkens zu begeben.
Allerdings glauben wir, dass der notwendige „Paradigmenwechsel" angesichts des Beharrungsvermögens eines bürokratisierten Wissenschaftsbetriebs (s. Kuhn 1976, 1978) und seiner durchgängigen Kommerzialisierung erst dann eintritt, wenn das immer noch geltende Erklärungsmodell und seine ideologische Grundlage der politisch und ökonomisch führenden Klasse zur Bewältigung der anstehenden Krisen nicht mehr dienlich ist. Ein Umbruch im Denken wird der Bedeutung anderer wissenschaftlicher Anschauungen wieder zur Geltung verhelfen, die der Bewältigung gesellschaftlicher Krisen dienlicher sind; wie augenblicklich in der Gesellschaft der Rückgriff auf ein Naturverständnis konnaturaler Erfahrung eine andere Wirklichkeitssicht einzuführen scheint, die einen Wandel des verdinglichenden Denkens anzeigen könnte.
Es geht uns um die Zurückweisung des positivistischen Hegemonialanspruchs gegenüber den psychologischen Wissenschaften und nicht um den Stellenwert des logischen Empirismus in den exakten Naturwissenschaften. Unsere Auseinandersetzung richtet sich vor allem auf die Abweisung seines alleingültigen Anspruchs auf Wissenschaftlichkeit in den Humanwissenschaften und die wissenschaftspolitische Okkupation des Forschungsfeldes psychologischer Phänomene, die von anderer Natur sind als die Natur des naturwissenschaftlichen Gegenstands und daher einen anderen methodischen Zugang verlangen. Die Doppelbödigkeit der Wirklichkeit menschlicher Na-

tur bedarf also einer anderen wissenschaftlichen Ergründung, einer hermeneutischen statt des rational begründenden Verfahrens, das auf die Beweisführung eindeutiger Wirklichkeitserfassung zielt.
Es ist ein Mythos, dass die Naturwissenschaft einen privilegierten Zugang zur Wirklichkeit hätte. Dabei wird verkannt, dass es vielfältige Wissensformen gibt, die sich auf verschiedene Bereiche der Wirklichkeit beziehen: wissenschaftliche Wissensformen, innerhalb derer das Begründungswissen nur ein Teilaspekt ist; lebensweltliche, religiöse und Überzeugungswissensformen, auch Wissensformen der Kunst, deren Erkenntnisweisen alle jeweils auf die ihr eigene Wahrheit gerichtet sind, so dass für die eine Wissensform das wahr sein kann, was für eine andere falsch ist. Deshalb sind auch Religion und Naturwissenschaft für Max Planck vereinbar, weil sie sich auf je verschiedene Wirklichkeitsdimensionen beziehen (s. Heisenberg 1985).
Die vorherrschende Eindimensionalität eines linear-diskursiven Denkens bedingt die Illusion einer möglichen Gleichheit des Denkens als Grundkonsens von Wissenschaft. Und die Übertragung des demokratischen Gleichheitsprinzips auf die Wissenschaft hat zu jener Einbahnstraße der Wissensformen geführt, auf der sich heute fast alle nach den gleichen Regeln bewegen und sich in der gleichen Überzeugung halten durch die Unterdrückung anderer Wissens- und Wissenschaftsformen. Solange solcher Oberflächenaspekt von Wissenschaft sich als Wissenschaftlichkeit schlechthin politisch durchsetzen kann, wird der positivistische Hegemonialanspruch fortbestehen, weil sich das Monopol seiner verkürzten Wirklichkeitssicht auf die Unterdrückung anderer Wirklichkeitssichten gründen kann.
Der insgeheime Glaube an die objektive Überlegenheit dieser Doktrin, die durch ihre grandiose Erfolgsgeschichte wissenschaftlicher und industrieller Pragmatik ihre Vormachtstellung erlangen konnte, scheint jenes Gefühl tatsächlicher Unterlegenheit auszulösen, das auch in der Tradition der psychoanalytischen Therapieforschung als Geste der Servilität zum Ausdruck kommt. Die affirmative Bemühung um Anschluss an die herrschenden Forschungsstandards hat die Auseinandersetzung des eigenen Systems mit den psychoanalytischen Erkenntnismitteln verhindert, so dass gerade durch die Tabuisierung der Selbstbefragung eine Klärung ihres erkenntnistheoretischen Standorts unterbunden und die offensive Präsentation ihres anderen Wissenschaftscharakters nicht geleistet wurde. So schleppt die psychoanalytische Tradition bis heute den Ballast von pseudowissenschaftlichen Klischees mit sich, wie zum Beispiel die Fiktion einer quasi-experimentellen Anordnung der psychoanalytischen Situation mit der „gleichschwebenden Aufmerksamkeit" des Analytikers und den „freien Assoziationen" des Ana-

lysanden, obwohl dies wissenschaftsmethodisch und erkenntniskritisch längst hätte überwunden werden müssen (s. Pohlen u. Bautz-Holzherr 1995). Sie lähmte sich dadurch selbst in der wissenschaftlichen Auseinandersetzung und machte sich unnötig anfällig gegenüber positivistischer Kritik, indem sie deren Bewertungskriterien übernahm. Da die Psychoanalyse innerhalb ihres Systems durch die Tabuisierung der Selbstbefragung keine Streitkultur entwickelt hat, war und ist sie auch wehrlos in der erforderlichen streitenden Auseinandersetzung mit der positivistischen Doktrin. So ist der notwendige Positivismus-Streit[41] im Gegensatz zu den Sozialwissenschaften bis heute nicht geführt worden.

Die hintergründige Frage im Positivismus-Streit ist die nach dem Wesen der Materie und die darin enthaltene Frage nach dem Wirklichkeitsbegriff: eine quantitativ-mechanische Naturbetrachtung oder eine qualitative Anschauung von Materie stehen sich unvereinbar gegenüber; das heißt, das „Wertfreiheitspostulat" positivistischer Natursicht erweist ihr Werturteil immanent, indem die Materie entqualifiziert, nur quantitativ gedacht wird. Entsubstantialisierung der Materie und „Wertfreiheitspostulat" sind in ihrer gegenseitigen Bedingtheit untrennbar.

Das „Wertfreiheitspostulat" erweist sich allerdings ebenso als Wertbestimmung wie die wertfreie Methodologie, nach der alle Wissenschaften zu vereinheitlichen sind in der Orientierung an den Methoden der sog. positiven Wissenschaften. Denn die Wirklichkeitsanerkennung, das ist die Bemächtigung einer bestimmten Wirklichkeitssicht, folgt dort allein dem Prinzip von intersubjektiver Nachprüfbarkeit und Wiederholbarkeit. Dagegen wird die Wirklichkeitserkenntnis nach der klassischen Erkenntnistheorie im Sinne einer Selbstreflexion des erkennenden Subjekts grundsätzlich verworfen und durch eine allgemein verbindliche Methodologie der Wissenschaften ersetzt, welche die reduktionistischen Methoden des logischen Empirismus allen anderen Erkenntnisformen aufzwingt.

Das neuzeitliche Denken mit dem Anbruch des Comte'schen Positivismus im 19. Jahrhundert stellt eine durchgängige Rationalisierung aller Lebenserscheinungen dar. Es ist allein vom Prinzip der „Denkökonomie", der Aufwandsersparnis bestimmt; das bedeutet, die Gesamtheit des in der Erfahrung Gegebenen mit dem geringsten Kraftaufwand zu denken. Alle Erkenntnisse sind bereits in der Weise instrumentalisiert, dass sie sich nur als Mittel der

---

[41] Siehe dazu Horkheimer und Adorno 1969; Adorno 1972; Marcuse 1972; Bloch 1972; Habermas 1971.

Maximierung menschlicher Verfügungsgewalt über Natur und Gesellschaft zu bewähren haben.
Der positivistische Entwurf von Wissenschaft war nur möglich unter der Bedingung der Änderung des kulturellen Wertesystems im Hinblick auf das Verhältnis des Menschen zur Natur. Mit der Entsagung von der uralten Korrespondenzlehre und der darin begründeten konnaturalen Erfahrung des Menschen durch den Descartes'schen Rationalismus, dem Auftreten des Subjekts als „maître et possesseur de la nature" (Descartes), projiziert sich der Mensch im Aufbruch der Neuzeit in eine superiore Herrschaftsposition gegenüber der inferior und substanzlos gedachten Natur.
Die Descartes'sche Aufspaltung zwischen „res extensa" und „res cogitans" war ideengeschichtlich im europäischen Denken die Zäsur, die den Weg des Menschen in die Moderne kennzeichnet in der totalen Umwertung der Bestimmung von Materie und Geist: die Zerreißung des konnaturalen Zusammenhangs durch die Entzweiung in einen körperlosen Geist und einen geistlosen Körper nimmt ihren verhängnisvollen Lauf in der Entsubstantialisierung von Materie und der Entstofflichung von Geist. Auf diese Weise wird der Geist zum Kennzeichnenden der menschlichen Natur, wird Natur schlechthin zur Unnatur, zur Gegenwelt von unbeseelten Objekten, deren sich der Mensch kraft seiner „praktischen Philosophie", der von ihm entwikkelten Technik, zu seinem Nutzen beliebig bedienen darf (Descartes, Discours de la Méthode, S.101). Die „praktische Philosophie" Descartes, die von ihm her ihren Lauf nehmende technisch-instrumentelle Vernunft der Aufklärung, legitimiert in der Objektivation von Natur jedwede Ausbeutung. In dieser Entsubstantialisierung von Materie, die jetzt nur noch als bloße Quantität in Erscheinung tritt und nur noch ein Faktum von Maß und Zahl ist, liegt die Entwirklichung von Natur.
Wir sprechen hier allerdings von einem naturwissenschaftlichen Selbstverständnis, das in den exakten Wissenschaften überholt[42] ist und nur noch in

[42] Der von Descartes ausgehende Anspruch einer exakten Wissenschaft, der mathesis universalis, einer allesumfassenden Einheitswissenschaft, der Anspruch auf Universalität, diese szientifischen Totalitätsintentionen sind mit Einsteins Allgemeiner Relativitätstheorie, Heisenbergs Unschärferelation und Goedels Unvollständigkeitssatz verabschiedet worden. Danach ist alle Erkenngnis limitativ und perspektivisch, die Wirklichkeit folgt nicht einem einzigen Modell, sie ist diversifiziert, diskontinuierlich, antagonistisch und partikular. Das heißt, die frühere externe Infragestellung einer Einheitswissenschaft hat ihre Grundsatzrevision in der Naturwissenschaft selbst durch interne Infragestellung erhalten und dadurch zu einem Bewusstsein von Wissenschaft geführt in der Vielfalt von Modellen, der Konkurrenz von Paradigmen und der Unmöglichkeit einheitlicher Erklärungsansätze. Daraus entstand ein Wirklichkeitsbegriff im Plural und nicht mehr im Singular eines partikular-objektivierenden

den angewandten Naturwissenschaften, den technologischen, vor allem der Medizin und der mit ihr in Zusammenhang stehenden Biotechnologie, immer noch seinen unbedingten Geltungsanspruch aufrechterhält. In der Physik dagegen hat sich der Untergang des materialistischen Weltbildes längst vollzogen, und im Mentalitätswechsel der modernen Physik gehört der Erkenntnisakt selbst mit zur Naturbeschreibung, indem der Forscher der Tatsache bewusst geworden ist, dass die Welt unausweichlich vom Menschen selbst als eine von ihm erkannte Welt abhängt (s. Heisenberg 1984).

Der reduktionistische Ansatz ist freilich das Erfolgsgeheimnis der Naturwissenschaften bis zu den Untersuchungen auf der Ebene der Moleküle, auf der allerdings das mechanistische Konzept der Materie radikal in Frage gestellt werden musste und die Physik sich mit philosophischen Fragen über den Qualitätsbegriff von Materie konfrontiert sah. Denn die Elektronen verhalten sich nicht wie Elementarteilchen, sondern wie stehende Wellen, so dass die Wirklichkeit nun als Potential begriffen werden musste, sich als Materie zu realisieren.

Fast ein Jahrhundert nach dem Zusammenbruch des deterministischen Weltbildes betreiben nun Biologen und Mediziner nach den mechanistischen Modellen der Physik des 19. Jahrhunderts ihre Forschung und glauben, die Natur der Lebewesen aus der Zusammensetzung von ein paar Genen verstehen zu können. Das reduktionistische Denken entspringt einer Denkökonomie der Aufwandsersparnis im Absehen von der Komplexität der Naturphänomene und bewirkt, dass ein derart platter Materialismus leicht Anhänger findet, deren wissenschaftliches Anspruchsniveau diesem einfachen Reduktionismus entgegenkommt. So kann sich jeder durchschnittlich intelligente Mensch[43] imstande fühlen, durch Anwendung dieses Konzepts als Mitforscher teilzuhaben an der „Forschungsgemeinschaft" der Wissenschaftler.

Ansatzes. Die Verabschiedung vom Einheitszwang der Wissenschaft und von ihrem Ausschließlichkeitsanspruch ist auch das Ende des Uniformitätsmythos. Gerade der Dissenz ist das für die Naturwissenschaft bezeichnende Moment geworden und nicht der Konsens in einem verordneten Einheitsanspruch – im Gegensatz zur Konsensideologie der Moderne. Der Begriff des Ganzen als wissenschaftlicher Gesichtspunkt ist aufgehoben, weil kein Bezugssystem mehr „ausgezeichnet" ist. Es gibt nach den Erkenntnissen der exakten Naturwissenschaften nur eine Vielzahl eigenständiger Systeme, die Zentrierung auf das Eine macht die Erkenntnis der Anderen unmöglich. Die Erkenntnis wie die Wahrheit ist im Sinne der modernen Naturwissenschaften nur eine perspektivische – Nietzsches Vorhersage. Die Wirklichkeit ist danach eben nicht homogen, sondern heterogen, divers strukturiert (s. Pohlen u. Bautz-Holzherr 1995).

[43] Heisenberg (1985) rechnet zu den stärksten Triebkräften der Naturwissenschaft neben ihrer technischen Nützlichkeit vor allem auch den Umstand, dass an diesem Gebäude von Natur-

In der Auseinandersetzung mit dem Glaubensbekenntnis der Positivisten, Tatsachen unbesehen hinzunehmen, die Welt als die Gesamtheit der Tatsachen und nicht als die der Dinge anzusehen; die Welt einzuteilen in das, was man klar sagen kann, und in das, worüber man schweigen muß, weil man es nicht klar sagen kann (Wittgenstein), schrieb Heisenberg, dass es wohl keine unsinnigere Philosophie als diese geben könne: denn die Ausmerzung alles Unklaren würde nur vollkommen uninteressante Tautologien übrig lassen (l. c., S. 290). Die Wirklichkeit ist freilich von der Struktur unseres Bewusstseins abhängig und der objektivierbare Teil nur ein kleiner Ausschnitt unserer Wirklichkeit; wohingegen der subjektive Bereich umfassend davon bestimmt ist, wonach der Mensch handelt. Es ist die Frage nach den Werten, an denen der Mensch sein Tun ausrichtet, wenn er seinen Weg durchs Leben sucht, auch den Weg durch die Forschungsfragestellungen, mithin den Fragen nach der Wahrheit von Naturerkenntnissen konfrontiert ist; das heißt, der Frage nach der Beziehung des Menschen zur „zentralen Ordnung der Welt", dem Plan der Natur (Heisenberg l. c.), wie sie sich ihm in der schaffenden Natur (natura naturans) und der geschaffenen Natur (natura naturata) darstellt.

Das Denk- und Sprachverbot der Positivisten führt aber zu einer Einengung der Wirklichkeit und einer Verkürzung auf den quantitativen Aspekt von Natur. Es geht also immer um den hinter den Erscheinungen spürbaren Zusammenhang der Welt, um die Auseinandersetzung der Wirklichkeit des Wirklichen in den verschiedenen Bereichen, so dass der objektive Aspekt nicht wirklicher sein kann als der subjektive. Danach müssen wissenschaftliche Fragestellungen, wenn sie nach der Wirklichkeit verschiedener Bereiche der Wirklichkeit fragen, je nach den Bereichen verschiedene Methoden der Wirklichkeitserfassung und Wahrheitssuche anerkennen.

---

wissenschaft und Technik sehr viele Menschen bauen können; und dass es hier für Viele, auch wenn sie nicht besonders begabt sind, ein fruchtbares Betätigungsfeld gibt. Am Beispiel des Sieges der Newton'schen Optik über Goethes Farbenlehre macht Heisenberg exemplarisch, dass zwar sehr viele Menschen an der Weiterbildung und Nutzanwendung der Newton'schen Optik arbeiten konnten, dass aber zur Weiterbildung von Goethes Farbenlehre eine sehr hohe künstlerische und wissenschaftliche Begabung nötig gewesen wäre. Bei der Erforschung von Wirklichkeiten kommt es also immer darauf an, mit welchem Sinn der Forscher an die Wirklichkeit geht: „Ein großer Sinn macht große Erfahrungen und erblickt in dem bunten Spiel der Erscheinungen das, worauf es ankommt." Das bloße Faktensammeln, das unreflektierte Hinnehmen von Tatsachen und ihre kausal-mechanische Festlegung ist nach Engels als Zeichen des kleinen Sinns, des „wissenschaftlichen Kleinhandels und Hausgebrauchs" anzusehen (Engels, zit. n. Bloch 1972, S.39).

Über die Regularien positivistischer Wirklichkeitszurichtung: der Operationalismus als Zweck kontrollierter Wirklichkeitsbemächtigung

Mit der durch Comte aufgekommenen Ökonomisierung des Denkens, Wissenschaft durch denkerische Aufwandsersparnis zur größtmöglichen Rentabilität zu betreiben, ist Simplifizierung zur Norm geworden, hat sich positivistisches Denken als Doktrin der ökonomischen Reglementierung von Erkenntnis eingerichtet. Nicht unzufällig ist die ökonomische Reglementierung bald zu einer allgemeinen Reglementierung der Wirklichkeitserfassung geworden und hat sich im Zug der Entwicklung der positiven Wissenschaften zu einem allgemein verbindlichen Forschungsdiktat ausgeweitet. Adorno (1972) hat diese Simplifizierung als Norm und das positivistisch erkennende Subjekt als Subjekt wissenschaftlicher Kontrolle demaskiert: das Subjekt der positivistischen Wirklichkeitsbemächtigung ist danach ein Instrument der Kontrolle von Realität. Und das „spekulative" Subjekt, das seinerzeit als Denkender im Sinne kritischer Selbstreflexion des Verstandes, seiner Begrenztheit und Selbstkorrektur angesehen wurde, wird nun zum Klischee subjektiver Willkür stigmatisiert, dem es an der erforderlichen Kontrolle des Denkens gebricht und von dem man nur unreglementiertes und abweichendes Denken befürchten muss. Überwachung und Kontrolle des verordneten Einheitsdenkens und die Unterwerfung des forscherischen Subjekts unter eine Einheitswissenschaft werden durch Selektionsmechanismen geregelt, die kontrollieren, dass nur derjenige akademisch kooptiert wird und sich als Wissenschaftler identifizieren darf, der sich konformistisch der herrschenden wissenschaftlichen Gesinnung und Gruppenmeinung anpasst (s. Adorno l. c.), mithin sich des Selbst-Denkens entledigt.

Das positivistische Denken lässt sich als Regulariensystem zur systematischen Reglementierung der Wirklichkeitserfassung beschreiben: das szientistische Maß aller Dinge, die Tatsache als das Irreduzible, Nicht-Mehr-Hintergehbare, woran das Subjekt nicht rütteln darf, ist freilich nach Adorno (l. c.) der Welt der Phänomene entnommen, die doch nach positivistischer Auffassung erst aus den Tatsachen und ihrem, nach logischen Vorschriften gebildetem Zusammenhang konstituiert werden soll. Der Geist eines unbeirrbaren Objektivitätsanspruchs erweist hier seine Irrationalität, und zur Sicherstellung dieser Glaubensdoktrin bedarf es eines strikt verfügten Systems von Regularien.

Das Postulat von Einfachheit und Klarheit, das ist Eindeutigkeit, kann nur erfüllt werden, indem das Postulat von Widerspruchsfreiheit eingelöst wird und nach der Logik der Widerspruchslosigkeit eine reduktionistische Methode dafür sorgt, dass alles Nicht-Einfach-Zurückführbare und Eindeutig-Ableitbare ausgeschlossen wird, wenn es sich der reduktionistischen Methode nicht fügt. Die positivistische Wirklichkeit ist nun eine von allen subjektiven Widersprüchen und objektiven Antagonismen befreite und bereinigte Realität: die nicht fügsamen Phänomene werden zu Unerklärlichen, die als irrational aus dem Kanon positivistischer

Sprachregelung exkommuniziert sind; notfalls als spekulativ, ideologisch oder vorwissenschaftlich denunziert werden. Auf diese Weise werden alle widersprüchlichen Phänomene ausgesondert, besonders aber die widersprechenden Subjekte als anormale Elemente aus der positivistischen Gesinnungsgemeinschaft ausgeschlossen; die Einheit der Gesinnung und die Einheit dessen, was für allein gültige Wissenschaft gehalten wird, ist sichergestellt. Die Identität von Einheit und Einfachheit, Grundpostulat des positivistischen Glaubenssystems, ist allerdings eine Illusion. Das Einfache ist eben nicht das Wahre, ist nicht die Wahrheit einheitlich-wissenschaftlicher Wirklichkeitssicht; das Einfache ist eine gewaltsam erzeugte, durch Unterdrückung und Ausschluss aller widerspenstigen Phänomene hergestellte, simplifizierte Wirklichkeit.

Die Wirklichkeitssicht der Positivisten ist eine reglementierte, durch die Regularien des Systems hergestellte Simplifizierung als Norm der Wahrnehmungserkenntnis: die Nicht-Identität von Wesen und Erscheinung einer Sache, der Doppelcharakter des Wirklichen wird durch diese Oberflächenperspektive zum Verschwinden gebracht und die notwendige Deutungsarbeit auf der Tiefendimension des Wesenhaften der Erscheinungen als Spekulation diskriminiert. Aber die Deutung statt der vordergründigen Beobachtung, die Erschließung dessen, was an Wesentlichem im Phänomen enthalten ist und aus der Verborgenheit durch Deutung entbunden werden muss, verlangt den anderen Blick des Forschers auf den Hintergrund der vorfindlichen Tatsachen.

Das Einfache kann also nur das Wahre sein, weil das Komplexe aus der Perspektive des Positivisten ausgeschlossen wird durch methodische Einschränkung, durch Reduktion der Wahrnehmungserkenntnis. Das Ziel der sog. positiven Wissenschaften, die Nachvollziehbarkeit und Nachprüfbarkeit, verrät die implizite Absicht des positivistischen Denkens als reglementierte und dadurch kontrollierte und kontrollierbare Wirklichkeitsbemächtigung; zugleich macht dieses Simplifizierungsprinzip nicht nur argumentativ solches Denken jedermann zugänglich, vielmehr eröffnet es den Zugang für eine von jedermann praktizierbare und von allen kontrollierbare Forschung.

Der Zweck aller Regularien liegt in der Operationalisierung, in der kontrollierten und kontrollierbaren Verfügbarmachung der Dinge und Sachen. Die Vieldimensionalität und Widersprüchlichkeit der Erscheinungen wird durch die Gleichsetzung mit ihrer Funktion zurückgebracht auf die Eindimensionalität zählbarer und messbarer Phänomene. Operationelles Denken löst die Begriffe in Funktionen auf, so dass die transzendierende Intention des Begriffs aufgrund seines historisch mehrschichtigen Bedeutungsgehalts verkürzt wird auf eine eindeutig zu identifizierende Funktion der Sachen, des menschlichen Verhaltens. Diese Funktionalisierung der Begriffe im eindimensionalen Denken erzeugt jene Eindimensionalität der Wirklichkeit, welche diese dem kontrollierenden Zugriff verfügbar machen soll.

Eine solch operationelle Rationalität hat sich im Vollzug des gesellschaftlichen und wissenschaftlichen Positivismus an die Stelle der negativen Macht der Vernunft gesetzt, deren Perspektive durch das Mehr an Bedeutung in den Begriffen ein „Übergehen", ein Transzendieren der empirischen Tatsachen inhärent ist (s. Marcuse 1967). Die funktionale Sprache des Operationalismus ist eine radikal antihistorische Sprache und lässt der historischen Vernunft keinen Raum mehr. Der mehrfache Bedeutungsgehalt in der historischen Dimension von Begriffen erinnert aber, was möglich war und sein könnte: „Das Erinnern ist eine Weise, sich von den gegebenen Tatsachen abzulösen, eine Weise der ‚Vermittlung', die für kurze Augenblicke die allgegenwärtige Macht der gegebenen Tatsachen durchbricht. Das Gedächtnis ruft vergangenen Schrecken wie vergangene Hoffnung in die Erinnerung zurück" (Marcuse 1967, S. 117).

Die Verdrängung der historischen Vernunft, in der die Idee einer antagonistischen Wirklichkeitsstruktur aufgehoben war, ist die Bedingung, dass im Vollzuge des Positivismus die Erinnerung an die Substanz von Materie unterdrückt werden konnte und Materie entsubstantialisiert zum „bloßen Stoff der Kontrolle" gemacht wurde „als Mittel, das sich für alle Ziele und Zwecke eignet – Mittel per se – ‚an sich'" (Marcuse l. c., S. 170). Technologische Rationalität macht danach in ihrer Wirklichkeitsbemächtigung die Materie ebenso neutral wie die Wissenschaft.

In dieser Neutralisierung liegt jedoch die irrationale Diffamierung und Verfolgung all dessen was in den Begriffen hinausverweist über die festgelegten Tatsachen, das ist vor allem das philosophische Nachdenken und das psychoanalytische Reflektieren, das hinter die positivistische Wirklichkeitszurichtung geht und die historische Faktizität des positivistischen Entwurfs erkennt. So gesehen ist die Produktion einer Operationalisierten Psychodynamischen Diagnostik (OPD 1998) zur Ausschaltung der sog. „Beliebigkeit psychoanalytischer Aussagen" die Liquidierung ihres Wesens, ihrer vieldimensionalen Wahrnehmungserkenntnis. Die positivistische Verkürzung von Aussagen auf Eindeutigkeit entfernt die Vieldeutigkeit der psychoanalytischen Begrifflichkeit, ignoriert ihre wissenschaftliche Rationalität und bedeutet die Austreibung der historischen Vernunft aus dieser Wissenschaft.

Die Absenz einer Reflexionsdimension garantiert freilich die Normierung der Erkenntnis, und der mühsam unterdrückte Hass gegen jede Reflexionswissenschaft, der heute die kulturelle Barbarei der positivistisch gleichgeschalteten Universitäten durchherrscht, zeigt das Ausmaß an Geistfeindschaft und Tabuisierung des Denkens in der zur Vorherrschaft gelangten Wissenschaftsindustrie. Durch die Ausschaltung der Reflexionswissenschaften, besonders der Psychoanalyse, wird unreglementierte, nicht reglementierbare Erfahrung unterdrückt und die von der positivistischen Doktrin verordnete, reglementierte Erfahrung zur allgemeingültigen erhoben. Die nicht-reglementierte Erfahrung ist aber das subversive Moment des Denkens, und der Angriff auf das selbst denkende Subjekt durch positivistische Gleichschaltung ist die vorwaltende Tendenz der vor sich gehenden totalitären Bemächtigung.

Während bei der Gleichschaltung des kulturellen und wissenschaftlichen Geistes unter früheren totalitären Regimen die innere Emigration in die Gedankenfreiheit des denkenden Subjekts einen Ermöglichungsraum zum Widerspruch noch offen hielt, hat sich jetzt der positivistische Geist im Innenleben der Subjekte etabliert, okkupiert durch die Ich-Intropression seiner „Werte“ das Bewusstsein und unterhält die Selbstunterdrückung der einzelnen Menschen. Der äußere Angriff totalitärer Macht und die von ihr bewirkte äußere Gleichschaltung hat dem Subjekt noch denkerischen Spielraum gelassen. Der innere Angriff einer totalitären Ideologie auf das Wertideal des Subjekts bringt den einzelnen Menschen vor das Dilemma einer freiheitlich erscheinenden Gesellschaft und ihren Freiheitsnormen und den Zwang zur Anpassung ans normierte Denken. Denn wie kann in der Gesellschaft mit einem Freiheitsideal der einzelne Mensch von geistiger Unfreiheit beherrscht werden? Dieser undurchschaute Widerspruch ist nur durch die Zulassung eines reflektierenden Denkens aufzuklären, das sich der Frage stellt, wie der Widerspruch zu verstehen ist zwischen Ideal und Wirklichkeit bzw. zwischen bewusstem Ideal eines freien Geistes und dem unbewussten Anheimgeben an den Ungeist der Servilität.

Der freie Geist bewegt sich in dem Bewusstsein, dass sich Erkenntnis immer schon als Auslese des Phänomens im Kontext der jeweiligen Wirklichkeitsdimension vollzieht. Freilich ist die Fokussierung des Blicks zugleich eine Einengung der Wahrnehmung und je prägnanter das Sehen, um so größer ist paradoxerweise der Verlust an Wirklichkeiten. Deshalb kommt es weniger auf die Genauigkeit des Begriffs als auf dessen Fruchtbarkeit an, weil die Weite des Begriffs bzw. seine Unschärfe den Keim zu weiteren Gedanken, zu seiner Transzendierung in sich trägt. Denn „nur die Fülle führt zur Klarheit und im Abgrund liegt die Wahrheit“ (Schiller), die Leitidee von Bohr: die Wahrheit wohnt im Diskurs zwischen Bohr und Heisenberg im Abgrund, das heißt, nur die Fülle der Erfahrung der Wirklichkeiten führt zur Klarheit und nicht die Klarheit der Begriffe, welche die Wirklichkeit auf Eindeutigkeit festlegen: das ist aber Verlust von Wirklichkeit. Es kommt also darauf an, jeden Begriff im Kontext seines Wirklichkeitsbereiches zu interpretieren und die verschiedenen Wirklichkeiten, die mit diesem Begriff in Zusammenhang stehen, aufzuklären.
Ein jeder Begriff enthält nach den Modalitäten seines Wirklichkeitsbereichs unterschiedliche Intentionen und Aufträge, und nur im Hinblick auf ein solches Ziel kann ein semantisches „Zeichen“ interpretiert werden. So kann eine Farbe innerhalb verschiedener Codes verschiedene Bedeutungen erhalten: das Rot ist die Farbe einer Rose, das Rot einer politischen Fahne, das Rot in der Verkehrsregelung. Die „Kenntnis des Codes, in dem das Rot jeweils steht, kann nicht durch die mechanische Erklärung der Farbe erreicht werden. Der Semiotik (Bedeutungslehre) kommt es zu, die verschiedenen

Codes aufzudecken“ (Grassi 1979a, S. 246), den Kontext zu klären, in dem das Zeichen jeweils seine bestimmte Bedeutung erhält.
Jedes semantische Zeichen kann sich also auf ganz verschiedene Zusammenhänge beziehen, die es zu entschlüsseln gilt, und diese Zusammenhänge treten alle im Begriff in gegenseitige Beziehung. So verweist Heisenberg darauf, dass das Wort „Farbe“ die Farbe als Inhalt unseres Bewusstseins bezeichnen kann, als Eigenschaft eines Körpers die Farbe einer Blume bedeuten kann, als Färbemittel die Farbe als physikalisch objektivierbare Realität durch eine Wellenlänge charakterisiert werden kann und, übertragen und verallgemeinert, auch auf feinere Unterschiede ganz anderer Qualitäten hinweist. Die semantischen Zeichen sind danach die ausgezeichneten Punkte, an denen die verschiedenen Schichten der Wirklichkeit miteinander verflochten sind.
Der prägnante Gebrauch von semantischen Zeichen, der einen gemeinten Teil der Wirklichkeit strikt abbilden soll, bewirkt zwar ein geschlossenes System von Zeichen für eine Wirklichkeitsdimension, reduziert aber zugleich die Fülle möglicher Wirklichkeitserfahrungen. Deshalb kann auch der Gang der Forschung, die von bekannten Begriffssystemen ausgehend den Gewinn eines neuen Erfahrungshorizonts anstrebt, nicht dem durch logische Schlussketten vorgegebenen Weg folgen. Der Weg des positiven Denkens ist der des Schließens, Folgerungen aus dem zu ziehen, was schon gefunden wurde. Doch das Finden ist nicht logisch, sondern ingeniös. Niemals kann man durch rationales Denken etwas Neues finden. Die Enthüllung des Verborgenen vollzieht sich in Metaphern, Gleichnissen und Bildern, die dem Erfassen von „Archetypen der Phantasie“ entspringt (s. Grassi 1992). Die Einbahnstraße festgelegter, eindeutiger Begriffe kann der Forscher nur verlassen, wenn er den „Abgrund“ zwischen den bekannten und den neuen Begriffssystemen durch intuitives Denken überspringt, der durch formales Schließen nicht überbrückt werden kann (s. Heisenberg 1984). Im Abgrund, in der Grundlosigkeit des Denkens, liegt die Wahrheit, und im Loslassen vom begründenden Denken ereignet sich Intuition. Sie ist das Werk der „Augen-Blicks“, des Blickwechsels gegenüber dem Naturphänomen und nicht das Produkt einer syllogistischen Bemühung (s. auch Schopenhauer 1988).
Der Akt intuitiver Erkenntnis verweist auf den Beobachter zurück, dem in seiner Einbildungskraft die Fähigkeit innewohnt, jene intelligiblen Urbilder zu erfassen, die schon von vorneherein innerlich gegeben sind. Es sind jene ideellen Formprinzipien Platons, die dem menschlichen Denken inhärent sind und nicht subjektiv hervorgebracht werden. Und das Erfassen dieser

Ideen durch den menschlichen Geist ist nach Heisenberg mehr ein künstlerisches Schauen, ein halbbewusstes Ahnen als ein verstandesmäßiges Erkennen. Denn „sie werden nicht erst durch ein begriffliches Verfahren ins Innere aufgenommen, vielmehr entstammen sie einer gleichsam triebhaften reinen Größenanschauung und sind diesen Individuen eingeboren, wie dem Formprinzip der Pflanzen etwa die Zahl ihrer Blütenblätter oder die Zahl der Fruchtkammern dem Apfel eingeboren ist" (Kepler zit. n. Heisenberg 1985, S. 380). Das Talent intuitiven Erkennens ist dem Menschen als ideelles Formprinzip mitgegeben; es sind die angeborenen inneren Bilder, die das Erkennen von Formen möglich machen.

Der Vorgang des Verstehens (der Natur) scheint auf einer Entsprechung, eines Zur-Deckung-Kommens von (präexistenten) inneren Bildern der Menschenpsyche mit äußeren Objekten zu beruhen (Pauli, zit. n. Heisenberg). Diese inneren Bilder, Urbilder, die im Akt des Erkennens, in der Herstellung einer Ähnlichkeitsbeziehung der äußeren Objekte mit den inneren Bildern, für den intuitiven Geist das Verstehen herbeiführen, sind Archetypen menschlicher Denkbilder. Erinnert sei an die Ähnlichkeitsverknüpfung zwischen dem ringelnden Qualm und dem Bild vom Uroboros, das Kékulé die Vorstellung von der Benzolformel als Ring eingab – das Finden von Metaphern ist der ingeniöse Akt intuitiver Intelligenz.

Die Theorie der Subjektivität, wie sie sich in der Beobachtung des Beobachters in den Verhaltenswissenschaften bei Devereux (1967) darstellt, überspringt auch die herkömmliche Kluft zwischen Subjekt und Objekt, da der Akt intuitiver Erkenntnis an das Erfassen innerer Bilder als objektiver geistiger Gehalte (Urbilder) gebunden ist und sich im ingeniösen Bild über den Anderen vermittelt und zur Einsicht führt über die Spiegelung im Anderen.

Das Naturbild der heutigen Physik gründet auf dieser Erfahrung, dass der Gegenstand der Forschung nicht mehr die Natur an sich, sondern die der menschlichen Fragestellung ausgesetzte Natur ist, und insofern begegnet der Mensch auch hier wieder sich selbst: es handelt sich also im Naturbild der exakten Naturwissenschaften eigentlich nicht mehr um ein Bild der Natur, sondern um ein Bild der Beziehungen des Menschen zur Natur (s. Heisenberg l. c., S. 413 u. 417 f.).

Der moderne Physiker steht nicht mehr als Beobachter vor der Natur, sondern erkennt sich selbst als Teil des Wechselspiels zwischen Mensch und Natur. Damit ist aber die alte Subjekt-Objekt-Spaltung der Aussonderung im cartesianischen Sinne aufgehoben, und der methodische Zugriff auf den Gegenstand der Wissenschaft vollzieht sich auch in den exakten Wissenschaften nicht mehr in der Perspektive des „distanzierten", sondern des „teilnehmenden Beobachters", der durch den Zugriff seiner Methode den Gegenstand verändert und umgestaltet: im Objekt der Beobachtung wird Natur zum Subjekt, tritt der Mensch nun in der Naturbeobachtung sich selbst gegenüber. Die Trennung des zu beobachtenden Phänomens vom Beobachter ist nun nicht mehr möglich, so dass die Forderung nach sog. Objektivität als Voraussetzung aller Naturwissenschaft in der Atomphysik eingeschränkt werden musste (Heisenberg 1985).

Heisenbergs Schlussfolgerung (1984, S. 418), dass das naturwissenschaftliche Weltbild damit aufhört, ein eigentlich naturwissenschaftliches zu sein, ruft die alte Korrespondenzlehre in Erinnerung: danach begegnet sich das erkennende Subjekt im Spiegel des Anderen, ist Erkennen Wiedererkennen im Anderen als „Gegenstand" seiner selbst. Der Typus konnaturaler Naturerfahrung kehrt der Naturwissenschaft am Ende ihres Erkenntniswegs zurück.

Die moderne Naturwissenschaft hat der Natur ihre Substanz und der Materie ihren Wert zurückgegeben in der Anschauung ihrer Potentialität: Wirklichkeit ist also nach dem Naturbild der heutigen Physik das Potential, sich als Materie zu realisieren. Der spekulative Stoffbegriff ist damit wieder in sein Recht gesetzt. Der schöpferische Fruchtbarkeitscharakter des aristotelischen dynamei on, des In-Möglichkeit-Seins der Materie bezeichnet die treibende Tendenz der entelechetischen Latenz und repräsentiert das Immanent-Spekulative dieses neu-alten Stoffbegriffs[44] (s. auch Bloch 1972).

---

[44] Die Proklamierung kausal-mechanischer Erklärungen von Naturvorgängen und die damit angekündigte Verdrängung der aristotelischen Substanzlehre wurde seinerzeit von der Kirche als doktrinäre Häresie, als Irrlehre gegen das religiöse Dogma von der Transsubstantiation in der heiligen Wandlung des Messopfers begriffen, so dass fundamental die Realpräsenz des Numinosen in Frage gestellt schien. Auch wenn Galilei vordergründig der Prozess wegen des Beharrens auf dem kopernikanischen Weltbild gemacht wurde, so ging es doch hintergründig, in einem nicht geführten Metaprozess (s. Redondis 1989) um den von Galilei vertretenen Standpunkt des Demokrits, des ersten großen Materialisten und Erfinder des Atomismus, der gegen Aristoteles ausgespielt wurde. Jene Realpräsenz, der Logos der Materie, schien in Frage gestellt und wurde auch im Verlauf der Entwicklung der Naturwissenschaften verworfen. Luther beharrte allerdings im Marburger Abendmahlstreit mit Zwingli auf der Realpräsenz: jenes „hoc corpus meum est" stellte er gegen die symbolische Auffassung des Als-Ob der heiligen Handlung und insistierte auf dem Wirklichkeitscharakter und gegen die Entfernung des Leiblichen als Sitz des Wesenhaften. Denn der Körper mit dem Gesamt seiner Sinnesorgane, der von ihnen entworfenen Sinn- und Bedeutungswelten, ist nach dem „organischen Denken" Sitz der Seele, und das Gehirn ist nicht Ort des Seelischen, sondern eher ein zentralisierendes Schaltorgan: „So beginnt ... die neue Philosophie mit dem Satz: ich bin ein wirkliches, sinnliches Wesen, ja der Leib in seiner Totalität ist mein Ich, mein Wesen selbst" (Feuerbach 1960, S. 199).

Das Tragische am Ausgang des Abendmahlstreits und der Auseinandersetzung von Glauben und Wissenschaft, menschlich wie kulturell, lag im Starrsinn klerikaler Dogmatiker wie auch

Die aristotelische Entelechie ist ein ideelles, der Natur innnewohnendes Formprinzip, das sich im Streben nach Realisierung des potentiell in ihm enthaltenen Ziels der Vollendung entäußert: aktiv sich entfaltend in endlosen Auszugsgestalten im Lauf der Naturgeschichte. Die Bestimmung eines Dings ist zugleich als Grund seiner Bestimmtheit gefasst – prägende und geprägte Wesensform in einem (Metzke 1949). Materie als Urgrund der Form-Entbindung gedacht, ist ausgebärender Schoß der angelegten, entelechitischen Formen. Die qualifizierte Natur ist der Fundus noch nicht ausgeschöpfter, latenter Möglichkeiten, die von ihr in Zukunft hervorgebracht werden können.
Das „In-Möglichkeit-Sein" der Materie ist nun, im Prozess der letzten schwierigen Passage der endgültigen Verabschiedung des deterministischen Weltbildes durch die Atomphysik, als Wesenszeichen des Stoffs wiederentdeckt worden – der Gott dieser Natur würfelt, entgegen Einsteins Diktum: „Gott würfelt nicht". Die Welt ist wieder in Fluss gekommen, und die Wieder-Entdeckung und -Anerkennung der Spontaneität der Naturkräfte hat die kausal-mechanische Erstarrung des Lebens aufgelöst: Gott ist kein Uhrmacher und die Natur ist kein Uhrwerk, sie ist ein Kunstwerk.
Der Umweg über den kleinen Exkurs des Standes moderner Naturwissenschaften macht offenkundig, dass das Naturbild der heutigen Physik eine nicht zu verkennende Affinität zum Naturbild der Freud'schen Psychoanalyse zeigt und im Erkennen von Wesenszeichen der Natur, die als nicht vorhersehbares und nicht vorauszuberechnendes Kräftespiel verstanden wird, ist eine unerhörte Nähe der Anschauungen evident geworden. In der Wirklichkeit dieser Felder gibt es nichts Statisches, nichts Festgelegtes, sondern ein endloses Wechselspiel der Kräfte, die nur in der Veränderung wahrnehmbar sind und auch dem Zufall, dem Würfeln ihre Richtung verdanken; aus der

---

in der Anmaßung eines simplifizierenden positivistischen Denkens der Naturwissenschaftler, das Sowohl-Als-Auch zu bedenken. So ist nach dem heutigen Verständnis die Newton'sche Mechanik auf ihrer Wirklichkeitsebene zwar gültig, auf der Ebene der Atomphysik hat sie jedoch keine Geltung mehr. Und im selben Sinne ist auch das Verhältnis der Wirklichkeitsebenen von Glauben und Wissen zu sehen. Auf dem langen Erkenntnisweg der Naturwissenschaften ist nun, am Ende ihrer Atomphysik, gerade der anfängliche und die angewandten Naturwissenschaften bis heute bestimmende Materialismus ihres Atomismus von den exakten Wissenschaften selbst überwunden und die aristotelische Substanzlehre wieder zu ihrer Anerkennung gekommen. Denn nach dem Naturbild der heutigen Physik kann es nur noch um komplementäre Beschreibungsformen von unterschiedlichen Wirklichkeiten gehen; das heißt auch: die Realpräsenz des Numinosen auf der Erfahrungsebene religiöser Anschauungen ist eine Beschreibungsform des Wirklichen, die nur von anderem Wert und anderer Bedeutung ist als andere, komplementär zu beschreibende Wirklichkeitsformen.

Konstellation der alten Felder entstehen neue Felder durch den Zusammenstoß der Kräfte, den Anstoß der Zufälle, nicht beliebig, aber auch nicht vorhersehbar, denn die Entwicklung ergibt sich immer aus der momentanen Struktur. Solche Materiebetrachtung offenbart einen sinnlichen Stoffbegriff, welche die Materie aus den Beziehungen ihrer Kräfte denkt, die zu bestimmten Gestalten führen: aus dem Kältestrom kausal-mechanisch erstarrter Naturanschauung ist der Wärmestrom einer qualifizierten Naturvorstellung geworden, Natur als Inbegriff von sinnlichen Kräften zu verstehen, als fluktuierende Materialisierung in einer stetigen Auseinandersetzung widerstreitender Kräfte von Anziehung und Abstoßung.

Der Rückgriff auf die Naturphilosophie der Griechen und das aristotelische Entelechieprinzip in der Psychoanalyse Freuds wie in der modernen Physik zeigen die Ähnlichkeit im Verständnis von Natur beider wissenschaftlichen Disziplinen. Freud ist der Begründer einer anderen Naturwissenschaft vom Menschen, die dem Subjekt die Aufklärung über den unzivilisierbaren Grund seiner Triebnatur, den Antagonismus zwischen Kultur und Triebnatur, bringt, während die moderne Naturwissenschaft das den Menschen transzendierende universelle Kräftespiel von Natur beschreibt. Es geht also bei den unterschiedlichen Wissens- und Wissenschaftsformen um komplementäre Beschreibungsformen von Wirklichkeiten (s. Heisenberg), die vom Forscher anzuerkennen sind und von den Forschern in Zukunft in interdisziplinärer Synopse zusammengeführt werden müssen. Es gibt nicht nur zwei Pole der Ordnung der Welt, die Bereiche von subjektiv und objektiv; es gibt die pluralen Pole der Ordnung von Welt, und gerade die Überwindung des positivistischen Zentralismus eröffnet den Raum für plurale Formen von Wirklichkeit und für vielfältige, komplementäre Beschreibungsweisen von Wirklichkeit.

Auf die Psychoanalyse gewandt besagt die sinnliche Qualität des Stoffbegriffs, dass hier das wahre Wesen der Materie sich im Menschen als Sinnlichkeit, Trieb, Begierde und Leidenschaft darstellt, als widerstreitende Kräfte von Liebe und Hass, welche die beiden Seiten der Libido repräsentieren. Attraktion und Repulsion wurden von Freud nicht statisch-antipodisch gedacht, sondern dynamisch im Sinne der Polarität antagonistischer Kräfte von philia und neikos (Empedokles) der griechischen Naturphilosophie, auf die Freud zurückgreift. Die Psychoanalyse ist eine erzphantastische Wissenschaft intuitiver Erkenntnis und metaphorierender Beschreibungsform, welche die Natur im Hinblick auf die zu entdeckenden Qualitäten, auf die Öffnung des Phantasieraums für das Subjekt begreift. In der Psychoanalyse sind es die Triebkräfte, die sich als Natur des Subjekts im Begehren artikulieren:

der Stoff im psychoanalytischen Sinne repräsentiert sich in der Wirkform des Begehrens, welche die Potenz des Subjekts auszeichnet. Der Trieb ist in der Psychoanalyse als Potentialität gedacht und das Begehren ist seine Auszugsgestalt, die Essenz sinnlicher Kraft.
Die psychodynamische Praxistheorie folgt einem gestaltschaffenden Prinzip von der Formentbindung, der Entdeckung immer neuer Möglichkeiten im Unbewussten des Subjekts. Das heißt: das aristotelisch-entelechetische Prinzip ist hier auf der Ebene subjektiver Wirklichkeit im Schwange. Der Schlüssel zum Erschließen von Wirklichkeiten liegt also in der vorgegebenen Intuition eines Forschers und Therapeuten. Das Instrument des Einflussnehmens ist in der Naturbeobachtung wie in der Wahrnehmung der Interaktion zwischen zwei Subjekten in der Güte des Seh-Vermögens eines Forschers oder Therapeuten beschlossen. Deshalb stellt sich in der Frage nach der Wirklichkeitssicht vor allem eines Therapeuten die Frage nach seinem Verhältnis zur Natur. Welchen Blick wirft ein Therapeut auf das Reale, welchen Blick hat er für die Doppelbödigkeit des hinter der Oberfläche der Erscheinungen waltenden Realen, der Vorderseite einer Alltagsrealität und der Rückseite einer ursprünglichen, abgründigen Realität?
Die Aufdeckung der Doppeldeutigkeit des Realen im Verhältnis von Bewusstem zum Unbewussten, das Sichtbar-Machen bisher verborgener Bereiche der Wirklichkeit treiben die Neugier und das Interesse des Naturwissenschaftlers wie das archäologische Begehren des Psychoanalytikers. Diese widersprüchliche Ansichten des Realen zwischen Tag und Nacht werden in der derzeitigen kulturellen Barbarei positivistischer Gleichschaltung militant negiert, und die Wissenschaft vom Unbewussten als das ganz Andere der herrschenden Vernunft marginalisiert. Aber ohne die Unterscheidung der Erscheinung vom Wesen wäre die psychodynamische Wissenschaft eine Psychologie des gesunden Menschenverstandes und Psychoanalyse ihrer kritischen Impulse beraubt (s. Adorno 1972).
Der Doppelcharakter des Realen entspricht auch der antagonistischen Struktur der Welt des Homogenen und des Heterogenen, einer unipolaren und einer multipolaren Ordnung der Wirklichkeiten der Welt. Der Forscher oder Therapeut kann das Instrument der notwendigen Doppelwahrnehmung freilich nur spielen, wenn es so gestimmt ist, dass ein Bild entstehen kann über das, was als Mögliches wahrzunehmen ist. Für die psychodynamische Wahrnehmung ist dies an die Voraussetzung gebunden, das Instrument der Wahrnehmung auf jene antagonistischen Triebkräfte der menschlichen Natur zu stimmen und in ihren Wirkformen, den Spielarten des Begehrens, in den das Subjekt treibenden Absichten, zu erkennen.

Das Doppelgesicht des Realen ist in der Psychoanalyse als Widerspiel von empirischer und psychischer Realität gefasst. Und diese psychische Realität meint das Abgründige des Realen, das Reich der Phantasien, Träume und Visionen. Eine unendliche Fülle von Wirklichkeitsaspekten, die in Möglichkeit stehen, sind auf dieser Wirklichkeitsdimension des Unbewussten versammelt und erhalten ständig Nahrung von den emporstrebenden, sinnlichen Kräften der menschlichen Natur. Die Wirklichkeit des Menschen erschöpft sich eben nicht in den Zusammenhängen, die als biologische, seelische oder geistige Ordnung in das Bewusstsein treten; vielmehr hat der Mensch grundsätzlich an den Entwicklungsmöglichkeiten teil, die in der Natur der Sache liegen und zukünftige Entfaltungen ankündigen. Denn der Mensch hat im Gegensatz zu allen anderen Lebewesen den Zugang zu den schöpferischen Kräften der Natur (Heisenberg 1984).
Die Haupterfordernis für die Erforschung der Wirklichkeiten ist freilich der „Phantasieschlüssel", die Fähigkeit phantasierenden Denkens des Forschers zum Einfühlen in die Zusammenhänge der Natur und zum richtigen Kombinieren scheinbar unzusammenhängender Erfahrungstatsachen (s. Heisenberg l. c., S. 120). Mit dem Phantasieschlüssel erschließt sich also der Forscher das Abgründige des Realen, dessen Wirklichkeit genauso wirklich ist wie die vom Menschen gestaltete Wirklichkeit empirischer Realität.

Phantasie als ingeniöse Form des Denkens – ein Mittel unreglementierter Erfahrung

Das verborgene Wesen wird aber im „Abgrund" sein Unwesen treiben, solange sein Widerspruch zum Erscheinenden, zum realen Leben des Subjekts, nicht aufgeklärt ist. Diese Emanzipation des Denkens bedeutet nämlich erst die „menschenwürdige Erkenntnis", dass der Sinn für das geschärft wird, was in jedem Phänomen aufleuchtet (s. Adorno 1972). Dagegen wird in der positivistisch erstarrten Kultur und Gesellschaft all jenes ausgetrieben, das sich der Positivität widersetzt und in der Negativität den Widerspruch zum Bestehenden aufrührt. Der Antiintellektualismus positivistischer Mentalität entstammt dem Ungeist dieses widerspruchsverneinenden, konformistischen Denken, welches das phantasierende Denken, Mittel unreglementierter Erfahrung, grundsätzlich diffamieren muss. Dieses grobsinnige Denken hat das „feinsinnige Denken", den „esprit de finesse" (Pascal), das qualitative Moment von Rationalität, verdrängt zugunsten der Vorherrschaft des „esprit de géometrie" eines quantifizierenden Denkens. Und im Verbot des feinsinnigen Denkens, das sich als spekulatives Moment von Rationalität darstellt, ist immanent das Phantasieverbot ausgesprochen. Denn die

Diffamierung von Phantasie und ihre Verweisung in ein künstlerisches Reservat, „Urphänomen der Regression bürgerlichen Geistes“ (Adorno l. c.) offenbart Phantasiefeindschaft zugleich als Geistfeindschaft; denunziert freies erfinderisches Denken intuitiver Erkenntnis und riegelt die Erfahrungsmöglichkeiten des Forschers und einzelnen Menschen hermetisch ab.
Indem der Phantasie, der Einbildungskraft, die Erkenntnisfähigkeit abgesprochen wird, ist auch der Kunst die Erkenntnis an sich versagt. Die Verweisung der Phantasie in ein Naturschutzreservat für Künstler und andere freie Geister ist die Abweisung des ingeniösen Denkens, der unreglementierten Erfahrung in den Wissenschaften und im realen Leben. Die Simplifizierung als Norm des Denkens ist das von Phantasie bereinigte Denken: es ist das in Angestelltenfunktion eingespannte Denken, das Denken „emporstrebender Forschungsangestellter“[45], das ein „Angestelltendenken an sich“ (Adorno l. c.) ist, und als „geistiger Kleinhandel“ (Engels) die entsprechende, intellektuell dürftige Dividende bringt.
Die Diskreditierung phantasierenden Denkens ist das Instrument, gesellschaftlich wie wissenschaftlich, reglementierte Erfahrung durchzusetzen und unreglementierte zu unterdrücken und eine „Wissenschaft unreflektierter Faktizität“ fraglos sicherzustellen. Da nun die Psychoanalyse innerwissenschaftlich und für die einzelnen Menschen praktikable Hypothesen zur Erklärung des sonst Unerklärbaren zur Hand gibt, wird ihr Denken um so mehr als spekulativ, das ist unreglementiert, denunziert.
Freilich ist das sog. „freie Assoziieren“ in der Psychoanalyse eher ein freiphantasierendes Denken des Subjekts, wie die sog. „gleichschwebende Aufmerksamkeit“ des Analytikers eher ein phantasierendes Hören und ingeniöses Kom-

---

[45] Überhaupt stellt sich die Frage, warum Repräsentanten der Psychoanalyse innerwissenschaftlich die Herrschafts- und Unterdrückungsmotive positivistischer Suprematie nicht untersucht. Mag es daran liegen, dass sie dabei auf ihre eigenen Unterwerfungsmotive stoßen könnten, sich anzuschließen und teilzuhaben am Geist der Zeit, um wenigstens als „Mitläufer“ einen Teil der Macht mitzugenießen, woraus aber gerade die weitere Vorrangstellung des Positivismus unterhalten würde. Fehlt es an intellektuellem Scharfsinn, gebricht es an Mut zum Widerstand, liegt es an der opportunistischen Gesinnung, dass Psychoanalytiker sich einer verhängnisvollen Affirmation ergeben haben, die sie blendet, den oppositionellen Geist ihrer Wissenschaft wahrzunehmen – im doppelten Sinne? Der soziologische Nenner hinter all diesen Erscheinungen von Affirmation und Widerstandsohnmacht scheint in der subalternen Gesinnung der Protagonisten zu liegen. es ist jene „Subalternität empiristischer Forschung“, die schon Adorno (1972) zum Gegenstand seiner Kritik machte, dass eben der Typus des „Forschungsangestellten“ jene „Angestelltenforschung“ betreibt; heute zu präzisieren als Forschungsangestellte der Pharma- und Geräteindustrie in der Organmedizin und als Forschungsangestellte der Versicherungs- und Krankenkassenindustrie in der Psychotherapie. Die Subalternität versteht sich daraus, dass der soziale Aufstieg aus „engen Verhältnissen“, Adorno verweist hier auf den Krauss'schen „Commistyp“, den Aufgestiegenen die Teilhabe an der für sie als exklusiv erscheinenden „Forschungsgemeinschaft“ eröffnet: Pass und Siegel zugleich für die Illusion, der herrschenden Klasse zuzugehören, wo sie sich doch durch ihre Forschung zu einem Instrument der Herrschenden machen und deren Interessen dienlich sind.

mentieren (Deuten) darstellt: beide Weisen dieser intuitiven Wahrnehmungserkenntnis verkörpern den Typus unreglementierter Erfahrung an sich. Das Denken, das sich in dieser Praxis auf die assoziierten Komplexe ausrichtet, in der phantasierenden Wahrnehmung auf die intersubjektiv wachgerufenen Deutungsschwerpunkte einstellt, ist ein unreglementiertes Denken an sich und eröffnet dem Subjekt Spielräume für eine andere Wirklichkeitssicht seiner selbst und der Welt; wenn nicht die Erfahrung in der analytischen Situation von Analytikern immer noch szientistisch missverstanden wird als Phänomen einer quasi-experimentellen Beobachtungs- und Untersuchungssituation. Denn die Aufklärung des analytischen Settings als Medium „phantastischer Induktion" durch den Analytiker und die Freisetzung des Phantasiespielraums für den Analysanden würde die Psychoanalyse unentrinnbar vor das Problem ihrer Übertragungspsychologie stellen, der als Übertragung wirkenden Suggestion, das ist ihre suggestive Einflussnahme, die in der Methode „phantastischer Induktion" sich vollzieht. Das Phantasieren als ingeniöse Form des Denkens unterminiert den Vulgärempirismus einer Oberflächenidentität des Realen. Die Möglichkeit unreglementierter Erfahrung ist aber das subversive Moment psychodynamischen Denkens, das seinen Gegenstand in der Aufklärung des Doppelcharakters von Realität hat: der Aufklärung des bisher undurchschauten Widerspruchs zwischen den bewussten Erscheinungen und den unbewussten Motiven. Die Wahrnehmungserkenntnis der Kunst geht freilich der wissenschaftlichen und philosophischen Erkenntnis voran. Der Surrealismus, Ausdrucksform der Psychoanalyse in der Kunst schlechthin, hat die Simultaneität verschiedener Ansichten (Magritte, Picasso u. a.) in einem Bild so verdichtet, dass in den Figuren die mehrdimensionale Realität des Menschlichen zur Darstellung gebracht wurde.

Die Identität des Realen[46] ist aber eine wissenschaftlich nicht haltbare Illusion (s. Grassi 1992, S. 133 f.), die vom eindimensionalen Denken positivistischer Rationalität produziert wird. Das Ziel wahrer Forschung ist immer schon das Sichtbarmachen des Noch-Unsichtbaren und führt zur Erschütterung des alltäglichen Bewusstseins durch den Einbruch des Neuen, das in seiner revolutionierenden Intention den Charakter des Unheimlichen in sich trägt: die Abkunft aus einem anderen Wirklichkeitsbereich hat jene Aura des Fremden, die als Überraschung erfahren wird. Und der Übertritt vom einen Bereich zum anderen ist immer schon von dem Gefühl des Umsturzes beherrscht, weil durch diesen Einbruch für das Alltagsbewusstsein ein Umbruch der alten Sehweisen hervorgerufen wird. Die Bestürzung des Subjekts

[46] Die Identität der Person ist genauso eine wissenschaftlich nicht haltbare Illusion wie die Identität des Realen: die Unterminierung des identitätslogischen Denkens ist das kennzeichnende Moment wahrer Psychoanalyse, und die Aufklärung dieser Fiktion ist die Dekonstruktion unseres „ältesten Glaubensartikels" (Nietzsche).

birgt die Herausforderung, die Illusion von der Identität des Realen aufgeben zu müssen.

Das sinnliche Sehen als empirischer Wahrnehmungsakt ist nicht einfach zu trennen vom geistigen Schauen der intuitiven Wahrnehmungserkenntnis. Denn die Fähigkeit, durch die sichtbare Realität hindurch die Anzeichen der unsichtbaren Wirklichkeit zu sehen, zeichnet das wissenschaftliche Erkenntnisvermögen in allen Wissenschaften aus. Im psychoanalytischen Erkenntnisprozess ist aber die Intuition in besonderer Aufmerksamkeit auf die Wahrnehmung der unbewussten Wirklichkeit gerichtet, die eines außergewöhnlichen „Phantasieschlüssels" als Wahrnehmungsorgan bedarf. Das Erraten von Bedeutungen und das Erahnen von Zusammenhängen erschließt sich hier im Augen-Blick treffender Gestaltwahrnehmung, deren Anzeichen aus den Zeichen der sichtbaren Realität ausgelesen werden müssen, um die dahinterliegenden unbewussten zu entziffern.

Die Wahrnehmungsfähigkeit für die Anzeichen des Unbewussten in den sichtbaren Zeichen liegt also im Spürsinn des Forschers, einen Blick zu haben für die Bedeutung hinter der alltäglichen Bedeutung des Verhaltens, um die dynamischen Beziehungen zwischen dem Oberflächen- und dem Tiefensinn der Phänomene zu erhellen. Ein solcher Erkenntnisakt ist nicht ableitbar, sondern von unmittelbar einleuchtender Evidenz und der Vorgang des Einblickens, wie schon gesagt, als „phantastische Induktion" zu begreifen, die hinführt zum bildhaften Grund des Subjekts (s. Grassi 1979a, S. 125 f.) und für den Anderen augenblicklich sinnerhellend ist für bisher sinnlos erscheinende oder als fremd und unerklärlich empfundene Erfahrungen.

Die Augenblicklichkeit intuitiven Erkennens ist charakterisiert durch den Akt ihres Vollzugs, in dem es immer um das treffende Bild als Ziel der Erkenntnis geht. Diese Wahrnehmungserkenntnis ist nicht begründbar, „gründet" vielmehr auf dem „inneren Blick" des Beobachters und findet seine Wahrheit im ästhetischen Sinne in der überzeugenden Gestalt und in der Güte der Komposition. Die „phantastische Induktion" ist der Typus psychodynamischen Einflussnehmens, die als „begreifende Phantasie" zu verstehen ist, die innere Szene des Anderen mit einem treffenden Bild zu ergreifen und das andere Ich mit einem „schlagenden" Vergleich zu überzeugen sucht. Das bedeutet, durch die Entsprechung zu den inneren Erwartungen des Subjekts, durch das Zur-Deckung-Kommen mit dem inneren Bild des Anderen ereignet sich „Ein-Sicht".

Für Freud lag die notwendige Ingredienz des analytischen Verfahrens in jener ingeniösen Tätigkeit des Analytikers, den inneren, unbewussten Erwartungen des Anderen zu entsprechen; diese Entsprechung des Analytikers ist

im Kontext des Freud'schen Textes so zu begreifen, dass der Therapeut in seinem Einflussnehmen solche Bilder anbietet, die mit den inneren Wunschbildern des Anderen zur Deckung kommen, indem sie eine passende Ergänzung herstellen im Verhältnis des Positiv zum Negativ, so dass das in Frage stehende Bild als ein Ganzes in Erscheinung treten kann.
Die Augenblicklichkeit des intuitiven Erkennens lebt aus dem Fundus an Bildern eines Beobachters. Seine Einbildungskraft erweist sich in dem Vermögen, was er sich vor Augen stellen und dem Anderen vor Augen führen kann. Das bildhafte Denken ist ein geistiges Sehen in metaphorierender Funktion, und das Bild ist Mittel und Ziel des Wahrnehmungsweges zum anschaulichen Erkennen. Ein solch phantasierendes Denken bewegt sich in einem Kaleidoskop von Bildern, deren fluktuierende Anordnung zu immer neuen Figuren führt: das Figurenlesen und -erkennen geschieht in einem Bilderstrom, welcher der „entfesselten" Phantasie entspringt und immer neue Gestaltungen hervorbringt. Denn „die Welt gibt es nur als Strom der Welt" (Bloch), wenn das Denken in Fluss geraten ist.
Die Bilder, die sich nun ein Beobachter von der Welt, der Natur der Welt macht, liegen in seinem Talent und in seinem Bildungsprozess begründet; aber auch darin, welche Bedeutungswelten und Wirklichkeitsdimension des Bilddenkens ihn bestimmen. Die Ansichten eines Beobachters über die Herkunft der Bilder, seine ätiologischen Vorstellungen von der Bildgenese sind sicherlich leitend für seine Intuition. Sieht der Beobachter die inneren Bilder als Abbilder, bloße Erinnerungsbilder der Außenwelt, folgt er also einer materialistischen Abbildtheorie, oder nimmt er eine Kombination von inneren Bildern als Abbildern und inneren Bildern als Ausdruck eines genuin-innewohnenden Imaginationsvermögens an? Wären aber die inneren Bilder, die Phantasien, nur Abbilder der äußeren Erfahrung, dann würden sie bei ihrer Reproduktion nur das in Erscheinung treten lassen, was bereits vorhanden ist: die ewige Wiederholung des Vorfindlichen wäre die Folge, und es gäbe nichts Neues mehr zu entdecken und zu entfalten..
Es ist bemerkenswert, dass die großen Naturforscher in den Naturwissenschaften wie Bohr und Heisenberg, aber auch Freud als der große Naturforscher der psychischen Natur, von einer Wirklichkeitsdimension der Natur eingenommen sind, die auf Goethes Naturbild im Denken von Urphänomenen zurückgeht, einem Ursprungsdenken, das vom Bild als Abbild des Urbildes und von den Urbildern wiederum zu den Bildern in den augenblicklichen Phänomenen führt.

Das Ursprungsdenken[47] geht immer schon auf ein „Original": aus den Gestalten die Urgestalten zu erschließen, aus den Urphänomenen die Phänomene zu entwerfen, dem Auf- und Niedersteigen der Figuren im Fluss des Lebens zu folgen. Der Weg hinauf und hinab ist ein und derselbe (Heraklit). Der psychoanalytische Erkenntnisgang ist kein Reduktionismus, er führt nicht das Komplexe auf das Einfache zurück; im Gegenteil, er erschließt das Komplexe aus dem Einfachen; erkenntnismethodisch eher eine eidetische Reduktion, die von den empirischen Bildern zu den eigentlichen, zugrunde liegenden Bildern führt und in dieser Sicht eine Imaginationslehre darstellt.

Der „gegenständlich Denkende" (Goethe VI, S. 438) sondert nicht von den Gegenständen, ihre Anschauung geht in sein Denken ein, er macht sich ihnen gleich, er macht sie sich gleich – der Modus der narzisstischen Identifizierung, der nach Ähnlichkeit erkennt. Das Ich wie der Andere wird durch Angleichung beeinflusst statt der Sonderung von Subjekt und Objekt durch Distanzierung, die das Objekt, die Objekte der Natur, als Beherrschte im Verhältnis zum herrschenden Subjekt zur Vorstellung bringt und dadurch der Bearbeitung verfügbar macht – Natur in bloßer Objektivation „feststellt". Das „gegenständliche Denken" Goethes erkennt die Bilder als Abbilder eines Urbildes; Bilder, die sich immer umgestalten, ohne sich zu verändern, einer reineren Form, einer entschiedeneren Darstellung entgegenreifen. Das Urphänomen Goethes ist „ideal als das letzte Erkennbare, real als erkannt, symbolisch, weil es alle Fälle begreift, identisch mit allen Fällen" (Goethe VI, S. 446). Die Phänomene werden als wiederholte Spiegelungen gesehen, Abspiegelungen der Urphänomene, deren endlose Verwandlungen noch wahrzunehmen sind, dem Menschen in seiner Geschichte noch ausstehen.

Die Fixierung an den Anfang, psychoanalytisch gesehen ans „primäre Befriedigungserlebnis" mit dem „primären Objekt", ist das Vor- und Urbild einer jeden libidinösen Befriedigung. Und diese Rückwendung und stete Rückbindung an die Vergangenheit bedingt durch die Verdrängung den Drang, in der Zukunft das Vergangene zu wiederholen. Das heißt, durch die Objektbeziehungen der Gegenwart das Ideal des Ursprungs immer reiner und entschiedener auszugestalten, das immer noch Unabgegoltene herauszutreiben und den fortwirkenden Überschuss dieses Traums von einer Sache zur Nachreife zu bringen (Bloch 1972). Die kreisläufige Rückkehr des Verlangens zum Anfang, der eingangs verfügte Ausgang des Lebens, repräsentiert sich für das Freud'sche Denken im Ort des mütterlichen Schoßes, jenem

[47] Eine ausführliche Darstellung dieses Themas zu den nachfolgenden Überlegungen findet sich in Pohlen u. Bautz-Holzherr 1991 und 2001.

heimlich-heimischen Ort des Menschenkindes, der durch Verdrängung zu einem unheimlichen wird: über eine endlose Verkettung von Objektgestaltungen als Ersetzungen des Einen Objekts treibt sich das Leben voran zur Wiederherstellung der ursprünglichen Einheit, die das Subjekt im Tod als endgültiger Rückkehr wiederfindet (s. Freuds anthropologischen Entwurf in „Das Motiv der Kästchenwahl“ [X], „Das Unheimliche“ [XII], „Jenseits des Lustprinzips“ [XIII]).

Die psychoanalytische Betrachtung der menschlichen Triebnatur bestimmt sich durch das Verhältnis des Menschen zur Natur auf der Grundlage einer Anschauung von materia, in der der alte, vorchristliche Gaia-Mythos wiederkehrt, Natur als Mutter erscheint, wie sich Demeter/Isis säkularisiert bei Giordano Bruno zur irdischen Materie. Das Freud'sche Denken läuft auf die Ursprungsgestalt einer präödipalen Mutterfigur zu, einem Urbild bisexueller Weiblichkeit, dessen Entdeckung für Freud so überraschend wirkte, wie auf anderem Gebiet die Aufdeckung der minoisch-kretischen Kultur hinter der griechischen (Freud XIV, S. 519). Dieses Urbildnis materneller Natur steht für die Allgewalt der Triebnatur, der natura naturans als stetig schaffende und umschaffende Naturkraft, welche die Subjekte beider Geschlechter in ihrem Grund nach dieser idealen Imago bisexuell-hermaphroditisch konstituiert.

Der „organische Naturgedanke“, Materie als Schoß der Formen gedacht und das Dasein der bewegten Materie als Leben, wiederholt sich im Gedanken der Libidotheorie, die das wahre Wesen der Materie im Trieb, im Begehren entdeckte und in der Lehre von Eros und Thanatos, Anziehung und Abstoßung, Vereinigung und Trennung als Grundkräfte der Materie bestimmte. Der psychoanalytische Materialismus ist ein Vitalismus und zeigt sich in dieser Theorie der Libido, nach der jedes Begehren sich als Produkt eines organischen Prozesses herausbringt. Mit der Wiederentdeckung der physis, des Prozesscharakters der materia, der Wiederholung des zyklischen Denkens antiker Mentalität, stellte sich Freud in äußersten Widerspruch zur Finalität der christlichen Kultur, ihrem Entwicklungs- und Vervollkommnungsdenken, der Fortschrittsmechanik der positiven Wissenschaften, zu der das psychoanalytische Denken die kritische Negativität schlechthin darstellt.

Das organismische Denken Freuds ist die Wiederholung des Physis-Denkens der Antike und der Renaissance in der zyklischen Vorstellung des „corsi e ricorsi“ (Vico 1981) und in der Fassung von Materie als gärender Schoß. Der Begriff des Unbewussten macht dieses zum Fundus der „Archetypen der Phantasien“. Denn das Unbewusste, jener „Kessel voll brodelnder Erregungen“ (Freud XV, S. 80), ist das Gärende als Subjekt der materia: der „Kern des Unbewussten“ (Freud X, S. 294 f.) ist von einer „psychischen Urbevölkerung“ besetzt, „ererbten psychischen Bildungen“, welche die „phylogenetische Erbschaft“ des Menschen ausmachen, die vom Individuell-Unbewussten, dem Verdrängt-Unbewussten, zu scheiden ist. Diese „psychische Urbevölkerung“ steht mit dem unbewussten Ich in Zusammenhang und Austausch: „Das Verdrängte ist nur vom Ich durch die Verdrängungswiderstände scharf geschieden, durch das Es kann es mit ihm kommunizieren“ (Freud XIII, S. 252).

Das Freud'sche Unbewusste umfasst also das Verdrängt-Unbewusste des Individuellen, seine verdrängten historischen Erfahrungen, und zugleich im Es den „Kern des Unbewussten“ als eigentliches Unbewusstes, das mit dem verdrängten Unbewussten über das unbewusste Ich ständig kommuniziert. Der „Kern des Unbewussten“ ist von Freud als Natur begriffen, die in ihrer Erbschaft für den Menschen noch zu beerben ist. Sie ist der Vergesellschaftung noch entzogene Natur, während das Verdrängt-Unbewusste der Niederschlag der Auseinandersetzung von Triebnatur und Gesellschaft im Subjekt ist. Das Es beherbergt die Urphantasien als die schlafenden Möglichkeiten des Subjekts, die nach der Vorstellung Freuds mit dem Individuell-Verdrängten im unbewussten Ich in Korrespondenz stehen, so dass sie über die Wahrnehmung des Vorbewussten präsentisch werden können, wenn das Ich seinen Bewusstseinsscheinwerfer darauf richten kann.

Die Urphantasien („Urszene“, „Verführung und Kastration“) sind Mythen des Ursprungs aus der „phylogenetischen Erbschaft“ des Menschengeschlechts, entelechetische Formen, die als präsubjektive Strukturen (Laplanche u. Pontalis 1972) vor der individuellen Erfahrung existieren: Archetypen, ererbte Gestaltgebungen, sind narrative Ikonen an den Wurzeln des menschlichen Bewusstseins (Steiner 1990). Je nach dem Triebschicksal der einzelnen Menschen werden sie individuell umgearbeitet in den „Umschriften“ und wiederholen sich in den individuellen Phantasien als Ausprägungen der Urformen. Allemal geht es bei den Freud'schen Urphantasien um den Mythos von der Geburt des Helden, seinem Lebensdrama und Untergang, wie er sich als universelle Struktur in den Mythen der Kulturen offenbart, die jeweils Projektionen des menschlichen Lebensdramas darstellen: dass das Subjekt der sinnlichen Gewalt seinen Ursprung verdankt (Übermächtigung der Mutter durch den Vater), dass es das verstörende Erwachen seiner Sexualität dem dramatischen Umstand einer Verführung zuschreibt, und dass es die erschreckende Erkenntnis seiner Differenz (Mann/Frau) auf die „Kastrationsdrohung“ zurückführt, letztlich den „Grund“ für die Differenz vom Leben zum Tod im angedrohten Los durch die Götter (die Älteren) sucht.

Die Niederschriften der menschlichen Grundfragen in den Urphantasien und in den umgeschriebenen subjektiven Phantasien geben die staunenden Fragen des Kindes in seiner Sexualforschung wieder: wer bin ich, woher komme ich, wozu bin ich, wohin gehe ich? Es ist das griechische „thaumatzein", Grundwort des philosophischen Begehrens in der Doppelbedeutung von Staunen und Sich-Wundern, begierig zu wissen wünschen in der Aufklärung der Frage nach dem Sinn des menschlichen Lebens und der Stellung des Menschen in der Welt. Die Variationen in den Mythen des Ursprungs machen die Vielfalt der kulturellen Symbolsysteme aus, und die Freud'schen Urphantasien sind ein Ausschnitt aus dem Fundus an „Archetypen", deren Umschriften in den kollektiven und individuellen Phantasien die kulturellen Schöpfungen wie die Privatmythen unterhalten.
Psychoanalyse, ohne diesen „Kern des Unbewussten" gedacht, wäre eine banale Verdrängungslehre, wenn ihr Unbewusstes identisch gesetzt würde mit den verdrängten empirischen Erfahrungen und damit ein total vergesellschaftetes wäre. Ein psychodynamisches Denken, das sich jener von Freud zitierten „psychischen Urbevölkerung", des ideellen Formprinzips des Subjekts entledigt, wäre die Auslieferung des Menschen ans herrschende Jetzt und zugleich die Entleerung von theoria als anschauendes Denken in der Einebnung auf eine vordergründige, widerspruchslose Sichtweise von Oberflächenphänomenen und der Beschränkung der Tiefendimension des Wirklichen auf die von jedermann nachvollziehbare Oberflächendimension der Realität.
Maßgebend für die Zukunft wird sein, ob Wissenschaft die bestehenden gesellschaftlichen Herrschaftsstrukturen und ihre Machtfunktionen unterhalten und verfestigen und der herrschenden Wirklichkeitsbemächtigung durch Forschung dienen will, wie es der Positivismus tradiert; oder ob Wissenschaft, ihrem genuinen Auftrag gemäß, nach Adorno (1972) aus einer anderen und widersprüchlichen gesellschaftlichen Erfahrung heraus die Gesellschaft zur Veränderung ihrer Kernstrukturen drängt. Maßgebend ist also, „welchen Stellenwert man der Wissenschaft im Leben des Geistes, schließlich in der Realität zuwägt. Divergenzen darin sind keine von Weltanschauung. Sie haben ihre Stätte in den logischen und erkenntnistheoretischen Fragen, der Auffassung von Widerspruch und Widerspruchslosigkeit, von Wesen und Erscheinung, von Beobachtung und Deutung. Dialektik verhält sich in dem Streit intransingent, weil sie dort weiterzudenken glaubt, wo ihre Widersacher innehalten, vor der unbefragten Autorität des Wissenschaftsbetriebs" (Adorno 1972, S. 352).

II. Die Qualitätsfrage in der Psychotherapie

1. Die Güte des Therapeuten für den Patienten: von der heterogenen Begründung der therapeutischen Einflussnahme

Wenn wir dem derzeit herrschenden, obsessiven Trend nach Qualitätssicherung in der Psychotherapie nachgehen, dann stellen sich ideologische, berufs-, gesellschafts- und wissenschaftspolitische Fragen, die eine Antwort verlangen. Dem diagnostischen Blick entgeht nicht, dass in der Betriebsamkeit um Qualitätskontrollen sich nichts anderes verbirgt als bloß quantitative Ausweisung, das Maßnehmen von Wirksamkeit. Das eindimensionale Denken von Zählen und Messen springt ins Auge: diese sogenannte Qualitätssicherung ist bloße Legitimation durch Nachweis von Effizienz, Praktikabilität und Ökonomie. Die für uns offensichtliche, paradoxe Verknüpfung von Qualitätsbegriff und quantifizierender Begründung scheint den Protagonisten der Qualitätsüberwachung nicht klar und nicht bedenklich zu sein.
Der Qualitätsbegriff ist jedoch gekennzeichnet durch das „Wie", wodurch etwas in seinem „Wie" definiert wird im Unterschied zum bloßen „Was". Die Qualität ist durch Substanz bestimmt, folglich durch Vermögen, woraus sich die allgemeine Frage nach dem „Wozu" des Vermögens stellt. Im Falle der Psychotherapie lautet die Frage: wozu helfen und aufgrund welchen Vermögens (Substanz) helfen? Und darin liegt die besondere Frage nach dem „Wie" des Helfens und dem „Wozu" der Hilfe im jeweiligen Fall. Im Blick des Patienten heißt die Frage: was brauche ich durch das hilfreiche Tätigwerden des Therapeuten, worin findet für mich eine hilfreiche Beziehung ihren Sinn? Diese nirgends gestellte Grundfrage: was braucht der Patient, muss aus der Substanz des Therapeuten beantwortet werden, aus seinem Fundus von Ansichten der Welt und des Menschen und seiner Perspektive eines für den Anderen passenden Einblicks.
Die heute obsessiv betriebene Qualitätssicherung und -kontrolle richtet sich nur auf das „Was", was also wirksam wird, so dass Qualität ausschließlich im Sinne der Effizienz beurteilt wird. Die Bestimmung von Qualität kann sich doch nicht daran orientieren, ob etwas wirksam wird für einen Anderen, sondern allein danach, wie das beschaffen sein muss, was der Andere im Einzelnen seines versagten Begehrens braucht. Bei der Jagd nach der Qualitätssicherung zur Ausweisung gesellschaftlich opportuner Arbeit wird das Nachdenken darüber unterschlagen, ob das, was wirksam ist, dem Patienten dienlich ist oder nur dem gesellschaftlichen Reparaturauftrag dienen soll.

Dieser hat seine Kehrseite im Kontrollauftrag der Gesellschaft, die immer mehr Berufe (Lehrer, Ärzte, Erzieher und vor allem Psychiater) zwingt, Polizeifunktionen[48] zur Verstärkung und Erweiterung des Einsperrungssystems für abweichendes Verhalten auszuüben (Petzold u. Orth 1999). Für den Patienten, der sich einem therapeutischen System anvertraut, ist es aber essentiell, auch das zu erhalten, was ihm in seiner individuellen Besonderheit dienlich ist und für ihn erst den Sinn von Therapie ausmachen kann.
In der Diskussion um die Qualitätssicherung zeigt sich ein bloßes Quantitätsdenken, eine Überbewertung des Quantitativen, das eine Abwertung des Qualitativen ist. Der Quantifizierungszwang entspringt dem allseits vorherrschenden, kalkulatorischen Denken, das in der Psychotherapie besonders verhängnisvoll ist. Denn die Anschauungslosigkeit und Inhaltsleere des Quantifizierens verdunkelt die Frage nach der Substanz von Psychotherapie, die doch ihr Wesen in der Entdeckung von Fähigkeiten hat. Das propagierte Quantitätsdenken füllt einen therapeutischen Hohlboden, wo es in der Psychotherapie darum geht, Qualitäten für das Subjekt wachzurufen, einen qualitativen Blick auf die schlafenden Möglichkeiten (Bloch) des Subjekts zu richten. Der psychotherapeutische Prozess ist ein Aufrufen von Möglichkeiten, die Wahrnehmung des brachliegenden, verschütteten Qualitätsüberschusses eines Hilfesuchenden. Im gedankenlosen Gehorsam gegenüber dem inhaltsleeren Kalkulationsdenken geht allerdings das Bewusstsein der uralten Antinomie von Geist und Stoff unter. Und in dieser Verflachung des Denkens geht auch das Wesen von Psychotherapie unter: der Sinn des therapeutischen Tätigseins im Anspruch auf Einblick und Tiefblick für die Entbindung verborgener Potentialitäten des Subjekts.
Das Qualitätsthema der Psychotherapie ist daher zurückzubringen auf die Analyse des inhärenten Vermögens des Therapeuten, auf die Frage nach der Tiefe und Weite seiner Wirklichkeitssicht; welchen Blick er denn auf den Menschen und seine Welt richtet und in welch besonderen Eigenschaften sich seine Substanz ausweist. Freilich ist der Wirklichkeitsblick des Therapeuten daran gebunden, in welchem Diskurs von Offenheit und Schärfe des

---

[48] „Was die Richter durchsetzen, wenn sie ‚therapeutische' Urteile fällen und ‚Resozialisierungsstrafen' verhängen, ist die Ökonomie der Macht und nicht die ihrer Skrupel oder ihres Humanismus ... Wir leben in der Gesellschaft des Richter-Professors, des Richter-Arztes, des Richter-Pädagogen, des Richter-Sozialarbeiters; sie alle arbeiten für das Reich des Normativen; ihm unterwirft ein jeder an dem Platz, an dem er steht, den Körper, die Gesten, die Verhaltensweisen, die Fähigkeiten, die Leistungen ... In dem Maße, in dem die Medizin, die Psychologie, die Erziehung, die Fürsorge, die Sozialarbeit immer mehr Kontroll- und Sanktionsgewalten übernehmen, kann sich der Justizapparat seinerseits zunehmend medizinisieren, psychologisieren, pädagogisieren" (Foucault 1976b).

Sehens, intellektueller Klarsicht und souveräner Lebensauffassung er sich eingerichtet hat: er ist der Grund der Möglichkeiten seines Entdeckens. Der „Phantasieschlüssel“, die „hellseherischen“ Fähigkeiten der Gestaltfindung, sind das tragende Moment der therapeutischen Erkenntnisweise, in der sich durch diese ingeniöse Kompetenz für den Patienten eine qualitativ andere Sicht auf sein Leben erschließt.

Wenn man nach den Bedingungen der Qualität eines Therapeuten fragt, dann muss man jedoch bedenken, dass dieser nicht in einem gesellschaftlich leeren Raum situiert ist. Sein familiales Herkommen, seine Klassenzugehörigkeit und seine Berufsgruppenbindung, seine weltanschauliche Einstellung bestimmen, welchen Rahmen er für seine Therapie wählt und wie er mit seiner therapeutischen Einflussmacht umgeht; letztlich hängt es von seiner Souveränität ab, ob er für den Patienten Souveränität besorgen kann. Die Therapie ereignet sich auch nicht an einem sozial leeren Ort, denn die „persönliche Gleichung“, die der Therapeut dem Patienten aufmacht, ist davon bestimmt, was intellektuell, emotional und gesellschaftlich seine Heimat ist und welchem Moralkodex er sich zugehörig fühlt: den gesellschaftlichgängigen Affirmationsvorschriften einer herrschenden Oberflächenmoral oder einer Tiefenmoral, die auf dem Prinzip gründet, dass ein Subjekt sich von seinem Begehren, seinen Möglichkeiten in Anspruch nehmen lassen muss, gerade auch im Widerstreit gegen repressive Moral. Das unterirdische Sein eines jeden Menschen, das Unbewusste als Ensemble unerlöster Wünsche und Bedürfnisse, ist das Oppositionssystem des Subjekts schlechthin zum Bestehenden und drängt zu dessen Subversion. Psychodynamische Arbeit ist genuin Aufklärung über das unterdrückte Begehren bzw. über die aus solcher Unterdrückung sich ergebenden Konflikte des Einzelnen mit der Gesellschaft. Heimat wäre für einen Therapeuten dort, wo die individuelle Besonderheit sich immer schon im Widerstand, im Aufbegehren gegen die Macht unterdrückender Vorschriften artikuliert.

In diesem Kontext ist es besonders interessant, dass in der modernisierten Psychoanalyse der Trieb, das Verlangen des Menschen, nicht mehr im Gegensatz zur Kultur gesehen wird, so dass eigentlich der Grund psychoanalytischer Arbeit, über das unterdrückte Begehren aufzuklären und sich mit dem subversiven Element des Subjekts auseinanderzusetzen, entfällt. Die Selbstwahrnehmung des Therapeuten, seine Introspektion der Verhältnisse, aus denen er kommt und in denen er lebt, und der Moral, mit der er handelt, bestimmt aber, ob er das Unbewusste als souveränen Teil des Menschen anerkennen und dieses unterirdische Prinzip zum Kristallisationspunkt seiner Auseinandersetzung mit dem hierarchischen, herrschenden Prinzip der oberirdischen Ordnung machen kann. Die Integrität des Therapeuten liegt in diesem Blick auf sich selbst und ist die Bedingung dafür, dass er nicht dem unreflektierten Heilungsauftrag zur Normierung eines Patienten erliegt; das heißt, den Patienten zurückbringt auf das gesunde Maß von normierter Selbstwahrnehmung, welches die gewöhnliche Selbstunterdrückung der Subjekte ausmacht.

Die Orientierung des Therapeuten am geltenden Bewusstseinsgesetz oder am dissoziierten Gesetz des Unbewussten determiniert sein Handeln auf das therapeutische Ziel hin, ob er nun dem Aufstrebenden zur Geltung verhelfen will oder ob er dienlich ist, die geltenden Standards beim Patienten durchzusetzen: Therapeuten aller Schulen kommen an dieser, für den therapeutischen Prozess und seinen Ausgang existentiellen Entscheidung nicht vorbei, für welche Seite sie Partei[49] nehmen wollen. Auch das Flüchten in die Gleichverteilung von „einem Stück Es-, Ich- und Über-Ich-Analyse" kann nicht darüber hinwegtäuschen, dass bewusst oder unbewusst durch Umgehung der Parteinahme die Entscheidung für eine affirmierende Arbeit getroffen wird. Darin ist auch die Entscheidung für das Sicherheitsprinzip gegen das Entdeckungsprinzip gefallen, der Sicherheit der Wahrnehmung der Vorzug gegeben gegenüber dem Wagnis des Noch-Wahrzunehmenden. Die Subversion des gesunden Menschenverstandes, der gerade all jene Leiden schafft, die wir heilen müssen (Freud), vollzieht sich in der Befreiung des Patienten von undurchschauten Zwängen, deren Aufhebung für den Kranken als Subjekt erst einen Diskurs der Freiheit in Gang bringt – eine Befreiung von unbewusster Selbstbezwingung.

Merkwürdigerweise wird der Diskurs der Freiheit in der Psychoanalyse überhaupt nicht mehr geführt, wie wenn man sich im Reich des Zweckmäßigen eingerichtet und vergessen hätte, dass der immer noch propagierte Anspruch auf psychoanalytische Aufklärung ohne den Diskurs der Freiheit zu vertreten wäre. Der Anspruch auf Befreiung der ungelösten Bilder (Wünsche und Bedürfnisse), die Entdeckung von Sinngebilden für den Patienten, hat allerdings zur Bedingung, dass der Therapeut sein Bezugsystem in der Welt der hetero-

---

[49] Der Therapeut jeder Schule muss sich im Sinne Batailles (1978) fragen lassen, auf welche Seite der Lebensbewegung er sich stellen will? Nimmt er Partei für das zweckmäßige und nützliche, für das vernunftregulierte Leben, dann steht er auf der Seite der Servilität und ist der herrschenden Ordnung dienlich; stellt sich der Therapeut auf die Seite des Noch-Ausstehenden für das Subjekt, sieht er in der Souveränität des Begehrens die dem Einzelnen auferlegte, eigentliche Inanspruchnahme, dann nimmt er Partei für das Heterogene und ist nicht Diener eines zentralistischen Ordnungsdenkens, das alles seinem zentralisierenden Anspruch unterwirft.

genen Elemente und nicht in der Welt des Homogenen gewählt hat. Wie sonst könnte er das Heterogene, das von der vernünftigen Normalität Abweichende, das von der gesellschaftlichen Homogenität Ausgeschlossene für den Patienten als sinnvoll übersetzen und ihm als passend für seine Selbsterfahrung zurückgeben, wenn er nicht das polyzentrische Prinzip der unterirdischen Ordnung als sinnstiftend für seine therapeutische Arbeit ansehen könnte; im anderen Fall würde er bewusst oder unbewusst dem zentralistischen Prinzip phallologisch-hierarchischer Ordnung folgen, dem die Vielfalt multipolarer Aktivität geopfert und auf die Abseite des Lebens verwiesen wurde.

Die Arbeit an der Dezentrierung menschlicher Trieb- und Bedürfnisbefriedigung scheint heute vornehmlich von der feministischen Bewegung getragen zu sein, welche die Enthierarchisierung der Trieb- und Bedürfniskonfigurationen des Subjekts vorantreibt, mithin auch die hierarchisch erstarrten Strukturen der westlichen Kultur aufsprengt. Das polyzentrische Denken, das genuin die Freud'sche Triebtheorie in der Figur der polymorphen Perversion des infantilen Körpers bestimmt, ist in der psychoanalytischen Tradition zu einer schlichten Entwicklungspsychologie mutiert, die das Ärgernis der Unterminierung des zentralistischen Prinzips bereinigt hat. Erst mit dem Aufkommen der feministischen Emanzipation, der Absage an das androzentrisch-hierarchische Denken, sehen wir wieder eine Rückbesinnung auf das polyzentrische Prinzip der Libido und eine Wiederkehr der verdrängten Freud'schen Erkenntnis.

Es geht um die Grundfrage der Selbstverständigung des Menschen: auf welche Seite des Lebens schlägt sich das Subjekt, welcher Seite des Lebens ist es zugeschlagen? Entgegen dem gängigen Fatalismus, dass man sich immer dem zuschlägt, worin man geschlagen ist nach Herkommen und Klassenzugehörigkeit, sei die Entscheidungsfreiheit gesetzt, sich der Opposition der unbewussten Ordnung zuzuschlagen, gerade weil man um die suppressiven Bedingungen seiner Individuation weiß und das Ausmaß der Unterdrückung in das Maß seines Aufbegehrens wenden will. Das Veränderungsbegehren des Rebellischen drängt immer auf Überschreitung des Herkommens, der verfügten Mentalität und der erlittenen repressiven Verhältnisse, wie es die Geschichte rebellischer Geister zeigt, die in sich mit den Verhältnissen gebrochen hatten, um die äußeren Verhältnisse umzustürzen – Freud ist ein großartiges Beispiel dafür. Die Zugehörigkeit zur Welt des Homogenen ist also kein Fatum, und die Entscheidung für die Welt des Heterogenen, einer Welt der Opposition zum verfügten Schicksal und der Negation des Bestehenden ist nach unserer Auffassung eine unerlässliche Bedingung für therapeutisches Wirksamwerden in der Unterstützung der Selbstbemächtigung eines Patienten.

Vom Diktat des homogenen Prinzips und dem Ballast der heterogenen Elemente

Der Hintergrund der Selbstverständigung eines Therapeuten liegt also in der Tiefe und Weite seiner Wirklichkeitssicht, und die besondere Qualität der ingeniösen Fähigkeit gründet in seinem Blick durch die Oberfläche der Erscheinungen hindurch auf die unbewussten Mechanismen der Verhaltensweisen des Subjekts und der von ihm produzierten Herrschafts- und Unterdrückungsverhältnisse. Selbst dem Gutgläubigsten der Psychotherapeuten kann heute das Diktat der Homogenisierung nicht mehr verborgen bleiben, auch wenn sich für viele diese Repression nur in einem allgemeinen Unbehagen auswirkt, das noch nicht zum Bewusstsein seiner Ursachen gekommen ist. Denn die Politik der Einrichtung einer Einheitswissenschaft ist nicht isoliert zu sehen von den anderen monopolisierenden gesellschaftlichen Phänomenen, alles einem Einheitsprinzip zu unterstellen. Die Etablierung einer Einheitswissenschaft steht im Zusammenhang einer Einheitsvorstellung vom Menschen, dem allgemein gültigen Modell der ödipalisierten biologischen Kleinfamilie und der Einheitssexualität ihrer Subjekte als Folge des Homogenisierungsprozesses in der westlichen Welt. Dieser hat sich in einem universellen Kolonisationsbegehren niedergeschlagen, die Kulturen und Menschen einem Einheitsschema von familialer, gesellschaftlicher und politischer Organisation zu unterstellen und diesem Affirmationsanspruch alle mentalen und kulturellen Eigenarten zu opfern. Nicht zuletzt zeigt sich im imperialen Anspruch des Amerikanischen als Einheitssprache die Opferung aller Kultursprachen, in denen sich die verschiedenen kulturellen Identitäten artikulieren: die Auslöschung des Nicht-Identischen ist die Ausschließung der heterogenen Sphäre aus einer homogenisierten Welt.

Die Homogenisierung treibt weltweit ins Exzesshafte: der universelle Triumph des homogenen Prinzips in der neuen Weltordnung einer unter amerikanischer Vorherrschaft zentralisierten Weltökonomie, und nichts anderes ist die sogenannte Globalisierung, scheint vordergründig unaufhaltsam. Diese Zentralisierung wird jedoch die negierenden Kräfte der Dezentrierung wachrufen, wie diese Dialektik immer wieder den Lauf der Geschichte bestimmt hat, nach der aus Unterdrückungsbewegungen die Aufstandsbewegungen geboren werden. Dem imperialistischen Zug der neuen ökonomischen Weltordnung korrespondiert die unipolare Ausrichtung von Wissenschaft und der weltweite Verdrängungskampf der positivistischen Wissenschaftsdoktrin, die in ihrem Monopolanspruch alle anderen Wissenschaften dem Diktat von Einheitswissenschaft und Einheitsdenken unterwerfen will und früher klassische Wissenschaftsformen und Denkmethoden als unwissenschaftlich auszuschließen sucht. Freilich ist die Überzeugung der Vertreter einer rationalistischen Wissenschaftsauffassung von ihrer Überlegenheit an den Glauben derer gebunden, die sich unterlegen wähnen. Das heißt, ohne die Anerkennung der Überlegenheit einer positivistischen Denkweise, mithin dem knechtischen Gefühl der objektiven Unterlegenheit des eigenen Wissenschaftsverständnisses, könnte sich das Primat einer solchen Wissenschaftsdoktrin überhaupt nicht einrichten: „Einzig der Glaube an eine objektive Überlegenheit schafft also eine tatsächliche Unterlegenheit, eben aufgrund der modernen Unfähigkeit, die Objektivität der Macht von der souveränen Subjektivität zu trennen: unterlegen ist allein der Glaube an eine von Dingen sich herleitende Überlegenheit" (Bataille 1978, S. 84) – Drittmittelakkumulation ist heute der Ausweis für wissenschaftlichen Status.

Der Verlust des Wissens um die gesellschaftliche Wirksamkeit dieser Anerkennungsdialektik lässt, psychoanalytisch gesehen, eine masochistische Opferidentifikation in der Servilität der Wissenschaftler, in ihrer Selbstaufgabe gegenüber dem positivistischen Suprematieanspruch erkennen. Der exorzistische Eifer, mit dem die Ungläubigen und die Abtrünnigen vom rechten Wissenschaftsglauben aus der Scientific Community verstoßen werden, erscheint als Wiederkehr des verdrängten religiösen Exorzismus. Wo früher ein leidenschaftlicher Streit um die Wahrheit in den Wissenschaften geführt wurde zwischen den verschiedenen Denkmethoden und Disziplinen und eine Welt des Geistes davon unterhalten wurde, genügt es heute, sich dem vorherrschenden System des Zählens und Messens anzuschließen und sich dadurch als ordentliche Wissenschaftler zu deklarieren: die gedankenlose Befolgung der positivistischen Methodenapplikation wird heute mit Wissenschaft gleichgesetzt. Wissenschaft als Infragestellung von Erkenntnisarten und Erkenntnismethoden wird als veraltet und überholt aus dem Wissenschaftsbetrieb hinausverwiesen, weil es für das reibungslose Funktionieren der Wissenschaftsindustrie ein Störelement ist und deshalb beseitigt werden muss. In dieser Entleerung des wissenschaftlichen Geistes liegt zugleich seine Zerstörung, und der allgemeine Provinzialismus im Verlust des souveränen Wissenschaftsbewusstseins wird verdeckt durch den universellen technokratischen Triumph: der Niedergang kann sich als Fortschritt gebärden. Der Psychoanalyse erwächst hier eine besondere Verpflichtung zur Aufklärung der Motive solch unbewusster gesellschaftlicher Phänomene, und sie muss sich wieder daran erinnern, dass sie eine Wissenschaft der Subjektivität ist und dass darin der von ihr wahrzunehmende, objektive Geltungsanspruch liegt.

Die Unterdrückung aller Antagonismen und Verschiedenheiten, die gewaltsame Unterstellung unter ein Einheitsprinzip zeichnet die totalitäre Tendenz eines Geschehens, das als ökonomische Globalisierung etikettiert wird; tatsächlich aber einen universellen Totalitätsanspruch des westlichen Denkens darstellt in der Auslöschung alles Andersartigen – der von Baudrillard (1982) so bezeichnete „weiße Rassismus". Das Subjekt erscheint im System der Vereinheitlichung nur noch unter dem Aspekt der Servilität (Bataille 1978), die allein seinen „Wert" bestimmt; das heißt, Anerkennung wird nur unter der Bedingung seiner knechtischen Funktion als assimiliertes Objekt des Homogenisierungsprozesses gewährt. Der Anspruch des Subjekts, der im Widerspruch zu diesem System in seinem Begehren auf Eigenständigkeit und Verweigerung liegt, im Aufbegehren der Selbstgestaltung, diese Souveränitätsforderung wird ins Heterogene, in die Sphäre des Asozialen verwiesen.

Bataille (1978) geht in seiner Diagnostik als Arzt der Kultur auf den Spuren Nietzsches, der Destruktion des identitätslogischen Denkens und der Wiederholung eines organischen Prinzips in der Vorstellung von der Souveränität des Begehrens, die sich aus der unterirdischen, unbewussten Triebtätigkeit konstituiert und den das westliche Denken bestimmenden ältesten Glaubensartikel[50] (Nietzsche) von der Einheit des Ichs in Frage stellt. Batailles Denken gründet in den Vorstellungen Nietzsches vom Leben unter dem Kommando des Leibes, vom Reichtum des Subjekts, an dem die Menschen kranken und gerade nicht am Mangel; der Überschuss des Begehens, welcher der überschüssigen Triebproduktion entspringt, unterhält ein Überflusssystem in den Subjekten, deren Verlangen auf Bereicherung und Vermehrung geht. Unter dieser Optik ist auch das Kranksein ein Überfluss des Subjekts, und in der Kraft zum Kranksein drückt sich paradoxerweise die „große Gesundheit" eines Menschen aus; das ist seine überschüssige Triebkraft, die sich der „gesunden Gewöhnlichkeit" (Nietzsche), der geforderten Normierung nicht beugt.

Die von Bataille (l. c.) entworfene Kulturdiagnostik nach dem antagonistischen Prinzip von Homogenität und Heterogenität, von zweckgebundener Akkumulation, Utilität und Zentralisierung beziehungsweise unnützer Verausgabung, Verschwendung und Dezentrierung, entspricht einer Mangel- oder Überflussmentalität. Sie beruht auf dem Widerspruch zwischen den negierenden Kräften der Heterogenität und den affirmierenden Kräften der Homogenität: es ist der Widerspruch zwischen den verfemten, nicht assimilierbaren ausgeschlossenen Aspekten und den affirmierbaren und utilisierbaren Aspekten des Lebens. In diesen beiden Prinzipien stehen sich in unauflösbarem Widerspruch zwei Dynamiken und Wertesysteme gegenüber, die das Subjekt, vor allem den Therapeuten als Subjekt, zur Entscheidung herausfordern.

Das homogene System konstituiert sich nach Maßgabe der Vereinheitlichung als Normen- und Regelsystem, dem sich das Subjekt zu unterwerfen hat, entwickelt aus den Bedürfnissen und Bedingungen der vernünftigen Normalität einer durchrationalisierten Arbeitswelt, die auf Kosten des eigenständigen Verlangens der Subjekte alles dem Gesichtspunkt der Nützlichkeit unterstellt. Das heterogene System konstituiert sich dagegen in der Negierung des verfügten Ordnungsdenkens, in der Verweigerung der auf bloßer Arbeitsorganisation beruhenden Werte und Regeln, im Aufbegehren gegen das Sparsamkeits- und Utilitätsprinzip, in der unnützen Verausgabung von Mitteln und Kräften, in der Opposition gegen jede Zentralisierung: in der Erotik liegt das luxuriöse Moment unkalkulierbarer Vergeudung von Libido, die der vernünftigen Investition in gesellschaftlich erwünschte Produktion (Arbeit und Fortpflanzung) entzogen wird.

---

[50] „Wir haben den Begriff der Einheit (aber) entlehnt von unserem Ich-Begriff, unserem ältesten Glaubensartikel. Wenn wir uns nicht für Einheiten hielten, hätten wir nie den Begriff Ding gebildet. Jetzt, ziemlich spät, sind wir reichlich davon überzeugt, dass unsere Conception des Ich-Begriffs nichts für eine reale Einheit verbürgt" (Nietzsche in Klossowski 1986, S. 172).

Die negierenden und dezentrierenden Kräfte verweigern sich der normativen Zumutung im Typus des Abweichenden: der Intellektuellen, der Minderheiten, der Juden und Fremden und der sogenannt Psychisch-Kranken und so fort; oder versuchen den Normierungszwang aufzusprengen im Typus des Aufständischen: des Rebellen, des Verbrechers, des Verrückten, der Prostituierten, des Perversen, des Narren und der emanzipierten Frau[51] und so fort. Für all diese heterogenen Elemente hat die Ordnungsmacht zur Aufrechterhaltung der Homogenität ihre imperativen Elemente (Militär und Polizei) zur Überwachung und Bestrafung eingesetzt. Besonders fatal ist die Verbindung von Polizei und Medizin (s. Maffesoli 1986) in der psychiatrischen Ordnungsfunktion zur Kontrolle und Selektion der nicht Anpassungsfähigen oder Anpassungswilligen: es sind all jene dissidenten Elemente, die sich der Integration unter die zentrale Ordnungsmacht entziehen wollen. Die heterogenen Elemente, die in aktiver oder passiver Verweigerung gegen die vertikale Tyrannei opponieren, verkörpern den Drang nach Zersetzung der „festgestellten" Bedeutungen nach der Maßgabe des hierarchischen Systems von oben nach unten, repräsentieren das Begehren nach Überschreitung der „festgestellten" Ordnung, sind gekennzeichnet durch die subversive Impulsivität des Umsturzes[52] der Oberen zu den Unteren, der Umkehrung der Erniedrigten zu den Höheren.
In diesem Sinne gehört die Psychoanalyse zu den heterogenen Elementen als Wissenschaft vom Begehren, die immer schon eine Archäologie des Aufbegehrens ist, während die positiven Wissenschaften allgemein die gesellschaftliche Aufgabe haben, die Homogenität der Phänomene zu begründen und zu legitimieren, so dass der hegemoniale Anspruch des Positivismus im absoluten Interesse der homogenisierenden Gesellschaftskräfte liegt und zum Hauptorgan der Homogenität werden konnte (s. Bataille 1978).
Das psychodynamische Denken hat es also mit der verfemten Seite des Lebens, dem nicht assimilierbaren Begehren zu tun, und die heterogene Realität hat Freud in der Struktur des Unbewussten entdeckt, das sich in seinen Mechanismen jeder Maßgabe entzieht und die Verhältnisse der gewöhnlichen Regel- und Normensysteme auf den Kopf stellt. Die von Freud ins Leben gerufene wissenschaftliche Optik macht die Herkunft[53] der höheren Regionen des Geistes, der Tugenden und der „sauberen" Charaktere aus den Niederungen der „unsauberen" Strebungen und „schmutzigen" Bedürfnisse des Menschen sichtbar. Dieses sub-

[51] Adolf Hitler hielt den Begriff der Frauenemanzipation für eine jüdische Erfindung.
[52] „Flectere si nequeo superos, acheronta movebo" (Freud) – Wenn ich (schon) die Oberen nicht beugen kann, werde ich (ihnen) die Unterwelt bewegen (II/III): Freuds subversive Deklaration der Psychoanalyse, die als Tiefenpsychologie des Begehrens das anarchische Prinzip des Subjekts repräsentiert.
[53] Wir wollen nicht verhehlen, dass die Epigonen Freuds vor diesen Einsichten geflüchtet sind und sich durch die Konstruktion von primär und sekundär autonomen Zonen (s. Hartmann u. a.) ein Schutzreservat gegen das ärgerniserregende Moment der triebbedingten Ich- und Charakterentwicklung zu schaffen suchten.

versive Erkenntnisprinzip der Freud'schen Sublimationstheorie zeigt Psychoanalyse auf dem Platz des Heterogenen und löst gerade heute wieder all jene Affekte aus, welche die Vertreter des gesunden Menschenverstandes in der positivistischen Doktrin beunruhigen und zur Ausstoßung[54] der Psychoanalyse aus dem Korpus der Wissenschaften antreiben. Psychoanalyse als Wissenschaft vom Heterogenen fällt heute wieder der Verfemung anheim: früher diente die moralische Diskriminierung im Vorwurf des Pansexualismus als Vorwand ihrer Ächtung, heute wird sie nach Maßgabe eines gedankenlosen Positivismus, für den nur das Objektivierbare Wirklichkeitscharakter hat, ausgestoßen; im Grunde geht es immer darum, die Beschäftigung mit dem Unberührbaren, die Erforschung des Unbewussten zum Tabu zu machen und den Forscher zum „Unberührbaren".

Der Psychotherapeut muss wissen, in welchem Kräftefeld er situiert ist oder sich situieren will. Der Tiefenblick auf die gesellschaftliche Struktur und die Verhältnisse ist Aufklärungsanspruch an den Therapeuten jeder Schule, damit er weiß, wo er steht und nicht hinterrücks von den herrschenden Kräften für eine affirmative Arbeit eingenommen wird. Das soll nicht heißen, dass Psychotherapie politische Arbeit ist; dies kann sie nicht sein. Das soll aber heißen, dass der Therapeut seiner gesellschaftlichen Position bewusst sein muss, um der blinden Indienstnahme durch den gesellschaftlichen Reparaturauftrag zu entgehen: es sei denn, ein Therapeut wählt bewusst diesen Auftrag, weil er darin die Anerkennung seiner Arbeit durch die Gesellschaft sucht. Für diesen Fall wird auch der Therapeut nicht mehr danach fragen, was denn der Patient braucht. Allerdings muss der Therapeut, der für die Bewusstwerdung und Integration des niedergeschlagenen Aufbegehrens seines Patienten sorgt, berücksichtigen, dass er zugleich die Verantwortung und Schutzfunktion für den Patienten innehat, damit dieser sich nicht in einen selbstschädigenden Aufstand seines Begehrens begibt, sondern seinen Widerstand in souveränem Weitblick zum Selbstgewinn einsetzen lernt.

Sollte die Psychoanalyse, die nicht nur für die psychotherapeutischen Schulen einen Tiefenblick der Reflexion über die unbewussten Motive offenstellt, son-

---

[54] So liegt es folgerichtig in der Tradition der deutschen Psychiatrie als Ordnungsmacht für die „Ausmerzung von Ballastexistenzen", die Ausstoßung der Psychoanalyse als heterogenes Element für die Aufrechterhaltung der wissenschaftlichen und gesellschaftlichen Homogenität zu betreiben. Und die neuerliche Militanz gegen die psychoanalytische Aufklärungswissenschaft, die durch die Servilität der Psychiatrie gegenüber dem imperialen Behaviorismus zu begreifen ist, zeigt, dass die überkommene Eliminierungsintention untergründig fortbestanden hat. Dank vorübergehender günstiger Verhältnisse wurde die Wissenschaft vom Heterogenen scheinbar geduldet infolge der autoritären Anpassung der deutschen Medizin an den in der Nachkriegszeit von den Siegermächten verordneten Aufklärungsgeist – der freie Geist in den deutschen Wissenschaften muss jetzt schon wieder dem alten Ungeist weichen. Freilich hat der homogene Teil der deutschen Psychoanalyse selbst die Ausstoßung ihres heterogenen Teils mitbesorgt und sich in der psychotherapeutischen Medizin der affirmativen Seite zugeschlagen. Das Programm dieser Gruppe in der Psy-BaDo (Psychotherapeutische Basisdokumentation) bestätigt, dass man einer Psychiatrisierung von Psychotherapie dienlich geworden ist (s. Pohlen u. Bautz-Holzherr 2000 und Kap. II, 2.1).

dern allgemein für die Wissenschaften, tatsächlich und definitiv aus dem Korpus der Wissenschaften ausgestoßen werden, dann würde dies zu einer Versteinerung der wissenschaftlichen Homogenität führen, die ohnehin durch das hegemoniale Diktat einer positivistischen Wirklichkeitsverkürzung eine lähmende Einschränkung wissenschaftlicher Erkenntnismöglichkeiten erfahren hat.

Der Homogenisierungsprozess[55] der Wissenschaften ist ein Spiegelbild des Gesellschaftlichen und führt hier zu denselben Erscheinungen einer totalen Unausgewogenheit zwischen den homogenen und heterogenen Elementen: die Lebendigkeit und Überlebensfähigkeit der Wissenschaften wie der Gesellschaft ist von diesem Verhältnis zwischen verschiedenen Ordnungsprinzipien der unterirdischen, organischen Ordnung des Triebgeschehens und der oberirdischen Ordnung einer hierarchischen Zentralisierung abhängig (s. Maffesoli 1986). Erst das Gleichgewicht zwischen den antagonistischen Kräften der unbewussten Pluralität und der unipolaren Bewusstseinsordnung erhält den Gesellschaftskörper lebendig und bewirkt einen ständigen Druck auf konflikthaften Ausgleich. Allerdings hat die entfesselte Homogenisierung im westlichen Denken nach dem Sturz des Kommunismus, der sich als heterogenes Element gegen den Kapitalismus durch seine exzessive Homogenisierung selbst zu Fall brachte, einen totalitären Normalisierungsdruck bewirkt, der alle heterogenen Elemente zugunsten eines Dik-

---

[55] Auch der Versuch, über die Einführung der Hempel-Oppenheim-Formel die Forschungsplanung in der Psychoanalyse zu bestimmen (Thomä u. Kächele 1973), ist eine affirmative Bemühung, Psychoanalyse dem Forschungstrend zur Einheitswissenschaft anzuschließen (s. Pohlen u. Wittmann 1980). Dieses Integrationsdenken erscheint als Geste der Servilität, Psychoanalyse akademisch gesellschaftsfähig zu machen – freilich indem ihr spezifischer Wahrnehmungsgegenstand, das Heterogen-Anstößige, das nicht im logifizierten Einheitsschema aufgeht, aufgegeben wird. Integriert man nämlich Psychoanalyse durch das Aufgeben ihrer spezifischen Heuristik in das positivistische Denken, wirft man auch ihre spezifischen Ingredienzen als unwissenschaftlichen Ballast über Bord, macht man sie durch die Entfernung des aufbegehrenden Moments ihrer Triebspsychologie zu einer der vielen akademischen Psychologien, die von ihrem „überflüssigen" Denken bereinigt ist.
Unsere Kritik gilt nicht dem Schema wissenschaftlichen Erklärens, der Hempel-Oppenheim-Formel (Hempel 1965) für den logischen Empirismus, mit dem die Struktur wissenschaftlich gültiger Erklärungen auf abstrakter Ebene bestimmt werden soll. Die H-O-Formel hat allerdings nur eingeschränkt für die wissenschaftlichen Erklärungen in den positiven Wissenschaften Gültigkeit: es ist die gemeinsame Art der logischen Deduktion aus vorgegebenen Prämissen, die nach dem positivistischen Verständnis wissenschaftliches Denken definiert und festlegen will, dass wissenschaftliche Erklärungen Ableitungen des zu Erklärenden (Explandandum) aus allgemeinen Gesetzesaussagen und aus spezifischen Anfangsbedingungen (Explanans) sind. Freilich kann diesem Gemeinplatz logifizierenden Denkens jedermann zustimmen, sofern er sich nicht vernebeln lässt, dass es hier um den Hegemonialanspruch des Positivismus geht und dass es noch ein anderes Wissenschaftsverständnis mit anderen Methoden gibt, die dem Gegenstand einer Tiefenpsychologie angemessen sind und zu fruchtbaren Erkenntnissen führen. Die letzte Konsequenz dieses Einheitsdenkens stellt sich auf banalem Niveau im Programm einer psychotherapeutischen Einheitstherapie mit Einheitsdokumentation (s. Psy-BaDo) dar.

tats der Vereinheitlichung zu verdrängen sucht: das notwendige bipolare Kräftespiel für die Aufrechterhaltung der Dynamik einer Gesellschaft ist ausgesetzt; ein aseptisches soziales Leben, eine Vergreisung der Kultur und die Sterilität der Wissenschaften sind die Folge.

Wir wollen durch diesen kleinen Exkurs über die Strukturprinzipien des Gesellschaftskörpers und die ihm korrespondierenden Strukturierungsbedingungen des Subjekts vor Augen führen, dass die heterogenen Elemente ein dem Subjekt wie dem Gesellschaftskörper notwendigerweise innewohnendes Moment ist, das eine antagonistische Zirkularität, einen ständigen Austausch von oben nach unten und von unten nach oben in Gang hält: der Widerstreit zwischen dem zentralisierenden Prinzip des Homogenen und dem subversiven, umstürzenden Prinzip des Heterogenen findet seinen individuellen wie gesellschaftlichen Ausgleich, solange ihm die subjektive wie objektive Anerkennung nicht versagt wird. Die entfesselte Homogenisierung hat heute die Ausgewogenheit der Elemente zerstört und dem Subjekt wie der Gesellschaft die Grundlage einer fruchtbaren Dynamik genommen.
Die Kenntnis der Wirkmechanismen dieser Prinzipien und die Anerkennung ihrer Notwendigkeit ist in unserer Sicht unerlässliche Voraussetzung für die intellektuelle Souveränität eines Therapeuten und essentielle Basis seiner Güte, deren Bedeutung für die Gestaltung des therapeutischen Prozesses nirgendwo erörtert wird. Es wird auch nicht geklärt, auf welchem Grund die so viel beredeten weltanschaulichen Unterschiede der Schulen beruhen, so dass man sich daher jeder Parteinahme für den Geist des Heterogenen entziehen kann. Es scheint uns auch eine grandiose Abwehrstrategie zu sein, das Übertragungs-, Gegenübertragungs- und Widerstandsschema so vorherrschend im Diskurs der klinischen Arbeit zu machen: der dominante Gebrauch dieser Mechanismen als strukturierende Bedingungen des therapeutischen Prozesses verdeckt, dass die ingeniöse Kompetenz des Therapeuten auf dem Hintergrund seiner intellektuellen Souveränität die entscheidende Wirkvariable ist; diese lässt ihn aufgrund der Parteinahme für das dissoziierte Begehren vor dem Patienten erst überzeugend werden.
Es gehört nach unserer Auffassung zur intellektuellen Souveränität des Therapeuten, zu durchschauen und zu wissen, dass seine Übertragung, das ist seine Vorstellung vom therapeutischen Prozess, die Bedingung ist, innerhalb derer sich der Patient wahrnehmen und erkennen kann. Die Reflexion über die vom jeweiligen Therapeuten erzeugte Behandlungssituation mit dem sich daraus ergebenden Wahrnehmungs- und Interpretationsrahmen wird in der Ausbildung der Therapeuten genauso unterlassen wie die Reflexion und

Auseinandersetzung mit den gesellschaftlichen Prozessen. In dieses soziale Spannungsfeld ist der Therapeut durch sein Handeln verwickelt in bewusster oder unbewusster Parteinahme für die antagonistischen Kräfte, so dass die Selbstaufklärung seiner weltanschaulichen Position unverzichtbare Grundlage seines sogenannten „Vorausseins" sein müsste. Nicht zuletzt ist endlich anzuerkennen, dass die intellektuelle Souveränität des Therapeuten dadurch gekennzeichnet ist, welche geistige Freiheit er sich für ein Denken im Widerspruch nimmt und in welcher Eigenständigkeit er seinen Erkenntnisdrang und seine Wissbegierde wider jede schulische Reglementierung einzusetzen vermag, um das für den jeweiligen Patienten psychodynamisch passende Praxiskonzept zu finden.

Die Selbstbestimmtheit und Souveränität eines Therapeuten hängt von der gelungenen Auseinandersetzung mit seinen Dependenzen (Petzold u. Orth 1999) ab. Jeder Therapeut steht in vielen Abhängigkeiten, um die er wissen muss: der Dependenz seines Herkommens, seiner Therapieschule, seiner Lehranalyse, seines Ausbildungsinstituts, seiner Weltsicht und seines Menschenbildes, seiner Lebensperspektive, seiner Machtbedürfnisse und Ohnmachtsängste und vor allem dem therapeutischen Ideal seiner Heilsversprechungen.

Die Ablösung von all diesen Dependenzen ist ein Ideal, dem näher zu kommen eine ständige Reflexivität und besondere intellektuelle Integrität des Therapeuten verlangt. Die intellektuelle Souveränität eines Therapeuten, jedes Subjekts, wurzelt in dem triebhaften Verlangen, Herr über etwas zu werden. Das heißt, sich einer Situation in der Durchdringung ihrer Bedingungen emotional und kognitiv zu bemächtigen, seine seelischen und körperlichen Ich-Grenzen auszuweiten und im Wahrnehmen, Fühlen und Denken Begrenzungen zu überschreiten. Narzisstisch gewendet bedeutet dies, seine Anerkennung und Bestätigung zu finden durch den Selbstgewinn im Überlegen-Können den Dingen und Sachen gegenüber, statt ihnen unterlegen zu sein. Die libidinöse Befriedigung und narzisstische Bestätigung gehen ineinander in der Selbstvergrößerung durch intellektuell wachsende Einsicht und emotionale Bereicherung. Souveränität repräsentiert sich im Ausmaß von Eigenständigkeit und Selbstmächtigkeit, die ein Subjekt gewinnen kann, je nachdem, wie es sich selbst von seinem Vermögen in Anspruch nehmen lässt.

Das Voraussein des Therapeuten läge demnach, grundlegend für die Prozessgestaltung, im Ausmaß der Selbstwahrnehmung seines Aufbegehrens, in der Anerkennung der eigenen Heterogenität, die sich im Erkennen der heterogenen Bedürfnisse und Wünsche des Patienten erweist. Wie sollte denn ein

Patient zu seiner Souveränität finden, wenn der Therapeut sich nicht der Anstrengung nach Souveränität aussetzen würde: die entscheidende Voraussetzung für die Selbstbemächtigung des Patienten liegt in der intellektuellen Mündigkeit des Therapeuten. Nach unserer Auffassung ist das basale Kriterium für die Güte der Einflussnahme in der antizipatorischen Kompetenz des Therapeuten zu suchen, die im Ausmaß seiner intellektuellen Souveränität liegt.

Es müsste auch Gegenstand des Erkenntnisinteresses sein, dass mit der Ausschließung von Ferenczi und Reich aus dem Erfahrungskorpus der Psychodynamik der Widerspruch zwischen dem intellektuellen Interesse, Freuds Priorität, und dem klinischen Interesse, die Option Ferenczis und Reichs, dieser Urkonflikt der Psychoanalyse zu einer fatalen Dichotomie[56] geführt hat. Der Erwerb von bloßem Applikationswissen, wie es die verschulte Psychotherapie auszeichnet, und die Verweigerung der Reflexion über den gesellschaftlichen und wissenschaftlichen Standort verführt in allen Schulen zu jener Medizinalisierung, Psychotherapie mit der Anwendung von Techniken identisch zu setzen und durch das Vergessen ihrer geistigen Grundlagen eben jene Entgeistigung zu betreiben, die gerade in der Medizinalisierung liegt. Der analytische Tiefenblick auf die Phänomene des Gesellschaftskörpers ist jedoch die intellektuelle Voraussetzung für die klinische Anwendung, bei der sich der Therapeut mit dem Niederschlag des Gesellschaftlichen im individuellen Fall auseinandersetzen muss, wenn er nicht bloß affirmativ arbeiten will.

Die totale Funktionalisierung des Subjekt-Seins im Modus der Servilität und die Unterdrückung des souveränen Begehrens muss den Therapeuten besonders hellhörig machen für alle heterogenen Ausdrucksformen des Subjekts, für all seine Anstrengungen des Aufbegehrens, gerade in den sich im Krank-

---

[56] So hat gerade diese Aufspaltung zwischen intellektuellem und klinischem Interesse den affirmativen Strebungen der „Kliniker" Vorschub geleistet und eine Diskriminierung der Kulturanalyse mit sich gebracht. Und die „Kulturtheoretiker" in der Psychoanalyse wiederum haben sich durch die Abwendung von der Klinik verleiten lassen, die Basis psychoanalytischer Erfahrung aus der klinischen Anwendung zu vernachlässigen. Beide Seiten haben sich durch die Ausklammerung der jeweils anderen Seite dem notwendigen Vermittlungsprozess zwischen den konträren Aspekten des subjektiven wie des objektiven Faktors versagt. Die Folge war eine Verflachung und Banalisierung der klinischen Psychoanalyse mit all den bekannten Unterschulenbildungen, in denen nur Flickschusterei an den Grundlagen klinischer Psychodynamik betrieben wurde, um Urheberrechte zu usurpieren; und die Konsequenz für die Kulturtheorie lag darin, dass durch den Verlust der Verbindung zu den subjektiven Phänomenen der Lebenspraxis die intellektuelle Anwendung der Psychoanalyse in Sterilität erstarrte.

sein niederschlagenden Verweigerungen der Anpassung. Der subversive Modus der Verkehrung, der doch das heterogene Prinzip repräsentiert, müsste von vitalem Interesse für den Therapeuten sein, weil dies ein Instrument seiner therapeutischen Arbeit sein sollte, dem Aufbegehrenden durch Umkehrung der im Symptom liegenden Negation zur produktiven Integration, zur Anerkennung zu verhelfen – die Subversion ist eine der psychodynamischen Arbeit inhärente Funktion.

Die Begriffe Empathie und Introspektion können also zur Aufklärung weniger beitragen; der weiterführende Begriff der antizipatorischen Kompetenz, der das kognitive Voraussein des Therapeuten bezeichnet, verweist darüber hinaus auf den Aspekt der Hellsichtigkeit, auf die Fähigkeit, spekulativ zu denken, das nach unserer Auffassung einen Grenzbereich berührt, in dem visionäres Denken und religiöse Erfahrung ineinander übergehen. Ein Bild zu haben, sich ein Bild zu machen, ist an die Einbildungskraft des Therapeuten gebunden, aus der Überzeugungsmacht seiner Bilder dem Anderen ergänzend für seine unerklärlichen und befremdlichen Erfahrungen Sinn-Bilder zu geben, die im bisher undurchschauten Zwang seines Erlebens einen sinnvollen Zusammenhang herstellen.

Es bedarf also eines transzendierenden Talents des Therapeuten, um für den Patienten neue Sinnzusammenhänge zu stiften, welche die konfliktbedingte Augenblicksverhaftung seiner Erfahrung übersteigen und eine veränderte Perspektive des Wahrnehmens und Erkennens eröffnen. Der Fundus des Therapeuten, aus dem er seine Transzendierungen schöpft, ist die innere Bilderwelt, sein Reichtum an Bildern des Heterogenen; es ist die Tiefe seines Lebenswissens, gerade auch von der Abseite des Lebens. Die Quelle des gestaltschaffenden Prinzips, das bisher Unsichtbare sichtbar zu machen, liegt in diesem Fundus. Und jede therapeutische Kommunikation ist vom Unbewussten eingenommen, wenn sich denn der Therapeut mit dem Patienten auf eine Tiefenstruktur des Sprechens einlassen kann. So sind beide von der Sprache des Unbewussten ergriffen, dessen Erzählstruktur mit der des Mythischen identisch ist. Von daher gehört es zum Werkzeug des Therapeuten, ein Wissen von der mythischen Erzählform zu haben, einer Sprache jenseits der homogenisierten Alltagskommunikation.

Der dem Patienten dienliche Therapeut steht in dem Anspruch, sich um die „Archetypen der Phantasie“[57] (Bloch) zu sorgen, um den noch nicht bewusst

[57] Die Sprache des Unbewussten manifestiert sich in einer Bildersprache, die sich metaphorisch darstellt, nach ihrem visuellen Gehalt zu erschließen ist und deshalb auch der Imaginationsgabe des Therapeuten bedarf, um ihre Aussage (Ausdruck) zu übersetzen. Die visionäre

gewordenen, heterogenen Teil des Subjekts, der zur wachsenden „Sorge um sich" (Foucault 1986) für den Patienten werden muss. Die Kunstfertigkeit des Therapeuten, die nicht erlernbar ist, höchstens meisterhafter, technisch vollkommener werden kann, liegt in dieser Gestaltungskraft, die Freud mit den Worten Michelangelos zitiert hat: „Diesen Engel muss ich aus dem Marmor befreien". In den spekulativen und transzendierenden Fähigkeiten des Therapeuten berühren sich religiöse und artistische Momente, die es auch mit der poetischen Natur von Wahrheit zu tun haben.
Die Diskriminierung des spekulativen Denkens unter dem Diktat eines kruden Behaviorismus ist die Verfemung der Grundlage des Denkens, das ein Anschauen ist und des Anschauens, das ein Denken ist (s. Goethe 1965; Grassi 1979a,b). Die Unterdrückung des imaginativen Denkens bewirkt eine Entsinnlichung von Welt und ist ein Verdikt gegen die Sinnsuche des Menschen, dem die Befriedigung seines Sinnhungers versagt wird. Das Phänomen der Hellsichtigkeit und des visionären Denkens als Basis der Güte des Therapeuten zu erörtern heißt nach de Schill (1997), sich um seinen Ruf als Wissenschaftler zu bringen. Denn das verordnete Wissenschaftsverständnis schließt all jene Phänomene aus, die zwar essentiell für die therapeutische Interaktion sind, aber im positivistischen Denken keinen Platz haben dürfen, da sie argumentativ nicht zugänglich sind und ihnen nach den Erklärungsmöglichkeiten dieser Wissenschaftsauffassung die Realität abgesprochen wird.
Es bedarf der intellektuellen Luzidität des Therapeuten zu sehen, dass psychotherapeutische Arbeit mit dem dissidenten Teil des Subjekts zu tun hat, mit den dissidenten Elementen im Gesellschaftlichen: im Entsinnlichungs- und Entspiritualisierungsprozess der Moderne sind diese Aspekte des Lebens auf die Seite des Heterogenen geschlagen, gehören heute zur unterdrückten Sphäre, deren Aufstand sich auch im zeittypischen psychischen Kranksein niederschlägt. Das Aufbegehren der negierenden Kräfte im Unbewussten durch Umkehrung und Umwertung als elementaren Bestandteil der Person

---

Sprache der metaphorisch überquellenden Rede Blochs macht seinen Erkenntnisgang sichtbar, aus der Entbindung von Bildern zu Anschauungen und zu Erkenntnissen zu gelangen. Blochs Entlehnung der „Archetypen" von C. G. Jung soll nicht übersehen werden und auch nicht vergessen sein, dass C. G. Jung einer der bildmächtigsten Interpreten der Sprache des Unbewussten war und dass seine Kenntnis von der mythischen Tiefe des Wissens für die Sehweise eines jeden Therapeuten unerlässlich erscheint, um die Aussage-Macht von Ur-Bildern erfahren zu können. Die Analyse der Tiefenperson eines Subjekts kann sich auf verschiedenen Wegen vollziehen; auf dem Weg der psychoanalytischen Tiefenrede oder auf dem Weg der philosophischen Tiefenrede: beide sind von der Macht des Bildes eingenommen.

zurückzugeben, bedeutet, die Subversion des homogenisierten Bewusstseins zu besorgen. Denn diese störenden Elemente sind im Patienten als einbrechende, unerklärliche Erfahrungen dissoziiert, um sich die Illusion von Einheit durch ausschließliche Identifikation mit den verfügten normativen Gesundheitsvorstellungen zu erhalten und sich damit vor dem stigmatisierenden Bewusstsein des Abweichenden zu schützen.

Psychodynamische Arbeit ist also paradoxerweise bestimmt von der produktiven Desintegration durch Integration des Nicht-Identischen ins Ich eines Patienten und insofern die Wiederherstellung einer Ausgewogenhcit zwischen den polarisierenden Kräften im Subjekt. Diese paradoxale Verfasstheit der psychodynamischen Arbeit und ihre therapeutischen Probleme sind in Kap. I (Psychodynamische Einfluss- und Symptomtheorie) und Kap. IV (Exemplarische Fallkonzeptualisierungen) ausführlich dargestellt. Dort zeigen wir auch, dass im Symptom die nicht assimilierbaren Elemente des Subjekts einen Kompromiss eingehen mit den gesellschaftlichen Anpassungsforderungen und Symptome als Schutzstrategien des Subjekts zu verstehen sind; auch wenn in ihnen die unbewussten Elemente als fremde Erfahrungen immer wieder durchbrechen und darin sich das nicht zu befriedigende Aufbegehren darstellt.

In dieser Optik zeigen sich Krankheiten als spezifische Formen der Auflehnung gegen die Unterdrückung durch das Normalisierungsdiktat: die sogenannten sexuellen Perversionen sind nach unserer Auffassung eine Rebellion gegen die herrschende Einheitssexualität; die Magersucht gegen die Entgeistigung des Lebens; die Fettsucht gegen die Körpernormierung, Süchte überhaupt sind eine Revolte gegen die Versagung von Transzendenz, von grenzüberschreitender Erfahrung in einer normierten Gesellschaft; die Hysterie ein Aufbegehren gegen die Entsinnlichung des Subjekts und die Standardisierung des Ichs im Ein-Für-Allemal einer festgestellten Identität; der Zwang ein Protest gegen das Ordnungsdiktat und das die Ordnungsmacht repräsentierende Berührungstabu und so fort. Eine Gesellschaft, die auf dem Weg zur absoluten Homogenisierung ist, und jetzt durch die Gentechnologie in den öffentlichen Diskurs einer gentechnischen Bereinigung des abweichenden Lebens schon eingetreten ist, muss die produktive Bewertung von Kranksein und die Anerkennung der negierenden Potentiale im Subjekt besonders stören.

Die Güte des Therapeuten erweist sich gerade an diesem Punkt, wo es um den Widerstand gegen die Enthumanisierung des Lebens geht, und er nicht gedankenlos der Beseitigung von Störungen dienlich sein darf, wie es der vorherrschende Diskurs über die Gütekriterien der Therapie zeigt. Es geht heute darum, sich nicht der Widerstandsohnmacht gegenüber dem Prozess der totalitären Homogenisierung zu ergeben, sondern gerade für die Anerkennung dieser „überflüssigen Elemente“ im Subjekt, mithin im sozialen Leben Sorge zu tragen. Daraus ergibt sich eine besondere Verpflichtung des Therapeuten zum Nachdenken über seine Tätigkeit und über die Antworten, die er dem Patienten gibt. Allerdings ist dies an die Voraussetzung gebunden, dass er das Erkenntnisinteresse hat zu ergründen, was der Patient sich selbst schuldig geblieben sein könnte und was die Gesellschaft ihm schuldig geblieben ist. Ein derartiges Fragen kann nur dann zu passenden Antworten für den Patienten führen, wenn der Therapeut darum weiß, was er sich selbst schuldet – nach Lacan (1978) ist die eigentliche Schuld, sich von seinem Begehren nicht in Anspruch nehmen zu lassen.

Eine besondere Ethik der therapeutischen Kommunikation liegt in dem Wissen um diese Moral des (Auf-)Begehrens und in jener reflexiven Verpflichtung für den Therapeuten wegen seines Anspruchs, auf die Lebensführung eines Menschen Einfluss nehmen zu wollen. Aus dem Wissen um diese Moral kann der Therapeut erst für den Patienten produktiv tätig werden. Man müsste doch der unverbindlichen Rede von der Anerkennung des Patienten und dem vielbeschworenen Respekt ihm gegenüber auf den Grund gehen und klären, was der Therapeut dem Patienten wirklich schuldet: die Grundlage der Anerkennung eines Patienten kann nur in der Vorausleistung des Therapeuten liegen, das unbewusste Aufbegehren des Patienten zu erkennen und ihn darin ernst zu nehmen – der Redensart von der Anerkennung wäre damit ein „Grund“ gegeben.

Es geht also in der psychotherapeutischen Arbeit um eine Tiefenethik, die Gesinnung eines bejahenden Mitseins und Mitwissens um die Abseite des Lebens und nicht um die Alltagsethik einer gesunden Gewöhnlichkeit, die sich nach dem gerade herrschenden Moralkodex ausrichtet. Die Identifizierung des Therapeuten mit den nicht assimilierbaren Kräften des Unbewussten, mit dem Begehren nach Veränderung, ist aus unserer Sicht der essentielle Indikator für die Güte eines Therapeuten und für die Güte von Psychotherapie als Veränderungswissenschaft. Die Perspektivlosigkeit einer Psychotherapie, welche die Güte ihrer Arbeit nach der Effizienz der Beseitigung von Störungen bemisst, zeigt, dass eine solche Therapie jedem System austauschbar dienlich sein kann und ihre Sprachlosigkeit gegenüber den Bedingungen des Menschseins (condition humaine) lässt das Ausmaß ihrer Entgeistigung erahnen.

Dem sachkundigen Leser werden aus seiner Erfahrung sicher noch andere Aspekte der Güte des Therapeuten vor Augen stehen. Wir haben die Perspektive bewusst auf die für uns entscheidende Vermittlungsfunktion des

Therapeuten zwischen den antagonistischen Kräften im Subjekt eingestellt; das Hauptaugenmerk auf das sich daraus ergebende Konfliktpotential für die Gestaltung der Therapie gerichtet und auf die darin verwickelte, notwendige Parteinahme des Therapeuten für die heterogenen Elemente. Im Vollzug einer Tiefenpsychologie des Begehrens, einer psychodynamischen Arbeit um die Anerkennung des niedergeschlagenen Verlangens, ist unsere Perspektive konsequent auf die aufbegehrenden Elemente des Subjekts gerichtet. Denn wir sind der Auffassung, dass sich mit dieser Blickrichtung entscheidet, was der Therapeut für die Selbstbemächtigung des Patienten einsetzen will: hier erweist sich, welch Geistes Kind der Therapeut ist und über welche geistige Kraft er verfügt, der Versuchung zu widerstehen, sich normaler Vernünftigkeit anzubequemen.

2. Die Qualität von Psychotherapie für die Gesellschaft: die Etablierung einer standardisierten Psychotherapie als Ordnungsmacht[58] – der Positivismus Psychotherapeutischer Medizin

2.1 Eine Fallstudie zur psychotherapeutischen Basisdokumentation (Psy-BaDo): ein Instrument medizingerechter Psychotherapie

Die Psychotherapeutische Basisdokumentation (Heuft u. Senf 1998) repräsentiert den Stand der etablierten universitären Psychotherapie und das Niveau ihrer Standardisierungsbemühungen. Unsere Analyse der Psy-BaDo als Symptom eines fortgeschrittenen Homogenisierungsprozesses ist eine Fallstudie über das Ausmaß der Medizinalisierung von psychotherapeutischer Wissenschaft. Diese Fallstudie soll dem Leser vor Augen führen, dass die Entleerung des geistigen Gehalts der Psychoanalyse exemplarisch ist für die Austreibung des kritischen Denkens aus der Psychotherapie und die Unterbindung der Infragestellung der subjektiven wie objektiven Gegebenheiten des Psychotherapeuten besorgt. In der ideologiekritischen Perspektive sehen wir ein wesentliches und weiterführendes Moment der Qualitätssicherung und Qualitätsentwicklung für die Psychotherapie (s. auch Petzold u. Orth 1999).

Der mit Eifer betriebene Einsatz der Psy-BaDo in der deutschen Psychiatrie dokumentiert ihren Nutzen für eine Politik der Überwachung und ihren Gebrauch als Legitimationsinstrument für den berufspolitischen Anspruch der sonst durchgängig biologisch orientierten Psychiatrie auf die Fachkompetenz für Psychotherapie; wiewohl dieser Etikettenanspruch auf keiner klinischen und wissenschaftlichen Grundlage von Fachpsychotherapie beruht. Man kann hier von einer reinen Alibifunktion der Psy-BaDo für die Psychiatrie sprechen, die von den psychotherapeutischen Fachvertretern zu diesem irreführenden Gebrauch ermächtigt wurde.

Die Medizinalisierung der Psychotherapie ist mit ihrer psychiatrischen Instrumentalisierung an ihr Ende gekommen: die „Praxis der Qualitätssicherung in der Psychotherapie – das Manual zur Psy-BaDo“ (Heuft u. Senf 1998) wurde erarbeitet und empfohlen von den repräsentativen Fachgesellschaften für Psychotherapie, Psychosomatik, Medizinische Psychologie, der Psychiatrischen Fachgesellschaft und nicht zuletzt der Vereinigung der lei-

---

[58] Ergänzte Fassung der im Forum Psychoanalyse (2000) erschienenen Arbeit der Autoren: „Die Gleichschaltung der Psychoanalyse mit der neuen psychotherapeutischen Ordnung“.

tenden Ärzte der Psychotherapeutischen/Psychosomatischen Krankenhäuser; und schließlich, das ist erstaunlich, von der Dachgesellschaft (DGPT) der Psychoanalytischen Fachvereinigungen – die Wehrlosigkeit und der Rückzug der Analytiker angesichts dieser drängenden wissenschaftspolitischen Problematik fügt sich in eine Reihe traditioneller Enthaltung von Stellungnahme gegenüber Zeitproblemen (s. Parin 1978; Cremerius 1995).

Federführend bei diesem Unternehmen der Integration von Psychotherapie in die Medizin und der „Entwicklung eines für jeden und für jede Form von Psychotherapie brauchbaren Konzepts zur Qualitätssicherung" (Senf u. Broda 1998) sind fast alle Vertreter der Psychotherapeutischen Medizin auf den Lehrstühlen für Psychotherapie und Psychosomatik der Bundesrepublik. Endlich scheint es gelungen, der Psychotherapie zu einem medizinischen Ansehen zu verhelfen und sie endgültig zum Bestandteil der medizinischen Versorgung zu machen, indem die bisherige Unübersichtlichkeit ihrer Verfahren und Denkweisen den Standards einer „evidence based medicine" gleichgeschaltet wurden. So kann auch vor allem der universitäre Psychotherapeut sich der Scientific Community zugehörig fühlen und muss sich nicht mehr wegen seiner für Mediziner exotischen Wissenschaft als Fremder fühlen. Nach Einführung der Psy-BaDo ist er nun ein Gleicher unter Gleichen. Denn es ist ihm gelungen, zu einem Vertreter brauchbarer medizinischer Methoden geworden zu sein und „nach den Vorgaben des Gesetzgebers und der Bundesärztekammer" (Heuft u. Senf 1998) seine Wissenschaft in „Erfüllung von Maßnahmen zur Qualitätssicherung und unter dem Gebot der Wirtschaftlichkeit" (Senf u. Broda 1998) vorzuführen; mit anderen Worten: Psychotherapie kann nun mit dem Unternehmen der Psy-BaDo den Ansprüchen des Gesetzgebers, der ärztlichen Standesvertretung und dem Geltungsanspruch der Medizin auf Einheitswissenschaft nachkommen.

Eine erstaunliche Leistung angesichts der Herkunft von Psychoanalyse, die seit Freud und durch den altmodischen Widerstandsgeist von Psychoanalytikern gegenüber vielen Erscheinungsformen gesellschaftlicher Unterdrükkung deren „Unterwelt bewegte" und ihr Mitwissen und ihr Mitsein mit der „Anderen Welt", der Abseite des Lebens, oppositionell durchgehalten haben – die entscheidende Repression geht nämlich in der heutigen gesellschaftlichen Verfasstheit vom Zwang zum Konformismus aus, dem beschriebenen totalitären Druck auf Vereinheitlichung.

Man muss sich immer wieder vor Augen halten, dass die Psychoanalyse eine heuristische Wissenschaft ist und von daher einen anderen Standort gegenüber den anderen Wissenschaftsdisziplinen einnimmt: sie ist eine Entdekkungswissenschaft und als solche eine heuristische Disziplin, die auch anderen Wissenschaften als Findenslehre dienen kann. Psychoanalyse vermittelt einen Wirklichkeitsblick durch die Oberfläche des unmittelbar Gegebenen, ihre vor-denkende Funktion liegt im imaginierenden Vorausgreifen als erkenntnistheoretischer Dimension: ohne Phantasie wäre die Wissenschaft vom Menschen nach Mitscherlich nur Veterinärmedizin. Aus der Subversion ihres Wissens bezieht sie die Kraft, aber auch die Hoffnung für die notwendige Veränderung des eindimensionalen Denkens. Verwunderlich ist bei dem Unterfangen der Psy-BaDo, daß ihre Urheber von einem medizinisch bestimmten Wissenschaftsverständnis ausgehen, einem reduktionistischem Modell linear-diskursiven Denkens, von dem sich aber die exakten Wissenschaften längst verabschiedet haben. Die Ungleichzeitigkeit und die Diskrepanz im Wissenschaftsverständnis der Medizin gegenüber den exakten Wissenschaften werden merkwürdigerweise nicht wahrgenommen. Denn diese haben die szientifische Totalitätsintention hinter sich gelassen und vertreten ein Bewusstsein von Wissenschaft in der Vielfalt von Modellen, der Konkurrenz von Paradigmen und der Unmöglichkeit einheitlicher Erklärungsansätze.

Der in der Medizin immer noch herrschende biologische Reduktionismus entstammt einem von Medizinern vertretenen, praktizierten Kausalismus, der wissenschaftlich längst obsolet ist. Dass sich dieses reduktionistische Modell in der Medizin so restaurieren konnte, scheint nicht nur an der Entfernung der Grundlagenwissenschaften aus der Medizin zu liegen; vielmehr an der perfekten Integration der Medizin in die Machtstrukturen der Gesellschaft zur Sicherung der ökonomischen Interessen des „medizinisch-industriellen Komplexes". Die nicht zu übersehenden Wirtschaftsinteressen zeigen sich nicht zuletzt darin, dass sich die Industrie der organmedizinischen Einrichtungen als „Versuchsabteilungen" bedient, in denen Forschung unter der Bedingung der Anwendbarkeit und raschen Umsetzung finanziert wird. Der Rahmen der Forschung wird nach Industrieinteressen[59] und deren Mittelver-

[59] Die Auslieferung der Universität an die Industrie, organisiert durch die neue Hochschulgesetzgebung, durch welche die Repräsentanten der gesellschaftlichen Institutionen (Wissenschaftsministerien) sich ihrer Verpflichtung zur Fach- und Rechtsaufsicht gegenüber der Universität entledigt haben, hat die Universität, vor allem auch durch die Privatisierung der medizinischen Kliniken und die Zulassung von Industrieinstituten (An-Institute), endgültig zum Ort der Wissenschaftsindustrie gemacht: das Erkenntnisinteresse reicht nur so weit, wie das Gewinninteresse geht. Das bloße Interesse an Anwendung und Geschäft ist das leitende Motiv einer solch kommerzialisierten Wissenschaft geworden. Die grundgesetzlich garantierte Freiheit von Wissenschaft und Forschung kann aber nicht bedeuten, dass alles erlaubt ist, was machbar und dem Profitstreben der jeweiligen Interessengruppe dienlich ist. Es ist Aufgabe der Öffentlichkeit, über das „ob" und „wie" einer Forschung zu befinden und gegen die

gabe festgelegt, wie überhaupt die Forschung in der Medizin auch bei scheinbar unabhängiger Förderung primär nur noch unter dem Gesichtspunkt der Verwertbarkeit erfolgt. Das Wissenschaftsinteresse der Medizin ist von Wirtschafts- und Wirtschaftlichkeitsinteressen eingenommen und ist unübersehbar als „Gesundheitsindustrie" ein Teil ökonomischer gesellschaftlicher Macht, von der sich nunmehr kein Zweig der Medizin auszunehmen scheint. Und augenscheinlich ist auch die Psy-BaDo das Ergebnis einer umfassenden und angestrengten Bemühung, die Psychotherapie dieser medizinischen Entwicklung anzuschließen.

Diese Gleichschaltung der Psychotherapie der „evidence based medicine" tritt schon allegorisch auf dem Cover der Psy-BaDo auf: Auf den beiden sichtbaren Außenseiten eines Würfels sehen wir neben einer schablonisierten Landschaft das Schema eines Schattenkopfes; an den drei sichtbaren Ecken des Würfels sind drei schematisierte Vermessungsingenieure mit einem den Würfel umgreifenden Riesenmetermaß am Werke. Von der Rückseite des Würfels schaut ein Beobachter von oben in den Innenraum des Würfels, in dem zwei geschlechtlich undefinierbare Menschlein Rücken zu Rücken voneinander abgewandt stehen; wobei der eine, vermutlich der Therapeut, mit einer Lupe in den leeren Raum schaut, während der andere, vermutlich der Patient, sich an der Wand des Würfels abzustützen scheint. Das im Würfel eingeschlossene Therapeut-Patient-Paar, das beziehungslos zueinander steht, befindet sich in einem von außen abgeschlossenen und vermessenen Raum, das heißt im Inneren einer definitiven Konstruktion, die der Vermessung und Beobachtung dient. Diese Figur der Einschließung der Vermessungs- und Beobachtungsszene verweist auf den immanenten Charakter der Psy-BaDo als therapeutisches und gesellschaftliches Kontrollsystem: Das heißt, ihre Urheber verifizieren den Vorwurf Castels (1976) gegenüber Psychotherapie und Psychoanalyse als Fortsetzung des psychiatrischen Kontrollsystems.

Usurpierung von Wissenschaft durch Industriepolitik vorzugehen. Die Abtretung von Verantwortung in den zentralen Aufgabenbereichen (Wissenschaft und Bildung) durch gewählte Repräsentanten der Gesellschaft an industrieorientierte Interessengruppen der Universität, die in ihrer Berufungspolitik für die Besetzung von Lehrstühlen nur die ihrem Wissenschaftsverständnis und ihren Wirtschaftsinteressen dienlichen Berufungen vornehmen, treibt das universitäre Leben in eine totale Homogenisierung und Ausschließung jedes freien Geistes. Die Geisteswissenschaften werden in diesem Prozess nur noch in ihrer dekorativen Funktion geduldet: die Reflexionswissenschaften mit dem grundsätzlichen Anspruch auf Durchdringung der Bedingungen der menschlichen Lebenswelt, der Reflexion über die subjektiven und objektiven Faktoren, auch der wissenschaftlichen Systeme, werden ins Überflüssige abgedrängt. Infolgedessen kann von ihnen keine ernstzunehmende Gefährdung durch Aufklärung der Motive dieser Instrumentalisierung von Wissenschaft mehr ausgehen.

Der vermessene Mensch, das kontrollierte Subjekt, ist in diesem Verhältnis des isolierten Patienten zum abgewandten, durch eine Lupe irgendwohin blickenden Therapeuten in einem System eingeschlossen, welches das klassische Subjekt-Objekt-Verhältnis der Medizin widerspiegelt. Die Urheber der Psy-BaDo wissen um die Einführung des Subjekts in die Medizin durch Freud; sie wissen auch um die Unangemessenheit der Subjek-Objekt-Relation in der Medizin und müssten auch gerade um die andere Beziehungsstruktur in der Psychotherapeutischen Wissenschaft wissen. Dennoch wählen sie diese Abbildung. Und so ist die Interpretation nahegelegt, dass diese Darstellung den wissenschaftlichen Anspruch der Psy-BaDo symbolisieren soll, der nicht nur einen Anspruch des Maßnehmens darstellt, vielmehr den Geltungs- und Machtanspruch der maßgebenden Psychotherapie dokumentieren soll: „Die Entwicklung eines für jeden und jede Form von Psychotherapie brauchbaren Konzepts zur Qualitätssicherung" (Senf u. Broda l. c.) macht den pseudologischen Charakter dieser Ambition deutlich; vergleichbar jener „hochtönenden Phrase" vom Konzept einer „allgemeinen Durchführungsstrategie für die Analyse", von der de Schill (1997) sagt, dass nur Therapeuten mit vorgefassten und rigiden Vorstellungen sich über eine allgemeine Strategie sicher sind und in ihren vorgefertigten Deutungen für alle Arten von Patienten die Tatsache außer acht lassen, dass jeder Mensch einzigartig ist. So kann es auch kein für jeden und für jede Therapie brauchbares Konzept der Qualitätssicherung geben, da die Güte einer jeden Therapie sich darin erweist, dass der Therapeut das einzigartige innere Universum eines Patienten zu ergründen versteht.

Die Urheber der Psy-BaDo wissen sich aber identisch mit den Fachvereinigungen, in deren Auftrag sie sich doch so legitimieren wollen als Wissenschaft von Psychotherapie. Die Totalitätsintention dieses für die psychoanalytische Wissenschaft völlig verfehlten Anspruchs zeigt aber zugleich, dass es hier wohl um standespolitische Macht- und Wirtschaftsinteressen zu gehen scheint, von denen die Autoren wie auch die Repräsentanten der Fachgesellschaften anzunehmen glauben, dass sie am ehesten in der Medizin durch Integration in die Gesundheitsindustrie zu realisieren wäre; wie auch, was noch zu zeigen ist, dieses Unternehmen durch eine homogenisierende Intention gekennzeichnet ist, die auf eine grundlegende Psychiatrisierung von Psychotherapie hinausläuft.

2.2 Zu den „Grundlagen und Prinzipien der Qualitätssicherung" der Psy-BaDo – Strukturqualität, Prozessqualität, Ergebnisqualität

Zur Strukturqualität

Mit Strukturqualität ist in der Psy-BaDo die Qualifikation des medizinischen und paramedizinischen Personals und die Gestaltung des Versorgungsangebots gemeint, deren Qualifikation sich zwangsläufig zu ergeben erscheint aus den Aus- und Fortbildungscurricula: „Die Qualifikationsvoraussetzungen regelt das Weiterbildungsrecht" (Heuft u. Senf 1998). Bemerkenswert ist, dass die Psychologen aus der hier propagierten medizinischen Psychotherapie herausfallen, obwohl gerade der Beitrag der klinischen Psychologie, theoretisch wie praktisch, für eine fundierte Psychotherapie nicht mehr wegzudenken ist. Die Aussonderung der Psychologie steht auch für die Austreibung des nicht-medizinischen Geistes aus der Psychoanalyse, deren ideologiekritische Kultur gerade von Nicht-Medizinern getragen wurde. Ungesagt bleibt auch, dass die psychotherapeutische „Identitätsfindung" herausgelöst wird aus der Identifizierung mit spezifischen Wahrnehmungsweisen, wie sie die therapeutischen Schulen unterscheiden und auch den darin implizierten verschiedenen Menschen- und Weltbildern – was von unmittelbarer Auswirkung für die Prozessführung der Therapie ist.

Nach den Ausführungen von Vertretern der Psy-BaDo (Senf u. Broda 1998) müssen wir davon ausgehen, dass ein allseits fungibler medizinischer Psychotherapeut die Lösung der Zukunft sein soll, der seine Orientierung, d. h. seinen Kenntniserwerb und seine therapeutischen Fähigkeiten aus jeweils gänzlich verschiedenen therapeutischen Schulen zusammensetzen soll. Ein „Expertentum" in Collage-Technik soll hier produziert werden und eine Expertenfunktion nach Collage-Art, ein Experte, der an nichts mehr glaubt und auch von keiner Überzeugung mehr behindert wird. Denn ein solcher Psychoingenieur braucht vor dem Patienten keine Glaubwürdigkeit und Überzeugungskraft mehr, weil er mit der Applikation der jeweils aktuell-optimalen Psychotechnik sich der effizientesten Methode sicher wähnt.

Es scheint uns aber gerade problematisch, was den Vertretern der Psy-BaDo unproblematisch erscheint, dass nämlich Therapeuten systematisch über die Befähigung der Wahrnehmung ganz verschiedener therapeutischen Grundorientierungen verfügen sollen: „So sollte jeder Therapeut sowohl die Durchführung eines tiefenpsychologischen Interviews wie eine Verhaltensanalyse beherrschen" (Senf u. Broda l. c.). Wie wenn das Menschen- und

Weltbild der Therapeuten eine jeweils austauschbare Größe wäre, wo doch in jedem therapeutischen System ein Wertesystem impliziert ist. Der grundliegende Anspruch auf psychodynamische Wahrnehmung wird aufgegeben, damit auch der umfassende theoretische Anspruch der Psychoanalyse auf eine Einflußtheorie als Grundlage der Therapie (s. Pohlen u. Bautz-Holzherr 1991, 1995).

Nach den Kommentaren von Autoren der Psy-BaDo (Senf u. Broda l. c.) scheint es den Psychotherapeuten einer Leitlinienpsychotherapie auszuzeichnen, dass er losgelöst von spezifischer therapeutischer Identitätsfindung, „frei von Grenzen der Methoden und der Person", das heißt, frei von der Identifikation mit seinem Vorgehen, tätig werden soll, um „gleich Lösungen zu versuchen, die die Frage umgehen, warum die ursprünglich versuchte, schulentreue Methode keinen Erfolg hatte" (l. c. S. 7). Das Ideal dieses curricular standardisierten Therapeuten scheint der Einheitstherapeut ohne Leitorientierung zu sein, der in totaler Fungibilität sein Technikarsenal nach dem propagierten Diktat ihrer Leitwährung von Ökonomie, Effizienz und Praktikabilität im Angebot hält.

Freilich geht in dieser Rationalisierung und Standardisierung unter, was die interaktionell entscheidende Determinante des Prozesses ist: der suggestive Charakter der therapeutischen Kommunikation ist jedoch eine zwischenmenschliche Macht in der Therapeut-Patient-Beziehung, der nach dem Fazit der Wirksamkeitsforschung die entscheidende Bedeutung zukommt. Diese Macht ist nach den empirischen Untersuchungen (vgl. Strupp 1993) unabhängig von der jeweils verwendeten spezifischen Technik in allen Spielarten der Psychotherapie wirksam; und die sogenannte Technikkompetenz, die Anwendung störungsspezifischer Interventionsstrategien, ist weniger von Bedeutung als die Güte der Beziehung, die sich aus der Güte der therapeutischen Kompetenz (Interaktionskompetenz) ergibt.

Jene suggestive Macht, deren Wirksamkeit bei der Untersuchung gerade auch psychoanalytischer Verfahrensweisen als entscheidender supportiver Wirkmechanismus beschrieben wurde, scheint der tragende Grund der Therapeut-Patient-Beziehung zu sein und über Deutungsstrategien und spezifische Interventionstechniken hinauszugehen. Die Bedeutung der Einflussmacht, der Suggestion als essentielles Wirkprinzip der Interaktion, haben wir bereits im Exkurs über die psychodynamische Einflusstheorie dargestellt und gezeigt, dass die Umbenennung des Suggestionsprozesses in einen Induktionsprozess verdecken soll, dass die Vertreter der positivistischen Wissenschaftsdogmatik in dieser scheinbaren Neu-Erkenntnis eine theoretische

Selbstrettung suchen, nachdem mit dem Ende der Effektstärkenpolitik ihr wissenschaftlicher Erklärungsnotstand offensichtlich wurde.
Die Erkenntnis induzierter Veränderungserwartungen als entscheidendes Wirkprinzip[60] ist freilich so alt wie die Psychoanalyse Freuds: die Wiederkehr der verdrängten Freud'schen Erkenntnis von der Suggestion als Urphänomen, Grundtatsache des Seelenlebens und der als Übertragung wirkenden Suggestion zeigt sich nun in der psychotherapeutischen Wissenschaft in der plötzlichen Wiedereinführung des Induktionsphänomens als konstitutive Bedingung der Kommunikation. Das Neue ist also so neu nicht, vielmehr das Alte, das nun als Neu entdeckt wird und jetzt wissenschaftlich bei Grawe (1998) nach seiner Rezeption Franks (1961) zur Sprache kommen darf, weil das eindimensionale behaviorale Denken keine Erklärungsmöglichkeit für die therapeutischen Interaktionsphänomene geben kann.
Es ist bemerkenswert, dass unter dem Aspekt Strukturqualität, mit dem die Qualifikation des medizinischen und paramedizinischen Personals und die Gestaltung des Versorgungsangebots gemeint ist, keine Frage nach der Substanz, der wirklichen Qualität des Therapeuten gestellt wird: kein Wort über Erfindungsgeist und Imaginationsvermögen, wo die Phantasielosigkeit eines Therapeuten dem Patienten die Entdeckungsmöglichkeiten seiner Potenzen nimmt, wo die Einfallslosigkeit eines Therapeuten dem Patienten keinen Horizont von Erwartungen eröffnet und die Zukunftsperspektive versperrt; kein Wort über Talent und Erfahrung eines Therapeuten, von dessen lebensgesättigter und klinischer Erfahrung die Weite und Tiefe des Einblicks eines Patienten in seine Struktur bestimmt wird.
Die eigentlichen Bedingungen für die Güte eines Therapeuten werden nicht in den Blick genommen: kein Wort über die Verschiedenheit der Schulen, über ihre verschiedenen therapeutischen Kulturen, ihre weltanschaulichen Differenzen, die auch eine differente Sicht der Wirklichkeit mit sich bringen; keine Frage zu den ideologischen Ingredienzen einer therapeutischen Schule und ihre zum Teil abgrundtiefen Unterschiede in den zugrunde liegenden Wertesystemen gegenüber dem, was die konstitutiven Bestimmungen des Subjekts sind; auch kein Wort über die vom Therapeuten dem Patienten aufgemachte „persönliche Gleichung", seine den therapeutischen Prozess determinierende „Konfliktneigung" (Struktureigenheit); vor allem wird kein

[60] Nicht zuletzt zeigen die hohen Anfangserfolge der Verhaltenstherapie, als diese sich noch in militanter Opposition zur Psychoanalyse befand und aus ihrer innovativen Bewegung eine große Kraft bezog, dass es hier um die Wirkungsmacht des überzeugten Therapeuten ging, also um das Ausmaß seiner Identifikation mit seinem System.

Gedanke an die ideologiekritische Frage verschwendet, was die Auftragsdimension einer Therapie angeht und was die kritische Selbstbefragung des vertretenen therapeutischen Systems betrifft im Kontext der gesellschaftlichen Abhängigkeit.
Das Vergessen des sozialphilosophischen Diskurses über diese Fragen und das Verschwindenlassen der gesellschaftskritischen Fragen der Psychoanalyse hat dazu geführt, dass jede tiefergründende Anschauung von der Welt, dem Menschen und der Stellung des Therapeuten in der Gesellschaft abhandengekommen ist. Es hat seine guten Gründe, dass kein Interesse mehr an der Analyse des subjektiven wie objektiven Hintergrundes solcher Einstellung eines scheinbar naiven Pragmatismus mehr besteht und kein Bedürfnis nach Aufklärung der unbewussten Gründe des eigenen Verhaltens, so dass man von den brennenden Problemen der psychotherapeutischen Wissenschaft nicht mehr berührt wird und sein Handwerk blind exekutieren kann. Psychotherapie als medizinische Applikation erübrigt freilich solche Fragen. All diese Fragen über Fragen rumoren untergründig dennoch weiter: es sind die unerlösten Plagegeister des psychodynamischen Denkens, die den Geist permanenter Infragestellung umtreiben.

Zur Prozess- und Ergebnisqualität

Diese beiden anderen Grundlagen der Qualitätssicherung sind doch, was die Urheber der Psy-BaDo übersehen, an die Güte der primären Strukturqualität, die Güte des Therapeuten als Voraussetzung gebunden. Denn wenn wir hören, dass die Voraussetzung für die Prozessqualität die fachgerechte Durchführung und Dokumentation diagnostischer und therapeutischer Maßnahmen wäre, dann wird das Problem aller Probleme der Psychotherapie unterschlagen: die Diskussion um die Güte der Arzt-Patient-Beziehung beziehungsweise um die Gütekriterien der Therapeutenvariable. Und was die Ergebnisqualität angeht, so wird hier, wie in den vorangehenden Prinzipien, offensichtlich, dass die Orientierung und der Bezugsrahmen der Erfassung dem organmedizinischen Verständnis von Krankheit, Arztrolle und Therapie folgt. Dazu werden wir im einzelnen bei der kritischen Sichtung der nachfolgenden Grundkonzepte der Qualitätssicherung und der praktischen Qualitätssicherung mit der Psy-BaDo Stellung nehmen und aufweisen, in welchem Ausmaß sich hier organmedizinische Vorgehensweisen und Bewertungsmaßstäbe niederschlagen; vor allem zu dem unkritischen Gebrauch von Diagnostikglossaren, die in einem ausschließenden Gegensatz zu der mit

Freund eingetretenen revolutionären Änderung des klassischen Krankheitsbegriffs stehen. Um der Normalisierungs- und Konfirmierungsintention willen wird die bisher sich jeder Standardisierung verweigernde psychoanalytische Intention im Anspruch auf das je eigene Trieb- und Konfliktschicksal des Subjekts zum Opfer gebracht.

Es wird von uns nicht in Abrede gestellt, dass sich auch Psychoanalyse wissenschaftlich zu legitimieren hat. Allerdings ist Voraussetzung dafür, dass sie ihren Wissenschaftscharakter in Differenz zum imperialen Anspruch reduktionistischer Wissenschaftsvorstellungen herausstellt, ihre Methode der systemimmanenten Bewährung aussetzt und sich auch externen Prüfungskriterien nicht verschließen darf. Entscheidend ist aber, dass der Forscher nicht vergisst, dass nur der Gegenstand die Wissenschaft bestimmt und nicht die Methode; hier ist der Gegenstand der Psychoanalyse als Wissenschaft vom Umbewussten in ihrem Verhältnis zu ihren genuin-hermeneutischen Methoden und dort die reduktionistischen Modelle von Wissenschaft, denen in der Psy-BaDo unreflektiert gefolgt wird, um dem vor allem in der Medizin herrschenden empiristischen Methodenzug nachzukommen.

Wir fragen uns auch, warum es für die Urheber der Psy-BaDo kein Problem ist, dass sie den Therapeuten eine Spaltung ihres Selbstkonzepts als Therapeuten abverlangen, wo doch gerade die Therapeuten in diesem System die Aufgabe haben, für die gesellschaftlich erwünschte Einheit des Patienten zu sorgen. Der Einheitstherapeut soll nach diesen Vorstellungen Mediziner sein im diagnostischen Ausschlussverfahren, Psychiater in der Kennzeichnung der Psychopathologie und gleichzeitig Psychotherapeut, der das interaktionelle Geschehen in einer Tiefendimension als „Psychodynamiker" zu steuern hat und als Verhaltenstherapeut den Einsatz störungsspezifischer Strategien besorgen soll. Dabei wird die Voraussetzung einer jeden interaktionellen Gestaltung vergessen, die darin liegt, dass der Therapeut seine Leit- und Wertorientierung an seinem System zur Grundlage der Therapie machen muss, wenn er nicht zu einem eklektisierenden Integralisten werden soll, der technisch alles in den Griff nehmen kann, aber vom Prozess, vom tieferen Sinn und der Bedeutung des interaktionellen Geschehens nichts mehr begreift. Insofern etabliert und fixiert die Psy-BaDo eine integrative Methodenapplikation als Psychotherapie der Wahl, ohne jede therapietheoretische Begründung, nach der Manier medizinischer Medikamentenapplikation, die im sukzessiven Medikamentenwechsel eine treffende Wirkung sucht.

Der ideale Therapeut der Zukunft wird in der Psy-BaDo nach amerikanischem Vorbild im Eklektiker gesucht. Es wird aber ignoriert, dass es nicht um irgendeine Art von Psychotherapeuten gehen kann, sondern nur darum, ob ein Therapeut die Begabung und Erfahrung hat, angemessen mit den innerpsychischen Problemen des Patienten umzugehen, in welcher Art von Behandlung auch immer: „Wie Chirurgen wissen solche Therapeuten, welches Instrument sie anwenden müssen, wie sie es anwenden müssen und wann sie es anwenden müssen. Anders jedoch als Chirurgen haben Therapeuten nur eine Spezialität: das riesige und unendlich komplexe Wissensgebiet der innerpsychischen Struktur und ihres Funktionierens“ (de Schill u. LaHullier 1997, S. 237). Der Hang zum Eklektizismus erspart die Anstrengung der theoretischen Begründung des therapeutischen Handelns und soll vom einfallslosen Pragmatismus ablenken. Die Flucht ins Eklektische, die Anleihe allerorten ist vom Ungeist medizinischer Beliebigkeit geschlagen: hilft dieses nicht, nehme man jenes.

Wenn man die Einrichtung der Psy-BaDo in einen wissenschaftspolitischen Zusammenhang stellt, dann dokumentiert sie den Übergang von der quantifizierenden Phase der Psychotherapieforschung zu einem qualifizierenden Sicherungssystem. Dabei könnte man die Einrichtung dieses Systems auch als Flucht vor der Notwendigkeit der Explikation der Wirkmechanismen des psychotherapeutischen Einflussgeschehens diagnostizieren. Gegen die Definition von Qualität als Substanz einer Theorie wird Qualität im Sinne der Quantifizierung eines Ergebnisnachweises vorgeführt mit dem blendenden Ziel, therapeutische Interventionen so gleichschalten zu können, dass Effekte dieser Psychotherapie nicht mehr wissenschaftlich abzuweisen und vom Kostenträger zu finanzieren sind; und mit der politischen Konsequenz, dass all jene Schulen im Sinne der „Political Correctness“ ausgeschlossen werden, die sich dieser Positionsbestimmung nicht unterwerfen, besonders die im strengeren Sinne psychoanalytischen Systeme. Ihnen droht der Entzug der wissenschaftlichen, gesellschaftlichen und finanziellen Anerkennung; vor allem wegen der Ausweitung des Geltungsanspruchs der Psy-BaDo auf die ambulante Psychotherapie.

Die explizite Zielsetzung der Psy-BaDo war, „zunächst im stationären, dann aber auch im ambulanten Bereich, schulenübergreifend (der allgemeinen Medizin, d. Verf.) vergleichbare Strukturen der Psychotherapie-Dokumentation für eine zeitgemäße, wirksame und auch wirtschaftliche Behandlung zu entwickeln“ (Heuft u. Senf 1998, S. 22); das heißt, eine Reglementierung sicherzustellen für die hier in Aussicht genommene Auftragspsychotherapie. Nachdem Grawe et al. (1994) in einer Metaanalyse die verschiedenen Therapieschulen ins Visier genommen haben, sind nun – als Antwort auf diese Effektstärkenpolitik – Anstrengungen um quantitative Sicherung zum Qualifizierungsnachweis von Psychotherapie in der Weise gereift, dass die Protagonisten im Feld der Fachpsychotherapie ein „schulenübergreifendes Erfassungssystem“ vorgelegt haben, das den allgemeinen Nutzen und die Wirkung von Psychotherapie methodisch legitimieren und eine „qualifizierte Grundlage für eine vergleichende Ergebnisdiskussion zwischen differenten Therapieansätzen“ (Heuft et al. 1995) bieten soll. Nicht zuletzt soll dieses schulenübergreifende Erfassungssystem der Rechtfertigung ihrer Anschaffungspolitik dienlich sein: der Sicherung qualifizierter personeller Ausstattung und der immer noch bezweifelten Bedarfsnotwendigkeit von Abteilungen für Psychosomatik und Psychotherapeutischer Medizin.

2.3 Zu den Grundkonzepten der Qualitätssicherung in der Psy-BaDo

Die Feststellung der Psy-BaDo-Autoren, dass der Basisdokumentation eine zentrale Bedeutung in der Qualitätssicherung zukomme, da die anderen Instrumente auf ihr aufbauten, ist so selbstverständlich wie jene: „ohne Dokumentation keine Daten, ohne Daten keine Information, ohne Information kein Erkenntnisgewinn bezüglich der Qualität" (Heuft u. Senf 1998, S. 3). Diese Aussagen sind so allgemein, dass sie das weitere Nachfragen nach den Voraussetzungen und dem Inhalt einer solchen Dokumentation überflüssig machen sollen.

Die Frage ist aber: zu welchen Ergebnissen sollen welche Informationen führen und was könnte der Erkenntnisgewinn einer medizinisch bestimmten Dokumentation sein, wenn sie nicht bloßes Faktensammeln ohne den Kontext der psychotherapeutischen Grundanschauungen sein soll. Reine Empirie, Faktenakkumulation, die nicht theoriegeleitet ist, wird nach Heisenberg unfruchtbar, weil es das Denken in endlosen Tabellenwerken ohne inneren Zusammenhang erstickt. Es bedarf nach ihm der Leuchtkraft der Anschauung, denn „die Schönheit (der Anschauung) ist der Glanz der Wahrheit" (Heisenberg 1981, S. 75). Die Verbannung des der Psychoanalyse genuin imaginativen Denkens, die Entfernung von Phantasie, mithin die Austreibung des Geistes sucht sich über solch empiristisches Verständnis zu legitimieren.

Psychotherapie ist eine Kontextwissenschaft und nicht kontextunabhängig zu betreiben wie eine pharmakologische Subdisziplin der Medizin, bei der die Substanzwirkung und therapeutische Dosierung auf dem Prüfstand steht. Die Kontextblindheit der Autoren zeigt sich in ihrem Vergleich der psychotherapeutischen Wirkung mit „der definierten Dosis eines Antibiotikums oder eines Antidepressivums", wie auch der Vorstellung dass, „die optimale Dosis durch konsequente Zielorientierung, zu der Patient und Behandler befragt werden, jenseits aller Ideologie, von welcher Seite auch immer evaluierbar" wäre (Heuft u. Senf 1998, S. 24). Das Schlagwort Ideologie verdeckt die Entfernung von Theorie und von Grundüberzeugung der Protagonisten und ist zugleich ein Repressionsinstrument zur Unterdrückung von Reflexion über die wirklichen Interessen dieser Urheber. Ihr Machtbegehren wird offenkundig in der betriebenen Bürokratisierung von Psychotherapie, in der Ursurpierung von Aufsichtsfunktion.

Als Alternative zwischen einer reinen Qualitätssicherung und der bisher noch als problematisch angesehenen externen Qualitätssicherung durch den Kostenträger und den Gesetzgeber suchen die Autoren zunächst noch ihr Heil in der eigenen Gesetzgebung einer berufsgruppengestützten Qualitätssicherung in Analogie zum peer-review-system. Dieses unterliegt jedoch demselben Konsensdiktat einer standardisierten Vorstellung von Psychotherapie und psychotherapeutischer Wissenschaft wie das peer-review-system der von ihnen beherrschten Fachzeitschriften und dem von dieser pressure-group besetzten peer-review-system der Forschungsförderungsgesellschaften, die nach den Kriterien eines flachen Positivismus die Mittelvergabe verfügt. Die Qualität von Forschungsprojekten und von Publikationen in den Fachzeitschriften spiegeln das Mittelmaß des akademischen Establishments[61], dessen wissenschaftliches und klinisches Niveau das Kriterium für die Billigung von Publikationen und Forschungsvorhaben ist. Die Ödnis und Mechanei[62] der Arbeiten ent-

---

[61] Wie auf fast allen Gebieten unterliegen wir auch hier dem amerikanischen Vorbild, das mit der üblichen zehnjährigen Verspätung kopiert wird. Ein Bericht des American Council of Learned Societies, der die Qualität von Artikeln in wissenschaftlichen Fachzeitschriften untersuchte, kam aufgrund der Befragung von über 5000 Wissenschaftlern, von denen 71 % antworteten, zu dem Ergebnis, dass „wegbereitende Stimmen oftmals überhört würden zugunsten konservativer Meinungen, die vom akademischen Establishment abgesegnet seien oder (zugunsten) moderner Ansichten, die bereits von mächtigen intellektuellen Eigengruppen gebilligt seien"; dass „es weitaus einfacher ist, veröffentlicht zu werden, wenn der Forschungsgegenstand oder der Wissenschaftler einer angesehenen Hochschule angehört oder ‚derzeit moderne' Gedanken verwendet, die die Altvorderen des Establishments nicht empören. Etwa ein Drittel der Befragten gab an, dass sie selten interessante Artikel fanden, selbst in führenden Journalen. Schließlich: die Tatsache, dass drei von vier Befragten das Verfahren als verzerrt zugunsten bestimmter Gruppen betrachteten, lässt wenig Zweifel daran, dass eine Reform vonnöten ist" (de Schill 1997, S. 179). Nach dieser Studie herrscht ein allgemeiner Druck zu veröffentlichen, obwohl praktisch kein Interesse am Inhalt der Publikationen besteht. Das heißt, die Veröffentlichungspraxis erfolgt nicht nach dem Kriterium von Qualität, sondern nach dem Gesetz leerer Repräsentation im akademischen Betrieb. De Schill verweist darauf, dass diese Untersuchung am ehesten auf die Hierarchien in den psychohygienischen Berufen, auf ihre Lehre sowie auf die Herausgeber von Büchern und Zeitschriften unseres Fachgebietes zutrifft. Diese Feststellungen sind ohne Einschränkung auf die deutschen Verhältnisse übertragbar.

[62] Eine Vorstellung der Standardrezeptur zur Outcomeforschung mit der Psy-BaDo liefert die „Erfahrung mit der Basis- und Ergebnisdokumentation Psy-BaDo – Einsatz in einer Ein-Jahres-Katamnese (Senst et al. u. Heuft 2000). Hier wird im Sinne einer „ergebnisorientierten, unaufwendigen Qualitätssicherung", „routinemäßig" das Therapieoutcome eines integrierten Therapiekonzepts mittels dreimaliger Patientenbefragung (Anfang und Ende der Therapie, Ein-Jahres-Katamnese) im „Indikationsspektrum von F 2 bis F 6 der ICD-10" mit Erge-Doku-Bögen der Psy-BaDo erfasst und „modular ergänzt" um Zusatzfragen zur Religiosität und Kostenrelevanz. Mit diesem Standardprogramm der Ergebnisdokumentation zur Qualitätssicherung wird ein Therapiediscount mit dem Angebot marktgängiger Verfahren auf Besserungs- und Kostenersparnisqualität geprüft, modular ergänzt durch die medizinische Applikation von „Religiosität". Das Ergebnis der Patientenratings bestätigt erwartungsgemäß eine allgemeine Befindensänderung; allerdings sehen die Patienten einen ebenso großen Zusammenhang von religiöser Befindensänderung und Veränderung des allgemeinen seelischen

springt der nivellierenden Homogenisierungspolitik dieser Gruppe, welche praktisch in allen Fachzeitschriften die Schlüsselpositionen der Herausgeberschaft und Gutachtertätigkeit besetzt hält und so darüber wachen kann, dass mit Sicherheit keiner das von ihr vertretene Maß überschreitet und intellektuelle Unruhe in den akademischen Betrieb bringen könnte. Dadurch werden jede mögliche wissenschaftliche Auseinandersetzung und das System beunruhigende neue Ideen und Gedanken unterbunden; und so kann jeder fachliche Einspruch von einem mittelmäßigen Expertentum unterdrückt werden. Eine solche Fach- und Wissenschaftspolitik soll den Machtstatus dieser Gruppe sichern, die sich als Zensurinstanz etabliert hat, um ihr Meinungsdiktat durchzusetzen.
In der Forderung nach Einrichtung von berufsgruppeninternen Qualitätszirkeln, die verharmlosend wie Supervisionsgruppen eingeführt werden, wird aber der besondere machtpolitische Aspekt der neu etablierten Funktionärsschicht der Psy-BaDo-Träger eindeutig: im Konzept der berufsgruppengestützten Qualitätssicherung soll ein Qualitätsmanagement – vergleichbar den Erfahrungen aus der Industrie (Heuft u. Senf 1998, S. 24) – nach den Kriterien von Referenzkliniken und Referenzpraxen arbeiten; wobei die Kriterien für deren Auswahl in dem von ihren Urhebern eingerichteten QiP (Institut für Qualitätssicherung in der Psychotherapie) festgelegt werden. Es hat sich hier ein Zentralkomitee für Psychotherapie gebildet mit den Funktionsträgern der Psy-BaDo, und im QiP repräsentiert sich die zentrale Kontrollkommission der Psy-BaDo-Bewegung: die Totalitätsintention einer perfekten sozialen, wissenschaftlich getarnten Kontrolle ist etabliert. Diese Qualitätszirkel werden verharmlosend als „Treuhänder-Systeme“ beschrieben und

---

Wohlbefindens. Das heißt, in der Änderung der befragten „Gottesbeziehung“ ist nach unserer Ansicht die Grunddimension menschlicher Zuversicht enthalten. So hätte sich die Therapie allein auf die religiösen Angebote beschränken können; oder eine „Therapie“ in Form religiöser Exerzitien würde zum gleichen Ergebnis allgemeiner Befindensänderungen gelangen. Der Nonsens solcher Forschung, die jetzt erwartungsgemäß in die Serienproduktion von Outcome-Arbeiten gehen wird, liegt in ihrer Pseudowissenschaftlichkeit, die sich über die Anwendung einer von den Fachvereinigungen gebilligten Methode den Anschein von Wissenschaftlichkeit geben will. Indem alle das Gleiche machen und sich alle im Gleichen bestätigen, gehört jedermann dieser Psychotherapeutischen Forschungsgemeinschaft an und kann sich als Wissenschaftler fühlen, sofern er den vorgegebenen Schemata nachkommt. Freilich kann diese Art „Forschung“ bestenfalls der Selbstbeglaubigung der herrschenden Mediokrität des psychotherapeutischen Establishments dienen, das ein Meinungskartell durch permanente Selbstzitierung ihrer Alltagsempirie unterhält, um jeden Ansatz einer wissenschaftlichen Infragestellung zu unterbinden. Psychotherapie, auf eine solch simplifizierende Methodenapplikation heruntergebracht, hat sich nun mit den gängigen Standards in der Medizin gleichgeschaltet und kann sich, erleichtert vom Ballast ihres wissenschaftlichen Aufklärungsanspruchs, in der Medizin zu Hause fühlen.

dienen sich irreführend als „sich selbst schützendes Qualitätssicherungssystem“ (Heuft u. Senf 1998) an.
Die totalitäre Regulierungspolitik und die sich darin zeigende Omnipotenzidee von Verfügungsgewalt über die von ihnen deklarierte psychotherapeutische Doktrin erschreckt weniger wegen des „acting out“ der Urheber, vielmehr wegen der Widerstandsohnmacht der Psychoanalytiker und ihrer Fachvereinigungen, welche die Konsequenzen dieser Bewegung nicht zu sehen scheinen. Der letzte Schritt zur Auslieferung der Psychotherapie an die Kostenträger und den Gesetzgeber (gesellschaftliche Institutionen) und damit zur totalen sozialen Kontrolle deutet sich an in der von den Urhebern vorgeschlagenen Zwischenlösung eines Protokolls, in dem die Diagnose, das angewandte Therapieverfahren, die „generalisierende Problemdefinition auf metapsychologischer Ebene, eine generelle im besprochenen Fall empfohlene Interventionsstrategie und ggf. die Formulierung einer spezifischeren Interventionsstrategie auf metapsychologischer Ebene“ als Mitteilung an die Krankenkassen dokumentiert wird, „um einem verständlichen Interesse der KV auf Unterrichtung über die inhaltliche Arbeit (der Qualitätszirkel) zu entsprechen“ (Heuft u. Senf 1998, S. 6).
Es scheint hier nicht so sehr um vorauseilenden Gehorsam gegenüber den Kostenträgern und dem Gesetzgeber zu gehen, als vielmehr um die Machtakkumulation der Funktionsträger der Psy-BaDo, die durch integrative Teilhabe an den Machtstrukturen der Kostenträger ihre Funktionärsmacht mehren können.

2.4 Zur praktischen Qualitätssicherung in der Psy-BaDo

Im Mittelpunkt unserer kritischen Anmerkungen steht die Diagnoseerhebung beziehungsweise die Therapiezielbestimmung und die allgemeine Veränderungsdokumentation (Ergebnisdokumentation).
Wir wollen weniger über die Verwendung psychiatrischer Erhebungsinstrumente wie den Beeinträchtigungsschwere-Score (BSS) nach Schepank (1995) und die Global Assessment of Functioning Scale (GAF) im DSM-IV äußern. Die klassischen psychiatrischen Modi der Abweichung und Normalität im BSS und GAF sprechen für sich: die Skalierung zum Beispiel im GAF mit der Polarisierung zwischen Leistungsfähigkeit und Leistungsunfähigkeit beziehungsweise ständiger Gefährdung (Selbst- oder Fremdgefährlichkeit) basiert auf der psychiatrischen Kodifizierung von pathologisch und normal, von gefährlicher Leistungsunfähigkeit und leistungsfähiger Ungefährlichkeit. Die darin liegende Definitionsmacht in der Zuschreibung von normal und anormal wird von den Urhebern der Psy-BaDo unreflektiert fortgeführt. Die Wahl solcher Instrumente zeigt eine überholt gewähnte psychiatrische Mentalität, die nun bestimmend werden soll für die Fachpsychotherapie: die praktische Qualitätssicherung der Psy-BaDo schließt eine systemimmanente psychotherapeutische Diagnostik aus, die den besonderen Bedingungen der Interaktionsdynamik Rechnung tragen würde. Auch der Versuch einer Operationalisierung der psychodynamischen Diagnostik (Arbeitskreis OPD 1998) geht daran vorbei, dass Diagnostik im kommunikativen Sinne ein Kommunikationsabbruch durch Festschreibung eines Zustandes ist, wo der psychodynamische Prozess gerade sein Ziel in der Verflüssigung, in der Veränderung vom Festgelegten hat. Statt dessen sehen wir in der Psy-BaDo eine unreflektierte Anlehnung an die kodifizierende, defizitär-psychiatrische Statusdiagnostik.
Es stellt sich die Frage, warum in der Psy-BaDo kein theoriegeleitetes, der Psychotherapie genuines Vorgehen im Gegensatz zu der bloß deskriptiven Arbeitsweise der Psychiatrie gewählt wurde. Könnte es daran liegen, dass sich die Vertreter der Psy-BaDo dem jetzt wieder aufgelebten eindimensionalen nosologischen Denken der Psychiatrie angeschlossen haben, weil in dieser affirmierenden Bewegung eine rasche und erfolgsversprechendere gesellschaftliche Anerkennung erwartet werden kann? Denn die Psychiatrie bietet sich, spiegelbildlich zum Stand des Gesellschaftsprozesses, als Instrument einer über Pharmaka verfügbaren erfolgreichen Steuerung von Verhaltensstörungen an und kann damit dem zur Zeit herrschenden allgemeinen Diktat der Normalisierung und Überwachung dienlich sein. Diese

Orientierung der Psy-BaDo an einer den Zeitgeist repräsentierenden Psychiatrie müsste doch Analytiker vor den Spuren gesellschaftlicher Indienstnahme schrecken lassen.
Es soll nicht vergessen sein: der heute von der sogenannten biologischen Psychiatrie verdrängte großartige Entwurf einer hermeneutischen Psychiatrie, der es in einer umfassenden Daseinsanalytik um die Sinnerhellung menschlicher Seinsweisen ging, um Anderssein (Kranksein) als besondere Art des In-der-Welt-Seins, war die Wiedereinführung des Subjekts in die Psychiatrie zu ihrer Zeit (1950 bis 1980) und die Antwort auf die Schuldverstrickung der Psychiatrie totalitärer Selektion und ihr Modell der Vernichtung lebensunwerten Lebens im nationalsozialistischen System. Dieser hermeneutische Psychiatrieentwurf war auch in dem Sinne dynamisch, daß es in ihm um die Formen gelingenden oder mißlingenden Daseins ging.
Besonders kennzeichnend für die Vorgehensweise in der praktischen Qualitätssicherung ist die Verwendung der ICD-Diagnostik, zu der die Dokumentation der Therapiezielbestimmung spiegelbildlich konstruiert ist. Ähnlich dem ICD-Glossar, das die Deviantenauslese kodifiziert in der Zuschreibung von gesund und krank, von normalem und abweichendem Verhalten, so entspricht auch die individuelle Therapiezielbestimmung der Psy-BaDo der Festschreibung von kodifizierten Krankheitsphänomenen als Abweichungen vom Normalverhalten. Die zwangsläufige Kopplung des Indikationsspektrums bei der Anwendung der Psy-BaDo mit dem Diagnostikspektrum des ICD-Glossars sichert dem Therapeuten durch die Übernahme der psychiatrischen Devianzdiagnostik allgemeine Anerkennung, indem sie ihm die scheinbar neutrale Funktion eines Sachverständigen gegenüber dem Patienten verleiht und einen scheinbar objektiven Status seiner Tätigkeit gegenüber der Gesellschaft. Die heute allgemein wirksame Zwangsverpflichtung zur Anwendung des ICD-Glossars ist freilich ohne sichere Rechtsgrundlage, wird aber widerstandslos hingenommen, weil der Ungehorsam gegen das Diktat der Krankenkassen die Ablehnung der Kostenübernahme zur Folge hätte. So haben sich die Urheber der Psy-BaDo mit ihrer Rückkopplung an das herrschende Krankheitsverständnis und Krankenkassensystem freiwillig dem Normalisierungswahn angeschlossen.
Im psychodynamischen Krankheitsverständnis geht es aber um die Aufklärung von Sinn und Bedeutung einer Symptomatik im Kontext der historischen Entwicklung von Triebschicksalen, welche die gängige Feststellung von Symptomdefizienz und Normabweichung übersteigt. Und der Freud'sche Krankheitsbegriff hat gerade die klassische Vorstellung von Krankheit in der Weise definitiv überschritten, dass die Psychoanalyse gesund und

krank, normal und anormal auf einem Kontinuum betrachtet, auf dem Krankheiten nur Zuspitzungen, sozusagen im Vergrößerungsglas als „Übertreibungen" des sogenannten Gesund-Normalen gesehen werden und keine nosologischen Entitäten darstellen. Die Psychoanalyse gerät hier durch ihre Infragestellung der Unterscheidung von gesund und krank mit gesellschaftlichen Kräften und Interessen in Konflikt, welche die Aussonderung des für die Gesellschaft Abwegigen und Ungewöhnlichen durch psychiatrische Selektion sichern muss zur Aufrechterhaltung der Ordnung. Die Entfernung der störenden Elemente aus der Gesellschaft ist der Auftrag an die Psychiatrie. Die Verkennung dieser sozialen Zusammenhänge durch den Mangel an sozialwissenschaftlicher Reflexion verführt eben nach Fürstenau (1994) zu einer kritiklosen Exekution gesellschaftlicher Aufträge durch die Psychiatrie.
Die Liste der individuellen Therapieziele der Psy-BaDo entspricht einer Symptomliste und korrespondiert der ICD-Diagnostik, die gleichfalls eine defizitäre Liste ist im Hinblick auf Abweichung. Und diese Mentalität, psychiatrische Diagnostik als Devianzauslese zu betreiben, war doch, und das sei in Erinnerung gerufen, der Gegenstand umfassender epidemiologischer Studien der 60er Jahre. In diesen Studien (Midtown-Manhattan-, Stirling-County-, New-Haven-Study) hat sich auch gezeigt, dass solche Devianzbestimmung nach den Maßstäben gesellschaftlicher Normierung von gesund und krank erfolgten und dass die Reliabilität dieser Diagnostiksysteme überhaupt in Frage zu stellen ist (s. dazu Pohlen u. Bautz 1973). Dies ist aber nicht verwunderlich, weil sich in den Diagnostiksystemen die Wertesysteme von Berufs- und gesellschaftlichen Gruppen in der jeweiligen Epoche niederschlagen, abgesehen von deren ökonomischen Interessen und Klassenvorurteilen.
Wir wollen hier auch nicht unerwähnt lassen, dass der gesamte zeitgenössische Diskurs über die medizinischen Ordnungssysteme, wie er vor allem von Foucault (1971, 1974, 1976a,b) repräsentiert wurde, nicht zur Kenntnis der Autoren gelangt zu sein scheint. Sollte sich denn der hier gezeigte Rückfall hinter die Erkenntnisse der Psychoanalyse, hinter die Erkenntnisse der zeitgenössischen soziologischen, sozialphilosophischen Diskurse darin gründen, dass die Medizinalisierung von Psychotherapie (Parin 1983) schon so weit fortgeschritten ist, dass der medizinische Horizont heute nicht mehr überschritten wird? Das Absehen der Verhaltenstherapie von den Erkenntnissen der Humanwissenschaften und die von ihr ausgehende Faszination technologischer Bewältigung im Krankheitsmanagement scheint auch die Repräsentanten der Psy-BaDo ergriffen zu haben. Das Vergessen der Ursprünge ihrer Wissenschaft und deren Einbettung in die Humanwissenschaften hat ihre

Anpassung an das Effizienz- und Legitimationsdiktat mitbewirkt. Denken außerhalb des reduktionistischen Modells scheint nicht mehr erfahren zu werden, so dass die Dialektik der Verschränkung von ICD-Glossar und Therapiezielbestimmung nicht in den Blick kommt. Es wird auch nicht mehr wahrgenommen, dass Devianzauslese für die Gesellschaft und Normalisierung, Rückführung auf sozial erwünschte Normalität, die beiden Seiten desselben dialektischen Prozesses sind.

Im Ergebnis – und das zeigt auch die Ergebnisdokumentation – wird psychotherapeutische Behandlung zum Krankheitsmanagement und die Beurteilung des Gesundungsverfahrens nach Normalisierungskriterien vorgenommen. Die Ergebnisdokumentation ist eine Veränderungsdokumentation von Befindensstörungen und Problembereichen, die globale Veränderungseinschätzungen von „gebessert" über „verschlechtert" bis zu „war nicht mein Problem" auf einer siebenstufigen Skala abbildet. Diese Ergebnisbeurteilung, für Patient wie Therapeut parallelisiert, vollzieht sich als rein quantitative Beurteilung an der Oberfläche von Befinden und Einstellung. Der Therapieerfolg als qualitative Änderung in der Sichtweise der Problematik des Patienten wie des Therapeuten ist nicht vorgesehen. Die Ergebnisdokumentation der Psy-BaDo zur Qualitätssicherung ist eine Feststellung quantitativer Veränderungen als Ergebnisbestimmung der Qualitätssicherung. Sie leistet nicht mehr und nicht weniger als die Quantifizierung von Therapieerfolg im Sinne der Reduktion von Befindlichkeitsstörungen und die Erreichung von anfangs definierten Therapiezielen aus einem Therapiezielkatalog. Sie kann keine Therapieprozesse abbilden, folgt dem prä-post-Vergleich im Sinne der traditionellen Outcome-Forschung und präsentiert in dieser Verschränkung von ICD-Diagnostik (Devianzauslese) bzw. Therapiezielen als Normalisierung von ausgewählten Symptomatiken und Störungsbildern ein medizinisches Modell der Transformierung von Krankheit in Gesundheit. Der Eindruck ist nicht abzuweisen, dass diese „Psychotherapeutische Basisdokumentation zur Qualitätssicherung" dem Versuchsplan einer differenzierteren pharmakologischen Studie folgt, bei der die Wirksamkeit des psychotherapeutischen Stoffes und seine Dosierung nach der Anzahl der Verabreichungen untersucht wird.

2.5 Zum wissenschaftspolitischen Charakter der Psy-BaDo

Die neue Übersichtlichkeit durch die Unterdrückung „unübersichtlicher“, schulendifferenter Systeme repräsentiert sich im Geltungsanspruch der Psy-BaDo, eine schulenübergreifende Maßnahme zu sein, in der sich der Fortschritt als neue Ordnung von Psychotherapie zeigen soll. In der Enteignung der Eigenheiten von konkurrierenden Systemen, in der Fusion differenter Welt- und Menschenentwürfe zu einem Einheitsschema von Therapeut und Therapie schlägt sich das Diktat der Vereinheitlichung nieder – spiegelbildlich zur zeitgenössischen, obsessiven Fusionierung der Industrieunternehmen (Globalisierung), deren imperialistischer Vereinheitlichungsdrang zur Ausschaltung aller Differenzen und Konkurrenzen im Dienste der Monopolsicherung steht, fern jeder weltanschaulichen, gesellschaftlichen und sozialen Loyalitätsverpflichtung.

Die Propagierung der Gleichwertigkeit von zwei Grundverfahren (Psychoanalyse und Verhaltenstherapie) und der versuchte Ausschluss aller anderen Verfahren (s. Senf u. Broda 1998) lenkt freilich von der Politik ab, allein dieses integralistische Standardverfahren als medizinische Psychotherapie gelten zu lassen und ausschließlich der Medizin den Anspruch auf Psychotherapie sicherstellen zu wollen. Freilich eine medizingerechte Entwicklung, Psychotherapie auf den kleinsten gemeinsamen Nenner standardisierter Mixtur von Verhaltenstherapie und sogenannter Tiefenpsychologie zu bringen – durch nivellierende Anpassung an medizinische Behandlungsstandards. Diese Totalitätsintention der Gleichschaltung dient dem Verfügungsanspruch über die Reparatursysteme der Gesellschaft und der Etablierung einer konkurrenzlosen Versorgungsagentur. Und diese sichert sich ihre Position des Alleinvertretungsanspruchs durch das Konsensdiktat in Übereinstimmung mit den Interessen der herrschenden Gruppen der Gesellschaft, denen sie im Sinne der Ökonomie, Effizienz und Praktikabilität ein System perfekter sozialer Kontrolle anbieten will.

Es nimmt in diesem Zusammenhang kein Wunder, dass die Psychoanalyse in ihrem Widerspruchsgeist gegen die konfirmierenden Intentionen der Gesellschaft alle adaptiven Bemühungen jener auf sich zieht, die sicherstellen wollen, dass „sicherheitshalber alles so bleibt, wie es ist“ (Bloch 1978, S. 163). Deshalb erscheint es uns merkwürdig, dass im Inventar der Psy-BaDo noch von Veränderungsdokumentation gesprochen wird, wo doch die ganzen Tendenzen dieses Unternehmens auf Konfirmierung angelegt sind.

Paradigmatisch dafür steht die Anlehnung der Psy-BaDo an die psychiatrische Definitionsmacht, die unreflektierte Übernahme dieser Schlüsselgewalt über gesund und krank; in Fortsetzung der „psychiatrischen Ordnung" (Castel 1979) nun die „psychotherapeutische Ordnung" zur Beseitigung von „Störungen" der gesellschaftlichen Ordnung. Denn auch die Bemühungen der Psy-BaDo-Urheber um eine „Operationalisierte Psychodynamische Diagnostik"[63] (Arbeitskreis OPD 1998) zeigen nicht nur diesen Versuch als Ausweis einer Selbstlegitimation vor der Fachgruppe der Analytiker; vielmehr präsentiert sie sich als Ergänzungsmodul zum Kernmodul der Psy-BaDo: „in einer schulenübergreifenden, möglichst einheitlichen und präzisen Sprach- und Begriffskultur, soweit wie möglich unter Verzicht auf spezifische schulenabhängige Terminologie" ... soll es sich „am ICD-Modell orientieren, da dieses traditionell von den psychotherapeutischen und psychodynamischen Einrichtungen verwendet wird" (Cierpka et al. 1995, S. 71).

Es scheint hier das erkenntniskritische Bewusstsein abhanden gekommen zu sein, dass Psychoanalyse sowohl in ihrer theoretischen wie der beobachtungsnah gebildeten klinischen Begrifflichkeit deren Bedeutungsgeschichte enthält und dies wegen der Mehrfachdeterminiertheit ihrer Termini aufgrund der Überdeterminiertheit psychischer Phänomene; und zum anderen bedingt gerade die mehrdeutig-historische Dimension des psychoanalytischen Verfahrens im Gegensatz zur Eindeutigkeit syllogistischer Schlussverfahren die Vielfalt und den Reichtum ihrer Begrifflichkeit, aber auch die Fülle der konkurrierenden psychoanalytischen Auffassungen.

Die Regulierungspolitik der Repräsentanten der Psy-BaDo soll die Kassenfähigkeit der allein von ihnen vertretenen Einheitspsychotherapie in Zukunft einfürallemal sicherstellen und bedient sich zu diesem Zweck auch selektiver Prozeduren, indem bei dieser „Perfektionierung" als medizinische Psychotherapie all jene reflexionsbestimmten, die wissenschaftliche Tradition der Psychoanalyse tragenden Human- und Sozialwissenschaften herausfallen. Die ideologiekritische Frage gegenüber dieser Säuberung von Psychoanalyse: „cui bono", führt zu der Antwort, dass in der Nivellierung[64] all das zum

[63] Die in einer multizentrischen Interreliabilitätsstudie in 11 Kliniken der BRD durch 110 Diagnostiker an 3 exemplarischen, videodokumentierten Patienten über subjektive Einschätzung gewonnenen Ergebnisse sollen die Sicherheit der Diagnosestellung und den Übereinstimmungsgrad zwischen den klinisch vorhandenen und im System operationalisierten Merkmalen auf einem vergleichbar hohen Niveau beurteilen lassen, wie dies für deskriptive psychiatrische Systeme der Fall sein soll (Cierpka et al. 1995). Die ICD-Diagnostik wird hier zur Idealnorm für die „OPD" gemacht. Die OPD ist in der Tat ein Ergänzungsmodul zum Kernmodul der Psy-BaDo, weil sie auf das typisch medizinische Schema einer dualen Untersuchungsanordnung beschränkt bleibt.

[64] Die Vertreibung des Geistes aus der Psychoanalyse, die sich als deren Substanzverlust darstellt, hat sich seit ihrer Wiedereinführung in der Nachkriegszeit niedergeschlagen in ihrer

Verschwinden gebracht werden soll, was den Forscher noch von psychoanalytischem Widerstandsgeist zum Anecken in einer Gesellschaft absoluter Konfirmierung bringen könnte (s. Pohlen 1999).
Der Rekurs auf die psychiatrische Diagnostik als Bezugsrahmen der Psy-BaDo wirft ein Licht auf das Wissenschaftsverständnis der Urheber dieser Dokumentation. Denn die Regression zum medizinischen Modell eindimensionaler, linearer Kausalität, die Reduktion der Komplexität menschlichen Verhaltens auf individuelle (biographische oder biochemische) Verursachung, muss nach dem Stand der naturwissenschaftlichen wie der sozialwissenschaftlichen Forschung als unwissenschaftlich gelten. Die Vertreter der Psy-BaDo müsste es aber bedenklich stimmen, dass in der biologischen Psychiatrie „gestörtes Verhalten" unreflektiert auf Transmitterstörungen zurückgeführt wird. Die behaupteten kausalen Zusammenhänge zwischen Pharmaapplikation und spezifischen Änderungen in Transmitterprozessen sind nämlich wissenschaftlich nicht haltbar: Theorien dieser Art erwiesen sich in allen Fällen als unrichtig; denn bei allen psychiatrischen und psychologischen Störungen spielen nichtneuronale Faktoren eine wesentliche Rolle (s. Birbaumer u. Schmidt 1996, S. 475). Die Beschränkung auf eine eindimensional-somatische Perspektive verhindert die Klärung der Bedeutung der einzelnen Teilsysteme im Zusammenhang des komplexen Beziehungsgefüges psychosozialer und somatischer Determinanten beispielsweise einer strukturellen Ich-Störung.
Mit der Einführung psychiatrieanaloger Diagnostik in die Psychotherapie wird die Notwendigkeit sozialwissenschaftlicher Orientierung auf der Dimension psychischer Phänomene negiert und das Forschungsfeld der Sozialpsychologie den Untersuchungsmethoden einer anderen, somatischen Ebene der Phänomene unterworfen. Diese Übertragung der aus der somatischen Medizin übernommenen Perspektive objektivierender Betrachtung von Verhalten als eines quasi-naturwissenschaftlichen Gegenstandes bringt die bio-

---

Vernutzung durch gesellschaftskonforme Offerten als Befreiungsideologie, in ihrer Vernutzung als Selbstverwirklichungsmythos und nicht zuletzt im Verlust psychoanalytischen Denkens durch Integration in die positiven Wissenschaften. Und der aktuell betriebene Verfall zeigt sich in ihrer Selbstauflösung durch die Preisgabe an die Medizin, zunächst im Betreiben des Facharztes für Psychoanalytische Medizin (durch H. E. Richter), dann in der Realisierung des Facharztes für Psychotherapeutische Medizin (durch die Ordinarien für Psychotherapie und Psychosomatik in der BRD). Im Lichte dieser Medizinalisierung erscheinen die vorangehenden Verfallsformen ihrer rigiden Verschulung und sektiererischen Entstellungen harmlos (s. Pohlen u. Bautz-Holzherr 1995; Pohlen 1998). Dagegen wird heute durch die Einpassung in ein Einheitsschema von medizinischer Psychotherapie die definitive Entleerung von Psychoanalyse besorgt.

graphischen, familialen, gesellschaftlichen und kulturellen Voraussetzungen von seelischem Kranksein zum Verschwinden. Die früher gültige, sozialwissenschaftliche Fundierung von Psychotherapie ist heute aus opportunistischen Gründen einer beschränkten somatischen Perspektive geopfert werden. Der Zugang zur vieldimensionalen Bezogenheit menschlichen Verhaltens wird verschlossen, obwohl in der wissenschaftlichen Entwicklung der Psychotherapie durch Vermittlung von Trieb-/Objektbeziehungstheorie und Ich-Psychologie der Psychoanalyse mit der system- und kommunikationstheoretischen Perspektive das innere und äußere Bezugsfeld des Subjekts in seiner systemischen Komplexität aufklärbar wurde.

Statt des Rückgangs auf die defizitäre Statusdiagnostik der Psychiatrie gibt die Entwicklung von Psychotherapie/Psychoanalyse ganz andere und umfassende Kategorien der Diagnostik an die Hand, welche eine dynamische Entwicklungs-, Aktual- und Verlaufsdiagnostik offenstellen im Sinne einer biographischen, familialen, sozialen und systemischen Beziehungsdiagnostik: eine lebensgangzentrierte Diagnostik, welche die Lebensdynamik des Patienten zur Darstellung bringt, ist nach dem heutigen Kenntnisstand unerlässlich (s. die von uns entwickelte Psychodiagnostik im Marburger Programm, Kap. IV). Solche Analytik der Gesamtsituation des Patienten schafft erst die Voraussetzungen für eine wachstumsförderliche Perspektive der Therapie, deren Ziel auf dem Hintergrund der genannten psychodynamischen Diagnostik die prospektive Erarbeitung von Sinn und Bedeutung der Symptomatik eines Patienten ist (s. dazu Pohlen u. Bautz-Holzherr 1998; Bautz-Holzherr 1999); statt der durch psychiatrisierende Diagnostik organisierten defizitären Bilanzierung, die als Therapieziel nur die Beseitigung von Störungen für die Gesellschaft zur Folge haben kann.

Die versuchte Anpassung der psychotherapeutischen Medizin an somatisch-psychiatrische Standards in der Psy-BaDo, entgegen dem differenzierten und subtilen Wissens- und Erkenntnisstand in der Psychotherapie, scheint anzuzeigen, dass die Legitimation in der Medizin um den Preis des fundierten sozialwissenschaftlichen Erkenntnisgewinns gesucht wird: Medizinalisierung von Psychotherapie bedeutet Entfernung der hermeneutischen Kunst und der humanwissenschaftlichen Grundlagen aus der Psychoanalyse. Diese Psychiatrisierung von Psychoanalyse dient der Ordnung einer neuen psychotherapeutischen Übersichtlichkeit durch systematische Beseitigung von Störelementen, wie sie sich in den „gestörten Subjekten“ zeigen, die sich in der Negation ihres Aufbegehrens gegen verordnete Normalität auf die Abseite des Lebens geschlagen haben. Die psychotherapeutische Ordnung der „Überflüssigen“ (Nietzsche) einer Gesellschaft ist nun in Angriff genommen, Psy-

choanalyse endlich zeitgemäß geworden, und die Regression zu einer Agentur reglementierender Therapeutik zeigt das Ende einer affirmativen Entwicklung.
Der Psy-BaDo sei der Satz Adornos und Horckheimers eingeschrieben: „Der Fluch des unaufhaltsamen Fortschritts ist die unaufhaltsame Regression" (1969, S. 42).

3. Die Güte des therapeutischen Raums: Bedingungen für die Selbstbemächtigung des Subjekts in der klinischen Psychodynamik

3.1 Die Güte des therapeutischen Teams

Das Fundament der klinischen Arbeit sind die persönlichen Bedingungen und Voraussetzungen des therapeutischen Teams, um die für die klinische Psychodynamik notwendige Güte kooperativer Arbeitsmodelle besorgen zu können. Die Kriterien für die Güte des therapeutischen Teams entsprechen den beschriebenen Gütekriterien des Therapeuten, mit dem Unterschied, dass sich die Wirkungen der Einflussnahme auf den Patienten positiv wie negativ durch die Vielfalt der Interaktionen im klinischen Feld überlagern und verstärken.

Essentiell für die Heilwirkung eines therapeutischen Settings ist nach unserer Erfahrung die gemeinsame Perspektive des Teams in seiner psychodynamischen Grundhaltung: die Wirkmacht der Heilquelle liegt in der gemeinsamen Überzeugung von der Güte des therapeutischen Systems und ist von der übereinstimmenden Perspektive des Teams gegenüber der Symptombedeutung und der daraus sich ergebenden Veränderungsbewertung eines Patienten abhängig. Das Organisationsprinzip der von uns vertretenen klinischen Psychodynamik ist auf diese Arbeit an der Übereinstimmung zwischen den verschiedenen Therapeuten und ihren Aktivitäten ausgerichtet. Denn der Teamgeist lebt aus der Auseinandersetzung divergierender Aspekte und Kräfte auf den einzelnen Feldern der Arbeit, der Bemühung um eine Übereinstimmung in der Einstellung zum Patienten und dem Ausgleich divergierender Einstellungen zwischen den Therapeuten.

Das klinische System ist nur unter der Bedingung ein System hilfreicher Beziehungen für den Patienten, wenn es auch ein unterstützendes, hilfreiches System für das Team ist, das seine Anerkennung aus dem gegenseitigen Respekt gegenüber den zwangsläufig auftretenden emotionalen Verwicklungen erhält. Denn der klinische Raum ist ein Feld ständiger Kontamination, und der einzige Schutz, den das Team vor der weiterführenden Infektion hat, liegt in der emotionalen Unterstützung und offenen, immoralischen Reflexion über die konflikthaften Verstrickungen mit den Patienten. Dies meint nicht die Selbsterfahrung unter den Mitarbeitern, sondern die freimütige und wohlwollende Klärung für eine professionelle Lösung der interaktionellen Probleme.

Der Teamgeist kann sich nur lebendig halten in der ständigen Überwindung von Neid- und Eifersuchtsreaktionen und in der Sublimation der Konkurrenzbedürfnisse im Wettbewerb um die jeweils spezifische Güte eines therapeutischen Aktionsfeldes. Daher ist die Organisation klinischer Psychodynamik immer auf Emanzipation gerichtet, auf das Ziel einer partnerschaftlichen Kooperation und schließt autoritär-medizinische Arbeitsmodelle aus. Die therapeutische Kultur einer Institution, der Geist einer Klinik, sollte sich besonders in der Kompetenz des Leiters repräsentieren, die sich überträgt auf die Gütevorstellungen des Teams; und umgekehrt ist die Güte des Teams der Spiegel für den Güteanspruch an den Leiter.
Die charakterologischen und verhaltensbedingten Verschiedenheiten eines Teams sind weniger von Bedeutung, auch wenn dies im Einzelfall der Interaktion mit dem Patienten besondere Probleme aufwerfen kann; strukturierend für den Teamgeist ist vielmehr die therapeutische Gesinnung aller Beteiligten, die ihre Wurzeln hat in der gemeinsamen Vorstellung über die Bedeutung von Kranksein, über den aufbegehrenden Charakter von abweichendem Verhalten und der Sorge um die Anerkennung dieser negierenden, nicht der Norm entsprechenden Kräfte im Subjekt.
Eine grundsätzliche Bereitschaft des Teams zur Bejahung eines nicht angepassten Lebens, ein Verlangen nach dem Nein-Sagen statt dem immerfort Ja-Sagen ist die Voraussetzung für eine psychodynamische Tätigkeit. Diese bringt es mit sich, dass solche Arbeit gerade von Menschen gesucht und praktiziert wird, die es auch ertragen können, sich auf ein anderes Denken einzulassen und eine Ambiguitätstoleranz aufbringen, welche die negierenden Kräfte des Patienten auch zum Anlass für die eigene Infragestellung der Verhältnisse werden lassen. Widerspruchstoleranz kann freilich nur von einem Team gelebt werden, das sich nicht aus Kontaminations- und Infektionsangst in die Sicherheitsverwahrung eines normierten Denkens und einer standardisierten Technik des Verhaltens zurückziehen muss. Ein solches Widerspruchsdenken ist jedoch nur durchzuhalten, wenn dieser Geist die gesamte Institution beseelt und das Team die Möglichkeit hat, die aus seinen divergierenden Persönlichkeitsstrukturen herrührenden Konfliktneigungen auch selbst bejahen zu können, ohne sich in gegenseitiger Diskriminierung zu entwerten und im Zweifelsfall die vom Patienten aufgemischten Konfliktneigungen projektiv an diesem zu entledigen.
Die narzisstische Bestätigung spielt in der klinischen Psychodynamik eine nicht zu unterschätzende Rolle, weil sie jene Gegenmacht gegen die üblichen Abhängigkeitsprozeduren im klinischen System schafft und der Glaube an den besonderen Wert dieser gemeinsamen Aufgabe den Einzelnen aus der

sogenannten berufsgruppenbezogenen Identität und Kompetenz heraushebt: die therapeutische Verantwortlichkeit für das eigene Aktionsfeld ist eine dezentrierende Kraft gegen autoritäre Hierarchisierung. Die Synchronisierung der einzelnen Arbeitsfelder bestimmt den Wert des Gesamtsystems psychodynamischer Arbeit, die gerade aus der kooperativen Anstrengung um die Realisierung der entworfenen Therapieziele ihre besondere Heilkraft bezieht. Die gegenseitige Identifizierung mit dem Behandlungssystem und die „Idealisierung" des kooperativen Modells sind unerlässliche Voraussetzungen für eine fruchtbare psychodynamische Teamarbeit, bei welcher der Leiter einer Klinik weniger von hierarchischer Bedeutung im Sinne der institutionellen Macht ist als von repräsentativer Bedeutung im Sinne einer Leitfigur für das therapeutische System, das er durch sein Voraussein an klinischem Wissen lebendig hält.
Die Überzeugungskraft und Glaubwürdigkeit eines Leiters sind für das von ihm zu vertretende Therapiesystem von großer Bedeutung, weil sie die Identifizierung des Teams mit diesem System unterhalten und wiederum eine Teammoral bedingen, welche die Vertrauenswürdigkeit des Teams vor dem Patienten bestimmt. Der therapeutische Eros (Seguin 1965, in de Schill 1997), von dem ein therapeutisches Team ergriffen ist und dessen Begeisterungsfähigkeit ausmacht, ist abhängig von dieser Anerkennungsdialektik zwischen dem Repräsentanten des klinischen Systems und den Mitarbeitern dieser Therapieorganisation; das heißt, die Heilkraft, die von einem therapeutischen Team auf einen Patienten wirkt, hat ihre Quelle in einem interaktionellen Prozess von gegenseitiger narzisstischer Anerkennung und Bestätigung und ist die Basis für eine erfolgreiche klinische Arbeit.
Die narzisstischen Ansprüche und emotional-libidinösen Bedürfnisse der Mitarbeiter des therapeutischen Teams untereinander unterhalten eine ständige Zirkulation von Affekten, die auf unmittelbare Befriedigung drängt im Austausch miteinander. Dieses Austauschgeschehen in vorbewusster wie unbewusster Interaktion vollzieht sich „stumm", wenn der Austausch befriedigend ist, wird „lärmend", wenn er ungenügend ist: Indikatoren für einen missglückten Austausch sind unerklärlich wirkende Spannungen, Missstimmungen, Desinteresse, Apathie, Verlust der Arbeitsfreude und Zweifel am Erfolg der Arbeit oder entwertende Tendenzen untereinander, für den Patienten eine hilfreiche und gute Arbeit zu leisten. Die Antwort auf solche Krisensymptome im Arbeitsgeist des Teams kann nur in der erhöhten Sorge um die Psychohygiene der Mitarbeiter liegen, die an einem meist durch destruierende Patienten bewirkten Mangel an narzisstischer Anerkennung leiden.

Von der fürsorglichen[65] Wahrnehmung, der Hellsichtigkeit eines Leiters für solch immer wiederkehrenden Phänomene hängt es ab, derartige Zirkulationsstörungen frühzeitig zu erkennen und durch fokale Intervention nicht zu Krisen des therapeutischen Milieus werden zu lassen. Dadurch muss die Zuversicht in die Güte der Arbeit wieder hergestellt werden in der Erneuerung der Überzeugung, dass man durch gemeinsame Anstrengung narzisstische Belastungen bestehen kann. Es bedarf hier der kognitiven Klärung der Selbstverwicklung des Teams mit den Patienten, um eine affektiv-kognitive Einstellungsänderung herbeizuführen, damit der Zweifel oder die wachgerufene Ambivalenz gegenüber dem Erfolg der Arbeit umgewendet werden kann in die neue Qualität einer emotional-distanzierten Sicht des interaktionellen Geschehens. Der befriedigende Gefühlsaustausch in der mitmenschlichen Kooperation des Teams bedingt die förderliche Aura des Helfens im therapeutischen Feld. Die aufzubauenden hilfreichen Beziehungen des Teams mit dem Patienten, das Wachrufen von Erwartungen auf Verbesserung seines Zustands hängt nämlich von der Zuversicht des Teams ab, mit seinem System dem Patienten Erleichterung zu verschaffen und für ihn Hoffnung auf Veränderung zu wecken.

---

[65] Die Wahrnehmung dieser Verantwortung durch einen Klinikleiter wird immer mehr vernachlässigt, und die Abtretung der Verantwortung durch die Einrichtung von Beratungssystemen (Kliniksupervisoren) verdeckt den allgemeinen Verfall des klinischen Könnens (s. auch de Schill 1997). Es wird nicht in Abrede gestellt, dass in der psychotherapeutischen Arbeit die Weiterbildung durch Supervisorentätigkeit gewährleistet werden muss. Allerdings darf sich dies nur auf die individuelle Supervision zur Bearbeitung der technischen Probleme und der aus der unbewussten Übertragung herrührenden Konfliktualisierungen des therapeutischen Interaktionsprozesses beziehen und nicht auf die Supervision eines klinischen Systems, dessen Niveau und Güte und dessen psychohygienische Bedingungen in die Fürsorgeverpflichtung eines sachkundigen Leiters gestellt sind. Der erfahrene und inspirierende Kliniker wird aber an den Hochschulen eine immer seltener werdende Spezies (de Schill 1997), da die Entwicklung in der akademischen Psychotherapie durch die Selektion von Psychotechnikern und Psycholabor-Medizinern und der gleichzeitigen Verdrängung von klinisch sachkundigen und talentierten Therapeuten zu einem Niedergang klinischer Qualität und klinischer Wissenschaft geführt hat. Es darf nicht übersehen werden, dass durch die Einführung einer Supervisorentätigkeit für das klinische System konkurrierende Machtstrukturen organisiert werden zwischen der expliziten Macht der formalen Hierarchie einer Klinik und der impliziten, informellen Machtfunktion des Supervisors. Die unbewusste Verwicklung beider Machtstrukturen führt allzu oft zu paranoiden Entwicklungen, in denen die verschiedenen Gruppen des klinischen Feldes durch bewusste oder unbewusste Identifikation mit dem jeweiligen Exponenten der Macht gegeneinander in Konflikte gedrängt werden. Der Geist einer Klinik und das Niveau ihrer therapeutischen Kompetenz zeigt sich letztlich in der Differenziertheit ihrer Forschungsfragestellungen und in der Reflexionstiefe ihres wissenschaftlichen Selbstverständnisses.

Das gemeinsame Überzeugungssystem der klinischen Mitarbeiter ist also die Quelle der Heilkraft und bestimmt das Ausmaß der Teammoral, welche die Einflussatmosphäre des klinischen Raums ausmacht und die Gegenkraft zur Demoralisierung des Patienten darstellt. Denn die Patienten suchen die Psychotherapie nicht nur wegen ihrer Symptome auf, sondern wegen der durch die Symptome bewirkten Demoralisierung, den depressiven Entwertungsgefühlen und dem außerordentlich kränkenden Gefühl der Hilflosigkeit (s. Frank 1997). Diese emotionalen, den Behandlungserfolg determinierenden Faktoren sind die Bedingung für die Fähigkeit zum Aufbau einer verständnisvollen Beziehung, bewirken das Vertrauen des Patienten in die Kompetenz und das Wohlwollen des Teams. Allerdings bedarf diese Einflussatmosphäre des klinischen Raums einer wachsenden technischen Könnerschaft in der Bewältigung der Konfliktdynamik, mit der das Team auf allen Ebenen der verschiedenen Interaktionsfelder sich auseinandersetzen muss.
Die Bedeutung der Einflussnahme des Teams auf die Erwartungshaltung des Patienten ist so gewichtig, dass die Einführungsgespräche durch das Team auf den verschiedenen Ebenen der Beziehungsaufnahme einer besonderen Beachtung und Reflexion bedürfen. Denn mit der Einführung in das therapeutische System wird die Mitverantwortung des Patienten für den Therapieablauf geweckt und vor allem die Koordination der Erwartungen des Teams mit denen des Patienten bestimmt die Erfolgsaussichten der Therapie, wie es die Wirksamkeitsforschung zeigt (s. Sloane et al. 1970; Yalom et al. 1967). Diese Abstimmung der Erwartungen ist deshalb auch so determinierend für den Therapieprozess, weil sie zugleich illusionäre und grandiose Erwartungen wie resignative und nihilistische Befürchtungen auf eine realisierbare Veränderungserwartung einstimmt.
All jene die Güte eines Teams bedingenden Phänomene sind die Grundlage einer therapieförderlichen Motivation der einzelnen Therapeuten, die durch Identifikation mit der gemeinsamen Aufgabe und der kohärenzstiftenden gemeinsamen Überzeugung von der Wirksamkeit des Systems unterhalten wird und in ihrem Zusammenwirken die Gesamtmotivation des Teams trägt. Und die Koordinierung der einzelnen therapeutischen Kompetenzen in der Zusammenarbeit und die im emotionalen und fachlichen Austausch liegende, gegenseitige Anerkennung lässt erst etwas entstehen, was man als Gesamtkompetenz eines therapeutischen Teams bezeichnen könnte.
Für die Güte des Teams gilt im allgemeinen dasselbe wie für die Qualität des Einzeltherapeuten: das einflussreichste Element des Interaktionsprozesses sind Talent und ingeniöse Kompetenz eines Therapeuten. Im Unterschied jedoch zu den ambulanten Settings verlangen die klinischen Settings ein viel

größeres Engagement des Therapeuten, eine höhere Ambiguitätstoleranz und Triebfreundlichkeit und fordern eine ganz andere intellektuelle und emotionale Belastbarkeit, weil die vielfältigen Übertragungsbeziehungen zwischen dem therapeutischen Team und der Gruppe der Patienten und die vielgestaltigen emotionalen und kognitiven Reaktionen des Teams eine wesentlich höhere Konfliktlösungspotenz für die Bewältigung der im therapeutischen Raum inszenierten Konflikte beanspruchen.

Im therapeutischen Raum der Klinik tritt jeder Therapeut (psychologischer, ärztlicher, sozialpädagogischer, pflegerischer, motologischer Therapeut), anders als in der ambulanten Therapie, als Realperson auf den verschiedenen Feldern der Klinik unmittelbar in Erscheinung und ist in seinen sozialen und klinischen Funktionsbezügen für den Patienten ständig präsent. Deshalb unterliegt sein spezifisches therapeutisches Aktionsfeld immer dem Einfluss all dieser Bezüge, vor allem auch der Funktionshierarchie einer Klinik, in der sich die Machtverhältnisse repräsentieren. So steht jeder Therapeut auf dem Prüfstand, mit welcher Souveränität er das Machtproblem in der klinischen Funktionshierarchie für sich löst, oder ob er auf der Bühne der therapeutischen Interaktion mit dem Patienten überschüssige Machtbedürfnisse befriedigen muss, deren Auseinandersetzung er sich im Organisationszusammenhang des Teams versagt oder ihm versagt werden.

Man muss den Blick darauf richten, dass das Bewertungssystem klinischer Arbeit jeweils durch die informelle Werteskala einer Klinik bestimmt sein kann und der Bewertungsmaßstab für die einzelnen Felder Ausdruck dieser informellen Werteordnung ist, so dass nicht-explizite Wertesysteme einer Klinik zu einer unbewussten Machtausübung in der Zuweisung von Rang und Bedeutung eines Arbeitsfeldes führen können. Eine explizite Werteordnung psychodynamischer Arbeit, nach der Rang und Bedeutung der einzelnen Felder als notwendige Ergänzungen der therapeutischen Gesamtkonzeption ihre Anerkennung haben, ist die unabdingbare Voraussetzung für eine kooperative Mentalität des Teams. Symptome für die Defizienz des expliziten Wertesystems und das Anwachsen eines informellen Wertesystems mit implizit privilegierten Feldern zeigen sich nach unserer Erfahrung individuell im Ausagieren der Helfermacht, die sich als Liebesmacht und Liebeskonkurrenz zu den anderen Feldern organisiert; und intergruppal als Rangbildung zwischen verschiedenen Untergruppen (Pfleger gegen Ärzte, Ärzte gegen Psychologen, Motologen und Sozialpädagogen mit den „Akademikern“ gegen das Pflegeteam und so fort) und eine gegenseitige Proselytenmacherei der rivalisierenden Gruppen.

Die Wiederherstellung eines expliziten und verbindlichen Wertesystems nach den Erfordernissen der klinischen Arbeit ist in die sensible Aufmerksamkeit des Leiters einer Klinik und dessen fokale Intervention gelegt. Die notwendige Ausbalancierung in der Rangbestimmung unter den Aktionsfeldern ist ein immer wiederkehrender Prozess der Wertbestimmung, von dessen Gelingen die Qualität des therapeutischen Systems abhängig ist. Die Lebendigkeit eines klinischen Systems wird vom ständigen Konfliktausgleich in der Auseinandersetzung um Werte und Kompetenzen der therapeutischen Felder und ihrer Protagonisten unterhalten. Aufrichtigkeit, Offenheit und Spontaneität im Umgang miteinander sind das Medium für eine produktive Konfliktaustragung und für die Aufrechterhaltung eines emanzipatorischen Anspruchs, der glaubwürdig vor den Patienten vom Team gelebt werden muss. Denn die Patienten erfahren immer mittelbar durch den affektiven Austausch mit ihren Therapeuten, welche souveränen oder insouveränen Problemlösungsstrategien das Team beherrscht; und besonders ich-instabile Patienten bekommen unmittelbar die Folgen zu spüren, wenn sie zu Projektionsfiguren für unerledigte oder nicht zu lösende Konflikte durch das Team werden. Es sind die bekannten Krisenpatienten[66], die durch besondere Aggressivierung und Sexualisierung das klinische Feld beunruhigen und in der Rückwirkung auf das Team dessen Konfliktaufladung verstärken.
Eine typische Gefährdung der Aufrichtigkeit und Natürlichkeit des Umgangs miteinander liegt in einer „déformation professionelle" durch eine psychologisierende Kunstsprache, die dem Interaktionsverhalten des klinischen Teams einen artefiziellen Charakter verleiht und den Therapeuten durch diese Affektisolierung das Mittel des unmittelbaren Gefühlsausdrucks in der Konfliktaustragung nimmt. Die Offenheit der Sprache eines Teams, das offene Sprechen mit dem Patienten, in dem sich auch die Gefühls- und Stimmungslage unmittelbar artikuliert, ist ein Indiz für die Freimütigkeit der Therapeuten und zugleich ein Kennzeichnen für die Freiheit eines unverstellten Umgangs miteinander. Die Vermeidung von beschönigender Verstellung im Sprechen, die Klarheit und Eindeutigkeit der Rede mit dem Patienten, entge-

[66] Die sogenannten „Drop Outs", die Abbrecher einer Therapie und der Zeitpunkt des Abbruchs bedürfen einer besonders fürsorglichen Reflexion des Teams über die Verschränkung der eigenen Motive mit denen des Patienten. Allerdings muss jede Tribunalisierung vermieden werden, um sich dadurch nicht die Einsicht in die Dynamik des Ausstoßungsprozesses zu verstellen; dies gilt besonders bei Suiziden von Patienten, bei denen üblicherweise eine Aufklärung der Interaktionsmechanismen durch Schuldzuweisungen verhindert wird oder bei denen in psychiatrischer Manier der Selbstmord als quasi naturgesetzlicher Vorfall aus der therapeutischen Mitverantwortung herausgenommen wird.

gen der gekünstelten Sprache professioneller Gefühlsamkeit, ist das primäre Gebot für eine therapeutische Kommunikation von Offenheit.

Man kann sich oft des Eindrucks nicht erwehren, als ob Psychotherapeuten „Kreide gefressen“ hätten, wenn man hört, wie sie mit und über Patienten sprechen – das so bekannte psychiatrische und psychotherapeutische „Säuseln“. Diese leise Unaufdringlichkeit scheint das oberste Reinheitsgebot von empathischer Selbstinszenierung des Therapeuten zu sein, die jedes Laut- und Deutlichwerden vermeiden will, um keine Ansprüche an den Patienten stellen müssen. Der Patient ist aber in seiner Willensintention zur Veränderung herauszufordern im Wissen darum, dass es ohne Willensanstrengung keine Veränderung geben kann. Freilich verlangt dies zuerst vom Therapeuten die Bejahung einer aktiven Therapeutenrolle und Anerkennung des Willensaspektes als essentieller Wirkmechanismus im therapeutischen Arrangement.

Es ist sicher kein Zufall, dass in der psychotherapeutischen Wissenschaft weder ein Freiheits- noch ein Willensdiskurs geführt wird, so dass die unbedingte Verschränkung beider Aspekte für eine Veränderung in der Therapie überhaupt nicht in den Blick kommt. Dem Freimut des offenen Sprechens ist der Anspruch auf den freien Willen, die Willensentscheidung für Veränderung inhärent, so dass die Verantwortlichkeit des Patienten für sich nur klargestellt werden kann, wenn der Therapeut seine Verantwortung im Anspruch an den Patienten deutlich macht. Deshalb ist der voluntaristische Aspekt einer offenen Rede so bedeutsam für die Güte eines Therapeuten.

Ein psychodynamisches System muss sich immerfort am eigenen Ideal abarbeiten. Dies macht den „Reiz“ einer solchen Konzeption aus, dass sie nur in einem labilen Gleichgewicht zu halten ist, das einer ständigen Anstrengung zu seiner Aufrechterhaltung bedarf. Stabile Systeme dagegen sind zwangsläufig Exekutionsorgane von festgelegten Regelmechanismen für Gesundungsprozeduren, welche die Funktion eines flexiblen Organs für die individuellen Wachstumsbedürfnisse eines Patienten nicht erfüllen können: starre Organisationsprinzipien wie in autoritär-medizinischen Strukturen verhindern die notwendige Anpassung des Therapiesystems an das Patientensystem und wiederum die Veränderung des Therapiesystems durch Adaptation an die Bedürfnisse des Patienten nach Selbstgestaltung im Therapieprozess.

Der Terminus Aufrichtigkeit wird allzu leicht moralisch konnotiert; er ist aber differenzierter aufzuschlüsseln in dem Sinne, dass der Therapeut in einem psychodynamischen System eine besondere Offenheit, Empfänglichkeit und Hellhörigkeit für die unbewussten Prozesse im Anderen mitbringen muss und eine verfeinerte Empfindsamkeit braucht für die gruppendynamischen Prozesse im klinischen Feld. Diese Fähigkeiten müssen in der klinischen Tätigkeit ständig sensibilisiert werden, um dem Patienten im therapeutischen System eine einladend-verständnisvolle Atmosphäre anzubieten, in der er sich angenommen und wohlfühlen kann: denn „nur Sympathie heilt" (Ferenczi 1988). Auch hier gilt wie in der Liebe, dass Sympathie durch Gegenseitigkeit am Leben erhalten wird, dass die Erwiderung durch den Patienten den Therapeuten in seiner Sympathie bestärkt. Eine sympathetische Haltung schließt mütterliche und väterliche Qualitäten des Therapeuten ein. Die Verweisung der mütterlich-haltenden und tragenden Funktion gegenüber Patienten auf die „Schwesternfunktion", die Aufspaltung in mütterliche Aktivitäten und väterliche Ordnungsfunktionen im therapeutischen Feld, verkennt die für den therapeutischen Prozess konstitutive Bedingung, dass jeder Therapeut im Verstehen eine nährende Grundhaltung einnehmen muss und zugleich durch Konfrontation eine einsichtsfördernde Haltung gegenüber dem Patienten zu vertreten hat.

Ein besonderer Aspekt der Aufrichtigkeit ist die Offenheit eines Therapeuten gegenüber der Erfordernis mutueller Analyse: sich zu einer Gegenseitigkeit zu bekennen statt der üblichen Einseitigkeit der Kommunikation vom oben stehenden, Hilfe gewährenden Subjekt und unten stehenden, Hilfe empfangenden Objekt. Die sogenannte, viel beschworene Echtheit eines Therapeuten wird dort auf die Probe gestellt, wo er vor dem Patienten Strategien, Interventionen, Aufgabenstellungen und den Verlauf der Therapie in kritischer Selbstreflexion zur Diskussion stellen muss, um dem Patienten in der Selbstbilanzierung eine kritische Beurteilung offenzustellen. Denn die „Erziehung zum Widerspruch" (Ferenczi 1988) ist der integrale Bestandteil einer Therapie, die das Aufbegehren des Patienten und seinen Anspruch auf Selbstbemächtigung als essentiell für die Individuation ansieht. Die souveräne Selbstbilanzierung und Reflexion des Therapeuten dem Patienten gegenüber ist die Grundlage einer Anerkennungsdialektik zwischen beiden, die dem Patienten seinen Anspruch auf souveräne Selbstgestaltung zurückgibt: das existentielle Privileg eines jeden Subjekts.

Das leidenschaftliche Ringen um Gegenseitigkeit[67] zeichnet das Spätwerk Ferenczis, das klassische Lehrstück eines Selbstexperiments, ähnlich der

---

[67] Die Diskreditierung der mutuellen Analyse durch Psychoanalytiker dient noch heute der Abwehr, die Machtproblematik der analytischen Situation zu reflektieren und die Ansprüche des Patienten auf Selbstgestaltung zu respektieren. Man muss es als grandioses Ablenkungsmanöver begreifen, wenn Ferenczis Ringen um Gegenseitigkeit durch Unterstellung sexueller Ambitionen immer noch diffamiert wird. Denn die Denunziationen von Clara Thompson bei Ernest Jones, dem erklärten Gegner Ferenczis und „bösen Geist" Freuds, haben das katastro-

Selbstanalyse Freuds, in dem sich der Kampf Ferenczis um die Überwindung des Macht-Ohnmacht-Gefälles zwischen Therapeut und Patient darstellt und die Absage an die therapeutische Hypokrisie der geschäftsmäßig unterkühlten, intellektuellen Handhabung von Psychotherapie. Für Ferenczi war die „Analyse ohne Sympathie eine intellektuelle Anatomie", und seine Diagnose der Hypokrisie als Folge der Feigheit vor der tonangebenden Autorität ist bis heute gültig geblieben; vor allem, wenn man bedenkt, dass die autoritäre Befolgung von anonymen Richtlinien für die Gestaltung der Psychotherapie der Angst entspringt, dem Einfluss des Patienten zu erliegen, wenn man sich auf das Feld mutueller Psychotherapie begibt. Und aus dieser Angst vor der Gegenseitigkeit ist auch das Beharren auf dem unseligen Gegenübertragungsklischee zu verstehen, das die Gefühlsregungen und Empfindungen des Therapeuten gegenüber dem Patienten als Reaktion auf dessen Übertragung rationalisieren soll: der Therapeut als Übertragungsreaktor seines Patienten, wo der Patient doch nur in dem ihm gebotenen Behandlungsrahmen sich verhalten kann.
Die Angst vor dem Einfluss des Patienten, die sich in die Angst vor der „Gefälligkeit" für ihn einkleidet (die stete Redewendung von reaktionären Therapeuten), ist die Angst, aus Gefallen, das ist Sympathie, die Kontrolle der Macht gegenüber dem Patienten zu verlieren: der Patient im Umsturz der Verhältnisse als „Deuter" seines Therapeuten. Dabei ist jede Psychotherapie ein Prozess gegenseitiger Beeinflussung, ein unbewusster Persönlichkeitsaustausch, sind die therapeutischen Interaktionen im psychodynamischen Verständnis Dialoge des Unbewussten zwischen Zweien, die dem Patienten die Selbstbemächtigung ermöglichen im Aufnehmen und Anerkennen der bisher negierten Aspekte durch den Therapeuten.

---

phale Ende der Freundschaft zwischen Freud und Ferenczi herbeigeführt. Der Liebesverrat von Clara Thompson an ihrem Analytiker Ferenczi, dem sie sehr viel zu verdanken hatte, wirft ein Licht auf den Charakter von Jones, der Ferenczi lebenslang zu diffamieren suchte und Clara Thompson vermutlich zu dieser Bloßstellung provozierte: „Ich kann Papa Ferenczi küssen, wann ich will." Der Anschlag des „Dritten" gegen die Verbundenheit von Zweien übersteigt das ödipal-homophile Thema von der Vertreibung des Lieblingssohns durch den Usurpator Jones; vielmehr agiert hier der aseptische Puritaner des psychoanalytischen „Zentralmassivs" gegen die emotionale Offenheit, intellektuelle Lebendigkeit und den Einfallsreichtum Ferenczis, dem er „nie verzeihen konnte, dass er sein Analytiker gewesen war" (Roazen 1975, S. 358). Diese konträre Position zwischen steriler und für den Patienten unproduktiver Handhabung der Psychoanalyse und der produktiv-lebendigen, auf Neuerung und Veränderung ausgehenden, flexiblen Handhabung ist bis heute durch die Ausschließung von Ferenczi und Reich aus der klinischen Tradition ungelöst geblieben und hat das tatsächliche klinische Experimentieren durch seine Tabuisierung aus der Psychoanalyse verbannt.

Im Kontext dessen, dass nur Sympathie heilt, ist nach den Wurzeln des „therapeutischen Eros“ (Seguin 1965, in de Schill 1997) zu fragen, nach der unbewussten Motivation, helfen zu wollen: warum und wieso wird jemand Therapeut und will jemandem helfen. Ausgehend von der Voraussetzung, dass Berufswahl immer Symptomwahl ist, steht ein das Subjekt transzendierendes Helfer-Phantasma zur Diskussion, dessen Reflexion nach unserer Auffassung kein Therapeut sich versagen sollte. Die Helfermentalität[68] des unbedingten Helfenmüssens, die Tyrannei des Helfens, ist die Entsprechung zur „Tyrannei des Leidens“ (Ferenczi 1988): es ist jener „Terrorismus des Leidens“, von dem sich Therapeuten allzu leicht auffressen lassen, wenn sie sich keine kritische Distanzierung durch Selbstreflexion verschaffen können. Gerade die Tyrannei des Leidens umklammert den Therapeuten durch die Erwartung des Patienten auf Wiederherstellung eines ursprünglich heilen und leidlosen Zustands. Denn das Unrecht am Kind wiederholt sich in der therapeutischen Situation als „Tyrannei“ gegen den Therapeuten, als Wiederkehr verdrängter Rache- und Vergeltungsimpulse des Patienten wegen des erlittenen Unrechts so lange, bis der Therapeut durch seine nährende und verständnisvolle Haltung dem Patienten eine Wiedergutmachung schenkt und durch die andere und neue Erfahrung an der Person des Therapeuten das verletzte Kind im Patienten Genugtuung findet. Erst diese Sättigung schafft die Bedingung, einen Blick auf prospektive Möglichkeiten zu werfen. Denn die Grundsättigung der „primären Liebe“ (Balint) ist das Antriebsmoment für das Wahrnehmen des (Auf-)Begehrens.

---

[68] Nach unserer Praxis ist es für Therapeuten im Feld psychodynamischer Arbeit in jedem Tätigkeitsbereich (motologischer, sozialpädagogischer, pflegetherapeutischer) unerlässlich, durch Selbsterfahrung (Lehranalyse) nicht nur seine innere Struktur kennenzulernen, sondern vor allem die unbewussten Motive seines Helferanspruchs aufzuklären – für ärztliche und psychologische Tätigkeit gilt dies ohnehin schon längst. Aus diesem Grund hat M. Pohlen bereits Anfang der 80er Jahre eine staatlich anerkannte, eigene Weiterbildungsstätte zur Fachkrankenschwester/Fachkrankenpfleger für Psychotherapie an der Klinik für Psychotherapie eingerichtet. Selbstredend gilt dieser Anspruch für jede Berufstätigkeit, dass man nur das ausüben darf, was man auch gelernt hat; um so mehr in einem Fach, das in die Innenwelt eines Menschen eingreift und in seiner Tätigkeit durch die üblichen Außenkriterien nicht überprüft werden kann. Die psychotherapeutische Arbeit lebt aus der Weite und Tiefe der Selbsterfahrung eines Therapeuten und ist die Bedingung der Möglichkeit für den Erkenntnis- und Erfahrungsgewinn des Patienten. Deshalb ist es aus unserer Sicht ein schwerwiegender Kunstfehler, wenn in der Psychiatrie mit dem bloß dekorativen Zusatz „Psychotherapie“ eine Behandlung betrieben wird, ohne die fachlichen Kenntnisse der psychotherapeutischen Wissenschaften erlernt zu haben – die Folgen schädlicher psychologischer Operationen sind eben nicht so sichtbar wie die Folgen chirurgischer Eingriffe durch die Hand eines sachunkundigen Mediziners.

Das triebhafte Verlangen des Therapeuten zu helfen, ist die Reaktion auf diese Obsession des Leidenden und fordert Aufklärung über das unbewusste Phantasma, das Patienten im Therapeuten wachrufen. Das Begehren, Helfen und Heilen zu wollen, scheint in dem unstillbaren Verlangen des Therapeuten zu liegen nach Leidensabschaffung, nach Wiederherstellung der Glückseligkeit des Kindes. Es ist die Macht einer ursprünglichen Rettungsphantasie, eines Archetypus der Rettung, das Kind im Erwachsenen zu erlösen, in der Projektion des eigenen unstillbaren Begehrens der Rückkehr zum Ursprung. Dieser Rettungs- und Ursprungsmythos ist auch die Triebfeder der Freud'schen Utopie von der polymorphen Perversion des kindlichen Körpers: es ist die Metapher der unsterblichen und unstillbaren Wünsche des Subjekts.

Die Heilkraft des Therapeuten zehrt aus diesem Rettungsmythos, aber auch die Verführung, unbewusst die verlorene Glückseligkeit des Kindes für sich im Patienten wieder herzustellen. Dieser Versuchung kann der Therapeut nur entgehen, wenn er selbst durch tiefergehende Reflexion der Flucht in die Verklärung des Gewesenen nicht mehr bedarf. Seine eigentliche Güte erweist ein Therapeut darin, dass er dem Patienten die „Heimkehr" zu dem noch nicht gelebten Begehren eröffnet. Aber der Umbildungsprozess von der verführerischen Sehnsucht nach ursprünglicher Glückseligkeit zu einem Prinzip der selbstgeschaffenen „Heimat" kann nur gelingen, wenn ein Therapeut für sich das triebhafte Verlangen nach „Rückkehr" von der regressiven Tendenz in die Prospektion einer aktiven Selbstgestaltung seiner ungelebten Potenzen wenden kann.

Das alle Therapeuten bestimmende Rettungsbegehren[69] kann sich je nach seiner Lebensorientierung und Grundauffassung vom Menschen in die Be-

---

[69] Auch andere libidinöse Potentiale speisen noch die Heilkraft: wie Phallizität, Exhibitionslust, vor allem aber orales Rezeptionsverlangen und nicht zuletzt das Bemächtigungsbegehren des Therapeuten, die alle in der therapeutischen Interaktion zwischen einem Hilfe Gewährenden und einem Hilfe Suchenden bedeutsame Einflussfaktoren sind. Sicher bedarf es einer selbstbejahten Phallizität, um die psychotherapeutische Beziehungsgestaltung durchzuhalten, einer Exhibitionslust, um sein Phantasievermögen und seinen Einfallsreichtum therapeutisch einzusetzen, einer besonderen Rezeptionsfähigkeit, um das Leiden des Patienten aufzunehmen und der Fähigkeit zur „Evangelisierung" (Balint), um seine Botschaften so libidinös zu annoncieren, dass sie ankommen können. Heilkraft kann also für den Patienten nur fließen, wenn es sich um identifikatorische Beziehungen zwischen Therapeut und Patient handelt; wenn die Aktivität des Therapeuten aus mitmenschlicher Verbundenheit, aus Mitsein und Mitwissen um das Eigene im Anderen geschieht. Im Gegensatz dazu muss der Andere im projektiven diagnostischen Modus aus der Intersubjektivität hinausverwiesen werden, um das für den Therapeuten Abwegige abzuspalten und für sich ein Selbstgefühl von Normalität zu

freiung eines Patienten zu seinen besseren Möglichkeiten wenden; oder in die Abschaffung von Leiden durch erneute Verdrängung im therapeutischen Anpassungsdruck an ein normalisiertes Dasein unauffälliger Lebensführung, das ihm zwar das Leiden an der Gesellschaft nimmt, aber das Elend lebenslangen Unbehagens am Leiden seines Selbstzwangs einbringt. Jede Therapie schließt die Frage nach dem Wozu ein, auch wenn sie nicht gestellt wird: wozu und wohin will der Therapeut den Patienten führen, wozu will er Retter sein, für die Gesellschaft oder für das Subjekt? Die Wirkmacht der Therapie scheint in diesem Retter- und Erlöserbeweggrund zu liegen, und die therapeutische Tätigkeit lebt aus der libidinösen Kraft dieses Motivs.

---

sichern. So kann der Therapeut als Diagnostiker ungewusst eine Subjekt-Objekt-Spaltung herstellen, die ihm die Schlüsselgewalt über die Definitionsmacht von normal und anormal in die Hand gibt: das Normale liegt beim Inhaber der Schlüsselgewalt, das Anormale bei dem, der nach dem Diagnostikschlüssel auszuschließen ist.

3.2 Die Güte des klinischen Settings: das kooperative Arbeitsprinzip klinischer Psychodynamik – das Münchner Kooperationsmodell und das Marburger Psychotherapie-Programm

Die therapeutische Strukturierung des klinischen Feldes ging bisher von den bekannten krankenhaussoziologischen Untersuchungen (Stanton u. Schwartz 1954; Belknap 1956; Rohde 1962; Strotzka 1965 u. a.) aus, dass die Binnenstruktur einer Klinik von spezifischen Autoritäts- und Machtstrukturen bestimmt ist. Diese Strukturen entsprechen den gesellschaftlichen Positionsbewertungen und repräsentieren Wertesysteme, die untereinander in Konkurrenz und Konflikt stehen aufgrund ihrer divergierenden Interessen: die Hierarchiesysteme einer Klinik, die Administrations-, Arzt- und Pflegehierarchien, bedingen „klinikogene Konflikte" (Pohlen 1972), wenn ihre Machtsphären nicht eindeutig abgegrenzt und explizit in formaler Repräsentation erkennbar sind.

Implizite Machthierarchien, wie sie sich meist im Verhältnis der sogenannten Pflegehierarchie gegen die Arzthierarchie in autoritär-medizinisch organisierten Systemen etablieren, verhindern die Konfliktaustragung von divergierenden Machtinteressen und Bewertungsansprüchen und bedingen eine implizite Vorherrschaft der Unterprivilegierten im klinischen Feld, denen von den privilegierten Repräsentanten die Exekutionsgewalt gegenüber den Patienten übertragen wird. Die bekannte Aufspaltung zwischen dem wohlwollenden und um das Heil des Patienten besorgten Arztes und dem Pflegepersonal als Durchführungsorgan medizinischer Verordnung kennzeichnet die typische Krankenhausorganisation. Der Arzt macht sich in der Rolle des Heilbringers unangreifbar, und das Pflegepersonal ist in der Rolle des therapeutischen Dienstes und der disziplinierenden Überwachung der Maßnahmen in die direkte Auseinandersetzung mit dem Patienten gestellt und dadurch angreifbar. Diese Rollenstereotype im autoritär-medizinischen System schreiben dem Arzt den „guten" Anteil der Macht und dem Pflegepersonal den „bösen" Anteil zu. So eröffnet sich für den Patienten die Projektionsfläche für die Übertragung der heilenden Einflussmacht auf den „Medizinmann" und des disziplinierenden Einflusses auf das Pflegepersonal. Diese Aufspaltung der Behandlungskoalition dient dem Interesse des Arztes, sich als Heiler zu stilisieren und die negativen Aspekte der medizinischen Einflussmacht auf das durchführende Personal zu verschieben.

Unter den Bedingungen dieser Strukturierung von Machtverhältnissen im medizinischen System ist das Pflegepersonal mit dem negativen Aspekt der Einflussmacht identifiziert und kann seinen Einfluss durch positive und negative Disziplinierung gegen den Arzt ausüben. Denn durch die Identifizierung des Arztes mit dem Ideal der Heilerrolle ist das Pflegepersonal als Ausführungsorgan des medizinischen Maßnahmenkatalogs indirekt im Besitz der Gegenmacht über den gelingenden oder misslingenden Ausgang des ärztlichen Heilplans. Auf dem Hintergrund dieser Erkenntnisse ist es aus unserer Sicht auch für die Organmedizin notwendig, das autoritäre System zu verabschieden und für die verschiedenen Gruppen in der Klinik die notwendige Behandlungskoalition herzustellen, das heißt, den Rang und die Bedeutung der einzelnen Arbeitsfelder explizit zu machen.

Dazu bedarf es eines Organisationsmodells, in dem die gegenseitige Abhängigkeit und Angewiesenheit der Teammitglieder für das Gelingen des Heilplans in einem kooperativen Modell gefasst ist, das dem Einzelnen die Verantwortung für seine Tätigkeit formell zuschreibt und ihm darin die entsprechende Anerkennung für seinen Beitrag zum Gesamtarbeitsprozess zukommen lässt. Allerdings schafft die Durchdringung der Klinikstruktur durch klinikfremde Interessen und Machtansprüche der Administration, die im Auftrag der öffentlichen Träger allein unter Ökonomie- und Effizienzaspekten das klinische System einer rigorosen Durchrationalisierung unterworfen hat, Bedingungen, die der notwendigen kooperativen Umstrukturierung entgegenwirken.

Im Unterschied zu früheren Untersuchungen über Machthierarchien im klinischen System, bei denen die pathogene Bedeutung von informellen Machtstrukturen mehr im Vordergrund stand, sehen wir heute eine neue Dimension in der Verschiebung der Machtverhältnisse zugunsten der Vorherrschaft der Administration und eine Unterstellung des gesamten klinischen Systems unter das Diktat einer wirtschaftlichen Rationalität, welche den Wert eines Systems allein nach betriebswirtschaftlichen Rentabilitätsgesichtspunkten bemisst (Ausnutzungsgrad der Bettenkapazität, Verweildauer, Auslastung der medizinischen Geräte, Optimierung und Durchrationalisierung des Personalschlüssels und so fort).

Die Heilberufe in den staatlichen Krankenhäusern sind zu Erfüllungsgehilfen von klinikfremden Interessen gemacht worden und haben sich auch Zug um Zug widerstandslos Überwachungs- und Kontrollorganen unterworfen, die zunächst unter dem Aspekt der Wirtschaftlichkeitsprüfung eingeführt wurden und die Kliniken nach allgemein wirtschaftlichen Kriterien einer Warenproduktion untersuchten. Das klinische System wurde folgerichtig im Zuge der allgemeinen Ökonomisierung der Gesellschaft als Teil einer Gesundheitsindustrie organisiert und darin instrumentalisiert, das Produkt „Gesundheit“ herzustellen. Und seine Indienstnahme für den Reparaturauftrag erfolgte nach der Maßgabe dessen, was in der Gesundheitsbürokratie als gesund und normal festgelegt und nach dem Gesichtspunkt der Kostenminimierung als preisgünstigstes Angebot für die Wiederherstellung des Subjekts bestimmt wurde (s. die Einführung von Behandlungspauschalen).

Inzwischen hat sich eine Entmachtung der Arzthierarchie vollzogen und die Krankenhausadministration ist zum Instrument der Krankenkassen geworden, die nicht nur aufgrund des Krankenhausfinanzierungsgesetzes die Produktionsbedingungen bestimmen; vielmehr noch Einfluss nehmen auf die Produktionsart, was die Psychotherapie besonders zu spüren bekommt. Ihre Stellung im medizinischen System wird heute immer mehr marginalisiert, da sie dem herrschenden ökonomischen Diktat der Kostenneutralität[70] anscheinend nicht nachkommen kann.

Freilich wird die psychodynamische Wissenschaft heute zu jenen unrentablen Disziplinen der Medizin gerechnet wie die Medizin-Psychologie, Medizin-Soziologie und Geschichte der Medizin, die bisher als Reflexionswissenschaften das sogenannte Gewissen der Humanmedizin darzustellen hatten, aber in der Entwicklung einer positivistischen Medizin zur bloßen Organreparatur nicht nur aus Kostengründen ihre Funktion verloren haben. Denn die Medizin scheint ihr Selbstverständnis in der Reduktion des Menschen auf einen Funktionsapparat zu suchen, dessen Wartung und Instandsetzung der Arzt als Medizintechniker zu besorgen hat. Die Beseitigung jeder kritisch-reflektierenden Disziplin in der Medizin dient einer allumfassenden Monopolisierung dieser mechanistischen Auffassung vom Menschen.

Nach dem positivistischen Diktat wird alles ausgestoßen, was die betriebene Wissenschafts- und Gesundheitsindustrie in Frage stellen und deren Beweggründe und Interessen aufklären könnte. Allein schon ein anderes Krankheitsverständnis wie das psychodynamische wird mit mühsam unterdrücktem Hass verfolgt, weil die Reflexion über den sozio- und psychohistorischen Kontext von psychischem Kranksein das eindimensionale Menschen- und Weltbild als Basis dieser Gesundheitsindustrie entlarven könnte. Aller-

[70] Die Entwicklung der universitären Psychotherapie zu einer der „evidence based medicine" gleichgeschalteten Standardversorgung und die von Grawe et al. (1994) gegenüber der wissenschaftlichen Öffentlichkeit und den Krankenkassen propagierte maximale 40-Stunden-Psychotherapie sind Stationen auf dem Weg zu einer Angleichung der Psychotherapie an banale medizinische Standards öffentlicher Krankenversorgung, welche die Subtilität und Komplexität klinischer Erfahrungswissenschaft und klinischer Kunst in der Psychotherapie auf einen Crashkurs zur Symptombeseitigung herunterbringt. Und Therapeuten, die diesem krankenkassengerechten, aber patientenfernen Verdikt nicht folgen mögen, sind nach Grawe et al. „Opfer einer falschen Ausbildung und/oder einer selbstproduzierten Realitätsverzerrung" ... und ... „müssen über die Bücher" (1994, S. 698).

dings kommen die sogenannten neuen Fächer in der Medizin dieser Beseitigungspolitik entgegen, da sie ihren Aufklärungsanspruch zunehmend durch medizinische Mimikry unkenntlich gemacht haben und so der von der Medizin betriebenen Opferung durch Selbstopferung zuvorkommen.
Die Ausstoßung kritisch-reflektierender Disziplinen wirkt sich für die Medizin auch so verhängnisvoll aus, weil sie im Moment ihrer Unterstellung unter paramedizinische Machteinflüsse kein kritisches Instrumentarium mehr zur Verfügung hat, um diesen Prozess zu analysieren und dadurch eine Widerstandsposition beziehen zu können. Die Krankenkassen haben nämlich die Medizinischen Dienste[71], obwohl das Gesetz deren Unabhängigkeit vorsieht, Zug und Zug ihren Interessen dienstbar und zum Kontrollinstrument gemacht, mit dem sie sich den Zugriff auf Form und Inhalt der Krankenversorgung verschaffen konnten. Darin liegt eine informelle Selbstermächtigung zur Oberaufsicht über die Gesundheitsindustrie, die auch die gesamte ambulante Therapie erfasst und auf eine totale, nicht kontrollierte Fachaufsicht klinischer und ambulanter Systeme hinausläuft.
Es ist bezeichnend, wie sich die politische Klasse durch ihre Gesetzgebung nicht nur jeder Verantwortung entzieht durch Verleugnung der Folgen ihres Tuns für das Gesundheitswesen; vielmehr sich offensichtlich aktiv entlasten will vom Ballast einer Sorgfaltspflicht gegenüber Feldern der Gesellschaft, die nicht nach bloß wirtschaftlichen Gesichtspunkten gestaltet werden können. Auch alle anderen kulturellen Einrichtungen können nicht allein nach ökonomischen Gesichtspunkten bemessen werden, sondern nach dem Gesichtspunkt von Wert und Bedeutung für die kulturellen und zivilisatorischen Interessen einer Gesellschaft. Insgeheim scheint das politische Establishment das Wertesystem des Marktes übernommen zu haben; nur so ist die Ignoranz gegenüber der Ökonomisierung aller gesellschaftlichen Felder zu begreifen. Und die Widerstandsohnmacht der Medizin gegenüber der Auslieferung des klinischen Systems an klinikfremde Interessen ist auch so zu verstehen, dass die privaten ökonomischen Interessen und Prestigebedürfnisse der Mediziner

---

[71] Als ärztlicher Beratungsdienst der gesetzlichen Krankenversicherungen sind die Gutachter im Medizinischen Dienst der Krankenversicherung (MDK) nach dem Gesetz (SGB V) in ihren Beurteilungen und Empfehlungen nur ihrem Gewissen verantwortlich und damit eigentlich unabhängig in der Bewertung gesundheitspolitischer Fragestellungen und frei für eine kritische Analyse des Gesundheitswesens. Mit der Quasi-Übernahme der Medizinischen Dienste für Kontrollzwecke der Krankenversicherungen haben diese Wirtschaftsunternehmen eine unabhängige Institution im Gesundheitswesen für ihre Interessen in Dienst genommen, so dass der Medizinische Dienst als mögliche kritische Instanz für gesellschaftspolitische Fragen im Gesundheitswesen ausgeschaltet wird.

durch die Industrialisierung des Krankenhauses gewahrt bleiben, so dass die beeindruckende Passivität von Klinikleitern und Hochschullehrern gegenüber der Zerstörung des geistigen Gehalts der Universität und der Idee des humanen Krankenhauses erklärbar wird.
Die paramedizinischen Machthierarchien sind in ihrer Einflusswirkung auf die Struktur einer Klinik von nicht zu unterschätzender Bedeutung: die Binnenstruktur einer Klinik unterliegt dem Antagonismus paramedizinischer Kraftfelder und dem medizinischen Kraftfeld ihres spezifischen Systems, das je nach seinen Organisationsprinzipien für den Heilungsauftrag gegenüber dem Patienten förderlich oder hinderlich sein kann. Deshalb ist die Macht- und Abhängigkeitsproblematik der klinischen Organisationsprinzipien von den gesellschaftlichen Machtfaktoren nicht aus dem Blick zu verlieren: eine jede klinische Organisationsform muss ihre Antwort auf diese Machtverhältnisse finden, und die Mitarbeiter im klinischen Feld müssen ein Bewusstsein darüber entwickeln, welchen antagonistischen Kräften die Klinikstruktur ausgesetzt ist.
Im besonderen Fall klinischer Psychodynamik bedarf es nach unserer klinischen und wissenschaftlichen Erfahrung (Pohlen 1972; Pohlen u. Bautz 1972, 1973, 1974, 1978, 1995) eines kooperativen Arbeitsmodells, das in seinem Emanzipationsanspruch auf Selbstgestaltung eine andere Organisationsform von Macht benötigt, auch eine andere Umgangsform der üblichen Macht-Ohnmacht-Beziehung zwischen Arzt und Patient – entgegen den herrschenden Strukturen in der Medizin. Der Inhumanität[72] des medizinischen Betriebes in den öffentlichen Krankenhäusern ist der Geist eines humanen Krankenhauses entgegenzusetzen, der sich dadurch auszeichnet, dass das klinische System nach dem Ordnungsprinzip der Selbstorganisation (Selbstaktivität und Selbstgestaltung) der Mitarbeiter und der Einpassung der individuellen Aktivitäten und Kompetenzen in das Ensemble einer Gesamttätigkeit geregelt ist. Und das Therapeutensystem muss gegenüber dem Patientensystem adaptiv und reformatorisch organisiert sein, so dass es durch

---

[72] Allerdings kann man bei der fortschreitenden Enthumanisierung der öffentlichen Medizin und der zunehmenden Servilität in diesem System davon ausgehen, dass souveräne Geister sich diesem Betrieb entziehen und in Zukunft der humane Geist der Medizin in Privatuniversitäten und Privatkliniken als Reservaten der Respektierung menschlicher Singularität bewahrt wird. Durch den Niedergang der öffentlichen Medizin und die gentechnologische Entwicklung hat sich bereits eine Klassenhierarchie medizinischer Versorgung durchgesetzt, die zwischen einer Krankenkassenmedizin auf Niedrigniveau und einer Privatmedizin auf hohem Niveau polarisiert: die Aufspaltung zwischen einer Medizin sachkundiger hochkompetenter Kliniker und einer apparateorientierten Medizin von Pseudoklinikern, die einen mediokren medizinischen Service für die Krankenkassen an den öffentlichen Einrichtungen versehen.

Rückkopplung korrigierbar und gerade nicht direktiv ist, entgegen der medizinischen Einweg-Kommunikation der Verordnung.
Die Klärung des Machtaspekts und der Machtimplikationen in der Strukturierung des klinischen Feldes ist die Bedingung für die Entwicklung einer für den Patienten förderlichen Organisationsstruktur. Aus diesem Anspruch ergibt sich die Notwendigkeit für eine gesamttherapeutische Konzeption, die den feldspezifischen Bedingungen und den gruppenspezifischen therapeutischen Zielsetzungen des Teams angemessen sein muss.
Die Gesamtkonzeption klinischer Arbeit ist nach einem Modell theoretischer Grundüberlegungen über die Psychodynamik der Prozessabläufe im klinischen Modell zu entwerfen: davon ist nach unserer Erfahrung und unseren empirischen Untersuchungen das Wirksamwerden der einzelnen Aktionsfelder in ihrer gegenseitigen Beeinflussung abhängig. Voraussetzung und Bedingung für eine den Patienten förderliche Therapieorganisation sind die genannten Gütekriterien des Therapeuten, ein gemeinsames Überzeugungssystem psychodynamischen Denkens, eine entwicklungsorientierte Einstellung statt der traditionell pathologie- oder defektfixierten Haltung und eine besondere Sensibilität des Teams für die interdependenten Zusammenhänge ihrer Arbeitsfelder. Der Teamgeist lebt von dieser kooperativen Einstellung eines Zusammenhangdenkens, das die Kohärenz des Systems durch die gegenseitige Abstimmung der verschiedenen Interventionsfelder immer wieder herstellt, jeweils auf der Basis einer gemeinsamen psychodynamischen Bewertung der Interaktionsprozesse mit dem Patienten.
Das psychodynamische Übertragungskonzept, das auf dem „Primat der persönlichen Beziehung" (Fürstenau 1974) beruht, ist auch gültig für alle Beziehungen des Patienten im klinischen Feld zu den verschiedenen Therapeuten und eröffnet vieldimensionale Möglichkeiten der Übertragung der spezifischen Beziehungsaspekte und der Inszenierungsmöglichkeiten der Konfliktdynamik eines Patienten. Freilich bedarf es der regelmäßigen Reflexion des Teams als entscheidendes Moment der Therapieorganisation, um die verschiedenen Übertragungsaspekte des Patienten, zugleich aber auch der verschiedenen Übertragungsaspekte des Teams auf den Patienten mit der involvierten Beziehungsdynamik zu koordinieren und zu synchronisieren. Auf diese Weise wird, jeweils von Fall zu Fall und von Situation zu Situation, eine synoptische Psychodynamik geschaffen. Die Bedeutungen der jeweiligen Interaktionen auf den verschiedenen Feldern gewinnen erst durch diesen synoptischen Prozess für das Team den gemeinsamen Nenner einer psychodynamischen Bewertung des Geschehens. Das Klima und das Ausmaß der Kooperation wie der Konfliktdynamik zwischen Patienten- und

Therapeutensystem ist also wesentlich davon bestimmt, dass es zwischen den verschiedenen Ebenen verpflichtende Regularien des kommunikativen Austauschs gibt, bei dem die Freimütigkeit einer offenen Rede über das Erleben mit dem Patienten und des Patienten mit dem Therapeuten die Grundbedingungen des Miteinandersprechens ist.
Diese emotionale Souveränität ist eine der Bedingungen für eine wachstumsförderliche Einstellung zum Patienten; eine andere ist die kognitive Kompetenz des Teams, die individuellen Interaktionen mit dem Patienten und dessen Rolle im Miteinander der Patienten in einem Bedeutungszusammenhang zu sehen. Und die Reaktionen des Teams auf den Patienten wiederum sind als Widerspiegelung solcher gruppendynamischer Prozesse zu reflektieren, um dem Patienten eine andere und neue Erfahrung an der Person des Therapeuten, eine „korrigierende emotionale Erfahrung“ zu ermöglichen – statt der Wiederholung stereotyper Verhaltensmuster und Rollenklischees. Das wirksame Moment des therapeutischen Geschehens liegt in diesem Erleben-Lassen einer anderen Erfahrung des Patienten.
Hier ist aber die Präsenz eines Therapeuten gefordert, der emotional unverstellt und spontan mit dem Verhalten des Patienten umgeht und intuitiv eine andere Antwort findet als die vom Patienten provozierte Bestätigung seiner pathogenen Erwartungen und Überzeugungen. Das Erleben-Lassen einer anderen Erfahrung ist von besonderer Bedeutung für die Änderung der Bewertungssysteme eines Patienten, der auf allen Ebenen der therapeutischen Intervention durch den anderen Blick des Therapeuten auf sein Verhalten eine neue Sehweise in der Selbsteinschätzung gewinnt: in der Einzel- oder Gruppentherapie, in verhaltensmodifizierenden Übungen, in der Bewegungstherapie oder in sozialpädagogischer Konfrontation und anderes mehr; immer geht es um eine „korrigierende kognitive Erfahrung“ des Patienten, um eine neue und andere Bewertung des bisher von ihm selbst diskreditierten oder negierten Verhaltens, in der körperlichen, seelischen und geistigen Dimension.
Der multifokale Ansatz der Intervention vollzieht sich in unserem therapeutischen System vornehmlich über den Modus des Erleben-Lassens und weniger der Erinnerungsarbeit; und dieses Erleben-Lassen unter der Perspektive der bisher negierten, ungelebten Aspekte und Potenzen der Person ermöglicht diese andere Erfahrung, emotional wie kognitiv. Die Zentrierung der Therapie auf das aktuelle Selbsterleben und die aktuelle Konfliktdynamik verlangt eine Abkehr des Therapeuten von Vergangenheitsfixierung in seinen ätiologischen und pathogenetischen Vorstellungen, fordert den Mut zur Überwindung der in der Psychopathologie herrschenden medizinischen Klischees vom Symptom als psychisches Krankheitszeichen und bedingt einen

Blickwechsel auf die im Symptom niedergeschlagenen, aufstrebenden Aspekte des Patienten. Das heißt, die defektpsychologische Orientierung des Therapeuten an der Symptomatik als Defizienzphänomen einer Person muss sich grundlegend wenden in eine andere Bewertung als besonderer Eigenheit des Patienten, die sich symptomatisch nur als „Übertreibung" darstellt; im Grunde aber das hervorstechende Strukturmerkmal dieser Person ist. Und die Abkehr des Patienten von seinen pathogenen Überzeugungen und der Selbststigmatisierung einer defizitären Symptomerfahrung ist gebunden an diese Vorleistung der Umwertung des Krankheits- bzw. Normalitätsverständnisses durch den Therapeuten. Die Überwindung der traditionellen Psychopathologie kann sich nur in der endgültigen Hinwendung zu einer Lebensdiagnostik, einer lebensgangbestimmten Perspektive der Verhaltens- und Konfliktgeschichte eines Patienten vollziehen.

Die Ablösung einer Krankheitslehre, welche die Lebenserscheinungen unter der eindimensionalen Perspektive der Dysfunktion begreift, lässt sich jedoch nur erreichen durch den Blickwechsel des therapeutischen Teams auf eine psychodynamische Entwicklungslehre, die Wege zeichnet für die Förderung des Selbst-Gewinns eines Menschen. Psychodynamische Wahrnehmung ist immer schon ein diätetisches Sehen im Hinblick auf die seelische und körperliche Psychohygiene: es ist die vorbeugende Sorge um den heilsamen Weg für einen Patienten. Krankheit als Verweigerung der Anpassung ist in dieser paradoxalen Sicht der verborgene Ort der prospektiven Intentionen eines Subjekts. Heilung bedeutet in dieser paradoxalen Optik das Genesen eines Menschen von der Selbstverbergung im Versteck seiner Krankheit – das Stigma der Abweichung als Schutz vor dem Abweichen.

Das von uns vertretene klinische Konzept war bereits im Münchner Kooperationsmodell (Pohlen 1972, 1973; Pohlen u. Bautz 1972, 1973, 1974, 1978; Pohlen et al. 1979) entwickelt und wurde weiter differenziert im Marburger Psychotherapie-Programm (Pohlen u. Bautz-Holzherr 1995; Bautz-Holzherr 1998) als integratives Konzept klinischer Psychodynamik. Allerdings meint der Begriff Integration[73] den Zusammenschluss verschiedener klinischer

[73] Der Begriff Integration meint nicht den heute vorherrschenden Eklektizismus in der beliebigen Methodenkombination und Technikvariation ohne jede theoretische Begründung der therapeutischen Konzeption. Es ist sicher intellektuell der Weg des geringsten Widerstandes und praktisch äußerst bequem, von der naiven Vorstellung auszugehen, durch ein Puzzle von Technikbausteinen zu einer Wirksamkeitssteigerung zu gelangen in der Erwartung, dass sich diese automatisch aus der kombinierten Anwendung ergeben wird. Die Beliebigkeit dieses medizinischen Applikationsdenkens erspart die Klärung der theoretischen Voraussetzung als Grundlage psychotherapeutischer Arbeit, wie es zum Selbstverständnis jedes wissenschaftli-

Aktionsfelder zur Herstellung eines therapeutischen Ganzen und gründet in einer psychodynamischen Gesamtkonzeption der klinischen Behandlung. Die Wirksamkeit der klinischen Psychodynamik sehen wir nämlich in einem gemeinsamen kurativen Faktor, der das Integral aller kurativen Faktoren der therapeutischen Aktivitäten ist. Dieses veränderungswirksame Potential ist in der psychotherapeutischen Wissenschaft theoretisch bisher nicht expliziert worden. Das kooperative Arbeitsprinzip als Prozess der Einpassung der verschiedenen therapeutischen Interventionen ist der essentielle, gestaltschaffende Organisator der Fallkonzeptualisierung und der ständige Motor der psychodynamischen Prozessualisierung klinischer Arbeit.

Die Bedingungen des Gelingens einer kooperativen Arbeitsweise in der Psychodynamik liegen im produktiven Ausgang der Konfliktaustragung innerhalb der Gruppe der Therapeuten: der Lösung ihrer Kompetenz-, Konkurrenz-, Abhängigkeits- und Unabhängigkeitsprobleme, der Befriedigung ihrer narzisstischen Ansprüche und dem Maß an Souveränität in der Bewältigung der vom Patienten auferlegten Konflikte und der aus den eigenen Konfliktneigungen herrührenden Probleme mit den Patienten und zwischen den Mitgliedern des Teams. Diese Konfliktaustragung meint keine Selbsterfahrung untereinander, sondern eine professionelle Auseinandersetzung der klinischen Arbeitsprobleme und Arbeitsschritte auf dem Hintergrund des Wissens um die eigene Konfliktdynamik und der Wirkung der individuellen Konfliktneigungen auf die therapeutischen Interventionen und die Interaktionen untereinander.

Das kooperative Arbeitsprinzip der Psychodynamik verlangt eine besondere Sensibilisierung für die Wahrnehmung der Bedeutung des interaktionellen Geschehens. Es erfordert in besonderem Maße die Professionalisierung in der befriedigenden Interessenabgleichung zwischen den einzelnen Feldern und die Bestätigung der eigenen Bedeutung durch das Gefühl der Bewährung im Ringen um die immer wieder neu zu schaffende gemeinsame psychodynamische Perspektive im Arbeitsprozess. Darin liegt die notwendige Selbstbeglaubigung des kooperativen Systems.

---

chen Vorgehens gehört. Die Zutaten und die Kombination von Zutaten können doch dem Koch den Entwurf (Rezept) eines Gerichts nicht ersparen; es sei denn, er überlässt es dem Zufall, dass aus der Mixtur von Zutaten ein brauchbares Gericht entstünde: „Es ist genauso sinnvoll, wie wenn ein Koch erklärt, dass jede Kombination von zwei oder drei Speisen ein köstliches Gericht ergeben wird, egal, ob es sich um ein erstklassiges Steak mit gebackenen Kartoffeln oder um Hundefutter mit Schlagsahne handelt“ (de Schill 1997, S. 183). Treffende Worte eines Sachkundigen, der den Finger darauf legt, was für den Patienten angerichtet wird, und wie die Patienten zugerichtet werden durch das, was man ihnen vorsetzt.

Dieses Arbeitsprinzip klinischer Psychodynamik hat durch seine unmittelbare Präsenz für den Patienten Vorbildcharakter. Gelungene oder misslungene Konfliktlösungen wirken unmittelbar auf den Patienten zurück und lassen ihn erleben, über welche Souveränität das Team verfügt, ob es zu einer flexiblen Handhabung der Beziehung zu ihm in der Lage ist, sich vor ihm korrigieren kann und Konfliktausgänge ohne nachtragende und nachhaltende Wirkung sein können; dass Konsequenzen aus Einsichten und Erkenntnissen folgen müssen und beide Seiten sich darin ernst genommen wissen wollen: der Patient ist kein unmündiges Kind und das therapeutische Team ist nicht der väterliche oder mütterliche Vormund. Die Bedingungen und die Atmosphäre eines klinischen Feldes verführen Therapeuten immer wieder dazu, parentale Beziehungsfigurationen mit Patienten herzustellen und ein pseudofamiliales Klima zu erzeugen, so dass eine sukzessive Regressivierung und Infantilisierung des Patienten die Folge ist mit den bekannten Erscheinungen infantiler Konfliktmuster zwischen dem Team und einem Patienten.

Überhaupt muss sich der kooperative Geist eines selbstbestimmten Teams dem Patienten gegenüber darin erweisen, dass es nicht inferiore, disziplinierende Ordnungsfunktionen hierarchisch der pflegetherapeutischen Rolle zuweist und die superiore Rolle empathischer Verständigung den ärztlichen und psychologischen Mitgliedern. Die therapeutische Koalition der Teammitglieder zeigt sich vor dem Patienten in der Verantwortlichkeit eines jeden Therapeuten für alle Beziehungsaspekte der Interaktion und gerade nicht in der Aufspaltung von „therapeutischen Räumen“ im engeren Sinne, für welche die akademischen Therapeuten zuständig sind, und „reale Räume“, deren Verantwortung beim Pflegeteam liegt. Solch hierarchische Aufspaltungen des klinischen Feldes sind Relikte autoritär-medizinischer Organisationsschemata, die im klinischen Feld psychodynamischer Arbeit zu rigiden Rollenübertragungen führen, so dass die fundamentale Problematik der Macht-Ohnmachts-Beziehungen nicht ins Zentrum psychotherapeutischer Arbeit gelangt, weil die Delegation der Ordnungsfunktion und Disziplinargewalt in die Zuständigkeit des Pflegeteams die Machtthematik aus der psychotherapeutischen Arbeit ausschließt. Rigide Rollenzuweisungen nach einem traditionellen Schema von Klinikorganisation führen auch zu einer informellen moralischen Attribuierung und Bewertung nicht nur im Sinne der dargestellten inferioren und superioren Funktionen therapeutischer Arbeit; grundlegender noch zu einer völligen Desintegration essentieller Triebaspekte des Verhaltens aus der Therapie.

Im Unterschied dazu ist ein psychodynamisches Arbeitsmodell produktiv, wenn die sogenannten Übertragungsaufspaltungen auf den Feldern klinischer Aktivität dem Patienten die Möglichkeit unterschiedlicher Inszenierungen seiner Konfliktdynamik und differenter Beziehungsaspekte an den verschiedenen Therapeuten einräumt und dadurch eine Intensivierung und Forcierung des therapeutischen Prozesses bewirkt: Übertragungsaufspaltungen als unterschiedliche Beziehungen sind für das klinische Feld konstitutiv. Die Produktivität eines kooperativen Arbeitsprinzips in der Psychodynamik zeigt sich gerade darin, dass das Team in seinem regulierten Austausch miteinander diese Aspekte integriert und jeweils zu einer fruchtbaren psychodynamischen Konzeption für den Patienten gelangt. Das psychodynamische Kooperationsprinzip gelingt oder misslingt letztlich nur in der Anerkennung der Bedeutung der einzelnen therapeutischen Rollen.
Im Münchner Kooperationsmodell war zwar noch eine bifokale[74] Rollenaufteilung angelegt zwischen der Interventionsebene des Analytikers, dessen Arbeit vorwiegend auf die Aufklärung der unbewussten Determinanten eines Verhaltens gerichtet sein sollte, und der Aufklärungsarbeit des Pflegeteams, das an den bewussten Determinanten des Verhaltens auf einer klarifizierenden Dimension arbeiten sollte. Diese Differenzierung in eine mehr deutungsbezogene und eine mehr handlungsbezogene therapeutische Arbeit führte durch die empirische Bestätigung der Gleichrangigkeit der therapeutischen Felder damals schon zu einer Änderung unserer Vorstellungen von der therapeutischen Wirksamkeit. Und diese Änderung unserer Anschauung von der Wirksamkeit der einzelnen Variablen im klinischen Feld, angefangen mit der therapeutischen Gleichrangigkeit der Wirkvariable des pflegetherapeutischen Teams (Pohlen u. Bautz 1972) und verstärkt durch die empirische Bestätigung der gleichrangigen Wirksamkeit verschiedener Psychoanalytiker in diesem klinischen Feld, verschieden nach Struktur, Konfliktneigung und Geschlecht (Pohlen u. Bautz 1978), bestätigte unsere psychodynamische Arbeitsvorstellung, dass es bei der Wirksamkeit im klinischen Feld weniger

---

[74] Der Begriff „bifokal" bezeichnet nicht eine bipolare klinische Organisationsform, vielmehr eine fokale Aufgabenverteilung. Dabei war der Aufgabenbereich der Sozialtherapeuten im „Münchner Kooperationsmodell" in den empirischen Untersuchungen nicht explizit ausgeführt worden, vor allem auch weil diese Studien damals auf den Kernbereich klinischer Arbeit von Psychoanalytikern und Pflegetherapeuten gerichtet waren. Allerdings war das klinische System damals schon eingebunden in eine prä- und postklinische Behandlungskette in der Kooperation mit niedergelassenen Psychotherapeuten an dem von uns eingerichteten Kommunikationszentrum, das als Ambulatorium der klinischen Abteilung der Forschungsstelle für Psychopathologie und Psychotherapie in der Max-Planck-Gesellschaft diente.

um den Effekt spezifischer Variablen geht, sondern allein um die Wirksamkeit aus der Identifizierung mit dem therapeutischen System und der gemeinsamen Überzeugung vom Erfolg dieses Systems.
Das Münchner Kooperationsmodell und später das Marburger Psychotherapieprogramm hatten als Leitvorstellung, alle Andersartigen in einem integrierten Therapiekonzept zu behandeln. Dieses integrierte Behandlungsschema für Psychotische und Neurotische, Perverse und andere aus der diagnostischen Normalitätsskala Herausfallende sollte die üblichen dissoziierten Schemata in Behandlungskonzepten mit dem Ausschluss von „Verrückten" überwinden und zeigen, dass gegenseitige Anerkennung des Fremd-Anderen eine enorme Stärkung der Selbststabilisierung dieser Patienten im Aushalten ihrer Andersartigkeit bewirkt; zugleich ihre heterogene Kraft bestärkt für eine Existenz des Grenzgängerischen. Diese Integrationsarbeit von höchst divergierenden und desintegrierten Menschen brachte den erwarteten reziproken therapeutischen Austauschprozess zwischen den strukturell so differenten Menschen in dem Sinne, dass Wirklichkeitsbemächtigung der Verrückten und Phantasieaufschließung der Zwanghaften, die Extraversion von Depressiven und die Introversion von Hysterikern und so fort, also bisher dissoziierte Aspekte der einzelnen Personen, die Bereicherung ihres Selbsterlebens und die Wahrnehmung ihres Selbstgewinns tatsächlich die Folge war und sich empirisch bestätigen ließ (Pohlen 1972, 1973; Pohlen u. Bautz 1974).
Das Modell integrativer Arbeit mit sozial extrem Desintegrierten beruhte auf einer therapietheoretisch und therapietechnisch elaborierten Behandlungskonzeption, die wir auf die Verhältnisse einer psychotherapeutischen Klinik übertragen und fortgeführt haben in der Erweiterung auf all jene psychischen Erkrankungsformen, die nicht wegen ihrer psychotischen Dramatik, depressiven Gefährdung oder süchtigen Verwahrlosung einer psychiatrischen Behandlung bedürfen. Wenn die Behandlung der Extremvarianten von Verhalten therapeutisch sinnvoll und aussichtsreich ist, dann sollte dies eine Herausforderung für Psychotherapeuten sein, divergierende Strukturen von schwerer Desintegration, Schizoide, Depressive, Perverse, Zwanghafte und andere in einem integrativen Konzept zu behandeln, um nicht, wie es früher in der Psychoanalyse üblich war, gerade die schizoiden Strukturen auszuschließen und dadurch die gesellschaftliche Ausschließung von Verrücktem und Ungewöhnlich-Andersartigem zu wiederholen.
Unsere Arbeitsvorstellungen über ein kooperatives Modell klinischer Psychodynamik und die empirischen Untersuchungen zur Konzeption des „Münchner Kooperationsmodells" waren innovativ für die Einrichtung von integra-

tiven Konzepten in der Psychotherapie und allgemein stimulierend für ein Umdenken in der klinischen Konzeptualisierung von Psychotherapie (s. Arfsten u. Hoffmann 1978; Janssen 1987). Freilich vollzog sich der von uns eingeleitete Prozess des Umdenkens in der klinischen Konzeptionalisierung von Psychotherapie mehr in der Übernahme formaler Organisationsprinzipien integrativer Arbeit als in der Aufnahme inhaltlicher Momente, die von weitreichender Bedeutung für die Strukturierung des klinischen Feldes gewesen wären.

Der empirische Nachweis der besonderen Wirksamkeit unterschiedlicher therapeutischer Felder mit verschiedenen therapeutischen Kompetenzen, die Gleichwirksamkeit strukturell differenter Analytiker bestätigte nicht nur das Erfordernis des kooperativen Arbeitsprinzips in der klinischen Psychodynamik, sondern auch die notwendige Veränderung der Bewertung der genuinen therapeutischen Funktion des Pflegeteams und die daraus zwangsläufig sich ergebende Änderung ihrer Positionsbestimmung. Die empirischen Untersuchungen über die „therapeutische Funktion des Schwesternpersonals" (Pohlen u. Bautz 1972) haben gezeigt, dass als Folge der kooperativen Organisationsstruktur der Klinik und dem darin enthaltenen Funktionswandel der Schwesternposition sich bei den Patienten eine der Therapeutenfunktion gleichwirksame Veränderung vollzogen hat und die Rolle des Schwesternpersonals als wichtige therapeutische Übertragungsfigur im klinischen Feld bestätigt wurde. Daraus hätte die Konsequenz einer tatsächlichen Veränderung der klinischen Arbeitsorganisation gezogen werden müssen durch Akzeptierung der essentiellen Einflussgröße des Pflegeteams und durch Übertragung eigenverantwortlicher therapeutischer Arbeit. Aber eine solche Umstrukturierung hätte die grundlegende Veränderung klinischer Arbeitsprinzipien bedeutet und die definitive Verabschiedung des medizinischen Hierarchiesystems mit sich gebracht. Auch die Gleichwirksamkeit sehr differenter Therapeutenpersönlichkeiten hätte eine Reflexion darüber einleiten können, daß die Grundlage des therapeutischen Erfolgs in der gemeinsamen Überzeugung kooperativer klinischer Arbeit zu suchen wäre. Und es ist schließlich auch zu fragen, warum die innovative Chance, in einem integrativen Behandlungsansatz hochdivergente Patientenstrukturen zu behandeln und damit die therapeutische Ausschließungspraxis zu überwinden, nicht ergriffen wurde.

Es mag nicht nur daran gelegen haben, das Reservat des „Verrückten" in der Psychiatrie zu konservieren, um sich davon abzugrenzen und sich in der Sicherheit eines Therapiesystems mit Unauffällig-Kranken einzuschließen. Die Normalisierung Unauffällig-Anormaler in der allgemeinen Psychotherapie schützt nämlich fachlich legitimiert vor der Berührung mit dem „Verrückten“ und ermöglicht eine sublimere Form der Selbstdistanzierung und Ausschließung des Fremd-Anderen als das diagnostische Ausschließungsverfahren in der Psychiatrie. Die Intention der Psychiatrie, die sogenannte Unfassbarkeit des psychotischen Geschehens durch Pseudoobjektivierung in Devianzkriterien zu fassen, ist aber in gleicher Weise irrational wie das organisatorische Unfassbarmachen des Psychotischen durch Ausschließung aus dem Behandlungskatalog der Psychotherapie.

Psychotherapieforschung im klinischen Feld war für uns immer das Mittel, die Bedingungen und Wirkmechanismen der Therapieorganisation zu erhellen, um dadurch auch empirisch begründete Gestaltungsmöglichkeiten für eine innovative Weiterführung des klinischen Settings zur Hand zu haben, die unsere klinischen Erkenntnisse bestätigten und unser therapeutisches Experimentieren unterstützten. Aufgrund dieser wissenschaftlichen Arbeit haben wir im Marburger Psychotherapieprogramm im Laufe der Jahre systematisch eine multifokale Organisationsform kooperativer Arbeit eingerichtet. Die therapeutische Rollenverteilung in diesem Konzept ergibt sich aus den entwicklungs- und ausbildungsbedingten Voraussetzungen der Teammitglieder, aus ihren Neigungen und Präferenzen, nicht zuletzt aus der notwendigen kooperativen Mentalität, die autoritäre Persönlichkeiten aus einer solchen psychodynamischen Arbeit ausschließt.

III. Das Marburger Psychotherapie-Programm: eine Konzeption psychodynamischer Therapie-organisation und Interaktionsgestaltung

1. Die Organisationsstruktur des klinischen Raums

1.1 Die Felder therapeutischer Aktivität und therapeutischer Kompetenzen

Die psychodynamische Arbeit folgt dem kooperativen Arbeitsprinzip von selbsttätiger und eigenverantwortlicher Funktion der verschiedenen Gruppen im klinischen Feld. Das gesamte therapeutische Team organisiert sich nach dem Prinzip von Arbeitsgruppen für den einzelnen Patienten, mit dem jeweils eine Dreiergruppe arbeitet: der psychologische/ärztliche Therapeut, eine Krankenschwester oder ein Pfleger und der Sozialpädagoge bzw. die Bewegungstherapeutin, die auch in anderen Dreiergruppen das jeweilige therapeutische Feld vertreten. Diese Dreiergruppen stimmen ihre Strategien und Aktivitäten aufeinander ab nach dem übergeordneten Prinzip gemeinsamer psychodynamischer Orientierung, reflektieren den Stand ihres Arbeitsprozesses regelmäßig miteinander und vermitteln das Ergebnis dieses Prozesses in die Gesamtteamkonferenz zurück zum Austausch und zur Gestaltung der weiteren Therapieperspektive. Zugleich reflektiert das Gesamtteam den stationären Gruppenprozess aller Patienten untereinander und mit dem therapeutischen Team im Zusammenhang der Konfliktdynamik und den Konfliktinszenierungen der Patienten in den einzelnen Aktivitätsfeldern der Arbeitsgruppen.

Im Zentrum der therapeutischen Gesamtkonzeption steht die Fallkonzeptualisierung des gesamten Teams bzw. die Rekonzeptualisierung des Einzelfalls, in der die psychodiagnostische Klärungsperspektive und die Therapieperspektive für den jeweiligen Patienten erarbeitet wird. Dieser Prozess orientiert sich an den von uns präferierten Zieldimensionen der Therapie, deren Gewichtung im Einzelfall nach dem Behandlungsbedarf eines Patienten eingeschätzt wird. Voraussetzung dieses Bewertungsprozesses sind die diagnostischen Informationen und Erfahrungen über den Patienten in den verschiedenen therapeutische Aktionsfeldern und diagnostischen Dokumentationsebenen, welche die Basis für die Entwicklung der Therapieperspektive

auf den Zieldimensionen abgibt (s. dazu das Marburger Psychodiagnostik- und Behandlungsinventar in Kap. IV).
Die leitende psychodynamische Vorstellung für die therapeutischen Aktivitäten auf allen Feldern liegt in der Themenzentrierung auf die Symptomfokussierung, auf die in der Symptomklärung aufgegebene Arbeit an der spezifischen, individuellen Konfliktthematik des Patienten, seiner Charakterstruktur oder seinen strukturspezifischen Eigenheiten, die auf den verschiedenen Interventionsebenen (therapeutische Zieldimensionen) mit dem Patienten auseinandergesetzt werden.

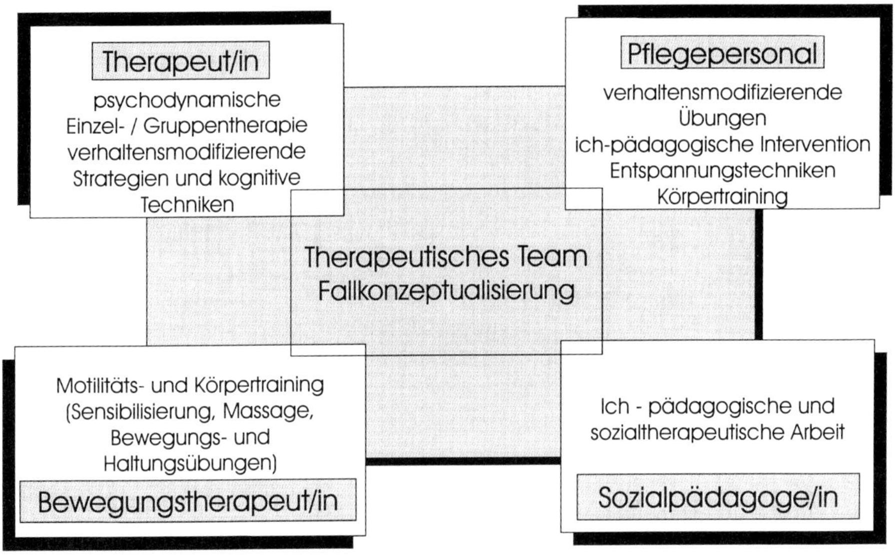

Abb. 1 Struktur der Organisation und Interaktion der therapeutischen Felder

Das therapeutische System im Marburger Programm ist multifokal organisiert. Die therapeutischen Kompetenzen werden in den verschiedenen Aktionsfeldern je nach den entwicklungs- und ausbildungsbedingten Voraussetzungen der Teammitglieder und ihrer besonderen Kompatibilität für ein kooperatives System wahrgenommen: in die Verantwortung des Sozialpädagogen ist vornehmlich die ich-pädagogische Arbeit gelegt; zur Aufgabe der Bewegungstherapeutin gehört hauptsächlich die Wiedergewinnung körperlicher Erlebnisfähigkeit; die pflegetherapeutische Arbeit konzentriert sich auf das Feld verhaltensmodifizierender Intervention und unmittelbar emotionaler Konfrontation in der Feedback- und Spiegelfunktion, im Modellernen; die

Funktion der psychologischen und ärztlichen Therapeuten liegt im Entwurf themenzentrierter Strategien auf dem Hintergrund der für den einzelnen Patienten erarbeiteten Klärungsperspektive, in gruppen- und einzeltherapeutischen Aktivitäten unter psychodynamischer Perspektive und vor allem in der Verantwortung für die Integrationsleistung des Gesamtteams im Hinblick auf eine synoptische Psychodynamik, das heißt einer ständig sich erneuernden Gestaltung gemeinsamer Therapieperspektive. Und schließlich liegt die Verantwortung des Leiters in seiner Vorbildfunktion für die Fallkonzeptualisierung und seiner souveränen Handhabung von Fokalinterventionen zur notwendigen Verflüssigung eines stagnierenden therapeutischen Arbeitsprozesses.

Das klinisch leitende Prinzip in der Psychodynamik ist in unserem Programm das andere Erleben-Lassen für den Patienten. Die andere Erfahrung an und durch die Person des Therapeuten und seiner Interventionen ist die Voraussetzung für die Entwicklung von Grundvertrauen in der Therapie. Denn das Zutrauen zum Verständnis und den Fähigkeiten des Therapeuten weckt im Patienten die Hoffnung auf Veränderung und bewirkt die wachsende Zuversicht gegenüber den therapeutischen Maßnahmen. Freilich ist das Wiedergewinnen sozialer Modalitäten für den Patienten daran gebunden, ob er auf den verschiedenen Interventionsebenen durch die unterschiedlichen Übertragungsangebote der Therapeuten eine Befriedigung seiner Ansprüche auf fürsorgliche Unterstützung erfährt. Der Basisprozess der Verlebendigung (Wiederbesetzung) des körperlichen Ichs in der Bewegungstherapie oder die Relibidinisierung des Körpers in der Körpersensibilisierung bedingen andere Übertragungsbeziehungen in der primären Funktion des Gehalten- und Aufgenommenseins als das Körpertraining in sportlichen Aktivitäten, die auf dem Niveau des Bemächtigens und des Eroberns die Übertragungsbeziehungen prägen; während mögliche sexualtherapeutische Interventionen im Modus des Eindringens oder Festhaltens das Übertragungsniveau bestimmen und Reizkonfrontationen auf anal-sadistischer Ebene die Übertragung organisieren und so fort.

Es geht überhaupt bei der Vielfalt der Übertragungsbeziehungen im klinischen Feld um die antagonistischen Grundhaltungen von nährender, haltender und tragender Aura der Beziehung zur konfrontativ-aufklärenden und aktivierenden Einstellung des Therapeuten. Die Zusammenschaltung der Arbeit auf den verschiedenen Übertragungsebenen und der ständige Ausgleich zwischen nährender, verständnisvoller Einstellung und fordernder, diakritischer Haltung machen die Spannung und die Lebendigkeit der klinischen Therapie aus, deren Gelingen vom ausgewogenen Wechselspiel gegenseitiger Identifizierung zwischen den Therapeuten und dem Patienten abhängt. Die Synoptik des Teams in der Koordinierung von emotionalen und kognitiven Prozessen in den therapeutischen Aktionsfeldern, ihre explizite Verknüpfung in der Strukturierung der Therapie, ist das Mittel der Beförderung von Reintegration der den Kognitionen zugrunde liegenden affektiven Prozesse im Patienten.

Die kooperative Arbeitsorganisation einer klinischen Psychodynamik verlangt in der Binnenstruktur die Gleichstellung von psychologischen und ärztlichen Therapeuten, die Verabschiedung autoritär-medizinischer Strukturen, wie sie sich in den üblichen Positionen von Stations- und Oberärzten darstellen: die Vertreterfunktion des Leiters hat eine identische Vorbildfunktion für die Fallkonzeptualisierung und statt der üblichen Stationsleitung sind die therapeutischen Arbeitsgruppen für ihre Felder selbst verantwortlich und müssen ihre Verantwortung für den therapeutischen Prozess im Gesamtteam vertreten. Die psychologischen/ärztlichen Therapeuten tragen die Verantwortung für eine kompetente Therapieplanung und die integrative Arbeit des Teams. Eine nicht zu unterschätzende Bedeutung kommt den Visitengesprächen (nach unserem Kooperationsmodell zwischen einem Vertreter des Pflegeteams, dem psychologischen/ärztlichen Therapeuten und dem Patienten) zu, weil hier die Vermittlung zwischen Innen- und Außenraum des Patienten stattfindet: die „Einrichtung“ des Patienten im Miteinander mit den Anderen und das sich darin widerspiegelnde Muster seiner „Objektbeziehungsweisen“ wird hier konfrontativ ausgetragen mit der Intention ihrer Rückwirkung auf die einzelnen therapeutischen Felder des klinischen Systems. Das stationäre Zusammenleben der Patienten wird nach unserer Modellvorstellung als Übertragungsfeld des sozialen und familialen Raums des Patienten betrachtet, und die vom pflegetherapeutischen Team zu verantwortende gruppendynamische Strukturierung der Gesamtpatientengruppe in Stationsgruppensitzungen dient der Aktivierung und Forcierung der konflikthaften Sozialbeziehungen und zugleich der Beförderung der Selbstaktivierung, Selbstorganisation und Stärkung des Willens zur Eigenverantwortung.

Ein besonderes Problem der klinischen Arbeit ist der Umgang mit dem körperlichen Berührungstabu, mit dem medizinischen Machtmonopol der Entkleidung und dem Vorrecht des invasiven Zugriffs auf den Körper eines anderen. Die in die mythische Tiefe des Arzt-Priester-Zauberer-Komplexes verweisende Machtproblematik begründet immer noch die Vorrangstellung der Ärzte vor den Psychologen in der Psychotherapie, bewirkt eine inferiore Position des Psychologen vor dem Patienten und die Ausbeutung dieses Prestigevorteils durch Mediziner. Wir haben grundsätzlich die medizinische

Aufnahmeuntersuchung und mögliche medizinische Eingriffe durch die Polikliniken des Marburger Klinikums vornehmen lassen bzw. bei akuten Anlässen die medizinische Versorgung durch Ärzte der eigenen Poliklinik durchgeführt, um die Diskriminierung durch diese Machtdifferenz im Berührungstabu aufzuheben. Die Machtthematik war dadurch für beide Gruppen von Therapeuten allein in die Auseinandersetzung der Abhängigkeitsproblematik zwischen Therapeut und Patient gestellt.

1.2 Die Zeit- und Verlaufsstruktur im Marburger Programm

Diagnostik und Therapieplanung unterliegen einer festgelegten Zeit- und Verlaufsstruktur, um das Therapieprogramm für den einzelnen Patienten entsprechend den uns leitenden heuristischen Prinzipien zu entwerfen. Die Erhebung der Psychodiagnostik und die Gestaltung der Therapieperspektive ist auf die Einzelfallkonzeptualisierung in der Therapieplanungskonferenz ausgerichtet, in der alle diagnostischen Quellen und die bisherigen Erfahrungen mit dem Patienten aus den einzelnen Feldern zusammenfließen. Die Konzeptualisierung des Einzelfalls ist das Ergebnis eines Arbeitsprozesses in der Kooperation aller Therapeuten der verschiedenen Aktionsfelder.

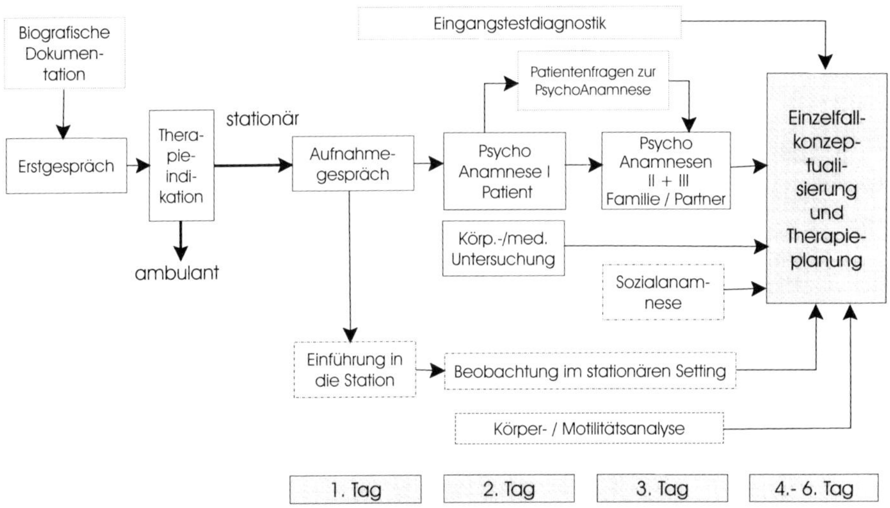

Abb. 2 Diagnostische Schritte (Klärungsperspektive) vom Erstgespräch bis zur Therapieplanung (Fallkonzeptualisierung)

Es ist von unmittelbarer Bedeutung für die Therapiemotivation des Patienten, dass schon in der ersten Woche des klinischen Aufenthaltes die Therapiekonzeption mit ihm erarbeitet wird und daraus seine Erwartungen auf Veränderung genährt werden. Nur so kann er zu der Überzeugung gelangen, dass das therapeutische Team sich kompetent auf seine Wünsche, Bedürfnisse, Befürchtungen und Ängste einlassen kann: der Patient soll von Beginn an die Erfahrung einer verständnisvollen Aufnahme seines Begehrens erleben.

2. Der therapeutische Prozess in der klinischen Psychodynamik

2.1 Die psychodynamischen Prinzipien der Fallkonzeptualisierung: die Heuristiken des Marburger Programms

Die dem Marburger Programm zugrunde liegende Praxistheorie folgt den drei heuristischen Prinzipien:

Dem Prinzip der Symptomumwertung, das heißt, die Symptome als Schutzfunktion zu begreifen und mit dem Patienten in einer psychodynamischen Klärungsarbeit ihre positiv-produktive Bedeutung für seinen Lebensgang bewusst zu machen.

Dem Prinzip der entwicklungsförderlichen Wahrnehmung, das heißt, die Suchrichtung der Selbstwahrnehmung des Patienten auf die entwicklungsfähigen Aspekte zu richten, auf die prospektiven, aufstrebenden Momente des bisher ungelebten Begehrens.

Dem Prinzip der Passung, das heißt, Symptomwertung wie Wahrnehmung der Entwicklungspotenzen und die daraus zu erarbeitende Therapiezielbestimmung unterliegen dem umfassenden Prinzip der „Passung": der Einpassung in das Struktursystem des Patienten, dem brauchbare „Vorschläge" für seine Änderungserwartung gegeben werden müssen, so dass der Patient daraus unmittelbare kognitive Befriedigung in der Erwartung auf Selbstgestaltung erleben kann.

Diese heuristischen Prinzipien sind nach unserer Auffassung unerlässliche Strukturierungsbedingungen der Klärungsperspektive (Psychodiagnostik) und der Therapieperspektive (Therapieplanung) für die Gestaltung der klinischen Psychodynamik im Marburger Programm. Sie sind Organisationsprinzipien der Wahrnehmungs- und Suchrichtung für Therapeut und Patient über den gesamten Therapieverlauf, und von ihrer kompetenten Handhabung ist das Ausmaß einer gelingenden therapeutischen Arbeit abhängig.

2.2 Die psychodynamische Klärungsperspektive: eine entwicklungs- und lebensgangzentrierte Diagnostik – vom Abwehr-, Anpassungs- und Verneinungsprinzip des Ichs

Die Diagnostik ist nach unserer Auffassung und Handhabung ein ständig wirksames, virulentes therapeutisches Agens: von der biographischen Dokumentation, den Leitfäden zum Aufnahmegespräch, zur Patienten-Familie-Partner-PsychoAnamnese, zur Fallkonzeptualisierung bis zur Therapieplanung und Prozessgestaltung sind die Instrumente im Sinne einer einheitlichen Techniktheorie entworfen, nach der die Wahrnehmungs- und Suchrichtung konsistent auf ein konstruktives Erleben der eigenen Geschichte ausgerichtet ist. Die Lenkung der Wahrnehmung von Patient und Therapeut unter dieser Optik ist von Grund auf aufbauend und für beide im verbindlichen Blick auf die Entwicklungsmöglichkeiten des Patienten organisiert.

Die Intention einer produktiven Suchrichtung nach den aufstrebenden Aspekten im Patienten entspringt der Absicht, die pathologie- und defektorientierte konventionelle Einstellung zu gestörtem Verhalten zu überwinden: der Patient wird von vornherein aus der Selbstdarstellung des Versagens herausgeführt, und der Blick des Therapeuten wird grundlegend von der Defizienzgeschichte des Subjekts auf die Aufdeckung der im Versagen unterdrückten Wünsche und Bedürfnisse des Patienten gelenkt. Das von uns entwickelte Psychodiagnostik- und Therapieinventar ist ein Instrument der Anleitung zu einer anderen Sehweise des Therapeuten und zu einer Blickführung des Patienten, die ihm eine andere Selbsterfahrung möglich machen soll.

Die Einführung des sogenannten progressionsförderlichen Aspektes (Fürstenau 1994) in der Psychodynamik ist jedoch nur zu bewerkstelligen über eine Regression beider Protagonisten, Therapeut wie Patient, durch den Prozess eines anderen Nachdenkens über die erlittene Geschichte. Die darin implizit enthaltene wachstumsförderliche Intention eines neuen Blicks auf sich selbst entspringt dem Nachdenken über die entgangenen Möglichkeiten. Diese Regression im Nachdenken ist erst die Voraussetzung einer Progression in der vorausschauenden Wahrnehmung der bisher noch nicht wahrgenommenen Entwicklungspotenzen. Darin liegt für den Patienten wie für den Therapeuten eine korrigierende emotionale wie kognitive Erfahrung in der Neubewertung des Lebensgangs.

Eine lebensgangsbestimmte Diagnostik fragt nach der wechselnden Bedeutung des Verhaltens eines Patienten: welchen Sinn jetzt sein unangepasstes Verhalten hat und in welchem Kontext es unangepasst geworden ist; warum jetzt etwas unangepasst sein könnte, was früher sinnvoll war, und wieso jetzt etwas angepasst ist, was früher unangepasst war; und wo denn, an welchem Ort und unter welchen Bedingungen das Subjekt im Laufe seiner Lebensgeschichte angepasst oder unangepasst war. Diese historische Relativität von sogenanntem krankhaften Verhalten, das zu einer Zeit die gelungene Bewältigung einer Lebensphase darstellen kann, zu einer anderen Zeit eine misslungene, in einer Lebenssituation eine produktive Konfliktbewältigung, in einer anderen eine ungeeignete Konfliktlösung sein kann, muss den Blick des Therapeuten darauf lenken, was im Einzelfall für den Patienten die Bedingungen sind, sich in seinem Verhalten als gesund oder krank zu erleben, im Selbstgefühl als gestört oder ungestört zu empfinden. Der Störungscharakter des Verhaltens für den Patienten muss im Kontext seiner Lebensdynamik geklärt werden, vor allem auch die Bedingungen für den Wiederholungsfall von unangepasstem Verhalten im Erleben.

Die Vorleistung einer historischen Relativierung von psychischem Kranksein durch den Therapeuten ist Bedingung für die Überwindung einer selektierenden Verfahrensweise, die durch diagnostische „Feststellung" der Abweichung eines Patienten dessen Selbststigmatisierung durch den Mechanismus der „Identifikation mit dem Aggressor" unterhält: es werden jene Krankheitskarrieren produziert, deren Verlauf wiederum zur Bestätigung der Diagnostik dient und in Wiederholung einen vitiösen, zirkulären Prozess von Selbstbestätigung der Diagnostik in Gang hält. Denn bei der Statusdiagnostik verstärken sich Diagnostiker wie Patient durch wechselseitige Identifizierung in der Überzeugung von psychischem Kranksein als schicksalshafte Abweichung, die beide in einem diskriminierenden Diagnostikschema festhält.

Eine lebensgangzentrierte Diagnostik hat dagegen zur Voraussetzung, dass der Therapeut seine Wahrnehmung fokussieren kann auf die leitmotivisch in Erscheinung tretende Dominanz von Ich-Leistungen. Nach psychoanalytischem Erfahrungswissen haben die Ich-Funktionen eines Subjekts ihre Brennpunkte in drei essentiellen Prinzipien: im defensiven Prinzip der Ich-Abwehr gegen die Triebe (Psychoanalyse der Abwehrmechanismen), im adaptiven Prinzip der Vermittlung (Ich-Psychologie der Anpassung) und nach unserer psychoanalytischen Erfahrung vor allem im Verneinungsprinzip gegen Anpassung (Psychoanalyse des Auf-Begehrens). Die Lebensdynamik eines Subjekts kann unter der wechselnden Dominanz dieser Prinzipien stehen oder unter der ausschließlichen Dominanz des Prinzips der Triebabwehr oder der adaptiven Funktion, während die Ich-Leistung der Verneinung als schöpferische Ich-Funktion daran gebunden ist, dass Triebabwehr und Adaption in einem ausgewogenen Verhältnis zueinander stehen,

um die Verneinungsfunktion nicht zu hemmen durch zwanghafte Impulskontrolle oder zwanghafte Unterwürfigkeit.
Die defensiven und adaptiven Funktionen des Ichs sind inzwischen zu festen Begriffen der psychoanalytischen Theorie geworden (Erikson 1995), während die Ich-Funktionen der Verneinung, der Weigerung der Anpassung, in der Praxistheorie der Psychoanalyse überhaupt nicht in Erscheinung treten. Das Ich als „Grenzwesen", das nach Freud unter dem Druck von dreierlei Dienstbarkeiten steht: von der Außenwelt, der Libido des Es und der Strenge des Über-Ichs, ist im psychoanalytischen Diskurs vornehmlich unter die Optik von Abwehr und Anpassung gestellt worden. Und die Gegengewalt des verneinenden Ichs, das Funktionsprinzip der Weigerung, sich den Bedingungen und Gegebenheiten anzupassen in der Zurückweisung von tradierten Ansprüchen, hat im Diskurs der Psychoanalyse bis heute praktisch keinen angemessenen Platz gefunden. Diese schöpferische Ich-Leistung der Subversion im Aufbegehren ging im affirmierenden Prozess der psychoanalytischen Bewegung unter. Dabei ist der Widerspruch zwischen dem Begehren des Subjekts und den gesellschaftlichen Ansprüchen auf Anpassung die von Freud in den kulturellen Diskurs eingeführte Antinomie des Subjekts.
Das defensive Funktionsprinzip ermöglicht die Selbstbewahrung des Subjekts oder kann es in der zwanghaften Selbstunterdrückung um seine Eigenständigkeit bringen; das adaptive Prinzip kann den fruchtbaren Ausgleich zwischen den Gewalten herbeiführen oder das Subjekt durch unterwürfige Affirmierung in seiner Lebensaspiration lähmen: beide Funktionsprinzipien können im negativen Aspekt den Anspruch des Subjekts auf Souveränität brechen. Und das Verneinungsprinzip kann sich im Extrem in nihilistischem Protest erschöpfen oder im Geist des Aufbegehrens die Dinge aufrühren, starre Verhältnisse in Fluss bringen. Die Ich-Leistung der Verneinung ist der Geist des Einspruchs und Widerspruchs, der Widersacher der Servilität.
Die ambivalente Struktur dieser Funktionsprinzipien, die Doppelbödigkeit der leitenden Ich-Leistungen zeigt sich im Blick auf die Lebensdynamik eines Patienten. Und der Therapeut muss sich mit dem Patienten über die Dominanz oder wechselnde Dominanz bestimmter Ich-Funktionen in den verschiedenen Lebensphasen auseinandersetzen, um die Gesamtdynamik eines Lebensgangs zusammen mit dem Patienten zu begreifen. Dabei kommt ihm der subversive Geist des Verneinungsprinzips als Prinzip des Umschaffens zu Hilfe, das aus dem subversiven Moment des aufstrebenden Begehrens zehrt und den Drang nach Veränderung unterhält.
Das triebhafte Moment des Verneinungsprinzips ist der Motor der intellektuellen Verwerfung, der Umsturz der gewohnten Sehweise und herkömmli-

chen Verhältnisse: der Verneinungsfunktion gegenüber dem Alten ist die Bejahungsfunktion gegenüber dem Neuen inhärent. Diese Ich-Leistung repräsentiert das experimentierende, erkenntniserweiternde Ich, hat eine identitätserneuernde Funktion in der Negation der alten und in der Position der neuen Wesenheit. In der Verneinung „so ist es nicht, so sehe ich es nicht" liegt die Intention der Bejahung, „so ist es, so sehe ich es" und weiterführend „so will ich nicht sein, so möchte ich nicht sein"; also, noch unbewusst: „ich möchte das Gegenteil sein".

Umsturz und Erneuerung sind die verschiedenen Seiten dieses Verneinungsprinzips, das Freud aus der triebbedingten oralen Urteilsfunktion entwickelt hat: „... das will ich essen oder will es ausspucken, und in weitergehender Übertragung: das will ich in mich einführen und das aus mir ausschließen. Also: dies soll in mir oder außer mir sein" (Freud XIV, S. 13). Hier entscheidet sich, was dem Einzelnen schmeckt oder nicht schmeckt, oder ob er ein solches Grundvertrauen (Erikson 1965) in der Sättigung der primären Bedürfnisse, der „primären Liebe" (Balint 1937) erworben hat, sich die Welt immer weiter und besser schmecken zu lassen.

Die Verneinungsfunktion ist der entscheidende Organisator des Psychischen, und die Verneinung ist die Voraussetzung für das Infragestellen, das Denken als Infragestellen. Aber das Verneinungsprinzip ist nach unserer Auffassung auch der essentielle Organisator des therapeutischen Prozesses (s. Kap. II, 3.4). Ferenczis primäres Therapieziel, den Patienten zum Widerspruch, das heißt zum Nein-Sagen zu erziehen, ist in unserer Praxistheorie zu einer klinischen Anwendung des Verneinungsprinzips entwickelt, das als Mittel der Selbstbemächtigung und der Souveränitätsgewinnung eingesetzt wird. Es ist die triebspsychologische Grundlage einer Veränderungswissenschaft und von Psychotherapie als Veränderungspraxis.

Diese essentiellen Ich-Leistungen unterliegen allerdings einem fakultativen Funktionswandel in den verschiedenen Lebensphasen eines Patienten, und für den psychodynamisch diagnostizierenden Therapeuten sollte es ein besonderes Anliegen sein, diesem möglichen Funktionswandel und den Unterschieden in den Gewichtungen der Ich-Funktionen im Lebensgang des Patienten nachzugehen. Aus der Plastizität und Flexibilität der Ich-Leistungen lässt sich schon bei Beginn der Therapie eine Prognose über das Veränderungspotential eines Patienten stellen.

Vom Funktionswandel der Ich-Leistungen in den Lebenszyklen

In der ich-psychologischen Perspektive der Psychoanalyse (Hartmann 1939) wurde das Handeln des Menschen als eine ständig sich verändernde Anpassung an die soziokulturellen Bedingungen aufgefasst. Die darin enthaltenen Vorstellungen über „Funktionswandel" von Ich-Leistungen versuchen eine Erklärung dafür, dass auf höheren Stufen der Entwicklung Ich-Leistungen des Subjekts, die auf früheren Entwicklungsstufen spezifischen Abwehrcharakter darstellen, nun im Anpassungsprozess neue adaptive Funktion erhalten können. Diese neue Perspektive von der Verlaufsdynamik eines Lebensentwurfs bewertet Ich-Leistungen je nach den spezifischen Anpassungserfordernissen an soziokulturelle Gegebenheiten, so dass jedes Subjekt in wechselnden Phasen seines Lebensgangs etwas als Störung erfahren kann, was in anderen Epochen gelungene Anpassung sein kann. Der Funktionswandel ist noch umfassender zu begreifen im Zusammenhang mit den psychoanalytischen Charakterstrukturen, wenn man nach Reich (1970) den Charakter als narzisstisches Schutzsystem begreift und in Betracht zieht, dass die Eigenheiten eines Subjekts in der Verlaufsdynamik des Lebens sich verändern können, je nach ihren verschiedenen Besetzungen durch die Anforderungen in den jeweiligen Lebensphasen. Dieser Vorstellung einer Funktionsdynamik liegt die Idee zugrunde, dass dem Subjekt multiple Individualitäten seiner Persönlichkeit inhärent sind und dass die sogenannte Identität der Person die Fiktion einer ein für alle Mal festgestellten Wesenseinheit ist.

Der Lebensgang im Sinne dieses Funktionswandels bringt für das Subjekt notwendige Erschütterungen seines Selbstkonzepts mit sich, die eine lebensphasentypische Herausforderung zur Herstellung neuer Gleichgewichtszustände bedingen. Solche Störungen des Gleichgewichts können von amtlich bestallten Beobachtern[75] als krankhafte Verhaltensabweichungen diagnostiziert werden, mit denen sich ein Subjekt identifizieren wird, wenn der Repräsentant der Gesundheitsbürokratie über die Exekutionsmacht in der Zuschreibung von gesund und krank verfügt.

Das Patientensystem ist auch im Kontext des Familiensystems und dies in den Zusammenhang des jeweiligen Sozialsystems eingebunden, so dass verschiedene und wechselnde Ansprüche (beruflich, familial, sozial) an das Selbstkonzept eines Menschen gestellt werden, zum Teil gleichzeitig widersprüchliche Anforderungen, die ein Subjekt auf der einen Seite angepasst und auf der anderen Seite

---

[75] So sind in China nach den Einführungskursen zum Diagnostischen und Statistischen Manual psychischer Störungen (DSM III/IV 1994/1998) in den letzten zehn Jahren bei jugendlichen Ablösungsproblemen und pubertären Konfusionen beziehungsweise passageren Gleichgewichtsstörungen der Familien zunehmend Diagnosen einer Jugendlichen-Schizophrenie gestellt worden, die früher so nicht gestellt wurden und im gesellschaftlichen Kontext jetzt auch zur Exkommunikation der Jugendlichen geführt haben in der Absonderung psychiatrischer Verwahrung (persönliche Mitteilung von A. Retzer aus Erfahrungen in der systemischen Forschungszusammenarbeit mit chinesischen Fachkollegen).

unangepasst erscheinen lassen. Die Gleichzeitigkeit von verschiedenen labilen oder stabilen Gleichgewichtszuständen einer Person, je nach ihrer Inanspruchnahme, wird nur dann als gestörtes Verhalten diagnostiziert werden, wenn der Bereich des labilen Gleichgewichts in der öffentlichen Bewertung von Interesse ist. Störung definiert sich immer schon nach dem Kodex soziokultureller Bewertung im Hinblick auf den für eine Gesellschaft vorrangigen Aspekt des Verhaltens und je nach dem gerade historisch gültigen Bewertungsschema über das Spektrum menschlichen Verhaltens. Auf diesem Hintergrund ist gerade durch eine differenzierte Entwicklungsdiagnostik zu berücksichtigen, was für den jeweiligen Patienten angepasst und unangepasst im Verlauf seines Lebens sein könnte; und deshalb ist es auch von besonderer Bedeutung, eine den gesamten Lebensgang umfassende psychodynamische Konzeption mit dem Patienten zu erarbeiten.

Die Verlaufsdynamik der Individuation eines Menschen ist eingebunden in die Dynamik der Lebenszyklen eines Familienverbandes und in den Funktionswandel seiner Mitglieder. Analog dem Funktionswandel eines Subjekts gilt für die Familienstruktur: was in einer Familienepoche für die einzelnen Mitglieder, deren Rollen und Selbstkonzepte angepasstes Verhalten ist, kann in einer anderen unangepasst sein; wenn zum Beispiel das Ablösungsbegehren der Kinder das Gleichgewicht der Familie erschüttert und sich Eltern wie Kinder jeweils auf neue Gleichgewichtszustände miteinander einrichten müssen; oder wenn emanzipatorische Bestrebungen der Eltern, vor allem der Mütter, neue Bewertungssysteme der parentalen Funktionen verlangen. Unter dieser Optik ist dem Therapeuten auferlegt, sich von den Fesseln der herrschenden Familienideologie zu befreien, welche die herkömmliche Familienorganisation als unwandelbare Institution „feststellt" und dem Einzelnen unveränderbare Rollenklischees (im Vater-Mutter-Kind-Schema) ungeschichtlich verordnet.

Im Zusammenhang der Versteinerung von familialen Verhältnissen ist auch die Rigidisierung, die „Feststellung" von Charakterstrukturen in der Familie zu sehen, die allzuleicht in der Festlegung auf das Ein-für-alle-mal von Rollen und Konzepten als Zeichen der Ich-Stärke eines identitätsreifen Subjekts verklärt wird. Diese Konservierung von Charakteren und Verhaltensweisen mögen zwar den Einzelnen schützen in seinen Sicherheitsbedürfnissen und der Vermeidung von Erschütterung des eingerichteten familialen Gleichgewichts dienen, aber sie fixieren die Subjekte in scheinbar unwandelbaren Familienpositionen und zwanghaften Selbstkonzepten und tradieren eine generationsüberschreitende Fortführung konservativer Familienideologie. Erstarrte Verhältnisse werden zur Norm und standardisieren in der Rückwirkung auf die sozialen Systeme in der Gesellschaft die herrschenden Vorstellungen von Familienorganisation.

Auf diesem Hintergrund wird die Bedeutung einer die Gesamtsituation des Patienten umfassenden Entwicklungsdiagnostik offensichtlich, und es wird auch deutlich, dass es von der Perspektive eines Therapeuten abhängt, ob er von dem tradierten pathologie- und defektorientierten Schema absehen und das Verhalten des Patienten in die Verlaufsdynamik von dessen Leben stellen kann, um die produktive Bedeutung der Störungen im lebensgeschichtlichen Kontext des Patienten zu verstehen.

Das Fragen des Therapeuten nach dem Lebensgang des Patienten ist immer ein Infragestellen der gewohnten Sehweise eines Patienten, und zugleich zeigt sich im Nachfragen und Weiterfragen des Therapeuten, ob er die notwendige Plastizität und Flexibilität (Ferenczi) besitzt, um im Patienten den Widerspruch gegenüber seiner überkommenen Selbstwahrnehmung zu mobilisieren; und ob er selber das notwendige Verneinungs- und Veränderungspotential in sich aktivieren kann, um für den anderen hilfreich zu werden. Denn „den Anderen zu suchen“ (Freud 1962) heißt, in unserem Sinne therapeutisch gesehen, das Andere im Patienten finden zu wollen. Im Rekurs auf die gelungenen Lebensphasen und geglückten Konfliktsituationen wird dem Patienten das Vertrauen zurückgegeben, wieder fähig zu sein, sein Leben selbst zu gestalten, und aus dieser Ermutigung lebt die hilfreiche Funktion des Therapeuten.

2.3 Die psychodynamische Therapieperspektive: die Bestimmung des Therapiebedarfs und die Abstimmung der Therapieziele

Eine gelungene lebensgangzentrierte Diagnostik ist die Voraussetzung für das Gelingen eines Therapieprozesses, der zur Rückgewinnung des Selbstvertrauens eines Patienten sich auf die wiederentdeckten Potenzen gründen muss. Die psychodynamische Klärungsperspektive ist die Aufklärung des Patienten über die Relativität von gelungenen oder misslungenen Konfliktlösungen, je nachdem, aus welcher Perspektive und für welche Lebenszeit die Konfliktdynamik betrachtet wird. Deshalb ist es für die Therapieprognose so bedeutsam, mit dem Patienten diese Relativität zu erarbeiten und zugleich die Erwartung zu mobilisieren, dass er fähig war, in seinen sogenannten Niederlagen und Versagungen Strategien des Selbstschutzes zu entwickeln, auch wenn sie in anderen Zeiten unbrauchbar geworden sein könnten. Aber die Entdeckung der Potenz zu konstruktiven Lösungen, der narzisstische Gewinn aus seinen erfinderischen Selbstrettungsversuchen zeigt dem Patienten in der Aufklärungsarbeit mit dem Therapeuten, dass sich das Schöpferische der Verneinungsfunktion in seiner Symptomproduktion darstellt; und dass es nur einer Umwertung der Symptombedeutung bedarf, um zum Sinn seiner Produktionen zu gelangen.

Der Therapeut tritt unter dem Anspruch eines Experten für Veränderung auf und erweist seine Kompetenz darin, dass er die Flexibilität besitzt, sich auf die je unterschiedlichen Bedingungen eines Patienten einzustellen; und dass er sich ein flexibles Therapiesystem zu eigen gemacht hat, um unterschiedlichen Menschen mit differenten Mentalitäten nützlich zu sein und brauchbare „Angebote“ für deren Veränderung machen zu können. Die Kunstfertigkeit des Therapeuten liegt darin, dass er aufgrund seiner psychodynamischen Diagnostik den treffenden Fokus aus der Lebensdynamik des Patienten wählt und ein Behandlungsarrangement mit dem Patienten erarbeitet, das der dominanten Konfliktkonstellation entspricht.

Dabei sind die sogenannten Deklarationen des Therapeuten von Bedeutung, weil sie seine Absichten, die Wahl des Verfahrens, aber auch seine Erwartungen an den Patienten klären und zugleich dem Patienten die Möglichkeit einräumen, seine Erwartungen an den Therapeuten und die durch die Wahl des therapeutischen Rahmens ausgelösten Reaktionen zur Sprache zu bringen. Nach unserer Auffassung dienen die Deklarationen zwar der Aufrechterhaltung des therapeutischen Arbeitsbündnisses durch Erklärungen der klinischen Interventionen, aber der therapeutische Prozess wird vielmehr noch von den Deklarationen des Therapeuten darüber bestimmt, was die inhaltli-

che Wertbestimmung der Therapie kennzeichnet: wie der Therapeut aus welcher Perspektive die Situation des Patienten einschätzt und wie der Patient die Bewertung seiner Lebensdynamik im Hinblick auf die familialen und sozialen Bezüge sieht.
Aufgrund der genannten heuristischen Prinzipien des Marburger Programms wird die Klärungsperspektive (Diagnostik) im psychodynamischen Sinne entwickelt. Die von uns für klinisch relevant angesehenen diagnostischen (Ziel-)Dimensionen werden in verschiedenen Feldern der therapeutischen Arbeit (s. Klärungsperspektive Abb. 3) erhoben und in der Fallkonzeptualisierung des Teams zu einer Gesamtperspektive für den einzelnen Patienten entworfen. Die lebensgangzentrierte Wahrnehmung schärft den Blick des Therapeuten auf die konflikthaften Brennpunkte im Leben des Patienten, verdichtet die Suchrichtung auf die Erkenntnis der für den Patienten typischen Konflikte und fokussiert auf die in der aktuellen Symptomatik bestehende Konfliktdynamik. Die konkrete Therapieplanung hat ihre Basis in der therapeutischen Grunddimension der psychodynamischen Symptomklärung, und auf dieser Grundlage werden die fall- und strukturspezifischen therapeutischen Interventionen entwickelt.
Die Fallkonzeptualisierung beruht auf den in der Klärungsperspektive aus den psychodiagnostischen Dimensionen gewonnenen Daten: der Symptomatik, dem Grad der Regression, den Ängsten, dem kognitiven Status, den Dimensionen Aggressivität und Sexualität, der sozialen Realität und Kompetenz und dem psychobiologischen Status (s. linke Seite Abb. 3). Dieser Klärungsperspektive korrespondieren die analogen therapeutischen (Ziel-)Dimensionen der Therapieperspektive: von der Symptomklärung über die Entregressivierung, Angstbewältigung, der kognitiven Strukturierung und Aggressionssteuerung, der sexuellen Strukturierung, der narzisstischen Anerkennung, der kommunikativen und sozialen Kompetenz bis zur psychobiologischen Restrukturierung (s. rechte Seite Abb. 3).
Die Wahl dieser diagnostischen und analogen therapeutischen Dimensionen, der Grunddimension psychodynamischer Symptomklärung und der Dimensionen fall- und strukturspezifischer Behandlungsstrategien haben wir aufgrund langjähriger Prüfung ihrer klinischen Brauchbarkeit und theoretischen Validität getroffen, da sich in ihnen die entscheidenden Konfliktdimensionen darstellen lassen und sie auf der Gegenseite korrespondierend eine Veränderungsperspektive und ein Bezugssystem des Therapiebedarfs vorgeben.

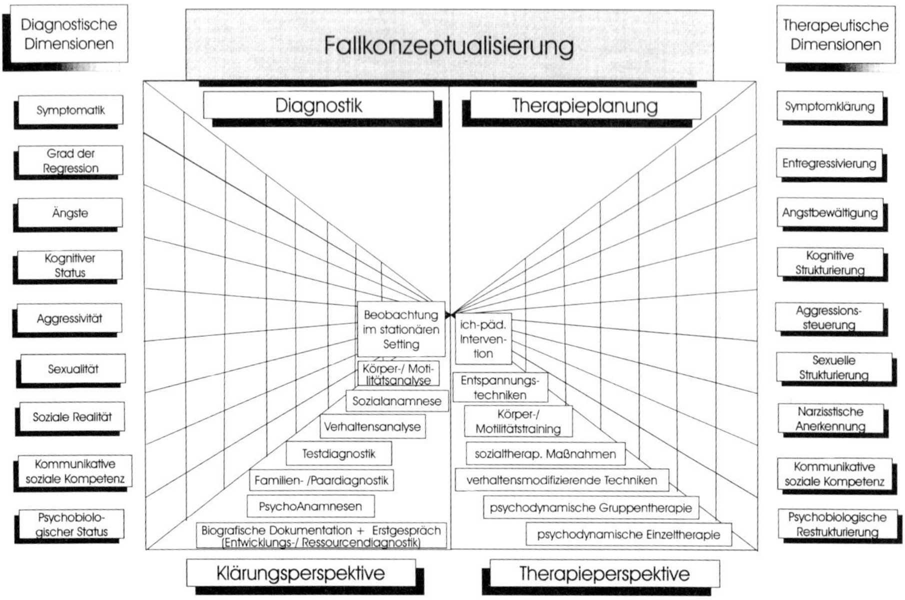

Abb. 3 Beitrag der einzelnen Arbeitsfelder zur Klärungsperspektive (Diagnostik) und Therapieperspektive (Therapieplanung) auf den diagnostischen und therapeutischen (Ziel-) Dimensionen für die Fallkonzeptualisierung (mehrdimensionale Darstellung)

Die einzelnen therapeutischen Dimensionen sind nicht unabhängig voneinander zu sehen. Sie können sich vertreten und ergänzen: die therapeutische Arbeit auf der Dimension der Entregressivierung kann indirekt die Arbeit auf der Dimension der kognitiven Strukturierung ergänzen und umgekehrt, indem die Entregressivierung eine Restituierung der kognitiven Funktion bewirkt; und die Arbeit auf der Dimension der sexuellen Strukturierung (Triebentstauung) kann die Arbeit auf der Dimension der Aggressionssteuerung vertreten und umgekehrt, indem die libidinöse Spannungsabfuhr den Aggressionsstau aufhebt; die Arbeit auf der Dimension der psychobiologischen Restrukturierung kann indirekt die Arbeit auf der Dimension der kognitiven Strukturierung vertreten und umgekehrt, indem die Stabilisierung des Schlaf-/Wachrhythmus eine Ich-Stabilisierung im Sinne der Reorganisation des körperlichen und seelischen Ichs bedeutet; die Arbeit auf der Dimension der narzisstischen Anerkennung kann indirekt die Arbeit auf der Dimension der kognitiven Strukturierung vertreten und umgekehrt, indem die Stärkung des Selbstgefühls die Wiederherstellung ich-syntoner Funktionen bewirkt; die Arbeit auf der Dimension der Aggressionssteuerung kann die Arbeit auf der Dimension der Angstbewältigung vertreten und umgekehrt, indem die wachsende Ag-

gressionstoleranz die Angstbereitschaft reduziert; die Arbeit auf der Dimension der kommunikativen und sozialen Kompetenz kann die Arbeit auf der Dimension der Entregressivierung und zugleich der narzisstischen Anerkennung vertreten und umgekehrt, indem die wachsende kommunikative Kompetenz einen Zuwachs an narzisstischer Anerkennung und eine Verminderung des regressiven Rückzugs und des Vermeidungsverhaltens mit sich bringt.
Aufgrund dieses psychodynamischen Ersetzungs- und Ergänzungsprinzips, nach dem an den narzisstischen und libidinösen Modalitäten der verschiedenen Triebkomplexe des Oralen, des Phallischen und des Analen wegen ihrer Äquivalenzbeziehungen stellvertretend therapeutisch gearbeitet werden kann, ist es möglich, jeweils die Zugangswege zu wählen, die für den Patienten in der therapeutischen Situation die günstigsten Bedingungen darstellen. Das heißt, die therapeutische Arbeit sollte jeweils auf der Dimension des Triebkonflikts stattfinden, die am bewusstseinsnächsten ist, um nicht unnötigen Widerstand durch angstauslösende Triebprovokation auf tieferem Niveau zu erzeugen. Denn das Prinzip der Behutsamkeit, der Vermeidung unnötiger narzisstischer Erschütterung und Ich-Destabilisierung, muss leitend in der Psychotherapie sein, um das Gefühl der Selbstgestaltung und narzisstischen Befriedigung aus der kognitiven Bewältigung des Patienten zu pflegen und nicht zu schädigen. Alle Zielsetzungen auf den therapeutischen Dimensionen dienen der progressiven und der Vermeidung von regressiver Bewältigung der Konflikt- und Lebenskonstellation und damit der Einstellung auf die Hoffnungsperspektive einer zu gewinnenden Selbstbemächtigung für den Patienten.
Tragender Grund des Prozesses ist die „korrigierende kognitive Erfahrung" in der Arbeit auf der Grunddimension der Symptomklärung, der die anderen Strategien zur Ergänzung und Verstärkung zugeordnet sind: allemal geht es um die therapeutisch provozierte Erwartung auf Selbstgestaltung, die sich durch ständige Änderung der Bewertungssysteme des Patienten herstellt. Der therapeutische Änderungsprozess ist danach ein Prozess ständiger Umbewertung, die initial begründet wird durch die Symptomklärung, die Änderung der Symptombewertung bei der Aufnahme und im Prozess der Therapie.
Das therapeutische Arrangement des Marburger Programms konstelliert eine stete Aktualisierung der Konfliktdynamik und forciert durch Aktualisierung den therapeutischen Prozess und vermeidet die sonst im klinischen Feld geförderte Regressionsneigung zur Infantilisierung der Konflikte. Aber in der Aktualisierung des Konfliktgeschehens werden auch immer die infantilen Wurzeln oder andere Vorläufer des aktuellen Konflikts wachgerufen, und in der Bewältigung von aktuellen Konflikten findet immer indirekt auch

die Überführung von infantilen Mustern der Konfliktlösung in erwachsene Problemlösungen statt. Die narzisstische Befriedigung aus der wachsenden Souveränität angemessener, aktueller Konfliktbewältigung lenkt den libidinösen Sog regressiver Befriedigung in den sich steigernden und durch Erfolg verstärkenden Wunsch nach aktiver Bemeisterung um. Das subversive Moment der Verneinung narzisstisch kränkender Strategien ist hier der Bejahung der Selbstaktivierung dienlich und fördert die libidinöse Besetzung dieser Ich-Leistung: der wachsende Stolz eines Patienten auf Selbstbemächtigung ist die Folge.
Die Abbildungen 4 und 5 führen exemplarisch das Vorgehen im Therapieprozess auf der Klärungs- und Therapieperspektive vor Augen. Es sind modellhafte Abbildungen, tabellarisch verdichtet, um einen Eindruck des Vorgehens im Marburger Programm zu vermitteln. Die konkret-detaillierte Ausführung unseres Vorgehens ist in der psychodynamischen Falldokumentation und Evaluation typischer Persönlichkeitsstrukturen dargestellt (s. Kap. V).

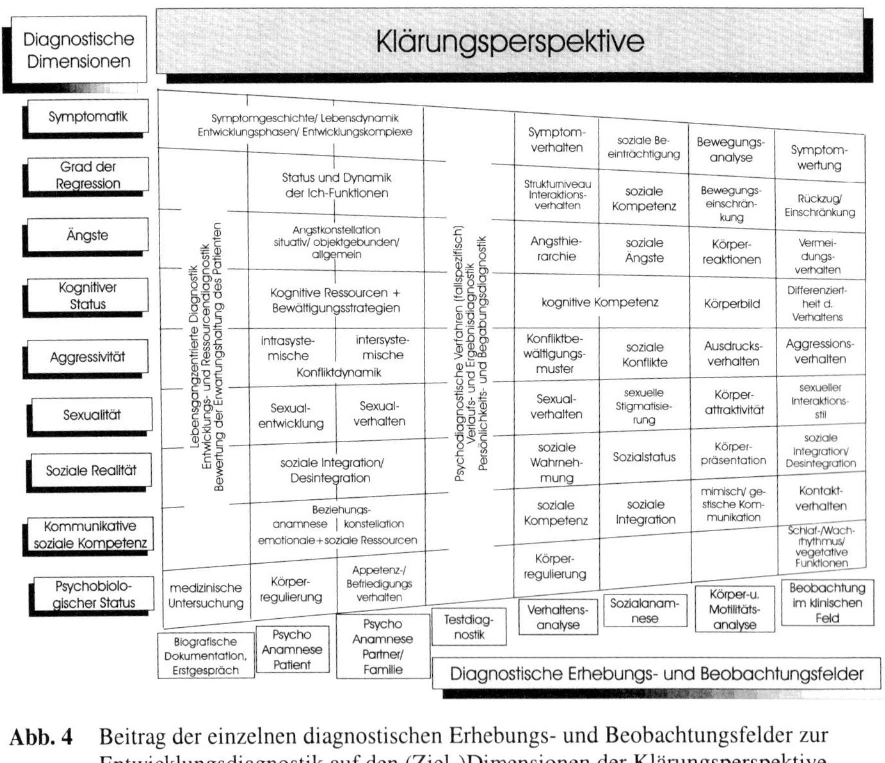

Abb. 4 Beitrag der einzelnen diagnostischen Erhebungs- und Beobachtungsfelder zur Entwicklungsdiagnostik auf den (Ziel-)Dimensionen der Klärungsperspektive

Die Abbildung 4 zeigt, dass der gesamte therapeutische Prozess in der Wahrnehmungs- und Suchrichtung wachstumsförderlich ausgerichtet ist; mithin therapeutische Funktion hat: statt der herkömmlichen Statusdiagnostik wird hier von vornherein die Gewichtung auf die Entwicklungsdiagnostik gelegt, auf die Bestimmung der entwicklungsfähigen Potentiale (Ressourcendiagnostik) und protektiven Faktoren des Patienten. Und die Symptombejahung im Verlauf eines Prozesses von Einsicht in gelungene Schutzstrategien als kluge Erfindungen des Patienten bringt von Anfang an das therapeutische Moment der Entregressivierung mit sich. Unter diesem Aspekt der Progressionsförderung und Regressionsvermeidung ist die Informationsgewinnung auf den verschiedenen diagnostischen Erhebungs- und Beobachtungsfeldern zu sehen: ob es sich um die psychodynamische Erhebung der Eigen-, Familien- oder Partneranamnese (PsychoAnamnesen) handelt, um die Darstellung der produktiven Entwicklungslinie in der Sozialanamnese oder die Verhaltensanalyse, immer geht es dabei über die übliche Statusdiagnostik hinaus um eine lebensgangzentrierte Diagnostik, welche die produktiven Linien in der Lebensentwicklung, der Lebensgestaltung des Patienten herausarbeiten soll.
So ist zum Beispiel bei einer sonst als bloße Sexual- oder Aggressionsstörung diagnostizierten Pathologie die darin liegende kommunikative Schutzstrategie wahrzunehmen (Klärungsperspektive) und im zweiten Schritt (Therapieperspektive) die Bedeutung solcher Schutzstrategien dem Patienten bewusst zu machen. Ähnlich verhält es sich mit Angststörungen und auch den Störungen in der psychobiologischen Selbstgestaltung eines Patienten, der Regulation des Schlaf-Wach-Rhythmus, der Nahrungsaufnahme und –ausscheidung und vieles andere mehr: unter der Perspektive der Schutzfunktion erhalten scheinbar sinnlose Symptome von Angst und diätetischer Fehlregulation ihren jeweils besonderen Sinn in der Konfliktdynamik und –bewältigung eines Patienten.
So zeigt die Abbildung 5 Interventionstechniken der einzelnen therapeutischen Aktionsfelder auf der Grunddimension der Symptomklärung und den Dimensionen der struktur- und fallspezifischen Behandlungsstrategien (therapeutische Dimensionen) für den exemplarischen Fall eines depressiven Patienten.

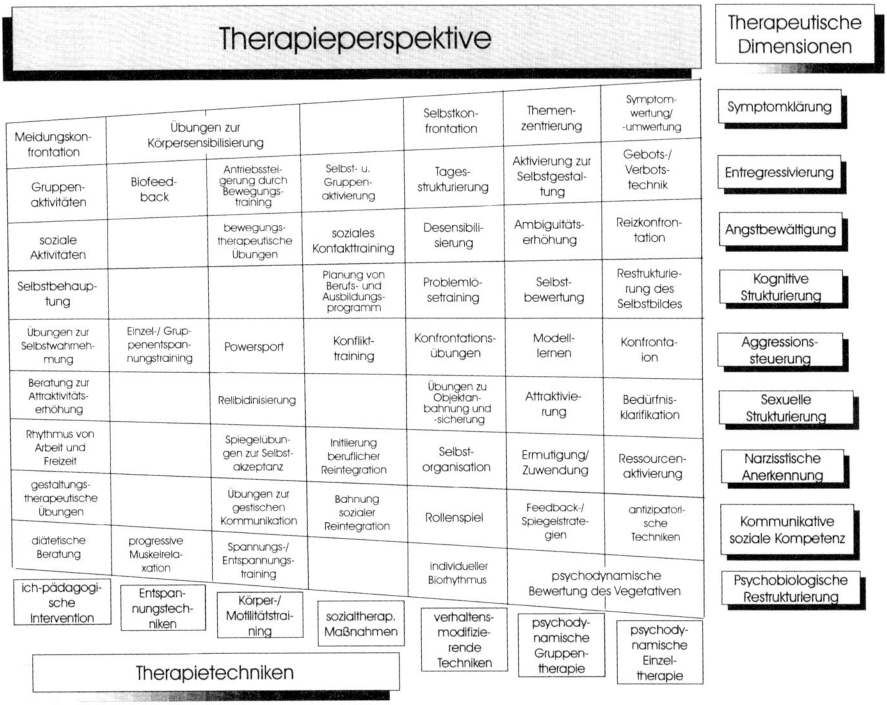

Abb. 5 Therapietechniken der einzelnen therapeutischen Felder auf den fallspezifisch relevanten therapeutischen (Ziel-)Dimensionen der Therapieperspektive am Beispiel eines depressiven Patienten

Die Symptomatik des Depressiven, seine Selbsteinschließung, Selbstdestruktion und Selbstentwertung sind unter anderem als Schutzstrategien anzusehen gegen orale Riesenansprüche, imaginäre Größenideen und die Rückwendung von aggressiven Bemächtigungsansprüchen auf die eigene Person; auch als Schutzprophylaxe vor Objektenttäuschung und anderes mehr. Auf den einzelnen therapeutischen Interventionsfeldern von der ich-pädagogischen Interventionsebene bis zur psychodynamischen Einzeltherapie ist abzulesen, auf welche Weise in solchen Fällen wachstumsförderliche Interventionsstrategien und –techniken angewendet werden. Generell zielt die Therapie im Fall der Depression auf die Änderung der pathologischen Überzeugung des Patienten von seiner Schlechtigkeit und seinem Ungenügen. Und die gesamten therapeutischen Interventionen, die hier besonders auf die Herstellung des prospektiven Moments gerichtet werden müssen, sind immer der Prüfung ausgesetzt, nicht in die vom Depressiven aufgestellte Falle zu gehen, die pathologischen Überzeugungen von seinem Ungenügen zu bestätigen.

2.4 Die adaptive Struktur des Therapieprozesses: die Wechselseitigkeit von Patienten- und Therapeutensystem

Die Einzelfallkonzeptualisierung ist wiederkehrendes Grundelement der Therapie und wird im regelmäßigen Rhythmus als Rekonzeptualisierung wiederholt. Dabei sollen die Therapiehypothesen und die Therapiestrukturierung überprüft, bestätigt oder revidiert werden.

Die Abbildung 6 zeigt die adaptive Struktur dieses Prozesses, der in verschränkter Weise auf zwei Ebenen abläuft: in der Adaption des Patienten an das Therapiesystem und des therapeutischen Teams an das Patientensystem. Das heißt, dass nach unserer Auffassung ein solches System nur funktionieren kann, wenn das System „Therapeut" von hoher Flexibilität und Plastizität und ständig revisionsfähig ist, indem der Therapeut sich der Verantwortung für seiner Helfermacht bewusst ist und im Wissen um diese Machtposition das therapeutische System immer unter der Perspektive der Eigendynamik von Macht reflektiert und dadurch sich und sein System vor institutionell verkleideter Machtbefriedigung schützt. Denn die größte Selbstgefährdung von therapeutischen Systemen liegt in der institutionellen Verselbständigung und automatischen Selbstbeglaubigung, so dass die Beziehung Patientensystem-Therapeutensystem zu einem einseitigen Empfängersystem für den Patienten wird.

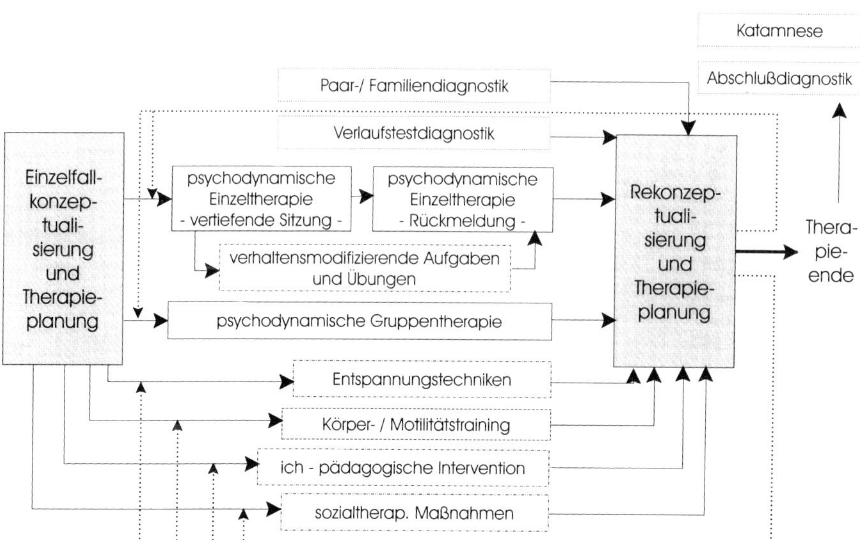

Abb. 6 Adaptive Struktur des Therapieprozesses im Marburger Programm

Ein solches System wie das hier vorgestellte kann nur dynamisch bleiben, wenn es sich an die Bedingungen der jeweiligen klinischen Situation anpasst und unter der Voraussetzung angewandt wird, dass es nicht abzuschließen ist und auch nicht abgeschlossen werden soll. Dieses Psychotherapie-Programm gibt für seine Anwendung klinische Anweisungen vor, aber dies betrachten wir nur als hinreichende Bedingung für die Professionalisierung klinischer Arbeit. Denn wie jedes System lebt auch das vorliegende notwendigerweise von der Experimentierlust, dem Innovationsvermögen und der Phantasiekraft des therapeutischen Teams bei der Gestaltung des Therapieprozesses; nicht zuletzt von seiner Reflexionsfähigkeit gegenüber sich selbst und dem Therapiesystem gegenüber. Freilich wird ein komplexes Therapiesystem immer von der besonderen emotionalen und intellektuellen Einsatzbereitschaft des therapeutischen Teams unterhalten.

IV. Das Marburger Psychodiagnostik- und Therapieinventar: ein theoriegeleitetes Untersuchungs- und Behandlungsprogramm

A Die Psychodynamik der Wahrnehmung und des Fragens: psychodynamische Wahrnehmungseinstellung als Moment der Aufklärung

Das Problem der sogenannten Datenerhebung liegt in der Frage: zu welchen Ergebnissen sollen welche Informationen führen? Was kann der Erkenntnisgewinn einer Statusdiagnostik sein, die durch Faktensammeln ein Faktenwissen produziert, das nur an der Oberfläche der Phänomene bleibt und kein Mittel zur Durchdringung der tieferen Wirklichkeitsformen des Verhaltens bietet? Reine Faktenakkumulation, die nicht von theoretischen Grundannahmen ausgeht, kann nicht zur Erhellung der lebensgeschichtlich bedeutsamen Motive eines Handelns führen.

Faktensammeln ohne theoretische Begründung geht von einer längst überholten Theorie des Objektiven aus, die den Gegenstand der Wahrnehmung als objektiv beobachtbar annimmt. Aber der Verlust von Vieldeutigkeit durch die Eindeutigkeit des Faktischen, die den positivistischen Glauben repräsentiert, dass die Welt das wäre, als was sie bei der Beobachtung ihrer Oberfläche erscheint, ist eine reduktionistische Wirklichkeitssicht: diese Entwirklichung von Welt wird gleichgesetzt mit der Natur der Dinge. Dagegen sind nach Popper „alle Beobachtungen und in höherem Maße alle Experimente theorieimprägniert: sie sind Interpretationen im Lichte von Theorien" (Popper 1982, S. 173). Die Vorstellung einer objektiven Beobachtung des Gegenstandes ist danach immer schon theorieimprägniert. Denn Objektivität gibt es nach den Vorstellungen der modernen Physik nur als Übereinkünfte über Messungen, und die Unabhängigkeit des Beobachters vom beobachteten Gegenstand ist eine Fiktion.

Das Problem der Datenerhebung ist aber in der Psychotherapie das Thema von der Erzählform lebensgeschichtlich relevanter Ereignisse, die bedingt, in welcher Weise in der Kommunikation die Ereignisse im Leben eines Anderen ihre Bedeutung erhalten: in der psychiatrischen Einweg-Kommunikation des Abhörens und Abfragens eines Anderen oder in der Zweiseitigkeit des psychodynamischen Fragens, dessen Antworten als Erzeugung neuer Fragen in einem nicht abzuschließenden Prozess begriffen werden. Daten sind also

Antworten auf Fragen, die andere Fragen und weitere Antworten erzeugen, je nach der gewählten Frage- und Erzählform.
Das Fragen ist der maßgebende Zug des psychodynamischen Denkens in einem Prozess permanenter Infragestellung. Es ist das Gegenteil von Feststellen in der Beobachtung des Gegebenen und des Festlegens auf die sichtbare, gegenständliche Erscheinungswelt. Die Psychoanalyse hat es nämlich mit dem Hinterfragen im buchstäblichen Sinne zu tun, mit dem untergründigen Weiterfragen in der Intention, einer Sache auf die Spur zu kommen und ihre Hintergründe zu erschließen. In dieser Auffassung ist psychoanalytisches Fragen identisch mit Entdecken, die unsichtbare Seite einer Sache zu enthüllen: Fragen wäre demnach ein Akt des Denkens[76] im schöpferischen Aufspüren des Verborgenen. Die Enträtselung von verborgener Bedeutung des Handelns treibt die Psychodynamik des Fragens an, die aus dem Begehren des Widerspruchs zehrt. Und das psychoanalytische Fragen führt immer schon zur Antwort des Einspruchs gegen die festgestellten Gegebenheiten.
Das forschende Fragen in der psychodynamischen Wissenschaft ist kein fragendes Warum, sondern eine Frage nach dem Wie und Wozu, nach Sinn und Bedeutung. Aus der Suchrichtung nach dem unbewussten Sinnhorizont eines Menschen bestimmt sich die Wahrnehmungseinstellung im psychodynamischen Denken: der Brennpunkt der Aufmerksamkeit richtet sich auf die Aufklärung der unbewussten Bedeutungen, der verborgenen Motive des Handelns. Der therapeutische Prozess wird unterhalten von der Antwort des Therapeuten auf die Frage des Patienten: Wer bin ich? In dieser Spanne zwischen Frage und Antwort ereignet sich Verständigung als psychotherapeutische Praxis. Die psychoanalytische Kommunikation ist also ein endloser, nicht abzuschließender Prozess der Entbindung von Fragen, in dem die unbewussten Beweggründe eines Subjekts ergründet werden.
Das Marburger Psychodiagnostik- und Therapieinventar ist ein hochindividualisiertes Wahrnehmungs- und Untersuchungsinstrument im psychodyna-

---

[76] Heidegger setzt Denken und Fragen in Eins. Und im Fragen liegt nach Derridas (1988) Interpretation von Heideggers Denken die Frage nach dem Geist. Der Geist ist der Name der noch nicht befragten Möglichkeiten der Frage: was ist der Mensch – die Frage aller Fragen. Auf die Psychoanalyse gewandt ist die Frage nach ihrem Geist die Frage nach dem Geist Freuds. Unter dieser Perspektive ist das Gefragte das triebhafte Sein, das Erfragte der Sinn von Sein in der Lehre der Wiederholung, in der kreisläufigen Rückkehr zum Anfang im „Jenseits des Lustprinzips"; und das Befragte ist das seiende Begehren: Quelle, Objekt und Ziel des Triebs. Die Psychoanalyse befragt alles nach dem Trieb, der selbst nicht zur Frage wird, denn er ist das Axiom des psychoanalytischen Denkens. Die Frage aller Fragen, was der Mensch ist, verdichtet sich in der Frage der Psychoanalyse nach dem triebhaften Sein.

mischen Sinne: es dient der Aufmerksamkeitsfokussierung auf die Aufklärung verborgener Bedeutungen des (symptomatischen) Verhaltens eines Menschen. Die progressionsförderliche Sensibilisierung der Wahrnehmung ist die Grundintention der biographischen Dokumentation und vor allem der psychoanamnestischen Vorgehensweise.
Das gesamte Instrumentarium des Inventars ist im Kontext der Grundheuristik der Passung zu sehen: der passenden Einflusstheorie und Einflussnahme, der passenden wachstumsförderlichen Wahrnehmungsorganisation und der passenden Interaktionserfahrung als „korrigierende kognitive Erfahrung" und im Zusammenhang damit einer passenden struktur- und fallsspezifischen Interventionstechnik. Das von uns entwickelte psychodynamische Konzept der Passung mit den genannten Heuristiken, die als Bausteine einer konsistenten Praxistheorie zu verstehen sind, meint das Zusammenpassen von Therapeut und Patient im Sinne der passenden Entsprechung des Therapeuten (Interventionen und Interventionstechniken) zum Patientensystem und meint nicht die Ähnlichkeit zwischen Therapeut und Patient. Und dieses „Zusammenpassen" hat sich auch im Bostoner Forschungsprojekt (Kantrowitz 1997) als zentral für das Ergebnis der Behandlung erwiesen.
Das Marburger Inventar ist ein Baustein für eine theoriegeleitete psychodynamische Gestaltung der Datenerhebung und -dokumentation, die eine explizite Vermittlungs- und Übersetzungsfunktion zwischen einer lebensgangszentrierten Psychodiagnostik und Therapieplanung und -gestaltung einnehmen soll.

Die gesellschaftliche Ordnungsfunktion klassifikatorischer Diagnostik: vom Ungeist der Selektionsmentalität

Im Zuge der zeitgenössischen Klassifikationsmanie versuchte auch ein Kreis von Psychoanalytikern in der Medizin, durch eine Operationalisierung psychodynamischer Diagnostik das psychoanalytische Verfahren dem herrschenden Trend positivistischer Standards anzuschließen: im Interesse wissenschaftlicher Auffassung will man durch Nachprüfbarkeit und Wiederholbarkeit eine allgemeine Kommunizierbarkeit und die Zuverlässigkeit der Methode sicherstellen. Die Entwicklung eines operationalisierten Instruments psychodynamischer Diagnostik (OPD 1998) sollte der selbstkonstatierten, „nicht auflösbaren Paradoxie" von psychodynamischer Sicht und operationalisierter Diagnostik durch den Konsens dieser Arbeitsgruppe entgegenwirken. Die deklarierte „psychoanalytische Beliebigkeit in der Diagnostik" wollte man durch Anpassung an allgemein akzeptierte

und kommunizierbare Standards eindämmen, um dadurch der Singularität des Falls, begründet in unüberprüfbaren psychoanalytischen Konstrukten, keinen Raum mehr zu geben. So wurde über eine konsensuelle diagnostische Basis (Rater-Training), die zu Beobachterübereinstimmung führen soll, das Grundproblem der mangelnden Reliabilität zu fassen gesucht, um durch Übereinstimmung im Wahrnehmungsgegenstand zu vergleichbaren Aussagen zu kommen. Die Einengung der Wahrnehmung durch Kodifizierung ist also die Bedingung für Übereinstimmung: durch Normierung der Wahrnehmung soll eine kontrollierte und kontrollierbare Beobachtung gewährleistet werden.
Wenn sich der erfahrene Diagnostiker aber nur nach intensivem Rater-Training (durchschnittlich 60 Stunden) dieses Instruments bedienen kann, um zu befriedigender Übereinstimmung mit den operationalen Definitionen, das heißt zum Konsens der OPD-Gruppe zu kommen, dann stellt sich die Frage, zu welchem Nutzen diese Schulung betrieben wird? Ergebnis des Beobachtertrainings ist auch, dass man sich der Übereinstimmung in der gelernten Wahrnehmung versichert, um dadurch den fachlichen Konsens der Gruppe zu demonstrieren. Dieser Gruppenkonsens der Fachvertreter für psychotherapeutische Medizin gegenüber der Wissenschaftsgemeinschaft soll den Anschluss an die gängigen medizinischen Klassifikationssysteme (ICD-10, DSM-IV) sicherstellen und die psychodynamische Perspektive als Ergänzung, Accessoire, dem nicht in Frage gestellten Schema psychiatrischer Devianzdiagnostik anbieten.
Dieser Kniefall vor dem Herrschaftsanspruch uniformer psychiatrischer Kodifizierung lässt den Arbeitskreis OPD vergessen, dass die psychodynamische Perspektive, Ergebnis eines Kommunikationsprozesses, immer nur singulär sein kann, gerade aus der Singularität des Einzelfalls ihre Erkenntnisse schöpft und diese Fallschöpfung die essentielle Ingredienz psychodynamischer Arbeit ist. Die Wahrheit in der Klassifikation zu suchen, heißt, das Plurale, das Unpersönlich-Allgemeine zum Objekt der Wahrheitssuche zu machen. Diese Art von Objektivierung des Subjekts bedeutet, im Allgemeinen das Besondere des Subjekts zum Verschwinden zu bringen, wo doch gerade der Sinn psychodynamischer Tätigkeit im Gewinn der einzigartigen Bedeutungsgeschichte eines Menschen liegt. Die Gleichschaltung mit der Psychiatrie, die in der angestrebten Reliabilität ihrer Diagnostiksysteme die Rückversicherung für ihre Theorielosigkeit sucht, ist deshalb auch so zerstörerisch, weil die psychoanalytische Wissenschaft vor nicht langer Zeit als Instrument einer psychologischen Theorie für die Psychiatrie angesehen und von den Pionieren in der Psychotherapie der Psychosen auch klinisch erfolgreich praktiziert wurde.
Die Pioniere der ersten Generation der psychoanalytischen Therapie der Psychosen (in den zwanziger Jahren vor der Verdrängung durch die NS-Psychiatrie): Abraham, Federn, Fenichel, Ferenczi, Fromm-Reichmann, C. G. Jung, Hartmann, Reich, Schilder, Sullivan, Tausk, und andere, und die Pioniere der zweiten Generation einer psychodynamischen Therapie der Psychosen (nach dem Ende der NS-Psychiatrie): Benedetti, Bister, Hill, Matussek, Ch. Müller, Pankow, Sechehayé, Stierlin, Schultz-Henke, Wynne und andere, die Forschergruppe

von Chestnut-Lodge und Palo Alto haben ein immenses Wissen und klinisches Können der Psychotherapie von Psychosen gesammelt und neue Wege der Verständigung mit psychotischen Menschen gewiesen. Denn sie haben gezeigt, dass die von der biologischen Psychiatrie geschaffenen Kriterien des Nicht-Einfühlbaren und Nicht-Verstehbaren des psychotischen Prozesses Symptome subjektive Einschränkungen der Wahrnehmungserkenntnis und der therapeutischen Verständigungsmöglichkeit dieser Psychiater darstellen, die aus dem für sie unfassbaren psychotischen Geschehen ihre Zuflucht in diagnostische Rabulistik gesucht haben.

Wir erleben heute aufgrund der Verdrängung der inhumanen Geschichte der NS-Selektionspsychiatrie und im Gefolge der positivistischen Regression der Medizin ein Wiederaufleben der biologistischen Psychiatrie. Dank des zur Vorherrschaft gebrachten Klassifikationssystems kann man glauben, sich theoretisch nicht mehr legitimieren zu müssen. Und man kann über die Theorielosigkeit hinaus auch die Therapielosigkeit bequem rationalisieren aufgrund der von der pharmazeutischen Industrie gelieferten Ideologie, dass man in der Pharmaapplikation durch direkten Zugriff auf die somatischen Wurzeln des psychischen Geschehens das die Normalität Verrückende des Psychotischen für die Gesellschaft beseitigen kann (s. auch Kap. I, 2.3).

Der alte Ungeist psychiatrischer Ressentiments gegen jede Reflexion, vor allem gegen Psychoanalyse als Reflexionswissenschaft, macht offenkundig, dass in der deutschen Psychiatrie keine Vergangenheitsbewältigung stattgefunden hat, und dass sie bei der neuerlichen Einschränkung der geistigen Freiheit an den Universitäten im Vollzug positivistischer Gleichschaltung sofort zu den alten Positionen zurückkehrt und Psychoanalyse auch als innerwissensschaftliche Reflexion über die Motive psychiatrischer Entsorgung von Geisteskranken zum Schweigen bringen will.

Die modernisierte Form psychiatrischer Normalisierungsfunktion für die Gesellschaft zehrt aus den alten Quellen der Beseitigung von Störelementen und Ballastexistenzen, heute in pharmakologischer und gentechnologischer Verkleidung. Denn die Wiederkehr des Verdrängten im Wiederholungszwang der „Vernichtung lebensunwerten Lebens“ in der zeitgemäßen Vernichtungsintention gentechnologischer Selektion ist der Fluch der unterlassenen Erinnerungsarbeit in der Psychiatrie. Die Verleugnung der Untat psychiatrischer Euthanasie soll auch ungeschehen machen, dass sie ein Modell des Genozids an Juden war. Die um Affirmation an die Psychiatrie bemühte Psychotherapeutische Medizin sollte immer erinnern, dass die „Jüdische Psychoanalyse“, gemeint ist die von den Verfolgern ins Auge gefasste Auslöschung des subversiven, freien Geistes, von allen autoritären und totalitären Systemen vernichtend exorziert wurde.

Der insgeheime psychiatrische Antisemitismus, der als Anti-Intellektualismus zum Ausdruck kommt, hat seine Wurzeln nicht nur im Unterlegenheitsgefühl der intellektuellen Dürftigkeit ihrer Protagonisten; die Psychoanalyse als Hassobjekt der Psychiatrie verdankt vielmehr diese Position ihrem Widerstand gegen die Verfolgung des Anderartigen, ihrem tätigen Einspruch in der Pionierarbeit der

Psychosentherapie gegen die psychiatrische Ausübung einer gesellschaftlichen Normalisierungsfunktion. Die Ängstigung und Verunsicherung gegenüber dem Ganz-Anderen der Psychosen drängt Psychiater zur Ausgrenzung all dessen, was sich ihrem Kontroll- und Überwachungsauftrag entzieht oder widersetzt: die normale Vernünftigkeit weiß sich nämlich ihrer selbst nur sicher, wenn sie das Abweichend-Andere durch administrative und pharmakologische Maßnahmen wegschließen und dadurch die öffentliche Ordnung wiederherstellen kann. Deshalb trifft der Hass der Verfolger die Abweichenden genauso wie die der Verfolgung der Abweichenden sich widersetzenden Kräfte der Aufklärung.

Der Antisemitismus hat also, bisher zu wenig beachtet, seine Wurzeln besonders auch im geistigen Zuschnitt provinzlerischer Verfolger, die auf den für sie unfaßbaren Geist aufklärerischer Universalität mit narzißtischer Wut reagieren, weil sie seiner nicht habhaft werden können und sich in ihrer „mentalen Subalternität" (Adorno 1972) existentiell bedroht fühlen. Die innere Verwandtschaft zwischen den Figuren des Juden und des Verrückten liegt in ihrer austauschbaren Funktion als kategoriale Projektionsgestalten, die man in paranoischer Derealisation als gemeinschaftsgefährdende und zerstörerische Elemente verfolgt und zu Opfern gesellschaftlicher Selektionspolitik macht. Der Jude und der Verrückte, der Aufklärer des Verrückten und der Verrückte in seiner unaufgeklärten radikalen Opposition werden als Bedrohung für das gesellschaftliche Normalisierungsdiktat empfunden: wie verrückt muß also Psychoanalyse sein, dass sie sich der Psychosen bemächtigen will? Die Verfolgungswut gegen Psychoanalyse und die manische Klassifikationssucht zur Eindämmung und Einschließung des Devianten, das als störendes Element aus dem Normalisierungszwang herausfällt, wird daraus begreiflich.

Goldschmidts Vorhersage, dass in Zukunft nicht mehr die Jagd dem Juden gilt, sondern dem, der von der Norm abweicht, und das man nur nach Nazimuster eine von anderen abweichende Krankheit, zum Beispiel die Psychosen, bestimmen und behaupten müsste, dass alle Juden psychotisch seien: „Die Anklage lautet dann nicht mehr auf Judentum, sondern auf Psychose, und das Spiel (der Verfolgung des Andersartigen und Vernichtung des Ungewöhnlichen und Besonderen, d. V.) ist gewonnen" (Goldschmidt 1999, S. 177). Die Juden als „intellektuellzersetzende" und sich widersetzende Kräfte sind als Störelement nun nach der „Endlösung" definitiv gesellschaftlich beseitigt.

Trotzdem wird heute wieder die „jüdische Psychoanalyse" im offenen Antisemitismus von dem Medizinhistoriker Shorter (1999) verfolgt, der mit purgatorischem Eifer die Psychiatriegeschichte von der Psychoanalyse bereinigen will. Dies zeigt jene Macht des Irrationalen, die im Unbewussten der „Ordnungskräfte" ihr Unwesen treibt. Das jüdische Verhängnis der Psychoanalyse sieht Shorter in der Profilneurose, mit der sich diese der Psychosen bemächtigen wollte. Aber die glückliche Assimilation der Juden in den USA soll diese Volksgruppe endgültig von solchen Selbstbestätigungsnöten entbunden haben. Shorter führt vor Augen, dass der Assimilationsdruck, als Integrationsanspruch der Gesellschaft rationalisiert, die affirmierende Auslöschung des Fremd-Anderen besorgt.

Hier wird eine Stimme laut, die auch Sprachrohr in Deutschland sein könnte, wenn nicht die Political Correctness hier immer noch einen Riegel gegen einen neuen antisemitischen Diskurs vorschieben würde. Der psychiatrische Vernichtungseifer gegen eine Psychoanalyse, die sich der Psychosen bemächtigen will; das heißt, das Andere der Vernunft aufklären und es damit der Schlüsselgewalt der Psychiatrie entziehen will, wird in Deutschland exemplarisch am Exorzismus psychoanalytischen Denkens aus den Universitäten und insbesondere aus der Medizin. Die Wiedergänger in der Kinder- und Enkelgeneration der ehemaligen NS-Verfolger in der Medizin und Psychiatrie zeigen, dass die Tradition der Verfolgung des aufklärerischen Denkens im Untergrund ungebrochen fortbestanden hat: denn die Erinnerung der früheren Untat wäre die Einsicht in den damaligen Ungeist und Hemmung für die Wiederkehr einer eifernden Bereinigung von Reflexionswissenschaft in der Medizin.
Psychotherapeutische Mediziner sollten sich in der affirmativen Bemühung um Anschluss der Psychoanalyse an die Medizin vor Augen führen, dass die betriebene Gleichschaltung mit der Medizin sie um den produktiven Charakter ihres Denkens aus dem Widerspruchsgeist der psychoanalytischen Reflexionswissenschaft bringt.
Die Intention, eine medizingerechte Psychotherapie zu besorgen, kennzeichnet auch das Unternehmen der Psy-BaDo (Heuft u. Senf 1998), die ebenfalls von der Gruppe der psychotherapeutischen Fachvertreter getragen wird und sich durch eine identische affirmative Bemühung auszeichnet, die Psychotherapie der medizinischen Entwicklung zur „evidence based medicine" anzuschließen: die Psy-BaDo ist das Kernmodul, zu dem sich die OPD als Ergänzungsmodul präsentiert. Psychotherapeutische Behandlung versteht sich danach als Krankheitsmanagement, das seine Qualitätssicherung an Normalitätskriterien bemisst und sich damit dem organmedizinischen Verständnis von Krankheit, Arztrolle und Therapie verschreibt (s. Kap. II, 2. und Pohlen u. Bautz-Holzherr 2000).
Statt der Widerstandsohnmacht gegenüber dem Zeitgeist wäre der Rückgriff auf das Widerstandspotential der Psychoanalyse hilfreich für die intellektuelle und emotionale Aufrüstung. In Anbetracht dessen, dass sich im OPD-Kreis fast die gesamte Intelligenz der Fachvertreter für Psychotherapeutische Medizin versammelt hat, muss man über das Ergebnis dieser Bemühungen um Verwissenschaftlichung von Psychoanalyse staunen. Nicht zuletzt müssen wir uns fragen, was es dem Patienten nützt, wenn ein Psychotherapeut nach dem Muster der OPD gleichwie andere OPD-Geschulte diagnostizieren kann und darüber sein Imaginationsvermögen, die erforderliche Erfindungskunst für den Fall des Patienten unterdrückt wird? Das Phänomen, dass erfahrene Therapeuten durch nachträgliches Manualtraining in ihrer Kreativität, Offenheit und Effektivität beschränkt werden (s. Henry et al. 1993), was sich auch in der Schwierigkeit gerade von erfahrenen Therapeuten im Umgang mit der OPD zeigte, führt vor Augen, dass der Preis solcher Regulierungssysteme des Denkens eine Selbstbeschränkung des klinischen Erfahrungswissens, der ingeniösen Kompetenz des Therapeuten ist. Die Selbstbeschränkung erfahrener Therapeuten durch die An-

wendung von Manualen haben wir bei der Entwicklung eines standardisierten Instrumentariums im Marburger Programm erfahren müssen, so dass wir nach jahrelanger Erprobung jeden Standardisierungsversuch aufgegeben haben. Diese Erkenntnisse waren wesentlicher Anstoß zur Konzeption des vorliegenden Diagnostik- und Behandlungsinventars. Die Bemühung um die sogenannte Verwissenschaftlichung von Psychotherapie durch Standardisierung ihres Vorgehens und ihrer Erfassungsmethoden sehen wir heute als Irrweg an, der das psychoanalytische Verfahren nur um seine Essenz bringen kann.

Im Gegensatz zu den üblichen Dokumentationssystemen, die primär die biographische Entwicklung in der Perspektive der Statusdiagnostik abbilden und das Patientensystem als unabhängige Eingangsgröße vom späteren therapeutischen Prozess betrachten, intendiert unser Inventar eine theoriegeleitete Vorstrukturierung in der Selbstauskunft des Patienten, um ihn für psychodynamische Aspekte in der Selbst-Wahrnehmung und -Konfrontation zu sensibilisieren und aufzuschließen.
Dieser psychodynamisch strukturierenden, kognitiven Perspektive unterliegt das gesamte Psychodiagnostik- und Therapieinventar: alle Fragen sind, soweit möglich, grundlegend auf eine Tiefendimension der Selbstwahrnehmung gerichtet, um eine Dynamik in Gang zu setzen, die ein bisher nicht kohärentes, biographisches Wissen so strukturieren soll, dass sich im Kontext der Sukzession der Fragen die Geschichte eines möglichen Lebenszusammenhangs herstellen kann. Nach diesem Muster einer „Phänomensynthese" durch ständiges Weiterfragen ist das gesamte Inventar entwickelt: auf Therapeutenseite sind es die Leitfäden zur Patienten-, Partner- und Familien-PsychoAnamnese, in denen der Therapeut mit dem Patienten, dem Partner und der Familie in der konkreten Interaktionserfahrung des Gesprächs ein fallspezifisches Erklärungsmodell theoriegeleitet entwickelt; weiterhin der Leitfaden zur Fallkonzeptualisierung und Rekonzeptualisierung und die Fragen zum Therapieabschluss. Auf Patientenseite sind es die biographische Dokumentation, die psychoanamnestischen und Therapiebeurteilungsfragen und die abschließende Therapiebewertung und Katamnese. Die Bedeutung unseres Programms liegt in seinem durchgängig psychodynamisch theoriegeleiteten Vorgehen auf allen Dimensionen des therapeutischen Prozesses: der Psychodiagnostik, der Fallkonzeptualisierung, dem Therapieinventar und der Prozess- und Ergebnisbeurteilung.
Der Ansatz einer therapietheoretisch und -technisch durchstrukturierten klinischen Konzeption ist für uns nicht nur Grundbedingung unserer Arbeit, vielmehr auch Voraussetzung einer gegenstandsangemessenen Psychotherapieforschung. Dazu bedarf es der Formulierung von Behandlungszielen, die

im Kontext der explizierten Theorie geprüft werden können und einer auf diese Theorie bezogenen Untersuchungsmethode. Denn nur mit eindeutig definierten Bewertungskriterien, wie wir sie in der Klärungsperspektive als Therapiebedarf im psychodynamischen Sinne für jeden Einzelfall festlegen und dazu korrespondierend eine Therapieperspektive formulieren, kann der Therapieerfolg nach psychodynamischen Kriterien geprüft werden. Und was als Veränderung beurteilt werden soll, muss vorher definiert und nachher durch systemimmanente Kriterien überprüfbar sein. So ist bei vielen Untersuchungen über den Therapieerfolg zu fragen, ob die Behandlung dem Behandlungsziel auch gerecht wurde und dem Ergebnis eine therapietheoretische Relation von Zielbestimmung und Ergebnisbeurteilung überhaupt zugrunde liegt. Diese Frage der klinischen Validität, theorieadäquat zu messen, wurde in der quantitativen Psychotherapieforschung der Reliabilität, der Zuverlässigkeit um des Messens willen, geopfert, indem nur objektivierende Methoden zur Erfolgskontrolle als zulässig erachtet wurden.

Aufgrund dieser Überlegungen haben wir schon früh eine Verbindung von qualitativer und quantitativer Therapieforschung praktiziert (Pohlen u. Bautz 1974) und Verfahren zur psychotherapeutischen Erfolgskontrolle eingesetzt, die im Sinne der ich-psychologischen Theorie das psychodynamisch vorhergesagte Behandlungsziel an den Veränderungen der Ich-Struktur gemessen haben. Auf diese Weise war es möglich, mit unseren Messverfahren eine differenzierte Erfassung des Identitätszuwachses der einzelnen Patienten zu geben. Erfolg war bei diesem psychodynamisch formulierten Behandlungsziel als Ich-Erweiterung, Ich-Stärkung und autonomere Ich-Funktionen definiert.

Die psychodynamisch konzipierten klinischen Behandlungsprogramme sind wegen ihrer Zeitlimitierung psychotherapeutische Kurzzeitbehandlungen und unterscheiden sich technisch essentiell von der konventionellen Langzeitanalyse. Im Unterschied zur klassischen Technik und deren Bedingungen müssen Kurzzeittherapien anderen Strategien folgen. Die notwendige Fokalisierung und Zeitlimitierung bedingt eine grundlegend andere Strukturierung, setzt eine Selektion der Wahrnehmung voraus, die ein Umdenken der Sehgewohnheiten der konventionellen Technik verlangt. Denn die Selektion der Wahrnehmung ist die Bedingung der Fokalisierung, und diese wiederum ist die strukturierende Technik von Kurzzeittherapien.

Nach den Vorstellungen der Wahrnehmungspsychologie (Bruner 1956, 1973) ist menschliches Verhalten und Handeln ohne Klärung vermittelnder Variabler nicht zu verstehen, das heißt, nicht zu beeinflussen. Das wahrnehmende Subjekt steht im Zentrum jedes Änderungsprozesses; vor allem jene

Mechanismen, welche die Wahrnehmung beeinflussen, verzerren oder zur Verkennung führen. Damit sind aber Gegensätze von qualitativ und quantitativ, objektiv und subjektiv, phänomenologisch und experimentell für die Kennzeichnung von Forschungsmethoden nicht mehr haltbar.

Komplexe Strukturen des menschlichen Denkens und Handelns, vorrangig die Wahrnehmung, verlangen das Mustererkennen (Hayek 1952): Beobachtung an sich führt zur keiner Erkenntnis, wenn der Beobachter nicht weiß, worauf er seine Aufmerksamkeit richten will. Denn wir können erst systematisch beobachten, nachdem sich uns Fragen gestellt haben. Diese setzen aber wiederum voraus, dass wir bereits eine vorläufige Hypothese oder Theorie über das Geschehen gebildet haben, damit unsere Sinne ein sich wiederholendes Muster in den Geschehnissen wahrnehmen können. Solche Muster werden von uns intuitiv erkannt und wo neue Muster zur Wahrnehmung kommen, tritt beim wahrnehmenden Subjekt Neugier und Überraschung auf - der überraschte Beobachter, der „überraschte Analytiker" (Reik). Da aber alle Wahrnehmung theoriegeleitet ist (siehe die Theorie der unbewussten Schlussfolgerungen von Helmholtz) muss es darum gehen, durch Neugier und Überraschung die fixierten Wahrnehmungsschemata des Subjekts in Frage zu stellen.

Die durch den Behaviorismus bestimmend gewordene, einengende Betrachtung der psychischen Phänomene, vor allem die Reduzierung der Wahrnehmung auf ein Reiz-Reaktions-Muster, hat das frühere Introspektionskonzept der akademischen Wahrnehmungspsychologie verdrängt, das erst heute wieder durch die Entwicklung der Kognitionspsychologie zur Geltung kommt. Damit wird auch das Aufmerksamkeitsphänomen wieder als Gegenstand der Wahrnehmungspsychologie entdeckt. Die Fokussierung der Wahrnehmung ist an die Introspektionsfähigkeit, die Fähigkeit zur Selbstbeobachtung, gebunden, die wiederum die Frage nach der (unbewussten) Motivation der Selektion der Aufmerksamkeit aufwirft. Freilich ist das introspektive Konzept die Grundbedingung der psychodynamischen Theorie, welche die Imaginationsfähigkeit des Therapeuten, seine Introspektion als Quelle der Beobachtung der psychischen Phänomene im Anderen voraussetzt. Mit anderen Worten: die Intuition des Therapeuten ist die Bedingung seiner empathischen Wahrnehmung und dieser Prozess wiederum abhängig von der motivgebundenen Einschränkung oder motivgebundenen Ausweitung des Wahrnehmungsspektrums eines Therapeuten. Das Ausmaß der Selbstaufklärung über die individuelle, komplexgebundene Wahrnehmungsweise bestimmt das Maß der Wahrnehmung des Fremdseelischen.

Im psychodynamischen Verständnis sind Fokussierung als selegierte Aufmerksamkeit und unbewusste Motivation der Wahrnehmungsorganisation der Therapeut-Patient-Interaktion nicht zu trennen. Die kognitionspsychologische Auffassung, dass die Wahrnehmung des Anderen desto genauer und feiner ist, je größer Erfahrung und Selbsterfahrung des Beobachters sind (Neisser 1979), macht den Einfluss von Phantasien und Antizipationen als Vorinformationen für die Wahrnehmungsorganisation offenkundig. Das psychodynamische Introspektions- und Empathiekonzept ist als Grundlage der kognitionspsychologischen Betrachtung unverkennbar. Die Psychoanalyse Freuds ist eine Aufmerksamkeitspsychologie und handelt von der triebbedingten Steuerung der Wahrnehmung, die materiell als Wahrnehmen der Triebbedürfnisse verstanden wird und das Handeln als Wahrmachen der Bedürfnisse und Interessen eines Subjekts begreift. Der Rang einer psychologischen Theorie wurde bereits Anfang des letzten Jahrhunderts danach beurteilt, welche wissenschaftliche Bedeutung sie der Stellung des Phänomens der Aufmerksamkeit in der Wahrnehmungstheorie beimisst (Titchener 1908).

Unter der Perspektive der Erweiterung und Verfeinerung der Selbstwahrnehmung haben wir den Schwerpunkt der Datenerhebung auf lebensgeschichtlich bewusste Selbst-Erfassung des Patienten gelegt mit dem Ziel der spezifischen Aufmerksamkeitslenkung auf seine Erfahrungen und sein Erleben in den verschiedenen Epochen der Lebensentwicklung. Diese fortschreitende Selbst-Erfassung soll dem Patienten mögliche kritische Knotenpunkte seiner Entwicklung erahnen oder erkennen lassen. Die retrospektive Sicht ist für uns aber nur insoweit von Belang, als sie den Bezugsrahmen für prospektive Konstellationen in der Bewertung des Lebensgangs eines Patienten aus heutiger Sicht liefert. Die bewusste Beförderung der Selbstwahrnehmung in der schrittweisen Abfolge der Entwicklungsepochen in der Selbsterfassung des Patienten (biographische Dokumentation) wie auch die Interaktionserfahrungen des Patienten in den Psychoanamnesen, in denen der Therapeut entlang von Kernkomplexen die Lebensgeschichte des Patienten mit ihm klärend erarbeitet, sind die systematische Heuristik dieser theoriegeleiteten Diagnostik: die Heuristik einer progressionsförderlichen Wahrnehmung für Therapeut und Patient.

Das Psychodiagnostik- und Therapieinventar ist als Aufklärungsinstrument konzipiert und stellt einen nicht abzuschließenden Prozess von Fragen und Antworten dar: er entspricht dem psychodynamischen Dialog, ist ein im endlosen Fragestrom fließender Prozess von klärenden Antworten über die andere Seite des Bewusstseins. Und die für den Therapeuten im Psychodiagnostik- und Therapieinventar aufgezeichneten Fragen sind Merkzeichen für eine Reflexionsperspektive auf psychodynamischer Grundlage des Denkens, das unter der Oberfläche eines festgestellten Verhaltens die Hintergründe des betreffenden Schicksals erhellen will.

Die Fragen als Merkzeichen geben mögliche Bedeutungslinien für den Lebensgang eines Patienten vor, aufgrund dessen ein (Frage-)Schlüssel zur Erschließung der unbewussten Motive zur Hand sein soll. Sicher wird der sachkundige Leser noch manch andere Fragen stellen und zu anderen, weiterführenden Antworten gelangen wollen; aber dies liegt in der Intention dieses Fragenkatalogs zu den Bildungskomplexen des Subjekts: Auge und Ohr des Therapeuten zu öffnen für das psychodynamische Fragen als Reflexionsanspruch über den verborgenen Sinn des Patientenverhaltens.

In der qualitativen Psychodiagnostik dieses Inventars (biographische Dokumentation, Leitfäden zu den PsychoAnamnesen) ist ein Drehbuch vorgegeben, um die psychodynamischen Spuren aufzunehmen und mit dem Patienten einen Entwurf seiner Lebensgeschichte herzustellen. Die biographische Dokumentation bzw. ihre textuale Version sind ein erster Entwurf des psychodynamischen Profils eines Patienten, das dieser in Selbstauskunft zu den Fragen der biographischen Dokumentation zeichnet. Auf dem Hintergrund dieses Profils und der Kenntnis der kritischen Entwicklungspunkte in der Biographie des Patienten kann der Therapeut sich erste Vorstellungen machen, auf welche Dimensionen der verschiedenen Kernkomplexe das Fragen zu richten ist. Denn die biographische Dokumentation vermittelt über ein allgemeines Entwicklungsprofil hinaus gerade in ihrer Entsprechung zu der in den Kernkomplexen dargestellten Reflexion der psychosozialen und unbewussten Determinanten ein Bild der biographischen Brennpunkte des Patienten. Aufgrund dessen kann sich der Therapeut in seiner inneren Vorstellung auf die Problemzonen des Patienten einstellen und in seiner Imagination Phantasien zur Deutung der Phänomene wachrufen.

In der biographischen Dokumentation und in den Leitfäden zur PsychoAnamnese und zur Fallkonzeptualisierung kommt die Anschauung des Therapeuten über das, was er finden will, zum Ausdruck: in der biographischen Dokumentation wird der Patient auf das eingestellt, was für den Therapeuten von Bedeutung ist und was durch Identifikation des Patienten mit der Suchrichtung als psychodynamische Perspektive zur Geltung kommen soll. Dieser Geltungsanspruch bestimmt die Erwartungshaltung des Patienten, ähnlich wie die Erwartungshaltung des Patienten in der Verhaltenstherapie dadurch geprägt ist, was für einen Verhaltenstherapeuten im lerntheoretischen und kognitiven Modell Geltung hat.

Die Hinführung des Patienten in der biographischen Dokumentation auf einen Suchens- und Findensprozess für verborgene Bedeutungen ruft das in jedem Menschen angelegte Interpretationsvermögen wach und regt durch die kognitive Strukturierung in der Arbeit an den Fragen der biographischen Dokumentation das Deutungsbegehren des Patienten an. Und diese kognitive Strukturierung ist bereits auf der Ebene der biographischen Selbstauskunft impliziert als „korrigierende kognitive Erfahrung", wie wir sie als heuristisches Prinzip der therapeutischen Wirksamkeit entwickelt haben. Denn die kognitive Strukturierung im Fragemodus bewirkt eine Infragestellung der gewohnten Sehweise und stellt den Patienten bereits auf dieser Dimension auf die „korrigierende kognitive Erfahrung" ein, wie sie später im Erstinterview bzw. in den PsychoAnamnesen vom Therapeuten praktiziert wird, um durch eine paradoxale Umwertungsstrategie den Patienten zu einer positiven Sicht seiner Symptome als gelungene Schutzstrategien zu führen. Die biographische Selbstauskunft ist ein verdeckter Dialog, weil bereits durch die in der Befragung enthaltenen psychodynamischen Deutungsmuster ein „Geisterdialog" des Patienten mit dem Therapeuten in Gang gesetzt wird.
Die Selbstbiographie des Patienten in der Dokumentation initiiert einen Aufschließungsprozess als Weiterfragen im Rahmen der psychodynamischen Konstruktionen und ist in der Weise bereits psychodynamisch heuristisch wirksam. Und die in ihr enthaltenen Möglichkeiten und Angebote zur Selbstinterpretation sind auch der Stoff für die spätere psychotherapeutische Arbeit. Die Selbstauskunft des Patienten soll zu einer initialen Historisierung des Subjekts führen, zu einer retrospektiven Bewertung seines Lebens, die ihm möglicherweise einen roten Faden seiner Lebenslinie zur Fortsetzung seiner Selbstaufklärung in der Therapie liefert. In dieser Perspektive gibt die biographische Dokumentation psychodynamische Erklärungsansätze für den Patienten wie den Therapeuten und ist der Ermöglichungsgrund für den Übergang zum eigentlichen psychotherapeutischen Dialog, für die interpretativen und modifizierenden Interventionen des Therapeuten.
Die Fragen der biographischen Dokumentation lenken den Blick des Patienten auf die Brennpunkte seiner Entwicklung, schärfen seine Aufmerksamkeit für eine mögliche Konfliktdynamik und bewirken dadurch eine Wahrnehmungsstrukturierung, welche den Patienten für die Suchrichtung des Therapeuten aufschließen soll. Der Patient wird in der biographischen Dokumentation mit Fragen konfrontiert, die er sich sonst nicht stellen würde und zu Antworten geführt, die er üblicherweise nicht in Erwägung ziehen würde. Denn die implizite Theorie dieser Fragen soll den Patienten dazu bringen, Verknüpfungen herzustellen zwischen bedeutungsvollen Ereignissen seiner

Lebensgeschichte und deren Wirkungen auf seine Lebensentwicklung und -gestaltung; wie überhaupt der Patient durch diese Fragen zur Wahrnehmung seiner Beziehungsdynamik gebracht und zum Hinterfragen seines Verhaltens angeregt werden soll. Entlang dieser Fragen gewinnt der Patient eine Vorstellung der Entwicklung seiner Selbst, seiner Verwicklung mit den familialen und sozialen Umständen, den besonderen Bedingungen seines emotionalen, kognitiven und libidinösen Bildungsprozesses. Durch den Blick auf seinen Werdegang, der ein Rückblick auf seine Vergangenheit ist, wird der Patient herausgefordert, ein Bewusstsein von Geschichte seiner selbst zu gewinnen.

Auf dem Hintergrund der biographischen Dokumentation sind die Leitfäden zur PsychoAnamnese als Fortsetzung des in der biographischen Dokumentation begonnenen psychodynamischen Fragens zu sehen: die PsychoAnamnesen bringen das Fragen auf eine Tiefendimension der Erfahrung. Es sind Metafragen, die den Therapeuten zur Reflexion anleiten sollen über die infragestehenden, durch die Antworten des Patienten in der biographischen Dokumentation „kritisch" gemachten Problembereiche. In dieser Hinsicht ist jetzt das Fragen zu einem Prozess von Wechselseitigkeit geworden, dessen Basis zunächst die Antworten des Patienten in der biographischen Dokumentation waren, auf die der Therapeut neue Fragen stellt und durch neue Antworten des Patienten einen weiterführenden Informationsfluss in Gang setzt. Die hier notwendige Interviewtechnik unterscheidet sich von der klassischen analytischen Technik der „freien Assoziation" als amplifizierendes Verfahren, da der Therapeut auf dem Hintergrund seines klinisch-psychodynamischen Wissens, wie es sich in den Metafragen dokumentiert, immer schon durch sein Fragen „Assoziationsgebote"[77] (Ferenczi 1984)) setzt. Das deu-

[77] Den Mythos der Settingbedingungen vom „freien Assoziieren", der „gleichschwebenden, ungelenkten Aufmerksamkeit" und der „Neutralität" und „Abstinenz" des Therapeuten haben wir schon an anderer Stelle (Pohlen u. Bautz-Holzherr 1995a) enthüllt. Der therapeutische Dialog ist grundsätzlich gelenkt von der Anschauung des Therapeuten über den Interaktionsprozess; seine Aufmerksamkeit wird von seiner schulenspezifischen Vorstellung gelenkt und lenkt wiederum die selegierte Aufmerksamkeit des Patienten. Die Anschauung des Therapeuten von der Beziehungsdynamik und dem Gang des Prozesses ist das bestimmende Prinzip und nicht das der „Neutralität". Die Schimäre „Neutralität" überlebt solange, wie Therapeuten glauben, einen herrschaftsfreien Dialog zu führen und sich dadurch der Macht- und Abhängigkeitsproblematik der therapeutischen Beziehung meinen entledigen zu können. Der Therapeut jeder Schule bestimmt also durch seine schulische Orientierung den Rahmen, innerhalb dessen der Patient wahrnehmen und handeln lernen soll. Und die Reflexion der Bedingungen des therapeutischen Settings ist die Voraussetzung für die Konfrontation mit der Machtproblematik in der Therapie.

tende Fragen des Therapeuten ist nach unserer Vorstellung ein klarifizierendes Vorgehen, das sich in einem frei flottierenden Dialog als stetig fortschreitender Klärungsprozess zwischen Therapeut und Patient vollzieht. Diese wechselseitige Rede, in der sich Frage und Antwort auf dem Hintergrund einer sich entwickelnden gemeinsamen Anschauung vollziehen, ist ein hochindividualisiertes, fallspezifisches Vorgehen (s. de Schill 1997).
Im Unterschied zum konventionellen psychoanalytischen Rahmen, der durch das psychoanalytische Interview-Setting vorgegeben ist, orientiert sich unser Vorgehen an der vom Patienten im Therapeuten wachgerufenen Reflexion entlang der Kernkomplexe, die er als neue Fragen dem Patienten zurückgibt. Der Klarifikationsprozess als sich fortsetzender Deutungsprozess über die Lebensgeschichte des Patienten geschieht als gegenseitiger Identifizierungsprozess fragender Antworten und antwortender Fragen. Das interaktionelle Geschehen ist danach ein gegenseitiges Einflussnehmen, ein Angleichungsprozess in der Entwicklung zu einer gemeinsamen Anschauung, die ein Glaubenssystem schafft und von der Erwartung auf Veränderung lebt. Ein gemeinsames Überzeugungssystem ist der grundlegende Mythos für die therapeutische Bindung (s. Frank 1997) und inspirierend für die Hilfserwartungen des Patienten, seine Hoffnung auf Veränderung.
In der Fallkonzeptualisierung repräsentiert sich unser Anspruch, den gesamten Prozess der Informationsgewinnung unter psychodynamischen Gesichtspunkten zu zentrieren und eine Therapieperspektive zu entwerfen, die in der symptomorientierten Arbeit die Produktivität des psychodynamischen Denkens erweisen soll. Die Selbstbemächtigung eines Patienten ist das Leitmotiv unserer Arbeit, wie es in den exemplarischen Fallkonzeptualisierungen dargestellt und in der psychodynamischen Falldokumentation und -evaluation im Einzelnen ausgewiesen wird.
Überschneidungen und Redundanzen zwischen dem Theorieteil des Buches und der Darstellung des theoriegeleiteten Untersuchungs- und Behandlungsprogramms lassen sich nicht vermeiden; denn in der Darstellung des Diagnostik- und Therapieinventars fokussieren sich noch einmal intensiver die Fragestellungen unserer psychodynamischer Arbeit.

B Qualitative Psychodiagnostik

1. Übersicht zu den Verfahren des Psychodiagnostik- und Therapieinventars

Die nachfolgende Übersicht soll einen Gesamteindruck des Marburger Inventars vermitteln, dessen einzelne Verfahren sich alle auf CD-ROM im Anhang befinden und als Gesamtinventar (Gesamtdatei) oder als Einzelverfahren (Einzeldateien) ausgedruckt werden können.
Das Inventar ist eine überarbeitete, für den praktischen Gebrauch in der klinischen und ambulanten Anwendung gekürzte Fassung der Forschungsdokumentation im Marburger Psychotherapie-Programm. Der Leser findet darin Anleitungen für eine angemessene Vorgehensweise der Gestaltung des interaktiven psychodynamischen Frageprozesses.
Die nachfolgenden Erläuterungen zur Biographischen Dokumentation, zu den Leitfäden der PsychoAnamnesen und zur Fallkonzeptualisierung sollen dem Leser die den Verfahren zugrunde liegende psychodynamische Theorie vor Augen führen.
Die Leitfäden zu den PsychoAnamnesen resümieren einen Fundus an heuristischem Wissen der Psychodynamik, sind in Art eines Kompendiums verfasst, erheben jedoch keinen Anspruch auf Vollständigkeit. Sie sollen den Anwender bei der Spurensuche anregen und durch die Präsentation von Kernkomplexen seinen Blick schärfen für die Konfliktkonstellationen, die den Lebensgang eines Patienten bestimmen. Als Organisatoren der Wahrnehmung lenken sie die Aufmerksamkeit auf die Aufklärung der produktiven Linien der jeweiligen Konfliktdynamik.
Der Leser muss sich vor Augen führen, dass sich die Brennpunkte der Lebensdynamik eines Menschen durch die Art der therapeutischen Beziehung im Dialog herstellen und dass eine sich ändernde therapeutische Interaktionsweise auch zu einem Wechsel der Brennpunkte führen wird; wie auch der Therapieprozess keiner autonomen Verlaufsdynamik folgt. Die wechselnde Dynamik in den Brennpunkten der Therapie spricht vielmehr für das Maß an Flexibilität und Plastizität der therapeutischen Beziehung.
Die Leitfäden repräsentieren die von uns gewählte Perspektive, die Lebensdynamik des Subjekts unter dem Aspekt einer Tiefenpsychologie des Begehrens zu untersuchen und zu behandeln.

- Diagnostik -

Biographische Dokumentation	
Erläuterung zur BioDoku	B 2.
Biographische Dokumentation	Anhang CD-ROM
Beispiel der textualen Version	Anhang CD-ROM
Leitfaden zum Aufnahmegespräch	Anhang CD-ROM
Patienten-PsychoAnamnese	
Erläuterung zum Leitfaden	B 3.1
Leitfaden	Anhang CD-ROM
Patientenfragen zur PsychoAnamnese	
Erläuterung zum Leitfaden	B 3.2
Patientenfragen	Anhang CD-ROM
Partner-PsychoAnamnese	
Erläuterung zum Leitfaden	B 3.3
Leitfaden	Anhang CD-ROM
Familien-PsychoAnamnese	
Erläuterung zum Leitfaden	B 3.4
Leitfaden	Anhang CD-ROM

- Fallkonzeptualisierung und Therapieplanung -

Erläuterung und Leitfaden zur Fallkon-......................... zeptualisierung und Therapieplanung	C 2. und Anhang CD-ROM
Formblatt zur Fallkonzeptualisierung und Therapieplanung	Anhang CD-ROM
Erläuterung und Leitfaden zur Rekonzeptua-.............. lisierung und weiteren Therapieplanung	C 3. und Anhang CD-ROM
Exemplarische Fallkonzeptualisierungen	D

- Therapieprozess -

Leitfaden zum Therapieverlaufsbericht	Anhang CD-ROM
Fragen an den Patienten zum Therapieprozess	Anhang CD-ROM

- Therapieende und Katamnese -

Therapieende - Fragen an den Therapeuten	Anhang CD-ROM
Therapieende - Fragen an den Patienten	Anhang CD-ROM
Katamnese	Anhang CD-ROM

2. Erläuterung zur Biographischen Dokumentation

Die einzelnen Fragekomplexe, die psychodynamisch theoriegeleitet aufeinander aufbauen, sind eine implizite Anleitung des Patienten zu einer anderen Wahrnehmungseinstellung und sollen eine Sensibilisierung seiner Selbstwahrnehmung und wachsendes Konfliktbewusstsein bewirken: das übliche Frageschema der Exploration wird dadurch in der Selbstauskunft des Patienten von vorneherein umgangen. Die Fragen sind weniger auf das gerichtet, was fehlt, vielmehr durch das bestimmt, was der Patient an Erkenntnis- und Entwicklungsmöglichkeiten entdecken kann. Das heißt: die Intention der Selbstaufklärung statt der „Feststellung" von Fehlendem oder Auffälligem, ist der rote Faden, der sich durch die biographische Dokumentation zieht.
Ausgehend von den Fragen zu den Lebensverhältnissen, dem Genuss- und Freizeitverhalten, den Fragen zum Körper, zu den Beschwerden und ihren Auswirkungen, der Selbsterklärung des Patienten für deren Ursachen, seinen Selbsthilfeversuchen und Hilfserwartungen an die Therapie, zentriert die biographische Dokumentation auf die Entwicklungsfragen zur frühen Kindheit bis in die Erwachsenenzeit und konfrontiert den Patienten mit der Besonderheit seiner familialen Verhältnisse und der spezifischen Beziehungsdynamik und -problematik seiner Objektbeziehungen auf dem Hintergrund seiner Trieb- und Ich-Entwicklung. Dabei kommen den sozio- und psychodynamischen Bedingungen seiner familialen Sozialisation, den emotional-kognitiven und libidinös-aggressiven Faktoren seines Werdegangs eine besondere Bedeutung zu: die Fragen zur sexuellen Entwicklung, die Konfrontation des Patienten mit der darin verwickelten Beziehungsdynamik und lebensprägenden Einstellungen seiner Objektwahlen; die Fragen zur aggressiven Entwicklung und der daraus folgenden Selbstkonzeptualisierung und der darin liegenden Determinanten der Selbstgestaltung bilden den Hintergrund zu der tiefer gehenden Frage nach dem Wiederholungscharakter seiner Konfliktmuster.
Der Wiederholungscharakter der Objektwahlen, die Übertragung des Konfliktmusters der Herkunftsfamilie auf die eigene Familienorganisation, die Wiederholung der Kindheitsprobleme in der Erziehung der eigenen Kinder, die Übertragung von früheren Konflikt- und Verhaltensmustern auf die berufliche Sozialisation, das Arbeitsverhalten und auf die Beziehungsstruktur zum sozialen Umfeld sollen in den Blick kommen und dadurch schon im Prozess der Selbstauskunft dem Patienten fragwürdig gemacht werden.
Es soll sich also für den Patienten klären, ob seine infantilen Konflikte in den erwachsenen Konflikten ihre Fortsetzung gefunden haben und wie er

sich aus heutiger Sicht distanzieren kann von dem blinden Wiederholungszwang des Geschehens. Diesem Zweck dienen vor allem die Fragen zu den Phantasien und Zukunftsträumen des Patienten, die prospektive Blickrichtung auf Ressourcen, frühe Leistungsanforderungen und Verantwortungsübernahme, prospektiv günstige Temperamenteigenschaften, positive und stabilisierende Identifikationen, die oft so verdeckt sind, dass man sich wundert, weshalb Patienten mit solcher Kindheitsmisere so gut überleben konnten; eben weil es latent unterstützende und förderliche Identifikationsmöglichkeiten mit Anderen gab, jenseits der pathogenen Eltern-Kind-Beziehung. Das Bewusstsein für die wachstumsförderlichen Bedingungen der Lebensgeschichte wird auch durch Fragen geschärft, die sich auf produktive Konfliktbewältigungsformen richten, auf schöpferische Aspekte der Persönlichkeit, emanzipatorische Selbstgestaltung und auf erfolgreiche Berufsentwicklung. Für den prospektiven Lebensentwurf sind die Fragen nach dem Ausgang der Adoleszenz von großer Bedeutung: der entscheidende protektive Faktor im zweiten Identifikationsschub des Subjekts zur Zeit der Pubertät scheint in der Bindung und Zugehörigkeit zu religiösen und weltanschaulichen Gemeinschaften, in den besonderen Berufungen (religiös, musisch, wissenschaftlich) dieser Zeit und in der darin wirksamen Verstärkung von Lebensvertrauen und Zuversicht in die eigenen Fähigkeiten zu liegen. Die Lösung von infantilen Bindungen, vor allem pathogenen, und der Gewinn nicht pathogener Bindungen durch Identifikation mit glaubwürdig-fürsorglichen empirischen Autoritäten und grandiosen ideellen Autoritäten[78] schafft eine Ersetzung der, im schlimmen Fall, pathogenen Familie durch die Herstellung einer neuen und wachstumsförderlichen „Heimat“. Das heißt auch, dass die Fähigkeit eines Menschen, solche Objekte zu finden und für sich zu gewinnen und die Objekte zu haben, die er zur Entfaltung seiner Potenzen braucht, eine besondere Begabung zur Verführung[79] voraussetzt.

---

[78] Ideell meint hier: persönlich nicht erreichbare, große Gestalten der Vergangenheit oder Gegenwart, die für das Subjekt in Wissenschaft, Kunst und Religion identifikatorische Wegweiser waren.

[79] Diese empathische Begabung hat mit Klugheit zu tun, die heute im Wertekanon des Wissenschaftsbetriebs unerwünscht ist, und hat im Alter mit Weisheit zu tun, die aus dem Wertekanon der Gesellschaft als unbrauchbar gelöscht ist. Bei der Verführungskunst handelt es sich um den unbewussten Austausch zwischen „Lehrer“ und „Schüler“ in der insgeheimen Einverständigung, sich verführen zu lassen, dem Anderen „dienlich“ zu sein, und um das Begehren, dem Anderen zu „dienen“. Das Aufspüren von passenden Förderern und der Prozess der Förderung ist ein intuitives Geschehen, Gleiches im Gleichen zu erkennen, im Spiegel des Anderen seine Seelenverwandtschaft (Goethes Wahlverwandtschaft) zu erfahren und sich im Anderen kognitiv-narzisstisch verstärkend widerzuspiegeln. Denn wie wäre es sonst zu verstehen, welch grandiose Entwicklung manche nehmen trotz ungeheurer

Dem psychotherapeutisch arbeitenden Leser werden sich aus seiner Erfahrung sicher noch manch andere protektive Aspekte darstellen, die der prospektiven Gewichtung der Therapie dienlich sind. Wir haben auch keine Vollständigkeit beabsichtigt, vielmehr einen Strukturfaden der Wahrnehmungsorganisation für beide Prozessbeteiligte aufzeigen wollen. Das Ziel einer so verstandenen Biographik kann demnach nur sein: die Selbstauskunft des Patienten in der Dokumentation als Anleitung zu einer psychodynamischen Theorie seiner selbst zu gestalten, um auf dieser Grundlage einer analytischen Findenslehre den verborgenen Sinn im Lebensgang eines Patienten aufzuklären.

Biographische Dokumentation – Anhang CD-ROM
Beispiel der Textualen Version – Anhang CD-ROM

stehen, welch grandiose Entwicklung manche nehmen trotz ungeheurer Kindheitsmisere; und wie es kommt, dass Menschen aus „kleinen Verhältnissen" zu Großartigem berufen werden und Großartiges zustandebringen; und wie wäre es sonst zu begreifen, dass Patienten, trotz ihrer oft unfassbaren Beschädigung, durch die Aufdeckung unbewusster positiver Identifikationen zu ihren produktiven Möglichkeiten gelangen.

3. Erläuterungen zu den Leitfäden der PsychoAnamnesen

3.1 Erläuterung zum Leitfaden: Patienten-PsychoAnamnese

Der Therapeut muss bedenken, dass jede Diagnostik, psychodynamisch gesehen, therapeutisch wirksam ist, besonders aber im Falle psychotherapeutischer Intention, weil hier durch die Art der Frage und die Weise des Vorgehens, bewusst oder unbewusst, Einstellung und Wahrnehmung des Patienten strukturiert und damit der „Grund" gelegt wird für das Verhältnis und die Erwartung des Patienten zum Therapeuten und seiner Erwartungen gegenüber dem Therapieprozess. Andere, sich objektiv gebende Modelle verwikkeln sich gerade durch die anamnestische Ausfragung ihrer Patienten in eine Strukturierung der Therapeut-Patient-Beziehung, in welcher der Patient durch die Abhörtechnik des Therapeuten in seiner Wahrnehmung auf Abweichungen vom Normalen gerichtet wird, so dass er von der Therapie erwartet, „unauffällig" und normal gemacht zu werden.
Das sogenannte klassische medizinische Anamneseverfahren impliziert in seinem Vorgehen ein Normalisierungsdenken, das in diesem System seine Berechtigung hat. Denn die Feststellung der Abweichung von der physiologischen Norm ist in der Organmedizin die Bedingung der Wiederherstellung von Gesundheit, das heißt vital indiziert für die notwendige medizinische Hilfeleistung. Die Anwendung dieses Schemas auf psychische Störungen impliziert jedoch in der Psychotherapie für den Patienten eine verhängnisvolle Unterwerfung unter ein Klischee von Normalität, gegen das er gerade durch seine „Krankheit" rebelliert hat. Deshalb unterliegen auch Verhaltensanalysen, wenn sie psychiatrischen Schemata der Exploration folgen, einer Normalisierungsideologie, welche die Wahrnehmung darüber unterdrückt, was die Bedeutung des Krankseins für den Patienten ist und was dieser, seinem Fall entsprechend, an Hilfe braucht. Das heißt: sogenannte diagnostische Gespräche in der Psychotherapie sind immer schon therapeutische Interventionen von psychodynamischer Wirksamkeit.
Im psychodynamischen Sinne gehen wir von der Annahme aus, dass sich in der Symptomatik eines Patienten seine spezifische Art der Konfliktbewältigung darstellt und dass sich in der Symptomhierarchie auch die Rangfolge der Konfliktaufladung zeigt. Deshalb stellen wir die symptomzentrierte Diagnostik in den Mittelpunkt der Psychodiagnostik und haben dadurch die Möglichkeit, das aktuelle Konfliktgeschehen im Gegensatz zum Infantilkonflikt herauszuarbeiten.
Die Patienten-PsychoAnamnese ist ein diagnostisches und therapeutisches Instrument, das für den Therapeuten eine spezifische Wahrnehmungs- und

Suchrichtung strukturiert im Hinblick auf einen psychodynamischen Entwicklungs- und Verständigungsprozess des Dialogs. Sie ist nach dem vorliegenden Leitfaden als Fragensammlung zu Kernkomplexen konzipiert und repräsentiert die psychodynamisch-psychogenetisch relevanten Reflexionsebenen, auf denen der Psychotherapeut den möglichen Komplexbildungen des Patienten nachgehen kann. Diese Fragen dienen nicht der chronologischen Exploration des Patienten, sondern sind als Merkzeichen für die psychodynamische Reflexion des Therapeuten zu verstehen, mit deren Hilfe er eine Konstruktion für die Sinnerhellung der Symptomatik zur Hand hat. Dieser Fragenkatalog gibt ein psychodynamisches Gerüst für die Organisierung der Wahrnehmungsweise und Gegenstandsbestimmung des Therapeuten, um den Aufklärungsprozess über Sinn und Bedeutung des symptomatischen und Konflikt-Verhaltens des Patienten in Gang zu setzen. Dabei ist die Fähigkeit des Therapeuten zu intuitiver Vorwegnahme der verborgenen Bedeutung des psychodynamischen Geschehens die Bedingung, dass der Patient im Gang des Prozesses zur Selbstaufklärung seiner unbewussten Motive gelangen kann. Die Fragen der Kernkomplexe sind Reflexionsaufforderungen für die Wahrnehmung des Therapeuten, dessen deutendes, hinweisendes Fragen die entsprechenden Antworten des Patienten auslösen soll. Die Kernkomplexe sind ein virtuelles Gerüst für die Suchrichtung des Therapeuten als ständige Aufforderung zur weiteren Vertiefung der Aufklärung.
Der Therapeut sollte sich diesen Fragenkatalog über die psychoanamnestischen Erhebungen hinaus als Orientierungsrahmen für den Findungsprozess der Aufklärung des psychodynamischen Geschehens immer wieder vergegenwärtigen, um die psychodynamisch relevanten Gegenstandsbereiche auf einer Tiefendimension der Erfahrung mit dem Patienten zu reflektieren. Der psychodynamisch gefasste Fragenkatalog zu den verschiedenen Bildungskomplexen eines Subjekts verlangt nach sinnerhellenden Antworten, die in deutenden Verweisen (Interpretationsarbeit) und praktischen Hinweisen (Modifikationsarbeit) als Antworten des Therapeuten den Therapieprozess konstituieren.
Die Erhebung der Patienten-PsychoAnamnese verlangt die Kenntnis der Daten der biographischen Dokumentation (Basis-, Entwicklungs- und Statusdiagnostik) bzw. ihrer textualen Version. Diese liefert ein psychodynamisches Profil als Fundament für die in der PsychoAnamneseerhebung weiterzuführende Aufschlüsselung der psychodynamisch-kritischen Konstellationen. Die biographische Dokumentation gibt klinisch relevante Informationen zu Status, Entwicklung, Ressourcen, Selbstkonzept des Patienten u.a.m., die Indikatoren für die kritischen Komplexe in der Entwicklungsdynamik des Patienten enthalten (je nach Beantwortung oder Auslassung); sie organisie-

ren für den Therapeuten wie für den Patienten eine Fokussierung der Wahrnehmungs- und Suchrichtung in der PsychoAnamnese und im Therapieprozess.
Die in Kernkomplexe gefassten psychogenetisch bedeutsamen Fragen sollen die psychodynamische Reflexion des Therapeuten zu Entwicklungsbrüchen und -stillständen, dramatischen Ereignissen, Konfliktaufladungen und symptomatischem Verhalten im Dialog mit dem Patienten strukturieren.
Unser Vorgehen macht deutlich, dass psychodynamische Wahrnehmung theoriegeleitet ist, wie überhaupt jede Wahrnehmung nicht nur der verschiedenen Therapiesysteme, sondern auch der Wissenschaften theoriegeleitet ist (s. Popper 1982): erst wenn die der jeweiligen Wahrnehmungsweise zugrunde liegende Theorie explizit gemacht wird, kann evident werden, aufgrund welcher theoretischen Voraussetzungen und auf welchen Wegen welche Daten gewonnen werden, die das jeweilige wissenschaftliche oder therapeutische System kennzeichnen.
Psychodynamisches Denken entspringt einem Aufklärungsbegehren, und der Dialogprozess ist in dieser Perspektive eine Dialektik von Aufklärung und Selbstaufklärung: die Aufklärung des Therapeuten über die Psychodiagnostik des Patienten ist zugleich Selbstaufklärung des Patienten über Sinn und Bedeutung seiner Geschichte. Daher ist Psychodiagnostik immer schon Psychotherapie und psychodynamische Therapie Diagnostik. Im Fortgang des Prozesses werden sich, je nach Erkenntnis- und Erfahrungsfortschritt, die psychodiagnostischen Einschätzungen und Bewertungen ändern, und diese Veränderungen wiederum wirken auf den Gang der psychodynamischen Arbeit zwischen Therapeut und Patient zurück: psychodynamische Therapie ist ein endloser Prozess der Selbstdiagnostik.
Der Therapeut muss in Zusammenarbeit mit dem Patienten, aufgrund seiner Kenntnisse der Dokumentation, spezifische Gewichtungen vornehmen und im Verständigungsprozess mit dem Patienten über die verschiedenen Kernkomplexe zu einer für beide psychodynamisch schlüssigen Diagnostik der Grundkonflikte kommen. Die psychodynamische Arbeit lebt davon, dass der Therapeut dafür offen ist, die in der PsychoAnamnese erarbeiteten Kernkomplexe dem Verlauf der Therapie entsprechend durch neue Perspektiven ständig zu modifizieren, eine stete Veränderung der Bedeutsamkeit von Konfliktkonstellationen in Fluss zu halten. Psychodiagnostik kann nur als Entwicklungsdiagnostik im Kommunikationsprozess verstanden und nicht als deskriptive Diagnostik im konventionellen Sinne betrieben werden, die über einen „Kommunikationsabbruch“ zum Ziel der „Feststellung“ der Symptomatik kommt. Die deskriptive Diagnostik, die im organmedizinischen Feld von Störungen Normabweichungen als Voraussetzung für vital

indizierte Beseitigung von Organstörungen feststellen muss, führt im Falle des Erkenntnisprozesses von psychischen Störungen zum Abbruch von Verständigung, die nur durch das Offenhalten eines weiterführenden Verstehensprozesses zu ihrem Ziel kommen kann: nämlich Sinn und Bedeutung der psychischen Phänomene der jeweiligen Individualgeschichte für Therapeut wie Patient zu erschließen.

Die Praxis des Fragens muss sich für den Therapeuten zunächst darauf konzentrieren, was der Patient an offenen Fragen aus der biographischen Dokumentation mitbringt. Das heißt, was für den Patienten fragwürdig oder offen geblieben ist und auf welchen Dimensionen der Kernkomplexe er seine Probleme ansprechen will. Der Therapeut muss darauf achten, ob der Patient das Gewicht seiner Fragen auf die Symptomatik legt: auf seine emotionale, kognitive, sexuelle Entwicklung, seine Familien- oder Beziehungsgeschichte, auf seine berufliche Entwicklung und anderes mehr; ob er im Unterschied dazu seine Störung als von anderen unabhängige Persönlichkeitsproblematik erlebt oder im Gegenteil seine Störung als ausschließliches Ergebnis von Fremdeinwirkung ansieht usw. Für den Therapeuten wird es immer günstig sein, wenn er vor Aufnahme des Erstgesprächs sich aufgrund der biographischen Dokumentation beziehungsweise ihrer textualen Version einen Überblick darüber verschafft, welche Antworten der Patient gibt, welche Lücken oder Besonderheiten sein Text zeigt oder ob er durchgängig zu nivellierenden Normalantworten neigt. Dabei ist es wichtig, wie der Patient auf die Fragen zu seinen Ressourcen und protektiven Faktoren reagiert und damit Rückschlüsse auf die Prognostik erlaubt.

Das Erstgespräch sollte der Therapeut im Gegensatz zu traditionellen analytischen Erstinterviewverfahren symptomzentriert führen, indem er nach Klärung der oben genannten Aspekte die Selbsterklärung des Patienten für dessen Symptomatik zur Sprache bringt und im Zusammenhang damit die ersten Deutungsansätze zur paradoxalen Umwertung der Symptome als Schutzstrategien dem Patienten anbietet. Aus den Reaktionen des Patienten: verständnislos oder ablehnend, überrascht, abwartend oder zustimmend, kann sich der Therapeut ein Urteil darüber bilden, mit welchen Widerständen er beim Patienten zu rechnen hat bzw. welcher Spur er psychodynamisch folgen muss im Sinne der in Frage stehenden Kernkomplexe. Soll er also eher eine narzisstische, oral-depressive, anal-zwanghafte oder hysterisch-phallische Problematik in den Blick nehmen oder eher auf eine Beziehungsproblematik zentrieren und anderes mehr?

Die Dialogtechnik dieses psychodynamischen Interviews soll nicht klassisch psychoanalytischen Verfahrensregeln von abstinenter und abwartender Haltung des Therapeuten folgen, um einen Übertragungsprozess in Gang zu bringen, der den Gegenübertragungsprozess beim Therapeuten als Reaktionsbildung hervorruft. Unsere Dialogtechnik geht vielmehr davon aus, dass der Therapeut im aktivierenden Sinne Ferenczis durch sein fragendeutendes Vorgehen die Antworten des Patienten zu neuen Fragen führt: es ist ein permanent hintergründiges Infragestellen von Antworten. Zum Beispiel würde man den Typus der „over protective mother" nicht provozierend zur Einsicht führen wollen, dass sie aus unbewussten Gründen aggressiver Gehemmtheit überfürsorglich ist (begründende Deutung des Verhaltens), sondern klarifizierend und bejahend deuten, welche Sorgen über das Kind sie ständig treiben, um bei der Patientin eine Ahnung darüber zu wecken, was es bedeuten könnte, so besorgt zu sein und welcher Sinn in der Überbesorgtheit (als Schutzstrategie) liegen könnte.

Der Fokus der Konfliktskonstellation könnte sein: indem, weil, wenn ich so überbesorgt bin, wird dem Kind nichts passieren, kann mir nichts passieren, bleibt uns beiden unsere Liebe erhalten – die Angst vor Liebesverlust scheint für diesen Typus bestimmender zu sein als die Angst vor aggressiver Übermächtigung. Das heißt: indem die Mutter bestätigt und ihre Symptomatik bejaht wird, kann erst die weiterführende Frage aufkommen, warum sie sich solche Sorgen um die Liebe des Kindes machen muss und welche Sorge sie treibt um die Erfüllung ihrer eigenen Liebe. Eine Deutung auf dem propositionalen Niveau der Überbesorgtheit als Abwehr aggressiver Impulse gegen das Kind kann die deklarierte Aggressionsbereitschaft doch nur in die Introversion schwerer Schuldvorwürfe und narzisstischer Beschämung treiben, statt in die Liebesfrage einer solchen Mutter vorzudringen.

Man könnte diese Technik des hintergründigen Nachfragens, das die List des Unbewussten durch die List der entwaffnenden Bejahung aufnimmt und die Abwehr oder den Widerstand des Patienten umgeht, als psychodynamische Mäeutik[80] bezeichnen. Und diese Kunst der Einschläferung von Abwehr

---

[80] Der Therapeut steht als „Wahrsager" in einer Reihe ritueller Gestalten: die Ritualisierung des therapeutischen Arrangements und die Zeremonien des therapeutischen Vorgehens folgen in allen Schulen liturgischen Regeln. In der Psychodynamik übernimmt der Therapeut eine proteushafte Rolle, indem er sich assimilierend in das System des Patienten begibt, ihm sozusagen innewohnt und nicht umgekehrt, wie es das Container-Bild der Selbstpsychologie darstellt. Der Patient ist bestenfalls der Container des Therapeuten. Denn dieser Prozess der Mäeutik verlangt, dass er sich dem Patienten anverwandelt und dadurch die Abwehr gegen den „Eindringling" unterläuft. Der Ausgang der Geschichte ist immer derselbe: der Therapeut gibt sich, indem er im Akt der Deutung aus dem System des Patienten heraustritt, als andere Stimme des Patienten zu erkennen, die das Namenlose seiner unbewussten Motive benennt: das introjektive und projektive Wechselspiel des Deutungsprozesses vollzieht sich in diesem Akt der identifizierenden Entnennung und projizierenden Benennung.

durch die „Entbindung" einer positiven Bejahung von Symptomatik und Verhalten ist für uns die bestimmende Technik des Fragens im Unterschied zur psychiatrischen Exploration und im Gegensatz zum traditionellen psychoanalytischen Vorgehen. Denn das immer noch vermittelte Klischee von der psychotherapeutischen Arbeit an Widerstand und Übertragung macht unkenntlich, dass es um den unbewussten Widerstand des Therapeuten geht, den Widerstand des Patienten gegen seine therapeutische Bemühung wachzurufen, um die Bestätigung des von ihm erwarteten Wiederholungszwangs zu erreichen, der ihm einen sicheren Interpretationsrahmen bietet; statt die Abwehr zu hintergehen und sie gerade nicht mobil zu machen.
Dies soll grundsätzlich heißen, dass der Therapeut entlang den Kernkomplexen, wie sie im jeweiligen Fall gegeben sind und wie sie sich aus der Spurenaufnahme nach der Symptomwertung ergibt, ein listig-fragendes Verhalten im Dialog mit dem Patienten einnehmen muss; zusammen mit dem Patienten sich von jeder Antwort zu neuen Fragen leiten lassen soll. Letzten Endes ist davon auch die Wahl des therapeutischen Arrangements, die passende Modifikation abhängig, und der Patient wird um so produktiver in seiner Therapie sein, je passender der Therapeut seine Angebote wählt und je intensiver er sich für die wachstumsförderlichen Aspekte des Patienten einsetzt. Freilich müssen die regressiven Manöver und der Wiederholungscharakter im Verhalten des Patienten konfrontierend bearbeitet und überwunden werden, wenn sie als Übertragungskonflikt (infantile Ambivalenzkonflikte) auftauchen, um möglichst bald zu einer „ambivalenzfreien Beziehung" zurückzukehren und die Therapie interpretativ und modifizierend in einer „emotional entspannten Atmosphäre" (Morgenthaler 1978) des Kontaktbehagens gestalten zu können.
Zur Unterstützung des Therapeuten ist im Leitfaden „Patienten-PsychoAnamnese" wie im Leitfaden „Partner-PsychoAnamnese" den Reflexionsfragen der Kernkomplexe jeweils ein Block „Info BioDoku" zugeordnet, der dem Therapeuten Zusatzinformationen aus der Biographischen Dokumentation des Patienten zu den entsprechenden Fragen im Leitfaden offeriert. Der Therapeut hat dadurch die Möglichkeit, jeweils über diese ZusatzInfo auf ein Basiswissen aus der Selbstauskunft des Patienten zurückzugreifen. Diese Ergänzung ist als Hilfsmittel gedacht für die Rückversicherung des Therapeuten über die Antworten des Patienten im Zusammenhang mit den Fragen der entsprechenden Kernkomplexe.
Abschließend wollen wir noch einmal betonen, dass die PsychoAnamnesen ein Gerüst sein sollen für eine triebdynamische Anschauung des Subjekts und seines Lebensgangs: ein Orientierungsrahmen für die Wahrnehmung

potentieller Trieb-und Bedürfnisverwicklungen eines Patienten, für dessen Fall sich die Aufmerksamkeit jedoch entsprechend der individuellen Triebproblematik auf die Aufklärung der in Frage kommenden Kernkomplexe richten muß. In diesem Gerüst ist das klinische und theoretische Wissen des psychodynamischen Denkens, therapietheoretisch und therapiepraktisch, in der Perspektive der nach unserer Erfahrung essentiellen psychodynamischen Dimensionen versammelt.
Der Leser, der Psychotherapeut, kann sich anhand dieser PsychoAnamnesen die möglichen Ausgänge von Triebschicksalen in der Vergegenwärtigung der Kernkomplexe vor Augen führen und muss für sich wählen, was in seiner Perspektive der Fallkonzeptualisierung und Therapiegestaltung die bestimmenden und treibenden Kernkonflikte sind.
Keinesfalls sind die PsychoAnamnesen als Anleitungsschemata für die Aufarbeitung von „Fallgeschichten" konzipiert, sondern allein als potentieller Prospekt für den virtuellen Lebensgang eines Subjekts unter triebtheoretischer Perspektive zu lesen. Der Psychotherapeut muss also entscheiden, was für ihn der Fall ist und welche Aspekte des Prospekts für seine psychodynamische Arbeit dienlich sind. Das Gesagte gilt für alle PsychoAnamnesen, die prospekthaften Charakter haben und vom Therapeuten als psychodynamische Seh-Anleitung zu verstehen sind.

Leitfaden zur Patienten-PsychoAnamnese – Anhang CD-ROM

3.2 Erläuterung zu den Patientenfragen zur PsychoAnamnese

Die Patientenfragen zur PsychoAnamnese sollen dem Patienten nach der zweiten Sitzung zur PsychoAnamnese vorgelegt werden, damit der Therapeut zum einen eine Rückmeldung aus der Perspektive des Patienten bekommt über dessen Einstellung zu den Kernkomplexen der PsychoAnamnese; zum anderen soll diese Stellungnahme des Patienten sein Gefühl der Mitverantwortung für die therapeutische Arbeit wachrufen und in ihm die Überzeugung verstärken, dass es hier um eine gemeinsam zu gewinnende Verständigung über die Bedeutung seiner Symptomatik und Lebensperspektive geht und über eine gemeinsam zu erarbeitende Therapiezielbestimmung.
Der Patient soll sich auch damit auseinandersetzen, dass es hier um einen Wiederholungsfall gehen könnte im Sinne eines typischen Vorfalls, in dem sich seine Probleme und Symptome zeigen. Das heißt: seine Such- und Wahrnehmungsrichtung soll sensibilisiert werden im Blick auf den roten Faden seiner Lebensgeschichte. Der Patient kann durch diese selektive Strukturierung in einer Nachreflexion, einer nachträglichen Selbstkonfrontation, sich noch einmal zu Aspekten äußern, die möglicherweise in den ersten Sitzungen vermieden wurden oder nun in einem anderen Licht erscheinen. Nicht zuletzt sollte im Patienten das Interesse geweckt werden, eine Differenzierung seiner Veränderungswünsche vorzunehmen und immer wieder an seine Mithilfe, seinen Beitrag zum Erkenntnisprozess und Erkenntnisgewinn in der gemeinsamen therapeutischen Arbeit erinnert werden. Dabei muss sich der Patient mit den Schwierigkeiten konfrontieren, die einer Veränderung entgegenstehen, und er sollte auch zu einem Bewusstsein darüber gelangen, was ihm eher dienlich ist, was er braucht, und wie er dazu kommen kann – entgegen der traditionellen medizinischen Rollenerwartung auf Applikation von Medikation oder anderen ärztlichen Verordnungen, denen sich Patienten im Allgemeinen willig ergeben. Das traditionelle Arzt-Patient-Schema ist eine besondere Widerstandsformation bei der Aufnahme von Psychotherapie.

Patientenfragen zur PsychoAnamnese – Anhang CD-ROM

3.3 Erläuterung zum Leitfaden: Partner-PsychoAnamnese

Der Leitfaden zur Partner-PsychoAnamnese enthält Kernkomplexe von Fragen, die ebenso wie die Fragen zu den Kernkomplexen der Patienten-PsychoAnamnese und der Familien-PsychoAnamnese nicht als chronologische Fragenfolge zur Exploration zu verstehen sind, sondern als Merkzeichen für die psychodynamische Reflexion des Therapeuten, mit deren Hilfe er eine Konstruktion für die Diagnostik der Beziehungsdynamik zur Hand hat.

Dieser Fragenkatalog gibt ein psychodynamisches Gerüst für die Organisierung der Wahrnehmungsweise und Gegenstandsbestimmung des Therapeuten, um den Aufklärungsprozess über Sinn und Bedeutung des symptomatischen und Konflikt-Verhaltens der Partner in Gang zu setzen. Dabei ist die Fähigkeit des Therapeuten zur intuitiven Vorwegnahme der verborgenen Bedeutung des psychodynamischen Geschehens die Bedingung, dass der Patient, der Partner, im Gang des Prozesses zur Selbstaufklärung seiner unbewussten Motive gelangen kann. Die Fragen der Kernkomplexe sind hier wie in der PsychoAnamnese Reflexionsaufforderungen für die Wahrnehmung des Therapeuten, dessen deutendes, hinweisendes Fragen die entsprechenden Antworten des Patienten, des Partners, auslösen soll. Die Kernkomplexe sind ein virtuelles Gerüst für die Suchrichtung des Therapeuten als ständige Aufforderung zur weiteren Vertiefung der Aufklärung. Notwendige Wiederholungen des partnerdiagnostischen Gesprächs zur Aufrechterhaltung der therapeutischen Allianz oder zur Intervention therapiestörender, therapiebehindernder Krisen in der Beziehungsdynamik der Partner sollen der Widerstandsüberwindung und zugleich der Intensivierung des Aufklärungsprozesses dienen.

Der Therapeut muss hier bedenken, wie schon in der Erläuterung zur Patienten-und Familien-PsychoAnamnese beschrieben, dass es sich bei jeder Psychodiagnostik um psychotherapeutische Interventionen mit psychodynamischer Wirkung handelt.

Das Partnergespräch sollte die Tribunalisierung des Partners wegen einer Schuldzuweisung für die Beziehungsstörung vermeiden, ebenso die pathologisierende Entmündigung des Patienten als Fall einer gestörten Beziehung: das Interesse des Partners muss dafür geweckt werden, vom Partnergespräch eine Aufklärung der Beziehungsdynamik zum besseren Verständnis der gegenseitigen Rollenzuweisung zu gewinnen. Dabei soll geklärt werden, was die hinter den Rollenzuweisungen liegenden Motive und Bedürfnisse sind, und worin eine mögliche Übertragung oder Fortsetzung der Familienkonstellation auf die Partnerkonstellation liegen könnte. Das Partnergespräch sollte vor allem die Machtbeziehungen zwischen den Partnern aufdecken und auf die Analyse der indirekten Machtausübung gerichtet sein: wer wessen Opfer ist und darin möglicherweise indirekt das Regiment führt. Das heißt, die Beziehungsdynamik zwischen dem aktiv erscheinenden Helfer, der die Passivität des hilflos Erscheinenden braucht, und die darin liegende Tyrannei oder Diktatur der Beziehung sollte geklärt werden. Die Opferdynamik der Partner, die unbewussten Determinanten ihres Opferungsprozesses, sind nach unserer Erfahrung gleichwie in der Familiendynamik grundlegend für die Partnerdynamik: wer wird von wem geopfert, wer bringt sich wem zum Opfer – die Aufklärung der unbewussten Motive des Opferns erhellen die eigentliche Beziehungsdynamik der Partner. Die Opfer-Ökonomie in der Täter-Opfer-Dynamik ist eine Grundfigur in Beziehungs- und Familienkonstellationen und wird unseres Erachtens in der Diagnostik der Beziehungskonflikte nicht in den Blick genommen; vor allem die unbewusste Komplizenschaft in der gegenseitigen Zuweisung der Täter-Opfer-Konfiguration bzw. ihre unbewusste Verkehrung: dass der Täter das Opfer und das Opfer der Täter sein kann.

Es ist in der Paardiagnostik von besonderem Gewicht, wie die Gegenseitigkeit der Beziehung strukturiert ist: ist sie wachstumsförderlich-progressiv, der Respektierung, Achtung und Förderung von Selbstgestaltung, Selbstverantwortung, Selbstaktivierung (Initiative) des Anderen dienlich, und können sich die Partner in Abgrenzung voneinander artikulieren; oder ist die Beziehungsdynamik entwicklungshemmend-regressiv, der eigenen Selbstregulierung und Aktivierung dienlich, indem über den hilflos-abhängigen Anderen die eigene Selbststabilisierung und Machtbefriedigung gesucht wird? Ist der regressive Partner Objekt der projektiven Identifizierung und Triebbefriedigung des Anderen, braucht der Hilflos-Triebimpulsive den zwanghaftkontrollierenden Anderen; oder braucht der Andere zur Über-Ich-Entlastung die partizipierende Teilnahme an der Triebhaftigkeit des Partners und muss der eine zur Sicherung seiner Überlegenheitsposition (intellektuell und emotional) den Anderen in bestimmten Positionen festhalten (z. B. depressivmasochistisch, kognitiv-depraviert durch insgeheime oder offene narzisstische Entwertung und vieles andere mehr)?

Der Therapeut muss sich in der Partner-PsychoAnamnese immer dessen bewusst sein, dass er von jedem der beiden Partner in eine unbewusste Komplizenschaft gegen den anderen eingebunden werden kann und dass seine Bewährung vor den Partnern darin besteht, beiden in seiner Anteilnahme und Fürsorge gerecht zu werden; auch wenn der eine wie der andere

Partner ihm augenscheinlich die größere pathogene Bedeutung des anderen suggerieren möchte, um Trennungsabsichten über den Therapeuten zu delegieren. Dabei könnte vom Therapeuten seine Bewährungsaufgabe übersehen werden, dass er von beiden Seiten gefordert ist, das Bindende auszuloten, bevor die Flucht in die Trennung unternommen wird zur Scheinlösung der Probleme. Das heißt, der Therapeut muss deutlich machen, dass er verbindliche Lösungen für beide suchen will, und von daher muss er sich die therapeutische Allianz mit dem anderen Partner sichern.

Wenn das Partnergespräch aus gewichtigen Gründen auf seiten des Patienten nicht durchführbar ist oder durch die Verweigerung des Partners nicht zustande kommt, dann sollte zumindest in einem Telefongespräch mit dem Partner geklärt werden, welche Gründe es für die Verweigerung gibt, um dadurch zu psychodynamischen Rückschlüssen über die Beziehungsdynamik zu kommen. Wenn der Patient das Partnergespräch verweigert, weil es zum Beispiel in eine Situation einer gerade unternommenen Ablösung aus der Abhängigkeit fällt; oder wenn der Patient wegen der pathogenen Wirkung eines destruierenden Partners reale Angst davor haben muss, dass die beginnende therapeutische Arbeit zerstört werden könnte und andere psychodynamisch zu akzeptierende Gründe der Verweigerung, dann muss der Therapeut für das Ausfallen der Partnerdiagnostik eine psychodynamische Erklärung finden, die mit dem Patienten analytisch bearbeitet werden sollte.

Zur Unterstützung des Therapeuten ist im Leitfaden „Partner-PsychoAnamnese" ebenso wie bei der „Patienten-PsychoAnamnese" den Reflexionsfragen der Kernkomplexe jeweils ein Block „ZusatzInfo BioDoku" zugeordnet, der dem Therapeuten Zusatzinformationen aus der Biographischen Dokumentation des Patienten zu den entsprechenden Fragen im Leitfaden offeriert. Der Therapeut hat dadurch die Möglichkeit, jeweils über diese ZusatzInfo auf ein Basiswissen aus der Selbstauskunft des Patienten zurückzugreifen. Diese Ergänzung ist als Hilfsmittel gedacht für die Rückversicherung des Therapeuten über die Antworten des Patienten im Zusammenhang mit den Fragen der entsprechenden Kernkomplexe.

Leitfaden zur Partner-PsychoAnamnese – Anhang CD-ROM

3.4 Erläuterung zum Leitfaden: Familien-PsychoAnamnese

Der Leitfaden zur Familien-PsychoAnamnese enthält Kernkomplexe von Fragen, die ebenso wie die Fragen zu den Kernkomplexen der Patienten-PsychoAnamnese nicht als chronologische Fragenfolge zur Exploration zu verstehen sind, sondern als Merkzeichen für die psychodynamische Reflexion des Therapeuten, mit deren Hilfe er eine Konstruktion für eine psychodynamische Familiendiagnostik zur Hand hat. Dieser Fragenkatalog gibt ein psychodynamisches Gerüst für die Organisierung der Wahrnehmungsweise und Gegenstandsbestimmung des Therapeuten, um den Aufklärungsprozess über Sinn und Bedeutung des symptomatischen und Konflikt-Verhaltens des Patienten und der Familie in Gang zu setzen. Dabei ist die Fähigkeit des Therapeuten zu intuitiver Vorwegnahme der verborgenen Bedeutung des psychodynamischen Geschehens die Bedingung, dass der Patient, die Familie, im Gang des Prozesses zur Selbstaufklärung ihrer unbewussten Motive gelangen kann. Die Fragen der Kernkomplexe sind hier wie in der Patienten- und Partner-PsychoAnamnese Reflexionsaufforderungen für die Wahrnehmung des Therapeuten, dessen deutendes, hinweisendes Fragen die entsprechenden Antworten des Patienten auslösen soll. Sie sind ein virtuelles Gerüst für die Suchrichtung des Therapeuten als ständige Aufforderung zur weiteren Vertiefung der Aufklärung des Patienten.
Der Therapeut wird, je nach dem Verständigungsprozess zwischen den Eltern und dem Patienten bzw. je nach Änderung der familiendynamischen Bedeutung im Therapieprozess, die Kernkomplexe jeweils anders gewichten. Notwendige Wiederholungen des familiendiagnostischen Gesprächs zur Aufrechterhaltung der therapeutischen Allianz oder zur Intervention therapiestörender, therapiehindernder Krisen in der Beziehungsdynamik zwischen Patient und Familie sollen der Widerstandsüberwindung und zugleich der Intensivierung des Aufklärungsprozesses dienen.
Die Familiendiagnostik steht im Zentrum der Psychodiagnostik, weil von der Erkenntnis der Familiendynamik die entscheidenden Interventionen für die Gestaltung des Therapieprozesses ausgehen; und das Gelingen des Therapieprozesses immer auch davon abhängig ist, welche therapeutische Allianz mit der Familie gefunden werden kann, auch wenn die familientherapeutischen Interventionen scheinbar nur familiendiagnostische Sitzungen sind.
Der Therapeut muss hier bedenken, wie schon in der Erläuterung zur Patienten-PsychoAnamnese beschrieben, dass es sich bei jeder Diagnostik, besonders aber bei der Diagnostik der Familiendynamik, wo es um ein komplexe-

res Feld von Beziehungsdynamik geht, um psychotherapeutische Interventionen mit psychodynamischer Wirkung handelt.
Im Familiengespräch soll eine Tribunalisierung der Eltern wegen ihrer Erziehungsarbeit unbedingt vermieden werden, ebenso die pathologisierende Entmündigung des Patienten als Fall der Familie. Das Interesse der Eltern muss dafür geweckt werden, vom Familiengespräch eine Aufklärung der Familiendynamik zum besseren Verständnis der gegenseitigen Rollen zu gewinnen. Entgegen dem traditionellen Verständnis des Arzt-Familien-Gesprächs, bei dem der Patient als Fall im Mittelpunkt der Nachfrage „besorgter Eltern" steht, sollte er beim analytisch-systemischen Gespräch über die Struktur der Familie eher „Zuschauer" sein gegenüber der vom Therapeuten mit den Eltern zu entfaltenden familialen Bühne. Dadurch wird von vorneherein die konventionelle projektive Zentrierung auf den Patienten als „Fall" der Familie unterbunden und die Reflexion durch die Interventionen des Therapeuten auf die Eltern zurückgewendet, um deren maßgebende Bedeutung für die Familienorganisation zu erhellen.
Das Familiengespräch soll also der Aufklärung dienen, wer Autor, Regisseur des Familienstücks ist, Haupt- oder Nebenrollen innehat und/oder ob in der vorgeführten Dramaturgie nicht ein Stück mit vertauschten Rollen und verkehrter oder fremder Autorenschaft inszeniert wird, Hauptrollen zu Nebenrollen umgekehrt werden und das Regiment nicht von Vater oder Mutter, nicht von den unabhängig scheinenden Eltern, sondern von dem abhängig scheinenden Kind geführt wird. Dieser letztere Fall eines „terroristischen Kindes", das als Opfer seiner Familie auftritt, insgeheim aber manipulatorisch die gesamte Familie tyrannisiert, ist nicht selten in der klinischen Praxis.
Die Opferökonomie[81] spielt nach unserer Erfahrung in jeder Familie immer eine bedeutsame Rolle; merkwürdigerweise ist sie aber nirgendwo Bestandteil einer Familientheorie geworden. Dabei ist ihre exzesshafte Ausgestaltung in destruktiven Opferstragien vieler Familien unübersehbar. Allerdings

[81] Dass sich in der familialen Opferökonomie die gesellschaftliche widerspiegelt, ist aus sozialwissenschaftlicher Sicht selbstverständlich. Aber wir wollen hier nicht die Opferökonomie der Gesellschaft erörtern, nach der die Geschichte der gesellschaftlichen Macht- und Herrschaftsverhältnisse unter opferökonomischer Perspektive zu sehen wäre: die Opferung einer Klasse zur Prosperität einer anderen, wie es sich im europäischen Industrialisierungsprozess darstellt; die Opferung einer Ethnie zur gewaltsamen Ausbeutung durch eine andere Ethnie; in der Kolonisation die Opferung ganzer Kulturen für die ökonomischen Interessen der Kolonisatoren; in den totalitären Systemen der Moderne die Opferung ganzer Volksgruppen im Genozid zur irrationalen Säuberung des eigenen Volkskörpers.

gibt es für niemanden ein Entrinnen aus der „Gefangenschaft" der Familie. Letztlich geht es in der Therapie oder im Lebensvollzug immer um die „Übernahme" des familialen Schicksals, um das Ja-Sagen zum Ungewollten des Familien-Ichs im Subjekt. Das meint nicht passive Ergebung ins Geschick, sondern aktive Auseinandersetzung mit der Familiendynamik und bewusstes Ergreifen der eigenen Möglichkeiten und deren Realisierung, entgegen und jenseits des familialen Verhängnisses.

Die Opferdynamik einer Familie, die unbewussten Determinanten ihrer Opferungsprozesse sind nach unserer klinischen Kenntnis essentiell für die Mechanismen der Familiendynamik: wer wird von wem geopfert (das Kind von den Eltern, die Eltern vom Kind); wer bringt sich wem zum Opfer (die Eltern für das Kind, das Kind für die Eltern, ein Elternteil mit dem Kind/den Kindern für den anderen Elternteil und umgekehrt). Die Opferdynamik in der Familie kann sich auch darin verstecken, dass zum Beispiel die mütterliche Familientradition der väterlichen zum Opfer gebracht wird und darin die Macht- und Unterdrückungsverhältnisse eines Elternteils gegen den anderen sich unauffällig unterbringen lassen. Die Rache des unterlegenen Teils zeigt sich oft darin, dass dieser einen Teil oder alle Kinder gegen die vom Partner verfügte explizite Familientradition einnimmt und implizit ein anderes Wertesystem aufrichtet, das dann im Protest oder Versagen der Kinder als Widerstandsmoment gegen den herrschenden Elternteil ausgelebt wird.

Wir können hier unter der Perspektive der Opferthematik nur weiter darauf verweisen, dass sich Eltern gegenseitig in die Opferrolle manipulieren können und zum Beispiel als Scheinaggressor nach außen auftreten, wo sie in Wahrheit der „Prügelknabe" für den Partner sind, der sie über solche Manipulationen ständig den Sanktionen anderer ausliefert; und umgekehrt verhält es sich im Fall masochistischer Manipulation, wo der vermeintlich Unterlegene immer der moralisch Gerechtfertigte und Triumphierende ist und sich der unbewusste Sadismus in einem moralischen Masochismus auslebt. Der Beispiele dieser Opferthematik wäre kein Ende, wenn man fortfahren würde, aufgrund unserer klinischen Erfahrung die Möglichkeiten der Instrumentalisierung von Kinder zu erörtern.

Der Blick für die Opferthematik kann allerdings verstellt werden, indem sie sich als Rettungsthema darstellt, und der destruktive Aspekt des Opferns verdunkelt wird: dass ein Familienmitglied sich rettet vor einem anderen durch dessen Opferung, oder dass ein Familienmitglied jemand anderen rettet durch die Opferung eines Dritten und so fort. Der Vernichtungsaspekt des Opferns kann sich im Rettungsmotiv vorteilhaft legitimieren und rationa-

lisieren. Die Aufklärung der unbewussten Motivation des Opferns erhellt die eigentliche Dynamik des familialen Geschehens.
Die Opferverkettung in der Familie kann über Generationen reichen und familienspezifische Opfertraditionen ausbilden, die sich in typischen Krankheitsformen verbergen können. So werden sie als individuelle Psychopathologie verkannt; und die in der jeweiligen individuellen Krankheitsform sich niederschlagenden Unterdrückungs- und Opferungsprozesse entziehen sich dem diagnostischen Blick. Die Machtverhältnisse in der Familiendynamik werden klinisch nur unter der oberflächlichen Dominanz- und Submissionsperspektive gesehen und nicht im psychodynamischen Blick der unbewussten Opferungsverhältnisse, die sich völlig entstellen können: der sogenannte Dominante kann genauso gut das Opfer in der Familiendynamik sein wie der Submissive unbewusste Täterfunktion im Familiensystem einnehmen kann. Offensichtliche Rollenfiguren von Aktivität und Passivität sind nicht als Spiegel der wahren Macht- und Unterdrückungsverhältnisse zu sehen. Verhängnisvoll für die Fehlbeurteilung in der Opferdynamik wirkt sich auch aus, wenn der Therapeut kein Wissen und keinen Blick für die mögliche unbewusste Komplizenschaft zwischen Täter und Opfer hat, die in gegenseitiger unbewusster Rollenzuweisung ihre pathogenen Bedürfnisse befriedigen. Das Opferthema als grundlegend strukturierender Modus in der Familienorganisation findet in der psychodynamischen Literatur allerdings keine Beachtung.
Die familiale Diagnostik richtet sich über die genannte Analyse der Rollenkonstellation zentral auf die familiale Beziehungsrealität, auf den intersubjektiven Austausch in der Familie: wie also das Familiensystem organisiert wird, wie mit der Individuation des Kindes umgegangen wird (mit oder gegen bzw. mit und gegen die Eltern), das heißt, ob Ko-Individuation und Ko-Evolution zwischen Eltern und Kind besteht; wie mit Zugehörigkeit, Trennung oder Lösung umgegangen wird; ob die Beziehungsrealität durch Vertrauen oder Mißtrauen bestimmt ist; ob die Beziehungsrealität zwischen Eltern und Kind von gegenseitigem Vertrauen und Loyalität, Fürsorge und Achtung für die Andersheit des Anderen geprägt ist oder Mangel an Beziehungsvertrauen, Misstrauen in der Beziehungsgestaltung, Achtungs- und Respektlosigkeit das familiale Klima auszeichnet. Der Therapeut muss in seiner Diagnostik darauf achten, wie das Wertesystem der Familie sich darstellt; ob es zum Beispiel auf die primitive Polarisierung reduziert ist von Gewinnen oder Verlieren als Ausdruck eines familialen Vernichtungskriegs; und ob dieser Vernichtungskrieg durch Pseudoharmonie verdeckt wird.

Entscheidend für die Beurteilung der Position des Patienten in der Familiendynamik ist der Verlauf seiner Individuation (mit oder gegen bzw. mit und gegen die Eltern), die Klärung der Bindungs- und Ausstoßungsverhältnisse in den familialen Beziehungen: Bindung der einen Gruppe gegenüber der Bindung der anderen Gruppe, Ausstoßung des einen Mitglieds gegenüber der Bindung der Gesamtfamilie, Ausstoßung von Untergruppen gegenüber der Bindung der Kernfamilie und so fort. Nicht zuletzt ist die Diagnostik der Delegationsverhältnisse von großer Relevanz für die therapeutische Arbeit: die Zuschreibung zum Beispiel als „krankes Kind“, „böses (verwahrlostes) Kind“ und „unberechenbares (verrücktes) Kind“ muss den diagnostischen Blick des Therapeuten richten auf infantilisierendes, überfürsorgliches Verhalten von Eltern gegenüber dem als krank wahrgenommenen Kind und auf den Bindungssog für das Kind durch regressivierende Verwöhnung; muss den Blick richten auf das ablehnende und ausstoßende Verhalten von Eltern gegenüber dem als böse und schlecht wahrgenommenen Kind und auf den Ausbruchssog für das Kind infolge seiner aggressivierenden Entwertung; muss den Blick richten auf unberechenbares, widersprüchliches und chaotisierendes Verhalten von Eltern gegenüber dem als unberechenbar und verrückt wahrgenommenen Kind und auf den irrationalen Sog durch narzisstische Bedrohung (Vernichtungsangst) für das Kind, dessen Schicksal definitiv besiegelt wird durch autoritäre Sanktionierung in der psychiatrischen Diagnose von „Verrücktheit“ und „Abartigkeit“.
Der Therapeut muss sich bei der Wahrnehmung all dieser Phänomene immer vor Augen halten, ob das Kind der Familie durch seine Krankheit, Schlechtigkeit oder Verrücktheit Macht über die Familie gewinnt, oder ob die Familie durch ihre Delegationsverfahren die Macht über das Kind in Händen hält; und zugleich muss er reflektieren, welchen Machteinfluß er selber ausübt bei seiner Familienintervention und dass er in der Verantwortung einer besonderen Fürsorge steht, diesen Einfluss auf das Familiensystem für jeden der Beteiligten wachstumsförderlich einzusetzen.
Der Durchblick für den therapeutischen Diagnostiker durch solche interaktionelle Kreisprozesse von Delegationsverfahren im familiendynamischen Sinne ist von großer Schwierigkeit wegen der darin enthaltenen unbewussten Familienstrategien und der unbewussten individuellen Mechanismen. Von besonderer Bedeutung sind hier die Verwicklungstendenzen in der möglichen Parteinahme für eine der divergierenden familialen Rollen, Positionen und Kräfte. Deshalb sei hier an die Grundregel der Familiendiagnostik und Familientherapie erinnert, die auf einer durchgängig paradoxalen Strategie beruht, in der Familie all das zur Sprache zu bringen, was bisher ausge-

schlossen war: schambesetzte Familiengeheimnisse, bittere, bislang zurückgewiesene Vorwürfe, wirkliche oder vermeintliche erlittene Ungerechtigkeiten, unbeglichene Rechnungen, Anschuldigungen von Ausbeutung und Gegenausbeutungen und so fort. Diese paradoxale Strategie ist Bedingung der Verflüssigung einer verhärteten Beziehungsrealität, deren Fixierung aber erst in den Blick genommen werden kann, wenn der Therapeut glaubwürdig ist und durch seine offene und überzeugende Anteilnahme für alle einen Zutrauen schaffenden Umgang miteinander bewirkt und dadurch das Verschwiegene, Unterdrückte, Ausgeschlossene in den Fluss des Familiengesprächs bringt.
Wenn das Familiengespräch durch die Verweigerung der Eltern nicht zustande kommt, dann sollte zumindest in einem Telefongespräch mit ihnen geklärt werden, welche Gründe die Eltern für die Verweigerung vorgeben, um dadurch zu psychodynamischen Rückschlüssen über die Familienorganisation zu kommen. Wenn der Patient das Familiengespräch verweigert, weil es zum Beispiel in eine Situation seiner gerade unternommenen Ablösung von familialer Abhängigkeit fällt; oder wenn der Patient wegen der pathogenen Wirkung destruierender Eltern reale Angst davor haben muss, dass seine beginnende therapeutische Arbeit zerstört werden könnte; oder die Eltern so zerstritten sind, dass es für den Patienten jeweils zum Parteienverrat würde, den einen Elternteil durch Ausschluss des anderen im Familiengespräch zu treffen und er dadurch in eine innere, nicht aushaltbare Zerreißprobe geraten würde und andere psychodynamisch zu begreifende Gründe der Verweigerung vorliegen, dann muss der Therapeut für das Ausfallen der familiensystemischen Diagnostik eine psychodynamische Erklärung finden, die mit dem Patienten analytisch bearbeitet werden sollte.

Leitfaden zur Familien-PsychoAnamnese – Anhang CD-ROM

C Fallkonzeptualisierung und Therapieplanung

1. Psychodynamische Theorie der symptomzentrierten Fokussierung

Die diagnostische und therapeutische Perspektive der Fallkonzeptualisierung wird im Marburger Programm nach den heuristischen Prinzipien unserer psychodynamischen Arbeit organisiert: die Symptomatik, die Symptombedeutung bzw. die Umwertung der Symptome stehen im Mittelpunkt des Prozesses, da nach unserer Auffassung in der Symptomatik die spezifische Art der Konfliktbewältigung zum Ausdruck kommt und in der Symptomhierarchie sich die Rangfolge der Konfliktaufladung zeigt. Deshalb ergibt sich die Themenzentrierung auf die leitende Konfliktkonstellation aus der Festlegung der Symptompriorität. Allerdings liegen in der Verständigung über die Hierarchie der Symptomatik mit dem Patienten mögliche Irrwege in der Themenzentrierung auf den entscheidenden Fokus. Aber es bleibt– wie immer im analytischen Prozess – der Findigkeit des Therapeuten überlassen, mit dem Patienten die zentrale Symptomatik herauszufinden und sich nicht durch eigene wie durch Widerstände des Patienten verleiten zu lassen, auf Nebenwegen Nebenschauplätze aufzusuchen.

Aus langer klinischer Erfahrung in der Arbeit mit verschiedenen psychodynamischen Konzepten hat sich für uns im letzten Jahrzehnt die symptomzentrierte Arbeit als erfolgversprechendste erwiesen. Die Orientierung des dynamischen Fokus am Hauptsymptom war klinisch die verlässlichste Formulierungsart und am geeignetsten, die psychodynamische Arbeit durchgängig und überschaubar daran auszurichten. Sicher kann man andere Erzählformen des Fokus wählen wie spezifische innere Konflikte, fehlangepasste Selbsteinschätzung, anhaltende zwischenmenschliche Konflikte und fehlangepasste Handlungsmuster (Strupp u. Binder 1991); aber das Erzählschema des Hauptsymptoms, in dem sich der Erfolg einer Konfliktgeschichte niederschlägt, ist der Situationsgebundenheit einer augenblicklichen Therapeut-Patient-Beziehungskonstellation enthoben. Der Patient bringt unabhängig von der Beziehungskonstellation zum Therapeuten sein Erzählschema der Symptomatik zur Geltung, und der Therapeut ist aufgefordert, wenn er auf das hören kann, was der Patient ihm in seinen Mitteilungen (Symptomen wie Verhalten) sagen will, die undurchschauten Lebensfragen im Leiden des Patienten zu erraten. Deshalb halten wir es auch klinisch für falsch, sich bei der Formulierung des hauptsächlichen Patientenproblems auf Erinnerungen an affektive Themen, bedeutsame Ereignisse und für den Patienten wichtige Erlebnisse zu stützen. Denn die vergangenen Erlebnisse werden nicht nur ständig neu in ihrer Bedeutsamkeit für das Leben des Patienten umgestaltet, sondern die „Erläuterung“ des Patienten ist vor allem wegen der situations- und beziehungsabhängigen Konstellation davon mitbestimmt, wie er glaubt, mit seiner Geschichte beim Therapeuten Gehör finden zu können.

Im gewählten Symptom stellt sich ein schematischer Erzählrahmen des Hauptkonflikts dar, welcher der Grund ist für den Leidensdruck des Patienten und zugleich sein drängendes Verlangen unterhält nach Erklärung des für ihn unerklärlichen Zustandes. So bringt die Fokussierung auf das Hauptsymptom für Therapeut wie Patient sofort den Anspruch ins Spiel, den Sinn dieses sinnlosen Leidens sichtbar machen zu müssen. Die Benennung, die Erklärung der ersten Stunde im buchstäblichen Sinne, ist für die Veränderungserwartung so entscheidend, weil durch die treffende Benennung sich nicht nur für den Patienten der verwirrende Zustand seiner kognitiven Desorientierung durch Bemächtigung von Sinn verändert und durch diese Eröffnung von Selbstbemächtigung eine Hoffnung auf Selbstgestaltung geschaffen wird; sondern darüber hinaus erweist sich hier für den Patienten die Güte des Therapeuten und die Überzeugung von dessen Kompetenz. Die Benennung des Fokus beziehungsweise die Erklärung der Schutzfunktion der Symptomatik vermittelt dem Patienten das Gefühl der Sicherheit, indem sie ihm einen Begriffsrahmen zur kognitiven Einordnung des bisher Unfassbaren und dadurch emotionale Entlastung gibt. Es entsteht ein Gefühl von Selbststeuerung, mithin Selbstachtung, weil nun das bisher Namenlose durch die Nennung eines treffenden Namens seine Macht über den Patienten verliert. Dieser Effekt, als „Rumpelstilzchen-Prinzip“ (Torrey 1972) bezeichnet, bedingt ein unmittelbares Erfolgserleben beim Patienten und ist Hauptquelle verbesserter „Selbstwirksamkeit“ (Frank 1997).

Der Ansatzpunkt für das Ingangkommen des Veränderungsprozesses liegt daher nach unserem psychodynamischen Verständnis in der Strategie der Umwertung der Symptombedeutung, und daraus folgt in unmittelbarer Ableitung die Bestimmung des Fokus als Zentrum der psychodynamischen Deutungs- und Behandlungsstrategie. Die von uns eingeführte Strategie der „korrigierenden kognitiven Erfahrung“ als paradoxale Umwertung richtet sich auf eine Änderung des Bewertungssystems eines Patienten, seiner pathologischen Überzeugungen von sich selbst. Und die praktizierte paradoxale Symptomarbeit erfolgt theoriegeleitet auf dem Hintergrund der entwickelten Symptomtheorie, ist die Konsequenz einer Umzentrierung der therapeutischen Arbeit und bedingt im Gegensatz zur allgemeinen Aktivierungstech-

nik Ferenczis eine spezifische Wirksamkeit in der Strukturierung des psychotherapeutischen Prozesses. Gerade im Gegensatz zur traditionellen Technik der Aufarbeitung der Infantilgenese differenziert unser Ansatz die Arbeit am Aktualkonflikt, an der aktuellen Symptomatik.
Das symptomzentrierte Vorgehen ist eine Fokaltherapie und bedingt eine Aktivierung und Forcierung des psychodynamischen Prozesses, wie auch die Zeitlimitierung nicht nur ein forcierender Faktor bei der stationären Therapie ist, sondern nach dem heutigen Erkenntnisstand müssen Strategien der Fokussierung und Aktivierung auch bei der ambulanten Therapie eingesetzt werden. Dabei ist das Relaxationsprinzip (Ferenczi 1984) leitend für die Wiedergewinnung des unmittelbaren Erlebens auf den einzelnen Dimensionen der Angst, der Sexualität, der Aggressivität und so fort.
Indem der Fokus symptomzentriert, das ist beobachtungs- und erlebnisnah gebildet wird und dadurch prägnant zu bestimmen ist, wird er aus der möglichen, situativ gebundenen Übertragungsbeziehung herausgestellt und gibt gerade dem weniger erfahrenen Psychotherapeuten eine klare Positionsbestimmung für den Ausgangsort und die Prozessgestaltung seiner psychotherapeutischen Arbeit. Die Symptomfokussierung ist unmittelbar einleuchtend, bewirkt eine augenblickliche Verständigung zwischen Therapeut und Patient, und die daraus sich entwickelnden Deutungsansätze und Therapiehypothesen sind im therapeutischen Prozess unmittelbar erlebbar. Der aus der essentiellen Symptomatik und deren Bewertung bzw. Umwertung abgeleitete Fokus strukturiert die Einstellung des Therapeuten, mit seinem „Phantasieschlüssel" direkt das zentrale Moment erfassen zu müssen und nicht auf Nebenwege seiner phantasierenden Tätigkeit im empathischen Prozess des Übertragungsgeschehens zu geraten.
Dabei ist die Benennung, die Deutung des Fokus, das strukturierende Mittel für die kognitive Einordnung und Umorientierung des Patienten: die Deutungen müssen stimmig und treffend sein, vom Patienten passend empfunden werden, um angenommen werden zu können. Und die passende Benennung ist jene Deutung, die als Schlüssel im kognitiven System des Patienten eine einleuchtende Erklärung für bisher nicht verstandenes Erleben bietet und Selbstsicht auslöst. Diese Einsicht setzt einen Prozess veränderter Selbstwahrnehmung und Selbstbewertung in Gang. Nach unserer Erfahrung liegt die Veränderung vom präinterpretativen zum postinterpretativen Zustand in der kognitiven Umstellung durch die Erfahrung der möglichen Selbststeuerung, die eine emotionale Umstimmung auslöst, weil nun die demoralisierende Wirkung der hilflosen Auslieferung an nicht mehr steuerbare Vorgänge durch das Gefühl von Selbstbemächtigung eingedämmt wird.

In unserer Sicht ist das Symptom der Hebel für das Verständnis der Konfliktkonstellation. Diese andere Sicht der Symptome als dissoziierte Eigenheiten der Person zeichnet den Erkenntnisgang der Therapie, und die Wiederzuschreibung dieser abgespaltenen Eigenheiten im Ich-Bewusstsein machen die Zielbestimmung des Prozesses aus. Das Symptom ist ähnlich den Charaktereigenschaften eines Menschen ein konstantes Merkmal, das wegen seiner Wirkung im Ich-Bewusstsein des Patienten als Fremdkörper unerklärlicher und fremder Erfahrungen den entscheidenden Leidensdruck schafft und zum Stimulus des Veränderungswunsches wird.
Die Zentrierung der Therapie auf den zentralen Beziehungskonflikt, wie sie Luborsky (1988) praktiziert, bleibt dagegen dem klassischen Übertragungsschema als Wiederholungsschema verhaftet: nach seiner Dreibereichstheorie von gegenwärtiger therapeutischer Beziehung, gegenwärtiger Beziehungen außerhalb der Therapie und früheren Beziehungen sind alle Beziehungsaspekte in der Therapie unter das Prinzip der Wiederholung in der Übertragung und der Übertragung als Wiederholung gestellt. Dieser Wiederholungsgedanke als Movens der therapeutischen Beziehung zeigt sich bei Luborsky besonders darin, dass die Konflikte, die sich als zentrales Beziehungskonfliktthema (ZBKT) ausdrücken sollen, die Übertragungsbeziehung strukturieren „wie ein Thema mit Variationen ... die Beziehungen immer wieder aufs Neue (prägen)“ (Luborsky 1988, S. 12). Dabei ist augenscheinlich, dass sich hier die alten Ambivalenzkonflikte in der Beziehungsfokussierung wiederholen und nicht die von uns als wesentlich für die Veränderungserwartung erachteten Aspekte der positiven Bestimmung des symptomatischen Verhaltens, das gerade durch diese produktive Bestimmung die Bahnung in eine wachstumsförderliche Entwicklung erhalten soll.
Konflikte sind immer Beziehungskonflikte, und in der Symptomatik finden wir den Niederschlag von Konflikten beziehungsweise gelungene Erfindungen zur damaligen Konfliktbewältigung, die heute unzeitgemäß geworden ist. Aber in der Perspektive gelungener Erfindungen als Schutzstrategien holt der Therapeut die prospektiven Momente der Symptome eines Patienten wieder hervor und bewirkt durch deren Anerkennung die Integration der bisher dissoziierten Möglichkeiten. Eine gelungene Problembewältigung des sogenannten Beziehungskonflikts kann doch nicht darin liegen, dass der auf der Schulter des Radfahrers sitzende Affe (Beziehungskonflikt), wie es Luborsky (1988, S. 14) sieht, jetzt auf seinem eigenen Fahrrad neben ihm fährt – das wäre aus unserer Sicht die nochmalige Abspaltung und Verselbständigung des ohnehin als Fremdkörper erlebten Symptoms durch die Therapie. Nach unserer Anschauung sollte dieser „Affe“ im Tandem, hinter dem Pati-

enten, mitfahren; das heißt, der Patient soll in der Therapie lernen, einen anderen Gebrauch von seinen Symptomen zu machen (durch „korrigierende kognitive Erfahrung"). Nach dem Überflüssigwerden der Schutzstrategie, nach dem Auflassen des darin verwickelten Abwehrpotentials (Gegenbesetzungen) kann der Patient durch den jetzt freigesetzten Energieschub als Rückenwind die im Symptom liegenden besonderen Eigenarten für sich gewinnend ausgestalten und befriedigen. Wenn Luborsky Veränderung durch „besseres Verständnis des zentralen Beziehungskonfliktmusters" der „Aufhebung der Verdrängung" gleichstellt, im Sinne von „Wo Es war, soll Ich werden" (Luborsky 1988, S. 13), dann sehen wir jedoch in der von uns praktizierten kognitiven Umstrukturierung einen spezifisch wirksamen Faktor, der von unmittelbarer Rückwirkung auf das Unbewusste ist. Denn die Änderung des Selbstbewertungssystems wird auch eine andere Beziehung zwischen den unbewussten Motiven und dem bewussten Verhalten herstellen.

In der Fokussierung auf den Beziehungskonflikt wird allerdings dem Patienten der Wiederholungscharakter seines Verhaltens in einem Deutungsklischee präsentiert, so dass das aktuelle Erleben in der Therapie nur als Wiederauflage des Vergangenen begriffen und keine unmittelbar einleuchtende Klärung für das gegenwärtige Verhalten geliefert wird. Die Fokussierung auf die Symptomatik dagegen ist unmittelbar kognitiv wie narzisstisch befriedigend, weil dem Patienten die undurchschauten, unerklärlichen und fremden Erfahrungen plötzlich erklärbar werden: indem der Therapeut die Symptome durch die Umdeutung annehmbar macht und damit die Entfremdung der Erfahrung aufhebt, gibt er nicht nur dem früheren Verhalten Sinn, sondern verleiht ihm jetzt die Bedeutung einer Aufgabe, diese charakterlichen Eigenheiten lebenszeitgerechter zu leben.

In der Auseinandersetzung zwischen Fokuszentrierung auf die direkt beobachtbare Symptomatik oder der Fokussierung auf das beobachtungsferne Konfliktbeziehungsmuster geht es um die Frage, was für den Patienten aktuell hilfreich ist und ihm die notwendige Entlastung bringt. Die Fokussierung auf das zentrale Beziehungskonfliktmuster kann nach unserer Auffassung nur repräsentieren, was die theoretische Begrifflichkeit der Psychoanalyse an Erklärungsansätzen vorgibt, während die Fokussierung auf die Symptomatik, aus der klinischen Erfahrung der Psychoanalyse entstanden, dem Patienten eine unmittelbare Hilfe und Unterstützung, emotional wie kognitiv, zur Einordnung der bisher als nicht ich-zugehörigen Erfahrungen anbietet. Die Fixierung auf den zentralen Beziehungskonflikt lässt aber keinen Raum für die Erfahrung der produktiven Eigenheiten des Patienten, die im Symptom ge-

bunden sind. Mit der Zentrierung auf den Symptomfokus wird dagegen die therapeutische Arbeit auf einen Charakteraspekt des Patienten gerichtet, mithin wird therapeutisch immer eine indirekte Charakteranalyse bewirkt, die nach Reich die Voraussetzung für eine gelingende Therapie ist. In dieser Weise zeigt die Tradition von Reich (1980), Ferenczi (1984), Alexander und French (1946) und anderen ein Begehren, für den Patienten praktisch wirksam zu werden, während die Hauptströmung in der psychoanalytischen Tradition mehr an weiterführenden Erklärungsansätzen der Theorie interessiert war.
Die Fokussierung auf die Symptome bringt in der Weise eine indirekte Charakteranalyse ins Spiel, dass die produktiven (charakterlichen) Eigenheiten, die in jedem Symptom gebunden sind, jetzt für die Selbstgestaltung freigesetzt werden: es geht um die anale Disposition für besondere Bedürfnisse und Fähigkeiten des Haptischen, die orale Disposition für besondere identifikatorische und ekstatische Fähigkeiten und Bedürfnisse, die schizoide Disposition für ungewöhnliche Introversion, die hysterische Disposition für besondere Fähigkeit zur Verführung, Grenzüberschreitung und Veränderung, die phobische Disposition für besondere Bedürfnisse und Fähigkeiten zur Bindungs- und Traditionsbewahrung, die phallische Disposition für besondere agonal-wetteifernde Fähigkeiten des Subjekts, für aktivistische Produktivität und so fort.
Bei der Reflexion über das dem menschlichen Verhalten immanente Begehren zeigt sich, wes Geistes Kind der Psychotherapeut ist und aus welchem Geist seine Praxistheorie lebt. Wir sind der Meinung, dass man zum Patienten keine passende Einstellung als Therapeut findet, keine brauchbaren Konzepte zur Hand hat, wenn man sich keine Gedanken mehr darüber macht, was der Sinn des Krankseins ist, welche Bedeutung das Kranksein für den jeweiligen Patienten in seiner Zeit und seiner Gesellschaft hat. Eine solche Reflexion hängt davon ab, ob der Therapeut noch Zugang zu einer kontemplativen Auslegung von Welt hat oder ob er der bloßen praktischen Bearbeitung von Welt verfallen ist im Sinne der derzeitigen Leitwährung von Ökonomie, Effizienz und Praktikabilität. An der Problematik von Diagnostik als Devianzauslese, die eine Aussonderung der anderen Welt der Erfahrung ist, scheiden sich die Geister. Denn der Therapeut hat es mit der Gegenwelt zu tun, mit der anderen Seite des vernunftregulierten Lebens, und seine Funktion liegt im Mit-Sein, im Mit-Wissen des Anderen Lebens. Der Therapeut ist gerade nicht der Arzt, der seine Autorität unter dem Aspekt der Ordnung, des Rechts und der Moral gegen das abweichende Leben ausübt (s. Foucault 1971). Eine solche Devianzkontrolle hat ihre Dialektik in der Normalisie-

rungsfunktion: die Wiederherstellung von Recht und Moral im kranken Subjekt für die Gesellschaft ist die Ordnungsfunktion des homo medicus.
Der von Freud eingeführte Krankheitsbegriff hat aber gerade die klassische Vorstellung von Krankheit als Gegensatz von gesunder Normalität in der Weise definitiv überschritten, dass die Psychoanalyse gesund und krank, normal und anormal auf einem Kontinuum betrachtet, auf dem Krankheiten nur Zuspitzungen, sozusagen im Vergrößerungsglas als „Übertreibungen" des sogenannten Gesund-Normalen gesehen werden und keine nosologischen Entitäten darstellen: die sogenannten Krankheiten sind unter der Perspektive der allen Subjekten eigenen „Perversität" nichts anderes als Übertreibungen allgemein menschlicher Grundbefindlichkeit.

2. Erläuterung und Leitfaden zur Fallkonzeptualisierung und Therapieplanung

Dieser Leitfaden ist die Übertragung der Grundannahmen der Heuristiken der Passung in eine Systematik der Fallkonzeptualisierung und dient der strukturierten Vorgehensweise auf den Perspektiven der Diagnostik und Therapieplanung.

Die diagnostische Klärungsperspektive stützt sich dabei auf die Informationen und Daten des psychodiagnostischen Inventars (biographische Dokumentation, Psychoanamnese des Patienten, der Familie, des Partners, u.a.m.) und auf Informationen des therapeutischen Teams aus der Kommunikation mit dem Patienten seit der Therapieaufnahme. Die Herausarbeitung der einzelnen diagnostischen Kategorien verlangt eine Reflexionsarbeit in der Bewertung und Gewichtung der Bedeutung des Krankseins für den Patienten, seiner zentralen Konfliktdynamik, die in der Fokussierung und der daraus sich ergebenden Therapiehypothese erfasst werden soll. In der Erarbeitung der einzelnen diagnostischen Schritte ergeben sich spezifische Gewichtungen von belastenden oder protektiven Faktoren des Patienten. Die Bestimmung des Fokus, vor allem aber die Entwicklung der Therapiehypothese werden von diesem Aspekt diagnostischer Klärungsarbeit entscheidend abhängen.

Im Zentrum der Fallkonzeptualisierung steht die Fokussierung und Therapiehypothese, aus der die Therapeutik entwickelt wird. Sie geht von zwei Dimensionen aus: der Grunddimension psychodynamische Symptomklärung und den Dimensionen fall- und strukturspezifischer Behandlungsstrategien. Die Grunddimension psychodynamische Symptomklärung ist fortlaufend und sich ergänzend im gesamten Therapieprozess von strukturierender Bedeutung, während die Dimensionen fall- und strukturspezifischer Behandlungsstrategien der jeweiligen Persönlichkeitsstruktur entsprechend zu gewichten und im Verlauf des Prozesses, je nach Notwendigkeit, umzugewichten sind. Dies gilt auch für die fallspezifischen Techniken, bei denen zum Beispiel die Technik der Reizkonfrontation zu Beginn der Therapie von Zwangskranken eine spezifische Gewichtung haben kann und im Verlauf der Therapie möglicherweise durch sexualtherapeutische Techniken abgelöst werden muss, weil die bisher durch die hochbesetzte Zwangssymptomatik im Hintergrund gehaltenen sexuell abnormen Verhaltensweisen einer sexualtherapeutischen Behandlung bedürfen.

Es hängt aber immer von der geschickten Handhabung der therapeutischen Arbeit an der Symptomklärung ab, ob sich durch immer weitergehende Erschließung der im Symptom enthaltenen Bedeutungen und der in ihnen verwickelten Potentiale des Patienten neue Felder für andere Behandlungsansätze oder Änderungen der bisherigen ergeben. Die Dimensionen fall- und strukturspezifischer Behandlungsstrategien haben sich als grundlegende klinische Beschreibungskategorien nicht nur für die diagnostische Arbeit, sondern auch als wesentliche Zieldimensionen für die Therapieplanung bewährt. Sie sind Ergebnis unserer langen klinischen Arbeitserfahrung, durch ein klinisches Expertenrating geprüft und haben sich als diagnostische wie therapeutische Beurteilungsdimensionen für die klinische Arbeit als sehr geeignet erwiesen.

-Leitfaden-

1. Symptomatik

Beschreibung der Symptomatik und der Symptomhierarchie

Info Patienten-PsychoAnamnese: Kernkomplex:
Symptomgeschichte und Symptombedeutung

2. Symptomgeschichte

Auftreten und Verlauf der Symptomatik,
Darstellung freier Intervalle und des Zusammenhangs von Symptomverschärfung oder –verminderung mit relevanten Lebensereignissen,
Kontinuität der Symptomatik von infantilen Vorläufern bis heute oder Diskontinuität der Symptomatik,
Wiederaufleben der früheren Symptomatik oder unabhängiges Auftreten der Symptomatik.

Info Patienten-PsychoAnamnese: Kernkomplex:
Entwicklungsdynamik und Beziehungsdynamik

3. Diagnostik

3.1 Ressourcen und protektive Faktoren

auf der emotionalen Dimension, der Dimension der Konfliktbewältigung,
der kognitiven Dimension, der Leistungsdimension,
der sozialen Dimension, der Dimension der Persönlichkeitsdisposition

Info Patienten-PsychoAnamnese: Kernkomplex:
Entwicklungspotentiale

3.2 Konflikt- und Strukturdiagnostik, Interaktionsverhalten

Symptomklärung des Patienten, Diagnostik der Beziehungs- und Konfliktmuster und Sinnbestimmung der Symptomatik durch den Therapeuten
psychodynamische Strukturdiagnose und Psychodynamik des Interaktionsverhaltens

Info Patienten-PsychoAnamnese: Kernkomplex:
Konflikt- und Persönlichkeitsdiagnostik

4. Prognostik

Die Beurteilung erfolgt unter Berücksichtigung der Ressourcendiagnostik, der protektiven Faktoren und nach der Einschätzung der bisherigen Bewältigung von Konflikten und Problemen im Lebensgang des Patienten auf den Dimensionen des Sozialen, Emotionalen, Mentalen, Narzisstischen, der Triebdimensionen (libidinös/ aggressiv); aber auch nach dem Umgang des Patienten in der aktuellen Interviewsituation mit seiner Lebensgeschichte, seiner Einstellung zur therapeutischen Arbeit (Reaktion auf Probedeutungen), seiner Selbstwahrnehmung und seiner Lebensperspektive (regressiv-fixiert oder progressiv-orientiert), dem Leidensdruck, der Motivation, dem sekundären Krankheitsgewinn u.a.m.

Info Patienten-PsychoAnamnese: Kernkomplexe:
Therapiemotivation
Prognostik

5. Symptomwertung und Symptomumwertung

Die **Bewertung der Symptomatik** erfolgt durch ihre Bestimmung als Schutzstrategie: wozu braucht der Patient das Symptom/die Symptomatik und welche Funktion hat das Symptom für die Problembewältigung des Patienten? Die produktive Bewertung (Umdeutung) soll zur Symptombejahung und Akzeptanz der im Symptom liegenden Schutzfunktion führen: es ist die positive Bestimmung der bisher negativ erlebten Symptomatik durch Umwertung. Die bisher pathologisch attribuierte Symptomatik soll durch ihre Aufklärung als Schutzfunktion vom Patienten als ich-gerechtes Strukturelement seiner Person erfahren werden– vom initialen Deutungsansatz in der Patienten-PsychoAnamnese bis zur weiter entfalteten Deutung der Schutzstrategie in der Fallkonzeptualisierung und im therapeutischen Prozess.

Die **produktive Umwertung der Symptomatik** kann auf der narzisstisch-schizoiden Dimension als Schutz vor Fusion gesehen werden; auf der oral-depressiv-paranoiden Dimension als Schutz vor Aggression; auf der anal-anankastischen Dimension als Schutz vor Kontamination; auf der phobischen Dimension als Schutz vor Lösung und Trennung; auf der hysterischen Dimension als Schutz vor Verführung und Transgression; auf der phallisch-genitalen Dimension als Schutz vor Penetration und Kastration.

6. Fokussierung und Therapiehypothese

Die **Fokussierung** basiert auf der paradoxalen Umwertung der Symptome, so dass sie immer beobachtungsabhängig und beobachtungsnah erfolgen muss. Dabei ist die intuitive Erfassung der Symptomhierarchie von Haupt- und Nebensymptomen von Bedeutung, damit der Therapeut nicht in die Irre geführt wird und seine paradoxale Strategie auf Nebenschauplätzen einsetzt. In Einverständigung wird die Hauptsymptomatik mit dem Patienten festgelegt und auch die Umwertung der Symptomatik vollzogen.
Die Fokussierung ergibt sich zwangsläufig aus der Symptomumwertung, und zwar im temporalen, konditionalen und kausalen Sinne (indem, wenn, weil), wobei kausal nicht ursächlich im Sinne des positivistischen Wissenschaftsverständnisses und der Alltagslogik meint, sondern im Sinne des Zusammenhangs von motivationalem Grund und symptomatischer Folge (ein symbolisches Grund-Folge-Verhältnis). Der „automatische" Zusammenhang zwischen Symptomumwertung und Fokussierung schützt den psychodynamischen Therapeuten vor jeder Beliebigkeit in der Deutung der Grundkonstellation (Fokus) eines Patienten, und aus dem in Einverständigung mit dem Patienten gefundenen Fokus ergibt sich „automatisch" die psychodynamische Therapiehypothese. „Automatisch" meint hier ein surreales Moment in der Hervorbringung von Evidenz. Die Herstellungsprozedur von Evidenz ist surreal, weil sie sich selbsttätig und unwillkürlich ergibt aus der Sukzession im Assoziationsverlauf: statt dem Schlussverfahren der Logik die Verknüpfungslogik.
Die Fokussierung erfolgt also auf dem Weg der paradoxalen Umdeutung der Symptomatik in der Weise: indem, wenn, weil ich mich so verhalte, schütze ich mich, die anderen, vor diesem und jenem.

Die **psychodynamische Therapiehypothese** ist zwangsläufige Folgerung aus der Fokussierung und legt die Therapieplanung hinsichtlich der Strategien und Ziele fest: was soll und kann der Patient aus seinen, in den Symptomen verwickelten Wünschen, Bedürfnissen und Fähigkeiten machen?
Die Therapiehypothese ist danach die Übersetzung des Fokus in die Therapiepraxis. Die Differenzierungen in Symptomwertung und –umwertung, Fokussierung und Therapiehypothese sind nur verschiedene Schritte im Prozess der Hervorbringung von Evidenz: die Umwertung benennt das Phänomen des Schutzes im Symptom, die Fokussierung drückt die Schutzfunktion des Symptoms aus, und die Therapiehypothese ist die Umsetzung des Wunsch-, Bedürfnis- und Fähigkeitsaspektes der Symptomatik in die Praxis der Therapie. Es geht immer darum, die Überschussproduition einer spezifischen Triebdisposition des Oralen, des Analen umzuwandeln (sublimieren) in entsprechender Lebens- und Berufsaktivität.

Psychodynamische Strukturierung einer Fallkonstellation am Beispiel der Aphonie

(s. Kapitel V, B 5.)

Symptomwertung

Ich kann nicht sprechen, keiner kann mit mir sprechen; ich kann nichts sagen, also brauche ich nicht zu antworten, kann mich keiner zur Rede stellen.

Symptomumwertung

Die Sprachlosigkeit dient dem Schutz, zur Rechenschaft gezogen zu werden, sich rechtfertigen zu müssen; sie ist auch der Schutz, das zu sagen, was nicht gehört werden soll: das polyvalente sexuelle Begehren des Hysterischen.

Fokussierung

Indem, wenn, weil ich sprachlos bin, brauche ich mit niemandem zu sprechen, kann niemand mit mir sprechen, kommt mein unerhörtes Verlangen nicht zur Sprache; indem alle sprachlos sind, kann nichts zur Sprache kommen, sind alle zum Schweigen verdammt.

Therapiehypothese

Was kann die Patientin aus ihrer hysterischen Symptomatik machen? Wie kann sie mit ihrer triebhaften Spontaneität und Impulsivität umgehen lernen und was kann sie aus ihrem Drang zum fliegenden Wechsel von Beziehungen machen? Wie kann sie ihre hohe erotische Begabung und Triebpotenz ohne Ich-Schädigung, mitmenschlich verträglich und sozial nicht diskriminierend einsetzen? Wie kann sie ihre ungewöhnliche körperliche Darstellungsfähigkeit und Verführungskraft für ihren Selbstgewinn nutzen und ihre hohe kommunikative Kompetenz für sich förderlich und narzißtisch bestätigend unterbringen? Wie kann es der Patientin gelingen, sich ihre familiale Basis zu erhalten als Auftankstelle für ihre Exkursionen und als Sicherungsstation und Haltestelle für ihre Expansionen?

7. Therapeutik (Indikation)

Die Indikationsstellung für die einzelnen Felder und Settings der therapeutischen Arbeit wird einzelfallbezogen organisiert, ob der Patient je nach seiner Struktur in der Lage ist, am klinischen Gesamtprogramm teilzunehmen (Einzel-/Gruppentherapie, Sport-/Bewegungs-/Körpertherapie, Soziotherapie u.a.); oder ob im jeweiligen Fall, zum Beispiel bei Schizoiden, zunächst nur einzeltherapeutisch gearbeitet werden muss, bis die Isolierungsstrategien und Kontaktprobleme des Patienten soweit gelöst sind, dass er Gruppenkommunikation ertragen kann, ohne sich schwerwiegend narzisstisch beeinträchtigt zu fühlen. Die Indikationsstellung ist also fallbezogen und situativ orientiert, je nach den strukturspezifischen Möglichkeiten des Patienten und je nach dem Stand der psychotherapeutischen Arbeit im klinischen Prozess.

Info Patienten-PsychoAnamnese: Kernkomplexe:
- Therapiemotivation des Patienten
- Therapiemotivation des Therapeuten
- Konflikt- und Persönlichkeitsdiagnostik

7.1 Therapiezieldimensionen

7.1.1 Grunddimension psychodynamische Symptomklärung

Die grundlegend strukturierende Macht dieser Dimension vollzieht sich in der Anerkennung der Schutzfunktion der Symptome fortlaufend und ergänzend im Therapieprozess, der in der Arbeit an der Umwertung der Symptomatik seine Themenzentrierung hat: das heißt, die Arbeit mit zwangskranken Patienten ist zentriert auf den Schutz vor Kontamination; die Arbeit mit Angstkranken auf den Schutz vor Triebüberwältigung; die Arbeit mit hysterischen Patienten auf den vor Grenzüberschreitung; die Arbeit mit phobischen Patienten auf den Schutz vor Trennung; die Arbeit mit schizoiden Patienten auf den vor Fusion; die Arbeit mit Depressiven auf den Schutz vor Aggression und mit phallischen Patienten auf den vor penetrativer Destruktivität.

7.1.2 Dimensionen fall- und strukturspezifischer Behandlungsstrategien

Die den nachstehenden einzelnen Dimensionen zugrunde liegenden therapiepraktischen Interventionsstrategien sind Techniken der Reiztherapie, Forcierung, Symptom-Agieren-Lassen (Symptomverschreibung), Aktivierung, spezifische Entspannungs- und Konfrontationstechniken, verhaltensmodifizierende Übungen, sexualtherapeutische Techniken u.a. m.

Entregressivierung
Vermeidung von regressivierenden Interventionen durch Ausrichtung der Interaktion auf wachstumsförderliche Verhaltensaspekte beim Patienten; Strukturierung der Beziehung auf dem für den Patienten höchsten Entwicklungsniveau.

Angstbewältigung
Angstbejahung: Abbau von Angstspannung, produktive Bewertung von Angst, Entängstigung und Aufbau von Angsttoleranz.

Kognitive Strukturierung
Narzisstische Bestätigung und Erweiterung der kognitiven Ressourcen; „korrigierende kognitive Erfahrung" in der produktiven Bewertung der Symptome; kognitive Kontamination mit Triebängsten, -wünschen und -zielen zur Befähigung der Selbstregulation, vor allem Erweiterung des Phantasiespektrums, mithin der kognitiven Kompetenz durch forciertes Phantasieren auf der sexuellen und aggressiven Dimension; Rückgewinnung der Traumbedeutung als Zugang zur unbewussten Lebensplanung: Träume in ihrer antizipatorisch-prospektiven Potenz für die Zukunftsgestaltung des Subjekts.

Aggressionssteuerung
Impulskontrolle / Triebtoleranz: Training der Aggressionsabfuhr und der Aggressionstoleranz, aggressive Spannungsabfuhr.

Sexuelle Strukturierung
Libidinisierung des Körpers, Befähigung zur Selbstregulierung, Wiedergewinnung der körperlichen Attraktivität, Befähigung zu Selbstbefriedigung, Objektanbahnung und Objektbefriedigung, sexuelle Entstauung.

Narzisstische Anerkennung
Selbstbewertung, Selbstbehauptung, Verstärkung des positiven Selbsterlebens, Gestaltung der Abhängigkeits-/Unabhängigkeitsintention.

Kommunikative Befähigung und Soziale Kompetenz
Gestaltung von Nähe und Distanz, Befähigung zur sozialen Kontaktsuche und Kontaktsicherung, Flexibilität der Beziehungsgestaltung.

Psychobiologische Restrukturierung
Regulation von Schlaf-/Wachrhythmus, Aufnahme-/Ausscheidungsfunktion (*Ess- und Trinkverhalten*), der Körperpflege, Regulierung des Verhältnisses von Spannung und Entspannung, von Arbeit und Freizeit.

Formblatt zur Fallkonzeptualisierung und Therapieplanung – Anhang CD-ROM

3. Erläuterung und Leitfaden zur Rekonzeptualisierung und weiteren Therapieplanung

Die Rekonzeptualisierung sollte nach unserer technischen Regel in der 4. Woche nach Beginn der Therapie erfolgen. Dabei müssen Symptomatik, Symptomgeschichte, falls sich im Verhältnis zur Eingangsdiagnostik nichts geändert hat, nicht erneut beschrieben werden, während Symptomwertung, Fokussierung und Therapiehypothese aufgrund der bisher erfolgten psychodynamischen Arbeit in jedem Fall ausführlich dargestellt werden sollten – identisch mit dem Leitfaden zur Fallkonzeptualisierung und Therapieplanung. Die Diagnostik der Ressourcen und protektiven Faktoren sollte nach dem Kenntnisstand des Therapieprozesses beschrieben werden.

Für die Prognostik und Indikation ist zu berücksichtigen, welche Hinweise die bisherige psychotherapeutische Arbeit für eine günstige Prognose ergeben hat; oder ob unabhängig von der eigentlichen therapeutischen Arbeit neue und andere Aspekte aufgetreten sind, welche die Prognose günstiger oder ungünstiger erscheinen lassen (zum Beispiel Änderung der Partner-, Familien- und Arbeitssituation u.a.m.). Für die Indikation ist zu bedenken, ob nach dem bisherigen Verlauf Änderungen des Settings erforderlich sind oder ob das Setting in der ursprünglichen Festlegung sich bewährt hat und beibehalten werden soll.

Die weitere Therapieplanung sollte differenziert auf der Grunddimension psychodynamische Symptomklärung und auf den Dimensionen fall- und strukturspezifischer Behandlungsstrategien in ihren Veränderungen dargestellt beziehungsweise bei Nicht-Bewährung begründet werden.

In der Darstellung der Dimensionen fall- und strukturspezifischer Behandlungsstrategien (Entregressivierung bis psychobiologische Restrukturierung) sollte jeweils die Entwicklung bilanziert werden und bei Nicht-Bewährung der privilegierten Gewichtung für den jeweiligen Fall eine psychodynamisch begründete Umgewichtung dieser Dimensionen vorgenommen werden.

Mit der Rekonzeptualisierung kann die Fallkonzeptualisierung abgeschlossen werden, wenn nicht die therapeutische Arbeit oder neue Ereignisse eine Neuformulierung des Fokus und der Therapiehypothese mit nachfolgender Neubewertung der Zielsetzungen erforderlich machen: zum Beispiel krisenhafte Zuspitzungen, unlösbar scheinende Beziehungskonflikte im klinischen Feld als Wiederholung von infantilen Konflikten, maligne Formen des Agierens (sexuelles, destruktives, süchtiges Agieren u. a.), neue familiale und soziale Konflikte (Verluste, Trennungen, Partnerwechsel, Arbeitskonflikte, Arbeitsplatzverlust, Ausbildungs-/Weiterbildungsabbrüche u.a.).

-Leitfaden-

1. Symptomatik

Gibt es aufgrund des Therapieverlaufs eine Änderung in der Symptomatik oder in der Symptomhierarchie?

2. Symptomgeschichte

Gibt es eine neue oder andere Perspektive der Symptomgeschichte?

3. Diagnostik

3.1 Ressourcen und protektive Faktoren

Sollten sich für die Diagnostik der Ressourcen und protektiven Faktoren Änderungen und Ergänzungen durch die therapeutische Arbeit ergeben haben, so sind diese entsprechend den Dimensionen in der Fallkonzeptualisierung zu beschreiben.

3.2 Konflikt- und Strukturdiagnostik, Interaktionsverhalten

Gibt es neue Erkenntnisse, die eine Korrektur der Diagnose erforderlich machen?

4. Prognostik

Die Beurteilung erfolgt auf dem Hintergrund der eruierten Ressourcen, protektiven Faktoren und Konfliktbewältigungsmuster im Lebensgang des Patienten und den genannten Dimensionen der Fallkonzeptualisierung, vor allem aber nach der Verlaufsbeurteilung und dem aktuellen Stand des psychodynamischen Prozesses.

5. Symptomwertung und Symptomumwertung

Wie ist der aktuelle Stand der Symptomumwertung?

Haben sich aus der therapeutischen Arbeit andere Gesichtspunkte der Symptomwertung ergeben?

6. Fokussierung und Therapiehypothese

Für den Fall einer veränderten Symptomwertung muss die neue Fokussierung und die sich daraus ergebende Therapiehypothese dargestellt werden.

7. Therapeutik (Indikation)

Die Indikationsstellung für die einzelnen Felder der therapeutischen Arbeit erfolgt fallspezifisch, je nach dem Stand des psychotherapeutischen Prozesses.

7.1 Therapiezieldimensionen

7.1.1 Grunddimension psychodynamische Symptomklärung

Wie ist der Stand der psychodynamischen Klärungsarbeit der Schutzfunktion der Symptomatik?

7.1.2 Dimensionen fall- und strukturspezifischer Behandlungsstrategien

Gibt es eine Änderung in der Gewichtung der bisher präferierten Dimensionen, und welche neuen Gesichtspunkte machen dies erforderlich?

Formblatt zur Rekonzeptualisierung und weiteren Therapieplanung – Anhang CD-ROM

D Exemplarische Fallkonzeptualisierungen

Wer nicht hofft,
wird Unverhofftes nicht finden;
denn sonst ist es unaufspürbar und unzugänglich.
Heraklit

1. Das psychodynamische Prinzip der Fallerzeugung: der klinische Typus als Muster der Wahrnehmungserkenntnis psychotherapeutischer Praxis

Die angeführten Beispiele[82] sind resümierte Fälle aus unserer psychodynamischen Arbeit, in der die Patienten die Bedeutung ihrer Symptome verstehen lernen sollen: es ist eine Erkundungsarbeit, gemeinsam mit dem Patienten danach zu suchen, welche Konflikte in den Symptomen verwickelt sind und welchen Sinn sie für sein Leben machen. Das Arbeitsbündnis besteht in diesem Engagement von Therapeut und Patient und hat zum vereinbarten Ziel, im Verständigungsprozess die produktiven Aspekte der Symptome zu entdecken, die darin liegenden Potentiale des Patienten aufzuklären und daraus eine Veränderungsperspektive für das Leben des Patienten zu erarbeiten. Die dargestellten Fallkonzeptualisierungen sind jeweils eine Kurzfassung dieses intersubjektiven Prozesses und sollen dem Leser eine Vorstellung über die Art und Weise der psychodiagnostischen Klärung und psychodynamischen Therapiestrukturierung vermitteln.
Der Falldarstellung ist jeweils ein Diskurs über die Bedeutung und die Bedeutungsgeschichte von Kranksein der infragestehenden Struktur vorangestellt, um durch den kulturhistorischen Kontext die Fragwürdigkeit jeder Pathologisierung vor Augen zu führen; auch wenn dies heute in einer aufs bloße Know-how gerichteten Ausbildung von Therapeuten übersehen wird. Unsere exemplarischen Falldarstellungen handeln von Phänotypen charakteristischer Verhaltensweisen, deren psychodynamische Struktur im psychohistorischen Kontext beschrieben und deren klinischer Typus auf dem Hintergrund soziohistorischer Überlegungen zum Kranksein beleuchtet wird. Wir wollen keine allgemeine psychoanalytische Phänomenologie des Begehrens schreiben, sondern strukturtypische Einzelfalldarstellungen unter der für uns

---

[82] Die Beispiele sind von den Autoren selbst behandelte Patienten aus der klinischen Praxis.

entscheidenden psychodynamischen Perspektive des Aufbegehrens präsentieren.
In den exemplarischen Fallkonzeptualisierungen lassen sich die kennzeichnenden Phänomene der modernen Lebenspraxis aufzeigen, wie sie im Kranksein als individueller Vorfall typischer Zeiterscheinungen hervortreten. Das unterdrückte, in den Symptomen eingebundene Begehren reflektieren wir im Spiegel der gesellschaftlichen Verfasstheit einer Zeit. Die Phänomene des Anorektischen, Süchtigen, Phobischen und Hysterischen erfahren dabei eine besondere Beachtung, weil sich in diesen Typologien symptomatisch der Antagonismus zwischen den individuellen Bedürfnissen im Aufbegehren des Subjekts und der egalitären Repression einer Gesellschaft darstellt, welche die Funktionalisierung des Menschen als bloßes Exemplar des ökonomischen Prozesses in den Exzess treibt. Die Phänomene des Zwanghaften und Phallischen repräsentieren zwar Verhaltensweisen, die systemkonform von der Gesellschaft in Dienst genommen werden. Aber auch diese Strukturen gehen nicht in den Charakteren auf, welche die Gesellschaft nach Reich (1970) entsprechend ihren Bedürfnissen „produziert"; denn gerade die „Übertreibungen" dieser Charaktere sind ein Zerrbild ihrer gesellschaftlichen Vernutzung.
Die im Gesellschaftsprozess unterdrückten Bedürfnisse des Subjekts, denen die Geltung abgesprochen wurde, vor allem die ekstatischen und transzendentalen Bedürfnisse, wie sie sich im Süchtigen und Anorektischen darstellen, aber auch die Sehnsucht nach Realitätsübersteigung, wie sie sich im Schizoiden äußern oder das phobische Syndrom als Zeiterkrankung in der Rückwärtswendung einer Anklammerung an die Vergangenheit, sind Gegenstand unseres Diskurses über das in den Symptomen niedergeschlagene Begehren. In diesem Diskurs über das latente Aufbegehren spielt das Hysterische in seiner grenzüberschreitenden, auf Veränderung gehenden Impulsivität eine besondere Rolle. Es ist nach unserer Auffassung eine „promesse de l'avenir" (Zukunftsversprechen) für unsere Kultur – der subjektive Faktor des Veränderungsbegehrens; während das phobische Begehren den regressiven Rückzug aus der entfremdenden Wirklichkeit der Verhältnisse in die Geborgenheit einer festgehaltenen Liebe der Vergangenheit, der infantilen Objekte widerspiegelt, um der Kälte und Beziehungslosigkeit des gegenwärtigen Lebens zu entgehen. Das phallische Phantasma vom „Helden der westlichen Welt" verkörpert die demiurgische Destruktivität der westlichen Kultur, alles in Angriff zu nehmen und ständig im Angriff zu sein – der Angriff ist die kennzeichnende Metapher der Moderne. Eine Atmosphäre ständiger Mobilmachung und Angriffsvorbereitung, um dem erwarteten Angriff des Anderen durch den eigenen zuvorzukommen, beherrscht das gesellschaftli-

che Klima. Das phallische Begehren treibt exzesshaft den westlichen Zivilisationsprozess; während die Repräsentanten des anal-sadistischen Begehrens, die Zwanghaften, „willige Vollstrecker" in diesem System sind, Vertreter von Dressatgewissen und Dressatgehorsam (Mitscherlich), „autoritäre Persönlichkeiten" (Adorno 1964), welche der jeweils herrschenden Ordnung zur Durchsetzung verhelfen. Das schizoide und süchtige Begehren ist durch die Psychiatrie in pharmakotherapeutischen Gewahrsam genommen, die Depressiven bleiben ohnehin auf der Strecke psychiatrischer Dauerfürsorge, Anorektiker und Bulimiker stehen unter ständiger medizinischer Aufsicht und Kontrolle, und sonstige Apostaten des Zivilisationsprozesses wie vor allem sexuelle Devianten, Aufsässige schlechthin, haben längst ihren Ort, an dem sie therapeutisch verwaltet werden.

In den exemplarischen Fallkonzeptualisierungen steht deshalb eine historisierende Betrachtung der Symptombedeutung im Mittelpunkt, um von vorneherein den Patienten aus der moralischen Selbstdiskriminierung als pathologischer Fall herauszuführen und den Blick auf die Notwendigkeit seiner Entwicklung zu lenken, in der seine Symptome als spezifische Reaktionen, Antworten auf die von den primären Objekten auferlegten Konflikte zu begreifen sind – im Kontext des gesellschaftlichen Erziehungsauftrags an die Familie. Das Freud'sche Krankheitsverständnis sieht nämlich das Leiden des Patienten als Protestreaktion gegen die kranke Welt, in der er lebt. Und der Psychotherapeut als „Arzt der Kultur" muss die Welt kritisch reflektieren, in der die Patienten leben müssen; und die Welt im Hinblick auf das verstehen, was sie dem Menschen angetan hat und was sie dem Menschen antun kann (s. Marcuse 1970). Der kritische Blick des Therapeuten auf die krankmachende Welt seines Patienten ist deshalb auch von so großer Bedeutung, weil er in der Therapie mit dem Patienten zu einer Lösung kommen muss, wie der Patient das in den Symptomen niedergeschlagene Aufbegehren, seinen Triebüberschuss so befriedigen lernt, dass er nun in dem bewusst gewordenen Protest und in dem aufgeklärten Anspruch auf Triebbefriedigung sich schützen kann vor erneuter gesellschaftlicher Beschädigung.

Für diese gesellschaftskritische Reflexion des Therapeuten ist eine historisierende Perspektive unerlässlich, um andere Erfahrungsweisen in anderen Epochen in den Blickpunkt zu rücken und eine frühest mögliche Relativierung des als Störung empfundenen Verhaltens beim Patienten zu bewirken; ob es sich um orale Fresslust, phallisch-orgiastische Lust oder anale Bemächtigungsgier in anderen Zeiten handelt. Ein Therapeut braucht Bilder und Wissen über Sitten und Gebräuche anderer Zeiten und anderer Kulturen, vor allem über den Wandel[83] des gesellschaftlichen Moralkodex und dessen psychohistorischen Hintergrund, um den Patienten aus dieser Perspektive zu einer Relativierung seiner selbststrangulierenden Maßstäbe und damit zu einer veränderten Selbstbewertung zu führen. Die Findigkeit des Therapeuten liegt darin, geeignete „Anekdoten" zur Hand zu haben, die passenden Geschichten an den zutreffenden Stellen in den Dialog einzufügen. Und der Therapeut muss eine Vorstellung darüber haben, was in den differenten Strukturen menschlichen Verhaltens als Begehren wirksam ist. Wie sollte er sonst das Wachstum eines Patienten fördern, wenn er keine Ahnung davon hat, was an Veränderungswünschen im symptomatisch ausgestalteten Aufbegehren enthalten ist; und wie könnte er Veränderungswünsche, Therapieziele mit dem Patienten absprechen, wenn er keine Vorstellung darüber hat, welche prospektiven Bedeutungen in den Symptomen verwickelt sind. Es schien uns deshalb notwendig, die prospektive Tendenz des jeweiligen Begehrens in typischen Falldarstellungen aufzuzeigen.

Es ist nun an der Zeit, nachdem traditionell in der Psychoanalyse das Abwehr- und Anpassungsprinzip so beherrschend geworden waren, wie in den Anfängen dem triebpsychologischen Prinzip der Verneinung des Gegebenen wieder Geltung zu verschaffen. Unter der Perspektive des Aufbegehrens und der Macht ist das Verhalten des Subjekts neu zu werten und seine genuine Intention zum Widerstand gegen Entfremdung und seinen Anspruch auf souveräne Selbstgestaltung anzuerkennen.

Die exemplarischen Fälle sind prototypische Beispiele unserer anderen Erfahrung, die wir aus der Sicht einer Tiefenpsychologie des Begehrens mit den von der Psychoanalyse geschaffenen klinischen Typen gemacht haben. In der Darstellung der Fälle handelt es sich also nicht um Einzelfallbeschreibungen, sondern um Verdichtungen unserer Erfahrungen mit diesen Strukturen unter dieser neuen Optik und damit um die Schaffung einer anderen Bewertung der klinischen Typen.

In der psychodynamischen Interaktion mit dem Patienten sind wir in unserem Erkenntnisinteresse von der Denkfigur des Aufbegehrens in der Symptomatik geleitet. Das von uns in den Einzelfällen entdeckte strukturspezifische Begehren erzählt nach unserer Auffassung das typische Schicksal des

[83] Die in vorbürgerlichen Zeiten praktizierte sexuelle Stimulierung von Kindern und deren geduldete Teilhabe am Sexualleben der Erwachsenen (s. dazu van Ussel 1970) würde heute als sexueller Missbrauch von Kindern gewertet; und in welchem Ausmaß schon zur Zeit Freuds die Unterdrückung des Sexuellen fortgeschritten war, zeigt sich darin, dass er die früher selbstverständliche Teilhabe der Kinder jetzt infolge der Verdrängung als unbewusste Phantasie, Urphantasie von der Belauschung des elterlichen Verkehrs, bei seiner analytischen Arbeit aufdeckte.

Triebverlangens in diesem Fall und soll über den jeweiligen Fall hinausweisen auf eine mögliche Typisierung struktureigenen Begehrens. Der psychodynamisch denkende Therapeut folgt einem gestaltschaffenden Prinzip, durch Aufdecken von Ähnlichkeiten Verknüpfungen herzustellen, die einen neuen Zusammenhang zeigen, treffende und einleuchtende (Erkenntnis-) Figuren, Metaphern[84], erschließen. Dabei spielt die Prägnanz der gefundenen Einzelfigur und das überzeugende, sinnstiftende Bild die bedeutsame Rolle für eine mögliche Generierung, weil von der Evidenz der Gestalt eine Aufforderung an Andere ausgeht, ähnliche Entdeckungen bei ähnlichen Strukturen zu machen und durch Wiederholung der Erkenntnisse eine fruchtbare Heuristik zur Hand zu haben, die erkenntnisleitend wird für eine andere und neue Sehweise. Das gestaltschaffende Prinzip der Psychoanalyse folgt, wie wir gezeigt haben, einer inventiven Logik, einer Erfindungskunst in der Erzeugung neuer Sinngebilde.

Psychoanalytische Erfahrung ist immer Einzelfallerfahrung, lebt aus der Schöpfung des Einzelfalls, der zwar einzigartig ist, aber über sich selbst hinausweist, weil die ihn determinierenden Grundfiguren menschlichen Verhaltens an ähnlichen Fällen wiedergefunden werden können, so dass eine Typisierung, Generierung möglich wird. Die Typisierung ist heuristisch unentbehrlich, weil sie Mittel der Erkenntnis ist in ihrer Funktion als Grundmuster der Wahrnehmung, das die Bedingung von Wiedererkennung ist.

---

[84] Die metaphorische Aussageweise vollzieht sich analogisierend (s. Kap. I, 1.3), hat Evidenzcharakter, untermittelbare Einsichtigkeit und Offenkundigkeit. Sie lässt etwas augenscheinlich werden, und dieses Sehen lassen und Zeigen drückt sich in ihrer bildlichen Sprache aus. Die metaphorische Rede ist im Wesen eine semantische, Zeichen setzende und Zeichen gebende. Das Metaphorieren ist das Übertragen von der sinnlichen zur unsinnlichen Anschauung. Und das richtige Übertragen liegt in dem Vermögen, das Ähnliche zu schauen, das Entfernteste durch Ähnlichmachen zu verknüpfen. Diese Sicht des „Gemeinsamen“, die durch die Übertragung im Ähnlichmachen zustande kommt, ist der Grund der metaphorischen Fähigkeit, Gestalten zu entdecken, die eine neue Sicht erschließen. Die Qualität des Psychotherapeuten liegt in dieser Fähigkeit zum analogischen Denken. Die Metapher und nicht der Begriff steht am Anfang des Denkens (Grassi 1979b), und das Subjekt entwirft sich die Welt in Analogie zu seinem Körper. Die Sprache der Psychoanalyse ist eine metaphorische: Freud begreift in Bildern, die einleuchtend sind und durch die „Versinnlichung“ der seelischen Mechanismen diese einsichtig machen. Er war sich dieser „Versinnlichung“ (Freud XII, S. 6) seines Begreifens bewusst. Und in der Darstellung seiner Arbeit wählte er Bilder, die durch das Aufdecken von Ähnlichkeiten zur Evidenz führen.

Die Analogie war bis zur Neuzeit als klassische Untersuchungsmethode anerkannt und ist erst in der Ära des Positivismus und der Wissenschaftsindustrie deklassiert worden. Die Unterdrückung des analogischen Denkens im Wissenschaftskanon der Moderne vollzog sich im Laufe der Monopolisierung des positivistischen Denkens, das die Herrschaft einer Wirklichkeitssicht erzwang, die sich nur nach dem Kriterium des Zähl- und Messbaren definiert.

Am Typus-Begriff lässt sich allerdings der Streit um den wissenschaftlichen Standort der Psychoanalyse trefflich führen, weil sich an ihm die Frage nach dem Wert von Wissenschaft zwischen dem metaphorischen Denken der Psychoanalyse mit seiner inventiven Logik und dem syllogistischen Denken des logischen Empirismus entzündet. Der Begriff des Typus hat in der vorpositivistischen Zeit in der Geschichte des westlichen Denkens eine uralte Tradition und wesentliche Bedeutung bei der Bestimmung unterschiedlicher Denkformen. Bereits im Griechischen stand dieser Begriff im eidetischen Sinne für die Bedeutung von Form als Gestaltungsprinzip und im Begriff des Archetypus für das prägende Urbild; in der Exegese der mittelalterlichen Theologie und Philosophie für eine Findenslehre von Typen religiöser und philosophischer Anschauung. Und mit Beginn der Moderne wurde sowohl in den Naturwissenschaften wie in der Philosophie der Typus als Grundbauplan verstanden, der sich in verschiedenen Prototypen variiert. Bei Herder und Goethe war der Typus dann zu einer Idee der schaffenden Natur, der natura naturans geworden, und das Typische wurde zum Inbegriff des Gewahrwerdens der wesentlichen Form. In Fortführung dieser Idee wird das typologische Denken bei Dilthey zu einer hermeneutischen Konzeption im Sinne des Wesenhaften, Charakteristischen und Bedeutsamen, zu einer Grundgestalt, die in einem singulären Fall immer ein Allgemeines darstellt. Unter dieser Perspektive ist die Entwicklung des typologischen Denkens in der Psychologie durch Spranger in den Grundtypen der Individualität zu sehen.

In der Soziologie Max Webers wird jedoch das typologische Denken in Anlehnung an die Theoriereflexion Diltheys zu einer wissenschaftstheoretischen Auseinandersetzung über die Grundlagen sozialwissenschaftlicher Forschung. Allerdings hat Max Webers Versuch, das idiographische[85], Eigenschaften beschreibende Denken Diltheys dem nomothetischen, Gesetze aufstellenden Denken an-

[85] Die Auseinandersetzung von idiographischen und nomothetischen Wissenschaften wäre eigentlich völlig überflüssig, weil das naturwissenschaftliche Weltbild der modernen Physik nicht mehr ein naturwissenschaftliches im überkommenen Sinne ist (s. Kap. II, 4.). Ihr Methodenbegriff zeigt eine große Affinität zum hermeneutischen der Psychoanalyse, so dass Naturwissenschaft heute, auf dem Niveau der theoretischen Physik, auch als Kontextwissenschaft verstanden werden kann. Allerdings bewegt sich die Wissenschaftsdiskussion in der Psychoanalyse im Schatten des positivistischen Suprematieanspruchs bloß defensiv und versucht über den Rückgriff auf überholte Positionen wissenschaftlicher Dichotomie eine Basis für ihre wissenschaftliche Legitimation zu finden. Ein offensiver Diskurs der eigenen Wissenschaftlichkeit und eine kritische Reflexion der positivistischen Medizin, die trotz des Zusammenbruchs des deterministischen Weltbildes eine Forschung nach dem mechanistischen Modell der Physik des 19. Jahrhunderts betreibt, wird nicht geführt. Denn die Psychoanalyse hat sich selbst durch ihre Medizinalisierung, das ist ihre Gleichschaltung mit der „evidence based medicine, vor allem in der Psychotherapeutischen Medizin wissenschaftstheoretisch in Widerstandsohnmacht gebracht.

zupassen, dazu geführt, dass die Eigenständigkeit der geisteswissenschaftlichen Erkenntnis- und Forschungsmethoden unterminiert wurde.
An die Prägung des Idealtypus in der Konzeption Max Webers lehnt sich die jetzt aufgekommene qualitative Psychotherapieforschung (z. B. Stuhr 1997) an. Es ist für die Psychoanalyse naheliegend, sich im Zusammenhang ihres bildhaften Denkens einer Typuslehre zu bedienen; dabei darf aber ihr eigentlicher, gestaltpsychologischer und artistischer Zusammenhang nicht verloren gehen. Denn der aus dem poetischen Verständnis abgeleitete Begriff der Typologie zeigt bei Dilthey noch seine unmittelbare Herkunft aus dem künstlerischen Schaffen: der Typus ist die Repräsentation des Mannigfaltigen in einem Bildlichen im Sinne von Grundformen, die „in dem Spiel der Variationen“ der künstlerischen Produktion immer wiederkehren. Kunstverständnis und Theorieverständnis haben ihre gemeinsame Wurzel im „bildhaften Grund des Subjekts“ (s. Grassi 1979a), und das „poetische“ Denken ist erkenntnisleitend für jede Wahrnehmungserkenntnis.
Psychoanalyse hat es als Kontextwissenschaft, als artistische und rhetorische Disziplin, mit einem gestaltschaffenden Prinzip in der Erzeugung von Geschichte für den Einzelfall zu tun. Und die Übertragung der Erfahrung einer Einzelfallgeschichte auf die Geschichten Anderer kann sich nur vollziehen, indem die in der Einzelgeschichte enthaltene Grundform als prägendes Bild (Typos) erkannt und durch Wiedererkennen an anderen Geschichten generiert werden kann.
Die wissenschaftliche Berechtigung dieses hermeneutischen und artistischen Verfahrens ist nicht in Anlehnung an die positiven Wissenschaften zu legitimieren, sondern hat sich aus sich selbst, nach den Bedingungen eines idiographischen Verfahrens zu rechtfertigen. Psychoanalyse muss es also selber machen, „fara da se“[86], wie Freud in einem Brief an C. G. Jung (in Jones 1962) schreibt. Das heißt, sie muss mit den ihr genuinen Erkenntnismitteln ihren Wissenschaftscharakter klären; sicherlich nicht ohne den Diskurs mit den Nachbardisziplinen aus dem Auge zu verlieren und Gemeinsamkeiten außer acht zu lassen.
Man kann sich auf den Typusbegriff Max Webers nur insofern beziehen, wenn man ihn nicht als klinisches wie wissenschaftliches Bindeglied zwischen idiographischem und nomothetischem Vorgehen verstanden wissen will, wie es von einem Teil der qualitativen Psychotherapieforschung (Frommer 1995) getan wird. Denn die Herauslösung des Typusbegriffs als methodisches Prinzip aus der historischen Genese seiner artistischen Bestimmung gleicht ihn dem nomothetischen Denken an. Eine solche Anwendung des Typusbegriffs, die sicherlich im Denken von Max Weber angelegt ist, verkennt durch diese Anpassung ans naturwissenschaftliche Denken die methodische Eigenständigkeit der Psychoanalyse; wie auch nach der Kritik von Eucken die Angleichungsbemühungen von Max Weber die methodische Eigenständigkeit der Geschichtsforschung in Frage stell-

[86] Freud schreibt an C. G. Jung: „Am Bedenklichsten erscheint mir, daß sie (die Psychoanalytikerin Spielrein) das psychologische Material biologischen Gesichtspunkten unterordnen will; diese Abhängigkeit ist ebenso verwerflich wie die philosophische, physiologische oder gehirnanatomische. Psychoanalyse fara da se“ (Jones 1962, II, S. 528).

te (zit. in Ritter u. Gründer 1998). Allerdings müsste den Psychoanalytiker die Weber'sche Dichotomie von erkennender und wertender Vernunft, von Wert und Wertfreiheit befremden. Seine Einführung des positivistischen Begriffs der Wertfreiheit in die Sozialwissenschaften unterschlägt grundsätzlich die Differenz zwischen Deuten und Beobachten und will letztlich die Sozialwissenschaften den Naturwissenschaften unterstellen (s. auch Adorno 1972). Dabei ist der Positivismus ein geschlossenes System von Wertvorschriften, vom Postulat der Wertfreiheit bis zu dem der Widerspruchsfreiheit, und paradoxerweise ein System geschlossener Wahrnehmung in einer als Ideal propagierten „offenen Gesellschaft" (s. Kap. II, 4.).

Die Vermischung des Wissenschaftscharakters der Psychoanalyse mit dem des logischen Empirismus entstammt einem Fehlurteil, das den hermeneutischen Charakter der Psychoanalyse und der ihr zugehörigen Methode nicht begreift. Denn als Interpretationswissenschaft gründet sie auf Intuition, auf einem geistigen Schauen des Gegenstandes durch Imagination, und von daher hat ihr anschauendes Denken die analogisierende Methode und nicht die schlussfolgernde, syllogistische zur Grundlage. Psychoanalytisches Denken und Arbeiten führt zu historischen Erklärungen, die auf einer genetischen Methode (s. Vico 1965, 1981 und Grassi 1979a,b) beruhen und zu Aussagen führen, die sich nur phänomenologisch verifizieren lassen, d. h. durch generierende Erfahrung ihrer Anschauung. Den in der Einzelerfahrung gewonnenen Typus gilt es also in der Anwendung zu generieren und diese wiederum bedingt die phänomenologische Verifizierung, die eine eidetische Art der Reduktion (Bochenski 1975) darstellt. Allerdings ist die zugrunde liegende Theorie, das erkenntnisleitende Schauen mit seinen persönlichen, schulischen und gesellschaftlichen Dependenzen, ein Sinnfindungsprozess, der in seinem semiotischen Charakter schon die Bedingungen von der Bedeutungshaltigkeit der menschlichen Lebenswelt voraussetzt, die es im jeweiligen Fall zu verifizieren gilt – die klassische hermeneutische Zirkelstruktur einer Kontextwissenschaft.

Jene Vertreter einer qualitativen Psychotherapieforschung (Frommer 1995), die eine auf „das Idealtypenkonzept gestützte Diagnostikforschung" betreiben, und merkwürdigerweise glauben, „methodologisch-dualistisch" vorgehen zu können, unterliegen einer psychiatrieimprägnierten Denkungsweise. Diese Position geht immer noch von der Illusion der „neutralen Warte des teilnehmend-beobachtenden Forschers"[87] (l. c., S. 37) aus und verliert dabei die Grundlagen des

[87] Eine contradictio in adjecto: entweder neutral oder teilnehmend, das eine schließt das andere aus. Denn der teilnehmende Beobachter ist der sich identifizierende Beobachter im Gegensatz zum neutralen Beobachter, der einen affektdistanzierten Standpunkt einnimmt. Die Beibehaltung der Schimäre der Neutralität verkennt, dass jede therapeutische Intersubjektivität durch Affektion, das ist Übertragung, zustande kommt. Und in dieser Infektion durch kontaminierenden Einfluss liegt das Wirkprinzip der Interaktion. Die Anklammerung an die positivistische Fiktion der Wertneutralität wird hier greifbar und soll den Forscher vor der Exkommunikation aus dem Wissenschaftskonsens der „Forschungsgemeinschaft" bewahren.

diagnostischen Prozesses als Kommunikationsprozess des Einflussnehmens aus den Augen. Statt der eigentlichen Forschungsaufgabe, die Klärung der Voraussetzungen und Bedingungen der therapeutisch erzeugten Intersubjektivität voranzubringen, konzentriert sich dieses Forscherinteresse immer noch auf die Reliabilitätsfrage der Diagnostik, obwohl ein Reliabilitätsdenken für den dynamischen Prozess der Intersubjektivität völlig verfehlt ist. Denn die Übereinstimmung in der Beobachtung und in der Interpretation des Beobachteten, wie es weiterhin durch Interrater-Trainings zur Reliabilitätserhöhung als Ideal angestrebt wird, denaturiert das psychodynamische Geschehen durch die Stereotypisierung von Wahrnehmung und steht im denkmöglichsten Gegensatz zum intersubjektiven Geschehen. Die Schematisierung der Wahrnehmung bewirkt eine Kodifizierung des Sehens, eine Einschränkung des Wahrnehmungsspektrums, die den essentiellen Mechanismus der Intuition in der Beziehungsgestaltung aufhebt und den therapeutischen Prozess zu einem „Feststellungsverfahren" macht – vergleichbar der „feststellenden" Beobachtung in der psychiatrischen Diagnostik.
Psychodynamisches Denken hat es mit Gestaltwahrnehmung zu tun, einem figurativen Denken, welches das Wesentliche einer Sache in einem ingeniösen Prozess zur Anschauung bringt und seine Grundlage in der Einbildungskraft der Produzenten hat. Die Voraussetzungen, Bedingungen und Wirkmechanismen dieses Prozesses gilt es also zu erforschen, um zu erfahren, wie sich das Hinblikken (intuitus) im Interaktionsprozess ereignet.
Unter der psychoanalytischen Optik entspricht der Idealtypus in seinem Verhältnis zum vorfindlichen Realtypus der Freud'schen Begrifflichkeit von idealer und realer Imago, der psychoanalytischen Imaginationslehre vom Entwurfscharakter des Lebens, das sich approximativ über Realtypen auf dem Hintergrund der prägenden unbewussten idealen Imago projiziert und von daher eine Findenslehre darstellt: alles Finden ist Wiederfinden, alles Erkennen ist Wiedererkennen unter der Bestimmung einer unbewussten idealen Imago. Und der psychoanalytische Prozess strukturiert sich durch dieses Wiedererkennen von idealer Imago in der jeweiligen realen. In diesem Kontext nur entspricht die ideale Imago dem metaphorisch zu verstehenden Idealtypus Max Webers, einem „Gedankenbild, welches nicht die historische Wirklichkeit oder gar die ‚eigentliche' Wirklichkeit ist, welches noch viel weniger dazu da ist, als ein Schema zu dienen, in welches die Wirklichkeit als Exemplar eingeordnet werden sollte, sondern welches die Bedeutung eines rein idealen Grenzbegriffes hat, an welchem die Wirklichkeit zur Verdeutlichung bestimmter bedeutsamer Bestandteile ihres empirischen Gehaltes gemessen, mit dem sie verglichen wird" (Max Weber 1904, S. 194).
Psychoanalyse ist eine Findenslehre, den Idealtypus als Schatten im Realtypus wiederzufinden, das Urbild jeweils im Nachbild zu entdecken beziehungsweise vom Typus auf den Prototypus zu schließen. Der Idealtypus verkörpert in diesem Sinne die prägende und geprägte Wesensform, die uralte Denkfigur der Entelechie, das Ziel schon anfänglich in sich zu haben: es ist die kreisläufige Rückkehr des Begehrens in der Psychoanalyse Freuds, der Denktypus der Wiederholung in der Rückkehr zum Ursprung.

Die klinische Validität der Psychoanalyse erweist sich in der Wahrscheinlichkeit des Wiederfindens der entdeckten Sinngebilde, die sich nur dem Therapeuten erschließen, der unter den Bedingungen der psychodynamischen Perspektive Erfahrungen machen kann. Und die Validität des psychoanalytischen Verfahrens bestätigt sich darin, dass aufgrund dieser Typisierung in der therapeutischen Kommunikation dem Subjekt eine treffende, seinen unbewussten Erwartungen entsprechende „Ergänzung“[88] gegeben wird, deren Gültigkeit sich im Fortgang des psychodynamischen Bildungsprozesses erweist.

Die exemplarischen Fallkonzeptualisierungen haben die von der Psychoanalyse geschaffenen klinischen Typologien zur Grundlage und sind nicht identisch zu setzen mit den namensgleichen ICD-Klassifikationen. Wir nehmen zu ICD-Kategorien in Fußnoten Stellung, wenn aus Illustrationsgründen der diskriminierende Vorurteilscharakter dieses Devianzkatalogs demonstriert werden soll. Ausführliche Falldokumentationen nach dem Marburger Psychotherapieprogramm (Klärungsperspektive, Therapieperspektive) und Evaluation der Behandlung mit Katamnese sind in Kap. V dargestellt. Bei den nachfolgenden Fallkonzeptualisierungen handelt es sich also um eine psychodynamische Aufschlüsselung der jeweiligen Struktur im typologischen Sinne und nicht um Einzelfalldarstellungen mit Verlaufs- und Ergebnisbewertung.

---

[88] Im Receiver-Gleichnis (Freud VIII, S. 381 f.) stellt Freud den Anspruch, dass der Analytiker dem gebenden Unbewussten des Kranken sein eigenes Unbewusstes als empfangendes Organ zuwendet und aus den mitgeteilten Abkömmlingen des Unbewussten des Analysanden dieses Unbewusste wieder herstellen muss. Er fordert also vom Analytiker, dass er mit Hilfe seines eigenen Unbewussten die unbewussten Gestalten eines Anderen zu erschließen habe, mit seinen unbewussten Phantasien die Bruchstücke aus dem Unbewussten des Analysanden zu einem Bild ergänzen muss, das dessen Unbewusstem entsprechen soll. Die analytische Kur besteht also aus zwei Stücken: „... aus dem, was der Arzt errät und dem Kranken sagt, und aus der Verarbeitung dessen, was er gehört hat, von seiten des Kranken ... wir geben dem Kranken die bewusste Erwartungsvorstellung, nach deren Ähnlichkeit er die verdrängte unbewusste bei sich auffindet“ (l. c. S. 105). Der analytische Prozess ist also, wie wir andernorts ausführlich dargestellt haben (Pohlen u. Bautz-Holzherr 1991), weniger ein Kampf um Erinnerung (Mitscherlich) als die Kunst der Entsprechung, dem Patienten das für ihn Passende, seinem Unbewussten Passende zu geben. Auf diesem Hintergrund ist auch unser Entwurf einer Heuristik der Passung zu verstehen, im theoretischen und praktischen Sinne der Analyse dem Patienten das Passende zu vermitteln.

2. Die Grunddimension menschlichen Begehrens: vom Hunger des Menschen nach Mehr

Der Hunger des Menschen zeigt sich in den verschiedenen Stadien seiner Entwicklung und den Epochen einer Kultur als Objekthunger in verschiedener Gestalt, und die Begierde schafft sich in ihrer „grenzenlosen Anmaßung“ (Foucault 1978) jeweils die Objekte ihrer Befriedigung: in der oralen Verschlingung, in der analen Bemächtigung, in der phallischen Eroberung – es sind zugleich die Erscheinungsweisen des Liebeshungers. Denn was ich liebe, esse ich; und was ich esse, liebe ich; und was ich nicht lieben, nicht essen kann, spucke ich aus. Es geht jeweils um den Sättigungsanspruch eines nicht stillbaren Begehrens nach dem einen, unersetzlichen, primären Objekt, dessen Ersetzungen und Sublimierungen nur Surrogate sind, welche die begehrte Befriedigung nicht erreichen lassen und damit den Kreislauf des unstillbaren Verlangens unterhalten. Dieser unerfüllbare „Hunger nach Mehr“ (Bloch 1773) in der Sehnsucht nach kindlicher Glückseligkeit ist die „bulimische“ Grundstruktur menschlichen Verlangens, das süchtige Moment alles Triebhaften. Und die Transzendierung dieses Begehrens ist Aufgabe im Reifungsprozess des Subjekts und die besondere Aufgabe des Therapeuten, den Sinnhunger des Patienten zu stillen.
Nur wer satt ist, kann essen, das heißt, sich den Triebaufschub leisten, kultiviert zu genießen – und das gilt für jede Triebbefriedigung. Wer sich übersättigen muss, frisst auf Vorrat, wie in archaischen Zeiten der Mensch bei Gelegenheit von Beute sich vollfraß und seinen Körper als Proviantdepot für schlechte Zeiten nutzte: Übersättigung ist der Schutz vor Hungersnot. Zugleich ist mit Sättigung immer der Hunger nach Mehr verbunden, und dieses nicht zu stillende Verlangen ist das den Menschen auszeichnende Begehren. Unter der subversiven Optik, das Kind im Erwachsenen (Patienten) wiederzuerkennen, ist die orale Gier die existentielle Basis jeder Triebökonomie. Und im Hunger des Kindes repräsentiert sich der orale Trieb, der sich im Werdegang des Subjekts durch alle Dimensionen der Triebentwicklung als treibende Kraft durchhält. Aber der „Hunger“ (des Kindes) ist unstillbar: „Der Vorwurf gegen die Mutter, der am weitesten zurückgreift, lautet, dass sie dem Kind zu wenig Milch gespendet hat, was als Mangel an Liebe ausgelegt wird“... „Es scheint vielmehr, dass die Gier des Kindes nach seiner ersten Nahrung überhaupt unstillbar ist, dass es den Verlust der Mutterbrust niemals verschmerzt“. Und weiter: „Die Liebesansprüche des Kindes sind unmäßig, fordern Ausschließlichkeit, lassen keine Teilung zu“ (Freud XV, S. 130 f.). Die subversive Optik der Freudschen Analyse, das Kind im Erwachsenen wiederzuerkennen, meint gerade nicht die vulgäre Vorstellung von der Kind-

lichkeit der reinen Seele. Das „Kind“ des psychoanalytischen Diskurses ist der polymorph-perverse Leib als der noch nicht herausgebrachte Kern des menschlichen Begehrens, dessen Horizont im Wünschen noch auszumachen ist: die unbewussten Wünsche sind „infantil“, „unsterblich“ und „unzerstörbar“, da nach Freud im Unbewussten nichts zu Ende zu bringen, nichts vergangen oder vergessen ist (s. Freud II/III, S. 559).
Der Modus von Sättigung, die Stillung des Hungers ist das Triebschicksal der frühesten Zeit: denn was und wie etwas aufgenommen, als bekömmlich oder unbekömmlich verkostet wird, entscheidet sich in dieser oralen Frühzeit[89] und bestimmt den Appetit auf die Welt. Der Magen ist das Organ der Einverleibung, das Vorbild jeder Aneignung. Er befriedigt den der menschlichen Triebnatur innewohnenden Drang zur Einverleibung. Dieser „organische Imperativ“ (Nietzsche) der Einverleibung scheint die Fähigkeit zur Selektion des Einflusses in der aktiven Auswahl der Kost oder die Hemmung der Selektion in der passiven Assimilation zu determinieren, den aktiven oder passiven Modus der Aneignung: je nach dem Ausgang des oralen Triebschicksals mit den primären Objekten bildet sich am „Leitfaden des Leibes“ das assimilierende, erkennende Ich. Weltvertrauen, Weltmisstrauen (das Urvertrauen Eriksons 1965) haben hier ihren „physiologischen“ Grund - die Welt wird durch den Mund gemessen.
Der Hunger nach Mehr lässt sich in allen Strukturen der Ich- und Trieborganisation durchdeklinieren. Die Patienten, die Menschen, folgen einem unbewussten Lebensplan, einem lebensleitenden Phantasma von Bestimmung und Lebensauftrag. Der unbewusste Lebensplan ist der Privatmythos des Einzelnen: er repräsentiert die Struktur des Lebensgeschicks und ist determinierend für die Sinnübertragung auf die individuellen Lebenserscheinungen. Der Lebensgang der einzelnen Subjekte ist eine endlose Variation des jeweiligen Grundthemas, wie er sich im Mythos als dramatische Figur darstellt. Psychodynamische Arbeit ist Entzifferung von Privatmythen, deren Erzählschema im analytischen Prozess aufgeklärt wird und die Bedingung der therapeutischen Nacherzählung ist.

---

[89] Jener Patient sei hier zitiert, der auf jeder Intervention des Therapeuten solange herumkaute, bis die „Nahrung“ ungenießbar wurde. Als Kind pflegte dieser Patient die Speisen solange in den Backentaschen zurückzuhalten, bis er durch Schläge auf die Backen zum Schlucken gezwungen war oder in unbeobachteten Augenblicken die schlechte Kost ausspucken konnte. Der oral-paranoide Modus fundamentaler Abwehr von Nahrung als „giftige Speise“ und von mitmenschlichem Einfluss als bedrohliche und verderbliche Invasion organisiert sich hier und schafft jenes Urmisstrauen, das solch stigmatisierte Kinder sich vor der Welt und den Menschen verschließen lässt und jenen Komplex erzeugt, der sie aus Abwehr von oraler Verfolgung, aus Verfolgungsangst vor hinterhältigen Angriffen, selber zum Verfolger macht und ihren Verfolgungszwang unterhält.

2.1 Das Phänomen der Bulimie

Der **basale orale Mythos** von der Allgewalt verschlingender Liebe ist polarisiert gebaut, je nach gutem oder schlechtem Einfluss ergibt sich kategorial die Urteilsfunktion über das, was aufgenommen oder ausgestoßen werden soll. „In der Sprache der ältesten, oralen Triebregungen ausgedrückt: das will ich essen oder will es ausspucken, und in weitergehender Übertragung: das will ich in mich einführen und das aus mir ausschließen. Also: dies soll in mir oder außer mir sein" (Freud XIV, S. 13). Das Grundmuster der Lebenseinstellung wird hier gebildet, der introjizierenden oder projizierenden Beziehung zur Welt. Das Schicksal des oralen Triebes ist bestimmend für den Aufbau des gesamten Trieblebens, für die Objektbeziehungsweisen und für die Verarbeitung von Welt.

Psychohistorischer Exkurs

Die therapeutische Beschäftigung mit dem Phänomen der Fresssucht spiegelt den gesellschaftlichen Umgang mit dem Phänomen des körperlichen Maßes wieder: die Konfektionierung des Menschen, die Standardisierung des Ichs, des Bewusstseins, des Empfindens und Denkens setzt sich nun fort in die Normierung des Körpers, der einer standardisierten Vorstellung vom Körpermaß unterworfen wird. Das Ich von der Stange ist die Folge einer repressiven Egalisierung, die sich unter der nivellierenden Herrschaft eines allumfassenden Gleichheitsprinzips gebildet hat, wonach „jeder (nur noch) ist, wodurch er jeden anderen ersetzen kann: fungibel, ein Exemplar" (Horkheimer u. Adorno 1969, S. 154). Und dazu bedarf es der Herstellung eines uniformen Ichs des Menschen, das den Einzelnen absolut ersetzbar und austauschbar macht im Produktionsprozess.

Auf diesem Hintergrund ist der Kampf gegen die sogenannte Fettsucht zu verstehen, das sind Menschen, die wegen ihrer Körperfülle aus den festgelegten Standards herausfallen. Sie sind ein Ärgernis für den allseits herrschenden Normalisierungszwang, der sich als Gesundheitsfürsorge für die Regulierung der Lebensverhältnisse der als krank Selegierten ausgibt. Die Fettsüchtigen scheinen auch deshalb ein solcher Stein des Anstoßes geworden zu sein, weil inzwischen im Gesellschaftsprozess eine Klassenhierarchie sich eingerichtet hat zwischen Tüchtig-Schlanken und Untüchtig-Fetten, zwischen Vernünftig-Leistungsstarken und Unvernünftig-Faulen, zwischen Diszipliniert-Erfolgreichen und Undiszipliniert-Erfolglosen und so fort. Freilich entspricht diese Klassenhierarchie dem gesellschaftlichen Schema von

Privilegierung und Macht und Unterprivilegierung und Ohnmacht und ist tatsächlich zu einem klassenspezifischen Diskriminierungsmerkmal geworden. Früher war Körperfülle Ausdruck von Selbstmächtigkeit und auch gesellschaftlicher Macht; und gerade der Selbstausdruck im Körperlichen als Sinnesfreude und Triebfülle ist heute in der gesellschaftlichen Idealbildung abgelöst worden vom körperfernen Akkumulationsprinzip zwanghafter Besitzanhäufung, Macht- und Kontrollmehrung: die Selbstdisziplinierung des Körpers als Leistungsorgan, der Mensch als allseits flexibles Anpassungsmodul ist das Ideal der Zeit. Der Leser halte sich dagegen die barocke Lebensgesinnung vor Augen: ein fleischliches Festmahl sinnlicher Gelüste und ein Augenschmaus kultureller Genüsse.

Fettsucht ist der unbewusste Aufstand gegen körperliche Selbstunterdrükkung und kalte Vernunftregulierung des Lebens. Der Fettsüchtige wird im Obesity-Programm der Medizin (s. das „Multizentrische Obesity-Projekt" der Deutschen Psychosomatik) so obsessiv verfolgt wie früher der onanistische Patient, dem die Rückenmarksauszehrung prophezeit wurde, wenn er nicht den unzeitigen und falschen Abfluss seiner „Manneskraft" unterbindet. So scheint es auch heute den Fettsüchtigen zu gehen, denen insgeheim unterstellt wird, dass sie ihr Energiepotential gesellschaftlicher Arbeit entziehen und ein luxuriöses Moment für sich selbst pflegen wollen. Die unbewusste Weigerung, sich der körperlichen Normierung zu unterwerfen und sein eigenes Maß zu leben, unabhängig von der allgemeinen Maßregelung des Lebens in der Moderne, scheint nicht zuletzt auch in der Medizin Rache- und Vergeltungsgelüste gegen diese Menschen auszulösen. Erinnert sei hier an die medizinische Technik von unsinnig-quälenden Hungerkuren, von chirurgischen Eingriffen der Resektion bei Fettsüchtigen, der Entfernung von Magen- und Darmteilen und Fettschichten, wie wenn solche Amputationen als Strafexpeditionen (unbewusste Kriegszüge) von den Ärzten im gesellschaftlichen Auftrag ausgeführt würden.

Fallkonzeptualisierung einer bulimischen Persönlichkeit

Symptom
Fressattacken, Übergewicht (95 Kilo bei 1,78 m Größe), depressive Verstimmungen

Symptomwertung
Ich stopfe, also bin ich voll und nicht leer.

Symptomumwertung
Das Völlegefühl dient dem Schutz vor Leere und Alleinsein.

Fokussierung
Indem, wenn, weil ich stopfe, gehe ich nicht leer aus, bin ich nicht leer, habe ich immer etwas in mir; und indem ich nicht leer bin, brauche ich keine Angst zu haben, leer auszugehen – auf allen Stufen der Triebökonomie: oral, anal und genital.

Therapiehypothese
Was kann die Patientin aus ihrer oralen „Stopfsucht" machen? Kann sie dieses Begehren in genitale „Stopflust" umlenken, kann sie es sublimierend umwenden von der oralen Selbstversorgung in Fremdversorgung, kann sie es zur Bereicherung des Ichs, zur Differenzierung der Kognition, zur Ausgestaltung der Ich-Funktionen einsetzen?

Bei der Selbstdarstellung dieser Patientin war der kommunikative Beziehungssog, das unbedingt einnehmende, Sympathie erzeugende Verhalten beeindruckend. Darin wurde ihr unersättliches Verlangen spürbar, sich durch Verständnis, Zuwendung und Akzeptanzbezeugung unmittelbar sättigen und bestätigen zu lassen. Die rührende Hilflosigkeit in der Selbstdarstellung hatte drängend-appellativen Charakter, sich ihrer anzunehmen mit sofortiger Hilfestellung zur Konfliktlösung. Eine erotisch faszinierende Frau überraschte durch die archaische Form ihres scheinbar undifferenzierten oralen Verlangens und durch die Unerbittlichkeit ihres Hungerns nach sofortiger Stillung ihrer Ansprüche.
Nach dem oralen Mythos ereignet sich die Differenzierung von Innen und Außen im Verkosten der Nahrung der primären Objekte, und die Patientin war in ihrer hochgespannten Triebhaftigkeit ständig gedrängt, ohne Aufschub die Anderen dafür zu gewinnene, ihrem Bedürfnis nach „oraler Zufuhr" unmittelbar nachzukommen. In diesem fressenden Beziehungsverhalten konsumierte die Patientin die Anderen in Fast-Food-Manier, wie wenn sie, vom Hunger getrieben, sich eine genießerische Sättigung nicht erlauben könnte. So war sie nicht in der Lage, die Beziehungsmöglichkeiten einer

Szene realistisch einzuschätzen, was ihr oder dem Anderen „bekömmlich" sein könnte. In der oralen Urteilsfunktion liegt aber das Fundament für alle weiteren Verkostungen, das Urmeter für die Wertbemessung des Objekts, nicht zuletzt des sexuellen.

Eine konventionelle Linie der Klärung von Fresssucht könnte in den Fressattacken nur eine regressive Abwehr von Verlassenheitsängsten (die Fettsucht als Selbsttröstung) sehen oder in den Fressattacken die Abwehr einer Überwältigung durch Fellationsimpulse und zugleich einen entstellten Wunsch nach genitaler Befriedigung vermuten. Diese Lesart bloß abgewehrter libidinöser Überwältigung würde aber verkennen, dass der verschlingende Modus oraler Gier vitalen Bedürfnissen und Ich-Interessen der Selbsterhaltung der Patientin diente, und der drohende Verlust des familialen Nahrungsstroms durch Wechsel von den oralen elterlichen Objekten zu genitalen Objekten von ihr unbewusst mit dem drohenden Hungertod gleichgesetzt wurde.

Erhellend für die Fresssucht war das auslösende Ereignis einer schweren narzisstischen Kränkung. Mit Aufnahme des Studiums ging die Patientin unmittelbar ihre erste Beziehung ein. Die sexuelle Freizügigkeit in dieser ersten Beziehung überraschte wegen des scheinbar tabulosen Charakters, weil die Patientin alle Sexualpraktiken, Oral- und Analverkehr und andere Überschreitungen „problemlos" realisierte. Freilich wurde in der Analyse deutlich, dass es sich hier um Scheinausschweifungen handelte, weil die Patientin, ähnlich wie ein anal fixierter Mensch, bei dem sich die Sphinktermoral der Retention auf alle anderen Körperzonen überträgt, ihre orale Inkorporationsmoral auf alle anderen Körperöffnungszonen übertragen hatte. Deshalb waren die Anal- und Genitalzonen oralisiert, das heißt, ihr Körper war anorgasmisch und stand allein im Dienste der oralen Vereinnahmung. In diesem unbewussten Sinne existentieller Inkorporationsmodalität war ihre erste Beziehung eine Fortsetzung des familialen Sättigungsstroms, und auf dem Hintergrund dieser Konstellation konnte auch der unerwartete Abbruch der Beziehung durch den Freund die Patientin so treffen, dass narzisstische Vernichtungsängste ausgelöst wurden, wie wenn ihr der bis dahin unablässig fließende Nahrungs- und Versorgungsstrom plötzlich entzogen worden wäre. Dieser Einbruch in die orale Erwartungssphäre eines bisher ununterbrochen fließenden Nahrungsstroms hatte traumatische Wirkung, die sich im abrupten Auftreten der Fresssucht und in heftigen, zwanghaften Kontaminationsängsten gegenüber Männern äußerte. Der unerwartete Abbruch der Beziehung schien die orale Katastrophe gewesen zu sein, die das Phantasma vom drohenden Hungertod aufgeladen hatte.

Die Patientin versagte sich durch sexuelle Isolierung jede libidinöse Infektion in der unbedingten Kontaktvermeidung mit Männern. Und diese Infektionsgefährdung durch sexuelle Ansteckung war aufgrund der traumatisierenden Erfahrung für die Fresssucht der Patientin bedrohlicher als die Angst vor den Folgen der Fressgier, weil mit dem Phantasma vom drohenden Hungertod die basale Dimension mangelnder Zufuhr an „Lebensmitteln" berührt wurde.
Die Patientin hatte sich zu ihrem „Unterhalt" eine Fülle von Quellen gesichert durch ein vielschichtiges Netzwerk verbindender beruflicher, sportlicher und Freizeitaktivitäten und pflegte auch im Zusammenleben ihrer Wohngemeinschaft eine synzytiale Verwobenheit mit den anderen Frauen, deren Verbundenheit durch das Dazwischentreten eines Mannes nicht gefährdet werden durfte. Allerdings war dieses System der Selbsteinschließung gegenüber den Männern auf Dauer nicht zu halten wegen der von ihr nicht zu unterdrückenden erotischen Bedürfnisse der Freundinnen. Auf sexuelle Exkursionen der Freundinnen reagierte die Patientin mit panikartigen Ängsten, die durch rauschhaftes Fressen beruhigt werden mussten. Die zunehmende „Stopfsucht", welche die Patientin vor allen, besonders gegenüber den Freundinnen und der Familie unbedingt verheimlichen musste, verstärkte wiederum die schuldbesetzte Heimlichkeit des Fressens. Der Verbotscharakter des Fressens nahm eine moralische Zwanghaftigkeit an, wie sie stärker nicht sein könnte beim Übertreten des Onanieverbots. In diesem Zusammenhang stellt sich die rigorose Onanievermeidung als Schutz vor libidinöser Selbstinfektion dar, dessen Zwanghaftigkeit sich erst verlor, als die Patientin die Bedeutung ihrer „Hungersnöte" akzeptieren konnte.
Die unbewusste Gleichung, wie sich zeigte, war die Gleichsetzung von Alleinsein mit Ungeliebtsein, das bedeutet ohne Nahrung sein, vom (Hunger-) Tod bedroht zu sein. Die Patientin hatte ein solch vereinnahmendes Wesen, solch gewinnendes „Beziehungsfressen" entwickelt, dem sich kaum jemand entziehen konnte. Diese produktive Seite ihrer kommunikativen Begabung, ihre besondere Beziehungsfähigkeit zur Objektgewinnung, war freilich beschränkt auf den Gewinn von Frauen und schloss den Gewinn von Männern als Sexualobjekte aus, um sich vor dem vermeintlichen Verlust der Nahrungsquellen zu schützen.
Der Gewinn von Männern wäre nur dann ein Selbstgewinn für die „Fresssucht" und ließe sie auch ihren Hunger nach Mehr sexuell stillen, wenn die Patientin die Erfahrung machen könnte, dass in einer sexuellen Beziehung die Zufuhr von „Lebensmitteln", der lebenserhaltende Nahrungsstrom, die Grundlage der Beziehung ist und bleibt: ich esse, was ich lieben kann, und

ich kann nur lieben, was ich als bekömmliche Nahrung vorverkostet habe. Das heißt: die Umlenkung der oralen Gier auf sexuelle Befriedigung hätte zur Voraussetzung, dass sich das Objekt der sexuellen Begierde zuvor oral bewähren muss. Und die Anerkennung der oralen Grundsicherung brächte es dann mit sich, dass die Fressgier auch als Wissbegierde[90], kognitive Expansionslust und gefräßiges Erkenntnisinteresse, mithin im Verkosten von immer neuen Objekten sich befriedigen könnte.

Unter dieser Perspektive der Bejahung der Fresslust als Ausdruck exzessiver Potenz trat bei der Patientin die Angst vor dem Verlust ihrer oralen Grundsicherung zurück, und die Angst aktualisierte sich als Angst vor sexueller Überwältigung, ihrem maßlosen Appetit zu erliegen. Das Phantasma oraler Verschlingung wendete sich in das Phantasma der sexuellen „Stopflust", mit der Angst vor erschöpfender Ausbeutung der Männer und der darin verbundenen Verlustangst, alleine zurückzubleiben. Erst auf diesem Hintergrund konnte die Patientin ihren Körper anders wahrnehmen, nicht mehr eingeschränkt als „Gierschlund", sondern den ganzen Körper als „Quelle" von

---

[90] Unter dieser Optik kann es nur darum gehen, ob die spezifischen Potenzen des Einzelnen in nicht selbstschädigender Weise und auf anderem Triebniveau befriedigt werden können oder triebökonomisch umgestaltet werden durch sublimierte Befriedigungsarten – Workaholiker sind „Stopfsüchtige", wie andere sich mit Büchern, Bildern, Immobilien, Beziehungen vollstopfen können; oder wie jener Koch, der zwar für sich selbst kocht, aber seine Befriedigung daraus gewinnt, andere für sich „fressen" zu lassen, statt sich selbst endlos vollzustopfen. Der narzisstische Gewinn, ein guter oder berühmter Koch zu sein, sublimiert noch einmal die orale Gier im Zuwachs an außergewöhnlichem Ansehen: ein Übergewicht an Ansehen statt des körperlichen. Das will nicht besagen, dass alle Bulimiker wegen ihres oralen Triebüberschusses gute Köche werden könnten; es will nur sagen, dass Berufswahl immer Symptomwahl ist. Der Phantasie menschlicher Möglichkeiten, orale Gier zu befriedigen, sind keine Grenzen gesetzt; es gibt nur nach dem jeweils herrschenden Zeitgeist sich ändernde moralische Diskriminierungen gegenüber dem Abweichenden von der gerade geltenden Triebökonomie. Das ICD-Glossar, Abweichungskatalog mit psychiatrischer Sanktionsdrohung, wäre im 18. Jahrhundert, obwohl undenkbar für die damalige Zeit, höchstenfalls so verfasst gewesen: abweichendes, sanktioniertes Kapitalvergehen wären die Verstöße gegen die heilige Schöpfungsordnung, exemplarisch die Blasphemie (Gotteslästerung) und Sodomie (Analverkehr) – de Sade's „Verbrechen" als Aufruhr gegen die Ordnung seiner Zeit. Die Freiheit jener Zeit, welche dem Subjekt nach Innen wie nach Außen wenig Beschränkung seiner Sinnenlust auferlegte, offenbart das Ausmaß des Selbstzwangs (Elias 1976), der Selbstunterdrückung der Leidenschaften und Begierden im bürgerlichen Zivilisationsprozess und führt die Zurichtung des Menschen in der Moderne zum deformierten Objekt einer umfassenden Triebpädagogik vor Augen. Allerdings zeigen die naturalistischen Formen in der Malerei, Literatur und Musik des Impressionismus und das wiedergefundene Physis-Denken von Nietzsche und Freud, dass erst mit der totalen wirtschaftlichen Mobilmachung bei der Katastrophe des ersten Weltkriegs der kapitalistische Akkumulations- und Entsinnlichungsprozeß seinen Lauf ins Exzeßhafte nimmt.

Attraktion und Attraktivität, als Beziehungskörper für intellektuelle, emotionale, soziale und allgemein erotische Nahrungsaufnahme, die ihren Ausgang nimmt in einem libidinösen Selbstkonzept.
Allerdings zeigte die orale Ausschweifung das Ausmaß der sinnlichen Potenz der Patientin, aber auch, dass eine solche Frau sich nicht in normierten Körpermaßen einpferchen lässt und trotz sublimierter Befriedigung aufgrund des enormen Triebüberschusses immer mit einem ungewöhnlichen Verlangen leben und den für sie passenden Maßstab ihrer Wolllust im Körperlichen und Erotischen finden muss.

2.2 Das Phänomen des Anorektischen

Der **anorektische Mythos** ist der Gegenmythos zum bulimischen. Er handelt von der Entfernung des Körpers, der Sinnlichkeit und von der Absolutierung des Kopfes, einem körperlosen Geist ewigen Lebens, einer totalen Autarkie, die sich aus dem Naturkreislauf von Assimilation und Dissimilation herausstellt. Die Versagung irdischer Nahrung ist die Gewähr für ewiges Leben, und die geistige Nahrung ist die göttliche Speisung der Unsterblichen: die religiöse Dimension der Anorektiker im Hunger nach himmlischer Nahrung, in der Gier der Verschlingung alles Verderbten, dessen sich der asketische Heros zur Befriedigung seines absoluten Reinheitsideals entledigen muss. Die verrückte Gier des Anorektikers, verderbte Lebensmittel aufzufressen, verweist auf dieses Phantasma der verderbten Materie, von der sich die Magersucht durch deren Vernichtung befreien muss; ähnlich den Gnostikern, die sich von der verderbten Materie erlösten, indem sie diese im orgiastischen Verzehr vernichteten, auch das Sperma, um sich aus dem Naturkreislauf von Zeugung, Geburt und Tod herauszustellen. Die orale Vernichtung von Materie war von dem Begehren getrieben, den Kreislauf der Wiedergeburt von Materie aufzuheben, um möglichst unmittelbar in das göttliche Lumen eingehen zu können.

Psychohistorischer Exkurs

Kulturhistorisch ist interessant, dass zwar die Anorexie als Abwehrstrategie gegen die Bulimie interpretiert wird, dies aber nur um den Preis der Verkennung des religiösen Phänomens der Anorexie. Die Bulimie ist im Vergleich zur Anorexie in ihren Abwehrstrategien und Schutzmechanismen gegen das Verfallen an die orale Gier unmittelbar einleuchtend. Die Anorexie dagegen hat eine Tiefendimension der Oralität, die in der Askesebildung und im Voluntarismus ein verdecktes Phänomen repräsentiert für die dahinterliegende, fast kosmische Gier, die Unendlichkeitssehnsucht der Anorektiker. Es ist hier auch davon abzusehen, dass das Schlankheitsideal ein modisches Phänomen im Fitnessprogramm zur Optimierung der Körperarchitektur ist, wenn man nicht die Übertreibungen des Schlankheitsideals als latente Magersucht lesen will in Reaktion auf die körperliche Verführung sinnlicher Verausgabung. In dieser Hinsicht verbirgt sich kulturspezifisch, gerade in der westlichen Welt, hinter dem anorektischen Phänomen ein Aufstand gegen die Entspiritualisierung des Lebens und die Austreibung religiöser Introversion.

Die Entfernung des Körpers ist in dieser Optik weniger die Abwehr der unmittelbar körperlichen Sinnesgier als ein Mittel zur Spiritualisierung des Körpers, dem durch das Fasten die Transgression in metaphysische Erfahrung aufgezwungen wird. Man kann die Lust dieser Erfahrung und die Gier nach ihr eher begreifen, wenn man sich die inbrünstige religiöse Verzückung in früheren Zeiten vor Augen hält und dabei sehen kann, dass das Religiöse in seiner oberen Region des reinen Heiligen sich speist aus der unteren Region eines unreinen Heiligen: die Quelle der Inbrunst ist die Sinneskraft des Körpers (materia), die sich transformiert in die religiöse Inbrunst der Vereinigung mit dem Erhabenen.

Die Auseinandersetzung dieser Dimension des Religiösen ist nach unserer klinischen Erfahrung wesentlich für den Erkenntnisgang zwischen Therapeut und Patient und unabdingbar für das Verständnis dieses Krankseins, das ein narzisstischer Schutzmechanismus gegen die religiöse Entsinnlichung darzustellen scheint. Der Zusammenhang zwischen dem Verschwinden religiöser Initiationsriten, den christlichen Exerzitien, die den Introversionsschub der Pubertät für eine andere Erfahrung von Welt gestalteten, und der Manifestation von anorektischem Kranksein ist nicht von der Hand zu weisen; und auch nicht davon abzusehen, dass in dieser Hinsicht die Anorexie eine privatistische religiöse Selbstgestaltung darzustellen scheint. Dann stellt sich aber die Frage, warum gerade die Frauen davon mehr ergriffen sind als die Männer, auch wenn wir heute zunehmend mehr männliche Anorektiker sehen.

Die Entwicklung von Gefühlskultur, subtiler sinnlicher Erfahrung, gründet sicherlich in der Vermittlung einer religiösen Erfahrungswelt, die nach der Erziehungstradition patriarchaler Kulturen von den Müttern vertreten wurde. Dies hat auch seinen guten Grund darin, dass den Frauen eine höhere Rezeptivität und Sinnlichkeit (Marcuse 1972) zugeschrieben wurde, da sie im Gegensatz zum Prinzip männlicher Rationalität das Antagonistische von körperbestimmter Affektivität und Logik des Herzens (Pascal's „logique du cœur") zu leben hatten. Allerdings wird diese Aufspaltung in Vernunft und Sinnlichkeit heute gesellschaftlich negiert und im Emanzipationsprozess der Subjekte haben Frauen heute eher Zugang zu ihrer unbewussten Männlichkeit und Männer zu ihrer unbewussten Weiblichkeit, so dass daraus das zunehmende Auftreten von männlichen Anorektikern zu verstehen ist.

Das religiöse Problem unserer Zeit und dieser Dimension religiöser Erfahrung, wie sie sich bei der Magersucht zeigt, wird nicht in den Blick genommen wegen der religiösen Ahnungslosigkeit von Psychotherapeuten, die aufgrund ihrer oberflächlich aufklärerischen Gesinnung einer Denkhemmung gegenüber dem religiösen Phänomen erliegen. Die Verbindung des

Religiösen zur Erotik ist bei der Anorexie unübersehbar, und die Verbindung von religiöser und sexueller Inbrunst bedarf der Aufklärung, um den religiösen Sinn der Erotik und das erotische Wesen des Religiösen zu begreifen: „Wer den religiösen Sinn der Erotik nicht sieht, dem entgeht ihr Wesen. Und wer umgekehrt das Band nicht sieht, das die Religion mit der Erotik verknüpft, dem wird auch das Wesen der Religion entgehen" (Bataille 1981, S. 75). Der zwanghafte Impuls der Anorektiker, verdorbene Lebensmittel heimlich zu fressen, verweist auch gerade in seiner schuldbesetzten Heimlichkeit auf das existentielle Moment der Magersucht: die Vernichtung verdorbener Nahrungsmittel, der bewusste Verzehr von angesammelten, ungenießbaren Speisen, repräsentiert eine ungeheure Gier, verderbte Materie zu verschlingen. Der Vernichtung verdorbener Materie ist der Entfernung des Körpers analog und scheint denselben unbewussten Mechanismen zu folgen, Fleisch und Fleischeslust als verderbendes Leben abzutöten.

Der Entzug von Libido macht den Körper der Anorektiker kalt, und so ist er nicht gefährdet, sich an der Gier anderer Körper zu entzünden: es ist die kalte Vernunft toter Körper, die vor der Infektion durch Liebe schützt. Die dem Körper entzogene Libido sammelt sich im Kopf des Anorektikers und ist die Quelle seiner unendlichen Spiritualisierung – Askese und Voluntarismus sind zwei verschiedene Aspekte desselben Geschehens. Und die rigorose Nahrungsverweigerung ist ein endloses Fasten, das in seinem rituellen Charakter in der religiösen Erfahrung der Mystiker genauso wirksam ist als Entmaterialisierung[91] des Körpers, um der Erleuchtung, des göttlichen Lumens, teilhaftig zu werden.

---

[91] Strukturell und libidoökonomisch muss man die Psychodynamik der Anorexie verstehen als eine passive Auslieferung in der uneingeschränkten Übertragungsbereitschaft auf ein übermächtiges Objekt. Es geht um Identifizierung und Ich-Ideal-Ersetzung durch das allmächtige Objekt. Und die (Sexual-)Überschätzung des allmächtigen Objekts ist die Entleerung des Ichs zur Überfüllung des göttlichen Objekts, welches das Ich sozusagen aufzehrt (s. Freud XIII, Massenpsychologie und Ich-Analyse). Die Allmacht des Objekts gewinnt seine Übermacht durch den Entzug der Libido des Gläubigen: die Entleerung und Entmächtigung des von Gott Ergriffenen ist der Überfluss und die Übermacht Gottes. Und darüber hinaus gewinnt dieser Prozess seine besondere Dynamik dadurch, dass der mystisch Verzückte sich mit seinem Gott narzisstisch identifiziert und im Zusammenhang mit der Idealisierung ein Aufgehen in seinem Gott herbeiführt. Unter diesem Aspekt wird einleuchtend, dass der totale Entzug der Libido und der Überfluss auf das idealisierte Objekt die Bedingung dafür ist, dass sich die Wollust des Körpers in die Wollust des Denkens überträgt und dass sich im Moment der Verzückung, des Ergriffenseins vom Erhabenen, die ganze Gewalt des unreinen Heiligen der unteren Region (des Körpers) in das reine Heilige der oberen Region ergießt. Die Übertragung des Ich-Ideals auf das allmächtige Objekt (Ersetzung des Ich-Ideals durch das Objekt Gottes) und die narzisstische Identifizierung mit diesem allmächtigen Wesen schafft jene Überzeugung in diesem Suggestionsprozess, der die Glaubensbereitschaft in allen Glaubenssystemen bewirkt.

Der Exorzismus der unreinen, verderbten Materie ist das triebhafte Verlangen des Magersüchtigen, in seinem unendlichen Hunger nach der Vereinigung mit der reinen Geistigkeit sich aus dem Kreislauf des Lebens von Zeugung, Geburt und Tod herauszustellen. Dieses manichäische Denken hat seit den Gnostikern immer wieder in Zeitenwenden, kulturgeschichtlichen Verwerfungen, die Menschen ergriffen und zu ketzerischen Aufständen gegen die Verweltlichung des Religiösen getrieben, In diesem Zusammenhang ist die Anorexie auch als Aufstand gegen die Entspiritualisierung der Moderne zu lesen beziehungsweise als Versuch, verlorengegangene Spiritualität privatistisch, autoplastisch für sich wiederherzustellen.

Fallkonzeptualisierung einer anorektischen Persönlichkeit[92]

> **Symptom**
> Lebensbedrohliche Gewichtsreduktion (36 Kilo bei 1,74 m Größe), Kachexie, Bradykardie, Arrhythmie, Hypotonie, u. a. m.; Ekel vor Nahrungsaufnahme, Fressanfälle, Gefühllosigkeit, Phantasie- und Vorstellungsleere, Angstzustände und sozialer Rückzug
>
> **Symptomwertung**
> Ich lasse mich verschwinden, ich entferne meinen Körper, ich bin nur Kopf, körperloser Geist, also kann ich aus dem Geist leben und brauche meinen Körper nicht: mein Körper kann sich nicht mit Liebe entzünden.
>
> **Symptomumwertung**
> Der Entzug des Körpers dient dem Schutz vor dem Leben-Müssen, vor dem Eintreten in den Kreislauf des organischen Lebens (von Zeugung, Geburt, Tod), dem Schutz vor Infektion mit sexueller Lebensgier.
>
> **Fokussierung**
> Indem, wenn, weil ich das Essen verweigere oder Nahrung vernichte (durch Ausspucken, Abführen) bin ich geschützt, zu wachsen (dick und mächtig zu werden) und zu vergehen (zu sterben); indem ich nicht wachse, kann ich die Zeit anhalten, bleibe ich körperlich immer das ewige Kind, brauche ich nur meinen Geist zu leben; indem ich nur meinen Geist, den Kopf habe, habe ich alles im Griff, somit bin ich, mache ich mich körperlich unangreifbar: ich bin, der ich bin, als mein Kopf.
>
> **Therapiehypothese**
> Was kann die Patientin aus ihrem anorektischen Begehren machen? Wie kann sie ihre spirituelle Gier auch materiell ertragen lernen; wie kann sie ihren mentalen Hunger körperlich befriedigen und ihre besondere spirituelle Begabung beruflich und weltanschaulich gestalten lernen?

Bei dieser Patientin war der ungeheure Voluntarismus bei einem extrem kachektischen, moribund wirkenden Zustand beeindruckend. Es gab verschiedene Anlässe, bei denen die Patientin bereits anorektisch reagiert hatte: bei der lebensbedrohlichen Erkrankung ihres Vaters in der Frühpubertät, bei

[92] Das ICD-Glossar bringt die Diagnose Bulimie und Anorexia nervosa unter dem Oberbegriff der Esstörungen (F50.0), wobei durch die oberflächliche Beschreibung der Syndrome beliebig bleibt, ob zum Beispiel der sogenannten bulimischen Form der Anorexie auch eine anorektische Form der Bulimie entspricht. Die Austauschbarkeit derartiger Beschreibungen, die keine Basis in einer ätiologischen und pathogenetischen Vorstellung haben, trotz des immensen psychodynamischen Erkenntnis- und Wissensstandes über diese Neurosen, sind nur auf dem Hintergrund zu begreifen, dass eine solche Klassifikation nach dem überholten Modell deskriptiver Psychopathologie die Leerstelle von Theorie zu besetzen hat.

der Konfrontation mit einer sexuellen Beziehung ihrer Freundin in der Spätpubertät, bei einer sexuellen Versuchungssituation zu Beginn des Studiums und der eigentlichen Manifestation der Anorexie bei einer zwangsläufigen Konfrontation ihres nackten Körpers mit anderen nackten Körpern, welche die sinnliche Aura und sexuelle Stimulation der Körper unabweisbar machte. Denn die Patientin konnte hier nicht mehr die Augen davor verschließen, was den Anderen mit ihren Sexualkörpern in der Situation passierte, wo sie bisher vor sich selbst die erotischen Empfindungen ihres Körpers verleugnen und sich von allen Gefühlen isolieren konnte.
Bei all diesen Anlässen bis zur schweren Dekompensation bei der Konfrontation nackter Körper ging es immer um drohende und bedrohliche Infektion von Körpern, besonders bei der ersten lebensbedrohlichen Infektion des väterlichen Körpers, so dass hier ein Phantasma der Patientin zur Wirkung zu kommen scheint: wenn man den Körper nicht verschwinden lässt, nicht zum Verschwinden bringt, setzt man sich lebensbedrohlicher Infektion aus, die unvermeidlich ist; wenn man sich nicht von seinem Körper trennt und durch Entzug des Körpers seinen Geist vor Ansteckung schützt. Die weitere unbewusste Gleichung schien zu lauten: indem ich mich vom Unreinen, dem Körper und seinen Empfindungen fernhalte, weiß ich, dass mein Geist rein bleibt, halte ich mich rein. Die obere Region geistiger Sauberkeit stellte den ganzen Körper unter sein Kommando, so dass mit der unteren Region nichts passieren durfte, was nicht der Willkür der oberen unterstellt war. Die vegetativen Funktionen wurden alle der Willkürherrschaft des Kopfes unterstellt, ob es sich um körperliche Zufuhr oder Ausfuhr handelt; alle unwillkürlichen Erscheinungsweisen des vegetativen Lebens unterlagen dem Prinzip einer strikten Durchrationalisierung und manipulierenden Kontrolle.
Auf einer konventionellen Linie psychodynamischer Interpretation könnte man diese Erscheinungen als Reaktionsbildungen auf infantile Sexualstrebungen, als Sublimationsvorgänge deuten, im oralen Sinne auf die gestörte Mutter-Kind-Beziehung in der frühoralen Phase schließen und auf die daraus resultierende Verweigerung der Weiblichkeit wegen einer tiefen Hassbindung an die Mutter. Allerdings muss man hier auch bedenken, dass die Gleichung von unbewusster hysterischer Inszenierung über Fellationsphantasien, oraler Schwangerschaft und analer Entbindung oder Ausstoßung des fremden, schädigenden Introjekts eher einer Projektion hysterisierender Vorstellungen von Therapeuten über die Magersucht entspricht als der Wirklichkeit und dem Phantasma der Anorexie. Die Entlibidinisierung des Körpers ist gerade das Problem der Magersucht, und die Sexualisierung des Denkens deren Folge. Durch die Entlibidinisierung wird der Körper sozusagen entma-

terialisiert und durch die sexuelle Überbesetzung des Denkens tritt an die Stelle körperlicher Wollust die Wollust des Denkens, die fressende Gier nach geistiger Nahrung und geistiger Bindung statt den konkreten, empirischen Bindungsansprüchen des Menschen: der triebbereinigte, kalt gemachte Körper ist dem Geist kein Ärgernis mehr.
Wenn man die Sexualisierung des Denkens als Sublimationsvorgang, Ersatzbildung begreifen will, dann muss man allerdings die Einschränkung machen, dass es hier nicht um die übliche Sublimation, Verschiebung im Triebziel eines Verlangens geht, sondern dass bei der Magersucht unmittelbar sich eine nicht abzuleitende und nicht abgeleitete Libido im Kopf konzentriert. Es scheint eine Überschussproduktion von Libido zu sein, die nie durch die Alchimistenküche der Triebumwandlungen in den Organisationsstufen der libidinösen Entwicklung gegangen ist, sondern von vorneherein als nichtkultiviertes narzisstisches Reservoir persistiert hat, aus dem die Libido nicht auf die Objekte der Welt übergeflossen ist. Vielmehr hat hier die narzisstische Libido jene Disposition zur Vergeistigung, zur Selbstvergrößerung im Denken abgegeben, die das eigene Ich im egokosmischen Sinne mit dem göttlichen Ideal ersetzt hat – insofern eine Sublimation als umwegloser Kurzschluss zur göttlichen Selbsterhebung; wie die Patientin von sich selbst immer wieder sagte: „Die Vögel des Himmels, sie säen nicht, sie ernten nicht und der himmlische Vater ernährt sie doch".
Es sei hier nur darauf verwiesen, dass die gesamte therapeutische Arbeit unter dem Zeichen stand, wie der Kopf zu seinem Körper und der Körper wieder zu seinem Kopf kommen kann; wie die Patientin die Entzündung des Körpers mit Liebe und Wollust als narzisstische Bereicherung des Kopfes erfahren kann. Der vom Körper isolierte Geist wird durch die Verlebendigung des Körpers, durch die Erotisierung und Befriedigung in der Ausweitung der Objektbeziehungen erkennen, dass er seine narzisstische Genugtuung durch die geistige Korrespondenz in der Berührung mit dem Geist anderer gewinnen kann – die Bejahung körperlicher Berührung ist die Bedingung der Anerkennung geistiger Berührung. Denn der Exorzismus des Körpers hatte auch zu einem Exorzismus des Geistes Anderer geführt, zu einer radikalen Selbstabschließung und geistigen Selbstgenügsamkeit. Es erübrigt sich noch auszuführen, in welcher Weise die Patientin der tyrannische Kopf ihrer Familie war und wiederum von der Familie, besonders der Mutter, in Delegation eigener versagter intellektueller Ansprüche und beruflicher Aspiration instrumentalisiert und noch einmal darin bestätigt wurde, der einzig wahre Kopf zu sein. Schließlich ist von Bedeutung, dass sie sich in Identifikation mit einer akademisch erfolgreichen Nebenlinie der Mutter

ihre berufliche Karriere nach Bewußtwerden dieser unbewussten Verstrikkungen sichern konnte. Die besondere Disposition zur Vergeistigung, jene religiöse Begabung zum Selbstgespräch mit dem Göttlichen, wird der Patientin lebenslang eine transzendentale Nahrung sicher stellen, die sie in der Rekultivierung und Reaktivierung ihrer Religiosität heute ich-gerecht leben kann. Und die irdische Nahrung hat die Patientin nach der Libidinisierung ihres Körpers, der Entzündung ihres Körpers mit Liebe, jetzt genießen gelernt.

2.3 Das Phänomen des Narzisstischen

Der **narzisstische Mythos** ist der von der Einsamkeit des unsterblichen Helden, der einsamen Größe in der Selbstauszeichnung. Es ist der Mythos vom Besonderen und Einzigartigen: der Einsame ist mit sich allein der Größte und in dieser Einzigkeit gibt es keinen Anderen außer Narziss, der sich in der absoluten Introversion seiner Liebe selbst verschlingt, in der Selbst-Verzückung seines Spiegelbildes in sein eigenes Ideal eintaucht, den Hunger nach ewiger Schönheit stillend.

Psychohistorischer Exkurs

Der Narziss-Mythos erzählt die Revolte gegen die Sterblichkeit des Menschen und zugleich die Anmaßung, sich des göttlichen Lebens zu versichern. Es liegt im Zug der allgemeinen Entmythologisierung, von der Tiefe des Wissens abzusehen, wie sie sich im Mythos darstellt. Denn die narzisstische Thematik ist nicht die Geschichte einer rücksichtslosen Selbstliebe, an welcher der narzisstische Mensch in der Selbstumarmung seines Spiegelbildes zugrunde geht. Es ist die Geschichte vom unendlichen Selbst-Hunger, die keine menschliche Lösung finden kann. Die Prophezeiung des Sehers bei der Geburt von Narziss: er werde sehr alt werden, aber nur, wenn er sich niemals selber kennt, heißt, dass die Selbsterkenntnis des Menschen zu Tage fördert, dass das Ich immer schon ein Anderer ist – das von Lacan zitierte Postulat Rimbauds: Je est un autre (Ich ist ein Anderer). Denn das sich selbsterkennende Ich, das sich als Relikt einer Geschichte vieler Identifizierungen ansehen muss, erfährt die ungeheure Kränkung seiner Selbstliebe, dass es der Schatten eines Anderen ist.
Nietzsches Diktum: „Selbsterkenner Selbsthenker" meint, dass das „Ich älter ist als das Du"; es ist die Revolte gegen den Entwicklungsanspruch, dass das Du älter ist als das Ich. Narziß wird nach der Prophezeiung sehr alt werden, das heißt, unsterblich sein, wenn er sich niemals selber kennt, wenn er sich der Individuation verweigert. Die menschliche Individuation ist daran gebunden, dass das Subjekt heraustritt aus seinem narzisstischen Reservoir (Freud), nach Außen in die Welt überfließt, statt seine Quelle nur für sich zu bewahren und sich nicht in den Kreislauf der Anverwandlung, in die Verkettung von Identifizierungen mit den Anderen zu begeben, ein Sterblicher zu werden und das Schicksal der Sterblichen zu erleiden. Die Diskriminierung des Narzisstischen als ungeheure Ich-und Selbstbezogenheit verkennt, dass

es im narzisstischen Hunger um den Anspruch geht, so zu sein oder zu werden wie die Götter: es ist die menschliche Projektion an den Himmel der von ihm geschaffenen Götter.
Die unerhörte Liebe zwischen der Nymphe Echo und Narziß hatte ihren Grund darin, dass sie sprachlos war und den Anruf von Narziß nur als Echo erwidern konnte. Aber die Götter haben die Ausweglosigkeit der Selbstliebe, die sich selbst nur ein Echo ist, verfügt. Und für die Sterblichen gilt, was Freud über die Nötigung des menschlichen Seelenlebens sagte: „Ein starker Egoismus schützt vor Erkrankung, aber endlich muss man beginnen zu lieben, um nicht krank zu werden, und muss erkranken, wenn man infolge Versagung nicht lieben kann" (Freud X, S. 151). Freilich hat im Himmel der Selbstliebe auch der Sterbliche seinen Ort im künstlerischen Selbstausdruck, den Geschöpfen seiner narzisstischen Liebe, die das Echo des Selbstgesprächs der Seele mit sich selbst im kreativen Prozess sind. Auch die Symptome sind künstlerische Produktionen, narzisstische Schutzgebilde, wie Kunstwerke[93] entworfen, kluge und schöpferische Erfindungen des Subjekts zur Bewältigung der auferlegten Probleme.

93 s. Pohlen: „Eine Analyse bei Freud. Die Sitzungsprotokolle Ernst Blums von 1922 – ein Dokument Freudscher Interpretation" (in Vorbereitung).

Fallkonzeptualisierung einer narzisstischen Persönlichkeit[94]

Symptom
Selbstverletzung durch Schnittwunden am ganzen Körper

Symptomwertung
Ich verletze mich, also bin ich ein Gezeichneter.

Symptomumwertung
Die Selbstverletzung dient dem Schutz vor totaler narzisstischer Entwertung und Vernichtung.

Fokussierung
Indem, wenn, weil ich mich schneide, bin ich ein Gezeichneter, bin ich ein Ausgezeichneter, habe ich etwas Besonderes, bin ich etwas Besonderes, brauche ich keine Angst mehr zu haben, ein Nichts zu sein.

Therapiehypothese
Was kann der Patient aus seiner narzisstischen Selbstverletzung, dem Begehren, ungewöhnlich und herausragend zu sein, machen? Kann er es kognitiv umwandeln in die Selbstauszeichnung besonderer Leistungsfähigkeit; kann er den exhibitionistischen und masochistischen Drang, seine Narben als Ordensspangen, als Ausweis seiner Größe und Einzigartigkeit zu tragen, sublimierend befriedigen durch die Erfüllung eines phallischen Narzissmus, der ihn zum Objekt der Bewunderung und Anerkennung macht durch narzisstische und libidinöse Auszeichnung der Anderen.

Durch sein Auftreten vermittelte dieser Patient eine Aura unerhörter Herablassung, in der deutlich wurde, dass es eigentlich unter seiner Würde lag, mit Anderen Kontakt aufzunehmen. Zugleich konnte er nicht verbergen, wie empfindsam er auf die Begegnung reagierte, und welche Erwartungen er in seiner trostlosen Vereinsamung auf Verständnis hatte. Überraschend war, wie der Patient im Dialog sich sogleich auf eine Tiefe der Verständigung einlassen konnte, als der Therapeut gegen die Erwartung des Patienten den paradoxalen Sinn der Symptomatik der „Selbstverwundung“ ansprach und der Patient erfahren konnte, dass diese nicht im medizinischen Sinne als „gewöhnliche Selbstbeschädigung“ etikettiert wurde. Der ungeheure Hunger des Patienten nach narzisstischer Anerkennung war wachgerufen, als der

[94] Das ICD-Glossar ordnet die narzisstische Persönlichkeit unter sonstige Persönlichkeitsstörungen (F60.8) wie exzentrische, haltlose, unreife, passiv-aggressive, (psycho)neurotische Störungen ein. In diesem Merkmalskatalog versammeln sich all jene diskriminierenden Zuschreibungen, wie sie dem obsoleten Psychopathiebegriff der überkommenen deutschen Psychiatrie zu eigen waren.

ungewöhnliche Sinn seines Leidens in Erscheinung trat: in einem untergründigen Dialog wurde in vielen Vignetten der mythische Gang eines unbesiegbaren Helden in seinem verzweifelten Kampf um Auszeichnung, in seinem Verlangen nach Einzigartigkeit erzählt. Auf dieser fremden Bühne konnte der Patient sich seine Geschichte anhören und später, überraschend für den Therapeuten, die Narben auf seiner Brust demonstrieren als Stigma seiner Selbstauszeichnungen.

Das besondere narzisstische Verlangen nach Auszeichnung und Bewunderung scheint schon in früher Jugend zur Symptombildung der Selbstschädigung geführt zu haben, die auch als Selbstbestrafung aus narzisstischer Wut gegen die primären Objekte gelesen werden kann und zur pathologischen Überzeugung von Schlechtigkeit geführt hat – eine jahrzehntelange Karriere als masochistisch-verrückter Patient war die Folge. Die negative Karriere dieses Patienten ist nur zu verstehen auf dem Hintergrund der familialen Konstellation: als verspätetes, letztes Kind seiner Eltern, die zu jener Zeit aufgrund ihrer fortgeschrittenen Emanzipation keine Kinder mehr haben wollten, wurde er nicht wie gewöhnlich der verzärtelte Nachkömmling, sondern war schon vor seiner Geburt das „unerwünschte Kind“, das die Lebensplanung seiner Eltern durchkreuzte. Der Altersunterschied zur älteren Schwester war fast ein Generationenunterschied (15 Jahre). Diese Schwester gehörte im Erleben des Patienten zur Elterngeneration, nicht nur aufgrund des Altersunterschieds gegenüber dem Patienten, vielmehr durch ihre Altersnähe zur Mutter, die sie mit 18 Jahren geboren hatte. Der Patient war im Bewusstsein des ungeliebten Einzelkindes groß geworden, dessen Existenz als Last ihn die Eltern immer spüren ließen. Die Isolierungsgefühle und Vereinsamungsängste des Kindes konnte man aus der ungewöhnlich früh auftretenden Selbstbeschädigung durch Schnittwunden ermessen.

Der Verlauf der Individuation dieses Patienten war gekennzeichnet durch eine permanente Ausstoßung aus dem Familienverband, die von den Eltern mit der Schwester unbewusst vollzogen wurde und durch ständige Inanspruchnahme psychiatrischer Hilfe sich gut rationalisieren ließ in einer nach außen demonstrierten familialen Fürsorge für das kranke Kind. Der Patient wurde als unberechenbares und verrücktes Kind für das auf Selbstverwirklichung und Selbstbeförderung ausgerichtete familiale System von Vater, Mutter und Schwester geopfert. Das Erfolgssystem der Familie bestätigte sich am Misserfolg des Patienten, dessen „misslungene Karriere“ ihr einen Beweis dafür bot, dass man durch Energie und Aktivität sein eigenes Schicksal effizient besorgen kann; im Unterschied zum kranken Patienten, dessen Misslingen als selbstverschuldetes Lebensversagen in der Familie empfunden wurde. Freilich bestand das unbewusste Opferungssystem dieser Familie darin, dass das durch Liebesentzug am Patienten gesparte „Libidokapital" von den Anderen als „Libidoinvestition" für ihre erfolgreiche Karriere eingesetzt werden konnte. Der Gegensatz zwischen der Elternkonstellation von Vater, Mutter und Schwester, die ihre Auszeichnung alloplastisch suchten auf Kosten des Patienten, der seine Selbstauszeichnung autoplastisch betreiben musste, zeigt die Gewaltverhältnisse dieser familialen Opferökonomie.

Die Symptomklärung setzte hier ein in der Selbstaufklärung des Patienten über die im Symptom liegende negative Selbstauszeichnung. Denn die andere, entscheidende Lesart dieser Symptomatik liegt in der produktiven Wertung der narzisstischen Selbstauszeichnung. Diese „korrigierende kognitive Erfahrung" war der Grund einer therapeutischen Wende, dem Patienten seine besondere kognitive Ausstattung als Instrument erfahren zu lassen, sich Anerkennung und narzisstische Bestätigung aufgrund seiner intellektuellen Fähigkeiten zu verschaffen. Auf diesem Wege konnte er auch die Anerkennung und Bewunderung der Mitstudenten erhalten, was auch zu libidinöser Befriedigung in der sexuellen Annäherung an Frauen führte.

Im Fortgang des Therapieprozesses wandelte sich die Symptomatik von der körperlichen Darstellung und Inszenierung in die seelische Symbolisierung, indem der Patient nun durch seine hervorragenden Leistungen in den Mittelpunkt der Seminare gestellt war, ein Beziehungsdenken entwickelte, im Mittelpunkt zu stehen und seine Größe sich darin erwies, dass er derjenige war, der im Mittelpunkt stand und alle Blicke auf sich zog. Dieses gewisse Beziehungsdenken hatte zwar paranoide Untertöne, konnte sich aber im narzisstischen Gleichgewicht halten durch die reale Leistungsbefriedigung und die ständige Anerkennung und Bewunderung der Anderen für sein Leistungsvermögen und seine Begabung.

2.4 Das Phänomen des Schizoiden

Der **schizoide Mythos** ist der von der menschlichen Selbstübersteigung, seiner Entrückung vom Menschen und der Welt. Es ist das Subjekt eines „egokosmischen Ichs" (Federn 1960) unmittelbarer Verbundenheit mit dem Universellen, das visionäre Moment eines seherischen Geistes, der in Selbstüberhöhung „3000 Fuß jenseits von Welt und Mensch" (Nietzsche) die grenzenlose Weite eines unermesslichen Horizonts sucht. Das Ausmaß der Großartigkeit des Schizoiden ist das Maß seiner Einsamkeit in der Isolierung und der Entfernung alles Nächstliegenden. Der schizoide Hunger lebt vom Höhenrausch, vom Flug durch menschenferne Sphären.

Psychohistorischer Exkurs

Was bei der Neurose der Irrtum in der Zeit ist, die Beibehaltung ehemals brauchbarer Schutzstrategien infantiler Zeit, ist bei der Psychose das Vorauseilen in der Zeit und das Herausfallen aus der Zeit. Die Wahrnehmung der Paranoiden ist so sensibilisiert, dass sie „Katastrophen" (Unberechenbarkeiten) ihrer primären Objekte voraussehen konnten und mussten, um sich vor Schädigung (unheilvolle Einflüsse) zu schützen. Paranoide und Schizoide verfügen über die besondere Gabe der Unheilswahrnehmung, und diese Unheilserwartung in halluzinatorischer Luzidität machen ihre prophetischen und visionären Fähigkeiten aus – wie überhaupt in Rauschzuständen, in der Grenzüberschreitung zwischen Innen und Außen halluzinatorische Luzidität das Wahrnehmungsspektrum ungewöhnlich vertieft und ausweitet. Die Halluzination ist die Wahrnehmung des Kommenden (Unheils) aufgrund der Projektion auf noch unsichtbare Phänomene in der Realität, die nur dem Hellsichtigen evident sind und für die gewöhnliche Wahrnehmung unsichtbar bleiben. Der Paranoide bemerkt in hellsichtiger Klarheit die für Andere unsichtbaren Veränderungen der Stimmung, der Einstellung, der Beziehung, der Atmosphäre und so fort, da er in seiner übersensibilisierten Wahrnehmungsweise immer auf die Erwartung des Unvorhergesehenen eingestellt ist: die halluzinatorische Luzidität ist die Projektion unbewusster, vorauseilender Wahrnehmung von bedrohlichen schädigenden Einflüssen. Die paranoide Wahrnehmung reicht zurück in die Hilflosigkeit des Kindes gegenüber unberechenbaren und verrückten Erwachsenen, vor deren irrationalen Aktionen sich das Kind zu schützen weiß durch „Identifikation mit dem Aggressor". Dadurch kann es die bedrohlichen Übergriffe der Eltern erraten und sich vor ihnen in Sicherheit bringen. Die Angst des Kindes vor dem Allein-

sein, das heißt, nicht geliebt zu sein oder geliebt zu werden, macht es zum Therapeuten seiner Eltern, weil es durch seine Identifikation mit ihnen nicht mehr ohnmächtig-hilflos ist.
Die ungewöhnliche Fähigkeit zur virtuellen Vorwegnahme des Kommenden gibt dem Schizoiden heute in den Kommunikationstechnologien eine besondere Stellung. Der Entwurf virtueller Welten schafft unendliche Informationsräume phantasmatischer Ausdehnung, in denen der Schizoide geschützt ist vor menschlichen „Zwischenfällen". Der Cyber Space ist der Vorgriff auf die Zukunft einer virtuellen Welt, die sich der Projektion von paranoiden Penetrationsängsten verdankt: es ist die endlose Verlängerung paranoiden Denkens in den Weltraum, eine virtuelle Erlebniswelt in menschenfernen Sphären, in denen es keine menschlichen Katastrophen mehr geben kann. Nirgends wird schlagender deutlich, dass Berufswahl Symptomwahl ist und dass die Gesellschaft, je nach dem Stand der Produktionsverhältnisse, ihre „Priesterkaste" produziert, welche die Interpretationssysteme der Kultur in Händen hält und bestimmt, was als kulturelle Werte zu gelten hat – heute als informationstechnologischer Geltungsanspruch.

Fallkonzeptualisierung einer schizoiden Persönlichkeit[95]

Symptom
Geruchshalluzinationen (Vergasungsempfindungen), Beeinflussungsideen

Symptomwertung
Ich flüchte vor der Vergasung, also kann ich nirgendwo bleiben; ich muss immer fliehen und kann mich damit vor schädlichem Einfluss schützen und gesund erhalten.

Symptomumwertung
Die Vergasungsangst dient dem Schutz vor Intoxikation, der Vergiftung durch die nächststehenden Objekte.

Fokussierung
Indem, wenn, weil ich vor dem Gas fliehe, kann ich mich von den Anderen entfernen, kann ich die Anderen entfernen; indem ich die Anderen entfernt habe, kann ich mein Selbst vor dem Eindringen der Anderen bewahren.

Therapiehypothese
Was kann der Patient aus seiner Penetrationsangst machen? Wie kann er sein Flüchten vor den Intimitätsansprüchen der Anderen produktiv umlenken und mitmenschliche Nähe für sich erträglich machen? Wie kann er lernen, seine ungewöhnlichen kognitiven Fähigkeiten für die Bewältigung seiner paranoiden Penetrationsängste einzusetzen?

Der Fall dieses Patienten, der in seinem Betrieb das Dienstzimmer immer wieder wechseln musste, weil er nach gewisser Zeit sich von Gasdämpfen bedroht fühlte, war deshalb so unverständlich für seine Umgebung, weil er in seiner Arbeit einen zwanghaften Realitätssinn, eine Faktenbesessenheit zeigte und in seinem Verhalten überaus korrekt und förmlich war. Der Patient muss-

[95] Die psychoanalytische Typologie meint mit dieser Psychodiagnostik ein Strukturniveau, das sowohl schizoide Verhaltensweisen wie schizophrenes, parataktisches Verhalten einschließt. Ähnlich wie der zwanghafte Charakter die Bedingung und Voraussetzung einer Zwangsneurose ist, so ist der schizoide Charakter als Dispositiv Bedingung und Voraussetzung einer narzisstischen Neurose (Ich-Störung). Die ICD-Deskription klassifiziert das Schizoide (F60.1) als Mängelwesen durch emotionales und sexuelles Unvermögen, soziale Bindungslosigkeit, Einzelgängertum, Defizienz im Erkennen und Befolgen gesellschaftlicher Regeln u. a. m. Diese eindimensionale Betrachtung aus der Sicht sozialer Unverträglichkeit von ungewöhnlichem Verhalten macht offenkundig, dass die Verfasser die Dialektik des Widerspruchsgeschehens im menschlichen Verhalten ignorieren und übersehen, dass schizoides Verhalten Abwehrstrategien gegenüber Penetration, Übermächtigung und Entwertung darstellt; abgesehen von dem fachlichen Unverständnis, schizoide Strukturen nicht auch als Ausgangsort schizophrener Entwicklungen begreifen zu können, in denen sich die Intention menschlicher Selbstübersteigung und –entrückung von der Welt in besonderer Weise zeigt.

te auch wiederholt die Wohnungen und Häuser mit seiner Familie wechseln, weil er auch dort immer wieder von Gasgeruch belästigt wurde und trotz aufwendiger Sanierungsarbeiten seine Empfindungsstörungen anhielten.
In der erfolglosen psychiatrischen Behandlung wurde übersehen, dass jeweils die Sekretärin und die Familie mit umzogen. Die für Außenstehende unsichtbare Bedeutung lag in der Näheproblematik dieses Patienten, der von der Angst beherrscht war, dass die Sekretärin wie die Familie, besonders die Ehefrau, ohne ihn nicht zurecht kämen und er für alles zu sorgen hätte. Diese Überfürsorglichkeit gab einen Hinweis auf die Abwehr von aggressiven Impulsen, deren sich der Patient wegen seiner narzisstisch kränkenden Abhängigkeitsgefühle nur schlecht erwehren konnte. Denn die Familienkonstellation wie die Konstellation im Betrieb war so angelegt, dass der Patient immer unter dem Druck stand, sich aufopfern zu müssen wegen der scheinbaren Lebensuntüchtigkeit seiner Umgebung. Dabei spielten herrische Mutterfiguren unter den Frauen in seiner Familie und im Betrieb eine besondere Rolle. Und diese Frauenfiguren schienen ihm gegenüber einen ausbeuterischen Charakter einzunehmen und über Schulddruck den Patienten zu beherrschen, so dass seine Überfürsorglichkeit ständig unterhalten und verstärkt wurde. Die Ehefrau bildete mit den Kindern eine Koalition oral-parasitärer Anspruchshaltung und führte über diese orale Manipulation das Regiment in der Familie.
Die Symptomatik der Geruchshalluzination, die Angst des Patienten, durch giftige Gase umzukommen, gewinnt auf dem Hintergrund der familialen Konstellation eine tiefere Bedeutung: die Furcht, durch einen heimtückischen Gasangriff, durch eine Attacke von hinten zu Tode zu kommen, lässt die anale Dimension paranoider Ängste bei dem Patienten aufscheinen und zugleich den projektiven Mechanismus dieser Angst als Schutz vor Überwältigung durch aggressive Impulse erkennen. Der Sinn des Symptoms liegt in der unbewussten Verkehrung der Absichten: ich hasse sie nicht und möchte sie nicht vernichten; sie hassen und verfolgen mich und möchten mich vergasen. Die üblen Ausdünstigungen der ihm nahestehenden Frauen, die ihn bedrohen, repräsentieren seine analen Absichten. Zu dieser anal-paranoiden Konfiguration der Symptomatik passt die Zwangsstruktur des Patienten mit einem ausgeprägten Reinlichkeitskomplex und mit einer ungewöhnlichen Affektisolierung, die ihm Schutz vor schädigender Nähe bot. Die Symptomatik giftiger Ausdünstungen als Schutzschild vor Überwältigung und Penetration durch die ihm nahestehenden Frauen legt den Rückschluss auf unbewusste anal-penetrative Wünsche des Patienten nahe.
In der Gassymptomatik vollzieht sich eine doppelte Verschiebung vom Patienten auf die Frauen und von den Frauen auf die Räume des ganzen Hau-

ses, die in unbewusster Gleichsetzung den Körper der Frau zu repräsentieren scheinen. Der Patient konnte eben die Frauen seiner Umgebung vermutlich aus Gründen narzisstischer Selbstbewahrung nicht „riechen", und auf dieser Basis oral-protopathischer Sinneswahrnehmung ereignet sich die ursprüngliche Form der Beziehungsaufnahme und Beziehungsablehnung über den Geruchssinn. Der Patient projiziert die richtige Binnenwahrnehmung einer vergifteten Beziehungsatmosphäre in die Außenwelt als Geruchsbelästigung; für ihn war die penetrative Nähe seiner Umgebung ein Intimitätsterror, vor dem er sich in einem Beeinflussungswahn (als Abwehrstrategie) zu schützen suchte. Die Wiedergewinnung von Selbstbewahrung war gebunden an eine neue Ritualisierung von Nähe und Ferne, indem der Patient sich eine, der Über-Ich-Entlastung dienende Teilisolierung verschaffte und ein punktuelles Zusammensein mit der Familie organisierte, das eine interpersonale Grenzziehung zum notwendigen Selbstschutz des Patienten mit sich brachte.
Auf der mentalen Ebene hatte dieser Patient in seinem forscherischen Ehrgeiz ungewöhnlichen kreativen Spürsinn für die Entwicklungsmöglichkeiten seines Fachs, der Informatik. Allerdings wurde seine Arbeits- und Leistungsfähigkeit durch den „Übergriff", den unbekömmlichen Einfluss seiner für ihn als bedrängend erlebten Beziehungen schwer gefährdet. In seiner Tätigkeit als Informatiker hatte der Patient einen distanzierten Raum für sich geschaffen, in dem er mitmenschliche Nähe entfernen und durch den inneren Monolog mit „Maschinen" seinen Hunger nach menschenfernen Welten befriedigen konnte. Die Übersteigung in die Cyber-Space-Welt seiner Berufstätigkeit war für den Patienten eine lebensnotwendige Form seiner Realitätsbewältigung und zugleich die Entfernung der im nächststehenden, bedrängenden Objekte der Alltagswelt.
In diesem Abstand-Nehmen vom eigenen wie von anderen Körpern konnte sich der Patient vor der als irrational empfundenen Gefühlswelt der Alltagsbeziehungen in Sicherheit bringen und seine hochempfindsame und verletzbare Innenwelt vor Einbrüchen schützen. Die besonders luzide kognitive Souveränität paranoider Menschen begünstigt den therapeutischen Umwertungsprozess, und in diesem Fall war es von therapieentscheidender Bedeutung, die „hellseherischen", paranoiden Fähigkeiten des Patienten auch in den Dienst der Einsicht in die familiale Beziehungsstruktur zu stellen und ihn zum „Mittherapeuten" der familialen Beziehungsregulierung werden zu lassen. Auf diesem Weg konnte sich der Patient wieder die für ihn notwendige „Nahrung" durch die Familie sichern und durch die bessere Ausbalancierung von Nähe und Ferne auch mit den Frauen einen zuträglichen Rhythmus an Gefühlsbefriedigung herstellen, so dass es der „Vergasung" nicht mehr bedurfte, um sein Selbst zu schützen.

2.5 Das Phänomen des Depressiven

Der **depressive Mythos** ist der von der Selbstvergessenheit, der Selbstentfernung durch Einschließung, Entwertung und Ich-Vernichtung. Der typus melancholicus ist der Mensch bohrender Vertiefung und Selbstversenkung im Leiden an der Welt und in der Nichtung von Welt, das grüblerische Subjekt, das vom Geist der Schwere geschlagen ist und an der Absolutheit seiner Selbstideale zerbricht. Der depressive Hunger zehrt aus der Größe, der Großartigkeit der Selbstverkleinerung.

Psychohistorischer Exkurs

Die depressive Symptomatik der Selbstverkleinerung und Selbsterniedrigung ist nicht einfach als narzisstische Selbstentwertung zu lesen, sondern eher als negativer Exhibitionismus, als nihilistische Großartigkeit – wie auch in der Pubertät der Protest sich in einem negativen Narzissmus äußern kann, der nicht nur eine nihilistische Vergrößerung ausdrückt in der Verachtung der Konvention, vielmehr noch eine Kampfansage in der Negation herrschender Ordnung darstellt.

Die Selbsteinschließung der Depressiven, die traditionell als Enttäuschungsprophylaxe aufgefasst wird, als Schutz vor erwartetem Objektverlust, ist die Vermehrung und Bereicherung des eigenen Ichs im Rückzug von der Welt der Objekte. Und nicht zuletzt ist die Selbstdestruktion, die in der psychodynamischen Konvention als Wendung der Aggression gegen die eigene Person deklariert ist, ein Akt der Selbstbefreiung von allen Abhängigkeiten und Objektbindungen. Dieser Befreiungsaspekt in der Entfernung aller Objekte und zugleich in der Selbst-Entfernung (Selbst-Mord) enthält die grandiose Idee totaler Autarkie und absoluter Freiheit von aller Abhängigkeit. Im Zusammenhang der depressiven Phänomene wird die hypochondrische Ausgestaltung immer als Regression beschrieben, während nach unserer Erfahrung die sogenannte Hypochondrie der Depression hysterieforme Züge hat. Die körperliche Inszenierung unbewusster Phantasien scheint bei Depressiven ein Brückenphänomen zu sein, ein progressiver Versuch gegen den masochistischen Regressionssog, im körperlichen Ausdruck seine Potenz zu restituieren, in der Re-Libidinisierung von Körperteilen die depressive Entlibidinisierung des Körpers wieder rückgängig zu machen.

Die Bedeutung des depressiven Phänomens wird aber erst klar, wenn man es mit dem phobischen Phänomen in Zusammenhang bringt und beide Verhaltensweisen als zeittypisches Kranksein begreift: depressives Rückzugs- und phobisches Meidungsverhalten sind individualisierende Antworten des Menschen auf die Kälte und Beziehungslosigkeit in der Gesellschaft und die Wertlosigkeit des Subjekts, dessen Geltung heute sich allein nach seiner Fungibilität im Produktionsprozess bestimmt. Depressives und phobisches Verhalten sind Ausdruck einer passiven Verweigerung, wo aktive Weigerung, Veränderungsbegehren nicht mehr als Möglichkeit begriffen wird, wirksam Einfluss nehmen zu können. Allein schon das Wünschen, die Phantasie über ein „besseres Etwas", der „Traum von einer Sache" (Bloch 1973, S. 40), scheint in der Lethargie der allgemeinen Unbefriedigung unterzugehen. Depressive Selbstversenkung und nihilistische Vergrößerung, der inversiv gelebte Größenhunger und das phobische Sehnsuchtsverlangen mit seinem rückwärtsgewandten Bindungshunger sind individualistische Antworten auf eine Welt, die dem Menschen, der von solchen Dispositionen eingenommen ist, keine produktiven Lebensräume mehr offen hält.

In der antiken Tradition wurde das Melancholische in Verbindung gebracht mit Genialität, in der Vorstellung, dass alle außergewöhnlichen Menschen in Dichtung, Philosophie und den Künsten Melancholiker seien. Das Vorherrschen der „schwarzen Galle" wurde nur dann als positiv angesehen, wenn sich die Temperatur des Saftes der schwarzen Galle im Mittelmaß befindet, während ein Zuviel an Wärme zu manischen, ein Zuviel an Kälte zu depressiven Phänomenen führe (s. Ritter 1980, S. 1039). Das heißt: die Antike hatte schon eine dialektische Vorstellung vom Kranksein als „Übertreibungen" des sogenannten Gesund-Normalen – diese Auffassung hielt sich bis zur Renaissance.

Und die monastische Tradition, in der sich das Denken als grübelndes Fragen nach dem Sinn des Lebens und der Welt, die Frage aller Fragen als Philosophieren ereignete, kannte schon die Gefährdung des selbstversenkenden Nachdenkens, das durch seine Zweifel am Bestehenden zur Verzweiflung und im Exzess des Fragens zur Verneinung der Welt getrieben wird. Die Melancholie wurde als „Mönchskrankheit", acedia[96], zu den Hauptsünden gerechnet. Diese „Übellaune" ist die Mißstimmung zwischen dem Mönch und seinem Gott, welche das „gestörte Gottesverhältnis" (im Zweifeln) offenbart. Die Klöster waren der Ort der Gegenwelt, einem Raum der Kon-

[96] In der Renaissance ist nicht mehr der Mönch, sondern der weltlich geniale Mensch von acedia bedroht und das Melancholische wird wieder zum Kennzeichen des Genialischen; und in der Neuzeit, vor allem der Romantik, repräsentiert die Schwermutsstimmung ein gestörtes Gottesverhältnis, das sich nun in die Verweltlichung verkehrt und den philosophischen Nihilismus hervorbringt.

templation über die Welt, der sich in einem ständigen Austauschprozess mit der äußeren Welt, dem Raum der praktischen Bearbeitung von Welt befand. Freilich scheint alle Selbstversenkung durch acedia gefährdet, in der Selbstnichtung zu versinken, bei den Mystikern in der selbstauslöschenden Verschmelzung mit ihrem Gott, im Nirwanaprinzip des Buddhisten in der erlösenden, höchsten Seeligkeit ewigen Nichts: allemal kennzeichnet die Selbstversenkung des Denkens den Hunger nach dem Erlöschen aller Begierde. Da nun die moderne Welt ihrer Gegenwelt, der monastischen Tradition, nicht mehr bedarf, weil diese der Mobilisierung aller Kräfte für den Akkumulationsprozess hinderlich war, fragt sich nun, wo die Mönche geblieben sind, oder wo „Mönche" heute bleiben können? Die bohrende Tiefe der denkerischen Selbstversenkung und Nichtung der Selbstbegierde hat in der Welt ständiger Mobilmachung keinen Platz mehr. In der allgemeinen Aufholjagd, die alle auf die Überholspur setzt, bleiben die Nachdenklichen auf der Strecke, weil die spirituelle Gegenwelt, die auch eine Welt komplementärer Schuldabgleichung für die Versündigungen in der Praxis der Welt war, überflüssig gemacht worden ist.

Fallkonzeptualisierung einer depressiven Persönlichkeit[97]

Symptom
Depressive Verstimmungszustände, sozialer Rückzug, Alibidinie, hypochondrische Ängste

Symptomwertung
Ich verlasse alle Orte, an denen ich gekränkt werden könnte, also kann ich nicht verletzt werden; ich schließe mich ein, also bin ich unerreichbar und unangreifbar; ich bin hypochondrisch und zeige mit meinem Körper, wie produktiv ich bin.

Symptomumwertung
Der Rückzug dient dem Schutz vor Verletzung und die hypochondrische Ausgestaltung der Rettung seiner narzisstischen Bedürfnisse nach Produktivität.

Fokussierung
Indem, wenn, weil ich alle Orte verlasse, kann ich alles hinter mir lassen, bin ich geschützt vor den Ansprüchen der Anderen; indem ich mich von Anderen nicht mehr in Anspruch nehmen lassen muss, kann ich mich ganz mir selber überlassen, bin ich mir selbst genug.

Therapiehypothese
Was kann der Patient daraus machen, alles zu verlassen und von allen verlassen zu sein, sich selber überlassen zu sein; wie kann er aus seiner Selbstüberlassenheit sein Leben produktiv gestalten, statt der Produktion hypochondrischer Symptome?

---

[97] All jene Phänomene, die im ICD-Glossar (F32.0) als typische Merkmale des somatischen Syndroms bei Depression aufgeführt werden, wie Interesseverlust, Stimmungsschwankungen, psychomotorische Hemmung oder Agitiertheit, nicht zuletzt Appetit- und Libidoverlust, sind Zeichen einer veränderten Libidoökonomie in der Depression. Das heißt, Phänomene der Libidobesetzung im körperlichen oder seelischen Ich werden als somatische Symptome klassifiziert, obwohl die Psychodynamik der Libidoorganisation ein zentraler Forschungsgegenstand der Psychoanalyse von Beginn an war und zu einem gesicherten klinischen Wissen über das Phänomen depressiver Libidoökonomie und –dynamik geführt hat (s. dazu die Arbeiten von Freud und Abraham). Es geht also nicht um Libidoverlust, gemeint ist hier wohl sexueller Appetenzverlust, sondern um Rückzug der Libido von den Objekten auf das Ich bzw. um eine Aufladung der Ich-Libido (narzisstische Libido), was zu einem für den depressiven Patienten unerträglichen Spannungsverhältnis zwischen Ich und Ideal führt: es ist das sogenannte Remanenzphänomen zwischen Ich und Ich-Ideal, das die Depression als Typus einer Über-Ich-Erkrankung zeichnet. Und der Typus der depressiven Trias von Selbstentwertung, Selbsteinschließung und Selbstdestruktion ist die Antwort auf das unbewusste Phantasma depressiver Grandiosität, das sich dem Rückzug der Libido verdankt und in nihilistischer Großartigkeit ausgelebt wird.

Dieser depressive Patient war geschlagen von nihilistischer Selbstentwertung, schweren Verstimmungszuständen und von drängenden Isolierungsbedürfnissen aufgrund der Überzeugung von der Sinnlosigkeit seines Lebens. Die besonders produktive Hypochondrie, in der fast alle Körperorgane und Körperglieder ein ungewöhnliches Eigenleben führten, zeigt die Überbesetzung von Körperteilen mit Libido. Ein hysterieformes Erscheinungsbild des Körper-Ichs, bei dem sich die Körperteile wie selbständige „Glieder“ benahmen. Der phallische Charakter der Bewegungs-, Atem-, Herz-Kreislauf- und Magen-Darmsymptomatik war unabweisbar im inszenierten körperlichen Ausdrucksverhalten. Diese Sexualisierung von Körperfunktionen kontrastierte mit dem totalen sexuellen Appetenzverlust des Patienten.
Die Produktivität des Patienten in der körperlichen Ausdrucksgestaltung zeigte den Widerstreit zwischen Rückzug von der Welt und den Menschen und dem Begehren nach Ansehen. Da die Welt die für ihn notwendige Anerkennung versagte, hatte er sich selbstschöpferisch seine ansehenswerte Symptomatik geschaffen, und der Rückzug in die Selbsteinschließung machte ihn in der Familie, die ihn früher nur als tüchtigen und pflichtbewussten Menschen kannte, zu einem aufsehenerregenden „Pflegefall“ wegen dieses unerwarteten sozialen „Absturzes“. Allerdings stellte die Lebenskehre, die Außenstehende nur als Selbstverlust wahrnahmen, eine Weise der Selbstüberlassung dar und war für den Patienten eine ungeheure Bereicherung, weil er nun, jeden Anspruchs enthoben, alle in den Dienst seiner Ansprüche nehmen konnte und die Familie, besonders die Ehefrau, zum allumfassenden Versorgungssystem für sich machte. Sicher liegt darin auch ein sekundärer Krankheitsgewinn, aber die eigentliche Bedeutung dieser Bereicherung durch Rückzug ist wohl in dem Restitutionsverlangen zu sehen, durch die Ausschöpfung der Ressourcen einen Neubeginn zu versuchen. Denn der Patient suchte in dem Moment die psychotherapeutische Behandlung, als er nach langjähriger medikamentöser psychiatrischer Behandlung und zweijähriger Arbeitsunfähigkeit von Frühpensionierung bedroht war. In diesem Moment führte die Konfrontation mit seinem möglichen „sozialen Tod“ durch vorzeitige Pensionierung zum Aufbegehren, auch gegen die behandelnden Ärzte. Der Patient hatte sich mit ungeheurem Ehrgeiz und ungewöhnlicher Energie aus kleinen Verhältnissen zu einer beachtlichen Beamtenposition emporgearbeitet und war aus politischen Gründen bei der anstehenden Beförderung übergangen worden. Der Zusammenbruch seines Vertrauens in die Fürsorgeverpflichtung der Vorgesetzten war der Hintergrund des depressiven Einbruchs.

Die Bereicherung durch die besondere libidinöse Zufuhr der Familie und die neue Selbstbewertung durch die Therapie in der Rückbesinnung auf seine Begabungen und Fähigkeiten, die therapeutisch provozierte Selbstaktivierung durch körperlich-sportliche Betätigung und die Wiedergewinnung von erfüllender Tätigkeit durch manuelle Arbeit brachte ihn „auf die Erde" zurück. Von Bedeutung war auch die Wiederbesinnung auf die religiöse Tradition[98] seiner Familie, die ihm die Möglichkeit eröffnete, für die bohrende Sinnfrage ein Feld von Gemeinsamkeit zu finden statt der isolierenden Selbstversenkung in die depressive Grübelsucht. Die Aktivierung seiner intuitiven und kognitiven Fähigkeiten führten den Patienten aus dem negativen Exhibitionismus seiner Depression in die produktive Exhibition einer befriedigenden Gemeindearbeit und Berufspolitik. Das heißt: aus der autoplastischen Produktivität seiner Hypochondrie wurde die alloplastische im Begehren, sich für die Veränderung der konfliktbelasteten Verhältnisse seiner Berufswelt einzusetzen und nun für Andere einzutreten: aus der inneren Bereicherung des wiedergewonnenen Selbstvermögens wurde der Hunger nach äußerer Bereicherung, nach Vermehrung seines Ansehens.

---

[98] Wie nahe Demut und Hochmut, Selbsterniedrigung und Selbstüberhöhung beieinanderliegen, wurde dem Patienten am selbstgewählten Beispiel des Lebens von Franz von Assisi deutlich, der sich als Zeichen der Demut im Unrat der Hinterhöfe der Reichen von Assisi wälzte und gerade darin ein Zeichen für die „Paläste" setzen wollte, in dem hochgemuten Anspruch einer gottgesandten Botschaft vom Reichtum der unsterblichen Seele und der Armut des vergänglichen Besitzes.

2.6 Das Phänomen des Süchtigen

Der **Mythos des Süchtigen** ist der des ekstatischen Menschen in der endlosen Suche nach dem einzig unverlierbaren Objekt. Es ist der Jenseits-Süchtige, der seine Transzendenz-Sucht privatistisch auslebt und seinen Gott, das einzig wahre Objekt, nihilistisch in der Selbstauslöschung sucht. Das Subjekt der Transzendenz kann seinen metaphysischen Hunger nur solipsistisch stillen, weil die Ritualisierung des Rauschverlangens in der Moderne religiös wie gesellschaftlich keinen Ort mehr hat.

Psychohistorischer Exkurs

Das Rauschverlangen des Subjekts ist so alt wie die menschliche Kultur: Diesseits-Bindung und Jenseits-Erlösung sind dialektisch die antagonistischen Kräfte, die den Kulturprozess bis zur Moderne bewegt haben. Die Welt des introspektiven Konzepts ist die Zwillingsgestalt zur Welt des extrospektiven Konzepts; beide haben sich früher gegenkompensatorisch unterhalten und ergänzt. Erst mit der Entzauberung des Religiösen in der Moderne hat die Grenzüberschreitung in die metaphysische Region keine anerkannten Regeln mehr, da den religiösen Ritualen durch die Aufklärung der Glaube entzogen wurde. Die zeremoniell festgelegte Grenzüberschreitung hat heute keinen gesellschaftlich festgelegten Ort mehr, und die Jenseits-Süchtigen müssen ihr inbrünstiges Verlangen nach dem ganz Anderen privatistisch im Drogenrausch ausleben. Dieser entsakralisierte Rauschexzess gibt dem Einzelnen keine Regel mehr für ein bestimmtes Ende der Überschreitung, während die kollektiv geregelte Grenzüberschreitung gesichert war durch die rituell vorgeschriebene Rückkehr in die Regelhaftigkeit (siehe dazu Bataille 1963). In der Jenseits-Sehnsucht offenbart sich ein oral-mystisches Begehren, die Sehnsucht nach verströmendem Verschwenden, die ihre leidenschaftlichste Gestalt im Todeshunger hat: „Alle Lust will Ewigkeit, will tiefe, tiefe Ewigkeit – ; es ist das Mitternachtslied Nietzsches. Und der Wiederholungsgedanke Freuds im „Jenseits des Lustprinzips“, dass das Leben ein lebenslanger Umweg zum Tode ist, begreift das Leben als ein dem Tod vermähltes Leben, das ständig auf der Suche ist nach dem primären Befriedigungserlebnis seiner infantilen Vorzeit, das der Mensch im Tod, in der Vereinigung mit der Mutter wiederzufinden sucht. Der Hunger dieses ekstatischen Begehrens nach Wiedervereinigung mit dem einzig unverlierbaren und unersetzlichen Objekt wird nur dort gestillt, wo das Subjekt heimkommt in die Ruhe des Unendlichen: es ist jene Region, wo der Diskurs des Begehrens an dem Punkt abbricht, wo „alles eintritt in das universale Ruhen und Schweigen der Sterne“ (Pascal, zit. n. Lacan 1980, S. 297).

Fallkonzeptualisierung einer süchtigen Persönlichkeit[99]

Symptom
Unkontrollierbares Rauschverlangen (polyvalente Toxikomanie: Cannabis, Kokain, Ecstasy, Alkohol u. a.)

Symptomwertung
Ich bin außer mir, ich erhebe mich über die menschlichen Niederungen, ich lebe im Überschwang, also ersticke ich nicht in der alltäglichen Banalität.

Symptomumwertung
Der Rauschzustand dient dem Schutz vor vernünftiger Normalität und dem Schutz vor Befriedung in der Ordentlichkeit eines normalen Lebens.

Fokussierung
Indem, wenn, weil ich im Rausch bin, bin ich außer mir, bin ich frei von allen Bindungen und gelöst vom Zwang menschlicher Verpflichtungen; indem ich frei bin von allem Herkömmlichen, kann ich ganz meine Sehnsucht nach unbedingter Hingabe ausleben.

Therapiehypothese
Was kann der Patient aus seinen ekstatischen Bedürfnissen machen? Wie kann er sein Verlangen nach Rausch und Überschwang in eine nicht selbstschädigende Befriedigungsform transformieren; wie kann er lernen, seine Jenseits-Sehnsucht nicht mehr im Todeshunger auszuleben, sondern im Diesseits umsetzen in spirituelle Erfahrung und weltanschauliche und religiöse Introversion?

Beeindruckend an diesem Patienten war die poetische Tiefe seines Erlebens, seiner Selbstwahrnehmung und die Hellsichtigkeit seines Todeshungers. Der Patient stammt aus großbürgerlichen Verhältnissen, und die große Spannung der Eltern aus der Herkunft verschiedener Kulturen scheint eine besondere Voraussetzung für die ungewöhnliche Empfindungsfähigkeit und Ekstasebereitschaft gewesen zu sein. Der Patient hatte ein romantisches Lebensgefühl in der Faszination vom Zauber tödlicher Liebe in der Erwartung der Todesvermählung mit der geliebten Frau, in der Erwartung des gemeinsamen Todes im Rauschexzess. In diesem Todeshunger verbarg sich ein ungeheures Verlangen nach Unsterblichkeit in der Bewahrung ewiger Liebe durch den

[99] Es ist bemerkenswert, dass das sogenannte Abhängigkeitssyndrom, das Phänomen des Süchtigen, im ICD-Glossar (F1x.2) nur noch unter dem Gesichtspunkt der sozialen und körperlichen Unverträglichkeit abgehandelt wird und dass die transzendentale Thematik, die das unbewusste Motiv des süchtigen Verhaltens abgibt, überhaupt nicht mehr in den Blick kommt.

gemeinsam gewählten Tod und die Sehnsucht nach einem Leben in einer ganz anderen Welt – jenseits alltäglicher Banalität und Gewöhnlichkeit, an der er leidenschaftlich litt.

Der Patient war ein Grenzgänger zwischen den Welten, der sein Bedürfnis nach Grenzüberschreitung experimentierend am Abgrund des Lebens im Rauschexzess suchte. Es ging ihm weniger um die Befriedigung von Angstlust, als um die Bewährung im Wagnis der Bewusstseinserweiterung. Das Leben aufs Spiel zu setzen, die Versuchung des Todes auf sich zu nehmen, war für den Patienten der Stachel seines Lebensgefühls und Beweis für ein leidenschaftliches Leben. Die Droge war wie die exzesshafte Sexualität ein Mittel seiner Sucht nach dem Ungewöhnlichen und zugleich ein Instrument der Rebellion. Der Patient schuf sich in einer Gesellschaft, die Jugendlichen keine Aufgaben mehr stellt und ihrem Drang nach Bewährung kein Feld mehr öffnet, privatistisch seine Fronten von existentieller Bewährung und Sinnerfüllung.

Die Zerrissenheit zwischen poetischer Empfindsamkeit und sinnlicher Gewalt, die das Leben dieses Patienten in ständiger Zerreißprobe anspannte, scheint die in ihm präsenten, extrem divergierenden elterlichen Introjekte widerzuspiegeln: der Vater war ein agnostischer, lebensgieriger Naturwissenschaftler; die Mutter, von hochempfindsamer, durchgeistigter Natur, stammte aus einer ungewöhnlich begabten und religiös verwurzelten Familie. Beide Eltern hatten aufgrund ihrer Herkunft differente kulturelle Mentalitäten und lebten wegen dieser Ambivalenz eine ungewöhnliche Liebesbeziehung von Ambitendenz, die sie nur aufgrund eines besonderen gegenseitigen Respekts durchhalten konnten. Das Verhältnis des Patienten zur jüngeren Schwester war ähnlich konstelliert wie die Struktur der elterlichen Beziehung, sowohl was die Innigkeit wie auch die Gegensätzlichkeit angeht. Die Außenseiterposition der gesamten Familie war bezeichnend für die Entwicklung des Patienten, der nicht nur wegen seiner sexuellen Frühreife, vielmehr durch seine Exzentrik, intellektuelle Schärfe und Brillanz ein Außenseiter war und darin auch die narzisstische Bestätigung seiner Besonderheit lebte.

Die Liebe zu dem Dichter Georg Heym hatte den Patienten motiviert, Medizin zu inskribieren, aber die Medizin war ihm nur ein Anlass für düstere Visionen vom Verfall, ähnlich wie Heym als bedeutendster Expressionist seine schwarzen Visionen vom Leben gestaltete und das Drohende und Unheimliche der kommenden Katastrophe der europäischen Bürgerkriege ahnungsvoll vorwegnahm. Der Patient war in tiefer Identifikation mit Heym fasziniert von der Lust des abgründigen Lebens und von der Vorstellung eingenommen, den Tod als Frühvollendeter wie Georg Heym zu erleiden. Im

Dialog konnte der Patient das Thema von Liebe, Tod und ewiger Jugend, das Leben als rauschhafte Ausfahrt und triumphalen Untergang poetisch inszenieren und seinen Ekel vor dem gewöhnlichen, verfallenden Leben und der banalen Alltäglichkeit mit Heym zitieren: „Mein Gott – ich ersticke noch mit meinem brachliegenden Enthusiasmus in dieser banalen Zeit. Denn ich bedarf gewaltiger äußerer Emotionen, um glücklich zu sein. Ich sehe mich in meinen wachen Phantasien immer als einen Danton, oder als einen Mann auf der Barrikade, ohne meine Jakobiner-Mütze kann ich mich eigentlich gar nicht denken" (Heym 1962).
Zunächst sah es in der Therapie so aus, als könnte der Patient sein Rauschverlangen ins Grenzenlose des sexuellen Exzesses verschieben und den kleinen Tod orgiastischer Erschöpfung hinnehmen für den großen Tod irreversibler Ekstase im Drogenrausch. Am Vorbild großer Dichter, die alle Ärzte waren, schien der Patient bereit zu sein, das Medizin-Studium zu Ende zu bringen, um als „Arzt" ein Diagnostiker der Kultur zu werden und seine poetische Begabung literarisch zu gestalten. Hatte der Patient unter der Therapie sich arrangiert, mit Drogen so zu experimentieren, dass er sich nicht mehr schädigte und Mittel und Wege gefunden, seine ekstatischen Bedürfnisse auch in der wiedergefundenen Religiosität auszuleben, erreichte ihn der Tod am Ende der Behandlung, indem er zum Abschluss der Therapie eine „Begräbnisfeier" für sein bisheriges Leben veranstaltete und dabei ungewollt einen Drogenmix zu sich nahm, der im Schlaf sein Atemzentrum lähmte: das Ende einer unbewusst herbeigeführten, unumkehrbaren Überschreitung oder der pure Zufall?

2.7 Das Phänomen des Zwanghaften

Der **anale Mythos** ist der vom gewalttätigen Leben. Das zwingende Moment dieses Phantasmas liegt in der Allgewalt der Übermächtigung und Unterwerfung, aktiv wie passiv, sadistisch wie masochistisch. Das anale Begehren auf Aneignung folgt dem Drang nach Beherrschung und Überwältigung und der zwingenden Lust am Übergriff. Der Hunger nach Bemächtigung ist die treibende Kraft penetrativer Okkupation zur Bereicherung des Ichs.

Psychohistorischer Exkurs

Nirgends wird so offensichtlich, dass Symptomneurose und Charakterneurose zusammenhängen, dass die charakteristischen Verhaltensweisen sich aufladen können zu Charakterneurosen und wiederum die Charakterneurose die Voraussetzung der Symptomneurose ist wie im Falle der Zwangsneurose. Die charakterologischen Grundlagen der Zwangsneurose sind in der Psychoanalyse am intensivsten erforscht worden und sind auch deshalb so ins Zentrum der klinischen Wissenschaft gerückt, weil der anale Charakter gesellschaftlich der präferierte Typus für die Selektion von Herrschaftsfunktionen im Kapitalismus wurde. Denn es geht eher um eine gesellschaftliche Bevorzugung dieses Charaktertypus in der Moderne als um eine Produktion solcher Typologien, wie sie von der Gesellschaft gebraucht werden (Reich 1969). Das Akkumulationsprinzip des Kapitalismus bedarf für seine Funktionsweise des akkumulierenden Typus, der sich in der analen Trias von ordentlich, sparsam, eigensinnig darstellt im Gegensatz zum Prinzip der Verausgabung und Vergeudung des feudalen Menschen, das zu seiner Funktionsweise des oral-verschwenderischen Typus bedurfte. Die kapitalistische Produktionsweise lebt vom Typus des ordentlichen Menschen, der sich autoritär dem System assimiliert und dadurch zum brauchbaren Helfer wird, indem er das System durch seine besondere Kontrollbefähigung am Laufen hält.

Dass der Charakter insgesamt, in den charakteristischen Verhaltensweisen des Subjekts, einen narzisstischen Schutzmechanismus (Reich 1969) gegen „perverse" Triebregungen darstellt, zeigen die Reaktionsbildungen des analen Charakters unübersehbar. Und die Symptome der Zwangsneurose sind als Reaktionsbildungen auf jene infantil-sexuellen Triebwünsche gebaut, wie sie sich als Phänomene der analen Trieborganisation darstellen. Es ist vor allem jener Aspekt der analen Übermächtigung und Penetration, wie er sich besonders im Diktat der Ordnungsfunktion darstellt, unter welcher der

Zwanghafte alles und jedes nach dem Gesetz von Recht und Ordnung unterwerfen will: in der Identifikation mit der jeweiligen Ordnungsmacht kann der Zwanghafte seine Gewalt als williger Vollstrecker ausleben.
Die als „Sphinktermoral“ (Jones 1970) erkannten charakteristischen Verhaltensweisen des Zwangsneurotikers haben es mit der Mythisierung der Ausscheidungsfunktion zu tun, mit Kotvisionen über ungeheure Anhäufung durch Zurückhaltung und maßlose Entleerung durch Ausstoßung – die Insignien endloser Kapitalakkumulation und endloser Produktionsströme. Im Prozess der extremen Aufladung der zwangsneurotischen Problematik treten zwangsläufig regressive Phänomene von paranoiden Mechanismen auf, die sich als anal-paranoider Komplex der Zwangserkrankung in paranoiden Projektionsmechanismen zeigen.

Fallkonzeptualisierung einer zwanghaften Persönlichkeit[100]

Symptom
Zwangsgedanken (Aids-Kontamination), Zwangshandlungen (mit Panikattacken), Kontrollzwänge, Zweifel- und Grübelsucht

Symptomwertung
Ich kontrolliere alles, ich habe alles im Griff, also kann mir nichts passieren; es passiert niemandem etwas Schlimmes.

Symptomumwertung
Der Kontrollzwang dient dem Schutz vor irreversibler Schädigung Anderer durch Penetrationsgewalt.

Fokussierung
Indem, wenn, weil ich mich kontrolliere, richte ich kein Unheil an, kann nichts Schreckliches passieren; indem nichts Schreckliches passiert, habe ich nichts verbrochen.

Therapiehypothese
Was kann der Patient aus seinen Bemächtigungsimpulsen machen? Wie kann er sie ohne Ich-Einschränkung leben; wie kann er lernen, seine sadistischen Impulse umzulenken in eine ich-gerechte libidinöse und aggressive Befriedigung und kognitiv-sublimierte Bemächtigung?

Im Zentrum dieses Falls von Zwangsneurose standen Kontaminationsbefürchtungen, während Kontrollzwänge mit wahnhaften Schuldängsten und Zwangshandlungen dahinter zurücktraten. Die Kontaminationsbefürchtungen des Patienten gruppierten sich um die zwanghafte Angst, die Anderen mit Aids zu infizieren. Und diese ihn überwältigende Infektionsangst zeigte das Ausmaß der den Patienten bedrohenden Gefährlichkeit seiner Ausscheidungen: dass er gedrängt war, überall, zu Hause, auf der Straße und in den Wohnungen von Bekannten und Freunden nach Kondomen zu suchen und zu kontrollieren, ob sie eventuell unabsichtlich und unbewusst von ihm durchstochen worden wären. Diese Kontrollzwänge hatten wahnhaften Cha-

[100] Die Deskription der zwanghaften Persönlichkeit im ICD-Glossar (F60.5) behandelt das anankastische Syndrom in zwanghafter Manier: durch Affektisolierung, Verleugnung und durch Verschiebung ins Detail einer pedantischen Merkmalsaufzeichnung wird der Gewaltaspekt, die aggressive Potenz, das haptische Moment des zwanghaften Übergriffs ungeschehen gemacht und das soziale und gesellschaftliche Potential dieser Persönlichkeitsstruktur ausgeblendet. Und die Deskription der Zwangsstörungen erschöpft sich ebenfalls in zwanghafter Auflistung der Merkmale des Zwangssyndroms und beeindruckt durch die Abwesenheit der die Zwangsstörung bestimmenden Gewaltthematik.

rakter, weil der Patient, auch wenn er sich damit konfrontiert sah, dass keine Löcher vorhanden waren, von seinen Kontrollimpulsen unverändert überwältigt wurde. Er litt unter der Wahnvorstellung, zum Verbrecher an jungen Frauen geworden zu sein, die durch sein kriminelles Handeln an Aids zu Tode kämen.

Diese Zentrierung auf die sexuelle Kontamination war deshalb auch so von Gewicht, weil der Patient vorher über 10 Jahre in wechselnder klinischer wie ambulanter psychiatrischer Behandlung stand, und auch eine Verhaltenstherapie von dieser sexuellen Dimension der Zwangserkrankung abgesehen hatte. Das Infektionsparanoid ist in der Weise eine Schutzstrategie, weil der Patient dadurch die Frauen vor dem hochtoxischen, lebensvernichtenden Samen des Mannes schützen wollte. Die Fokussierung wurde in der Einstellung auf die sexuelle Infektionsgefährdung evident und darin um die Problematik der sexuellen Objektwahl erweitert: indem, wenn, weil ich homosexuell wäre oder bin, schütze ich die Frauen vor dem Unheil tödlicher Infektion, denn mein Samen ist eine tödliche Waffe und zeugt das Unheil aidskranker Mütter und Kinder.

In der homosexuellen Problematik dieser Zwangserkrankung war eine spezifisch negative ödipale Konstellation verwickelt: ich, ein Mann, bin die Frau meines Vaters, ersetze ihm die Frau, meine Mutter; und ich nehme der Mutter den Mann, meinen Vater, und ich bin als Sohn die Tochter meiner Mutter. Dieses sexuelle Phantasma konfiguriert Homosexualität als Rache und Vergeltung an beiden primären Objekten: indem ich der Geliebte des Vaters bin, mache ich ihn zum homosexuellen Objekt, und indem ich die Tochter meiner Mutter bin, nehme ich ihr den Sohn und biete mich ihr als Frau an. Indem ich meine Männlichkeit opfere, passiv-feminin bin, nehme ich beiden die Potenz, sich über mich fortsetzen zu können. Und zugleich unterbricht der Patient als Schutzstrategie die Generationen überschreitende Verkettung familialer Verhängnisse: indem ich mich "kastriere", unfruchtbar mache, sind alle „kastriert", unfruchtbar gemacht.

Die Vergeltung des ungeliebten Kindes an einer zerstörerischen, sadomasochistischen Elternbeziehung wäre eine Lesart, aber über das Rachemotiv hinaus scheint die bedeutungsvollere Lesart in dem Rettungsmotiv zu liegen, die Familie von der fluchbeladenen Schuld zu befreien durch die Unterbrechung der generationenüberschreitenden der Kette suizidaler Verhängnisse. Die Umlenkung der analen, sadistischen Aggressivität konnte der Patient in der allmählich für ihn lebbaren Homosexualität vollziehen, und auf kognitiver Ebene fand er die Möglichkeit, durch ein erneut aufgenommenes Studium sich seiner selbst zu bemächtigen und die anale Zweifelsucht in forscherischem Ehrgeiz unterzubringen und im erwarteten Machteinfluss der bevorstehenden Berufstätigkeit sein Bemächtigungsbegehren zu befrieden. Freilich war es für ihn eine immerwährende Anstrengung, regressiven Sehnsüchten nicht nachzugeben und den analen Triebdruck, den haptischen Hunger so zu befriedigen, dass die Ich-Funktionen durch aufgestaute Aggressivität nicht gestört wurden. Diesen Wechsel von Stauung und Entstauung in der Triebdynamik hat der Patient inzwischen geschickt handhaben gelernt und durch seine berufliche Entwicklung sich ein Feld für besondere kognitive Bemächtigung verschafft.

2.8 Das Phänomen des Phobischen

Der **phobische Mythos** ist der von der prägenden Kraft unzertrennlicher Objektbindung. Er stillt den Hunger nach unzerstörbarer Kindheit und ewiger Heimat; er folgt dem Phantasma unlösbarer Zugehörigkeit, unwandelbarer Treue und drückt das kindliche Verlangen des Menschen nach immerwährender Geborgenheit aus.

Psychohistorischer Exkurs

Die Durchrationalisierung des Lebens und der Welt hat all das, was sich dem Zugriff der Vernunftkontrolle entzieht, zum irrationalen Bereich geschlagen: es sind die Wünsche und Gefühle, Phantasien und Leidenschaften, Träume und Bilder des Menschen, sein Bedürfnis nach Zugehörigkeit zu einer „Heimat", nach Verbundenheit mit der Natur und mitmenschlicher Geborgenheit. Dieser „irrationale" Gegenstandsbereich ist der Erfahrungshorizont von Psychotherapie, und auf dem Hintergrund des zeitgeschichtlichen Umgangs mit diesen Bedürfnissen und Wünschen kann Psychotherapie auch zu einem Ort werden, der durch die Rückwärtswendung des Blicks auf verklärte Vergangenheit Pseudoheimat schafft, eine Erinnerungskultur pflegt, die der Flucht aus der Gegenwart durch die Überhöhung des Gewesenen ihre Rechtfertigung gibt.

Das phobische Phantasma von Heimat und Geborgenheit ist nicht denkbar ohne den Orpheus-Mythos, der zeigt, dass der Mensch, wenn er sich in die Vergangenheit umwendet, nicht nur die vergangene Liebe nicht fassen kann; vielmehr sich vernichtet, wenn er die Liebe in der Gegenwart vergisst um der erinnerten willen. So verlor Orpheus seine vergangene Liebe, Euridice, als er sie aus der Unterwelt heraufholen wollte, weil er sich verbotenerweise nach ihr umwandte. Und Orpheus endete, vernichtet von den Mänaden, weil er sich, gebannt von der vergangenen Liebe, der möglichen und notwendigen Liebe in der Gegenwart versagte.

In einem gesellschaftlichen Moment, wo Entfremdung und Zerstörung immer fortschreitender sind, das Subjekt als flexibles Adaptationsorgan[101] von

---

[101] Es ist sicher kein Zufall, dass sich die Verhaltenstherapie der Phobie so angenommen hat, nicht nur weil sich dieses Phänomen als umschriebenes Syndrom für Prozesse des Umlernens so anbot; vielmehr noch, weil sich in deren schneller Sanierung die Wissenschaftlichkeit der Methode demonstrieren ließ. Der Blick auf die Oberfläche und die Möglichkeit rascher Veränderung an der Oberfläche erspart dem Therapeuten, stellvertretend für die Gesellschaft, den Blick in die Tiefe der hier in Frage stehenden Ansprüche. Das verhaltenstherapeutische Ar-

der Gesellschaft gefordert wird, sehen wir im phobischen Syndrom den Versuch, sich regressiv Heimat, haltgebende Verwurzelung durch infantile Anklammerung an die primären Objekte zu sichern. Gleichzeitig liegt in dieser regressiven Bewegung der progressive Aspekt auf Einlösung menschlicher Grundbedürfnisse in Bindungsverhältnissen, die dem Menschen zugleich Befriedigung von Geborgenheit und Wachstumsmöglichkeit einräumen. Der Therapeut bewegt sich hier mit dem Patienten in einem dialektischen Spannungsverhältnis zwischen regressiv entstellten Bedürfnissen und progressiver Bewältigung solcher Wünsche. Menschliche Grundbedürfnisse nach solidarischer Gebundenheit und Zugehörigkeit, nach gemeinschaftsstiftenden Überzeugungen, die den Subjekten Sinnorientierung und mögliche Sinnerfüllung in Aussicht stellen könnten, sind im System moderner Rationalität längst überholte, veraltete Werte, die so diskriminiert sind, dass sie nur noch in reaktionärer Entstellung von Zurückgebliebenen gelebt werden.
Der gesellschaftskonforme Typus der Moderne ist der mobile Charakter, der sich allen Bedingungen anzupassen weiß, allen Überzeugungen gerecht wird und in jeder Situation so flexibel sein kann, weil er durch keine Rückbindung an die Vergangenheit behelligt, von keiner Gemeinsamkeit behindert

---

rangement, krankhafte Erscheinungsweisen durch störungsspezifische Interventionstechniken zu bewältigen, stellt den Patienten im Sinne der Fungibilität in die Verpflichtung, sein unangepasstes Verhalten durch therapeutisch vermitteltes Self-Management auf die gesellschaftlich erwünschte Normalität zurückzubringen. So wird es für die Gesellschaft bequem, sich dadurch von dem Druck zu entlasten, der in dem verdeckten Begehren des sogenannten Krankseins liegt. Die Störungskonzepte der Verhaltenstherapie, nach denen fehlgeleitetes Verhalten auf richtiges Verhalten umgelernt werden soll, sind insofern ein Entgegenkommen für die Gesellschaft, als sie Lücken füllt, die durch die Entfernung einer kritischen Gesellschaftstheorie entstanden sind. Durch die Rückverweisung auf das gestörte Subjekt kann sie sich der Auseinandersetzung um die Bedingungen ihrer Verfasstheit entziehen. Die gesellschaftlichen Gegensätze und Widersprüche werden auf diesem Weg privatisiert und Kranksein als Widerspruch zum herrschenden System individualisiert. Die Dimension des unterdrückten Begehrens ist das subversive Moment, das durch die Rückverweisung auf ein störanfälliges Subjekt das im Kranksein liegende Moment des Widerspruchs entpolitisiert. In diesem Kontext ist nicht zufällig, dass dem geschichtslosen Umgang mit Krankheit die Enthistorisierung der Terminologie folgt, wie es sich am Beispiel des Hysteriebegriffs im ICD-Glossar (F 44) zeigen lässt, wo das Phänomen Hysterie, eine fundamentale Erscheinungsweise weiblichen Begehrens, durch den Terminus dissoziative Störung (Konversionsstörung) definiert wird. Kranksein als dysfunktionales Geschehen ist schon so selbstverständlich geworden, dass man in den medizinalisierten Sexualwissenschaften mit dem Terminus „erektile Dysfunktion" zum Beispiel den gesamten genetischen Aspekt, die historischen Bedingungen der sexuellen Entwicklung, zum Verschwinden bringt und damit auch die Erörterung darüber, was Kranksein in der sexuellen Dimension als Abweichung an sich für die Subjekte wie die Gesellschaft bedeutet.

und jeder Loyalitätsverpflichtung[102] ledig ist. Unter diesem Aspekt gibt es nur noch die Kategorie des normalen und anormalen, des funktionalen und dysfunktionalen Menschen. Auch wenn der rationale und ökonomische Diskurs menschliche Sehnsüchte nach Heimat und Loyalitätsverhältnissen als überflüssig erscheinen lässt, so lassen sie sich trotzdem nicht über Bord werfen, weil der Mensch aufgrund seiner Triebnatur darauf insistieren muss, dass dieses Verlangen erfüllt wird. Denn der Objekthunger des Menschen und sein Verlangen nach Vollkommenheit in der „primären Liebe" gehören zu den Grundphänomenen der Subjektwerdung, stehen als determinierende Objektbindung am Beginn seiner Entwicklung und sind lebensbestimmend für die Orientierung in der Welt.

Der Phobiker repräsentiert einen entstellten und unzeitgemäßen Ausdruck dieser Sehnsucht nach Wiederherstellung der ursprünglichen Einheit, verlorener Heimat und Zugehörigkeit. Und die Zunahme von Phobien in der Moderne, die besondere Aufladung dieses Komplexes im phobischen Kranksein ist vermutlich die Folge veränderter familialer Erziehungsprinzipien, die eine Antwort auf den veränderten gesellschaftlichen Erziehungsauftrag darstellen. Der heute für die Produktion erforderliche, absolut flexible und mobile Mensch, frei von jeder Bindung an traditionelle Mächte, muss seine ohnmächtige Abhängigkeit von familialer Bindung aufrechterhalten, weil er in der Welt der Arbeit disponibel und fungibel sein muss, jederzeit verfügbar und ersetzbar, ein Exemplar. Die familiale Bindung dient der Rückversicherung von Bedürfnissen, die im Gesellschaftsprozess nicht mehr gestillt werden und im Produktionsprozess störend geworden sind. Wenn man davon ausgeht, dass die Gesellschaft jenen Typus produziert, der von ihr gebraucht wird, dann könnte der Hintersinn der systematischen Infantilisierung und Regressivierung des Menschen in der heutigen Erziehungs- und Ausbildungspraxis sein, unmündig-anpassungsbereite, widerstandsohnmächtige Individuen zur Verfügung zu haben, die sich ständig ihrer Stabilität versichern müssen durch infantile Rückbindung an kleinfamiliale Zugehörigkeit. Man kann im Arbeitsprozess alles mitmachen und alles in Kauf nehmen, weil der eigentliche Lebenssinn in die Freizeit, in die familiale und partnerschaftliche Betriebsamkeit verlagert ist.

---

[102] Nach einer aktuellen Studie der Deininger Unternehmensberatung an 623 Topmanagern ist das Selbstbild des modernen Managers durch das Schwinden langfristig strategischen Denkens und ethischer Normen gekennzeichnet: die „Führungskraft 2000" muss Change-Management-Kompetenz besitzen, zur „ständigen Häutung" bereit sein, unbehindert von Bindungen, persönlicher Kontinuität und Verlässlichkeit; Loyalität wird der privaten Verhaltensdisposition zugerechnet.

Der Erziehungsauftrag an die Familie ist im Zusammenhang des herrschenden „Fürsorgekomplexes“ (Pohlen 1983) zu sehen und hat zu einem sich verselbständigenden Prozess geführt, der als Ergebnis gerade jenen präferierten fungiblen Typus produziert. Paradoxerweise hat sich eine Familialisierung der gesamten Gesellschaft entwickelt im Moment des Absterbens des ursprünglichen großfamilialen Beziehungsnetzes. Und die Reduktion der Familie auf die biologische Kernfamilie hat durch die besondere Ausweitung der Liebesabhängigkeit diesen Fürsorgekomplex aufgeladen, der alle gesellschaftlichen Beziehungen fürsorglich durchtränkt. Das heißt: das Subjekt wird von der Geburt bis zum Tod einer Erziehungsdiktatur ausgesetzt, die dem Menschen kein Abgetrenntsein, keine Absonderung und Unabhängigkeit mehr zugestehen möchte und dadurch das ursprüngliche Phantasma von der untrennbaren Verbundenheit ständig auflädt. Die kleinfamiliale Fürsorge befindet sich in perfekter Integration durch ständige Überwachung im Verbund mit den Überwachungsagenturen der sich im Fürsorgekomplex niederschlagenden Kontrollinstanzen – von der ärztlich-präventiven Kontrolle über Schwangerschafts-, Ehe- und Familienberatung, über Vorschul-, Schul- und Hochschulerziehung zur Berufsbildung als Ausbildungskontrolle, in expliziteren Überwachungsinstanzen wie Jugend- und Familiengerichtsbarkeit und nicht zuletzt in kinder-, jugend- und erwachsenenpsychiatrischen Diensten und psychotherapeutischen Agenturen. Die allgemeine Therapeutisierung der Gesellschaft zeigt das Ausmaß dieses Fürsorgekomplexes, auch der therapeutischen Überwachung im Dienste der Normalisierung des Menschen.

Nach dem Absterben religiöser Ablösungsrituale und dem Verlust von Ablösungsritualen der aufständischen Jugend in der bündischen Bewegung, die von totalitären Regimen imitiert wurden, sind dem heranwachsenden Subjekt die Möglichkeiten genommen, sich frei zu machen von familialer Abhängigkeit, ist der Mensch umso mehr zurückgeworfen auf die regressive Befriedigung eines intantilen Bindungshungers, weil die Verfasstheit der Gesellschaft ihm jede Befriedigung von Bindungs- und Loyalitätsansprüchen versagt. Der phobische Hunger ist heute allumfassend geworden und findet im phobischen Kranksein seinen individuellen Ausdruck in der besonderen Disposition zur infantil-regressiven Objektbindung als Schutzstrategie.

Fallkonzeptualisierung einer phobischen Persönlichkeit[103]

Symptom
Prüfungsängste, Lernstörungen, Angstzustände

Symptomwertung
Ich habe Prüfungsängste, Lernstörungen, also brauche ich nicht in die Prüfung gehen; ich brauche keinen Abschluss zu machen.

Symptomumwertung
Die Prüfungsangst und die Lernstörungen dienen dem Schutz, die Ausbildung zu beenden, die Universität verlassen zu müssen, die Unterstützung der Familie zu verlieren und unabhängig von der Familie auf eigenen Füßen stehen zu müssen.

Fokussierung
Indem, wenn, weil ich keine Prüfung mache, werde ich nicht selbständig, kann ich das Kind bleiben; indem ich das Kind bleibe, muss ich mich nicht von meinen Eltern trennen, bleiben wir immer zusammen.

Therapiehypothese
Was kann die Patientin aus ihrer Prüfungsangst machen; wie kann sie lernen, mit ihren phobischen Ängsten vor Bindungsverlust umzugehen? Wie kann sie ihre Geborgenheitssehnsüchte von den Eltern ablösen und auf andere Autoritäten übertragen? Wie kann sie ihre besonderen Konservierungsansprüche kognitiv ausgestalten?

Das phobische Kranksein ist bei dieser Patientin durchgängig in der Lebensentwicklung zu verfolgen als infantile Ängste vor Dunkelheit und Alleinsein, als Schulängste und Prüfungsängste durch alle Stadien der schulischen Entwicklung. Im Kontrast dazu hat die Patientin überhaupt keine Sexualängste; im Gegenteil: sie ist eine attraktive, sexuell experimentierende und erotisch

[103] Diagnostisch leitend für die Klassifikation der phobischen Störung im ICD-Glossar (F40) ist das Vermeiden von angstauslösenden Objekten und Situationen, die sonst ungefährlich wären. Die sonstige Ungefährlichkeit ist aber gerade das Problem, weil der Sinn des phobischen Krankseins in der unbewussten Beziehung zu bedeutungsvollen, angstauslösenden Objekten und Situationen zu sehen ist. Der Bedeutungsaspekt der Dinge und Sachen wird in solcher Deskription außer acht gelassen. Die Farbe Rot ist eben auf einer Textbank nicht zu speichern als Objektivation: je nach dem Kontext, in dem die Farbe Rot erscheint, hat sie die Bedeutung von Liebe oder Tod, Kampf oder Flucht, Hoffnung oder Verzweiflung und so fort. Die ICD-Klassifikation erliegt dem Irrtum, das direkt Beobachtbare mit dem Wirklichen identisch zu setzen und übersieht dabei, dass erst durch Interpretation, das heißt durch Bedeutungsübertragung, eine Wirklichkeitsdimension erzeugt wird. Die Ideologie der Unmittelbarkeit, einer Beobachtung ohne Vermittlung, zeichnet dieses Klassifikationssystem als vortheoretische Merkmalssammlung unter der Ordnungsfunktion von Abweichung.

lebendige Frau, die sowohl sexuelle Männer- wie Frauenbeziehungen hatte und daraus auch keine Konflikte entwickelte. Allerdings war dieses Experimentieren nur unter der Bedingung so konfliktfrei, dass die Patientin dabei immer das Kind ihrer Eltern, vor allem das Kind der Mutter blieb, unter deren Obhut sie ihre sexuellen Erfahrungen und Abenteuer wagen konnte. Denn der intensive Intimitätsaustausch zwischen Tochter und Mutter schien nicht nur eine Über-Ich-Entlastung für die Tochter zu sein durch die fraglose Anerkennung ihrer sexuellen Experimentierlust; vielmehr schien die Tochter stellvertretend für die Mutter sexuelle Expansivität auszuleben, so dass beide verschiedene Aspekte ein- und derselben Person befriedigen konnten und ein ständiger Rückbindungsprozess sie aneinander fesselte. Hier wird offensichtlich, dass die früher bei den phobischen Frauen als unbewusstes Motiv dargestellten Prostitutionsphantasien eine Deckphantasie für das tieferliegende Phantasma von der ununterscheidbaren Verbundenheit zwischen Mutter und Tochter ist, die durch die Versuchung der Straße, die Verführung zum Verkehr, von Trennung bedroht ist.

Am Beispiel dieser grenzenlosen Bindungswünsche oder Abhängigkeitsbedürfnisse wird klar, warum Menschen sich nicht trennen, nicht erwachsen werden können, weil die Eltern, die primären Objekte, sich von ihnen nicht entbinden wollen. Die Eltern ihrerseits sind von der unbewussten Angst beherrscht, alleine und hilflos zurückzubleiben, das ist ungeliebt zu sein, wenn die Kinder gehen würden: die Bindungswünsche oder Abhängigkeitsbedürfnisse repräsentieren einen ungeheuren Liebeshunger aufeinander und gleichzeitig die Angst, ungeliebt zu sein, wenn man nicht dauernd verbunden ist. Mögliche Trennung und Lösung scheinen den Bindungshunger so zu entfachen, dass die phobischen Ängste sich in manifesten Panikattacken entladen. Und was die freizügige Sexualität der Patientin angeht, so scheint heute die frühere Selbstdiskriminierung von sexueller Expansion als prostitutives Verlangen durch die emanzipatorische Entwicklung überholt und die narzisstische Scham wegen der infantilen Bindungs- und Abhängigkeitsverhältnisse viel tabuisierender zu sein – angesichts der herrschenden Ideologie von Individualisierung, welche die Selbstverwirklichung und Selbstautorisierung zum zwingenden Leitmotiv für das Subjekt gemacht hat.

Der Widerspruch zwischen der sexuellen Befreiung und der Infantilisierung und Regressivierung der Persönlichkeit in der spätkulturellen Bürgerlichkeit lässt sich am Beispiel dieser Phobie verdeutlichen: indem das Subjekt davon befreit wurde, seine sexuelle Potenz gegen den Widerstand der unterdrükkenden Erziehungspersonen und der unterdrückenden gesellschaftlichen Instanzen durchsetzen zu müssen, war es auch davon befreit, eine Widerstandskraft zur Überwindung der Unterdrückungsgewalt zu mobilisieren und darin seine Ich-Stärke und Selbstgewissheit zu finden. Insofern trifft Marcuses Vorstellung von der „repressiven Entsublimierung“ (Marcuse 1973) im Gesellschaftsprozess vor allem diesen Mechanismus entsublimierender Sexualentwicklung und regressivierender Aufladung der Rückbindung an die primären Objekte, indem jetzt der Antagonismus zwischen Bindungsverlangen und Potenzbegehren aufgehoben ist. Denn das sexuelle Begehren ist immer schon Aufbegehren gegen Unterdrückung von Potenz, und sein Antagonismus ist das Bindungsverlangen, das regressive Begehren in der Sehnsucht nach immerwährender Verbundenheit im Phantasma unzertrennlicher Einheit mit dem ursprünglichen Objekt. Das heißt: bei Zerstörung des Antagonismus zwischen sexuellem Aufbegehren und Bindungsverlangen lädt sich das Bindungsverlangen exzessiv auf, wird zum „Todeshunger“ nach der verlorenen Zeit, zum Zurückbleiben in einer endlos verzögerten Kindheit. Hieraus lassen sich auch die regressiven und infantilen Phänomene der verwalteten Gesellschaft verstehen, die in ihrem alles durchwaltenden Fürsorgeprinzip die Versorgungs- und Sicherungsansprüche der verwalteten Subjekte zu stillen hat. Und daraus lässt sich auch begreifen, dass exzessives Bindungsverlangen zur Widerstandsohnmacht, zur Unterbindung des Aufbegehrens gegen diese Verhältnisse geführt hat, weil man nicht gegen unterdrückende Bevormundung aufbegehren und zugleich „Fürsorgeempfänger“ dieser Gesellschaft sein kann.

Abgesehen von der Frage, die jeder Kultur aufgegeben ist, wofür sie ihre Kinder erziehen will und für welches Leben sie vorbereitet werden sollen, muss sich auch jede Gesellschaft, welche die Familie zur Pseudoheimat, zum alleinigen Ort der Befriedung von Zugehörigkeit und Gemeinsamkeit macht, fragen lassen, was die Interessen und Absichten der Herrschenden in der Gesellschaft sind. Es ist die heute überholt erscheinende, ideologiekritische Frage, cui bono: warum sich die Kinder an die Eltern und die Eltern an die Kinder fesseln lassen, die Menschen nicht erwachsen werden können; warum die Vertreibung aus der ursprünglichen familialen Verbundenheit nicht institutionell-erzieherisch, wie in allen Kulturen rituell vorgegeben, nicht besorgt wird? Eine Antwort auf diese Frage sind nicht-getrennte Erwachsene, untrennbar mit ihren primären Objekten Groß-Gewordene, die späteren widerstandsohnmächtigen Bürger.[104]

---

[104] Das Elend der Eltern heute muss ein Therapeut immer im Blick haben, um nicht parentalen Inkulpationen aufzusitzen (s. Kap. I, 2.2). Denn die Ohnmacht der Eltern durch die Zerstörung der elterlichen Autorität, wie sie sich im zeitgenössischen Niedergang der „Vater- und

Die Familie dieser Phobikerin ist exemplarisch für diese Prozesse, dass Eltern sich nicht von den Kindern entbinden und die Kinder sich nicht von den Eltern lösen können. Im Zentrum der familialen Beziehungsstruktur steht die phobische Mutter, die ihren Ehemann zu einem Dauerpatienten manipuliert, der wegen seiner Depression ihrer aufopfernden, übermächtigenden Fürsorge bedarf und zugleich die Legitimation dafür ist, dass sie nicht in ihren eigenen Beruf (weg-)gehen kann – beide Eltern sind Lehrer. Und die Beziehung zur phobischen Tochter, die auch Lehrerin werden will, ist in ähnlicher Weise phobisch aufgeladen, indem beide in einer unbewussten Komplizenschaft den Vater und den „gesichtslosen" Bruder in einem Satellitensystem um ihr Zentrum kreisen lassen, aus dessen Bahnen keiner entrinnen kann. Denn jede Verselbständigung wäre ein unerträglicher Verrat gegenüber den

---

Mutter-Imago" durch Ersetzung ihrer Funktionen im totalitär sich ausweitenden „Fürsorgekomplex" (Pohlen 1983) der Gesellschaft darstellt, lässt entmündigte Eltern zurück, die ohnehin im modernen Produktionsprozess keine Souveränität mehr für sich reklamieren können (siehe den okkupierenden Zugriff des Staates auf die Familie durch die herrschende Gesetzgebung und die Erziehungsagenturen der Gesellschaft). Die zeitgenössische Entmündigung der elterlichen Autorität spiegelt sich auch in modischen therapeutischen Ideologien wie der Objektbeziehungstheorie wider, nach der dem Therapeuten die Rolle des Exorzisten des schlechten inneren Objekts des Patientenkindes zugewiesen ist. So erhält der Therapeut seinen Platz durch die Verdrängung der empirischen Eltern, deren Autorität er durch die Position des guten und idealen Elternobjekts usurpiert. Die Austreibung der bösen inneren Objekte ist nicht zu trennen von der Vertreibung der empirischen elterlichen Objekte, die als Urheber des Bösen zwangsläufig in aussichtsloser Konkurrenz stehen zur idealisierten psychotherapeutischen Situation (s. Pohlen u. Bautz-Holzherr 1995a, S. 100 f.).
Eltern scheinen heute durch den Mangel an narzisstischer Anerkennung in der Erwachsenenwelt auf die Kinder ihre narzisstischen Erwartungen zu richten und die Kinder deshalb so lieben zu müssen, um sich von ihnen ständig widerspruchslos lieben zu lassen: die ursprüngliche Liebesabhängigkeit des Kindes verkehrt sich heute in die Liebesabhängigkeit der Eltern von den Kindern. Das bedeutet: die Ohnmacht der elterlichen Liebesabhängigkeit nimmt den Kindern die narzisstische Übertragung, die Bewunderung und Idealisierung der Eltern, so dass die infantile Idealbildung verkümmern muss. Infolgedessen leiden die Kinder an einem Mangel des Ich-Ideals, des gesellschaftlichen Ideals. Denn die Vorstellungen über die Verfasstheit der Gesellschaft und das Zusammenleben der Menschen stellt eine Projektion individueller Ideale in den gesellschaftlichen Raum dar. Wenn aber das Ich/Ich-Ideal des Subjekts so schwach und hilflos ist, wie es der Identifikation mit schwachen und hilflosen Elternfiguren entspricht, dann ist dieses Ich jederzeit anfällig, gerade gängige Konsumptionsidole zu seinem Ideal zu machen. Das Muster beliebig austauschbarer, nach Mode wechselnder Idole bedingt einen Prozess seelischer Konfektionierung, ökonomisch wie politisch, der zu einer unreflektierten, passiv-oralen Konsumptionshaltung führt, zu einer Lebensperspektive der Widerstandsohnmacht. Widerstandskraft entzündet sich aber am Widerspruch gegenüber erzieherischer Gewalt, und die Macht der Unterdrückung gebiert die Kraft des Aufbegehrens: Ich-Potenz ist der Ausdruck von Widerstandsüberwindung. So gesehen vertritt eine recht verstandene klinische Psychoanalyse immer auch einen sozialwissenschaftlichen Anspruch.

Erwartungen und Bedürfnissen des Anderen. Und jeder der Beteiligten muss sich an diese Organisation der Familie klammern, weil er sonst von panikartiger Angst überfallen würde, rettungslos verloren zu sein ohne die ständige Verbundenheit mit dem überfürsorglichen Mutterobjekt.
Die permissive Erziehungsstrategie der Mutter, eine ideologisch verbrämte antiautoritäre Erziehung, war auch ein Instrument der Generationsverkehrung, indem die Tochter zur Freundin und Fürsorgerin der Mutter gemacht wurde, vor allem zur Schuldentsorgung der gelegentlich sexuell ausbrechenden Mutter. Die erotische Komplizenschaft zwischen Mutter und Tochter wurde auch unterhalten durch die gemeinsame Verfolgung des Vaters, dem inzestuöse Verführung unterstellt wurde, so dass die Frauen sich als erotisches Opfer zusammenschließen konnten gegen den Vater, der eigentlich das Opfer der Frauen war. Diese Familienlegende diente auch zur Rationalisierung der systematischen Verclinchung der beiden Protagonisten, Mutter und Tochter, für die ausweglos erscheinende Verklammerung aller Mitglieder im familialen System: Mutter und Tochter bringen der regressiven Lust ihrer Bindungssicherung ihrer beider Souveränität zum Opfer, und Mutter und Tochter wiederum machen Vater wie Bruder zum Opfer ihres Bindungshungers, der aus der ständigen Entmündigung von Vater und Bruder zehrt. Vater wie Bruder leben als psychiatrische Dauerpatienten, delegiert von Mutter und Tochter; und die Mutter versucht jetzt, aufgrund der therapeutischen Initiative ihrer Tochter, sich durch eine psychoanalytische Therapie aus der Selbstfesselung ihres Systems zu befreien. Die Tochter hat es verstanden, durch die Therapie die lähmende Ohnmacht ihres phobischen Verlangens in die Aktivität beruflicher Fürsorge für Andere zu übertragen und kann dadurch ihren verzehrenden Bindungshunger in der „Fütterung“ der Wissensgier ihrer Schüler befriedigen.

2.9 Das Phänomen des Hysterischen

Der **hysterische Mythos**[105] ist der von der Allgewalt der Potenz, der unbezähmbaren und unbezwingbaren Triebnatur; es ist das Phantasma von der unwiderstehlichen Verführungsmacht. Das Hysterische lebt vom Hunger nach Überschreitung, der Lust am Exzess. Die Kraft der hysterischen Leidenschaft, der entfesselten Begierde zeigt sich in der Grenzüberschreitung, in der besonderen Überwindung von Scham, Ekel und Moral. Der hysterische Lebensplan findet seinen stärksten Ausdruck in der Überwindung des Ein-Für-Allemal der Identität, des gesellschaftlich Gegebenen und im Aufstand gegen die fesselnde Triebordnung: das Hysterische ist das subversive Moment der Veränderung.

---

[105] Hysterie stammt von hystera, griech.: von der Gebärmutter ausgehend. Der Ort, woher die Späteren, die Nachkommen (hysteron) kommen, und bezeichnet mit diesem Namen das weibliche Element, von dem die Hysterie als ureigenes Phänomen des Weiblichen ihren Ursprung nimmt. Die Ablösung des Begriffs Hysterie durch den der „Dissoziation" (ICD F44) und der deklarierte Ausschluss der psychopathologischen Dimension der „unbewussten Motivation" und des „sekundären Krankheitsgewinns" im ICD-10-Glossar reduziert die fundamentale Erscheinungsweise des Weiblichen durch solch flache Deskription auf eine banale Funktionsstörung. Diese Entnennung nimmt dem Patienten die geschichtliche Dimension seines Krankseins, weil mit der Entfernung der Begriffe auch ihre Bedeutungsgeschichte entfernt ist. Die Enteignung des historischen Bewusstseins für Patient wie Therapeut bewirkt, dass Kranksein sich darstellen lässt in isolierten Symptomkomplexen oder Syndromen, quasi als naturwüchsig behandelt werden, losgelöst von der in den Symptomen liegenden Konfliktgeschichte des Subjekts. Diese Katalogisierung verblüfft wegen ihres Anachronismus, einer Raritätensammlung kleinbürgerlicher Vorurteile, die sich heute selbst im sogenannten „gesunden Menschenverstand", der all die Leiden schafft, die wir heilen müssen (Freud), nicht mehr finden lässt. Vor solch diagnostischer Bemächtigung kann sich der Hysteriker heute nur noch durch Flucht in psychosomatisches Kranksein retten. Denn wer wollte noch als Hysteriker in Erscheinung treten, wenn ihm bescheinigt wird, dass er „dramatisierend, theatralisch" ist, einen „übertriebenen Gefühlsausdruck" zeigt, „suggestibel, oberflächlich, labil, unangemessen verführerisch in Erscheinung und Verhalten" ist, „übermäßiges Interesse an körperlicher Attraktivität" zeigt; ein „egozentrischer, selbstbezogener Mensch", der „immer im Mittelpunkt stehen" muss „mit andauerndem Verlangen nach Aufregung, Anerkennung und Aktivitäten" (ICD-10, F60.4). Mit diesem Katalog ist das Besondere und Herausragende von Phänomenen, wie sie der schöpferischen Aktivität eigen sind, moralisch disqualifiziert. Das Maß der psychiatrischen Vermessung des Menschen scheint der „letzte Mensch" Nietzsches zu sein, der Mensch gesunder Gewöhnlichkeit: „Man hat sein Lüstchen für den Tag und sein Lüstchen für die Nacht: aber man ehrt die Gesundheit".
Die Urheber dieses Katalogs haben mit der Ersetzung des Attributs hysterisch durch histrionisch ungewollt ihr moralisches Vorurteil über den triebhaften Untergrund dieser sogenannten Persönlichkeitsstörung zum Vorschein gebracht: histrionisch stammt von histrione (etruskisch: der pantomimische Tänzer; römisch: der Schauspieler und Gaukler); histrione steht für das „fahrende Volk", symbolisch: der vagabundierende freie Geist, der seit jeher auf der Abseite

Psychohistorischer Exkurs

Der hysterische Charaktertypus und die hysterische Neurose traten erst als Problem in Erscheinung, als die Frau in den medizinischen Blick genommen wurde und der Arzt unter dem Aspekt der Ordnung, des Rechts und der Moral seine Autorität im Auftrag der Gesellschaft ausübte und das abweichende Leben zu katalogisieren begann. Diese Ordnungsfunktion des homo medicus zeigt sich in den Inszenierungen von Charcot, bei denen das hysterische Wesen der Frau zum ersten Mal Gegenstand der medizinischen Wissenschaft wird. Das heißt, die hysterische Frau wird Objekt medizinischer Sorge und damit zum Fall therapeutischer Bemühungen. Mit Charcot setzt ein medizinischer Diskurs der Ordnung über abweichende Sexualität ein, entwickelt sich eine Psychopathologie, die menschliches Verhalten klassifiziert nach dem Linné'schen System der Botanik. Nach diesem Vorbild wurde in der Psychopathologie eine Sprache der Benennung festgelegt, eine Diagnostik und Nomenklatur, nach der das abweichende Verhalten zu bestimmen war. Die Hysterikerin war nun im medizinischen Blick die Frau, die sich der biologischen Festlegung des Sexuellen entzog und die Überschreitung der reklamierten Zonen des Sexuellen in der Genitalisierung ihres ganzen Körpers demonstrierte. Die Psychoanalyse Freuds gab jedoch den Frauen durch die Entdeckung der sexuellen Ätiologie der Neurose den Blick wieder frei auf ihr unterdrücktes sexuelles Begehren.

Das hysterische Moment ist ein ausgezeichnet subversives Moment und zeigt in seiner Transgression das grenzenlose Begehren der Frau. Die Genitalisierung des ganzen Körpers, die den Kern des Hysterischen ausmacht und sich im „arc de cercle" als Erektion des ganzen weiblichen Körpers darstellt,

---

Abseite des Lebens stand, die Gegenwelt zur herrschenden Ordnung verkörperte. Aber das freizügige, ausschweifende und ungebundene Leben des „Histrionen" war bis in die Hochblüte bürgerlicher Kultur die faszinierende Projektionsfigur für die bürgerlichen Sehnsüchte nach Freiheit und Libertinage, die sie im Typ des „poête maudit", des verfemten Intellektuellen, und im Typ des politisch subversiven Elements als Außenseiter der Gesellschaft diskriminierten (Foucault 1974). Diese Poeten, Intellektuellen und Künstler unterhielten aber durch ihre Bohème-Kultur das Freiheitsphantasma des vernunftregulierten Bürgers für ein leidenschaftliches Leben jenseits seiner Selbstunterdrückung. Und die Histrionen als Repräsentanten der tänzerischen Maskerade könnten daran erinnern, dass die Einheit des Ichs eine späte Erfindung im Zivilisationsprozess ist, die erst nach der Austreibung des feudalen Ichs mit seinen situativ wechselnden Maskeraden die Herrschaft übernahm. Dem Leser sei die Lektüre der Persönlichkeitsstörungen (ICD-10, F6) empfohlen, um sich das Sammelsurium kleinbürgerlicher Vorurteile vor Augen zu führen.

ist die Subversion sinnlicher Gewalt gegen die phallologische Körperordnung. Das unbewusste Phantasma von der Erektion des ganzen Körpers ist Folge phallischer Identifikation der Frau, Folge einer „Identifikation mit dem Aggressor", die auf dem Körper der Frau eine männliche Suprematie des Sexuellen eingeschrieben hat. Und zugleich liegt in dieser Identifikation mit dem phallischen Aggressor die Anästhesierung des weiblichen Genitale, das im phallischen Körperschema der hysterischen Frau der Amnesie verfällt. Die vaginale Gefühllosigkeit ist Waffe und Schutz der hysterischen Frau: indem sie den Mann schützt vor der fressenden Gier ihrer Vulva und sich selber schützt vor Auszehrung, nimmt sie ihm die Potenz, sie durch Befriedigung zu zähmen. Dieser circulus vitiosus zeigt die vom männlichen Blick auf sich selbst geschlagene Frau. In der Anästhesierung des Genitale und der kompensatorischen Exhibition des Körpers als multipler Phallus scheint eine treibende Kraft wirksam, die eine immense Potenzierung des sexuellen Hungers bewirkt. Denn das Zusammenfließen von oraler und genitaler Gier, die beide gleich unablenkbar und unnachgiebig (Reich 1969) sind, fordert unmittelbare körperliche Befriedigung ein.

In einem historischen Moment, in dem die Frau nun aus dem Schatten phallischer Suprematie heraustritt und die Identifikation mit dem phallischen Körperschema als Schutzstrategie hinfällig geworden ist, wird das weibliche Begehren zu einem Motor der Veränderung der traditionellen Geschlechterbeziehung und zu einem umstürzlerischen Element des gesellschaftlichen Transformationsprozesses. Aber das hysterische Begehren ist noch aus anderen Gründen eine „promesse de l'avenir" (Zukunftsversprechen): die hysterische Bewusstseins- und Ichspaltung, die hysterischen Dämmerzustände und das Phänomen der multiplen Persönlichkeit geben einen Hinweis auf die Überwindung des phallologischen Einheitsschemas von Identität, das im Anspruch des Ein-Für-Allemal den Zwang zur Einheit der Person einfordert, wo doch das Ich seit Freud als Relikt, Niederschlag multipersonaler Identifizierungen aufgedeckt und die sogenannte Einheit des bürgerlichen Ichs unterminiert wurde. Der Hysteriker lebt im Zugriff auf die Zukunft[106] immer zugleich mehrere Personen, deren multiple Individualität trotz Freud heute immer noch als theatralische Inszenierung und Infantilismus beschrieben wird. Der zukunftsweisende Aspekt der bisexuellen Natur des Menschen für

[106] Die Hysterie ist eine Überschreitung in die Zukunft, die eigentlich eine Wiederholung der Vergangenheit ist: denn das vorbürgerliche Ich war in verschiedenen Kulturen und Epochen immer schon ein klassenüberschreitendes „feudales Ich" multipler Individualität und die Person nur Maskerade.

die Emanzipation beider Geschlechter tritt in der Hysterie[107] progressionsfördernd für die Gesellschaft in Erscheinung, denn von der zu Bewusstsein drängenden triebhaften Grenzüberschreitung der Hysteriker gehen heute entscheidende Anstöße zur Veränderung der Geschlechtsrollen und -identitäten aus.

Fallkonzeptualisierung einer hysterischen Persönlichkeit

Symptom
Anorgasmie, Hypersexualität, Globus hystericus, Sexualisierung der Ich-Funktionen

Symptomwertung
Ich habe keinen Orgasmus und viele Männer, also brauche ich mich nicht zu verausgaben und bleibe nie allein.

Symptomumwertung
Die Anorgasmie dient dem Schutz vor Auszehrung, und die Viel-Männer-Beziehungen sind der Schutz vor Alleinsein.

Fokussierung
Indem, wenn, weil ich nie allein bin, bin ich immer geliebt; indem ich mich immer von vielen Männern lieben lasse, bin ich nicht allein.

Therapiehypothese
Was kann die Patientin aus ihrer sexuellen Anästhesie und ihren multiplen Männerbeziehungen machen? Wie kann sie lernen, mit ihrer Verführungsmacht so umzugehen, dass sie zu befriedigenden Sexualbeziehungen kommen kann? Wie kann sie ihre sexuelle Begierde so umlenken, dass sie kognitiv ihre Grenzen erweitern und sich auch über die Anerkennung von Leistung lieben lassen kann?

Für diese Patientin war die Anorgasmie das bezeichnende Symptom. Das sexualisierende und verführerische Auftreten der Patientin im Interview vermittelte eine Vorstellung darüber, wie diese attraktive Frau durch ihr Verhalten sexuell provozierend wirken musste. Die Exhibitionslust der Patientin war unverkennbar, und ihre Klage, dass sie bei öffentlichen Auftritten,

[107] Der Terminus „Hysteriker“ wird hier als Gattungsbegriff verstanden, meint genauso den hysterischen Mann, der in seiner Pubertät durch einen verstärkten Identifikationsschub mit der Mutter, dem weiblichen Element, eine passiv-feminine Männlichkeit erworben hat und ähnlichen Bedingungen folgt wie die weibliche Hysterie: für den Mann bringt die Hysterie die unbewusste Weiblichkeit zur Geltung, für die Frau die unbewusste Männlichkeit.

zum Beispiel im Seminar, plötzlich unter Sprechhemmungen und Erröten litt, den „Faden“ verlor, wirft ein Licht auf das Ausmaß ihrer exhibitionistischen Impulse. Die Sprechhemmung trat dann in Erscheinung, wenn ihr von einer Autorität eine intellektuelle Leistung abverlangt wurde, sie den „Faden“ nicht mehr halten konnte und in eine spontane Rede abglitt, welche die Professoren und Mitstudenten verwirrte. Allerdings ist die latente Absicht nicht zu übersehen, den Männern den „Kopf“ zu verdrehen, indem sie diese verwirrte und so konfus machte, dass jeweils der Leiter des Seminars „dazwischengehen“ musste: der appellative Charakter dieser unbewussten Inszenierung ist augenfällig. Die Patientin hatte sich auf diese Weise in den Mittelpunkt gestellt, die Mitstudenten außer Konkurrenz gesetzt und sich den Eingriff des Leiters verschafft. Obwohl sie unter diesen ständig aufsehenerregenden Auftritten litt, konnte sie sich dadurch die besondere Anteilnahme der Professoren sichern.
Die Patientin faszinierte allgemein durch ihre ungewöhnliche Spontaneität und geistige Lebendigkeit, so dass sie, auch in Kompensation ihrer intellektuellen Hemmung, eine große narzisstische Befriedigung erfuhr durch die von ihr in Bann gezogenen Männer und Frauen. Die erotisierende Aura, welche die Patientin ausstrahlte, schien auch eine Atmosphäre von Frivolität zu verbreiten, auf die Männer wie Frauen gleichermaßen ansprachen. Daraus bezog sie große Befriedigung und narzisstische Bestätigung, zugleich auch die Sicherheit, sich immer von Vielen lieben lassen zu können.
Die Patientin zeigte eine erstaunliche Unbekümmertheit, was ihre fehlende Orgasmusfähigkeit anging. Und es schien auch so, als wäre die Angst vor Liebesverlust, die sie diese zahlreichen Beziehungen anknüpfen ließ, für sie drängender als die Angst vor dem Verlust ihres Ansehens wegen der kognitiven Störungen. Die Anorgasmie verursachte vermutlich deshalb so wenig Leidensdruck, weil die Patientin eine intensive Befriedigung aus ihrer Verführungsmacht beziehen konnte. Der eigentliche Leidensdruck versteckte sich vielmehr in der zunehmenden Angst vor Abhängigkeit aus dem Zwang, die Männer zu verführen, um nicht allein sein zu müssen. Denn der stete Wechsel und die ständig zunehmenden Männerbeziehungen verstärkten auch immer mehr ihre Angst vor Abhängigkeit und bedrohten ihre phallische Sicherheit.
Wenn man die Anorgasmie bei dieser Patientin als Schutz versteht, durch sexuelle Befriedigung von den Männern nicht abhängig zu werden, wenn man sie als Schutz versteht, sich selbst nicht zu erschöpfen durch eine Vielzahl von Männern; und die Anorgasmie als Schutzstrategie versteht, den Kopf dadurch immer oben behalten zu können und nicht als „kopflose Frau“

ihrem „Bauch“ ausgeliefert zu sein; wenn man weiterhin diese Anästhesie wegen des ständigen Unbefriedigtseins und des dadurch bedingten steten Objektwechsels in gleicher Weise als Schutz für die Männer versteht, dann wird gerade im Letzteren deutlich, von welchem Hunger und von welcher Gier die Patientin getrieben sein musste. Einen Hinweis für das Ausmaß ihres libidinösen Verlangens gibt auch der sogenannte Globus hystericus als Zeichen für ihre fressende sexuelle Gier. Denn der Sinn dieser Schluckstörung scheint nach unserer Erfahrung darin zu liegen, sich und die Männer vor diesem „Gierschlund“ zu schützen: in der Verschiebung von unten nach oben repräsentiert der globus hystericus vermutlich einen „Vaginismus“.
Die libidinöse Potenz dieser Patientin wurde auch offensichtlich in ihrem Begehren, die sexuellen Grenzen zu überschreiten und alle Körperöffnungen zum Sexualorgan zu machen. Dieser experimentierende Umgang mit der Erotik schloss auch sexuelle Erfahrungen mit Frauen nicht aus, die von der Verführungslust angesteckt, sich gerne erobern ließen. Hier zeigt sich, dass die veröffentlichte klinische Meinung über abweichende Sexualität der Erfahrung der Menschen unserer Zeit hinterherhinkt und vor allem die Frauen in ihrer Experimentierlust viel weiter zu sein scheinen, als es die konventionelle gesellschaftliche und psychotherapeutische Moral wahrhaben will. Überhaupt wird an diesem Fall deutlich, dass die Hysterie tatsächlich eine „promesse de l'avenir“ ist und den subjektiven Faktor für den Veränderungsprozess in den Geschlechterbeziehungen und der Sexualmoral darstellt. Das Aufsprengen der festgelegten sexuellen Identität scheint auch zugleich einen Prozess in Gang zu setzen, die Fesselung einer ein für alle Mal festgelegten Identität zu lösen und die Spannung multipler Individualität der Person ertragen zu lernen. Es ist also in diesem Fall von entscheidender Bedeutung, dass solche Frauen eigentlich am Normencodex einer Gesellschaft leiden, die ihnen eine Moral vorschreibt, nach der sie sich als krank erfahren und darstellen müssen.
Eine traditionelle Sicht könnte nämlich einem Deutungsmuster der phallisch-kastrierenden Frau folgen, die aus Kastrationshunger die Männer depotenzieren muss. Dabei macht gerade dieser Fall deutlich, dass die Viel-Männer-Beziehungen der Abwehr von Abhängigkeit dienen und dem Schutz beider Seiten vor gesellschaftlich sanktionierter Überwältigung durch Sexualität. Die punktuelle Sexualität von Männern und Frauen in solchen Beziehungsarrangements verhindert eine weitere Entwicklung und Vertiefung der Erotik, so dass ihr der Stachel unberechenbarer Leidenschaft genommen wird.
Das bestimmende Phantasma im Leben dieser Frau scheint das der virgo zu sein, nicht im Sinne der unbezwingbaren Frau, der sado-masochistischen

Mechanik von Übermächtigung und Unterwerfung, sondern im Sinne der unzähmbaren Frau, die sich den sexuellen Konventionen widersetzt und weder die Geliebte, Ehefrau, Prostituierte, noch Lebensgefährtin eines Mannes sein will. Im Kontext dieses virgo-Phantasmas ist sie die unberührbare Frau, die sich auch nicht durch Onanie in Versuchung bringen lässt, so dass ihre unbedingte Potenz durch nichts angegriffen werden kann.
Sicher spielen hier orale Allmachtsphantasien hinein, aber in der empirischen Wirklichkeit ihrer Beziehungen scheint es für diese Patientin wichtiger zu sein, sich das Phantasma von der unbezähmbaren Frau durch die Macht ihrer Unberührbarkeit zu bestätigen. Das heißt: die Macht ihrer Potenz erweist sich für diese Patientin gerade dadurch, dass sie mit einer „Unzahl" von Männern und Frauen verkehren kann und sich unberührt halten kann von jeder Domestikation. Daraus ist auch die merkwürdige Unbekümmertheit der Patientin wegen ihrer Anorgasmie zu begreifen.
Es ist hier nicht der Ort, den therapeutischen Verlauf zu beschreiben, aber es soll wenigstens darauf verwiesen sein, dass die Patientin über sexualtherapeutische Praktiken und forciertes Phantasieren zu einer Onanie-Praxis kommen konnte, die ihre sexuelle Souveränität nicht in Frage stellte, und in die Lage kam, ihre exhibitionistischen und phallischen Bedürfnisse auch kognitiv zu befriedigen, indem sie zu einem erfolgreichen Studium fand. Aber diese Patientin wird immer aufgrund ihrer Triebstärke und Potenz das Problem zu bewältigen haben, ihren enormen Hunger ich-gerecht zu stillen und ihr Bedürfnis nach Umsturz der libidinösen Verhältnisse in nicht selbstschädigender Weise zu befriedigen.

2.10 Das Phänomen des Phallischen

Der **phallische Mythos** ist der vom Leben als ewiger Kampf steter Bewährung und Überwindung; er ist das Phantasma vom Triumph experimentierenden Lebens. Das Phallische treibt den Hunger nach Eroberung und Aufklärung der letzten Zonen der Erde, der Ausleuchtung der letzten Winkel der Seele und der Entzauberung der letzten Geheimnisse der Materie.

Psychohistorischer Exkurs

Die mit Descartes anhebende Änderung im Natur- und Weltverständnis des Menschen hat zu jenem Programm der Moderne geführt, dessen mythischer Grund phallische Heroen antreibt: Entdecker wie Kolonisatoren, Forscher wie Eroberer folgen demselben Prinzip phallischer Okkupation in der Bezwingung von Natur und Kultur. Der mächtige Mythos moderner Rationalität hat die Entwicklung der technisch-instrumentellen Vernunft vorangebracht, die dem Menschen die Möglichkeit verschaffte, sich Natur und Welt verfügbar zu machen, ihr die Gesetze zu entreißen, um sie in den Dienst der eigenen Produktivität zu stellen. Dieser hegemoniale Diskurs im Zeichen androzentrischer Ordnung zeigt auf seiner Schattenseite eine exzesshafte Destruktion von Natur, eine Opferung von Natur im Zeichen des Fortschritts, einer endlosen Ausbeutung von Naturressourcen zur Optimierung der menschlichen Lebensbedingungen. Die Herrschaft des phallischen Prinzips universeller Verfügbarmachung, die Vernichtung aller differenten Strukturen (Zivilisation und Kulturen) folgt dem Drang, alles und jedes mit dem Einheitsschlüssel rationalisierender Durchdringung zu entziffern und nichts unentdeckt zu lassen. Die Aufklärung im Sinne des phallischen Mythos hat eine technokratische Gewalt geschaffen, die jetzt auch die menschliche Natur durchdringt in der Enträtselung ihres Bauplans zur technischen Nutzung. Sein Phantasma speist sich aus dem Hunger nach grenzenloser Penetration, schlägt die Menschen in den Bann einer permanenten Aufholjagd. Die Selbstüberholung menschlicher Möglichkeiten, das bisher Unmögliche technisch machbar zu machen, folgt einem archaischen Gesetz, das in der Jagd nach Beute den Jäger zum Gejagten seiner Beute macht.
Die Schöpfung dieser phallischen Mentalität der Moderne hat sich auf dem Hintergrund des Verlustes von konnaturaler Erfahrung des Menschen vollzogen, der Erfahrung der Verbundenheit mit allem, was ist, die bis dahin die Erfahrung des Menschen in der Welt als einer verbindenden Körperbeseelung bestimmt hat. Es ist dieses Verwandtschaftsgefühl des Menschen, das

aus der narzisstisch-identifizierenden Objektbeziehungsweise entsprang, sich gleichwie dem Anderen zu machen und sich das Andere gleichwie Ich zu machen. Der Verlust von Erfahrung dieser Mitgeschöpflichkeit gründet im Umsturz der bisherigen identifizierenden Objektbeziehungsweise in die projizierende, der Gegenüberstellung des Objekts zum Subjekt, der Isolierung und Spaltung zwischen Subjekt und Objekt. Und die Descartes'sche Zäsur der endgültigen Trennung von Seele und Körper (res cogitans et res extensa) verdankt sich dem Zweifel, einzig im Denken die Selbstgewissheit der Existenz zu haben (cogito ergo sum) und Abstand zu finden von der trügerischen Ungewissheit der körperlichen Sinnenwelt. Der Materie wird die Libido entzogen, um das reine Denken vom verderblichen Einfluss des Körpers zu schützen, und zugleich vollzieht sich eine Umlenkung der Libidoströme zum Kopf als Organ von Herrschaftsausübung durch Denkkontrolle. Und die Entleerung von unsublimierter Libido des Körpers zeigt sich in der phallozentrischen Hierarchisierung, einer Akkumulation von Libido im Fortpflanzungsorgan, unter dessen Suprematie sich der sexuelle Trieb der Zweckmäßigkeit einer puren Fortpflanzung zu beugen hat. Das Denken der Moderne hat die Libido der Materie entzogen, und die öde Mechanei eines entstofflichten Denkens und einer entseelten Materie nimmt ihren Gang (s. Pohlen u. Bautz-Holzherr 1991).
Die Idee Descartes von der Natur als Uhrwerk scheint dem unbewussten demiurgischen Phantasma vom Menschen als Uhrmacher der Natur zu folgen und die Deklaration des tierischen Körpers als seelenloser Automat einem unbewussten Phantasma zu entsprechen, dass sich der Mensch als Ingenieur und Maschinist willkürlich dieser Naturmaschine bedienen kann – als „maître et possesseur de la nature" (Descartes, Discours de la Méthode). Durch die Zentralisierung der Libido im Phallus als Repräsentant des phallisch identifizierten Körpers und in der Konzentration von Libido im Kopf als Äquivalent des phallischen Instruments wird ein Libidokapital für die Denkproduktion akkumuliert, das seine planende Vernunft zum Zentrum der Schöpfung macht: eine alles durchdringende phallische Allmachtsphantasie lebt aus der Opferung von Materie.

Fallkonzeptualisierung einer phallischen Persönlichkeit[108]

Symptom
Hypersexualität und Panikattacken (phobische Ängste)

Symptomwertung
Ich habe eine Unzahl von Frauen, also brauche ich mich an keine zu binden, ich bin völlig ungebunden und frei.

Symptomumwertung
Die Hypersexualität dient dem Schutz vor Bindung und Abhängigkeit, und die Panikattacken sind der Schutz vor Aggression gegen weibliche Objekte.

Fokussierung
Indem, wenn, weil ich unzählige Frauen habe, kann ich machen, was ich will; indem ich völlig frei bin, kann ich mir alles erlauben und niemand kann Ansprüche an mich stellen.

Therapiehypothese
Was kann der Patient aus seiner Hypersexualität machen; wie kann er lernen, mit seiner phallischen Impulsivität so umzugehen, dass weibliche Objekte bei ihm bleiben können und er nicht vereinsamen muss? Wie kann er seine penetrative Gewalt so umlenken, dass er sie nicht verletzend gegen Andere gebraucht; seinen Expansionsdrang in die Introversion lenken, in die Penetration seiner Innenräume, um ein Gleichgewicht zwischen einem extraversiven und introversiven Konzept herzustellen? Wie kann er das phallische Begehren kognitiv weiter ausgestalten?

Für diesen Patienten war der Moment seines Hilfesuchens typisch, als er im mittleren Alter panikartige Ängste vor Vereinsamung bekam. Bis dahin war er in einem narzisstischen Gleichgewicht, weil er seine Unabhängigkeit und Freiheit, seine Unverbindlichkeit im Wechselspiel mit verschiedenen Frauen und Frauentypen gut ausbalancieren konnte, so dass er weder Abhängig-

[108] Von der üblichen terminologischen Verbindung von phallisch mit narzisstisch als phallisch-narzisstische Persönlichkeit nehmen wir Abstand, weil mit dieser Attribuierung des Narzisstischen eine pejorative Bedeutung des Phallischen versucht wird: das phallische Prinzip soll durch die Verknüpfung mit dem narzisstischen die Kälte und Beziehungslosigkeit des phallisch-destruktiven Typus erklären, wo doch die Konfrontation mit dem phallischen Prinzip und seiner zerstörerischen Kraft in den imperialen Programmen der westlichen Kultur schrecken müsste. Bemerkenswert und typisch scheint uns zu sein, dass die phallische Persönlichkeit in der ICD-Klassifikation der Persönlichkeitsstörungen nicht vorkommt, obwohl der Typus der phallischen Persönlichkeit den Inbegriff des westlichen Aktivismus und seines die Natur der Welt und des Menschen destruierenden Imperialismus repräsentiert.

keits- noch Vereinsamungsängste erleiden musste und seinen enormen Stolz auf absolute Autonomie voll auskosten konnte. Ein Geheimnis seines Umgangs mit den vielen Frauen, die größtenteils voneinander wussten, mag daran gelegen haben, dass er den Frauen durch eine hohe Potenz eine enorme sexuelle Befriedigung und narzisstische Bestätigung schenkte, und diese Frauen wiederum an solchen Vielfach-Beziehungen interessiert waren, weil sie sich ihrerseits Unabhängigkeit und Freizügigkeit sichern wollten. Zudem erlaubte die emotionale und zeitliche Begrenzung der sexuellen Begegnung den Beteiligten eine besondere Leidenschaftlichkeit, weil sie durch die Limitierung geschützt waren vor ausufernder Entgrenzung und Selbstauslieferung.

Der Patient konnte, wenn die Menge verfügbarer Frauen ihm nicht ausreichte, immer wieder auf sein „Depot abgelegter Frauen“, wie er sagte, zurückgreifen und hatte mit den früheren Frauen keine narzisstischen Probleme oder Rivalitätskonflikte, weil er von dem Phantasma besessen war, der einzig Potente für sie zu sein. Allerdings kündigte sich schon in früherer Zeit die spätere Krise an, weil der Patient immer dann Potenzstörungen bekam, wenn die sexuelle Reizkonstellation nicht einem ganz spezifischen Stereotyp entsprach: der Patient war darauf angewiesen, überfallartig zu penetrieren und sich explosiv zu entladen. Und die intensivste Potenz und größte Lust war an die Penetration a tergo gebunden. Mit zunehmendem Alter verstärkte sich die sexuelle Fixierung auf dieses Arrangement, so dass die Potenz des Patienten bei geringsten Abweichungen immer anfälliger wurde und bei sexuellem Versagen panikartige Ängste auftraten wegen durchbrechender Mordimpulse gegen die Frauen: sie mit dem Schwert zu köpfen.

Beruflich war der Patient als hoher Beamter ungewöhnlich erfolgreich, verstand es in phallischer Manier jedem möglichen Angriff auf seine Position oder Arbeit schon mit eigenem Angriff zuvorzukommen und war gefürchtet wegen seiner aggressiven Angriffsbereitschaft und seinem Durchsetzungsvermögen. Im phallischen Sinne war der ganze Körper Instrument der Aggression wie der Phallus im sexuellen Akt Instrument der aggressiven Überwältigung war, so dass der Phallus (der Penis) für den ganzen Körper stand und der ganze Körper als phallisches Instrument für den Penis. Die Fixierung auf die anale Zone, das Phantasma der Vagina der Frau als Anus des Mannes oder der Anus des Mannes als Vagina der Frau, zeigt den Drang des Patienten, körperliche Tabuzonen zu überrennen, im Umsturz der gewöhnlichen libidinösen Verhältnisse den „Palast der Liebe am Ort der Exkremente“ (de Sade) zu errichten.

Der phallische Hunger in diesem Kriegszug gegen den Körper der Frau, die letzten weißen Flecke tabuierter Zonen auszulöschen, verweist in dieser Obsession auf die Projektion, sich seiner passiv-femininen Strebung zu entledigen über die anale Vergewaltigung von hilflosen Objekten. Dieser Impuls wurde in den konkreten Sexualbeziehungen immer stärker und störender, und die gelegentlichen analen Penetrationen konnten den Patienten kaum mehr befriedigen. Im Zusammenhang dieser Problematik traten erwartungsgemäß immer mehr Potenzstörungen auf, weil die durch die phallische Sexualität unterdrückte passiv-feminine Einstellung mit zunehmendem Alter, bei nachlassender Verdrängungsleistung, sich immer mehr Geltung verschaffte. In diesem Zusammenhang traten panikartige Ängste auf, die Frauen bei nachlassender Potenz nicht mehr „bei der Stange halten“ zu können und zu vereinsamen.

Die Potenzängste des Patienten sind Ausdruck seiner verdrängten passiv-femininen Wünsche und werden in Projektion auf die Frauen partizipierend befriedigt in deren masochistischer Unterwerfung. Die unbewusste ödipale Gleichung lautete: indem ich eine Unzahl von Frauen penetriere, räche ich mich an meiner Mutter, und indem ich mich mit meiner Mutter (passiv-feminin) identifiziere, nehme ich ihr den Vater, den Mann, dessen homosexuelle Geliebte ich bin; Vater und ich sind Komplizen in der Beseitigung der Mutter, wir rächen uns gemeinsam an der Mutter, stellvertretend bei allen Frauen. Und die Vielzahl der zur Strecke gebrachten Frauen drückt das Unmaß des phallischen Begehrens, des Vergeltungshungers aus. Die Wendung der phallischen Aggressivität gegen sich selbst zeigt sich bei dieser Familie in einer suizidalen Tradition der Männer, der Väter; und die Verfolgung der Frauen, der Mütter, die in narzisstischer Kälte traditionell die Familie beherrschten, zeigte sich bei den Söhnen in einem generationsüberschreitenden unbewussten Auftrag der Väter, sich an den Frauen, den Müttern, für die Väter zu rächen.

Das muttermörderische Element der phallischen Aggressivität wird bei den bekannten Sexualmördern sichtbar, bei denen es weniger um die sexuelle Wollust der Vergewaltigung als um Gewalt mit dem Sexualorgan als Mordinstrument geht. Die zerstörerische Schändung der Mutter, der Frauen, projiziert sich auf die Schändung und Ausbeutung der Natur als Inbegriff von materia, der Erde als Äquivalent der Mutter. Die extreme Ausgestaltung des Mutterschänderischen ist das Muttermörderische: die exzesshafte Individualisierung des Muttermörderischen zeigt sich bei den sexuellen Massenmör-

dern und die exzesshafte Kollektivierung[109] destruktiver Phallizität wiederum wird in totalitären Figuren wirksam, denen die soziohistorische Situation die Gelegenheit gab, ein massenmörderisches Regime in Projektion ihres phallischen Mordhungers zu organisieren.
Für den phallischen Patienten ist es von existentieller Bedeutung, ob und wie er seine aktivistische Aggressivität in aktivistische Produktivität umwenden kann, ob er statt der äußeren Kolonisierung von weiblichen Objekten zu seiner inneren Kolonisierung gelangen kann, zu einer inwendigen Penetration statt der auswendigen. Die Bahnung in die inwendige Bewältigung des penetrativen Begehrens ist daran gebunden, ob phallische Menschen die Kraft gewinnen, sich ihrer passiv-femininen, homosexuellen Seite anzunehmen und die darin liegende feminine Rezeptivität zu akzeptieren und die Befriedigung des penetrativen Verlangens in einem introversiven Konzept statt des extraversiven zu finden. Sinnlichkeit, auch Kunstsinn und künstlerische Sinnlichkeit und die damit verbundene Bereitschaft zur Aneignung und Anverwandlung des Anderen, also rezeptiv im produktiven Sinne zu werden, war für diesen Patienten eine besondere Gabe und Bedingung seiner Selbstrettung aus der phallisch-destruktiven Zirkularität: denn der phallische Hunger in der Befriedigung durch die Destruktion der Objekte verendet allemal im Selbstaushungern.

---

[109] Wir nehmen den Vorwurf des Psychologismus in Kauf, geben aber mit Freuds „Massenpsychologie und Ich-Analyse“ zu bedenken, dass es des Führers in einer bestimmten historischen Situation bedarf, den die Massen zum gemeinsamen Ich-Ideal erheben; und durch die Identifizierung der Vielen miteinander sich zu einer mörderischen Massenbewegung zusammenschließen, dessen Repräsentant ein mörderischer Führer ist. Alle, die sich in diesem Führer bewundern, werden durch den Hass gegen Außenstehende und Fremde (Juden, Zigeuner, Fremde) in Liebe zusammengehalten. Das heißt, der soziologische Nenner, der zu Massenphänomenen führt, bedarf immer eines unbewussten Phantasmas, das sich wegen seines gemeinsamen Motivs als Identifikationsgrundlage eignet und den Zusammenschluss der Vielen bewirkt: das unbewusste Phantasma des inbrünstig ersehnten Erlösers und Befreiers ist ein stereotyper Mythos von Massenbewegungen.

2.11 Das Phänomen des Transsexuellen

Der **transsexuelle Mythos** ist der vom Urphänomen des Menschlichen vor seiner Trennung in die beiden Geschlechter. Es ist das Phantasma von der absoluten Vollkommenheit, das Urbild eines Ur-Einen vor seiner Entzweiung, eine Gestalt ursprünglicher Ganzheit jenseits der Auftrennung in das männliche und weibliche Prinzip: im Transsexuellen erscheint die Urgestalt des Menschengeschlechts vor ihrer Entzweiung.

Psychohistorischer Exkurs

Der transsexuelle Mythos, wie ihn Plato im Symposion von Aristophanes entwickeln lässt und wie ihn Freud (XIII, S. 62) wieder aufgreift, erzählt die Geschichte der Entzweiung des menschlichen Urgeschlechts: der menschliche Leib war ursprünglich ganz anders gebildet, es gab drei Geschlechter, nicht bloß wie jetzt männlich und weiblich, sondern noch ein drittes, das die beiden vereinigte, das Mann-Weibliche. Alles an diesen Menschen war aber doppelt, sie hatten also vier Hände und vier Füße, zwei Gesichter, doppelte Schamteile, bis Zeus sich entschloss, jeden Menschen in zwei Teile zu teilen; und weil nun das ganze Wesen entzweigeschnitten war, trieb die Sehnsucht die beiden Hälften zusammen: sie umschlangen sich mit den Händen, verflochten sich ineinander im Verlangen, zusammenzuwachsen.
Das Phantasma des ineinandersteckenden Urpaares, das in ewiger geschlechtlicher Umarmung mit sich selbst zusammenliegende Urgeschlecht, durchzieht die gesamte mythische Schöpfungsgeschichte, die zugleich eine Erzählung von der erschreckenden Gewalt der Urtrennung ist: Uranos und Gaia werden von Chronos getrennt, der Uranos entmannt; Chronos und Rea werden durch Zeus getrennt, der Chronos mit seinem Blitz erschlägt und so fort (s. Ranke-Graves 1955). Das Phantasma des Ineinandersteckens im ewigen Koitus des menschlichen Urgeschlechts wird verdrängt durch die Einführung der mythischen Gestalt des nachgeborenen Helden, der durch sein Dazwischentreten als drittes Element die Untat der Urtrennung begeht.
Die Zerstörung der urbildhaften homöostatischen Selbstgenügsamkeit treibt das Leben in die Entwicklungsgeschichte des Menschengeschlechts. Dieser Mythos situiert sich jenseits von „Ödipus“ als psychodynamischer Familienlegende. Der Mythos vom Urpaar und seiner Trennung ist eine vom Menschen an den Himmel entworfene Vorstellung der notwendigen Selbstvertreibung aus den glückseligen Gefilden eines ewigen Lustprinzips: das Leben bewegt sich aber nach Freud im „Jenseits des Lustprinzips“ als Umweg

in der Rückkehr zum ursprünglichen Ort des mütterlichen Schoßes, dem eingangs verfügten Ausgang des Lebens. Das transsexuelle Begehren scheint das Verlangen zu sein, die Urtrennung zu hintergehen, vom Phantasma beseelt, das dritte Geschlecht, das Transsexuelle des Mann-Weiblichen in der Metapher des platonischen Kugelmenschen wiederherstellen zu wollen. Die Sehnsucht nach der homöostatischen Ruhe des Urgeschlechts und die Transzendierung in der Regression zu jenem Phantasma des Doppelgeschlechts scheint der Hunger des Transsexuellen zu sein, statt der immerwährenden menschlichen Mühe um das Zusammenkommen der polarisierten Geschlechter.

In dieser Tiefendimension des menschlichen Phantasmas müssen wir uns auf mythischem Grund bewegen, um zu einer Anschauung des transsexuellen Geschehens zu gelangen; wie überhaupt bei der Analyse der Einbildungen der Phantasie in den Wirklichkeitsstoff des Lebens sich der Untersuchungsgang immer auf dem Untergrund der archaischen Phantasmen bewegt. Und der Mythos gibt uns einen Wink, wie wir die Aktivierung der transsexuellen Dynamik heute verstehen können. Denn in Zeiten gesellschaftlicher Verwerfungen und psychohistorischer Umbrüche spielte das Transsexuelle immer eine Rolle, wenn wir mit Ranke-Graves (1955) in der griechischen Mythologie den Umschriften des mythischen Textes nachgehen: der hermaphroditische oder androgyne Typus, der Typus des Jünglings mit weiblichen Brüsten und langem Haar oder der Typus der bärtigen Frau ohne Brüste mit kurzem Haar haben ihren Ursprung, mythologisch gesehen, im Übergang vom Matriarchat zum Patriarchat; auch wenn sich ein Matriarchat historisch nicht nachweisen lässt.

Hermaphroditos ist der erste heilige König, der die Stelle der Königin vertreten darf, die später vom patriarchalen Königtum abgelöst wurde. Androgyne ist die Mutterkönigin, die für das Zeitalter des Übergangs zum Patriarchat steht und in männlicher Attribuierung ihre Ansprüche auf weibliche Macht aufrechterhalten wollte. Hermaphroditos und Androgyne sind Übergangsfiguren, phantasmatische Einkleidungen einer sozio- und psychohistorischen Wende. Und was wir für die Vorzeit mythologisch nur erahnen können im phantasierten Übergang vom Matriarchat zum Patriarchat, können wir heute, am Ende des Patriarchats, als möglichen Übergang zu einem matriarchalen Denken historisch beobachten: der Zerfall der phallologischen Ordnung, der androzentrischen Triebhierarchie, scheint im Übergang zu einer weiblichen, sinnlichen Vernunft zu sein, einer Dezentralisierung des Denkens und einer Enthierarchisierung des Begehrens.

Wir befinden uns in einem Prozess der Ablösung phallozentrischer Orientierung durch die Annäherung der narzisstischen Besetzung von Vagina und Penis, so dass die narzisstische Überbesetzung des Phallus und das mit ihm verbundene Primat in der Machthierarchie der Geschlechter an sein Ende zu kommen scheint. Der Umbruch von der Eindimensionalität der phallischen Ordnung zur Mehrdimensionalität libidinöser Orientierung bewirkt durch divergierende Leitidentifikationen der Libidoorganisation eine Diversifizierung der Lust – jenseits der phallischen Zentrierung. Und der Einbruch der phallischen Körperordnung hat eine Krise der Geschlechtsidentität und eine Konfusion der Geschlechterpolarisierung ausgelöst, in deren Zusammenhang die transsexuelle Dynamik als psychologisches Problem auftaucht: in der Verwirrung der Körperordnung der Geschlechter transformiert sich im Symptom des Transsexuellen eine Sehnsucht, durch Rückkehr zum Phantasma des Ursprünglichen die gesellschaftlichen Widersprüche und individuellen Konflikte zu beseitigen. Der Transsexualismus ist nach unserer Prognose ein Phänomen des Übergangs in eine neue Ordnung der Geschlechterbeziehungen und in andere Geschlechtsidentitäten.
Das transsexuelle Phantasma scheint also eine Rückkehr zum Ursprung hinter die Entzweiung zu repräsentieren. Der Hunger des Transsexuellen nach Ganzheit in der Sehnsucht nach Wiederherstellung der transsexuellen Geschlechtlichkeit des dritten Geschlechts überschreitet in seinem Begehren selbst die Götter, die sich der Einseitigkeit des Geschlechts und der Entzweiung der Doppelgeschlechtlichkeit gebeugt und auch die Menschen diesem Schicksal unterworfen haben. Das Transsexuelle ist der Rückgang auf den Ursprung der Geschlechtlichkeit und die Auflehnung gegen die gewaltsam verfügte Differenz. Es geht hier nicht um das Festhalten an der bisexuellen Konstitution des Menschlichen, welche die Grundlage des polymorph-perversen Körpers der infantilen Sexualität ist. Denn die psychologische Bisexualität repräsentiert eine psychische Dimension, die in jedem Subjekt angelegt ist zwischen unbewusster Männlichkeit der Frau und unbewusster Weiblichkeit des Mannes.
Beim Mythos des Transsexuellen handelt es sich aber um jene Mythen, Urphantasien, welche die individuellen unbewussten Phantasmen überschreiten und sich kollektiv in den Mythen der Völker darstellen als „Archetypen der Phantasie“, die in ihren Erzählungen von den Grundfragen des Menschseins berichten: der Frage nach dem Woher, Wozu und Wohin des Menschen.

Deshalb hat sich Freud auch immer an den Mythos zur Aufklärung[110] gewandt, wenn sich ihm die psychologischen Erklärungen versagten.
Das transsexuelle Phantasma vom urgeschlechtlichen Menschen rührt an den privatistischen Mythos der Selbsterschaffung, einer individualistischen Genesis, die ein Leben vor der Entzweiung einfordert. Und der Drang nach Geschlechtsumwandlung unter der Rationalisierung, dass die richtige Seele im richtigen Körper wohnen müsse und nicht mehr im falschen, scheint eine Deckphantasie dafür zu sein, seinen Geschlechtskörper selbstherrlich neu zu schaffen. Was der Transsexuelle in der verrückten Manipulation an seinem Körper durch Geschlechtsumwandlung konkret zu erreichen sucht, hat der paranoische Senatspräsident Schreber auf Geheiß Gottes als Geschlechtsumwandlung im Psychischen vollzogen. In seinem Wahnsystem beugte er sich Gottes Verlangen, „ein in wollüstiger Empfindung schwelgendes Weib zu sein“ und folgte der göttlichen Aufgabe, in „ausgiebigster Entwicklung der Seelenwollust“, „immer das in geschlechtlicher Umarmung mit (sich) selbst daliegende Weib zu spielen“ (Freud VIII, S. 268).
Die Freudsche Schreber-Analyse handelt von der psychischen Geschlechtsumwandlung, und in der Transsexualität transformiert sich das verrückte Begehren nach Geschlechtsumwandlung in die körperliche Konkretion der chirurgischen Umwandlung des Geschlechtskörpers. Die Deutung ist nahegelegt, dass der Transsexuelle um den Preis der körperlichen Selbstverstümmelung[111] sich schützt vor der Entwicklung eines paranoischen Systems, und der Paranoiker geschützt ist vor Selbstverstümmelung um den Preis seines Wahnsystems. In der Transsexualität kommt die Verbindung zwischen dem Erotischen und dem Religiösen exzesshaft zum Ausdruck, zeigt sich in der autoplastischen Grandiosität der maßlose Hunger nach menschenunmöglicher Selbsterzeugung.

---

[110] „Schon der Mythos ist Aufklärung, und: Aufklärung schlägt in Mythologie zurück“ (Horkheimer u Adorno 1969, S. 6). Und die positivistische Wissenschaft ist eine Mythologie, weil sie die Eindimensionalität des Faktischen für die Vieldeutigkeit von Welt setzt und diese Entwirklichung von Welt für die Natur der Welt hält.
[111] Dies mag manchen Wissenschaftler erstaunen, der sich nicht mit Wahnkranken oder Transsexuellen auf eine Tiefendimension der Erfahrung einlässt, so dass er sich vor dem unfassbar scheinenden psychotischen Geschehen durch diagnostische Objektivierung schützen und der Konfrontation mit dem verrückten Phantasma durch Delegation des Patienten an den Chirurgen entziehen muss.

Fallkonzeptualisierung einer transsexuellen Persönlichkeit[112]

Symptom
Eine Frau in einem Männerkörper sein zu müssen, depressive Verzweiflung mit Suizidimpulsen

Symptomwertung
Ich habe nicht den richtigen Körper für meine Seele, also brauche ich den anderen, weiblichen Körper und muss nicht mehr verzweifelt sein.

Symptomumwertung
Die Vorstellung des falschen Körpers, das Begehren der Geschlechtsumwandlung, dient dem Schutz vor der verrückten Idee, seine männliche Seele in eine weibliche zu verwandeln.

Fokussierung
Indem, wenn, weil ich meinen Geschlechtskörper umwandle, bin ich eine normale Frau, eine weibliche Seele in einem weiblichen Körper; indem ich eine normale Frau, ein normaler Mensch bin, bin ich nicht verrückt.

Therapiehypothese
Was kann der Patient aus seinen transsexuellen Wünschen machen? Wie kann er lernen, mit seiner Transsexualität so umzugehen, dass er sich nicht umwandeln lassen muss? Wie kann er lernen, die Weiblichkeit seiner Seele zu akzeptieren, auch wenn er sich nicht umwandeln lässt, und wie kann er den Widerspruch ertragen lernen, dass ein Mann zugleich in seiner Seele weiblich und männlich, zwei Geschlechter sein kann; und wie kann er lernen, mit einem männlichen Geschlechtskörper weibliche Empfindungen zu leben?

Der Patient kam mit dem Begehren nach eindeutiger Festlegung der geschlechtlichen Identität durch operative Geschlechtsumwandlung. Nach über zehnjähriger Behandlung in verschiedenen psychiatrischen Universitätskliniken hatte der Patient sich dafür entschieden, durch Begutachtung die Genehmigung zur Umwandlung zu erreichen. In diesem Zusammenhang hatte er

[112] Die Darstellung der transsexuellen Persönlichkeit im ICD-Glossar unter Transsexualismus (F64.0) macht offensichtlich, dass man fassungslos diesem Phänomen gegenübersteht. Denn die Diagnostik des Transsexualismus wird mit dem Wunsch des Transsexuellen gleichgesetzt, als Angehöriger des anderen anatomischen Geschlechts zu leben und anerkannt zu werden. Und die therapeutische Schlussfolgerung folgt dem Wunsch des Patienten nach hormoneller und chirurgischer Behandlung, um den eigenen Körper dem bevorzugten Geschlecht so weit wie möglich anzugleichen (s. ICD-10, S. 226). Die Sprach- und Begriffslosigkeit dieser Klassifikation, die auf dem Niveau der Alltagssprache zu ihrer Definition kommt, kann den Kliniker wegen ihrer mangelnden Professionalität nur erstaunen.

sich vorausgreifend vor der Betriebsführung und der Belegschaft des Unternehmens, in dem er eine hohe Position einnahm, plötzlich als Transsexueller geoutet: durch sein Erscheinen in weiblicher Verkleidung sorgte er durch diesen Überraschungscoup für allgemeine Bestürzung. Man würde aber angesichts dieser Inszenierung die Bedeutung des Auftritts für das Leben des Patienten verkennen, wenn man davon absähe, dass er durch diesen Auftritt seine Karriere zunichte machte und seinen sozialen Tod provozierte. Das Selbstmörderische an diesem Arrangement ist offensichtlich. Denn der Patient hatte sich dadurch sein Führungsprestige, seine Souveränität vor dem ganzen Unternehmen genommen. Im Gegensatz zu dem spielerischen Charakter des Transvestitischen, das vor allem vom Überraschungseffekt lebt, beim Fallen der letzten Hüllen das nicht erwartete andere Geschlecht zu demonstrieren, haben wir bei der von uns behandelten Gruppe von Transsexuellen das transsexuelle Outen als destruktive Selbststigmatisierung und unumkehrbaren Schritt im Vollzug der Selbstvernichtung erfahren. Der zwingende Charakter dieses Impulses zur zerstörerischen Selbstpreisgabe wird auch von den Patienten als „Hand an sich legen" erlebt, ähnlich einem geplanten Suizid.

Für die Konfliktdynamik des Patienten war bezeichnend, dass er sich im falschen Körper fühlte und nicht, dass er eine falsche Seele haben könnte. Die als weiblich empfundene Seele war die Grundlage seiner Rationalisierung, dass er einen weiblichen Körper haben muss, der ihm wiederum die Bestätigung gab, eine weibliche Seele zu haben. Solche Rationalisierungen sind verführerisch für Ärzte und Therapeuten, zu glauben, dass es den Patienten nur um das Innewohnen der richtigen Seele im richtigen Körper geht; wobei es kein Aufsehen erregt, dass ein Transsexueller niemals von einer falschen Seele spricht, immer nur vom falschen Körper. Die Konfliktdynamik[113] liegt also

[113] Im psychoanalytischen Sinn haben wir es vermutlich mit einer konstitutiven Ich-Spaltung in der Entwicklung zwischen seelischem und körperlichem Ich (s. Federn 1956) zu tun. Bei oberflächlicher Betrachtung geht es um eine zweiseitige Verdrängung: im körperlichen Ich wird der weibliche Aspekt verdrängt, während im seelischen Ich der männliche Aspekt verdrängt wird, so dass ein unaufhebbarer Widerspruch zwischen körperlichem und seelischem Ich zur besonderen Konfliktdynamik des Transsexuellen gehört – eine grundlegende Dissoziation des Ichs. Eine tiefere Dimension der psychodynamischen Betrachtung konfrontiert mit den Konstituierungsbedingungen des Ichs. Wenn nämlich Identifizierung der Vorgang ist, durch den das menschliche Subjekt sich konstituiert, dann müssten beim Transsexuellen antagonistische Leitidentifikationen in der Entwicklung vom körperlichen und seelischen Ich abgelaufen sein. Eine unüberbrückbare Aufspaltung zwischen den Identifizierungslinien, die zur Konstituierung des körperlichen Ichs und des seelischen Ichs geführt haben, muss die Folge sein: patrilinear oder matrilinear, wer kann das genau wissen, wo wir die verspäteten Gäste am Tisch unserer Patienten sind (Morgenthaler 1978). Der Transsexuelle empfindet

beim Transsexuellen in der Vorstellung vom falschen Körper, der durch Umwandlung für die Seele zum richtigen gemacht werden soll.
Im unerbittlichen Verlangen des Patienten nach Geschlechtsumwandlung artikulierte sich eine unauflösbare Ambivalenz, ein verrücktes Entweder-Oder: entweder Geschlechtsumwandlung oder Tod. Dieser Drang nach eindeutiger Festlegung seiner Geschlechtsidentität durch operative Geschlechtsumwandlung hatte den Charakter eines Normalitätswahns. Denn durch die medizinisch verfügte Gleichstellung zwischen seiner weiblichen Seele mit einem weiblichen Körper wäre für den Patienten absolute Normalität sichergestellt. Der obsessive Charakter dieses Begehrens zeigte die Angst des Patienten vor Einbrüchen des Unbewussten und die Schwäche seines Widerstands gegen die andrängenden Vernichtungsimpulse. Aber die Vernichtungsängste des Paranoikers beziehen sich auf seinen möglichen Seelenmord, und der Paranoiker wie der Senatspräsident Schreber wendet es produktiv in die Bejahung der von Gott gewünschten Geschlechtsumwandlung im Seelischen. Der transsexuelle Patient sucht dagegen den Ausweg in der Geschlechtsumwandlung im Körperlichen, um einer tatsächlichen Selbstvernichtung, dem Körpermord, zu entgehen – entgegen dem Seelenmord des Paranoikers.
Das Transsexuelle erscheint unter dieser Perspektive als Schutzstrategie gegen das Verrücktwerden, und der unerbittliche Normalitätszwang dient dem Schutz vor dem Einbruch vernichtender Impulse: durch die Verstümmelung des Körpers, die Opferung[114] eines Teils (Penis) für die Rettung des

---

seine weibliche Seele als gut und richtig und seinen männlichen Körper als schlecht und falsch - eine Aufspaltung in ein gutes und ein böses Ich innerhalb desselben Ich-Systems. Der paranoide Prozess als Folge dieser Aufspaltung scheint sich darin zu vollziehen, dass der Transsexuelle mit seinem guten Ich und Ich-Ideal seinen schlechten Körper bis zur Vernichtung verfolgen muss; wie wenn sich im körperlichen Ich die gesamte Identifikation mit dem bösen Objekt versammelt und die Einschreibung der Körper-Imago zum abgespaltenen Fremdkörper vollzogen hätte. Dieser Spaltungsprozess zwischen dem identifizierten guten Objekt im Seelischen und dem identifizierten bösen Objekt im Körperlichen und die Verleugnung des männlichen Aspekts des Ichs, der „männlichen Seele“, sind nach unserer klinischen Erfahrung bei männlichen Transsexuellen die bestimmenden Abwehrstrategien. Die besondere paranoide Disposition zur körperlichen Selbstverfolgung, die ein Äquivalent der paranoischen Verfolgung zu sein scheint, gründet in dieser Aufspaltung innerhalb der Ich-Organisation.

114 Diese Pars-pro-toto-Abwehrstrategie haben wir auch als Schutz vor Suizid bei chronisch depressiven Frauen gefunden, welche die Gynäkologen nach jahrelangem psychosomatischem, organisch nicht identifizierbarem Leiden dazu brachten, sie durch Hysterektomie von ihrem Übel zu befreien: die Opferung der Gebärmutter war der Preis für die Rettung ihres Lebens; die Entfernung des Uterus hatte im Unbewussten die suizidale Entfernung ihres Körpers zu vertreten.

Ganzen, will der Patient sich eine Sexualkonstitution perfekt-heterosexueller Normalität [115] schaffen.

Das transsexuelle Phänomen, wie es sich bei diesem und bei den anderen von uns behandelten Patienten darstellt, ist die Radikalisierung des Programms der Normalisierung in der Moderne. Der totalitäre Zug dieses Normalisierungswahns ist unübersehbar und scheint die in früherer Zeit in der Gesellschaft wirksamen, totalitären Bewegungen abgelöst zu haben. Heute geht es nämlich darum: alles gleichzumachen, allen gleichgemacht zu werden, allen gleich zu sein unter dem Zeichen einer alles durchwaltenden Normalisierungsdiktatur[116], die jede Abweichung ausschließt, das Verrückte als letztes Widerstandsmoment gegen Normalisierung medizinisch auslöschen will.

Der transsexuelle Hunger nach der Omnipotenz der Doppelgeschlechtlichkeit und die Aufspaltung im transsexuellen Syndrom zwischen der guten Seele und dem schlechten Körper und der darin enthaltene selbstmörderische Aspekt geben der Psychotherapie des Transsexuellen besondere Probleme auf; vor allem das Grundthema des Normalisierungszwangs als rigide Abwehrstrategie, deren Unterminierung die Voraussetzung für ein In-Gang-Kommen des psychotherapeutischen Prozesses überhaupt ist. Wir können hier nur darauf verweisen, was in diesen und anderen Fällen das Gelingen der psychodynamischen Arbeit ausmacht.

---

[115] In diesem Kontext ist auch der typische Widerstand von Transsexuellen und auch die Aversion in der Ideologie von transsexuellen Gruppen zu sehen, mit Homosexualität in Verbindung gebracht zu werden, obwohl sie sich homosexueller Praktiken zur Befriedigung bedienen. Aber die hohe Besetzung des Widerstands gegen die Unterstellung homosexueller Praktiken, die sie nur als transsexuelle verstanden wissen wollen, verweist auf das rigide Festhalten an einem zwanghaften Normalitätsideal von Sexualität. Bei den Homosexuellen vertritt das Anale die Ersatzvagina im Körper des Mannes. Bei den Transsexuellen geht es nicht um Repräsentation, vielmehr wird im männlichen Körper tatsächlich die weibliche Vagina gesucht. Und diese Realitätsverleugnung treibt das Begehren in die Konkretion des Wunsches nach empirischer Geschlechtsumwandlung.

[116] „In Zukunft gilt die Jagd nicht mehr dem Juden, sondern dem, der von der Norm abweicht." ... „Man müsste nur nach Nazimuster eine von anderen abweichende Krankheit bestimmen, zum Beispiel die Psychose, und behaupten, dass alle Juden psychotisch sind! Die Anklage lautet dann nicht mehr auf Judentum, sondern auf Psychose – und das Spiel ist gewonnen" (Goldschmidt 1999, S. 177). Das Spiel der Verfolgung der Andersartigen, die Vernichtung des Ungewöhnlichen und Besonderen, hat einen zwangsläufigen und selbstverständlichen Charakter in seiner Medizinalisierung angenommen, so dass es gar nicht mehr als Verfolgung in Erscheinung tritt und nicht mehr als Beseitigung, sondern als therapeutische Notwendigkeit wahrgenommen wird; wie auch die Verdrängung und Ausschaltung der kulturhistorischen Wissenschaften (Foucault 1969, 1978; Castel 1979; Deleuze u. Guattari 1974 u. a.) und auch der Psychoanalyse als Reflexionswissenschaft aus dem öffentlichen Diskurs nicht mehr zur Kenntnis einer kritischen Öffentlichkeit zu gelangen scheint.

Im Falle dieses Patienten spielte die eheliche Bindung eine besondere Rolle, vor allem der Anspruch der Ehefrau auf traditionelle, heterosexuelle Normalität, mit dem sie die Bestätigung ihres weiblichen Narzissmus unabdingbar verband. Dabei muss man berücksichtigen, dass das Ehepaar eine kinderlose Ehe führte, deren Bindungskraft und Liebestiefe an den Mythos von Philemon und Baucis erinnerte, die sich von den Göttern erbaten, gleichzeitig sterben zu dürfen, damit keiner ohne den Anderen leben müsse. Und an diesen Mythos anknüpfend war es möglich, die Ehefrau, die den Tod der Beziehung durch die Geschlechtsumwandlung befürchten musste, dafür zu gewinnen, dass sie sich lesbischen Phantasien öffnete und durch diese höhere sexuelle Toleranz dem spiegelbildlich sich verhaltenden Ehemann die Über-Ich-Entlastung gab, das Homosexuelle leben zu dürfen. Denn das unbewusste Phantasma des Patienten, als Frau mit seiner Frau lesbisch zu leben, wie es sich dann zeigte, musste am konventionellen weiblichen Narzissmus seiner Frau scheitern, als Frau nur ein voller Mensch zu sein, indem man von einem Mann geliebt wird. So war der Umweg über die Duldung lesbischer Möglichkeiten für die Ehefrau und ihre Akzeptierung der homosexuellen Praxis des Mannes eine Möglichkeit, ihre Liebe füreinander nicht zu verlieren. Und das Ende der Therapie nach der zweiten Phase des psychodynamischen Programms bestand darin, dass beide Partner sich mit der Doppelgeschlechtlichkeit und einem Doppelleben des Patienten arrangieren konnten, so dass dieser nicht mehr gefährdet war, seinen sozialen Tod in der Äquivalenz zum Körpermord zu betreiben und weiterhin in seiner Position als Manager bestehen konnte.

Aufgrund unserer klinischen Erfahrung mit männlichen Transsexuellen hatten wir ein Drei-Phasen-Programm entwickelt für einen Zeitraum von neun Monaten, das wir jeweils mit dem Patienten sowohl in den einzelnen Schritten als auch in den Zielen der einzelnen Phasen abgestimmt und psychodynamisch reflektiert hatten. Dabei war für das Arbeitsbündnis von entscheidender Bedeutung, dass der definitive Ausgang der Therapie, die mögliche Geschlechtsumwandlung oder eine bisexuelle Lebensform, offen blieb, so dass für beide Seiten der therapeutische Prozess ein Experiment mit ungewissem Ende war.

Die erste Phase des Programms zentrierte auf das Einüben der weiblichen Rolle und Identität bis in die charakteristischen Verhaltensweisen der Frau in der weiblichen Intimität; mit einem strikten Onanieverbot, um den Penis als männliches Lustorgan auszuschließen und die ganze Libido in die weibliche Selbstkultivierung des Körpers und des Verhaltens zu investieren. Die zweite Phase war ausschließlich auf das Einüben und Erfahren der passiv-femininen (homosexuellen) Position gerichtet; mit dem Gebot, nur passiv-feminin verkehren zu dürfen und

dem strikten Verbot, den Phallus zur sexuellen Penetration zu benutzen, um die ganze Libido in passiv-femininer Befriedigung zu orientieren und über den Analverkehr als Ersatzbefriedigung für den Vaginalverkehr die Erfahrungsdimension des Weiblichen in der Passivitätsposition für den Patienten erlebbar zu machen. Für die dritte Phase war die Substitution mit weiblichen Hormonen vorgesehen, wenn die zweite Phase nicht zu dem erwarteten Ergebnis einer befriedigenden passiv-femininen Erfahrung geführt haben würde. Und nach der dritten Phase, am Ende der vorgesehenen Neunmonatsfrist, war entsprechend dem Arbeitsbündnis die Frage der operativen Geschlechtsumwandlung mit dem Patienten zu entscheiden. Wir können hier nur resümieren, dass die von uns behandelten Transsexuellen bereits am Ende der zweiten Phase in der Lage waren, ihre Doppelgeschlechtlichkeit zu leben. Das heißt: passiv-feminin (homosexuell) und aktiv-maskulin (heterosexuell) sich sexuell zu befriedigen, ihre Bisexualität aktiv zu leben und ihren Körper und ihre Seele in den differenten sexuellen Arrangements nach Art eines Doppellebens jeweils zu ihrem „Recht" zu verhelfen.
Für den sachkundigen Leser ist es sicher keine Überraschung, wenn wir den Widerstand des Patienten besonders für die zweite Phase als stark beschreiben, weil es hier weniger um das Homosexuelle als vielmehr um die im Homosexuellen artikulierte Abweichung von der Norm, die Normüberschreitung geht. Der Widerstand in der ersten Phase, der Symptomverschreibung, bewegte sich auf der Ebene der narzisstischen Scham wegen der Verschreibung der weiblichen Selbstdarstellung und Selbstkultivierung, wo doch der Transsexuelle kein Transvestit sein will, sondern eine Frau, die durch Operation irreversibel zu einem weiblichen Körper gemacht ist (wird). Es kann hier aber nicht eine ausführliche Falldarstellung dieser Transsexuellen-Behandlung gegeben werden; diese werden wir in nächster Zeit gesondert veröffentlichen, wenn möglich mit den Therapiejournalen der Patienten über ihre innere Erfahrung der Behandlung. Alle von uns behandelten Transsexuellen waren nichteffeminierte Männer, die vor der Manifestation ihrer Transsexualität „unauffällige" heterosexuelle Beziehungen hatten.

V. Psychodynamische Therapieforschung im Marburger Programm: Falldokumentation und Therapiebewertung von typischen Persönlichkeitsstrukturen

A Methodik

1. Voraussetzungen und Bedingungen psychodynamischer Forschung

Psychotherapieforschung steht heute, nach jahrzehntelangen Anstrengungen um Legitimation ihrer jeweiligen Methode durch allgemeine Wirksamkeitsstudien oder komplexe Forschungsstrategien zum Effizienznachweis, immer noch vor der gleichen, unbeantworteteten Grundfrage: warum und wieso sich etwas im Patienten geändert hat? Alle Forschungsergebnisse konvergierten letztlich, unabhängig von der Differenziertheit und Komplexität ihrer Vorgehensweise in der Erkenntnis der allgemeinen oder strukturspezifischen Wirksamkeit therapeutischer Einflussnahme. Will man jedoch „endgültige Antworten" auf die Frage, was in der Psychotherapie wirklich hilft (Strupp 1996) finden, dann ist die Ingredienz der Therapeut-Patient-Beziehung der Stoff für Forschungsfragen. Allerdings ist in dieser Warum-Frage der Wirksamkeit einer hilfreichen Beziehung immer die Frage nach der zugrunde liegenden Theorie der Interaktion gestellt: wie und mit welchem Blick auf die für den Patienten zu verändernde Welt ein Therapeut Einfluss nehmen will? Deshalb ist die Qualität der Einflussnahme eines Therapeuten für uns der essentielle Gegenstand der Forschung, weil von der Qualität des therapeutischen Einflussnehmens die Veränderungsqualität für den Patienten abhängig ist.

Für eine genuin psychoanalytische Forschung ist deshalb die Einzelfallperspektive unverzichtbar. Die Singularität des Individuums verlangt die Konzentration der psychodynamischen Perspektive auf die Phänomene des Individuellen, weil nach unserer Erfahrung allein auf der Basis der Einzelfallanalyse typische Konstellationen und Strukturen erkannt werden, die leitende Denkfiguren für eine Fallgenerierung abgeben können. Der Anspruch der wissenschaftlichen Generalisierbarkeit hat dagegen die psychodynamische Forschung in ihrem Erkenntnisfortschritt bisher nur behindert.

Die notwendige Neubesinnung auf psychoanalyseeigene Wege wird plötzlich von Repräsentanten der klassischen Psychoanalyse reklamiert (Waller-

stein 1990; Deneke u. Stuhr 1992; Kächele 1993; Green 1996; Hill 1994; Leuzinger-Bohleber 1997 u. a.), nachdem der notwendigen Auseinandersetzung mit dem zunehmend dominierenden Positivismus aus dem Weg gegangen wurde. Allerdings ist diese, seit einem Vierteljahrhundert überfällige Diskussion auch deshalb nicht geführt worden, weil die wissenschaftlichen Vertreter zur Zeit des rechten Augenblicks sich servil dem positivistischen Wissenschaftsbetrieb angeschlossen haben. Prototypisch dafür ist die Propagierung der Hempel-Oppenheim-Formel des logischen Positivismus für die psychoanalytische Forschungsplanung (Thomä u. Kächele 1973) und die bis heute nicht aufgegebene Anklammerung an ein positivistisches Verständnis des psychoanalytischen Settings als quasi-experimentelle Anordnung.
Der nun zu spät aufkommende Anspruch auf psychoanalyseeigene Wege der Forschung ist eine defensive Reaktion auf Grawes öffentlichkeits- und kassenwirksames Verdikt gegen Psychoanalyse und bleibt in dieser Abwehrbewegung unwirksam. Denn die Voraussetzungen des psychoanalytischen Verfahrens werden nach wie vor nicht in Frage gestellt und das psychoanalyseeigene Wissenschaftsverständnis wird weiterhin ungeklärt gelassen.
Die Legitimation der jetzt auftretenden Repräsentanten als Fürsprecher eines psychoanalyseeigenen Weges ist auch deshalb unglaubwürdig, weil sie jeden Diskurs über ein anderes Wissenschaftsverständnis von Psychoanalyse nicht zur Kenntnis genommen, verleugnet oder unterdrückt haben. Der Diskurs der vielstimmigen, hermeneutisch orientierten französischen Psychoanalyse, der mehr gesellschaftstheoretisch orientierten Psychoanalyse Italiens fand hier zu Lande kein Gehör, und auch unsere frühe Auseinandersetzung mit der verhängnisvollen positivistischen Affirmation der Psychoanalyse (z. B. Pohlen u. Wittmann 1980) konnte nicht ankommen, weil die deutsche Psychoanalyse, vor allem entgegen der französischen, sich von „der aus Amerika heimgekehrten“ (Lacan), positivistisch deformierten Psychoanalyse bereitwillig kolonisieren ließ. Das Schicksal der Psychoanalyse in Amerika war für Freud das einer „Dienstmagd für die amerikanische Psychiatrie“ und erinnerte ihn an die „Parallelität im Schicksal unserer Wiener Damen, die durch das Exil zu Hausangestellten wurden, die in englischen Haushalten ihren Dienst taten“ (Jacoby 1978, S. 143). Und Freuds beinahe obsessiv verfochtene Überzeugung, dass die amerikanische Zivilisation seine Entdekkung gefährde, da sie die Psychoanalyse einer pragmatisch verfahrenden Psychiatrie unterordne (Jacoby 1985, S. 150), findet sich bestätigt in jenem amerikanischen Puritanismus, der die Grundwahrheiten der psychoanalytischen Trieb- und Kulturtheorie bereinigte zugunsten eines medizinischen Konformismus.

Allein eine Neubesinnung könnte Psychoanalyse wieder auf das Wesen ihres Erkenntnisgangs als Aufklärungsprozess zurückbringen, um psychodynamisches Denken wieder als Entdeckungsprozess im Sichtbarmachen verborgener Motive und ihr Verfahren als Wieder-Erleben-Lassen des unterdrückten Begehrens zu begreifen. Freilich wäre es dafür auch notwendig, endlich die Zweck-Mittel-Diskussion in der Psychoanalyse zu führen: die Analyse des Erkenntniszwecks und der Erkenntnismittel, die Bestimmung der Phantasie als Erkenntnismittel und die Öffnung eines Ermöglichungsraums für das Subjekt als Zweck der psychoanalytischen Aufklärungswissenschaft. Darin wäre zugleich die Doppelstellung der Phantasie als Mittel und die Erweiterung des Phantasieraums als Zweck enthalten. Allerdings hat das Freud'sche „fara da se" Psychoanalytiker bis heute nicht dazu bewegen können, die szientistischen Missverständnisse ihres Verfahrens aufzuklären. Es scheint für sie ein sacrificium intellectus zu sein, die rationalisierende Betrachtung der von ihnen erzeugten Wahrnehmungssituation in Frage zu stellen und zu erkennen, dass es sich hier um einen Prozess „phantastischer Induktion" handelt, der einer anderen Logik, nämlich der Logik der Einbildungskraft, folgt, die zu anderen, artistischen Wahrheiten führt.

Die „phantastische Induktion" ist das begriffliche Instrument, die Beschaffenheit der Phänomene im Lichte ihrer Potentialitäten zu sehen, im Hinblick auf ihre Möglichkeiten unter der Perspektive ihrer gegenwärtigen Unterdrückung und Verneinung; das heißt auch, zu unterscheiden zwischen zukunftsweisenden, progressiven Phantasien für eine andere Wirklichkeitsbemächtigung und vergangenheitsfixierten, regressiven Phantasien zur Realitätsflucht.

Die Erzeugnisse der psychoanalytischen Tätigkeit („freies Assoziieren" und „gleichschwebende Aufmerksamkeit") könnten dann jedoch nicht mehr szientistisch mystifiziert werden als Beobachtungsvoraussetzungen der psychoanalytischen Forschungsmethode; wie wenn es hier darum ginge, über objektive Beobachtungen zu begründeten Aussagen zu kommen. Denn die immer noch proklamierte „systematische Beobachtung von Manifestationen unbewusster Phantasien und Konflikte in Träumen, Fehlleistungen und -handlungen, psychopathologischen Symptombildungen und vor allem in Übertragungs- und Gegenübertragungsphantasien" (Leuzinger-Bohleber et al. 2001, S. 195) ist ein szientistisches Trugbild und kopiert das positivistische Schibboleth objektivierender Betrachtung.

Das psychoanalytische Setting ist nämlich wie jedes psychotherapeutische Arrangement das Produkt des vom jeweiligen Therapeuten schultypisch erzeugten Rahmens der Wahrnehmungssituation, in der er aufgrund indivi-

dueller und programmatischer Sehweise seine Perspektiven, Phantasien und Visionen dem Anderen vorgibt und dessen Einfälle und Visionen als Reaktionen induziert. Bestimmend für die Wahrnehmungssituation in jeder Psychotherapie ist also die „phantastische Induktion“ des Therapeuten als in der Phantasie vorweggenommener Entwurf des Behandlungsprozesses, der nur gelingen kann, wenn der Therapeut überzeugend und stimmig ist für die unbewussten Erwartungen des Patienten auf Anerkennung seines Begehrens.
Allerdings hat sich die Psychoanalyse in der Nach-Freud'schen Entwicklung durch die Entfernung ihrer Triebtheorie einer Selbstsäuberung unterworfen. Die Selektion und Isolierung von all jenem „Unsauberen“ und „Unberührbaren“ ihrer Basis, welche die Ingredienz psychoanalytischen Denkens ausmacht, hat sie befreit von ihrem gesellschaftlich anstößigen Ballast. Es gehört auch zum Exorzismus des Triebhaften, dass die psychoanalytische Wissenschaft das positivistische Reinheitsgebot der systematischen und kontrollierten Beobachtung unreflektiert sich zu eigen gemacht und die Anordnung ihrer therapeutischen Situation zu einer quasi-experimentellen Versuchsanordnung deklariert hat. Die positivistische Umdeutung der analytischen Situation in eine scheinneutrale Beobachtungssituation und die darin liegende Austreibung des triebhaften Moment des Prozesses sollten ihr wohl den Weg zur ersehnten Legitimation in den positiven Wissenschaften ebnen.
Die wissenschaftliche und gesellschaftliche Anerkennung hat sich aber für die Psychoanalyse durch die Verflüchtigung des Triebhaften aus ihrer Theorie und Praxis gerade nicht eingestellt: indem sie den Stein des Anstoßes, ihre ärgerniserregende Sexualtheorie zum Verschwinden brachte, hat sie sich durch Mimikry den anderen Therapiemethoden angeglichen und sich damit unkenntlich gemacht. Die Entwicklung triebbereinigter Konzepte und nicht zuletzt die Affektneutralisierung der psychoanalytischen Situation hat Psychoanalyse nun dort ankommen lassen, wo Freuds Prophezeiung sie als eine von vielen Methoden bei der Entfernung ihrer Grundlagen schlimmstenfalls ankommen sah: abgelegt im Lehrbuch der Psychiatrie und besiegelt als medizinisches Verfahren.
Die Neutralisierung der psychoanalytischen Begrifflichkeit, welche die Unreinheiten, Unklarheiten und Mehrdeutigkeiten, das Nicht-Vorauszuberechnende des affektiven Lebens beseitigen soll, folgt im nacheilenden Gehorsam der positivistischen Doktrin der Medizin und scheint eine Scharade von Wissenschaftsvertretern in der Psychoanalyse zu sein: eine demonstrative Abgrenzung gegen das von ihnen befürchtete Vorurteil der Beliebigkeit, Mehrdeutigkeit und Spekulation. Die Einführung der OPD zur „Reduzierung psychoanalytischer Beliebigkeit in der Diagnostik und die Festlegung akzep-

tierter und kommunizierbarer Standards" (OPD 1998, S. 8) und die psychiatrisierende Standardisierung in der Psy-BaDo (1998a,b) als Instrument medizingerechter Psychotherapie sind hierfür ein Symptom.

Das Zauberwort „Standardisierung" als Markenartikel für Wissenschaftlichkeit entspringt einem Diskurs intellektueller Unaufrichtigkeit, wo doch jeder Therapeut weiß, wenn er über Könnerschaft verfügt, dass die therapeutische Beziehung eine infektiöse Affektion an sich ist. Wie kann man als Therapeut glauben, dass man vom Unbewussten nicht eingenommen ist, wenn man an ihm arbeitet; wie kann man als Therapeut übersehen, dass Deutungen spontan sind, sich dem „Zufall" verdanken und für den Patienten ein stimmender Einfall sind, wenn sie seinen unbewussten Erwartungen entsprechen? Die eigentlich treffenden Deutungen werden nämlich vom Analytiker vorbewusst vollzogen, entziehen sich der bewussten Erinnerung und sind auch für den Patienten die wirklich zu treffenden, das heißt wirksamen, wenn sie im Vorbewussten „blitzartig" einleuchten.

Das psychodynamische Interaktionsgeschehen ist ein vorbewusster Bildungsprozess, der unmerklich zu Änderungen führt im Verlauf dieser Kompositionsarbeit von Therapeut und Analysand, so dass beide nicht wissen können, was eigentlich die Änderung bewirkt hat: die stimmige, affektiv befriedigende Aura, die treffenden Bilder, die narzisstische Ermunterung, die nährende Haltung, die passenden Handlungsanweisungen nach Ferenczi und so fort. Die Gesamtkomposition ist das Integral all dieser Aspekte, die in diesem Induktionsverfahren von gleicher Bedeutung sind. Spontaneität und Zufälligkeit, das ist das situativ Zufallende, sind gerade die Bedingungen des „überraschten Beobachters", der dieser Überraschung genauso ausgesetzt ist wie der Analysand und eben kein systematischer Beobachter sein kann, sondern grundlegend von der unbewussten Psychodynamik des konfliktuösen Triebgeschehens eingenommen ist. Die systematische Beobachtung hat die Affektisolierung des Beobachters zur Voraussetzung; aber die Interferrenz der interagierenden Subjekte in der psychotherapeutischen Beziehung lässt keine Isolierung der Einflussgrößen zu.

Die Triebbereinigung der therapeutischen Situation: die Neutralisierung als Mittel der sog. systematischen Beobachtung

Im Bewusstsein des Gegensatzes von beobachtenden und deutenden Wissenschaften, die einem psychoanalytischen Wissenschaftler geläufig sein müssten, und in Anbetracht des seit Devereux (1967) maßgebenden Forschungsansatzes der „Beobachtung des Beobachters" als expliziter Gegenstand der Verhaltenswissenschaften ist es erstaunlich, wenn heute noch in einem Forschungsprojekt (Leuzinger-Bohleber, Stuhr, Rüger, Beutel 2001), das den Anspruch auf psychoanalytische Repräsentativität stellt, die vom Analytiker erzeugten Bedingungen der analytischen Situation als systematische Beobachtungsvoraussetzungen definiert werden.

Diese pseudowissenschaftliche Deklaration der psychoanalytischen Situation will sich eine Legitimation verschaffen durch Berufung auf den Pluralismus von Wissenschaften, der nun die Argumente zu liefern hat für ein Abrücken vom bisher gepflegten einheitswissenschaftlichen Standpunkt: wie wenn man durch Zuflucht zur Pluralität der Methoden den bisher praktizierten Empirismus hinter sich gelassen und nun einen Standpunkt für seine Wissenschaft gefunden hätte. Aber die Absicht dieses Unternehmens wird offensichtlich, wenn man dahinterschaut, dass dieser wissenschaftliche Freibrief nur ein Instrument dafür ist, an der Fixierung auf analytische Stereotype festzuhalten und die notwendige Aufgabe zu ignorieren, mit psychoanalyseeigenen Erkenntnismitteln eigene Erkenntnismethoden zu schaffen. Letztlich scheint es aber darum zu gehen, dass orthodoxerweise alles so bleibt, wie es ist.

Die affirmative Bemühung in der Gleichschaltung mit der „Erfolgsmedizin", um dem „Druck auf die Psychoanalyse, ihren Behandlungserfolg auch im Sinne evidenzbasierter Medizin" (Leuzinger-Bohleber et al. 2001, S. 193) nachzukommen, lässt allerdings den im propagierten Pluralismus von Wissenschaften eigenen Standpunkt vermissen und weist diese Forschungsstrategie als bloße Legitimationsforschung, als „Angestelltenforschung" im Dienste der Krankenkassenindustrie aus. So ist die methodische Intention dieses Forschungsprojekts in Parallele zu sehen zu den anderen Projekten einer Gleichschaltung mit der Medizin, der OPD und der Psy-BaDo, und bietet sich ebenfalls exemplarisch als Fallstudie über die Entsubstantialisierung psychotherapeutischer Wissenschaft durch ihre Medizinalisierung an.

Das Forschungsbegehren, Teil des (natur-)wissenschaftlichen Korpus zu werden, zwingt ihre Repräsentanten zur Opferung des negierenden Geistes der Psychoanalyse. Denn in den positiven Wissenschaften sind keine negierenden Kräfte zugelassen und hat das Unbewusste und der von ihm ausgehende Geist der Verneinung keinen Platz. Die Rede von der systematischen Beobachtung in jenem Projekt ist also in der Weise irreführend, als sie Experimentalbedingungen vortäuscht; wie auch die Rede von den das Projekt durchführenden „DPV-Analytikern" Quasi-Standardbedingung einheitlicher Beobachtung suggeriert. Aber die formale Zugehörigkeit zu einer Fachvereinigung kann doch nichts darüber aussagen, was der jeweilige Analytiker in den Blick nimmt; zum Beispiel als Objektbeziehungstheoretiker, als Kleinianer, als Anhänger des Containerkonzepts, als Parteigänger der Selbstpsychologie, als Vertreter einer Spaltungs- und Borderlinepsychologie und so fort. Allemal wird der Analytiker durch seine Blickrichtung die Assoziationen des Patienten in der jeweiligen Optik lenken und das entsprechend produzierte Material des Patienten bearbeiten, so daß durch die jeweils verschiedene Einverständigung zwischen Analytiker und Analysand ganz verschiedene Selbstentwürfe erzeugt werden.

Unbefragt bei dieser formalen Zuordnung von Analytikern zu einer bestimmten Fachvereinigung bleibt auch die immer noch aufrechterhaltene Illusion, als ob durch formale Zugehörigkeit zu einer analytischen Gruppe die Anwendung einer vergleichbaren Technik gesichert wäre. Freilich müssten sich solche Einwendungen der weiterführenden, hier ungeklärten Frage stellen, warum Analytiker verschiedener Unterschulen der DPV zu den gleichen oder ähnlichen Ergebnissen zu kommen scheinen? Auch die mehrfachen „Beurteilerperspektiven" imitieren in jenem Projekt eine naturwissenschaftliche Vorgehensweise kontrollierter Beobachtung, wie wenn es sich hier um gleiche Wahrnehmungsbedingungen der Beurteiler handeln würde, die nachvollziehbar und wiederholbar wären; wo es in Wirklichkeit um ein gegenseitiges Beglaubigungssystem zur Herstellung einer gemeinsamen Überzeugung geht.

Und jene Vorstellung von der psychoanalytischen Situation als eine „elaborierte, spezifische Forschungsmethode zur Beobachtung und Interpretation unbewusster Prozesse", die nur in einem genau definierten psychoanalytischen Setting zur Anwendung komme (Leuzinger-Bohleber et al. l. c., S. 195), ist eine positivistische Umdeutung der Wirklichkeit psychoanalytischer Interaktion. Man kann aber der zum Klischee erstarrten Begrifflichkeit der psychoanalytischen Übertragungslehre ihre Erfahrung nur zurückgeben, wenn man auf ihr Wesen reflektiert und dabei erkennt, in welchem Ausmaß sie in der psychoanalytischen Tradition funktionalisiert wurde und das technologische Denken den psychoanalytischen Prozess formalisiert, das heißt, um seine historische Dimension gebracht hat.

In den Anfängen der Psychoanalyse war man sich nämlich noch bewusst, daß die Übertragung eine vom Analytiker gestiftete Beziehung ist, in welcher der Therapeut seine Wahrnehmung organisierte und all jenes, was der Patient zur Sprache brachte, als Übertragung vom Früher auf Jetzt ansah; womit sich Freud eine Dimension historischer Deutung „nachträglich" und „verspätet" eröffnete. Dieser Kunstgriff Freuds ermöglichte ihm, in der Fülle des Materials eine sinnstiftende Fokussierung zu finden und einen Verstehensprozess einzuleiten. Eine solch konstruktivistische Handhabung analytischer Dialogik wurde im Vollzug der psychoanalytischen Konvention funktionalisiert zu einem quasi-naturwüchsigen Geschehen.

In einer merkwürdig rationalisierenden Denkweise wird nun Übertragung als „endopsychischer Prozess", als „spontanes Ereignis" (Loch 1972) scheinbar unabhängig von äußerer Auslösung dargestellt oder als „Genusbegriff" (Thomä u. Kächele 1985) in einer Generierung zu einem Universalphänomen gemacht; das heißt, der Übertragungsbegriff wird zu einem unhinterfragbaren Axiom, unhistorisch mit universellem Geltungsanspuch. Freilich wurde dieser Umgang mit der Übertragung als einem endopsychischen, zwangsläufigen Prozess schon 1971 von Arlow als „dehumanisation of psychoanalysis“ demaskiert (s. Cremerius 1981). Dieser axiomatisierende Umgang mit dem Übertragungsbegriff als quasi-endopsychischer Vorgang im Patienten und seine Aufspaltung in eine therapeutische Beziehung als „übertragungsneurotischer Kampfplatz“ und als „Nicht-Übertragung“ (Thomä 1984) sichert dem Therapeuten die Fiktion eines „exterritorialen Haltepunkts“, so dass er durch diese Standortbestimmung weiterhin seine Neutralisierung im Interaktionsprozess behaupten kann.

In solch triebbereinigter, von Machtbegehren und libidinöser Affektion gesäuberter Beziehung kann sich der Therapeut seine Herrschaftsposition immer noch als „prozessunabhängige Konstante“ (Loch 1974) verdunkeln und dem wissenschaftlichen Reinheitsgebot der Forscher-Community nachkommen. Allerdings wird auf dem Weg dieser Triebbereinigung der therapeutischen Beziehung die affektive Ingredienz der Interaktion wissenschaftlich unwesentlich gemacht, so dass das verdrängte Triebmoment unwissenschaftlich sein Unwesen treiben kann. Durch solche Konstruktionen wird der Analytiker aus einem Spiel genommen, in dem er bekanntlich alle Fäden in der Hand hält.

In der Konsequenz dieses Denkens liegt auch die Vorstellung von der Übertragungsauflösung, weil die Arbeit an dem endopsychisch vorgegebenen Beziehungsklischee des Patienten eine Auflösung dieses Klischees als Erfolg der Therapie verlangt. Das kann aber auch in der Logik solcher Begriffskonstruktionen bedeuten, dass letztlich der Patient für das Gelingen oder Misslingen des Prozesses verantwortlich ist, in dem es an ihm liegt, sich von seinen Klischees zu trennen. Im Grunde hat sich also an der Vorstellung Lochs vom quasi-experimentellen Charakter der Psychoanalyse bis heute nichts geändert, nach der sich die analytische Prozedur als naturwissenschaftliches Vorgehen präsentiert, und der Analytiker sich darin unfreiwillig als Versuchsleiter darstellt.

Die analytische, jede therapeutische Situation ist jedoch immer schon eine vom Therapeuten gedeutete, das ist theoriegeleitete Beziehungsgestaltung: woraufhin der Therapeut durch welchen Entzifferungsschlüssel die Wahrnehmung richtet und die Wahrnehmungserkenntnis lenkt, darauf wird der Patient jeweils mit seinem „Material“, seinen Einfällen antworten und seine Einsichten entsprechend den „gebotenen“ Deutungen des Therapeuten gewinnen. Allerdings kann heute der wesentliche Unterschied zwischen deutenden und beobachtenden Wissenschaften von keinem analytischen Forscher mehr verkannt werden, wenn er sich nicht aus kollaborativen Impulsen dem positivistischen Wissenschaftsanspruch unterwirft und sich dem eigenen Wissenschaftsanspruch gegenüber ignorant verhält.

In der Geschichte des Gegenübertragungsbegriffs hat sich in ähnlicher Weise eine positivistische Umdeutung vollzogen. War es noch bei Freud ein ungeklärtes Phänomen der (Rest-)Neurose des Analytikers, so wurde er in der Entwicklung der psychoanalytischen Technik plötzlich entdeckt als essentielles Versatzstück zum Übertragungsbegriff und letztlich zu einem Klischee erwartbarer Reaktionsweisen des Therapeuten auf die Übertragung des Patienten gemacht: der Therapeut als Reaktor seines Analysanden, so dass die angenommene neutrale Beobachtungssituation für den Therapeuten wieder gesichert war; wo in Wirk-

lichkeit die Gegenübertragung in ihrem Wesen die unbewusste Übertragung des Analytikers vor allem aus seiner infantilen Vorzeit auf den Patienten darstellt.
Die Formalisierung und Funktionalisierung der Übertragungsbegrifflichkeit entfernt also die untergründige historische Dimension und lässt in den Köpfen manch wissenschaftlicher Protagonisten der Psychoanalyse das positivistische Schibboleth einer „systematischen Beobachtung“ aufkommen. Der in jenem Projekt (Leuzinger-Bohleber et al. l. c.) gebotene Forschungsstandard steht für all jene positiven Entwicklungen in der Psychoanalyse, die sich immer noch so angestrengt um Affirmation an den herrschenden Wissenschaftskodex in der Medizin bemühen. Es vermittelt die Illusion einer klassischen Praxis von Psychoanalyse und hält am Mythos von klassischer Technik fest, wie wenn es die ganze Diskussion seit Glovers (1937) Entmystizifierung der klassischen Technik nicht gegeben hätte: dass „ ‚die Analyse nicht im luftleeren Raum stattfindet‘ (Balint 1937), dass die Anonymität des Analytikers ein Mythos sei (Little 1951), dass er vielmehr bestimmend für Gang und Ausgang der Analyse sei: ‚Die Gegenübertragung der Übertragung vorausgeht‘ (Béjarano 1979); und dass sich in der analytischen Beziehung immer aus dem emotionalen Angebot des Analytikers ein Echo des Analysanden entwickelt (Morgenthaler 1978)“ (s. Cremerius 1981, S. 92 u. 105).
Dass die Gegenübertragung der Übertragung vorausgeht, ist allerdings in Umkehrung der üblichen Verwendung des Gegenübertragungsbegriffs so zu übersetzen, dass diese Gegenübertragung des Therapeuten die Übertragung seiner Grundannahmen vom Behandlungsrahmen auf den Patienten darstellt, und dass in dieser Übertragung der Grundannahmen nicht nur die Grundpfeiler jeder Techniktheorie enthalten sind, sondern auch das Ensemble der affektiven und kognitiven Erwartungen des Therapeuten, bewussten wie unbewussten; und nicht zuletzt die Übertragung von unbewussten Wünschen und Bedürfnissen aus seiner infantilen Vorzeit auf das therapeutische Arrangement und auf den Patienten. Unsere Übersetzungsmetapher der Übertragung will auch besagen, dass die Übertragung des Patienten auf den Therapeuten eine Reaktion auf die Übertragungsangebote des Therapeuten und den dadurch in Gang gesetzten therapeutischen Prozess sind, und dass die sogenannten, in der psychoanalytischen Bewegung neuerdings vielberedeten und zum Klischee gewordenen Gegenübertragungsreaktionen des Therapeuten die Wahrnehmung der von ihm veranlassten Übertragungsreaktionen des Patienten sind bzw. die eigentliche Gegenübertragung unbewusster Empfindungen und Gefühle aus der „Restneurose“, der infantilen Vorzeit des Therapeuten herrühren.
So gibt es schon seit Ferenczi in der psychoanalytischen Wissenschaft die Erkenntnis, dass Deutungen „Assoziationsgebote“ darstellen; und seit Freud wissen wir, dass seine rekonstruktive Arbeit eine konstruktivistische war, in der er nämlich die „phantastischen Induktionen“ seiner Konstruktionen gleichermaßen für historisch wahr und richtig hielt, wie tatsächliche Rekonstruktionen, die aber nicht zu haben waren (s. die Analyse des „Wolfsmannes“, Freud XII). Im späten Freud'schen Verständnis geht es immer um die „nachträgliche“ Erzeugung von Vergangenheit in der aktuellen „Erweckungszeit“ der analytischen Situation; das heißt, um „nachträgliche“ und „verspätete“ Bedeutungsübertragung. Die Wahr-

heitsfindung des analytischen Verfahrens vollzieht sich je schon im Hinblick auf historische Stimmigkeit in der Einverständigung von Zweien im Dialog über die Bildungs- und Bedeutungsgeschichte des Subjekts: wahr ist im intersubjektiven Prozess das, was wahrscheinlich ist.

Unter dieser Perspektive erscheint einem die ganze Diskussion um eine systematische Beobachtungssituation des Therapeuten absurd, und die positivistische Umdeutung der analytischen Situation in jene scheinneutrale Beobachtungssituation macht die historische Dimension des Abstinenzbegriffs vergessen. Der Abstinenzbegriff in der Fassung von der Neutralitätsfunktion des Analytikers macht nämlich unkenntlich, dass dieser Terminus seine Entstehung der Freud'schen Sorge um die Triebverwicklung seiner Schüler verdankt und ein Abwehr- und Schutzsystem für den Therapeuten bieten sollte gegen unmittelbare Befriedigung von erotischen Wünschen und Bedürfnissen des Patienten. Die Fassung des Abstinenzbegriffs ist historisch gesehen eine Reaktionsbildung Freuds und mutierte in der Tradition zu jenem unseligen Neutralitätsbegriff, wie er sich dann sogar als systematische Beobachtungssituation transformieren ließ.

Das Motiv dieser Erstarrung der therapeutischen Beziehung, die als klassische Technik ausgegeben wird und nach 1945 von den USA nach Europa importiert wurde, bietet sich als Purgatorium einer Widerstandsanalyse dar, die den Widerstand des Analytikers repräsentiert in der Versagung der Trieb- und Wunschseite des Subjekts und in der ich-psychologischen Förderung seiner Abwehrpotentiale. Die technische Doktrin, dass die Analyse in der Versagung durchzuführen sei, wurde buchstäblich als Kampf gegen die als Bedrohung empfundenen, verbotenen Triebwünsche geführt. Der psychoanalytische Prozess vollzog sich auf dem Hintergrund einer Objektbeziehungstheorie, die vom Konstrukt der Aufspaltung in das schlechte und gute mütterliche Objekt lebt. Der Exorzismus des schlechten Objekts wurde so zwingendes Therapieziel, und der Therapeut machte sich in diesem Kampf zum guten Objekt, das sich durch die exorzistische Praxis an die Stelle des Schlechten setzen konnte.

Hier wird deutlich, dass die gefürchteten erotischen Abstinenzverletzungen, die so lärmend in den Vordergrund gespielt werden, von den schwerwiegenderen, sadistischen Abstinenzverletzungen durch fachliche Hypokrisie, Beziehungskälte und Negation des eigenen Begehrens (s. Ferenczi 1984) ablenken. Denn die Rationalisierung einer lieblosen Beziehung lässt sich bequem als Anwendung einer klassischen Technik[117] ausgeben und macht den Analytiker wie den Wissenschaftler unangreifbar; vor allem, wenn man bedenkt, dass die eigentliche Abstinenz in der intellektuellen bestehen müsste, sich nicht durch mythische Inkulpationstheorien in die Legitimation zu setzen, die Macht des Guten exekutieren zu müssen zur Eindämmung des Bösen. Aus diesem Konstrukt zehrt die Rechtferti-

---

[117] Man sollte sich hier an das freundliche und angenehme Empfangsklima erinnern, das Freud seinen Patienten anbot – entgegen seinen technischen Schriften zum Schutz seiner Schüler; und welche Fähigkeit er hatte, zur positiven Übertragung zu verführen und die Analyse als teilnehmend-mitfühlender Prozess in „liebevoller Präsenz" zu gestalten. Es ist ein Symptom, dass der praktizierende Kliniker Freud von der psychoanalytischen Bewegung bis heute verschwiegen wird (s. Cremerius 1981, Pohlen in Vorb.).

gung eines inhumanen Puritanismus, der sich auf wissenschaftlichem Niveau als positivistisches Reinheitsgebot inszeniert und dem Exorzismus aller wissenschaftlich nicht sauberen Elemente dient.

Es ist erstaunlich, dass trotz der mit Ferenczi, Reich, Balint, Glover und anderen aufgekommenen Diskussion um die psychoanalytische Technik und den Abstinenzbegriff die Auseinandersetzung um das therapeutische Setting und seine Voraussetzungen, Bedingungen und Mechanismen in jenem Projekt an der Vorstellung von der systematischen Beobachtungssituation ungerührt weiter festgehalten wird, um wohl die Illusion eines quasi-experimentellen Verfahrens aus legitimatorischen Gründen aufrechterhalten zu können.

Die Übertragung des Wissenschaftskonzepts der sog. positiven Naturwissenschaften auf die Untersuchungsbedingungen von interaktiven Prozessen geht am Wissenschaftscharakter der Psychotherapie vorbei. Denn die als Übertragung wirkende Suggestion ist der Grundmechanismus der Interaktivität, und an diesem supportiven Mechanismus der therapeutischen Beziehung entzündet sich der Einwand von Wissenschaftstheoretikern (Grünbaum 1988) gegen die epistemische Kontamination durch Suggestion. Dieser Grundeinspruch gegen den Wissenschaftscharakter von Psychodynamik erfolgt von der Position eines außengeleiteten, positivistischen Wissenschaftsverständnisses, das die Kriterien der exakten Wissenschaften an die Psychotherapie anlegt, indem sie die Forderung nach unkontaminierten Daten erhebt, um Wirkfaktoren eliminieren und Einflussgrößen isoliert prüfen zu können.

Wir haben uns andernorts (Pohlen u. Bautz-Holzherr 1991) intensiv mit Grünbaums wissenschaftsmethodischer Kritik an der Psychoanalyse auseinandergesetzt und nachgewiesen, dass er nicht nur den Charakter der therapeutischen Interaktion, auch der menschlichen Kommunikation, völlig verkennt und in einem eindimensionalen Denken den dialektischen Erinnerungsbegriffs Freuds nicht nachvollziehen kann: dass eben im „nachträglichen Verständnis“ dem Früheren verspätet Bedeutung übertragen wird, dass also das Später vor dem Früher kommt und Erinnerungen nicht Reproduktionen tatsächlicher infantiler Erlebnisse sind, sondern im „nachträglichen Verständnis“ erzeugt werden.

In der Forderung nach unkontaminierten Daten geht es um Daten, die unmittelbar kausal relevant für die in Frage stehende Wirkvariable sind; um Material, das einzig und allein im Zusammenhang mit der zu untersuchenden Einflussgröße steht und auf keinen Fall mit anderen Wirkfaktoren vermischt sein darf. Aber die kontaminierende Wirkung der therapeutischen Einflussnahme bringt uns vor das Grundphänomen[118] der psychotherapeutischen Wissenschaft: gerade das, was den therapeutischen Prozess trägt und wissenschaftlich bestimmt, gilt nach dem Anspruch methodischer Rationalität als unwissenschaftlich. Das heißt, wenn die Beweiskraft der psychodynamischen Methode davon abhängig ist, von der Ein-

[118] Eine umfassende Explikation dieses Themas der Einflussnahme, der als Übertragung wirkenden Suggestion, dem Grundphänomen der Interaktion und seine wissenschaftliche Rehabilitierung für die psychotherapeutische Praxistheorie haben wir andernorts dargestellt (Pohlen u. Bautz-Holzherr 1991).

flussnahme nicht verunreinigte Daten zu gewinnen, dann muss das aus dem therapeutischen Prozess eliminiert werden, was Träger und Förderer des Geschehens ist: die Einflussnahme des Therapeuten, deren Wirksamkeit im Zusammenpassen von Patient und Therapeut, in der Einpassung des therapeutischen ins Patienten-System liegt.
Denn die Interventionen des Therapeuten sind für den Patienten nur brauchbar, wenn sie passend sind für sein System, das bedeutet, als Ergänzungen dem entsprechen, was dem Patienten in der Wahrnehmung nicht zugänglich oder im Handeln entzogen ist – als Folge der Dissoziation. Das Zusammenpassen des Therapeut-Patient-Systems bezieht sich nicht auf die Ähnlichkeit zwischen beiden, sondern nur auf den dynamischen Aspekt der treffenden Resonanz des Therapeuten auf das Patientensystem. Und in dieser Perspektive ist auch das Ergebnis der Bostoner Studie (Kantrowitz 1989) zu verstehen, dass dieses Zusammenpassen, das meint nach unserer Erfahrung das Passendmachen des Therapeuten für den Patienten, zentral für das Behandlungsergebnis ist (s. auch Kantrowitz 1997).
So lässt die Interferenz der interagierenden Subjekte keine Isolierung der Einflussgrößen zu; vielmehr ist die der Einflussnahme inhärente Kontamination der essentielle Wirkmechanismus der Interaktion. Die psychodynamische Interaktion zielt grundsätzlich auf die Aufhebung der Isolierung. Sie ist verunreinigende Berührung an sich: psychodynamische Arbeit richtet sich auf die Herstellung des Zusammenhangs zwischen dem durch Verdrängung unberührbar Gemachten und dem durch die Integrationsleistung des Therapeuten mit dem Bewusstsein in Berührung zu Bringenden. Psychodynamische Kontamination ist ansteckende Berührung, Zusammenfluss der Einflussgrößen als konstitutiver Wirkmechanismus einer jeden Interaktion. Und dies gilt für alle therapeutischen Konzeptionen, deren generelle Wirksamkeit in der Kunst der therapeutischen Einflussnahme liegt.
Die positivistische Handhabung von Psychotherapie bringt sie um ihre konstitutiven Bedingungen und verkennt ihren anderen Wissenschaftscharakter, welcher der Hermeneutik zugehört und deren Bedeutung daran zu messen ist, zu welcher Substanz von Auslegung eines Schicksals, zu welcher Sinnfülle einer Geschichte der therapeutische Prozess gelangt und auf welches Niveau sie das Selbstbewusstsein, die Selbstbemächtigung des Subjekts bringt.

Eine genuin psychodynamische Forschung ist immer schon eine Junktim-Forschung[119], da der Aufklärungsprozess mit dem therapeutischen Gewinn der Selbstbemächtigung identisch ist. Forschung im Feld der Psychoanalyse kann nicht objektivierend sein, weil das psychodynamische Geschehen sich als endloser Prozess permanenter Infragestellung, aus dem sich die sog. Da-

[119] „In der Psychoanalyse bestand von Anfang ein Junktim zwischen Heilen und Forschen, die Erkenntnis brachte den Erfolg, man konnte nicht behandeln, ohne etwas Neues zu erfahren, man gewann keine Aufklärung, ohne ihre wohltätige Wirkung zu erleben. Unser analytisches Verfahren ist das einzige, bei dem dies kostbare Zusammentreffen gewahrt bleibt" (Freud XIV, S. 293 f.).

ten als psychodynamisches Wissen ergeben, interaktiv vollzieht. Die psychoanalytische Arbeit ist daher eine Kultur des Fragens als Hinterfragen des Gegebenen. Und die Antworten in diesem Frageprozess sind vom Therapeuten und Patienten erzeugte neue Fragen zur weiterführenden Sinnerhellung. In dieser Hinsicht ist unser Psychodiagnostik- und Behandlungsinventar ein interaktives Fragesystem, das die Wahrnehmungs- und Suchrichtung von Therapeut und Patient auf Sinnfindung lenkt und im Vollzug des Sinnfindens eine andere Geschichte für den Patienten herstellt: statt impliziter Interventionen haben wir in unserem Therapiesystem eine theoriegeleitete Einflussnahme therapietechnisch explizit und transparent gemacht.

Ein allgemeiner Wirksamkeitsnachweis muss also an den originären Fragen der psychotherapeutischen Wissenschaft vorbeigehen, die ganz andere Antworten verlangen, weil sich der Gegenstand der Psychotherapie nicht mit den Methoden der sog. positiven Wissenschaften untersuchen lässt. Denn diese haben für den Untersuchungsgang zur Voraussetzung, dass die Einflussgrößen für die Wirksamkeitsmessung isoliert werden können, während in der Psychotherapie die Wirksamkeit des Prozesses gerade vom Zusammenfallen der Einflussgrößen abhängig ist. Die Qualität des psychodynamischen Prozesses wird aber von der Güte der Interaktion bestimmt; das bedeutet, der Einfluss des Therapeuten ist nur wirksam, wenn seine Einsichten und Interventionen passend sind für den jeweiligen Patienten, indem sie dessen spezifischen, unbewussten Erwartungen entsprechen (s. das Receiver-Gleichnis Freuds VIII, S. 381 f.). Die therapeutische Kommunikation unterliegt wie jede Kommunikation dem triebhaften Beweggrund der Interaktion, Übereinstimmung zu erreichen zwischen den interagierenden Subjekten, das heißt körperlich, seelisch oder intellektuell, zur Deckung zu kommen.

Die Reflexion über die psychoanalytische Suggestionstheorie als Grundlage einer psychodynamischen Interaktionstheorie ist für uns deshalb Voraussetzung für die Klärung der Mechanismen der Therapeut-Patient-Beziehung. Die Aufklärung der essentiellen Mechanismen der psychotherapeutischen Interaktion, das heißt die Auseinandersetzung mit dem Suggestionsproblem, ist unabdingbar für die Bestimmung des wissenschaftlichen Standorts psychotherapeutischer Einflussnahme. Wer die Grundlagen des therapeutischen Einflussprozesses nicht klären will und immer noch die Gefährdung des Wissenschaftscharakters von Psychotherapie durch das Suggestionsphänomen heraufbeschwört, blendet die Wirkprinzipien von Psychotherapie aus. Denn die Vorstellung einer „Gefahr der Suggestion“ (Leuzinger-Bohleber 1997, S. 134) verleugnet das Phänomen der Suggestion als konstitutives Wirkprinzip des Einflussgeschehens und setzt den Forscher außerstande, den anderen Wissenschaftscharakter von Psychotherapie zu explizieren. Und so ist auch die Widerstandsohnmacht von Repräsentanten der Psychoanalyse zu verstehen, die zu keiner offensiven Vertretung ihrer anderen Wissenschaft bislang bereit waren, weil sie sich insgeheim der positivistischen Wissenschaftsauffassung unterlegen zu fühlen scheinen und im Glauben an deren Überlegenheit den Monopolanspruch des Positivismus beglaubigen.

Die Befunde der psychotherapeutischen Ergebnisforschung der Menninger-Studie (Wallerstein et al. 1956; Wallerstein 1986), des Bostoner Forschungsprojekts (Kantrowitz et al. 1987, 1989), Weiss u. Sampson (1986), Strupp (1993) u. a. haben die fundamentale Bedeutung der Therapeut-Patient-Beziehung vor Augen geführt und die therapeutische Wirksamkeit vor allem in supportiven Mechanismen gefunden: „Bedeutendster Wirkfaktor" ist eine „positive Therapeut-Patient-Beziehung vor diagnostischen und methodischen Bedingungen" (Strupp 1993, S. 1). Wenn aber das Resultat des therapeutischen Prozesses vom Einfluss des Therapeuten, dessen persönlichen Eigenschaften und der Entsprechung, dem Passend-Machen in der Übereinstimmung mit dem Patienten abhängig ist (s. auch Bostoner Projekt), dann ist die Art und die Güte der Einflussnahme die entscheidende Determinante der Interaktion. Daraus ergibt sich zwangsläufig, dass die Bedingungen im Therapeuten und nicht im Patienten Gegenstand der Untersuchung sein müssen: die Art und Weise, wie therapeutische Einflussnahme erfolgt und was die Bedingungen einer günstigen Einflussnahme sind.

Es ist das uralte Problem der günstigen Einflussnahme in Form der als Übertragung wirkenden Suggestion oder der nach unserer Meinung ungünstigen Einflussnahme suggestiver Übermächtigung des Patienten (s. Pohlen u. Bautz-Holzherr 1995). Solange dieses Phänomen der Suggestion nicht explizit gemacht wird, der Begriff der Suggestion nicht offensiv für die psychotherapeutische Wissenschaft interpretiert wird, gibt es keine haltgebende Bestimmung des wissenschaftlichen Standorts von Psychotherapie und ihrer Wirkmechanismen. Man muss sich fragen, warum Forscher, die ihr Fach ernst genommen wissen wollen, es als „Wissenschaft zwischen den Wissenschaften" (Leuzinger-Bohleber 1997) deklarieren, statt ihm den gebührenden Platz als andere Wissenschaft mit einer anderen Methode einzuräumen und die unendliche Tradition psychodynamischen Denkens als Fortsetzung der humanistischen Disziplin im westlichen Diskurs zu begreifen. Denn die Wissenschaft der Psychoanalyse beruht auf der humanistischen Tradition der Rhetorik, dem analogisierenden Denken, das auf Aristoteles zurückgeht und über Cicero, Vico zu Freud reicht (s. auch Grassi 1979a,b; Pohlen u. Bautz-

Holzherr 1991 und Kap. I, 1.3), wie es die erste Analytikergeneration in ihrer Nähe zum Geist des Humanismus noch wusste.
Das längst erkannte und wissenschaftlich explizierte Beziehungsproblem der therapeutischen Interaktion bedarf also der unumgänglichen Benennung ihres Charakters: solange der entscheidende Wirkmechanismus der therapeutischen Interaktion nicht als Phänomen der Suggestion anerkannt wird, kann es keine Aufklärung des Einflussprozesses in der Psychotherapie geben und infolgedessen auch keine theoretische Konzeptualisierung dieses fundamentalen Geschehens. Die Aufspaltung in psychoanalytisch-klinische und extraklinische Forschung (Leuzinger-Bohleber l. c.) soll zu einer weniger defensiven Forschungspolitik in der Psychodynamik beitragen; tatsächlich ist sie aber eine bloße Ablenkung und kann den Forscher nicht entlasten von der notwendigen wissenschaftlichen Durchdringung der besonderen Bedingungen seiner Arbeit und der Entwicklung eigener Methoden.
Eine qualitative Psychotherapieforschung hat nach unserem wissenschaftlichen Standpunkt eine klinische Praxistheorie zur Voraussetzung, welche die Grundelemente des psychodynamischen Prozesses zur Darstellung bringen muss. Diese konsistente Therapietheorie muss eine Einflusstheorie über die Dynamik des psychotherapeutischen Geschehens, eine Symptomtheorie zur tiefenpsychologischen Begründung von Funktion und Bedeutung des Verhaltens, eine Gütetheorie über die Qualität von Therapeutenpersönlichkeit und Qualität der Settingstruktur enthalten und eine klinische Methode zur Hand haben, die der prozessualen Dynamik der Interaktion entspricht und therapeutische Ziele abbilden lässt. Ein derartiges theoriegeleitetes und therapietechnisch konsistentes Vorgehen ist das Ziel unseres Programms, das wir als Fundament für eine Erneuerung der klinischen Psychoanalyse entwickelt haben.
Wir gehen nach unserer klinischen Erfahrung auch von der Vorstellung aus, dass sich klinische Psychoanalyse nur revitalisieren lässt durch die Aktualisierung einer Tiefenpsychologie des Begehrens. Psychoanalyse kann ihren sozialwissenschaftlichen Anspruch nur wiedergewinnen als Entdeckungswissenschaft einer Subversion des Begehrens und darin dem Anspruch wieder gerecht werden, eine emanzipatorische Wissenschaft zu sein.
Das Programm „Eine andere Psychodynamik“ reflektiert unseren psychoanalytischen Standpunkt; trotz aller Skepsis vertrauen wir darauf, dass möglicherweise eine neue und andere Generation von Analytikern die ursprüngliche Erfahrung der psychoanalytischen Begrifflichkeit wiederzufinden sucht und ihre kritischen Impulse als Hebel für Veränderung in Wissenschaft und

Praxis wieder entdecken wird. Für diesen Moment wird unser psychoanalytischer Diskurs eine Herausforderung für das Weiterdenken sein.

Die Psychoanalyse als Wissenschaft der Subjektivität muss ihren wissenschaftlichen Status in Opposition zum Positivismus in einer psychoanalyseeigenen Therapieforschung suchen. Schwerpunkt ihrer Forschung ist die Einzelfallstudie, bei der durch die Reflexion der Psychodynamik des Falls (Einzelfallkonzeptualisierung), der Dynamik des Prozesses (Interaktions- und Settingdynamik) und der psychodynamischen Projektion des Therapieziels (Dynamik des Therapiebedarfs) die zugrunde liegende psychodynamische Praxistheorie sich bewähren kann. Den reflektierenden Umgang mit allen im Einzelfall wirksamen Bedingungen haben wir durch ein systemimmanentes Psychodiagnostik- und Behandlungsinventar transparent gemacht.

Nach unserem theoriegeleiteten klinischen Vorgehen wird daher für den Patienten in der Fallkonzeptualisierung eine Therapieperspektive erarbeitet, die auf der Grundlage der psychodynamischen Symptomklärung die für den Einzelfall geltenden Zieldimensionen der Therapie festlegt. Dabei soll die Arbeit auf den jeweils gewählten Dimensionen fall- und strukturspezifischer Behandlungsstrategien die Änderungserwartung des Patienten von Anfang an über passende Angebote wachrufen und bestätigen. Die psychodynamische Klärungsarbeit ist die wesentliche, den Prozess strukturierende Grunddimension, die dem Patienten eine unmittelbar kognitiv-narzisstische Befriedigung in einer anderen Interaktionserfahrung ermöglicht. Und die symptomzentrierte Fokussierung, in der die leitende Konfliktkonstellation des Patienten gefasst ist, bestimmt die Ausrichtung der Therapie und ist der rote Faden der Therapieperspektive.

2. Methodisches Vorgehen

Die exemplarische Dokumentation und Evaluation von 5 Einzelfallstudien soll die psychodynamische Arbeit nach dem Marburger Programm vor Augen führen: es handelt sich bei diesen Fallstudien um Patienten einer umfassenderen Therapiestudie[120] mit 40 Patienten, die im Marburger Psychotherapie-Programm untersucht wurden.

Die Veränderungsergebnisse der hier dokumentierten Patienten weichen in ihrem Ausmaß nicht wesentlich von den Ergebnissen der Patienten der Gesamtgruppe ab. Ihre Auswahl aus der Gesamtstichprobe für diese exemplarische Präsentation erfolgte nach dem Kriterium der durchschnittlichen, für unsere klinische Arbeit repräsentativen Symptomatik, einem im Vergleich zur Gesamtpopulation nicht herausfallenden Therapieverlauf und einer durchschnittlichen Behandlungsdauer[121] von 12 Wochen.

Die gesamte Untersuchungsgruppe repräsentiert das übliche Klientel der Klinik für Psychotherapie. Behandlungskriterium war die im poliklinischen Erstgespräch indizierte Entscheidung zur klinischen Therapie nach den Gesichtspunkten des Ausmaßes der Symptomatik, der Dauer der Erkrankung, der Anzahl der Vorbehandlungen, dem aktuellen Leidensdruck, der sozialen und familialen Dekompensation. Das heißt, aus Gründen der „Versorgungsnotwendigkeit" musste diese Klientel klinisch behandelt werden, weil sie so dekompensiert war, dass die Indikation für eine ambulante Behandlung aufgrund der schlechten Erfolgsaussichten dieser Patienten im ambulanten Setting ausgeschlossen wurde. Die Gesamtgruppe der Evaluationsstudie entspricht einer Schwerstkrankenpopulation, die allein durch die Indikation zur stationären Behandlung und der durchschnittlichen Behandlungsdauer von 12 Wochen im Marburger Psychotherapie-Programm selegiert ist. Die Selektion für die Untersuchungsgruppe ergab sich damit ausschließlich aus der durchschnittlichen Behandlungsdauer von 12 Wochen. Die Frage der Behandlungseignung hat sich für uns deshalb nicht gestellt, weil wir als psychotherapeutische Universitätsklinik ein Behandlungsprogramm für ein breites Spektrum von psychisch Kranken anbieten und damit experimentieren

---

120 Die Veröffentlichung dieser größeren Therapiestudie zum Marburger Psychotherapie-Programm von Bautz-Holzherr ist in Vorbereitung.

121 In dieser Studie wurden nur Patienten berücksichtigt, deren Therapie die von uns allgemein festgelegte, durchschnittliche Behandlungsdauer von 12 Wochen nicht überschritt. Bei Patienten, die aufgrund struktureller Besonderheiten eine solche Limitierung nicht zuließen, wie schwerstregredierte Magersüchte oder Transsexuelle, reichte die Behandlungszeit in diesem Setting bis zu 6 Monaten.

mussten, welches Konzept das Brauchbarste ist, um psychodynamische Zielsetzungen zu erreichen.
Das Diagnosespektrum reichte von oralen Strukturstörungen bis zu phallisch-genitalen, wie sich in den exemplarischen Fallkonzeptualisierungen (s. Kap. IV) zeigt, und das besondere Kennzeichen dieses Klientels war das Ausmaß der Chronifizierung und Regression. Das Alter der untersuchten Patienten der Gesamtgruppe der Evaluationsstudie lag zwischen 20 und 49 Jahren mit einem Durchschnittsalter von 29.
Das Problem der Therapieeignung für psychodynamische Therapie ist unseres Erachtens allerdings weniger eine Frage der Eignung von Patienten, vielmehr die Frage eines geeigneten Therapiekonzepts für schwerstkranke Patienten. Die Fallkonzeptualisierung aller Patienten der Untersuchungsgruppe erfolgte durch den Leiter der Klinik bzw. seine Stellvertreterin (die Autoren); die Behandlung im Rahmen des Marburger Programms wurde von erfahrenen klinischen Therapeuten durchgeführt, die entweder eine verhaltenstherapeutische oder psychodynamische Grundausbildung hatten und im psychodynamischen Denken und in der psychodynamischen Handhabung der Technik ständig trainiert waren.

Die Forschungskontinuität des Marburger Psychotherapieprogramms

Unsere bisherigen Verlaufs- und Ergebnisforschungen, Pionierarbeiten systemimmanenter empirischer Studien zur klinischen Kurztherapie und Gruppenanalyse (Pohlen 1972; Bautz 1975; Pohlen u. Bautz 1972, 1973, 1974, 1978), wurden ebenfalls an Schwerstkrankenpopulationen durchgeführt und entsprachen Methodenstandards kontrollierter Studien zur psychodynamischen Therapie. Allerdings wurden diese wie auch andere psychoanalytische Studien von Grawe et al. (1994) geflissentlich übersehen, um wohl das gewünschte Ergebnis der Überlegenheit der eigenen Methode sicherstellen zu können. Auch Tschuschke et al. (1974) haben nachgewiesen, dass psychoanalytische Studien eine signifikante höhere klinische Relevanz aufweisen, d. h. typisch krankes psychotherapeutisches Klientel behandeln im Gegensatz zu den von Grawe et al. in ihrer Metaanalyse ausgewählten Untersuchungen zur Gesprächspsychotherapie, vor allem aber zur Verhaltenstherapie, die aufgrund ihres überwiegend klinisch nicht repräsentativen Klientels, unprofessioneller klinischer Parameter und fehlender therapeutischer Kompetenz jeden Vergleich mit der üblichen klinisch-psychodynamischen Praxis ausschließen.
Freilich haben wir bereits damals im Zusammenhang dieser empirischen Forschung eine vergleichende Projekt- und Ergebnisanalyse von empirischen Studi-

en zur Kurzpsychotherapie vorgelegt (Pohlen u. Bautz 1974): eine Metaanalyse, in der eigene gruppenanalytische Untersuchungen mit denen von Malan (1972), Bellak und Small (1972) und Cremerius (1962) verglichen wurden. In allen vier Untersuchungen waren Aktivität, Planung, Fokussierung und Limitierung als technische Kriterien der Kurztherapie die Grundorientierung der Behandlung. Vor allem die Ergebnisse unserer Studie konnten Malans Hypothese B (die „radikale" Ansicht) der erfolgreichen Behandlung von Schwerstkranken auch in kurztherapeutischen Settings bestätigen. Der besondere Therapieerfolg unserer Untersuchungsgruppe war durch die von uns gewählte therapietechnische und methodische Vorgehensweise bestimmt: Einzelfallstudien, in denen wir zur Beurteilung des Veränderungsprozesses möglichst psychodynamisch fundierte Bewertungsmethoden eingesetzt haben, um die Relation zwischen psychodynamischer Hypothese (Behandlungsziel) und der zu messenden psychodynamischen Veränderung adäquat wiederzugeben für eine differenzierte Erfassung des Identitätszuwachses der einzelnen Patienten im Sinne der Ich-Erweiterung, Ich-Stärkung und autonomeren Ich-Funktionen. Unsere damalige Forderung nach einer umfassenden Theorie der psychodynamischen Praxis und einer auf sie und ihr Behandlungsziel bezogenen Forschungsmethodik wurde auch durch die Ansicht Malans (l. c.) bestätigt, dass qualitative Untersuchungen mit psychodynamisch fundierten Bewertungsmethoden entscheidend zum klinischen und wissenschaftlichen Erkenntnisfortschritt beitragen.

In Konsequenz unserer kombinierten quantitativen und qualitativen Therapieforschung haben wir immer wieder aufs Neue an bestmöglichen Lösungen für klinisch brauchbare Modelle in der Psychodynamik gearbeitet.
Das vorliegende Marburger Programm mit seinem Psychodiagnostik- und Therapieinventar, dessen Evaluationsergebnisse hier in Auszügen exemplarisch dargestellt werden, ist das Produkt dieser klinischen und wissenschaftlichen Bemühungen um eine klinische Psychodynamik, welche die essentiellen Ingredienzen der Psychoanalyse in einer Praxistheorie gefasst hat. Dabei wissen wir, dass die Komplexität der psychischen Mechanismen in der therapeutischen Interaktion ein besonders reflexives Bewusstsein des Therapeuten verlangt und eine über die gewöhnliche Psychotherapiepraxis in der Medizin hinausgehende intellektuelle und emotionale Beanspruchung mit sich bringt. Allerdings ist eine derart ingeniöse Produktivität des Therapeuten immer schon die Herausforderung im psychodynamischen Denken gewesen.
Der Komplexität des Interaktionsprozesses und der Tiefendimension des konflikthaften Geschehens muss die Differenziertheit des therapeutischen Konzepts angemessen sein; auch wenn aus Gründen intellektueller und emotionaler Aufwandsersparnis vulgarisierte Konzepte in der allgemeinen Psychotherapie den Ansprüchen an Ökonomie, Effizienz und Praktikabilität

leichter und schneller zu genügen scheinen. Auf dieser Oberflächendimension können opportune Konzepte durch sozial erwünschte Beseitigung von Störungen angenehm blenden, aber die individuell wünschenswerten, aus der Konfliktdynamik des Patienten erwachsenden und in der Therapie anzustrebenden Veränderungen bleiben bei einem affirmierenden Krankheitsmanagement auf der Strecke. Die Bestimmung der Brauchbarkeit eines Konzepts kann aus unserer Sicht nur aus der Brauchbarkeit für die Entbindung von selbstbestimmenden Kräften, für einen emanzipatorischen Prozess des Patienten abgeleitet werden.
Die Evaluierung unserer psychotherapeutischen Arbeit am Einzelfall ist allein davon geleitet, die Brauchbarkeit des Programms für den Patienten wie die Brauchbarkeit des theoriegeleiteten Konzepts klinischer Psychodynamik mit dem systemimmanent konzipierten Psychodiagnostik- und Behandlungsinventar aufzuweisen. Die hochindividualisierte fallspezifische Vorgehensweise in der psychodiagnostischen Erfassung und in der psychodynamischen Therapieplanung und Prozessgestaltung bildet die von uns auf der Grundlage der psychodynamischen Denk- und Arbeitsweise entwickelten Verfahren ab.
Das Inventar des Marburger Programms ist als interaktives Fragesystem konzipiert, welches die gegenseitige Einflussnahme (Interaktion) von Beobachter und Beobachtetem bewusst induziert, deren Wirksamkeit sich gerade in der Dynamik der Einflussnahme auf den Untersuchungsgegenstand erweisen soll. Daher kann es hier – wie überhaupt bei der Beobachtung psychischer Systeme – nur um die Frage der klinischen Validität gehen, ob in diesen Verfahren das abgebildet wird, was sich aus der Dynamik des Prozesses ergeben soll. Klinische Validität ist also danach zu bewerten, ob sie das misst, was sie zu messen vorgibt. Reliabilität, Zuverlässigkeit der Messung, würde dagegen die Unabhängigkeit des Beobachters gegenüber seinem Gegenstand voraussetzen, um die Wiederholbarkeit und damit Nachprüfbarkeit der Messung sicherzustellen; das heißt, konstante, statische Untersuchungsbedingungen veraussetzen, die gerade den Wirksamkeitsprinzipien der therapeutischen Interaktion entgegenstehen. Für den dynamischen Prozess der Intersubjektivität ist deshalb ein Reliabilitätskonzept[122], das an die Unabhän-

[122] Der Ausweg aus der „Unzuverlässigkeit“ der psychotherapeutischen Wissenschaft wurde in Manualisierungen und Standardisierungsprogrammen von Therapieschulen gesucht (Tschuschke et al. 1997), um sich nach unserer Meinung vor dem positivistischen Wissenschaftsverständnis der Forschergemeinschaft die Legitimation zu sichern: die Vorteile lägen dabei unter anderem in der Erhöhung der internen Validität der Studien, einem präzisen und organisierter Weg für Training und Supervision; der Erleichterung bei der Entwicklung von

gigkeit der Einflussgrößen gebunden ist, völlig verfehlt, auch wenn der Anschluss an positivistische Forschungsstandards (z. B. Leuzinger-Bohleber 1994 u. a.) „extraklinisch" weiterhin gesucht wird.
Die individualisierte Arbeitsweise der klinischen Psychodynamik des Marburger Programms wird am Beispiel der Fallkonzeptualisierung, Therapieplanung und -bewertung von 5 Einzelfallstudien in systematisch elaborierter Form zur besonderen Anschauung der Interventionsmöglichkeiten und -gewichtungen aufgezeigt. Die Gliederung der Fallkonzeptualisierung in Klärungs- und Therapieperspektive dient der logischen Ordnung, aber beide Perspektiven sind wechselseitig aneinander gebunden, weil in der Klärungsperspektive auf dem Weg der Aufklärung über Symptomgeschichte, Symptomatik, Symptomwertung und -umwertung die Bestimmung der symptomzentrierten Fokussierung eingeschlossen ist. Der psychodynamische Diskurs folgt einer inventiven Logik[123], angefangen von der Symptomklärung und deren Bewertung, die in der Fokussierung eine Zentralisierung erfährt und in der Therapieperspektive ihre Konsequenz findet; wobei die psychodynamische Strukturdiagnose und die Beurteilung des Interaktionsverhaltens sich aus dem symptomzentrierten Vorgehen, der Fokussierung ergeben.

Rating-Skalen aufgrund der Behandler-Integrität oder Therapie-Konformität; der Erleichterung für die Behandlungskompetenz; der Beschleunigung des Trainingsprozesses von Therapeuten durch effektiven Gebrauch von Manualen; der Verabreichung von manual-trainierten Therapien an verschiedenen Orten und zu unterschiedlichen Zeiten; der Identifizierung von aktiven Ingredienzen von Therapien durch leichteren Vergleich der gemeinsamen Komponenten; der Reduzierung der Identifikation mit einer einzigen therapeutischen Orientierung durch Therapie-Manuale und Unterstützung des Trends zum Eklektizismus.
Allerdings kommt schon bei den Protagonisten dieser Manipulationsbemühungen um standardisiertes Therapeutenverhalten Skepsis auf, wenn sie nebenbei auf Untersuchungen (Henry et al. 1993) verweisen, nach denen Kreativität, Offenheit und Effektivität von erfahrenen Therapeuten durch nachträgliches Manualtraining vermindert wird. Manuale sind nach Strupp (1996) bestenfalls dazu geeignet, die äußere Form der Behandlung festzulegen, nicht aber die Essenz einer spezifischen Therapie, die nur durch die Qualität und das Geschick eines Therapeuten bestimmt wird. Der zur Zeit in der Psychotherapie grassierende Manualismus ist Ausdruck hilfloser Anpassung an medizinische Standards der Medikamentenapplikation, um Nachprüfbarkeit und Wiederholbarkeit der therapeutischen Anwendung, vergleichbar einer Medikamentenwirkung, zu simulieren. Der klägliche Rückzug von offensivem und sachkundigem Eintreten für einen anderen Wissenschaftscharakter von Psychotherapie führt letztlich zur Kapitulation des eigenen Wissenschaftsanspruchs gegenüber den usurpatorischen Ansprüchen gesellschaftskonformer therapeutischer Ideologien.

[123] Der deduktiven Logik ist hier eine inventive gegenüberzustellen, die von der Psychoanalyse noch systematisch als Findenslehre auszubauen wäre und ihre Ordnung in den Regeln des Analogieschlussverfahrens hätte (s. Kap. I, 1.3).

In der Therapieperspektive zeigt sich die immanente Rationalität des psychodynamischen Prozesses, dessen Grunddimension die psychodynamische Symptomklärung ist, die den gesamten Therapieprozess fortwirkend strukturiert und von daher eine fokussierende, themenzentrierte psychotherapeutische Arbeit bedingt. Die Wahl der fall- und strukturspezifischen Behandlungsstrategien ist an die Gewichtung der Symptomatik und an das jeweilige Strukturniveau des Patienten gebunden; sie werden auf den einzelnen Dimensionen der Behandlungsstrategien mit den dazugehörigen Therapiezielen ausformuliert in der synoptischen Perspektive des therapeutischen Teams mit den jeweiligen Schwerpunkten in den einzelnen Aktionsfeldern. Die Fallkonzeptualisierung sollte aufgrund unserer klinischen Erfahrungen nach 4 Wochen wiederholt werden, um die Brauchbarkeit der Konzeptualisierung und der Therapieperspektive zu reflektieren bzw. eine neue Fokussierung mit veränderter Therapieperspektive aufgrund veränderter Bedingungen der Klärungsperspektive zu erarbeiten.

Aus der Unangemessenheit positivistischer Betrachtung von Psychotherapie haben wir für die Ergebnisbeurteilung Dimensionen der Veränderungsbewertung entwickelt, die schon in der Klärungsperspektive und konsequenterweise der Therapieperspektive für die psychodynamische Wahrnehmungs- und Wissensorganisation des therapeutischen Teams von zentraler Bedeutung. Sie unterscheiden sich grundlegend von objektivierender Symptommessung durch Angst-, Depressions- und anderen Psychopathieskalen, die aufgrund der fraglichen Relevanz des Gemessenen ohnehin angreifbar sind. In Konsequenz dessen wurde die Veränderungsbewertung des Patienten auch nicht von unabhängigen Beurteilern durchgeführt, weil damit gerade die Veränderung des Patienten dem psychodynamisch qualifizierenden Blick des Therapeuten entzogen wäre. Denn dieser kann aufgrund seiner longitudinalen Prozessperspektive zu einer angemesseneren Urteilsbildung kommen als ein außenstehender Beobachter, der den Blick zwangsläufig auf die erreichte Anpassungsleistung des Patienten richten würde. In der Beurteilung durch den eigenen Therapeuten liegt aber die Einschränkung, dass er aufgrund seiner Erwartungshaltung an den therapeutischen Prozess größere Ansprüche an die Entwicklung des Patienten hat und daher gegenüber dem Ausgang des Prozesses kritischer eingestellt ist, was nicht nur unsere Ergebnisse bestätigen.

Nach unserem Grundverständnis von Psychotherapie als Arbeit für die Selbstbemächtigung des Patienten sollte für die Beurteilung des Ausgangs eines Therapieprozesses die Bedingung erfüllt sein, dass der Beobachter die tiefgreifende Verbesserung der selbstanalytischen und damit der selbstschützenden Fähigkeiten, das veränderte Selbstverstehen und die konstruktive Erfahrungsbereitschaft eines Patienten auch erkennen kann. Gerade die Gegenüberstellung der Beurteilung des behandelnden Therapeuten und der Bewertung der Veränderungen aus dem Blick des Patienten eröffnet eine therapeutisch konstruktiv zu nutzende Auseinandersetzung möglicher Differenzen, wenn eine methodische Vergleichsbasis gegeben ist, wie wir sie unseren Beurteilungsverfahren zugrunde gelegt haben.

Daher ist die Bedarfsbewertung des Therapeuten für den einzelnen Pateinten am Anfang auf den therapierelevanten Dimensionen so wichtig, damit sie mit der Änderungsbewertung des jeweiligen Patienten auf diesen Dimensionen verglichen werden kann. In der theorieimmanenten Erfolgsbeurteilung des psychodynamischen Prozesses geht es nämlich darum, ob sich der Patient auf den konzeptualisierten, fall- und strukturtypischen Zieldimensionen verändert. Da jedes Messinstrument mit einer theoretischen Position verbunden ist, heißt das auch für die psychodynamische Therapie, dass die angewandte Messmethode der Theorie kongruent sein muss, um Aussagen im Sinne des zugrunde liegenden Systems machen zu können und zu Generalisierungen der Ergebnisse zu kommen (s. auch Garfield 1982).

Kriterium für einen gelungenen Veränderungsprozess ist für uns, dass der Patient entsprechend der individuellen Bedarfsschätzung des Therapeuten zu seinem Erfolg kommt. Dabei ist der Selbstgewinn des Patienten auf der Grunddimension der Symptomklärung und der Gewinn auf den sich ausgleichend vertretenden fall- und strukturspezifischen Dimensionen maßgebend für die Beurteilung einer gelungen therapeutischen Arbeit. Diese Dimensionen repräsentieren das Spektrum affektiv-kognitiver Veränderungen im Patienten, wie sie sich auf den Dimensionen der Entregressivierung, Angstbewältigung, kognitiven Strukturierung, Aggressionssteuerung, sexuellen Strukturierung, narzisstischen Anerkennung, kommunikativen und sozialen Kompetenz, psychobiologischen Restrukturierung ergeben; und zwar aus der Sicht des Patienten und des Therapeuten.

Der reflexiven Bewertung im Hinblick auf affektiv-kognitive Kategorien der Selbstbewertung und des Selbstverstehens, vor allem der veränderten Selbsterklärung (Änderung des Selbstkonzepts), steht in unserer Therapiebeurteilung eine Handlungsbewertung im Hinblick auf veränderte Handlungserfahrung (Änderung des Handlungskonzepts) gegenüber, wie sie sich in der Beurteilung von Handlungskategorien niederschlagen: Umgang mit Problemen und ängstigenden Situationen, größerer Verhaltensspielraum, Vorstellung über aktivere Lebensgestaltung, Durchsetzungsfähigkeit, Konfrontationsbewältigung, Selbstwahrnehmung von Attraktivität, Unabhängigkeit von der

Meinung der anderen, Kontaktoffenheit, Nähe-/Distanzregulation, An-/Entspannungsregulation, Einstellungsänderung oder Befriedigung im Sexuellen. In der Therapiestudie [124] zum Marburger Programm wurde zum primär qua-

[124] Die gesamte Therapiestudie (in Vorbereitung) umfasst darüber hinaus auch eine Veränderungsbewertung durch objektivierende Verfahren und die Untersuchung spezifischer Fragestellungen zum psychotherapeutischen Prozess und seinen Wirkungsbedingungen, wie er sich in der Bewertung des Patienten am Ende der Therapie niederschlägt (z. B. Fragen zur Präferenz einer eher einsichtsvollen oder konfrontativen Vorgehensweise des Therapeuten in den verschiedenen Phasen des Prozesses; Vorstellungen und Ereignisse, die den Patienten an Abbruch denken ließen bzw. Ereignisse, die ihn besonders beförderten; die Bewertung der selbstgesetzten Therapieziele; die Glaubwürdigkeit und Überzeugungskraft der im therapeutischen Raum tätigen Personen, der Einfluss der Mitpatienten und vieles andere mehr). Allerdings sollten diese Vergleichsuntersuchungen mit objektivierenden Verfahren für uns die Klärung bringen, ob man tatsächlich nur mit psychoanalyseeigenen Bewertungsmethoden den psychodynamischen Veränderungsprozess valide abbilden kann.
Eine Veränderungsbewertung durch objektivierende Verfahren unterliegt nämlich bei einem psychodynamischen Konzept der grundlegenden Schwierigkeit differenter theoretischer Konstrukte und Abstraktionsniveaus der Erfassung. Wir haben dennoch den Versuch gemacht, indem wir zur objektivierenden Einschätzung des Therapiebedarfs eines Patienten ein inhaltlich korrespondierendes Vergleichsmaß zu den Zieldimensionen des Marburger Psychotherapie-Programms dadurch geschaffen haben, dass wir diesen Dimensionen entsprechende Skalen aus zwölf diagnostischen und klinischen Inventaren durch Expertenzuordnung gebildet haben: unter der Bedingung, dass diese Skalen einen relevanten psychodiagnostischen Beitrag zu den jeweiligen Zieldimensionen (zum Beispiel Angstbewältigung, kognitive Strukturierung etc.) leisten und dass Normen für verschiedene Populationen vorliegen, und dass sie als Selbstbefragung für den Patienten formuliert sind. Durch Expertenrating wurden die gewählten Skalen nach den Kriterien methodische und inhaltliche Relevanz den jeweiligen Zieldimensionen bzw. strukturspezifischen Skalen zugeordnet, um ein objektivierendes Maß für die (Selbst-)Beurteilung der Veränderungen von Patienten gegenüber der (Fremd-)Beurteilung durch den Therapeuten zu erhalten. Wir haben dabei die Erfahrung machen müssen, dass mit standardisierten Messinstrumenten die Veränderungsergebnisse der Patienten sich nur als Angleichung an eine gesunde Normpopulation darstellen lassen, die aber nicht die im Binnensystem des Patienten therapeutisch notwendigen psychodynamischen Änderungen wiedergeben. Dabei zeigte sich, dass durch derartige Verfahren Veränderungen eines Patienten allein im Sinne der Normalisierung abgebildet wurden und nicht, wie es unserer psychodynamischen Intention entspricht, als Veränderungen im inneren psychodynamischen Kräfteverhältnis der Person und seiner Beziehungsdynamik. So ist zum Beispiel eine Depressivierung der Hysterie oder eine Hysterisierung des Zwangs im psychodynamischen Sinne ein Therapieerfolg, der sich in objektivierenden Verfahren nur als Abweichung von Normwerten niederschlagen würde und nicht als produktive Umgewichtung und Umstellung in der Binnenstruktur einer Person mit der Folge umbewerteter Objektbeziehungen. Unser Veränderungsbegehren orientiert sich an der psychodynamischen Ausgangskonstellation im Patienten und seiner Veränderung entsprechend den von uns mit ihm erarbeiteten Therapieerwartungen. Unter dieser Perspektive stehen für uns Veränderungen im Hinblick auf die Therapieerwartungen von Patient und Therapeut im Zentrum einer „Erfolgsbewertung“.

litativen Forschungsansatz parallel auch ein quantitativer Aspekt in den Untersuchungsgang einbezogen.
Die Gesamtdarstellung der evaluierten Befunde für den Einzelfall kann hier aufgrund des umfassenden Datenmaterials und einer an dieser Stelle nicht in Frage stehenden, wissenschaftlichen Metaanalyse nicht wiedergegeben werden. Wir haben dieses Vorgehen gewählt, um das entwickelte psychodynamische Diagnostik- und Therapieinventar im Vergleich zu gängigen klinischen Standardskalen der Diagnostik auf einer Metaebene analysieren zu können. Vorweggenommen kann jetzt schon gesagt werden, dass die gängigen Psychotherapieskalen die Komplexität des psychodynamischen Veränderungsprozesses nicht abbilden können. Denn die für den Einzelfall jeweils konzeptualisierte, individualisierende Klärungs- und Therapieperspektive gibt das Bezugssystem für die Einschätzung der Veränderung vor, innerhalb dessen der Arbeits- und Erkenntnisfortschritt im therapeutischen Prozess an der Modifikation der für den Patienten typischen Konfliktkonstellation bemessen werden kann. Im Gegensatz dazu wird ein Patient bei Veränderungsmessungen durch klinische Standardskalen an Kriterien einer Normpopulation gemessen, die sich an durchschnittlichen Anpassungswerten orientieren und damit dem individualisierenden psychodynamischen Veränderungskonzept zuwiderlaufen. So kann es für die Arbeit an einer hysterischen Konfliktdynamik produktiv sein, wenn am Ende der Behandlung ein Patient introvertierter wird, was sich auf einer Standardskala als höherer Wert an Depressivität anzeigen würde; ebenso könnte die Zunahme an phobischer Angst verzerren, dass dieser Patient statt des hysterischen acting out ein höheres Angstpotential gegenüber Realobjekten im stabilisierteren Ich tolerieren kann, das heißt auch, dass der Patient über eine größere Ambiguitätstoleranz verfügt.
Bei der wissenschaftlichen Bearbeitung des psychodynamischen Gegenstandes ist daher die Frage der klinischen Validität eines Verfahrens allein von Relevanz: diese kann aber nur durch die Kongruenz der Untersuchungsmethode mit der Therapietheorie, hier der Psychodynamik, hergestellt werden (s. Garfield 1982). Wir haben daher für die Darstellung der Wirksamkeit dieser klinischen Psychodynamik die Beurteilungsebenen ausgewählt, die unsere Vorgehensweise am treffendsten, das heißt systemimmanent abbilden.
Eine Dokumentation und Therapiebewertung unseres klinischen Konzepts wird auszugsweise anhand der Fallkonzeptualisierung und Therapieplanung exemplarisch an 5 Patientenstrukturen und ihrer Veränderung auf drei Beurteilungsebenen dargestellt:

1. Vergleich der Bewertung des Therapiebedarfs des Patienten am Anfang und seine Veränderung am Ende im Urteil des Therapeuten:
   Die Einschätzung des Behandlungsbedarfs erfolgte aufgrund der in der Fallkonzeptualisierung erarbeiteten Therapieperspektive auf den präferierten Behandlungsdimensionen. Wir haben den Modus der Bedarfsschätzung im Patientensystem gewählt, weil nach unserem individualisierenden Vorgehen das Veränderungsbegehren aus der Perspektive des Patienten gesehen werden soll, um eine zum Patientensystem passende Entwicklung zu fördern. Dementsprechend beurteilt der Therapeut am Ende der Therapie, welche Entwicklung im Sinne der produktiven Veränderung der Patient auf diesen Dimensionen genommen hat. Das Veränderungskriterium liegt für uns damit in der im Vergleich zur Bedarfsschätzung eingetretenen Entwicklung des Patienten im Urteil des Therapeuten auf den therapierelevanten Dimensionen.

2. Vergleich der Veränderungsbewertung im Urteil des Patienten und des Therapeuten:
   Ein Vergleichsmaß der eingetretenen Veränderung liefert die Abschlussbewertung der Therapie, in welcher sowohl der Therapeut wie der Patient jeweils aus ihrer Sicht in identischen Fragestellungen zu 13 Problem-/Konfliktbereichen die Stärke der durch die Therapie erreichten Besserung beurteilen.

3. Beurteilung der Veränderung in der Katamnese gegenüber dem Veränderungsstatus am Therapieende im Urteil des Patienten:
   Ein Beurteilungskriterium für die Stabilität der Veränderung des Patienten liefert die katamnestische Erhebung 18 Monate nach Therapieende, in welcher der Patient den weiteren Grad der Besserung oder Verschlechterung im Vergleich zum Veränderungsstatus am Therapieende in 5 Problem-/Konfliktbereichen einschätzt.

In der nachfolgenden Darstellung der Fallkonzeptualisierung und Therapieplanung werden in der Therapieperspektive die Grunddimension psychodynamische Symptomklärung wie die Dimensionen fall- und strukturspezifischer Behandlungsstrategien für die jeweiligen Patienten in der gesamten Zielperspektive dargestellt; wobei zu berücksichtigen ist, dass Therapieziele

und Behandlungsstrategien auf den einzelnen Dimensionen je nach dem Fortgang des Prozesses modifiziert werden und unterschiedliche Gewichtungen erhalten, so dass für einzelne Therapiephasen bestimmte Dimensionen entfallen und andere Vorrang erhalten können.
Dem Leser sollte jeweils die mögliche Gesamtsperspektive der Fallkonzeptualisierung vor Augen geführt werden. Die Dynamik des Prozesses mit wechselnden Gewichtungen auf den einzelnen Dimensionen lässt sich in kursorisch-tabellarischen Übersichten nicht abbilden und könnte nur literarisch in der Entfaltung der ausführlichen Prozessgeschichte dargestellt werden. Allerdings war dies nicht unsere Absicht, da wir die Strukturierungsbedingungen einer konsistenten Praxistheorie klinischer Psychodynamik aufzeigen wollen und dafür eine skizzenhafte Fallpräsentation wählen mussten.
Zur Illustrierung des Souveränitätsgewinns haben wir persönliche Anmerkungen der Patienten aus den „Fragen zum Therapieende“ in die zusammenfassende Ergebnisbewertung mit aufgenommen.

B Psychodynamische Falldokumentation und Therapiebewertung

1. Therapiedokumentation einer schizoiden Struktur

1.1 Kurzbiographie des Patienten S.

Der 27jährige Patient studiert Sprachen und steht vor seinem Examen; er hat einen 2 Jahre jüngeren Bruder, der finanziell unabhängig von den Eltern auf dem zweiten Bildungsweg studiert (Ingenieurwesen). Der Patient lebt bis heute in finanzieller Abhängigkeit bei den Eltern, die beide, 50jährig mit Hauptschulabschluss ohne Berufsausbildung, eine Gastwirtschaft betreiben. Der Patient wuchs in ländlich/kleinstädtischem Milieu auf. Die familiale Atmosphäre war durch chronische finanzielle Belastungen wie durch die Aufspaltung der Erziehungsvorstellungen der Eltern ständig angespannt. Der fordernd-autoritär nach außen bestimmende Vater, zu dem der Patient immer ein distanziertes Verhältnis hatte, steht mit seinen Ansprüchen ständig im Widerspruch zum passiv behütenden, überfürsorglichen und emotional-penetrierenden Verhalten der Mutter, welche das familiale Geschehen nach innen beherrschte und den Patienten in absoluter Loyalitätsverpflichtung ihr gegenüber festhält. Beide Eltern setzen hohe Erwartungen in die berufliche Entwicklung des Patienten, der bis heute eine erfolgreiche schulische Leistungsentwicklung und scheinbar unauffällige psychische und soziale Entwicklung nahm. Trotz der möglichen finanziellen Unterstützung durch die Eltern konnte der Patient das Elternhaus bisher nicht verlassen, da er sich ihnen gegenüber sonst „schuldig und verpflichtet“ fühlen würde, wenn sie für ihn bezahlen müssten. Seit Aufnahme des Studiums in der Nähe des Heimatortes ging der Patient häufig wechselnde sexuelle Beziehungen ohne emotionale Bindung ein; wie er überhaupt all seine Beziehungen punktuell und passager gestaltete und eine tiefer- und weitergehende Verbundenheit mied. In diesem Zusammenhang ist für das Verhalten des Patienten typisch, dass er alle Beziehungen abbrach, bis zum letzten Verhältnis, in dem die Freundin ihn verließ, nachdem sie das von ihm erwartete Kind ohne sein Wissen abtrieb.

1.2 Fallkonzeptualisierung und Therapieplanung

1.2.1 Klärungsperspektive

Symptomatik
Wahnhafte Vorstellung, im Schlafwandeln Frauen missbraucht und ermordet zu haben, panikartige Angstzustände im Wachbewusstsein wegen der Unmöglichkeit der Realitätsprüfung, Entfremdungserlebnisse (ich-fremd erlebte Körperteile), ängstigende Sensationen am Körper, allgemeine Angst- und Leeregefühle, Impotenz, sozialer Rückzug.

Symptomgeschichte
Auftreten der wahnhaften Vorstellungen beim Eingehen einer neuen sexuellen Beziehung; die frühere Beziehung war daran zerbrochen, dass die Freundin hinter seinem Rücken das gemeinsame Kind abtreiben ließ.

Ressourcen und protektive Faktoren
Hohe kognitive Kompetenz, ungewöhnliches intellektuelles Leistungsvermögen, günstige berufliche Entwicklung als Lehramtskandidat.

Symptomwertung
Ich bin mir unsicher, ob ich unbewusst ein Frauenmörder bin, es gibt keine Gewissheit der Tat, also fehlen für die Strafverfolgung das Motiv und das Opfer.

Fokussierung
Indem, wenn, weil ich wähne, ein Frauenmörder zu sein, kann ich meine Mordimpulse im Schlaf gegen Frauen befriedigen, ohne ein Mörder zu sein; indem ich kein Mörder bin, gibt es keine Mordabsichten, also bin ich frei von Schuld, wenn ich im Traum morde und vom Morden träume.

Therapiehypothese
Was kann der Patient aus seinen wahnhaften mörderischen Vorstellungen machen? Wie kann er seine penetrative Phallizität durch vertieftes Eindringen im Stoff seines Fachs unterbringen? Wie kann der Patient seine phallisch-destruktive Impulsivität umlenken in nicht ängstigende, nicht schädigende, mitmenschlich verträgliche, phallisch-penetrative Erotik; wie kann er mit der narzisstischen Kränkung der hinter seinem Rücken vollzogenen Abtreibung umgehen und verstehen lernen, dass die Freundin vermutlich gute Gründe hatte, die Abtreibung nur für sich, also gegen ihn, zu entscheiden; wie kann er begreifen lernen, dass es hier um eine Abgrenzungsproblematik zwischen ihm und der Freundin geht, um die Anerkennung der Trennung ihres Körpers von seinem Körper und umgekehrt, dass die Mordimpulse gegen die Frauen Rache- und Vergeltungsintentionen für die als Mord empfundene Abtreibung „seiner Leibesfrucht“ sind, in der Verkennung, dass es nicht um seine, sondern um die Leibesfrucht der Freundin geht?

Strukturdiagnose und Interaktionsverhalten
Schizoide Persönlichkeit mit paranoid-manipulierenden Objektbeziehungen

1.2.2 Therapieperspektive

Grunddimension psychodynamische Symptomklärung
Therapieziele Symptombejahung und Umwertung in der Klärung der Schutzfunktion: *intrasystemisch* Klärung der Impotenz als Inbegriff seiner penetrativen Hemmung zur Aggressionsvermeidung; Konfrontation mit seiner narzisstischen Wut wegen der „hinterhältigen" Abtreibung der Freundin, von der er seine Liebe, sich selbst abgetrieben fühlt; Konfrontation mit seiner Übertragung auf die jetzige Freundin, bei der er mit Impotenz reagierte, um sich vor der stellvertretenden Rache an ihr und sie vor ihm selbst zu schützen; Einsicht in seine unerhörte Empfindsamkeit und Verletzbarkeit, die er hinter einer scheinbar kalten, beziehungslosen und misstrauischen Fassade verbirgt. *extrasystemisch* Klärung der familialen Beziehungsstruktur, vor allem der inzestuösen Abhängigkeit von der dominanten und depressiv manipulierenden Mutter; Aufklärung der Ambivalenz zu den Frauen als Wiederholung und Exekution der ambivalenten Mutterbeziehung; Auseinandersetzung der Beziehung zur jetzigen Freundin, die sich depressiv anklammernd ihm unterwirft und dadurch seine Ambivalenz und Aggressivität auflädt. **Behandlungsstrategien** Von besonderer Bedeutung ist die Herstellung einer grundlegend ambivalenzfreien Beziehung mit durchgängigem Kontaktbehagen für den Patienten; Anerkennung seiner narzisstischen Vergeltungswut; Klärung der Übertragungssituation auf die Freundin in Partnerdiagnostik und –therapie; Klärung der familialen Beziehungsstruktur durch familiensystemische Diagnostik und familientherapeutische Beratung, insbesondere Aufdeckung der Bedeutung des depressiv-masochistischen oder expansiv-sadistischen Verhaltens der Mutter, je nach dem Stand ihrer Depression, für die Familiendynamik, für die Beziehung zum Patienten und für dessen Partnerwahl.

Dimensionen fall- und strukturspezifischer Behandlungsstrategien
Im Falle dieser schizoiden Persönlichkeit war die Arbeit auf den Dimensionen Entregressivierung, Angstbewältigung, Aggressionssteuerung, sexuelle Strukturierung, kommunikative Befähigung und soziale Kompetenz und psychobiologische Restrukturierung vorrangig in der therapeutischen

Arbeit; wobei die psychobiologische Restrukturierung in diesem Fall in der Dimension Entregressivierung aufging. Die Arbeit auf den Dimensionen kognitive Kompetenz und narzisstische Anerkennung waren weniger indiziert, weil der Patient aufgrund seiner kognitiven Befähigung und intellektuellen Leistungsfähigkeit im Studium ständig hohe Anerkennung hatte; seine intellektuellen Ich-Funktionen waren so hervorragend, dass sie ihm immer eine besondere Befriedigung seines Selbstgefühls gaben und isoliert über seine ganze Entwicklung hin das tragende Moment seiner Ich-Stabilität waren. Die Dimension der narzisstischen Anerkennung war in diesem Fall sekundär eingeschränkt wegen der sexuellen Konflikte und von daher auch über die Arbeit an der sexuellen Strukturierung anzugehen.

Entregressivierung

Therapieziele
Selbststabilisierung des Patienten durch Hilfs-Ich-Funktion des Therapeuten; Wiederherstellung eines physiologischen Schlaf-Wachrhythmus; Tages- und Wochenstrukturierung; affektive Distanzierung von den wahnhaften Vorstellungen; Verschärfung der Realitätsprüfung durch Differenzierung von Wach- und Traumerleben; Restitution der Synchronisierung[125] von körperlichem und seelischem Ich beim Einschlafen bzw. Aufwachen zum Schutz vor Einbrüchen des Unbewussten bei anhaltender Dissoziation zwischen beiden; Verstärkung der Außenorientierung der Wahrnehmung.

[125] Der tägliche Auf- und Abbau der Ich-Organisation beim Einschlafen und Aufwachen in der synchronisierenden Integration von körperlichem und seelischem Ich wurde von Federn (1960) entdeckt und als Orthriogenese beschrieben und bei schizoiden Menschen als besonderes Problem wegen der strukturspezifischen Aufladung der Spaltungsmechanismen erkannt. Nach Federn wird die Besetzung der Ich-Grenzen von körperlichem und seelischem Ich diachron vollzogen, und die Synchronisierungsfunktion des Ichs liegt darin, die beiden Besetzungsvorgänge in Übereinstimmung zu bringen. Dieser Einriss im Ich ist für Schizoide eine besondere Gefährdungsstelle für den Einbruch des Unbewussten, von Es-Phantasien und Es-Impulsen. In der gewöhnlichen Dissoziation kann jeder Mensch diesen Vorgang erfahren, dass das körperliche Ich früher „einschläft" als das seelische Ich und auch früher „aufwacht". Das vorausgehende Einschlafen des Körper-Ichs wird von dem noch wachen seelischen Ich als Absturz (Fallen) des Körpers erlebt; beim Aufwachen ist das körperliche Ich zuerst präsent, das seelische Ich lässt sich Zeit, und jeder Mensch hat seine Rituale, es zum Aufwachen zu bringen (Gesicht waschen, Duschen, Kaffee und anderes mehr). Der Gesunde füllt das Zwischenreich der Dissoziation der beiden Ich-Zustände zwischen Wachen und Schlafen mit Wachträumen. Der Schizoide dagegen ist in der Zeitspanne dieses Zwischenreichs gefährdet durch den Einbruch des Unbewussten und dadurch von der Ausweitung der Dissoziation zwischen Körper- und seelischem Ich bedroht. Im schizoiden Erleben führt der Einbruch des Unbewussten zur Überschwemmung mit chaotischen Sensationen und zu panischer Angst, verrückt zu werden, sein Selbst zu verlieren. Deshalb ist es von besonderer Bedeutung bei Schizoiden, dass der Wechsel vom Wachen zum Schlafen und vom Schlafen zum Wachen

Behandlungsstrategien
Tages-Wach-Schlaf-Regulierung, diätetische Beratung; Aktivierung zur Verantwortungsübernahme für seine Selbstorganisation; körperliche Restrukturierung durch Anleitung zur Selbstfürsorge; Maßnahmen zur Unterstützung und Stärkung der Ich-Stabilisierung: Entspannungs- und Konzentrationsübungen und intermittierende Applikation von Hypnotika zur Sicherung des raschen Einschlafens und zur Verhinderung der dissoziativen Störung zwischen körperlichem und seelischem Ich beim Einschlafen; Anleitung zum Verhaltensritual beim Aufwachen als Schutz vor anhaltender Dissoziation.

Angstbewältigung

Therapieziele
Klärung der Impotenzängste, Konfrontation mit den Penetrationsimpulsen und Vernichtungswünschen gegen Frauen; Klärung seiner ängstigenden Entfremdungs- und Leeregefühle als Isolierungs- und Spaltungsprozesse zum Schutz vor aggressiver Übermächtigung; Toleranzerhöhung gegenüber Angstreizen; Gewöhnung an ängstigende Situationen oder Reizkonstellationen; Differenzierung zwischen Sexualängsten und Aggressionsängsten.

Behandlungsstrategien
Modellernen durch Identifikation mit dem Therapeuten zur Erhöhung der Selbstsicherheit gegen ängstigende Triebimpulse; verstärktes, amplifizierendes Vorphantasieren des Therapeuten zur Antizipation von ängstigenden Beziehungen und Situationen; Entspannungs- und Entstauungstechniken; sexualtherapeutische Strategien zur Abfuhr der Sexualängste; Forciertes Phantasieren über die verleugneten aggressiven Wünsche (technisch gehandhabt als Selbstauftrag des Therapeuten, stellvertretend für den Patienten zu phantasieren zu dessen Über-Ich-Entlastung als konkretes Lernen am Modell).

Aggressionssteuerung

Therapieziele
Integration der aggressiven Rache- und Vergeltungsimpulse als gerechtfertigte Wünsche; Toleranzerhöhung gegenüber den desintegrierten Wut- und Hassgefühlen; Abgrenzung zwischen dem eigenen Körper und dem Körper der Freundin und den Frauen, zur Realisation der Differenz zwischen Selbst- und Fremderleben, zwischen eigenen und fremden Triebimpulsen; Konfrontation mit der Hassbindung an die Mutter und deren Übertragung auf die Frauen; ich-pädagogische Bilanzierung der Lebensperspektive im Hinblick auf die stabilisierende intellektuelle Durchsetzungskraft zur Verstärkung von Selbstvertrauen und Selbstsicherheit.

---

möglichst nahtlos geschieht, um die Ausweitung der Dissoziation zu unterbinden und psychotische Reaktionen zu vermeiden. Dass das Ich ein pulsierendes Organ im Auf und Ab zwischen zwischen Tag und Nacht ist, dieser „organische Imperativ" (Nietzsche), wurde von der rationalisierenden Ich- und Selbstpsychologie durch die Entfernung der leibhaftigen Basis des Ichs vergessen gemacht.

Behandlungsstrategien
Spannungsabfuhr durch Entspannungs- und Entstauungstechniken; Körper- und Bewegungstherapie; Druckentlastung durch kognitive Integration der verleugneten Wünsche und Bedürfnisse; psychodynamische Aufklärung der ambivalenten Mutterbeziehung: Verstehen lernen der krankheitsbedingten Abwesenheit der Mutter (Depression) in der frühen Kindheit und Erklärung seiner Hassimpulse als Antworten des alleingelassenen, sich ungeliebt fühlenden Kindes.

Sexuelle Strukturierung

Therapieziele
Relibidinisierung des Körpers zur Überwindung der Entfremdungserlebnisse und zur Wiedergewinnung von sexuellen Lustempfindungen; Bilanzierung der Sexualpraxis und Reaktivierung sexueller Selbstbefriedigung; körperliche Selbstkultivierung und Attraktivierung; Erweiterung des Phantasiespektrums über sexuelle Lustmöglichkeiten; Konzentration auf die verleugneten Penetrationsimpulse und Zentrierung der Aufklärung über seine parataktischen Vorstellungen von weiblicher Sexualität; narzisstische Bestätigung durch Wiedergewinnung der Potenz.

Behandlungsstrategien
Körpersensibilisierungstechniken zur Erogenisierung; sexualtherapeutische Entstauungstechniken, Anleitung zur Selbstbefriedigung; antizipierendes Einüben von sexuellen Befriedigungsmöglichkeiten; sexualtherapeutische Diagnostik und Therapeutik im Partnersetting zur Bahnung sexueller, mithin aggressiver Entstauung durch sexuelle Befriedigung und Erfahrung narzisstischer Bestätigung.

Kommunikative Befähigung und soziale Kompetenz

Therapieziele
Überwindung der Vereinsamung; Rückgewinnung souveräner Intersubjektivität in der Zweierbeziehung; Wiederanknüpfung und Reaktivierung verlorengegangener Bindungen; aufgabengebundener Aufbau eines Beziehungsnetzes (in Arbeits- und Studiengruppen); Wiederaufnahme studiengebundener Kontakte im Ausland; Verselbständigung durch Auszug aus dem elterlichen Haus und Einrichtung einer eigenen Wohnung.

Behandlungsstrategien
Aufgabenbezogene ich-pädagogische Anleitung und Unterstützung zur sozialen Reintegration und Verselbständigung; soziotherapeutische Beratung und psychodynamische Klärung seiner Trennungsängste wegen des Auszugs; Ich-Stützung zur Einrichtung des eigenen Lebensbereichs und unabhängiger Lebensgestaltung; Anleitung zur Beziehungspflege mit ausländischen Studentengruppen und Regulierung der Nähe-Distanz-Problematik in Gruppen.

1.3 Evaluation

1.3.1 Therapiebedarf des Patienten S. zu Beginn der Therapie und Bewertung der Veränderungen im Urteil des Therapeuten

Die Beurteilung des Therapiebedarfs auf den therapeutischen Zieldimensionen durch den behandelnden Therapeuten erfolgte am Anfang der Therapie auf der Basis der klinischen Daten aus den PsychoAnamnesen; Therapiebedarf und Bewertung der Entwicklung des Patienten bei Therapieende wurden in einem fünfstufigen Rating auf den therapeutischen Zieldimensionen durchgeführt.

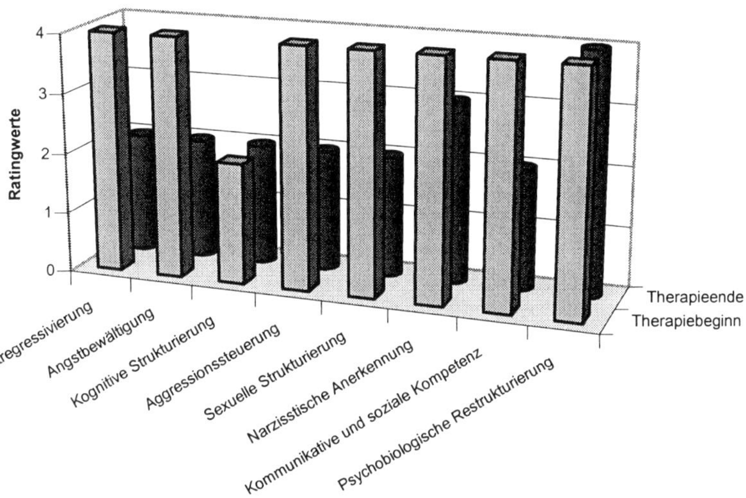

Abb. B1.3.1
Therapiebedarf bei Therapiebeginn und erzielte Veränderungen bei Therapieende auf den therapeutischen Zieldimensionen im Urteil des Therapeuten
(0 – kein(e) Bedarf / Veränderung; 1 - merkliche(r) Bedarf / Veränderung; 2 - deutliche(r) Bedarf / Veränderung; 3 - große(r) Bedarf / Veränderung; 4 - sehr große(r) Bedarf / Veränderung)

Zu Beginn der Therapie beurteilte der behandelnde Therapeut den Therapiebedarf dieses Patienten auf nahezu allen Dimensionen als sehr groß mit der Ausnahme des geringeren Bedarfs auf der Dimension der kognitiven Strukturierung.

Bei Therapieende bewertete der Therapeut die Entwicklung des Patienten als deutlich positive Veränderung auf 6 der 8 Dimensionen, sowie mit einer großen bzw. sehr großen Veränderung auf den Dimensionen der narzisstischen Anerkennung und der psychobiologischen Restrukturierung. Die Entwicklung des Patienten stellt sich aus der Sicht des Therapeuten gegenüber der Bedarfsschätzung als sehr erfolgreich dar.

1.3.2 Abschlussbewertung der Therapie im Urteil des Therapeuten und im Urteil des Patienten S.

Die Abschlussbewertung „Fragen an den Patienten“ und „Fragen an den Therapeuten“ am Ende der Therapie umfasst 13 Problembereiche, die vom Patienten wie vom Therapeuten im Hinblick auf die Stärke der „Besserung“ am Therapieende auf einer fünfstufigen Skala eingeschätzt wurden.

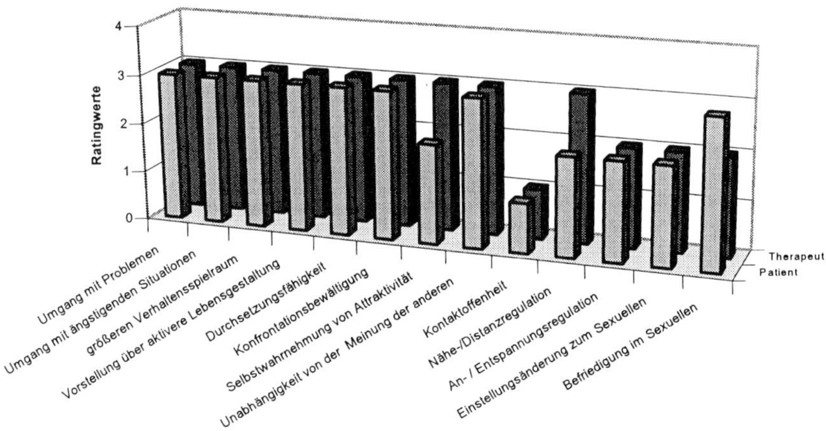

Abb. B1.3.2
Veränderungsbewertung in 13 Problembereichen im Urteil des Therapeuten und im Urteil des Patienten.
(0 – keine Veränderung; 1 - merkliche Verbesserung; 2 - deutliche Verbesserung; 3 - große Verbesserung; 4 - sehr große Verbesserung)

Die Einschätzung der Verbesserungen durch die Therapie zeigt bei diesem Patienten ein relativ homogenes Bild in den Urteilen von Therapeut und Patient: beide stimmen in 10 der 13 Konfliktbereiche in ihrer Bewertung überein. In 10 der 13 Problembereiche werden von beiden nahezu identisch große Verbesserungen gesehen in den Bereichen An- und Entspannungsregulation und Einstellungsänderung zum Sexuellen sehen Patient wie Therapeut deutliche Verbesserungen, allein in der Kontaktoffenheit zeigt der Patient übereinstimmend mit dem Urteil des Therapeuten nur eine geringe Verbesserung.

1.3.3 Katamnese der Veränderungen des Patienten S. seit Therapieende

Die Katamnesebefragung des Patienten wurde 18 Monate nach der Entlassung durchgeführt, wobei der Patient weitere, seit Therapieende eingetretene Veränderungen in 5 spezifischen Problembereichen einschätzte.

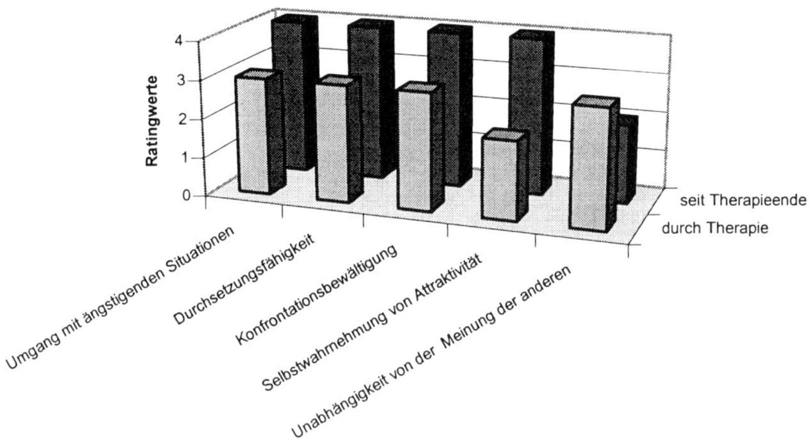

Abb. B1.3.3
Veränderungen seit Therapieende im Urteil des Patienten nach 18 Monaten.
(0 – keine Veränderung; 1 - merkliche Verbesserung; 2 - deutliche Verbesserung; 3 - große Verbesserung; 4 - sehr große Verbesserung)

In 4 der 5 befragten Problembereiche sieht der Patient seit Therapieende noch weitergehende große Verbesserungen; allein auf der Dimension „Unabhängigkeit von der Meinung der anderen“ schätzt er die weitere Verbesserung geringer, aber immer noch zusätzlich positiv ein.

1.4 Zusammenfassende Ergebnisbewertung des Patienten S.

Dieser schizoide Patient zeigt auf den drei Therapiebewertungsebenen (im Urteil des Therapeuten auf den 8 Therapiezieldimensionen, im Urteil des Patienten und des Therapeuten in 13 Problembereichen und in der Katamnese) eine relativ homogene Bewertung der Veränderungen aus der Sicht des Therapeuten wie des Patienten. Die Einschätzung des hohen Behandlungsbedarfs fand ihre Bestätigung in der Beurteilung der Änderungen des Patienten auf den Therapiezieldimensionen am Ende der Therapie. Dabei zeigt der Patient eine deutliche Entwicklung auf den Dimensionen, die in der Fallkonzeptualisierung als präferierte Interventionsebenen erarbeitet wurden (Entregressivierung und psychobiologische Restrukturierung, Angstbewältigung, Aggressionssteuerung, sexuelle Strukturierung, kommunikative Befähigung und soziale Kompetenz) und profitierte von dieser Veränderung sekundär besonders auf der Dimension der narzisstischen Anerkennung
Der eher vorsichtigen Veränderungsbewertung des Therapeuten im Vergleich zur Bedarfsschätzung auf den Zieldimensionen steht seine Einschätzung der Veränderung in der Abschlussbewertung gegenüber, die durch die Selbsteinschätzung des Patienten in identischen Fragen beeindruckend bestätigt wird. Die nahezu gleichsinnig hohe Verbesserung in 10 von 13 Problem-/ Konfliktbereichen im Urteil des Patienten wie des Therapeuten bestätigt indirekt den Veränderungsstatus des Patienten auf den Therapiezieldimensionen nach dem Urteil des Therapeuten. Beide sehen große Veränderungen im „Umgang mit Problemen und ängstigenden Situationen“, im „größeren Verhaltensspielraum“, in der „Vorstellung über aktivere Lebensgestaltung“, in der „Durchsetzungsfähigkeit“ und „Konfrontationsbewältigung“, in der „Unabhängigkeit von der Meinung der anderen“; in der „Nähe-/Distanzregulation“ wie in der „Selbstwahrnehmung von Attraktivität“ sieht der Therapeut eine noch etwas weitergehende Verbesserung, wohingegen die „Befriedigung im Sexuellen“ vom Patienten höher bewertet wird als vom Therapeuten.
Für die Glaubwürdigkeit dieser Bewertung spricht die relativ beobachtungsnahe Erlebens- und Verhaltensebene der Aussagen, die sich auf die veränderte Selbstwahrnehmung des Patienten und die Patientenwahrnehmung des Therapeuten über die Dauer der Behandlung richten. Die Antworten des Patienten auf die offenen Fragen der Abschlussbewertung der Therapie dokumentieren sein verändertes Selbsterleben in der selbstkritischen und selbstbewussten Kommentierung seiner Veränderungen in Aussagen wie: durch „tatsächlich stattfindende Veränderungen fühlte ich mich in meiner Veränderungserwartung bestätigt“; „die Erkenntnis, die Möglichkeit zu be-

sitzen, meine Interessen und Standpunkte besser durchsetzen zu können, machte mich sicherer; vor allem, dass ich mich durch gezielte Abgrenzung schützen kann".

Vor der Therapie erklärte sich der Patient seine Beschwerden als „schwere Krankheit"; im Unterschied dazu kann er jetzt seine „damaligen Lebensumstände und Einstellungen berücksichtigen, und ist sich seiner Einflussmöglichkeiten auf sein Wohlbefinden besser bewusst. Seine zu Beginn der Therapie selbst gesetzten und selbst formulierten Therapieziele „Linderung der Symptome" beschreibt er als völlig erreicht, eine „Änderung in der Lebensführung" als größtenteils und die „Schaffung eines positiven Selbstkonzepts" wiederum als völlig erreicht. Sein verändertes Verhalten erlebte er „im Gefühl von mehr Stärke in Konflikten und Trennungssituationen". Die Überzeugung vom Gefühl des Gefährlichseins, Bedrohtseins, Unkontrolliertseins, Ungeliebt- und Isoliertseins ist für den Patienten deutlich geringer geworden, wie er auch von den anderen verändert erlebt wird: „Eltern und Freundin nehmen mich durchsetzungsfähiger und potenter wahr".

Die in der Therapie eingeleitete Veränderung der Selbstwahrnehmung und Verbesserung der Selbstregulation findet bei diesem Patienten ihren deutlichen Niederschlag in der katamnestischen Beurteilung der Lebensgestaltung nach eineinhalb Jahren. Die über die Besserung bei Therapieende hinausgehende weitere Verbesserung im „Umgang mit ängstigenden Situationen", Durchsetzungsfähigkeit" und „Konfrontationsbewältigung", „Selbstwahrnehmung von Attraktivität" und eine besonders deutliche Zunahme der „Unabhängigkeit von der Meinung der anderen" hat ihre konkrete Entsprechung in real vollzogenen Veränderungen in der Lebens- und Selbstgestaltung: der Patient ist nach der Therapie aus dem Elternhaus ausgezogen in das erste eigene Zimmer und nun in eine andere Wohnung innerhalb des Studienortes umgezogen; er trennte sich von der Freundin und ging eine neue Partnerschaft ein. Besonders bedeutsam für seine aktuelle Situation sieht er die Veränderung in den sozialen Beziehungen: die „Intensivierung der Beziehung zu den alten Freunden, die größere Selektion bei neuen Bekanntschaften, die stärkere Abgrenzung im Bedarfsfall". Der Patient hat nach der Therapie das Studium wieder aufgenommen und seine „Examensarbeit erfolgreich abgeschlossen" und befindet sich „zur Zeit in der Prüfungsphase". Mit dem Auszug aus dem Elternhaus nahm der Patient „diverse Nebentätigkeiten" auf, um neben der finanziellen Unterstützung durch die Eltern, die er nun akzeptieren kann, durch eigenen Nebenverdienst seinen Lebensunterhalt mitzubestreiten.

2. Therapiedokumentation einer depressiven Struktur

2.1 Kurzbiographie des Patienten D.

Der 22jährige Patient studiert Jura; seine um 1 Jahr jüngere Schwester Pädagogik. Die Mutter (51 Jahre) ist Gymnasiallehrerin, der Vater (55 Jahre) in gymnasialer Leitungsfunktion wie auch außerschulisch in politischer und sozialer Führungsfunktion. Die Atmosphäre im Elternhaus ist geprägt durch hohe Leistungsansprüche der Eltern an sich selbst, den Kindern gegenüber jedoch durch die permissive Haltung der Mutter und die leistungsfordernde Haltung des Vaters bei gleichzeitiger immenser Förderung, Unterstützung und Bestätigung der Kinder. Der Patient war bis zum Ende der Grundschulzeit ein gehemmtes, schüchternes, ängstliches und sozial isoliertes Kind. Erst mit dem Wechsel zum Gymnasium gelang durch das große Engagement der Eltern für den Sohn dessen soziale Integration und damit verbunden die Entfaltung seiner schulischen Leistungsfähigkeit zu hervorragenden Leistungen bis zum Abitur. In dieser Zeit zeigte der Patient eine auffallende Entwicklung in seinem sozialen, emotionalen und kognitiven Engagement (Gruppen- und Vereinstätigkeit). Trotz der besonderen Leistungsentwicklung war das Verhältnis des Patienten zum besonders erfolgreichen Vater eher gespannt ablehnend, wohingegen die Mutter die Entwicklung des Sohnes durch ständige emotionale Versorgung und besondere Fürsorge unterstützte. Das Abitur, der Auszug aus dem Elternhaus und die Aufnahme des Zivildienstes markieren einen Einbruch in der Leistungsorientierung und Lebensoffenheit des Patienten. Die Entscheidungsunfähigkeit in der Wahl des passenden Studiums beendete der Patient damit, dass er dem Wunsch des Vaters entsprechend Jura statt Sprachen (wie die Mutter), seinem eigenen Wunsch entsprechend, wählte. Seit dem Auszug aus dem Elternhaus und der Aufnahme des Studiums ging der Patient keine neue (sexuelle) Beziehung mehr ein, hat sich aus allen Gruppenengagements und Vereinsaktivitäten zurückgezogen und lebt sozial isoliert an seinem Studienort. Mit dem gleichzeitigen Rückzug aus den Studienverpflichtungen hat sich der Patient in eine völlige Isolierung manövriert und sich von der Versorgung durch die Mutter abhängig gemacht.

2.2 Fallkonzeptualisierung und Therapieplanung

2.2.1 Klärungsperspektive

Symptomatik
Sinnlosigkeit, Hoffnungslosigkeit, Orientierungslosigkeit, Entscheidungsunfähigkeit, resignative Passivität, Apathie, sozialer Rückzug, Lernhemmung, Konzentrationsstörungen.

Symptomgeschichte
Einbruch der Lebensstimmung bei Leistungsanforderungen vor dem Abitur; Verstärkung der depressiven Verstimmung im Zivildienst wegen „sinnloser" Tätigkeit; Entscheidungsohnmacht in der Studienwahl: Jurastudium als Wahl des Vaters in der Unentschiedenheit eigener Studienwünsche (Geschichte, Anglistik wie die Mutter); Steigerung der Antriebshemmung, Motivationslosigkeit, Passivierung im Studium; Rückzug von Leistungsanforderungen (Klausuren); Rückzug von zwischenmenschlichen Kontakten, Steigerung der Versorgungsansprüche gegenüber der Mutter.

Ressourcen und protektive Faktoren
Hohe kognitive Kompetenz, intellektuelle Begabung, besondere soziale Empathie, ausgeprägter Gerechtigkeitssinn, ungewöhnliche Förderung durch beide Eltern.

Symptomwertung
Ich fühle mich sinn- und hoffnungslos, orientierungslos, kann mich nicht entscheiden, also kann ich mich zurückziehen, apathisch sein, brauche ich nicht zu lernen.

Symptomumwertung
Die Sinnlosigkeit dient dem Schutz vor Aktivität, Inanspruchnahme und Realitätsanforderungen, der Rückzug dem Schutz vor Triebansprüchen und interpersonalen Verwicklungen, die Lernhemmung und Apathie dem Schutz vor Entwicklungsansprüchen, die resignative Passivität dem Schutz vor Trennung von der Mutter.

Fokussierung
Indem, wenn, weil alles sinnlos und hoffnungslos ist, kann ich apathisch und resignativ sein, brauche ich nichts zu tun; indem sich nichts tut, kann ich bei der Mutter bleiben, muss ich mich nicht bewegen, brauche ich nichts zu bewegen.

Therapiehypothese
Was kann der Patient aus seiner Symptomatik machen, aus seiner depressiven Verzweiflung an den Zuständen der Welt und seinem eigenen depressiven Zustand? Wie kann er aus der passiven Verweigerung in die aktive soziale Rebellion gelangen; wie kann er sein ursprüngliches Ziel des Engagements für soziale Gerechtigkeit beruflich unterbringen (als Sozialrichter)? Wie kann er Frauen für sich gewinnen und sexuell befriedigend mit ihnen leben, um sich aus der Mutterabhängigkeit zu befreien? Wie kann er die Herausforderung des leistungsstarken, politisch wie sozial engagierten Vaters bestehen?

Strukturdiagnose und Interaktionsverhalten
neurotische Depression mit oral-manipulierendem Interaktionsverhalten

2.2.2 Therapieperspektive

Grunddimension psychodynamische Symptomklärung

Therapieziele
Symptombejahung und Umwertung in der Klärung der Schutzfunktion:

intrasystemisch

Bejahung der Mutterbindung bzw. der Versorgungsansprüche; Klärung der inneren und äußeren Ambivalenz zwischen Leistungsanforderungen des Vaters und permissiver Haltung der Mutter als Grundkonflikt.

extrasystemisch

Analyse der familialen Beziehungsstruktur in der Aufspaltung der Familie zwischen Mutter und passivem Sohn und Vater und aktiver Tochter; Aufklärung der Verweigerungshaltung als passivem Versorgungsanspruch und Flucht vor der Auseinandersetzung mit den väterlichen Leistungsansprüchen; Klärung der Objektvermeidung (sexuell/libidinöse Verweigerung) als Insistieren auf der Mutterbindung; Klärung der passiven Rebellion und der überhöhten Leistungsideale als Rationalisierung für Leistungsverweigerung.

Behandlungsstrategien
Individuelle psychodynamische Aufklärung durch klarifizierende, konfrontative und Deutungstechniken; Familiensystemische Aufklärung durch Analyse der Familiendynamik in familialen Settings; familientherapeutische Beratung, Gebots- und Verbotsstrategien gegenüber der Überversorgung durch die Mutter und der Überfürsorge des Vaters bzw. parentales Therapiebündnis über den Rückzug der Eltern von ihrer Übersorge zur therapeutischen Förderung der Bemündigung des Patienten.

Dimensionen fall- und strukturspezifischer Behandlungsstrategien

Im Falle dieser Depression war die Arbeit auf den Dimensionen Entregressivierung, kognitive Strukturierung und Aggressionssteuerung vorrangig in der technischen Anwendung; wir erwarteten von der Kombination dieser Strategien auch eine gegenseitige Verstärkung und produktive Unterstützung für den psychodynamischen Prozess.

Die Dimensionen sexuelle Strukturierung, narzisstische Anerkennung und psychobiologische Restrukturierung sind im Falle dieses Patienten nachgeordnete Dimensionen, die zum Teil in der Arbeit auf den anderen Dimensionen aufgehen und auch wegen der günstigen Potentiale des Patienten leicht aktivierbar waren. Auf den Dimensionen Angstbewältigung, kommunikative Befähigung und soziale Kompetenz hatte der Patient intakte Ich-Funktionen, auch wenn sie aus regressiven Gründen wenig aktiviert waren.

Entregressivierung

Therapieziele

Restrukturierung von Tages- und Wochenrhythmus, Schlaf-/Wachrhythmus, Überwindung von oral-passiven Riesenansprüchen und infantilen Versorgungsansprüchen durch Verantwortungsübernahme; Übernahme von Selbstorganisation; Verzicht auf Überversorgung durch die Mutter und Überfürsorge des Vaters für seine Berufs- und Lebensentwicklung; Verpflichtung zu Gemeinschaftsaktivitäten und Arbeit in Gruppen (klinisch wie außerklinisch).

Behandlungsstrategien

Tages-/Wochenstrukturierung; Körperaktivierung, Bewegungs- und Sporttherapie; Anleitung zur Selbstversorgung und Aufgabenübernahme von individuellen und Gemeinschaftsaufgaben, Gebots- und Verbotsstrategien hinsichtlich elterlichen Überfürsorge – für Patient wie Eltern.

Kognitive Strukturierung

Therapieziele

Rekonstruierung der kognitiven Erwartungen, der Lebens- und Berufswünsche, Integration der Begabungen und intellektuellen Potenzen in die Berufsplanung, Antizipation der Berufsperspektive auf dem Hintergrund des Rückzugs vom Jurastudium; Auseinandersetzung mit depressiven Größenideen und dem Widerspruch zwischen Anspruchsdenken und Passivität bzw. Flucht vor der Aktivität.

Behandlungsstrategien

Klarifizierung und Konfrontierung der Berufs- und Lebensplanung mit der passiven Erwartungshaltung; Durchführung einer Intelligenz- und Leistungsdiagnostik zur Erstellung des Begabungsprofils: Konfrontation des hohen Begabungsprofils und der besonderen intellektuellen Potentiale; Analyse des scheinbaren Entscheidungsdilemmas zwischen Jura („Vater") und Sprach- und Sozialwissenschaften („Mutter") als Ausdruck seiner Unentschiedenheit und Entscheidungsverweigerung; Lernprogramm zur kognitiven Aufgabenbewältigung und Überwindung der lernhemmenden Passivierung.

Aggressionssteuerung

Therapieziele

Mobilisierung von Aggressionsbereitschaft und Befähigung zur Konfliktaustragung; Aktivierung von Handlungsbereitschaft, Entscheidungsvermögen und aggressiver Selbstbehauptung; Befähigung zur handelnden Bemächtigung, zum Zugreifen und Zupacken.

Behandlungsstrategien
Aufklärung des Konflikt- und Meidungsverhaltens; Auseinandersetzung der Kind- und Erwachsenenrolle, der Aggressionshemmung; Konfrontation mit Autoritäten (Rollenspiel); Modellernen (Beziehungsbahnung durch körperliche Aktivität und Attraktivierung); Konflikt- und Konfrontationstraining, Körperaggressionstraining, Bewegungstherapie.

Sexuelle Strukturierung

Therapieziele
Aktivierung zur Selbstbefriedigung und zur sexuellen Objektbahnung und Beziehungsgestaltung.

Behandlungsstrategien
Psychodynamische Klärung der Selbsteinschließung und –isolierung als Meidungsverhalten bzw. Regressionsverhalten als Insistieren auf der infantilen Mutterbindung, auf der oralen Überversorgung durch die Mutter; Relibidinisierung des Körpers durch Körpersensibilisierung; Forciertes Phantasieren über erotische Beziehungsgestaltung und sexuelle Befriedigung; Anleitung und Übung zur Selbstgestaltung von Beziehungsaufnahme.

Narzisstische Anerkennung

Therapieziele
Akzeptierung der mentalen und sozialen Leistungspotentiale; Bestätigung durch Wiederaufnahme politischer Arbeit; Befriedigung des Selbstgefühls durch fortschreitende Selbstaktivierung; Anerkennung durch Gemeinschaftsarbeit und sexuelle Kontaktaufnahme.

Behandlungsstrategien
Reintegration ins Studium; Verstärkung des Selbstwertgefühls durch kognitive Leistungserfolge; Erhöhung der Selbstsicherheit durch Aktivierung in politischer Arbeit; ich-pädagogische Anleitung zur Übernahme von Gemeinschaftsaufgaben und zur Förderung des Selbstgewinns durch sexuelle Beziehungsanknüpfung.

Psychobiologische Restrukturierung

Therapieziele
Psychobiologische Selbstregulierung: Akzeptierung der Selbstverantwortung für Körperpflege, Kleidung, Ernährung bzw. Aufgabe der regressiven Regulierungansprüche an die Mutter und Distanzierung von permanenten Versorgungsansprüchen an die Mutter und Fürsorgeerwartungen an den Vater.

Behandlungsstrategien
Beratung in der Lebensdiätetik; Anleitung zur Selbstkultivierung und Selbstversorgung; Erarbeitung eines Programms für die Selbstgestaltung seines Biorhythmus; Gebot des Verzichts auf parentale Überfütterung.

2.3 Evaluation

2.3.1 Therapiebedarf des Patienten D. zu Beginn der Therapie und Bewertung der Veränderungen im Urteil des Therapeuten

Die Beurteilung des Therapiebedarfs auf den therapeutischen Zieldimensionen durch den behandelnden Therapeuten erfolgte am Anfang der Therapie auf der Basis der klinischen Daten aus der PsychoAnamnese; Therapiebedarf und Bewertung der Entwicklung des Patienten bei Therapieende wurden in einem fünfstufigen Rating auf den therapeutischen Zieldimensionen durchgeführt.

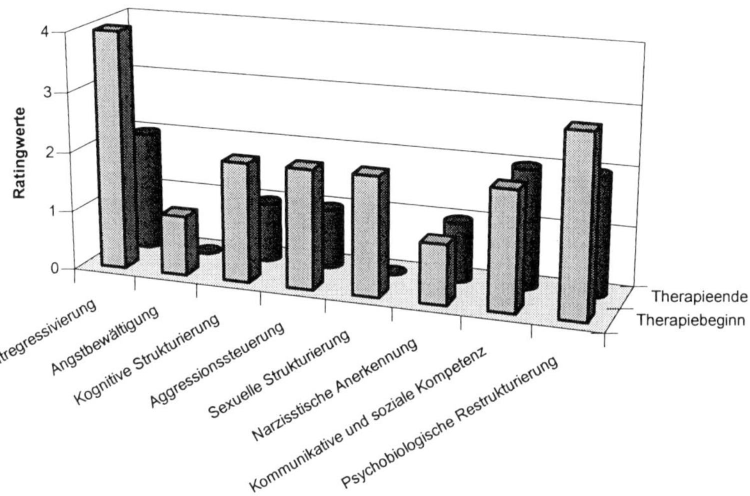

Abb. B2.3.1
Therapiebedarf bei Therapiebeginn und erzielte Veränderungen bei Therapieende auf den therapeutischen Zieldimensionen im Urteil des Therapeuten
(0 – kein(e) Bedarf / Veränderung; 1 - merkliche(r) Bedarf / Veränderung; 2 - deutliche(r) Bedarf / Veränderung; 3 - große(r) Bedarf / Veränderung; 4 - sehr große(r) Bedarf / Veränderung)

Der Therapeut beurteilte den Therapiebedarf zu Beginn auf der Dimension der Entregressivierung als sehr groß und auf der Dimension der psychobiologischen Restrukturierung entsprechend groß; während er auf den Dimensionen kognitive Strukturierung, Aggressionssteuerung, sexuelle Strukturierung und soziale Kompetenz einen geringeren, aber deutlichen Bedarf einschätzte und die Dimension Angstbewältigung und narzisstische Anerkennung weniger relevant betrachtete. Bei Therapieende wurden deutliche Verbesserungen auf den Dimensionen Entregressivierung, kommunikative und soziale Kompetenz und psychobiologische Restrukturierung eingeschätzt, während auf den Dimensionen kognitive Strukturierung, Aggressionssteuerung und narzisstische Anerkennung nur merkliche, auf der Dimension Angstbewältigung und sexuelle Strukturierung keine Veränderung gesehen wurde.

2.3.2 Abschlussbewertung der Therapie im Urteil des Therapeuten und im Urteil des Patienten D.

Die Abschlussbewertung „Fragen an den Patienten" und „Fragen an den Therapeuten" am Ende der Therapie umfasst 13 Problembereiche, die vom Patienten wie vom Therapeuten im Hinblick auf die Stärke der „Besserung" am Therapieende auf einer fünfstufigen Skala eingeschätzt wurden.

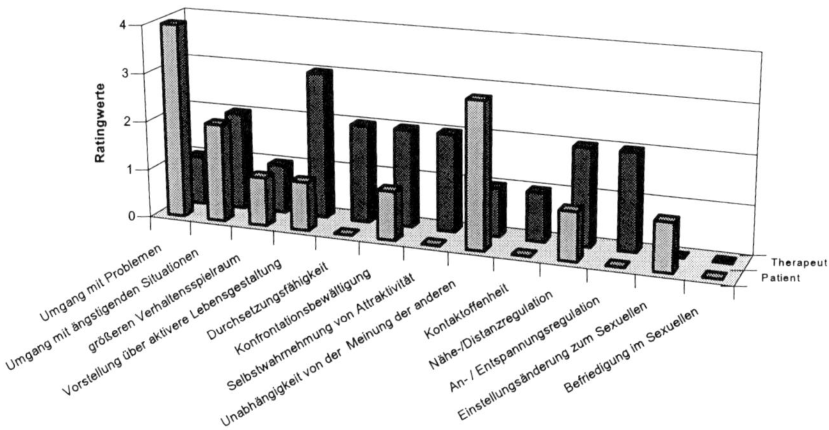

Abb. B2.3.2
Veränderungsbewertung in 13 Problembereichen im Urteil des Therapeuten und im Urteil des Patienten.
(0 – keine Veränderung; 1 - merkliche Verbesserung; 2 - deutliche Verbesserung; 3 - große Verbesserung; 4 - sehr große Verbesserung)

Als herausragende Veränderung beurteilt der Patient die sehr große Verbesserung im „Umgang mit Problemen", den Gewinn in der „Unabhängigkeit von der Meinung der anderen"; aber auch den besseren „Umgang mit ängsti-

genden Situationen". In den übrigen Problembereichen gibt der Patient nur merkliche bis keine Veränderungen an.
Aus therapeutischer Sicht stellt sich die Entwicklung des Patienten in spezifischeren Einstellungs- und Verhaltensbereichen dar im Gegensatz zur globalen Wertung der viel größeren Problemlösungskompetenz in den Augen des Patienten. Der Therapeut sieht die große Verbesserung des Patienten in der „Vorstellung über aktivere Lebensgestaltung" und in der allgemein höheren Selbstkompetenz („Durchsetzungsfähigkeit", „Konfrontationsbewältigung", „Nähe-/Distanzregulation", „Umgang mit ängstigenden Situationen", „An- und Entspannungsregulation", „Selbstwahrnehmung von Attraktivität").

2.3.3 Katamnese der Veränderungen des Patienten D. seit Therapieende

Die Katamnesebefragung des Patienten wurde 18 Monate nach der Entlassung durchgeführt, wobei der Patient weitere, seit Therapieende eingetretene Veränderungen in 5 spezifischen Problembereichen einschätzte.

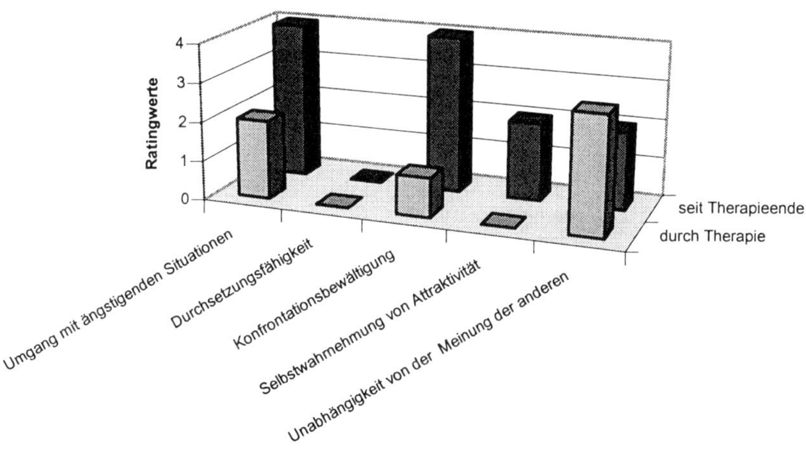

Abb. B2.3.3
Veränderungen seit Therapieende im Urteil des Patienten nach 18 Monaten.
(0 – keine Veränderung; 1 - merkliche Verbesserung; 2 - deutliche Verbesserung; 3 - große Verbesserung; 4 - sehr große Verbesserung)

Die katamnestische Befragung bestätigt die Stabilität der veränderten Selbstwahrnehmung des Patienten durch die nach dem Therapieende erfahrene weitere sehr große Verbesserung der Selbstkompetenz im „Umgang mit ängstigenden Situationen“, „Konfrontationsbewältigung“ und der weiteren Zunahme in der „Unabhängigkeit von der Meinung der anderen“ und der „Selbstwahrnehmung von Attraktivität“ des Patienten.

2.4 Zusammenfassende Ergebnisbewertung des Patienten D.

Die Gesamtbeurteilung der Entwicklung dieses depressiven Patienten durch psychodynamische Therapie kann sich nicht auf die beeindruckende Homogenität der Beurteilung von Patient und Therapeut wie im Falle des schizoiden Patienten stützen. Dennoch weist die Veränderungsbewertung beider Patienten auf das unsere Therapiekonzeption strukturierende Moment der Rückgewinnung von Souveränität in der Erfahrung neuer oder anderer Möglichkeiten der Selbstgestaltung. Die therapeutische Arbeit auf den Zieldimensionen der Entregressivierung, kognitiven Strukturierung und Aggressionssteuerung als den präferierten Interventionsebenen der Therapieplanung führte in der Einschätzung des Therapeuten zur Entwicklung einer deutlich besseren Lebens- und Selbstgestaltung des Patienten (auf den Dimensionen Entregressivierung, psychobiologische Restrukturierung, kommunikative und soziale Kompetenz). In der Einschätzung der psychotherapeutischen Wirksamkeit zeigen Therapeut und Patient eine unterschiedliche Bewertung in den veränderungsrelevanten Problembereichen: während der Patient den Schwerpunkt großer Verbesserung global im „Umgang mit Problemen“ und in der „Unabhängigkeit von der Meinung anderer“ sieht, gibt die Einschätzung des Therapeuten eine beobachtungsnähere, differenzierende Zunahme an Selbstkompetenz des Patienten wieder. Nur in der Bewertung des deutlich besseren „Umgangs mit ängstigenden Situationen“ kommen beide zu einem identischen Urteil. Auf der Dimension der sexuellen Strukturierung sieht der Therapeut keine erkennbare Veränderung des Patienten im Gegensatz zu dessen tendentieller Einstellungsänderung am Ende der Therapie.
Dieser Befund der subjektiv eher unspezifisch wahrgenommenen Befindlichkeitsänderung des Patienten ließ sich klinisch verifizieren in der Wiederbelebung seiner hohen kognitiven Potenz bei einem gleichzeitig immensen Passivitätsverlangen. Der Patient „trainierte“ sich lieber mental in der Erweiterung seines Vorstellungsspektrums über eine aktivere Lebensgestaltung als

in der praktischen Lebensbewältigung, so dass die Bewertung der Selbstgestaltungsmöglichkeiten dieses Patienten am Ende der Therapie offen bleiben musste. Entsprechend begründete der Patient in den offenen Fragen der Abschlussbewertung seine Hoffnung auf Veränderung durch „Wiederbelebung von Lebensgestaltungsmöglichkeiten in der Therapie, die ich bereits kannte, aber aufgrund der Aussichtslosigkeit nicht mehr wahrgenommen hatte". Den Unterschied von damals zu heute sieht er in der „Veränderung seiner persönlichen Lebensvorstellungen und der (neuen) Art mit Beschwerden umzugehen". Als Therapieziel stand für ihn die Unabhängigkeit von den Eltern an erster Stelle, die er größtenteils, vor allem „gedanklich", erreicht habe; darüber hinaus die Reduzierung der Orientierungslosigkeit und seine eigene Stabilisierung, die ihm teilweise gelungen sei. Seine Überzeugung vom Gefühl des Schlechtseins, des Bedrohtseins, des Ungeliebt-, Isoliert- und Verlassenseins empfindet er am Ende der Therapie weniger stark. Vor allem von der Familie werde er „kontaktoffener, ausgeglichener, sympathischer" erlebt.
In der Selbstbeurteilung am Ende der Therapie führte dieser Patient seine eigene, zusätzliche Differenzierung in der Beantwortung der Fragen ein: er differenzierte seine Aussagen in faktische Änderungen, die er geringer ansetzte, und gefühlsmäßige Veränderungen, die er deutlich höher einschätzte.
Die gefühlsmäßig empfundene Änderung des Patienten hat sich in den Veränderungen seiner Lebenssituation nach der Therapie faktisch niedergeschlagen und spiegelt sich in der katamnestischen Bewertung der Therapie wieder: in der hoch bewerteten Veränderung im „Umgang mit ängstigenden Situationen" und in der ebenfalls großen Verbesserung der „Konfrontationsbewältigung" neben der gewachsenen „Unabhängigkeit von der Meinung der anderen" und höheren „Selbstwahrnehmung von Attraktivität". Dem Patienten gelang es nach der Therapie, wieder eine Freundin zu finden, er wechselte den Studienort und nahm das Geschichtsstudium als Zweitstudium neben Jura auf, aktivierte und intensivierte den Kontakt zu alten Freunden und engagierte sich in politischer Arbeit.
Das von Howard et al. (1992) beschriebene Phasenmodell der Psychotherapie in der Differenzierung des „Besserungsphänomens" lässt sich bei diesem Patienten exemplarisch nachvollziehen: auf die Besserung der Befindlichkeit folgte zeitlich verschoben die Besserung der Symptomatik und schließlich die zunehmende psychosoziale Integration dieses Patienten, der sich nun in der Vorbereitung seines juristischen Staatsexamens befindet. Gerade bei depressiven Patienten haben wir die Besserung des Wohlbefindens als wichtigen Indikator für die Veränderung der Symptome und der psychosozialen Integration bestätigt gefunden.

3. Therapiedokumentation einer zwanghaften Struktur

3.1 Kurzbiographie des Patienten Z.

Der Patient, 47 Jahre, ist seit 19 Jahren mit einer bis heute berufstätigen Einzelhandelskauffrau (42 Jahre) verheiratet und hat zwei Töchter (18 und 14 Jahre), die das Gymnasium besuchen. Der Patient ist seit dem 40. Lebensjahr wegen seiner Zwangserkrankung frühberentet; nach dem Abschluss der Mittleren Reife absolvierte er eine Lehre zum Bankkaufmann, war jedoch aufgrund seines unterdurchschnittlichen Abschlusses nie in diesem Beruf tätig. Bis zu seiner Berentung übte er Aushilfstätigkeiten bei einer städtischen Behörde aus. Der Patient wuchs in einfachen, kleinbäuerlichen Verhältnissen auf: der Vater (79 Jahre), gab die Landwirtschaft aufgrund von Angina pectoris mit 45 Jahren auf und war als Hausmeister tätig, die Mutter (76 Jahre) war in der Landwirtschaft tätig, der 6 Jahre jüngere Bruder ist Ingenieur in einem großen Industriebetrieb. Die familiale Beziehungsstruktur war gekennzeichnet durch die Aufspaltung der Rollen zwischen dem jähzornigen, autoritär herrschenden Vater und der passiv-klagsamen, unterwürfigen Mutter. Während der Patient durch alle Schulformen bis zur Ausbildung ein schlechter Schüler blieb, ängstlich, gehemmt und selbstunsicher reagierte, war der jüngere Bruder expansiv, schulisch erfolgreich und setzte sich, im Gegensatz zum Patienten, früh von den gespannten familialen Verhältnissen ab. Der sehr religiös erzogene Patient lebt das Wertesystem der Eltern in unbedingtem Gehorsam weiter. Die erste und einzige sexuelle Erfahrung machte er mit 25 Jahren mit seiner späteren Ehefrau, die sich auf eine Anzeige, die sein Vater in einer landwirtschaftlichen Zeitung für den Patienten aufgegeben hatte, meldete. Seit der Berentung hat sich der Patient fast ausschließlich auf die familiale Versorgung durch die Ehefrau zurückgezogen, jede sexuelle Aktivität aufgegeben, um sich vor „Leistungsabfall" zu schützen. Die Ehe des Patienten ist seit der Heirat durch chronische Konflikte mit den in der unmittelbaren Nachbarschaft lebenden Eltern des Patienten belastet, welche die Ehefrau permanent entwerten, ohne dass der Patient eingreift, so dass die Ehefrau den Patienten mit ihrer Wut über diese Verhältnisse ständig verfolgen kann.

3.2 Fallkonzeptualisierung und Therapieplanung

3.2.1 Klärungsperspektive

Symptomatik
Kontrollzwänge (Wasser, Gas, Türen, Schlüssel usw.), Zwangsimpulse (Schlagephantasien gegen Ehefrau nach der Mitteilung von Trennungsabsichten), Impotenz, Berentung seit 7 Jahren (ab 40. Lj.).

Symptomgeschichte
Zwanghafte Persönlichkeit seit Pubertät, Auftreten der Zwangssymptomatik bei der Geburt der ersten Tochter (27. Lj.), Impotenz (seit über 7 Jahren).

Ressourcen und protektive Faktoren
Bindung an religiöse Gemeinschaft.

Symptomwertung
Ich kontrolliere alles, ich habe alles im Griff, also kann sich mir nichts entziehen, ich verfüge über alles; ich habe keine Erektion und Ejakulation, mir kann nichts Unwillkürliches passieren, also behalte ich alles, brauche nichts zu geben, und wenn ich etwas geben würde, dann könnte ich (nur) Schläge austeilen.

Symptomumwertung
Die Kontrollzwänge dienen dem Versicherungsschutz für jeden Zwischenfall, dem Ausschluss von allem Ungewissen, dem Schutz vor unkontrollierten Ausgaben, wie auch die Impotenz dem Schutz vor körperlicher Verausgabung, durch Erektion und Ejakulation etwas hergeben zu müssen, dient.

Fokussierung
Indem, wenn, weil ich alles kontrolliere, kann mir nichts entzogen werden, kann sich mir nichts entziehen; indem ich impotent bin, kann mir körperlich nichts entzogen werden, kann ich alles behalten; und indem ich vorzeitig berentet bin, kann ich meine ganze Lebenskraft für mich behalten.

Therapiehypothese
Was kann der Patient aus seiner Zwangssymptomatik machen? Wie kann er seine Macht- und Kontrollbedürfnisse, die er in seinen Versorgungsansprüchen gesellschaftlich und familial passiv auslebt, aktiv nach außen wenden in berufliche Arbeit und soziale Anerkennung? Wie kann er seine Haltung, sich solipsistisch zu bewahren, aus der infantilen Abhängigkeit herausbringen und differenzierter in einer sozial kultivierten Selbstpflege leben? Wie kann der Patient seine familiale Versager- und Sündenbockrolle überwinden und zu einer befriedigenden Außenorientierung mit Gewinn von Ansehen und Wertschätzung gelangen? Wie kann er seine passiv gelebte Religiosität in die Aktivität der Gemeindearbeit wenden und darin seinen Selbstgewinn besorgen? Wie kann der Patient aus seiner Impotenz wieder zur Potenz kommen, von seiner Lebensohnmacht zu einer vitaleren Lebensgestaltung?

Wie kann er aus seiner regressiven Aggressionsbereitschaft zu einer konfrontativen Auseinandersetzung mit der Ehefrau kommen: welche Möglichkeiten hat der Patient, durch eine differenzierte Auseinandersetzung mit der Ehefrau wieder zur sexuellen Befriedigung zu gelangen bzw. welche Trennungen sind vielleicht notwendig, um die infantile Abhängigkeitsposition aufzugeben, in der er von der Ehefrau festgehalten wurde in der Umklammerung: weil du nicht arbeitest, werde ich nicht mit dir verkehren; d. h.: weil du nicht arbeitest, bist du kein Mann?

Strukturdiagnose und Interaktionsverhalten
Zwanghafte Persönlichkeitsstruktur mit oral-manipulativen Objektbeziehungen

3.2.2 Therapieperspektive

Grunddimension psychodynamische Symptomklärung

Therapieziele
Symptombejahung und Umwertung in der Klärung der Schutzfunktion:

intrasystemisch

Konfrontation mit seinen Machtansprüchen und Versorgungsbedürfnissen, die einen Verfügungsanspruch über die Ehefrau darstellen; Auseinandersetzung seiner ständig narzisstischen Selbstkränkung wegen seiner Abhängigkeit von der Ehefrau und die daraus sich ergebenden Rache- und Vergeltungsbedürfnisse; Klärung der Selbstkränkung im Gefühl der Wertlosigkeit wegen der vorzeitigen Berentung.

extrasystemisch

Klärung der familialen Beziehungsstruktur, in der er als „Kranker" und „Untüchtiger" ausgestoßen ist von der dominanten Ehefrau und den beiden Töchtern, die alle „tüchtig", in Komplizenschaft gegen den Patienten zusammengeschlossen sind; Analyse der Situation bei der Manifestation der Zwangsneurose anlässlich der Geburt des ersten Kindes, von der sich der Patient so bedroht gefühlt haben muss, dass er mit Kontrollzwängen auf Liebes- und Versorgungsverluste reagiert haben könnte.

Behandlungsstrategien
Individuelle psychodynamische Aufklärung durch Analyse der regressiv gelebten Machtansprüche und der regressiv gelebten Rebellion gegen die Dominanz „seiner Frauen"; familiensystemische Analyse der Partner- und Familiendynamik im Partner- und Familiensetting; klarifizierende und deutende Techniken, Konfrontationsstrategien und familiendiagnostische und –therapeutische Interventionen: Auseinandersetzung der Interessen und Bedürfnisse von Ehefrau und Töchtern im Hinblick auf seine Ausstoßung und seine Versagerrolle; Beleuchtung der Hintergründe der Komplizenschaft „seiner Frauen" und des „Entgegenkommens" des Patienten für deren Komplizenbildung; Analyse der konträren Wertesysteme der Familie.

Dimensionen fall- und strukturspezifischer Behandlungsstrategien

Im Falle dieser Zwangsneurose konzentrierte sich die Arbeit auf die Dimensionen Entregressivierung, Aggressionssteuerung, sexuelle Strukturierung, kommunikative Befähigung und soziale Kompetenz. Die Arbeit auf den Dimensionen kognitive Strukturierung und narzisstische Anerkennung ging zum Teil in den genannten Dimensionen auf bzw. ergänzte sich gegenseitig. Die Arbeit auf der Dimension psychobiologische Restrukturierung war bei diesem zwanghaft seine Körpervorgänge kontrollierenden Patienten weniger indiziert bzw. musste seine Aufmerksamkeit über entregressivierende Strategien in die Außenorientierung gelenkt werden.

Entregressivierung

Therapieziele

Aktivierung im mentalen, seelischen, sozialen und körperlichen Erlebnisaspekt; Außenorientierung der Wahrnehmung statt Binnenorientierung; Interessenlenkung auf erwachsene Bindungsansprüche; Aufgabenstellung für Beschäftigung mit äußeren Problemen und äußeren Gegenständen (durch Lektüre); Reaktivierung seiner ornithologischen Interessen durch systematische Wiederbelebung seiner Fähigkeiten zur Naturbeobachtung; Relibidinisierung des Körpers zur Überwindung seines verdinglichenden Körperumgangs; Wiedergewinnung von genussvoller (oraler) Selbstversorgung.

Behandlungsstrategien

Ich-pädagogische Maßnahmen zur Selbstorganisation und Selbstversorgung; psychodynamische Konfrontation mit seiner narzisstisch kränkenden Selbstpassivierung; Körpersensibilisierungstraining und Revitalisierung durch Bewegungs- und Sporttherapie; verhaltensmodifizierendes Wahrnehmungs- und Einstellungstraining, spezifische Aufgabenstellung zur außenorientierten Wahrnehmung und Beobachtung; ich-pädagogische Anleitung zur Selbstversorgung.

Aggressionssteuerung

Therapieziele

Selbstkonfrontation mit verleugneten Aggressionsimpulsen; Konfrontation mit den Schlagephantasien gegenüber der Ehefrau; Klärung seiner kränkenden Abhängigkeit und Diskriminierung durch „seine Frauen“ und Überwindung seiner Trotzhaltung gegen die Familie durch differenziertere Konfliktbewältigungsmuster; Konfrontation seines Rückzugs von Auseinandersetzung auf eine privatistisch gelebte Religiosität; Klärung der Impotenz als Meidungsverhalten vor sexueller Penetration.

Behandlungsstrategien
Psychodynamische Klärung der Familienrolle, seines Impotenzverhaltens und sozialen Rückzugs als versteckte Rebellion; Konfrontation mit seiner ständig selbst herbeigeführten narzisstischen Kränkung und Kränkbarkeit aufgrund dieses Rückzugs; Forciertes Phantasieren zu sexuellen und aggressiven Zielen; Gebots- und Verbotsstrategien zur Überwindung des Rückzugs und zur Auseinandersetzung mit seiner Flucht in die religiöse Innerlichkeit; Übungen zur Selbstbehauptung.

Sexuelle Strukturierung

Therapieziele
Relibidinisierung des Körpers, Wiederaufnahme von Selbstbefriedigung als Grundlage von sexueller Objektanbahnung; Wiedergewinnung von Sexualphantasien über seine spezifischen Reizkonstellationen für sexuelle Appetenz und Befriedigung; narzisstische Bestätigung durch sexuelle Revitalisierung; Aufmerksamkeitsfokussierung auf sexuelle Reize, Reizkonfigurationen in der Außenwahrnehmung; kognitive Integration seiner Penetrationsimpulse; Klärung der Rolle der sexuell manipulierenden Ehefrau bzw. Auseinandersetzung der divergierenden sexuellen Wünsche und Bedürfnisse der Partnerin und Klärung möglicher Trennungsabsichten als Voraussetzung der Emanzipation beider; Überwindung der familialen Selbsteinschließung des Patienten.

Behandlungsstrategien
Forciertes Phantasieren über sexuelle Reizkonstellationen und Befriedigungssituationen, Relibidinisierung des Körpers durch Körpersensibilisierungstraining (Wiederwahrnehmung der Erogenität des Körpers); sexualtherapeutische Interventionen zur Selbstbefriedigung; Kommunikationstraining; ich-pädagogische Strategien zur Überwindung der Selbsteinschließung; Anleitung zur Außenwendung der sexuellen Interessen und Bedürfnisse; psychodynamische Paartherapie zur Bedürfnis- und Interessenklärung der Paarbeziehung.

Kommunikative Befähigung und soziale Kompetenz

Therapieziele
Umwendung der gesamten regressiven Lebensbefriedigung von der familialen Abhängigkeit in die Befriedigung und Bestätigung durch die Außenwelt; Herstellung eines sozialen Beziehungsnetzes; Wiederherstellung von sozialen Aktionsfeldern, vor allem Umwendung seiner privatistisch gelebten Religiosität in religiöse Verantwortung für andere und aktive Gemeindearbeit; „Rehabilitierung" durch den Selbstgewinn sozialen Ansehens und Anerkennung von sozialer Arbeit; Reintegration in eine Arbeitstätigkeit; Selbstbestätigung und soziale Anerkennung durch berufliche Arbeit; Wiedergewinnung persönlicher Souveränität durch Rückgewinnung von kommunikativer Potenz.

Behandlungsstrategien
Konfrontation mit seinen Voraussetzungen und Anleitung zur Arbeits- und Berufsfindung; Gebots- und Verbotsstrategien für die soziale Integration und Beförderung beim Aufbau eines sozialen Netzes; Rehabilitierung in der Herkunftsgemeinde durch ich-pädagogische Unterstützung zur Übernahme von Verantwortung in der religiösen Gemeindearbeit.

3.3 Evaluation

3.3.1 Therapiebedarf des Patienten Z. zu Beginn der Therapie und Bewertung der Veränderungen im Urteil des Therapeuten

Die Beurteilung des Therapiebedarfs auf den therapeutischen Zieldimensionen durch den behandelnden Therapeuten erfolgte am Anfang der Therapie auf der Basis der klinischen Daten aus der PsychoAnamnese; Therapiebedarf und Bewertung der Entwicklung des Patienten bei Therapieende wurden in einem fünfstufigen Rating auf den therapeutischen Zieldimensionen durchgeführt.

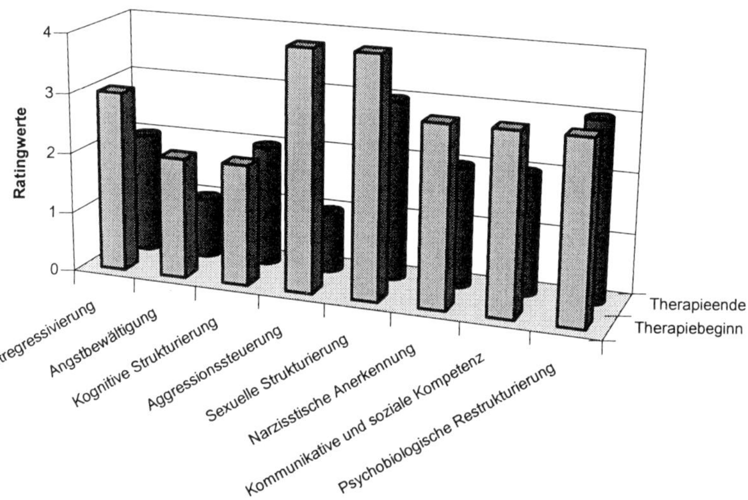

Abb. B3.3.1
Therapiebedarf bei Therapiebeginn und erzielte Veränderungen bei Therapieende auf den therapeutischen Zieldimensionen im Urteil des Therapeuten
(0 – kein(e) Bedarf / Veränderung; 1 - merkliche(r) Bedarf / Veränderung; 2 - deutliche(r) Bedarf / Veränderung; 3 - große(r) Bedarf / Veränderung; 4 - sehr große(r) Bedarf / Veränderung)

Bei Therapiebeginn sah der Therapeut den Therapiebedarf des Patienten als sehr hoch auf den Dimensionen Aggressionssteuerung und sexuelle Strukturierung, einen großen Bedarf auf den Dimensionen Entregressivierung, kommunikative und soziale Kompetenz und der sich ergänzenden Dimensionen narzisstische Anerkennung und psychobiologische Restrukturierung; während der Bedarf in der Angstbewältigung und kognitiven Strukturierung als weniger relevant eingeschätzt wurde.

Bei Therapieende sah der Therapeut große Verbesserungen auf den Dimensionen sexuelle Strukturierung und psychobiologische Restrukturierung, deutliche Veränderungen auf den Dimensionen Entregressivierung, kommunikative und soziale Kompetenz, der kognitiven Strukturierung und narzisstischen Anerkennung und nur geringe Änderungen in der Aggressionssteuerung und Angstbewältigung. Allerdings ist aufgrund des großen Therapiebedarfs auf der Dimension Aggressionssteuerung die relativ geringe Verbesserung am Therapieende im Vergleich zum Anfangsbedarf immer noch als deutliche Veränderung zu bewerten.

3.3.2 Abschlussbewertung der Therapie im Urteil des Therapeuten und im Urteil des Patienten Z.

Die Abschlussbewertung „Fragen an den Patienten" und „Fragen an den Therapeuten" am Ende der Therapie umfasst 13 Problembereiche, die vom Patienten wie vom Therapeuten im Hinblick auf die Stärke der „Besserung" am Therapieende auf einer fünfstufigen Skala eingeschätzt wurden.

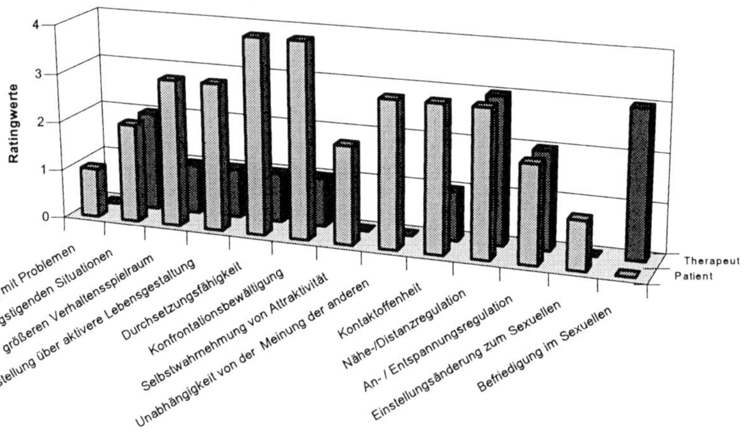

Abb. B3.3.2
Veränderungsbewertung in 13 Problembereichen im Urteil des Therapeuten und im Urteil des Patienten.
(0 – keine Veränderung; 1 - merkliche Verbesserung; 2 - deutliche Verbesserung; 3 - große Verbesserung; 4 - sehr große Verbesserung)

In der Einschätzung der Änderung durch Therapie in den Konflikt- und Problembereichen differieren die Bewertungen zwischen Therapeut und Patient: während der Patient in den meisten Bereichen deutliche bis sehr große Verbesserungen sieht (größerer Verhaltensspielraum, Vorstellung über aktivere Lebensgestaltung, Unabhängigkeit von der Meinung der anderen, Kontaktoffenheit, große Verbesserung in der Nähe-/Distanzregulation und vor allem Durchsetzungsfähigkeit und Konfrontationsbewältigung), zeigt der Patient im Urteil des Therapeuten große Verbesserungen nur in der „Nähe-/Distanzregulation" sowie in der „Befriedigung im Sexuellen", wo sich in den Augen des Patienten keine Änderung ergeben hat außer in der geringen Änderung der Einstellung zum Sexuellen. Diese vorsichtige Veränderungsbewertung des Therapeuten ist insofern nicht überraschend, als gerade zwanghafte Patienten den Zweifel an der therapeutischen Wirksamkeit wach zu halten verstehen.

3.3.3 Katamnese der Veränderungen des Patienten Z. seit Therapieende

Die Katamnesebefragung des Patienten wurde 19 Monate nach der Entlassung durchgeführt, wobei der Patient weitere Veränderungen seit Therapieende in 5 spezifischen Problembereichen einschätzen sollte.

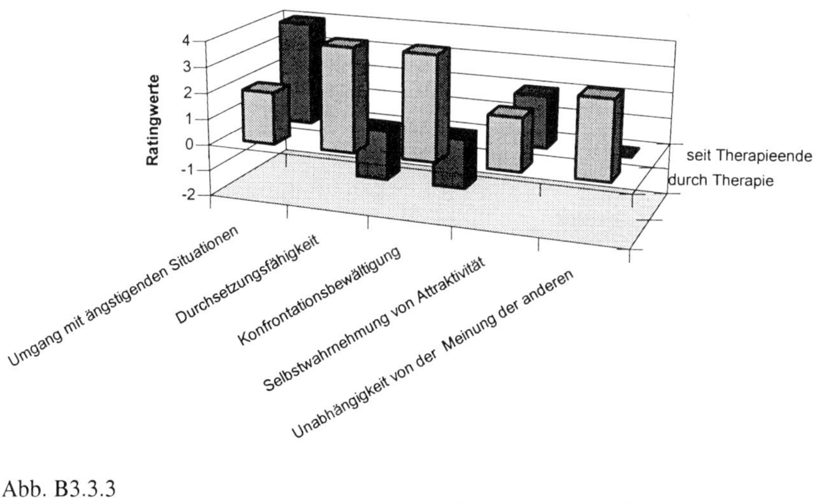

Abb. B3.3.3
Veränderungen seit Therapieende im Urteil des Patienten nach 18 Monaten.
(0 – keine Veränderung; 1 - merkliche Verbesserung; 2 - deutliche Verbesserung; 3 - große Verbesserung; 4 - sehr große Verbesserung)

In der Katamnese sieht dieser Patient neben den Verbesserungen nach der Therapie auch eine Verschlechterung in zwei Bereichen. Während er im „Umgang mit ängstigenden Situationen“ über die schon bei Therapieende deutliche Veränderung hinaus eine weitere große Verbesserung angibt, die Veränderung der „Unabhängigkeit von der Meinung der anderen“ stabil geblieben ist und die „Selbstwahrnehmung von Attraktivität“ sich nochmals deutlich gebessert hat, sieht er eine Verschlechterung in den Bereichen „Durchsetzungsfähigkeit“ und „Konfrontationsbewältigung“ seit dem Therapieende. Dieser Rückgang in der Einschätzung bedeutet allerdings in diesem Fall, dass große Verbesserungen am Therapieende in diesen beiden Bereichen um das geringe Maß der Verschlechterung reduziert wird; das heißt der Patient weist in diesen Bereichen keine weitere große Verbesserung, sondern nur eine deutliche Veränderung auf.

3.4 Zusammenfassende Ergebnisbewertung des Patienten Z.

Bei diesem zwanghaften Patienten zeigt das Veränderungsspektrum auf den verschiedenen Vergleichsebenen ein strukturtypisches Bild: die psychodynamische Arbeit auf den präferierten Zieldimensionen hat im Urteil des Therapeuten zu einer „Besserung“ des Patienten geführt, die mit der Bedarfsschätzung weitgehend übereinstimmt und in der Vergleichsbewertung eine produktive Entwicklung des Patienten aufweist. Dieser Erfolg der therapeutischen Arbeit findet in der Selbsteinschätzung der therapeutischen Veränderung durch den Patienten in den problematischen Einstellungs- und Verhaltensbereichen eine weitgehende Bestätigung. Allerdings sieht der Therapeut die praktische Lebensbewältigung des Patienten in der Abschlussbewertung skeptischer und weniger durchgehend als der Patient sie bewertet. Diese Diskrepanz könnte sich gerade bei autoritär-zwanghaften Patienten wie im vorliegenden Fall auch aus der therapiewilligen Einstellung des Patienten gegenüber dem therapeutischen Angebot erklären lassen. Denn die therapeutischen Maßnahmen auf allen Zieldimensionen hatten für den Patienten eine hohe Entlastungsfunktion familial wie nach außen durch die jetzt erfolgende psychotherapeutische Versorgung statt der familialen durch die Ehefrau.
Dieser Skepsis des Therapeuten stehen die Selbstaussagen des Patienten in den offenen Fragen der Abschlussbewertung und die konkrete Veränderung seiner Lebensgestaltung gegenüber. Eine Hoffnung auf Veränderung durch Therapie erfuhr er erstmals durch die „hoffnungsvollen Äußerungen des

Therapeuten“, der mit ihm den Entzug der hohen Medikation unter anderem als Ziel der Therapie vereinbarte, die der Patient wegen seiner Zwänge erhalten hatte und für seine Impotenz verantwortlich machte. Die Unabhängigkeit von Medikamenten, die der Patient in der Therapie erreichte, und das Nachlassen seiner Kontrollzwänge verstärkten seine Erwartung, für sich noch etwas „zum Guten wenden“ zu können. Entscheidend therapieförderlich war für den Patienten, dass er in der Therapie seine Liebe zur Natur wiederentdeckte und sich wie früher, in seiner Jugendzeit, im Naturschutz engagieren wollte; ebenso aktivierend war für ihn die Vorstellung, aus der Familienwohnung auszuziehen, um „auf eigenen Füßen“ zu stehen. Aufgrund dieser Selbstaktivierung in der Therapie fühlt sich der Patient „selbstbewusster und potenter“; „wenn ich angegriffen werde, kann ich mich nun verteidigen“; „ich kann wieder etwas mit mir und meinem Leben anfangen“; „ich werde wieder respektiert und habe neue Freunde“. Vom Vater, der Ehefrau und den Töchtern wird er als durchsetzungsfähiger erlebt und fühlt sich geachteter.
Der Patient hat nach der Therapie die räumliche Trennung von der Familie durch Auszug aus der gemeinsamen Wohnung vollzogen, sich unabhängig von der familialen Versorgung gemacht und trifft sich stattdessen in regelmäßigen Abständen mit den Töchtern und der Ehefrau zu gemeinsamen Unternehmungen; durch die Übernahme von Aktivitäten in christlichen Vereinigungen fühlt er sich sozial integriert und hat neue Freunde gewonnen (Bibelkreis); darüber hinaus hat er eine regelmäßige Tätigkeit in einer Gärtnerei aufgenommen und entgegen seiner bisherigen enormen Passivitätshaltung sich den Jugendwunsch der eigentlichen Berufswahl erfüllt. Mit der räumlichen Trennung von der Ehefrau hat sich für den Patienten eine Einstellungsänderung im Sexuellen vollzogen, so dass er sich nun wieder vorstellen kann, „sogar wieder sexuell“ werden zu können.
Diese Entwicklung zur Verselbständigung und Selbstgestaltung zeigt ihren Niederschlag in der katamnestischen Bewertung: in der deutlich höheren Selbstkompetenz des Patienten, aber auch in seiner veränderten „Selbstwahrnehmung von Attraktivität“, die seine soziale Kompetenz bestätigt und weiter fördert. Die Reduzierung der „Durchsetzungsfähigkeit“ und „Konfrontationsbewältigung“ wird durch die vom Patienten beschriebene neue Glaubenserfahrung begreiflicher, dass er „nicht mehr so heftig reagieren würde, weil er die Liebe zu den Mitmenschen neu erfahren habe“, das heißt, der Patient fühlt sich durch die Vertiefung seiner Bindung an die religiöse Gemeinschaft geschützter vor seinen aggressiven Impulsen. Das Nachlassen der Kontrollzwänge trotz des Entzugs von der Medikamentenabhängigkeit, den der Patient bis zur Katamnese immer noch durchhielt, scheint zu bestäti-

gen, dass er in der Therapie einen größeren Selbstschutz gefunden hat und dass diese Selbstsicherheit auch nach der Therapie nicht nur weiter angehalten hat, sondern sein Zutrauen in die eigene Potenz noch gewachsen war. Im Durchhalten des Entzugs machte der Patient die Erfahrung, „stärker zu sein"; vor allem von den Anderen als stärker gesehen zu werden, was ihm „Auftrieb" gab, „ohne Medikamente mit sich fertig" zu werden.

4. Therapiedokumentation einer phobischen Struktur

4.1 Kurzbiographie des Patienten P.

Der 20jährige Patient lebt seit dem 9. Lebensjahr nach der Scheidung der Eltern zusammen mit der Mutter (46 Jahre), die als Kaufmännische Angestellte arbeitet, und der um 2 Jahre älteren Schwester (Anwaltsgehilfin). Der Kontakt zum Vater wurde nach der Scheidung von der Mutter unterbunden, nachdem dieser eine neue Beziehung eingegangen war; im Gegensatz zur Mutter des Patienten, die bis heute ohne Partner lebt. Die Mutter ist eine dominierende, alles regulierende und zwanghaft-kontrollierende Frau, welche den Kindern bis heute keinen Eigenraum lassen konnte und sie in einer feindseligen Zwangsgemeinschaft gegen den Vater als Gegner gefangen hält. Die Erziehungsanweisungen der Mutter waren davon beherrscht, den Kindern ständig zu indoktrinieren, nicht so zu sein oder zu werden wie der Vater. Der Patient war ein sehr neugieriges, unruhig-getriebenes Kind und ein ehrgeiziger Schüler, der immer an der Spitze sein wollte. Er absolvierte allerdings trotz sehr guter Leistungen nur eine praktische Berufsausbildung (Lehre im Straßenbau), die er sehr erfolgreich abschloss, und hat sich nun für die Aufnahme einer höher qualifizierenden technischen Ausbildung entschieden, die ihn mit der Mutter in Konflikt brachte. Trotzdem war der Patient auf den starken Zusammenhalt der (Rest-)Familie besonders stolz: Mutter, Schwester und Patient lebten bisher in gegenseitiger Anklammerung und zwingender Harmonie miteinander. Allerdings ist der real abwesende Vater (höherer Angestellter) für den Patienten insgeheim emotional wie kognitiv Leitbild und Anspruch in seiner Leistungsorientierung. Im Gegensatz zu seiner kognitiven Entwicklung und intellektuellen Leistungsfähigkeit ist der Patient in seiner emotionalen Entwicklung zurückgeblieben, fühlt sich seit der Pubertät stehen geblieben und beeindruckt durch die besondere Gehemmtheit und Schüchternheit, die ihn bis heute jeden sexuellen Kontakt und auch außerfamiliale soziale Kontakte meiden ließ, so dass er weder freundschaftliche noch berufliche Beziehungen bisher eingegangen ist.

4.2 Fallkonzeptualisierung und Therapieplanung

4.2.1 Klärungsperspektive

Symptomatik
Errötungsanfälle, Errötungsangst, depressive Verstimmungszustände, sozialer Rückzug.

Symptomgeschichte
Errötungsanfälle mit Beginn der Ausbildung (15./16. Lj.); Verstärkung der Symptomatik durch zwei urologische Eingriffe zur Penisbegradigung (19. Lj.); danach Verschärfung der Symptomatik mit schweren Scham- und Schuldgefühlen und depressiven Reaktionen; Suizidversuch (20. Lj.).

Ressourcen und protektive Faktoren
Kognitive und praktische Begabung, produktive Ehrgeizlinie, starke Leistungsorientierung und kompetitives Leistungsverhalten, große sportliche Befähigung (Rad-, Motorrad- und Leistungssport), besondere mütterliche Unterstützung und Bewunderung.

Symptomwertung
Ich werde rot und zeige, was ich kann und wer ich bin; also kann keiner an mich heranreichen, sticht mich keiner aus.

Symptomumwertung
Die Errötungsanfälle dienen dem Schutz vor Verkleinerung und Entwertung, und die Schamreaktion, im Boden zu versinken, mit der anschließenden depressiven Reaktion dient der Tarnung vor seiner penetrativen Aggressivität und schützt ihn durch die Wendung gegen sich selbst vor Triebdurchbrüchen bzw. Kontrollverlust.

Fokussierung
Indem, wenn, weil ich rot werde, zeige ich, was in mir steckt, wenn ich „Rot sehe"; indem ich zeige, dass ich ein Mann bin, der „Rot sieht", bin ich eine lebendige Rakete und schrecke alle von Angriffen ab: ich bin unschlagbar.

Therapiehypothese
Was kann der Patient aus seiner erythrophoben Symptomatik machen? Wie kann er mit dem Drang seiner Zeigelust umgehen lernen und was kann er mit seiner Scham, seiner Entblößung am falschen Ort und zur falschen Zeit machen? Wie kann er die Wendung seiner penetrativen Aggressivität gegen sich selbst umgestalten in eine nicht ich-schädigende Außenwendung? Wie kann der Patient seine phallische Propulsion erotisch, sozial und beruflich unterbringen? Worin kann er sein kompetitives Verlangen, die Potenz seines agonalen Begehrens ohne Schuld und Scham befriedigend leben?

Strukturdiagnose und Interaktionsverhalten
Erythrophobie und hysterisches Interaktionsverhalten

4.2.2 Therapieperspektive

Grunddimension psychodynamische Symptomklärung
Therapieziele Symptombejahung und Umwertung in der Klärung der Schutzfunktion: *intrasystemisch* Aufklärung der phallisch-penetrativen Potenz als Zeichen seiner Lebenskraft und der Errötung als Ausdruck seiner Zeigelust; Selbstintegration seines propulsiven und agonalen Verhaltens – beruflich, sozial, erotisch; Umwendung der Errötungsangst in den Wunsch, sich so zu zeigen, dass er die Frauen beeindrucken und einnehmen kann für seine sexuelle Befriedigung; Überwindung seines sozialen Rückzugs als Meidungsverhalten gegenüber Triebprovokation, der Errötungsprovokation beim Auftreten von sexuellem Begehren gegenüber Frauen oder beim Auftreten von Konkurrenzsituationen als Demonstration phallischer Stärke; Klärung der Bedeutung der Symptommanifestation bei der Begradigungsoperation seines „krummen Penis" und Konfrontation mit der Angst vor der Gewalt des jetzt „geraden Penis". *extrasystemisch* Klärung der familialen Beziehungsmuster, vor allem der Aufspaltung der bewunderten Elternfiguren nach deren Scheidung; Klärung der Entscheidung für die Mutter und der Schuld am Vater wegen dieser Entscheidung; Auseinandersetzung mit seiner Mutterbindung und der sexuellen Gehemmtheit gegenüber den Frauen und seiner Angst vor sexuellen Riesenansprüchen der Frauen an ihn. **Behandlungsstrategien** Individuelle psychodynamische Arbeit durch klarifizierende und konfrontative Deutungstechniken, Gebotsstrategien zur phallischen Exposition, Symptom-Agieren-Lassen (Symptomverschreibung) und Forciertes Phantasieren über seine Phallizität, seine Ängste, die Konkurrenz auszustechen, besonders aber über seine Ängste, durch gewalttätige Penetration die Frauen zu schädigen; familiensystemische Diagnostik und therapeutische Beratung im Familiensetting (Sohn und Mutter).

Dimensionen fall- und strukturspezifischer Behandlungsstrategien

Im Falle dieser Erythrophobie sind erwartungsgemäß die Dimensionen Angstbewältigung, Aggressionssteuerung, sexuelle Strukturierung und narzisstische Anerkennung die bevorzugten Dimensionen, auf denen therapeutisch gearbeitet wurde, während die Dimensionen Entregressivierung, kognitive Strukturierung, psychobiologische Restrukturierung wegen der phallisch-propulsiven Charakterzüge eine geringere Rolle spielten und die kommunikative Befähigung und soziale Kompetenz nur sekundär beeinträchtigt war wegen des aus phallischer Angst bedingten Meidungsverhaltens.

Angstbewältigung

Therapieziele

Bestätigung und Anerkennung seiner Zeigelust; Aufklärung der Psychodynamik des Errötens; Integration der verleugneten und abgespaltenen phallischen Impulsivität in eine produktive Selbstbewertung; Bestätigung seiner Vitalität und Aufdeckung seiner Flucht vor seinen Wünschen wegen der Angst, aus der Liebe der Mutter zu fallen.

Behandlungsstrategien

Psychodynamisch klarifizierende, konfrontierende Techniken; Symptom-Agieren-Lassen (Symptomverschreibung) durch Aufsuchen von Errötungssituationen; Forciertes Phantasieren über seine sexuellen Phantasien; Klarifizierung seiner Angstvorstellungen: Frauen im Verkehr durch Penetration bedrohlich zu verletzen als Ausdruck der Stärke seines phallischen Begehrens; Reiztherapie nach Ferenzci zur Angstprovokation.

Aggressionssteuerung

Therapieziele

Klärung der Ich-Schädigung wegen der depressiven Rückwendung seiner phallischen Impulsivität bei den Errötungsanfällen; Anerkennung der exzessiven Erregungsbereitschaft als Ausdruck seiner Triebstärke, Konfrontation des ihn ängstigenden Aggressionspotentials und Befähigung zur Selbststeuerung.

Behandlungsstrategien

Entstauungs- und Entspannungstechniken, sexualtherapeutische Strategien zur Bahnung der Aggressivität in die sexuelle Befriedigung; psychodynamisch-paradoxale Strategien zur Reizkonfrontation; Integration der sportlichen Aktivitäten zur aggressiven Selbstregulierung und Forciertes Phantasieren als Reiztherapie zur Konfrontation mit den aggressiven Phantasien zur Bejahung der bisher verleugneten und abgespaltenen destruktiven Impulse und Vorstellungen im Selbst; Körper- und Bewegungstherapie, Anleitung zur Selbststeuerung.

Sexuelle Strukturierung

Therapieziele
Analyse der inzestuösen Mutterbindung, der umfassenden sexuellen Gehemmtheit; Auflockerung der strikten Onaniehemmung und Antizipation von sexuellem Verkehr; Eruierung der Präferenzen in der Objektbeziehung zwischen homosexueller und heterosexueller Objektbeziehung; Erkundung der vermutlich passiv-femininen sexuellen Identifizierung mit der Mutter als negativem Ausgang der ödipalen Konstellation; Konfrontation über die Differenz von männlicher und weiblicher Sexualität; Entdiskriminierung von moralischen Vorurteilen und Selbstverurteilung wegen der Varianz sexueller Bedürfnisse.

Behandlungsstrategien
Psychodynamische Aufklärung durch Klarifizierung seiner Bindungsproblematik mit der Mutter, seiner tiefen Identifizierung mit ihr als Schutz vor Verrat der Mutter und Wiedergutmachung am verlassenen Vater, indem er für den Vater bei der Mutter bleibt; Gebotstechniken, sexualtherapeutische Übungen als Anleitung zur Selbstbefriedigung; Kognitionstechniken zur Phantasieausgestaltung über sexuelle Befriedigungsmöglichkeiten und Antizipationstraining zur Überwindung seines virginellen Status.

Narzisstische Anerkennung

Therapieziele
Reflexion seiner überhöhten Ideale, Ansprüche und auch sexuellen Größenerwartungen, vor denen sein reales, tatsächlich hohes Leistungsniveau gering erscheinen muss; realitätsgerechte Anerkennung seines Leistungsvermögens und seiner Fähigkeiten; Respekt vor seinen kognitiven und praktischen Potenzen; Bestätigung seiner bisherigen zielbewussten Lebensentwicklung und bewundernswert-passenden Selbstgestaltung.

Behandlungsstrategien
Produktive Bilanzierung der bisherigen Lebensentwicklung; Konfrontation mit seinen überhöhten Leistungsidealen, auch den sexuellen Riesenansprüchen; Umorientierung und Einstellung auf realitätsgerechtere Maßstäbe für Leistung und Potenz statt phantasmatischer, ihm nicht gerecht werdender Ideale, die ihn dauernd in die Selbstentwertung treiben; Anleitung zur narzisstischen Selbstkultivierung, vor allem im körperlichen Selbstkonzept; Anleitung zur Überwindung des sozialen Rückzugs, Aufgabenstellungen für die Rückgewinnung von sozialer und gesellschaftlicher Anerkennung und für die Befriedigung seiner Zeigelust.

4.3 Evaluation

4.3.1 Therapiebedarf des Patienten P. zu Beginn der Therapie und Bewertung der Veränderungen im Urteil des Therapeuten

Die Beurteilung des Therapiebedarfs auf den therapeutischen Zieldimensionen durch den behandelnden Therapeuten erfolgte am Anfang der Therapie auf der Basis der klinischen Daten aus der PsychoAnamnese; Therapiebedarf und Bewertung der Entwicklung des Patienten bei Therapieende wurden in einem fünfstufigen Rating auf den therapeutischen Zieldimensionen durchgeführt.

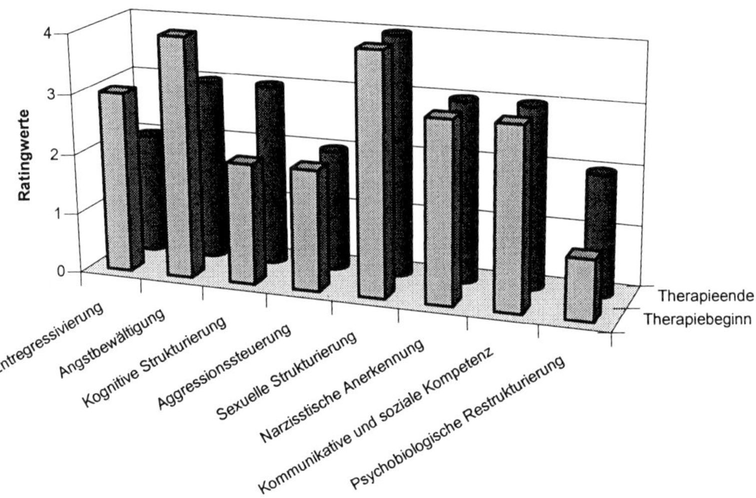

Abb. B4.3.1
Therapiebedarf bei Therapiebeginn und erzielte Veränderungen bei Therapieende auf den therapeutischen Zieldimensionen im Urteil des Therapeuten
(0 – kein(e) Bedarf / Veränderung; 1 - merkliche(r) Bedarf / Veränderung; 2 - deutliche(r) Bedarf / Veränderung; 3 - große(r) Bedarf / Veränderung; 4 - sehr große(r) Bedarf / Veränderung)

Der Therapiebedarf des Patienten wurde vom Therapeuten auf den Dimensionen Angstbewältigung und sexuelle Strukturierung sehr hoch bewertet, auf den übrigen Dimensionen außer der psychobiologischen Restrukturierung ebenfalls relativ groß eingeschätzt und damit ein breites Interventionsspektrum für die Therapieplanung vorgesehen.

Die erzielten positiven Veränderungen bei Therapieende wurden über fast alle Zieldimensionen hinweg als bedeutsam eingeschätzt; vor allem die Arbeit auf der Dimension sexuelle Strukturierung zeigte im Urteil des Therapeuten die größte Wirksamkeit neben der Arbeit auf den Dimensionen Angstbewältigung, narzisstische Anerkennung und kommunikative und soziale Kompetenz.

4.3.2 Abschlussbewertung der Therapie im Urteil des Therapeuten und im Urteil des Patienten P.

Die Abschlussbewertung „Fragen an den Patienten“ und „Fragen an den Therapeuten“ am Ende der Therapie umfasst 13 Problembereiche, die vom Patienten wie vom Therapeuten im Hinblick auf die Stärke der „Besserung“ am Therapieende auf einer fünfstufigen Skala eingeschätzt wurden.

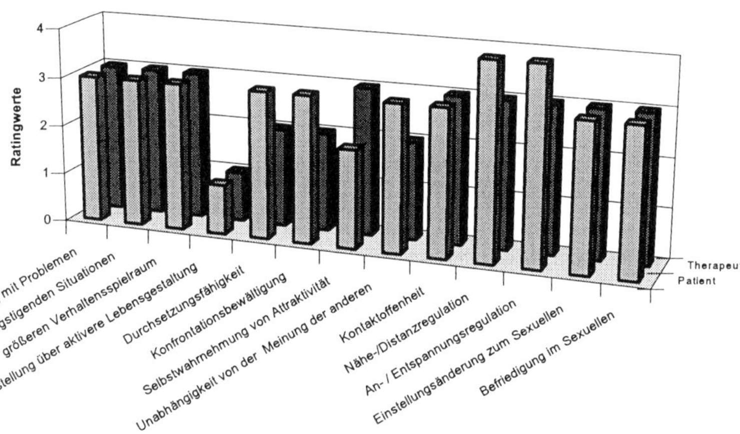

Abb. B4.3.2
Veränderungsbewertung in 13 Problembereichen im Urteil des Therapeuten und im Urteil des Patienten.
(0 – keine Veränderung; 1 - merkliche Verbesserung; 2 - deutliche Verbesserung; 3 - große Verbesserung; 4 - sehr große Verbesserung)

In der Bewertung der Verbesserungen in den Konflikt-/Problembereichen am Ende der Therapie stimmen Patient und Therapeut im hohen Maße überein. In der Mehrzahl der Bereiche wurde in der Sicht beider eine große Verbesserung erzielt; in der „Nähe-/Distanzregulation“ und in der „An-/ Entspannungsregulation“ in den Augen des Patienten in besonderer Weise; während im Bereich „Vorstellung über aktivere Lebensgestaltung“ die geringe Änderung dem geringen Bedarf an kognitiver Aktivierung entspricht.

4.3.3 Katamnese der Veränderungen des Patienten P. seit Therapieende

Die Katamnesebefragung des Patienten wurde 18 Monate nach der Entlassung durchgeführt, wobei der Patient weitere Veränderungen seit Therapieende in 5 spezifischen Problembereichen einschätzen sollte.

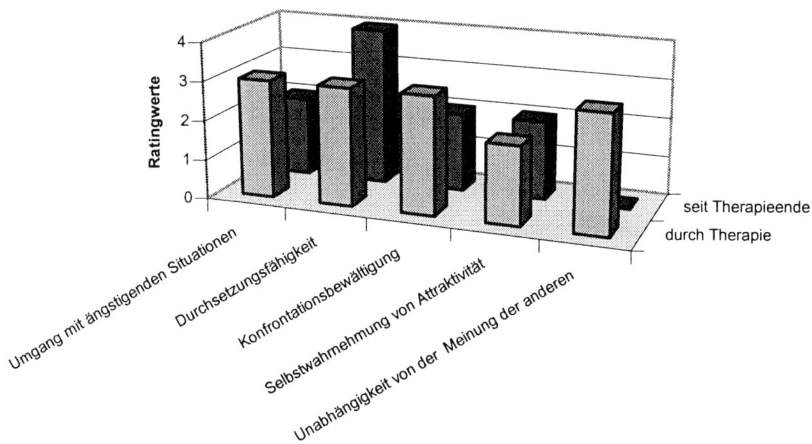

Abb. B4.3.3
Veränderungen seit Therapieende im Urteil des Patienten nach 18 Monaten.
(0 – keine Veränderung; 1 - merkliche Verbesserung; 2 - deutliche Verbesserung; 3 - große Verbesserung; 4 - sehr große Verbesserung)

Weitere Verbesserungen sieht der Patient nach dem Therapieende vor allem im Bereich „Durchsetzungsfähigkeit“; aber auch im „Umgang mit ängstigenden Situationen“, in der „Konfrontationsbewältigung“ und „Selbstwahrnehmung von Attraktivität“ gibt der Patient weitergehende Veränderungen nach dem Therapieende an. Nur im Bereich „Unabhängigkeit von der Meinung der anderen“ ist über die relativ große Änderungsbewertung beim Therapieabschluss keine weitere zusätzliche Besserung eingetreten.

4.4 Zusammenfassende Ergebnisbewertung des Patienten P.

Die für diesen phobischen Patienten in der Fallkonzeptualisierung entwickelte Therapieperspektive mit den präferierten Zieldimensionen Angstbewältigung, Aggressionssteuerung, sexuelle Strukturierung und narzisstische Anerkennung neben den sekundär gewichteten Dimensionen Entregressivierung, kognitive Strukturierung und soziale Kompetenz findet in der Veränderungsbewertung im Vergleich zum Therapiebedarf eine hohe Bestätigung im Urteil des Therapeuten: die herausragende Änderung wird auf der Dimension der sexuellen Strukturierung gesehen neben großen Änderungen in der Angstbewältigung, narzisstischen Anerkennung und kommunikativen Kompetenz.

Diese Entsprechung von projektiertem Therapiebedarf und Änderungserfolg findet ihre eindrucksvolle Bestätigung in der Abschlussbewertung der Therapie im Vergleich der Einschätzung von Patient und Therapeut. Das vom Patienten eingeschätzte hohe Veränderungsniveau wird durch die vom Therapeuten kaum geringer bewertete Entwicklung des Patienten bestätigt. Der Patient sieht in allen 13 Problem-/Konfliktbereichen gleichsinnige, nahezu identische Besserungen wie der Therapeut mit einem noch höher geschätzten Grad der Besserung, vor allem in den Bereichen Nähe-/Distanzregulation und An-/Entspannungsregulation; aber auch in der größeren „Durchsetzungsfähigkeit", „Konfrontationsbewältigung" und „Unabhängigkeit von der Meinung der anderen".

Diese hohe Konkordanz der Einschätzung der Veränderung im Urteil von Therapeut und Patient ist auch Ausdruck der den Patienten überzeugenden psychodynamischen Arbeit auf der Grunddimension der Symptomklärung, der Anerkennung der Schutzfunktion der Symptomatik (des Errötens) und der Erfahrung der Selbstgestaltungsmöglichkeiten im Umgang mit dem Penetrationsbegehren auf sozialer, sexueller und beruflicher Ebene. Die vom Patienten erfahrene „Befreiung" seines Aggressionspotentials, vor allem in der sexuellen Erfahrung, ermöglichte erst die Integration seiner Zeigelust und seines Penetrationsbegehrens und war die Schubkraft zur Selbstbehauptung und Selbstdurchsetzung als grundlegende Erfahrung in der Therapie. Diesen Erfolg der Selbstpotenzierung sieht der Patient durch die neue Körpererfahrung gebahnt, der er den Haupterfolg der Therapie zuschreibt. Damit habe sich das bedrohliche Gefühl des „Unkontrolliertseins" und „Isoliertseins" verändert.

Als Begründung seiner neuen Sicht beschreibt der Patient in den offenen Fragen: „das Erleben von weniger Angst hat meine Sicht der Dinge geän-

dert“. Besonders förderlich waren für ihn: „sportliche Aktivitäten, seither habe ich mehr Zutrauen in meinen Körper“; „ich fühle mich stärker, sicherer und attraktiver und habe eine Freundin“. Mit dieser ersten sexuellen Erfahrung hat sich für den Patienten ein neues Erwartungsspektrum eröffnet und seine Intention, sich aus der mütterlichen Umklammerung zu lösen, verstärkt. Dieser Umstellung und Einstellungsveränderung des Patienten in der Abschlussbewertung der Therapie korrespondiert sein gewonnenes Selbstbewusstsein: „meine Freunde, Kollegen, Schwester halten mich für durchsetzungsfähiger und kontaktoffener als früher“. Grund sei: „ich habe erfahren, dass ich es selbst in der Hand habe, was geschieht“; „die Angst vor möglichen Entgleisungen macht mir viel weniger aus als früher“; „ich kann mich mehr auf mich verlassen“.
Die Bewertungen in der Katamnese führen die Veränderung des Patienten nach eineinhalb Jahren vor Augen: die am Ende der Therapie deutliche Verbesserung der Selbstkompetenz und Realitätsbewältigung hat in der Katamnese noch zusätzlich zugenommen, vor allem in der Durchsetzungsfähigkeit. In der Einschätzung der aktuellen Lebenssituation bestätigt der Patient die eingetretene Entwicklung, dass er nun „vertrauensvollere Aufgaben im Beruf übernommen“ und inzwischen eine „feste Freundin“ hat, sich „erwachsener und männlicher“ fühlt und dass das gelegentliche Erröten „mir bedeutend weniger ausmacht“.

5. Therapiedokumentation einer hysterischen Struktur

5.1 Kurzbiographie der Patientin H.

Die 32jährige Patientin ist mit einem selbstständigen Industriekaufmann verheiratet und hat eine 4-jährige Tochter und einen 6-jährigen Sohn. Das BWL-Studium, das sie nach einer wechselhaft erfolgreichen schulischen Entwicklung wählte, brach die Patientin nach 3 Semestern aus Desinteresse ab. Sie heiratete einen mütterlich-fürsorglichen, zuverlässigen Partner, konnte aber die enge familiale Bindung nicht aushalten und ging andere sexuelle Beziehungen ein. Sie verließ mit den Kindern den Ehemann, lebte im gleichen Ort mit einem sexuell berüchtigten Mann, der sich bald von ihr trennte, so dass sie mit den Kindern zum Ehemann zurückkehrte. Die Patientin stammt aus sehr gehobenem, kultiviertem sozialen Milieu: die lebenstüchtige, das familiale Geschick bestimmende Mutter (65 Lj.) hat mit dem Tod des Vaters (44. Lj.), der ein erfolgreicher Unternehmer war, ihre Berufstätigkeit (Industriekauffrau) aufgegeben. Der Tod des Vaters, dem die Patientin „ein und alles" war, im Alter von 14 Jahren, bedeutete einen schweren Einbruch in ihrer emotionalen und kognitiven Entwicklung. Die Patientin hat einen um 3 Jahre älteren Bruder, der Chemiker ist. Die familiale Atmosphäre war zu Lebzeiten des gefühlsbetont-großzügigen Vaters durch dessen eher mütterliches Verhalten geprägt, während die rational kontrollierte Mutter die männlichen Leistungs- und Karriereansprüche in der Familie bis heute repräsentiert. Trotz guter kognitiver Kompetenz hat die Patientin alle Ausbildungsgänge, Studium, Weiterbildungen ständig abgebrochen und ein sozial und sexuell ungebundenes Leben gesucht. Das Spektrum der Ausbildungen reicht von der Schauspielschule nach dem Abitur, dem anschließenden 3-semestrigen BWL-Studium, dem einsemestrigen Chemie-Studium bis zu Gelegenheitsjobs, welche die Patientin, nachdem sie den Ehemann verlassen hatte, aufnehmen musste, um den Lebensunterhalt zu bestreiten. Die Patientin ist auch in ihren Arbeitsbeziehungen bedroht, wegen ihrer triebhaften Impulsivität in ständige sexuelle und affektive Verwicklungen zu geraten, vor allem sich in desaströse Autoritätskonflikte zu verwickeln.

5.2 Fallkonzeptualisierung und Therapieplanung

5.2.1 Klärungsperspektive

Symptomatik
Aphonie, depressive Verstimmung, destruierendes Agieren.

Symptomgeschichte
Auftreten der Aphonie bei der Rückkehr der Patientin zum Ehemann: diesen hatte sie wegen eines anderen mit ihren Kindern verlassen und lebte im Heimatort mit einem „sexuell berüchtigten" Mann eine anstößige, „die Gemüter erhitzende" Sexualität; drohender Beziehungsabbruch durch den Ehemann; Lebensgeschichte als Kette ständig wiederholter Abbrüche: der erotischen Beziehungen, der Ausbildung, der Freundschaften und so fort.

Ressourcen und protektive Faktoren
Hohe erotische Begabung und Triebpotenz, ungewöhnliche körperliche Darstellungsfähigkeit und Verführungskraft, hohe kommunikative Potenz, sehr günstige soziale Voraussetzungen durch die Stellung beider Eltern.

Symptomwertung
Ich kann nicht sprechen, keiner kann mit mir sprechen; ich kann nichts sagen, also brauche ich nicht zu antworten, kann mich keiner zur Rede stellen.

Symptomumwertung
Die Sprachlosigkeit dient dem Schutz, zur Rechenschaft gezogen zu werden, sich rechtfertigen zu müssen; sie ist auch der Schutz, das zu sagen, was nicht gehört werden soll: das polyvalente sexuelle Begehren.

Fokussierung
Indem, wenn, weil ich sprachlos bin, brauche ich mit niemand zu sprechen, kann niemand mit mir sprechen, kommt mein unerhörtes Verlangen nicht zur Sprache; indem alle sprachlos sind, kann nichts zur Sprache kommen, sind alle zum Schweigen verdammt.

Therapiehypothese
Was kann die Patientin aus ihrer hysterischen Symptomatik machen? Wie kann sie mit ihrer triebhaften Spontaneität und Impulsivität umgehen lernen und was kann sie aus ihrem Drang zum fliegenden Wechsel von Beziehungen machen? Wie kann sie ihre hohe erotische Begabung und Triebpotenz ohne Ich-Schädigung, mitmenschlich verträglich und sozial nicht diskriminierend einsetzen? Wie kann sie ihre ungewöhnliche körperliche Darstellungsfähigkeit und Verführungskraft für ihren Selbstgewinn nutzen und ihre hohe kommunikative Kompetenz für sich förderlich und narzisstisch bestätigend unterbringen? Wie kann es der Patientin gelingen, sich ihre familiale Basis zu erhalten als Auftankstelle für ihre Exkursionen und als Sicherungsstation und Haltestelle für ihre Expansionen?

Strukturdiagnose und Interaktionsverhalten
hysterische Persönlichkeit mit oral-manipulativen Objektbeziehungen

5.2.2 Therapieperspektive

Grunddimension psychodynamische Symptomklärung
Therapieziele Symptombejahung und Umwertung in der Klärung der Schutzfunktion: *intrasystemisch* Zur Sprache bringen, was im Verschweigen der Patientin liegt: die unterdrückte Auseinandersetzung ihrer Triebkonflikte mit dem Ehemann und mit der Mutter, die Artikulierung ihrer schlecht steuerbaren, gesellschaftlich diskriminierten Potenzansprüche; Aufklärung des sog. hysterischen Agierens als ständig selbstniedergeschlagene Rebellion, Konfrontation mit ihrer exzessiven sexuellen Potenz und Klärung der wiederholten Beziehungsabbrüche als Schutz für sich selbst wegen der nicht steuerbaren sexuellen Impulsivität und als Schutz der Männer vor Depotenzierung durch ihr maßlos scheinendes Begehren. *extrasystemisch* Zur Sprache bringen, was im Verschweigen der Familie liegt: die Auseinandersetzung des grundlegenden Konflikts mit der dominanten und überbesorgten Mutter; der Aufruhr der Patientin gegen die alles beherrschende und bestimmende Mutter, das Aufbegehren gegen die mütterliche Überfürsorge des Ehemannes, die Klärung der Abbruchslinie ihres Lebens, des ständigen Protestes gegen die von der Mutter verfügte Lebensplanung für die Patientin; Konfrontation mit ihrem rebellischen Charakter, der sie ständig in depressive Selbstniederlagen, sich ständig wiederholende narzisstische Kränkungen (Selbstbestrafung) führte. **Behandlungsstrategien** Forciertes Vorphantasieren über die Beweggründe des Schweigens durch den Therapeuten zur Auflösung der Aphonie und Einleitung des Dialogs; individuelle psychodynamische Aufklärung durch Analyse ihrer Triebstruktur und familiensystemische Aufklärung durch Analyse der Partner- und Familiendynamik in Partner- und Familiensettings; vor allem Auseinandersetzung der Machtfrage zwischen Mutter und Tochter und Delegation der mütterlichen Depotenzierung aller Männer an die Patientin; Klärung der Umkehr der Geschlechtsrolle zwischen väterlicher Mutter und mütterlichem Vater und in Wiederholung dieses Schemas die Wahl des mütterlichen Ehemannes und dessen Delegation an die Patientin als erobernde, normensprengende, phallische Exzentrikerin; Klärung der insgeheimen passiven Partizipation des Ehemannes in projektiver Identifikation mit seiner Frau, deren exzentrisches Verhalten er aus Gründen seiner schweren depressiven Gehemmtheit delegatorisch genießt.

Dimensionen fall- und strukturspezifischer Behandlungsstrategien

Im Falle dieser Hysterie war die Arbeit auf den Dimensionen Entregressivierung, Aggressionssteuerung, kognitive und sexuelle Strukturierung vorrangig in der technischen Anwendung; wir erwarteten von der Kombination dieser Strategien einen günstigen Einfluss auf die hysterischen Liebesverlustängste, die depressiv-regressive Verarbeitung ihrer Steuerungsverluste und eine wachsende Selbstgestaltung in der sexuellen Selbstregulierung in einem narzisstisch nicht-schädigenden Umgang mit ihrem exzessiven sexuellen Verlangen. Die Arbeit auf den Dimensionen der narzisstischen Anerkennung, der kommunikativen und sozialen Kompetenz und der psychobiologischen Restrukturierung waren bei dieser kontaktmächtigen, sozial gewinnenden und verführerischen Patientin mit hoher kommunikativer Potenz von geringerem Gewicht.

Entregressivierung

Therapieziele

Tages- und Wochenstrukturierung zur Aktivierung von Selbstgestaltung; diätetische Regulation; Wiedergewinnung körperlicher Attraktivität zur Überwindung der Verwahrlosung; Selbstaktivierung: Aktivierung von mentalen und sozialen Interessen, Reaktivierung von Selbstwahrnehmung und Selbstgefühl; Spiegelung ihrer sozialen Depravation wegen des sozialen und intellektuellen Abstiegs; Übernahme von Verantwortung und Fürsorgefunktion für die Kinder.

Behandlungsstrategien

Ich-pädagogische Strategien zur Strukturierung; Diätetikplan zur körperlichen Selbstkultivierung, Berufsplanung (sozial-rehabilitative Beratung); Konfrontationsstrategien gegen die verleugneten Selbstansprüche; Fürsorge- und Erziehungsprogramm für die Kinder; psychodynamische Klärung der regressiven Befriedigung durch die Überfürsorge der Mutter bei den ständig herbeigeführten Selbstniederlagen als rebellische Vergeltung für die Dominanz der Mutter.

Aggressionssteuerung

Therapieziele

Ich-Stabilisierung durch Steuerung der sexuellen Impulsivität, Aufklärung der Liebesverlustängste als treibendes Moment des exzessiven Erregungspotentials und Analyse der Abbruchskette als Flucht vor einem extremen Bindungsverlangen bzw. vor extremen Abhängigkeitsängsten; Klärung der Panikattacken als Ausdruck der Angst vor sexuell-aggressiver Impulsivität.

Behandlungsstrategien
Sexualtherapeutische Interventionen, strikte Gebots- und Verbotsstrategien zur Vermeidung von Konfliktausweitung und weiterer narzisstischer Kränkung; ich-pädagogische Strategien zur Selbstliebe, zur narzisstischen Kultivierung des Körpers als Gegenmittel zur libidinösen Verausgabung in Viel-Männer-Beziehungen; psychodynamische Aufklärung ihrer Angst vor Triebüberwältigung und Anleitung zur Selbstentstauung und -entspannung; Übungen zur Selbstbehauptung und Stärkung von Abwehrstrategien gegen sexuelle Selbstauslieferung.

Kognitive Strukturierung

Therapieziele
Konzentration auf Begabung und günstige soziale und intellektuelle Voraussetzungen; Bilanzierung der produktiven Lebenslinie bis zum Abitur, Klärung der falschen Studienwahl (BWL); Findung einer Berufsperspektive in Übereinstimmung ihrer intellektuellen, emotionalen und vor allem körperlichen Fähigkeiten; neue Lebensperspektive unter besonderer Berücksichtigung ihrer kommunikativen Potenz, ihrer körperlichen Ausdrucksfähigkeit, ihrer triebhaften Impulsivität und dem Bedürfnis nach unmittelbarer körperlicher Befriedigung in der Berufstätigkeit.

Behandlungsstrategien
Erarbeitung eines Begabungs- und Leistungsprofils; Auseinandersetzung der mentalen und körperlichen Interessen und Begabungen; Übernahme von Verantwortung für die eigene Lebensplanung; psychodynamische Aufklärung der Regressions- und Passivitätsbedürfnisse als Rebellion und Bestrafung der Mutter, als Paralysierung der mütterlichen Berufs- und Lebensvorschriften; Entwicklung einer Berufsperspektive in Übereinstimmung mit ihren Fähigkeiten, Begabungen und vor allem körperlichen Bedürfnissen; (Krankengymnastik als geeignete Symptomwahl mit dem beruflich vorgegebenen steten Beziehungswechsel); die kognitive Strukturierung der sexuellen Spontaneität und Polyvalenz bedarf einer ständigen narzisstischen Unterstützung der Selbstkontrolle zur differenzierten und differenzierenden Beziehungswahl als Schutz vor Ich-Schädigung und als Schutz vor Verlust ihrer familialen Basisstation); Kognitionstraining zur Selbststeuerung, d. h. Erlernen von Triebaufschub zur differenzierten Wahl von Triebobjekten; die sexuelle Expansionskraft der Patientin, ihr Impuls zur Grenzüberschreitung, ist die ihr lebenslang aufgegebene Problematik und kann nur durch eine narzisstisch ausgerichtete, kognitive Steuerung ihrer libidinösen Impulsivität zum Selbstgewinn eingesetzt werden.

Sexuelle Strukturierung

Therapieziele

Klärung der hocherregbaren polyvalenten Sexualität; Einsicht in die Ich-Schädigung aufgrund dieser Disposition; Befähigung zum Triebaufschub durch Differenzierung in der Objektwahl; Bestätigung der Selbstliebe, der narzisstischen Kultivierung des Körpers, ihrer familialen Kultur als Gegenmittel zur libidinösen Verausgabung und der Gefährdung des sozialen Abstiegs durch wahllose Viel-Männer-Beziehungen.

Behandlungsstrategien

Sexualtherapeutische Interventionen, psychodynamische Konfrontation mit den selbstschädigenden Strategien; narzisstische Bestätigung der Potenz- und Verführungskraft, Einübung in sexuelle Triebregulierung; Bestätigung und Anerkennung ihrer sozialen Verpflichtung in Verstärkung der Identifikation mit dem bewunderten und geliebten, früh verstorbenen Vater zur Ich-Stabilisierung; Anleitung zur Gruppenintegration in berufs- und weltanschaulichen Gruppen zur Überwindung der Isolierung und Abhängigkeit und zum Selbstgewinn narzisstischer Anerkennung im Wir-Gefühl einer Gruppe.

Anmerkung zur Einleitung des Dialogs mit der Patientin:
Die Verständigung mit dieser aphonischen Patientin vollzog sich über mimisch-gestische Kommunikation (über die Semantik von Kopfnicken und Kopfschütteln und anderen Mitteln der körperlichen Ausdrucksgrammatik; nicht zuletzt über eine schriftliche Vereinbarung, dass die Patientin bestimmen kann, wann das Gespräch als Dialog beginnen soll. Die Bejahung der Symptomatik erfolgte also über eine stumme Einverständigung, und die Akzeptanz ihres Schweigens war die Bedingung, dass die Patientin nach zehntägigem Schweigen spontan wieder sprechen konnte und wollte.

5.3 Evaluation

5.3.1 Therapiebedarf der Patientin H. zu Beginn der Therapie und Bewertung der Veränderungen im Urteil des Therapeuten

Die Beurteilung des Therapiebedarfs auf den therapeutischen Zieldimensionen durch den behandelnden Therapeuten erfolgte am Anfang der Therapie auf der Basis der klinischen Daten aus der PsychoAnamnese; Therapiebedarf und Bewertung der Entwicklung des Patienten bei Therapieende wurden in einem fünfstufigen Rating auf den therapeutischen Zieldimensionen durchgeführt.

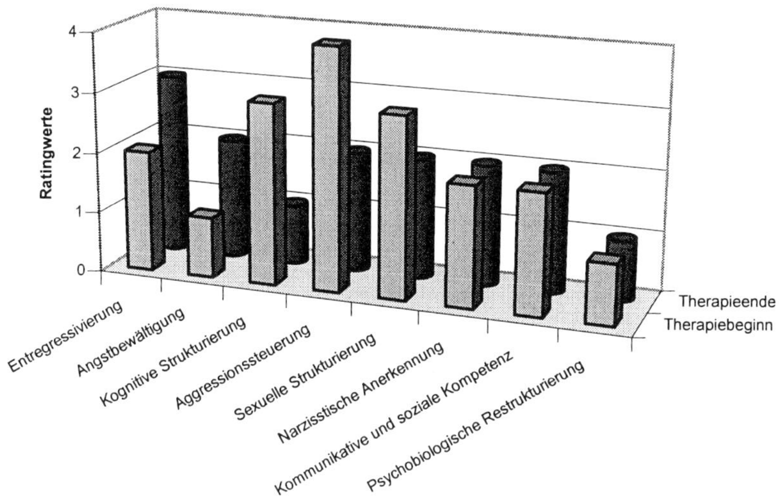

Abb. B5.3.1
Therapiebedarf bei Therapiebeginn und erzielte Veränderungen bei Therapieende auf den therapeutischen Zieldimensionen im Urteil des Therapeuten
(0 – kein(e) Bedarf / Veränderung; 1 - merkliche(r) Bedarf / Veränderung; 2 - deutliche(r) Bedarf / Veränderung; 3 - große(r) Bedarf / Veränderung; 4 - sehr große(r) Bedarf / Veränderung)

Der Therapeut schätzt den Therapiebedarf der Patientin vor allem auf der Dimension Aggressionssteuerung als sehr hoch, in der kognitiven und sexuellen Strukturierung als ziemlich hoch gegenüber der geringeren Bedarfsschätzung auf den übrigen Dimensionen.
In der Einschätzung der Veränderung am Ende der Therapie hatte die Patientin im Urteil des Therapeuten vor allem von der Entregressivierung profitiert, während die Änderungen auf den therapierelevanten Zieldimensionen deutlich, jedoch weniger markant bewertet werden.

5.3.2 Abschlussbewertung der Therapie im Urteil des Therapeuten und im Urteil der Patientin H.

Die Abschlussbewertung „Fragen an den Patienten“ und „Fragen an den Therapeuten“ am Ende der Therapie umfasst 13 Problembereiche, die vom Patienten wie vom Therapeuten im Hinblick auf die Stärke der „Besserung“ am Therapieende auf einer fünfstufigen Skala eingeschätzt wurden.

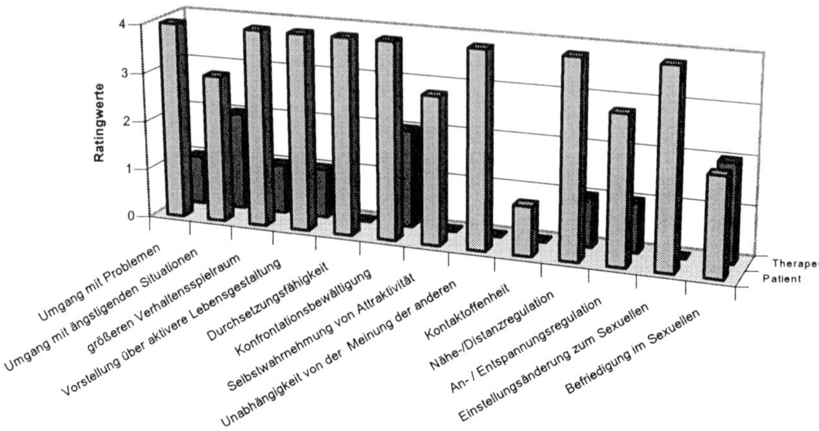

Abb. B5.3.2
Veränderungsbewertung in 13 Problembereichen im Urteil des Therapeuten und im Urteil des Patienten.
(0 – keine Veränderung; 1 - merkliche Verbesserung; 2 - deutliche Verbesserung; 3 - große Verbesserung; 4 - sehr große Verbesserung)

Die Patientin schätzt ihre Veränderung in 11 der 13 Problembereiche als sehr bedeutsam ein: im „Umgang mit Problemen", dem „größeren Verhaltensspielraum", in der „Vorstellung über aktivere Lebensgestaltung", „Durchsetzungsfähigkeit", „Konfrontationsbewältigung", „Unabhängigkeit von der Meinung der anderen", „Nähe-/Distanzregulation", „Einstellungsänderung zum Sexuellen", im „Umgang mit ängstigenden Situationen" und in der „An-/Entspannungsregulation".
Im Blick des Therapeuten stellen sich die Verbesserungen der Patientin weniger durchschlagend nur in 3 Bereichen dar: im deutlichen besseren Umgang mit ängstigenden Situationen, in der größeren Konfrontationsbewältigung und in einer deutlichen Änderung der Befriedigung im Sexuellen. In den Bereichen „Durchsetzungsfähigkeit", „Selbstwahrnehmung von Attraktivität", „Unabhängigkeit von der Meinung der anderen", „Kontaktoffenheit" und „Einstellungsänderung zum Sexuellen" gab es keinen in der Therapieplanung vorgesehenen Veränderungsbedarf der Patientin.

5.3.3 Katamnese der Veränderungen der Patientin H. seit Therapieende

Die Katamnesebefragung der Patientin wurde 18 Monate nach der Entlassung durchgeführt, wobei die Patientin weitere Veränderungen seit Therapieende in 5 spezifischen Problembereichen einschätzen sollte.

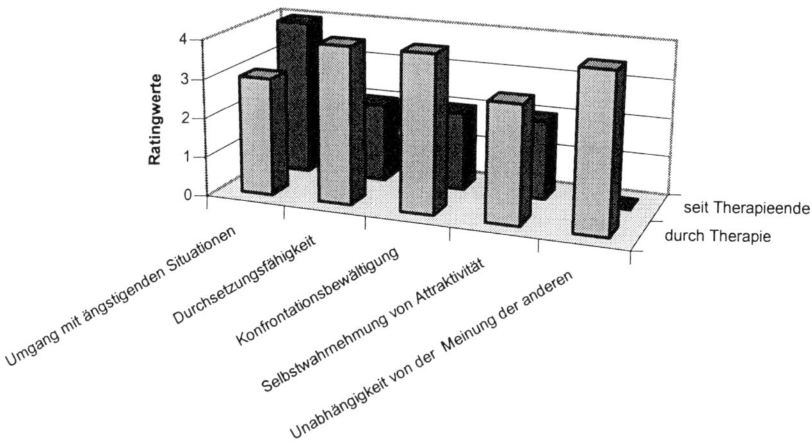

Abb. B5.3.3
Veränderungen seit Therapieende im Urteil der Patientin nach 18 Monaten.
(0 – keine Veränderung; 1 - merkliche Verbesserung; 2 - deutliche Verbesserung; 3 - große Verbesserung; 4 - sehr große Verbesserung)

In der katamnestischen Befragung gab die Patientin vor allem im Bereich „Umgang mit ängstigenden Situationen“ noch weitere Verbesserungen an, ebenso einen Zugewinn an „Durchsetzungsfähigkeit“, „Konfrontationsbewältigung“ und „Selbstwahrnehmung von Attraktivität“. Die bei Therapieende schon sehr hoch beurteilte „Unabhängigkeit von der Meinung anderen“ blieb unverändert hoch.

5.4 Zusammenfassende Ergebnisbewertung der Patientin H.

Die Veränderungsbewertung des Therapeuten auf den Therapiedimensionen Entregressivierung, Aggressionssteuerung, kognitive und sexuelle Strukturierung bestätigte die positive Entwicklung dieser hysterischen Patientin auf den Zieldimensionen, die in der Fallkonzeptualisierung als Therapieperspek-

tive erarbeitet wurden. Die Patientin zeigte große Änderungen in der Entregressivierung und den präferierten Dimensionen der Aggressionssteuerung und sexuelle Strukturierung, aber auch in den weniger behandlungsrelevant erachteten Dimensionen der narzisstischen Anerkennung und sozialen Kompetenz.
Die Einschätzung der Veränderungen in den beobachtungsnahen, den Zieldimensionen zugeordneten Konflikt- und Problembereichen zeigt eine offensichtliche Diskrepanz in der Erfolgsbeurteilung von Therapeut und Patientin: während der Therapeut nur in den Bereichen „Umgang mit ängstigenden Situationen", „Konfrontationsbewältigung" und „Befriedigung im Sexuellen" deutliche Veränderungen sieht, in den übrigen Zielbereichen kaum oder gar nicht, zeigt die Patientin in ihrer Selbsteinschätzung eine viel optimistischere Bewertung der Verbesserungen in ihrer Lebensbewältigung und Selbstgestaltung. In ihrem Blick haben sich sehr große Änderungen im „Umgang mit Problemen", dem „größeren Verhaltensspielraum", in der „Vorstellung über aktivere Lebensgestaltung", der „Durchsetzungsfähigkeit" und „Konfrontationsbewältigung", der „Unabhängigkeit von der Meinung der anderen", der „Nähe-Distanzregulation" und der „Einstellungsänderung zum Sexuellen" neben großen Verbesserungen im „Umgang mit ängstigenden Situationen", der „Selbstwahrnehmung von Attraktivität" und der „An-/ Entspannungsregulation" ergeben. Diese Diskrepanz spiegelt sich auch in den Antworten auf die offenen Fragen am Therapieende, in denen die Patientin ihre Symptomfreiheit, ihr verändertes Lebensgefühl und die Vorstellung einer Zukunftsperspektive als neue, lebensbejahende Qualität benennt. So hat sie ihr Therapieziel, das Aufgeben des „zerstörerischen Doppellebens", die Realitätskonfrontation gegenüber der verführerischen „Harmoniesucht", die Entwicklung einer „Berufs- und Lebensperspektive" und die Meidung des selbstschädigenden Umgangs mit Männern aus ihrer Sicht erreicht und fühlt sich darin durch die Reaktionen der Familie, des Partners und von Freunden bestätigt: „von der Mutter werde ich mehr geachtet"; „mein Mann erlebt mich stärker und zuverlässiger"; „meine Freunde halten mich für durchsetzungsfähiger und weniger konfrontationsscheu". Demgegenüber steht die vorsichtig-skeptische Beurteilung des Therapeuten, der den veränderten Umgang mit Problemsituationen einschränkend nur als „Besserung unter stationären Bedingungen" beurteilt, obwohl er die Therapieziele weitgehend als erreicht betrachtet.
Eine erste Bewährungsprobe der Stabilität der Änderung, die katamnestische Befragung nach 18 Monaten, bestätigt allerdings in den erhobenen Bereichen die Sichtweise der Patientin: gegenüber den großen Veränderungen

durch die Therapie sieht die Patientin noch eine weitere sehr große Besserung im „Umgang mit ängstigenden Situationen“, weitere Besserungen in der „Durchsetzungsfähigkeit“ und „Konfrontationsbewältigung“, ebenso in der „Selbstwahrnehmung von Attraktivität“, wohingegen die deutlich größere „Unabhängigkeit von der Meinung der anderen“ am Therapieende unverändert blieb.

Die Patientin hat nach der Therapie die Ausbildung zur Krankengymnastin begonnen, fühlt sich in der Ausbildungsgruppe „gemocht“ und „zugehörig“ und ist entschlossen, die Ausbildung zum Abschluss zu bringen. Die Beziehung zum Ehemann gestaltete sich unter diesen Bedingungen vor allem in der Sorge um die gemeinsamen Kinder sehr konstruktiv, so dass die Patientin eine bis dahin nicht erfahrene familiale Unterstützung und Anerkennung auch durch die Mutter erhält, die den eigenen Weg der Tochter nun mehr respektieren und ihr mehr Fürsorge und Unterstützung entgegenbringen kann. Die Patientin erlebt diese Ausbildungsbewährung aufgrund des beruflich vorgegebenen Arrangements von Kontaktvielfalt und -offenheit beim gleichzeitigen schützenden Rahmen der Berufsrolle als sehr entlastend und stabilisierend. Die Einstellung der Patientin zum Sexuellen hat sich aus ihrer Sicht entscheidend geändert, indem sie ihre Partner aktiver und differenzierter auswählen kann und sich dadurch „freier und selbstbewusster“ erlebt, das heißt, sich narzisstisch schützen kann vor Entwertung.

Das von der Patientin gewählte Therapieziel der Beendigung ihres zerstörerischen Doppellebens suchte sie in der Weise zu lösen, dass sie für sich einen Ausgleich in der Vertiefung der emotionalen Kultur der familialen Basis fand und dadurch einen selbstsichernden Halt für ihre sexuellen „Exkursionen“ hatte, bei denen sie durch die Wahl differenzierterer und souveränerer Partner eine Selbstschädigung vermeiden konnte. Die von der Patientin als besonders entlastend und stärkend empfundene Fähigkeit zur Selbststeuerung ihrer sexuellen Impulsivität wurde von ihrer auch als Antrieb zur beruflichen Selbstgestaltung erlebt.

C Über das Gelingen von Selbstbemächtigung in der psychodynamischen Arbeit

Die Güte des Therapeuten und des Marburger Programms erweist sich darin, zu welcher Selbstinterpretation seines Schicksals ein Patient kommt: ob er weiterhin einer inkulpatorischen Intention folgt oder zu einem selbstreflexiven Umgang mit der Bedeutung seiner Symptome als Schutzfunktion gefunden hat und zur Anerkennung der darin liegenden, unterdrückten Triebwünsche gelangen konnte. Der Anspruch auf Selbstbemächtigung und infolgedessen auf Selbstgestaltung ergibt sich im Vollzug der Anerkennung der bisher verborgenen Möglichkeiten. Und die Überwindung der selbstlähmenden Demoralisierung und Diskriminierung zeigt sich im Gewinn von Selbstzuversicht und wachsender Widerspruchstoleranz in der Spanne zwischen dem wiederentdecken Begehren und den gesellschaftlichen Widerständen, die der Verwirklichung der (Trieb-)Ansprüche im Wege stehen.
Unsere klinische Psychodynamik enthält als prospektives Psychotherapieprogramm Voraussetzungen und Strategien für das Gelingen von Selbstbemächtigung des Patienten und folgt in einer systemimmanenten Organisation den essentiellen psychodynamischen Kriterien von Selbstaufklärung und Selbstgewinn für den einzelnen Menschen.
Das Marburger Psychotherapie-Programm ist also ein psychodynamisches Projekt, dessen prozessleitende Wirkfaktoren in der Vermittlung einer konstruktiven Erfahrung, im Erkennen der Potentialitäten für das Subjekt liegen; das sind Möglichkeiten, die für den Patienten zur Wirklichkeit werden können. Und diese andere Interaktionserfahrung beruht auf der heuristischen Grunddimension der Passung. Das gesamte psychodynamische Programm ist unter dieser Heuristik zu fassen: die psychodynamische Einflussnahme, die symptomzentrierte Arbeit und die Wirkprinzipien der klinischen Psychodynamik sind unter der Perspektive der Passung zu sehen. Der Pass-Schlüssel ist die inhaltliche Bestimmung des Freud'schen Phantasieschlüssels und kennzeichnet die für einen produktiven psychodynamischen Prozess essentielle Grundhaltung des Therapeuten, passend zu sein, sich passend zu machen für das Patientensystem und die passende Intervention zu finden. Dazu gehört ein Fundus von Imaginationsvermögen, aber auch ein fundiertes technisches Können wie ein tiefergehendes Lebenswissen über die menschlichen Bedingtheiten und Bedürfnisse.

Das Ziel psychodynamischer Arbeit in unserem Programm ist die Erhellung der im Symptom verwickelten Grundkonflikte, das Erkennen des im Symptom inhärenten Aufbegehrens bzw. den darin enthaltenen Potentialitäten des Subjekts; letztlich ist es eine Anleitung für den Patienten, sich selber besser verstehen zu lernen und dadurch aktiver und bewusster sein Leben gestalten zu können. Die Änderung des Selbstkonzepts und nicht die Beseitigung von Symptomen ist das umfassende Ziel unseres psychodynamischen Therapieprogramms. Denn die Integration der im Symptom dissoziierten Abseite des Begehrens ist die vom Therapeuten und Patienten zu bewältigende, wesentliche Aufgabe.

Wenn wir die Güte des Prozesses an seinen Ergebnissen überprüfen wollen, dann müssen wir zu anderen Schlussfolgerungen kommen als die traditionelle analytische Auffassung. Deshalb sprechen wir auch von Psychodynamik und psychodynamischer Arbeit, um unsere Denk- und Arbeitsweise mit den Mitteln der psychoanalytischen Erkenntnislehre Freuds von konventioneller psychoanalytischer Auffassung zu differenzieren. Das Festhalten an klinisch nicht vertretbaren Positionen sehen wir nämlich für die wissenschaftliche Selbstrepräsentation der Psychoanalyse, vor allem aber für die klinische Praxis als völlig verfehlt an.

Die Auseinandersetzung mit der Suggestion, die von uns andernorts (Pohlen u. Bautz-Holzherr 1991) in ihrer essentiellen Bedeutung für die klinische Theorie und Praxis substantiiert geführt wurde und schon lange nicht mehr als jener „krude Einwand“ (Ricœur) abgetan werden kann, ist heute unaufschiebbar geworden; ebenso ist das Infragestellen der Übertragungsneurose als prozesstypisches Phänomen der Kur oder des Phänomens der sog. Übertragungsheilungen und der Auflösung der Übertragung als Zeichen eines erfolgreich abgeschlossenen analytischen Prozesses längst überfällig. Der Rückfall hinter die Freud'schen Positionen, die Ignorierung seines Erkenntnisstandes ist bezeichnend für das niedrige Niveau der psychoanalytischen Wissenschaft (s. Cremerius 1995) und zugleich ein Symptom ihrer affirmativen Verelendung. Freud hatte bereits zwischen der als Übertragung wirkenden Suggestion, das ist die passende Einflussnahme, und der Hypnose als nicht passende Einflussnahme, das ist autoritäre Übermächtigung des Subjekts, differenziert und die Suggestion als Grundphänomen des Seelischen, als tragendes Moment der Interaktion erkannt.

Das Festhalten an der Vorstellung der Übertragungsneurose als Ausweis des analytischen Prozesses zeigt die ideologische Fixierung auf ein Wiederholungsschema des infantilen Beziehungsmusters in der Therapeut-Patient-Beziehung, das immer noch als konstitutives Element des therapeutischen

Prozesses angesehen wird. Und die Diskreditierung der Übertragungsheilung als Zeichen für eine Idealisierung des Therapeuten macht offensichtlich, dass die in der Dynamik der Übertragungsbeziehung ablaufenden Mechanismen der Idealisierung, das heißt Ersetzung des Ich-Ideals durch den Therapeuten, als Grund und Voraussetzung eines geglückten therapeutischen Prozesses weiterhin nicht zur Kenntnis genommen werden. Die Idealisierung des Therapeuten ist aber nicht zu trennen von der Identifizierung mit ihm, die den Gang des psychotherapeutischen Prozesses bestimmt. In den Identifizierungsschritten des Patienten sind nämlich die Indikatoren für eine produktive Interaktion zwischen Therapeut und Patient zu sehen.

Der üblichen Forderung nach Übertragungsauflösung als Kriterium eines geglückten Therapieabschlusses ist entgegenzuhalten, dass doch ähnlich wie im Individuationsprozess des Subjekts die bewunderten Eltern im Ich-Ideal ihren Niederschlag finden und die Geschichte des Einzelnen bestimmen, bis diese Ich-Ideale in realitätsbedingten Revisionen und Erweiterungen durch Verinnerlichung nachfolgender Autoritäten umgearbeitet werden. Das Subjekt unterliegt also im Laufe seines Lebensgangs verschiedenen Umschriften der von den „primären Objekten" bewirkten Einschreibungen seiner Ich-Ideale; vor allem erfolgt in der Adoleszenz eine radikale Umschreibung der Leitbilder, welche die weitere Selbstgestaltung des Subjekts bestimmen. So gesehen würde gerade die Auflösung, die geforderte „Vernichtung der Übertragung" (Loch 1965) am Ende des Prozesses, ein negatives Zeichen für die Güte der therapeutischen Beziehung darstellen, weil der Therapeut nicht als „Ich-Ideal" wegweisend geworden ist für eine andere Lebensperspektive des Patienten.

In dieser Sicht sind alle Heilungen Übertragungsheilungen, da sie durch Idealisierung und Identifizierung mit dem Therapeuten und seinem System zustande kommen. Das Festhalten an der herkömmlichen Auffassung von der Übertragungsneurose, der Diskreditierung von Übertragungsheilungen und der Bestimmung des Therapieerfolgs als Auflösung der Übertragung sind praxisferne Fiktionen, die genauso wie die Orientierung des therapeutischen Prozesses am sog. fiktiven Normal-Ich des Therapeuten einer unbedingten Dekonstruktion durch psychoanalytische Aufklärung bedürfen. Die psychodynamische Arbeit vollzieht sich immer als allgemeiner Übertragungsprozess von der Situations- und Lebensdynamik des Patienten wie von der persönlichen und schulischen Dynamik des Therapeuten bestimmt, und zentriert um die vom Therapeuten fokussierte Blickrichtung. Und die eigentliche „Übertragungsneurose", das ist der Aspekt der (negativen) Übertragung von infantilen Ambivalenzkonflikten, bedarf doch, entgegen dem Klischee

klassischer Technik, der unmittelbaren Auflösung, um den psychotherapeutischen Arbeitsprozess durch positive Übertragung („liebevolle Präsenz") in Fluss zu halten (s. Ferenczi, Balint, Nacht, Cremerius, Morgenthaler und andere).
Der essentielle therapeutische Wirkmechanismus einer jeden Therapiemethode scheint also in der Ersetzung des Ich-Ideals eines Patienten durch das Objekt des Therapeuten und in der Identifizierung mit ihm zu liegen und auf diesem Weg einen Prozess der Veränderung in der selbstdiskriminierenden und demoralisierenden Haltung des Patienten zu ermöglichen. Die notwendige Entsprechung in der Dialektik des Interaktionsgeschehens ist die Identifizierung des Therapeuten mit dem Patienten und die Idealisierung von dessen negierten Potentialitäten: sie ist Grund und Voraussetzung im Vorgang der „phantastischen Induktion", bei der sich durch überzeugende Umdeutungen eine Erschütterung der pathologischen Gewissheiten des Patienten einstellen kann. Bedingung für diesen Prozess gegenseitiger Identifizierung und Idealisierung ist der libidinöse Blick des Therapeuten für das Heterogene im Menschen. Er beruht auf der phantastischen Sehweise, die Beschaffenheit der Phänomene eines Subjekts, seine Symptome, im Licht ihrer Potentialitäten zu sehen, im Hinblick auf ihre Möglichkeiten unter der Perspektive ihrer gegenwärtigen Unterdrückung und Verneinung. Die libidinöse Optik im Blick auf die Möglichkeiten in den Phänomenen ist die Ingredienz des therapeutischen Eros und erzeugt jene lustvolle Zuversicht ins Gelingen der therapeutischen Arbeit. In der Wahrnehmung von Potentialitäten gerät aber der Therapeut in das Spannungsfeld zwischen Idealität und Realität eines Patienten, in die Sphäre möglicher Täuschungen und Selbsttäuschungen. Denn die entdeckten Potentialitäten stehen je schon im Widerstreit zwischen dem Willen des Subjekts nach Veränderung und den Widerständen alltäglicher Wirklichkeit. Die Libido treibt immer zur Überschätzung ihrer Objekte, und es bedarf der therapeutischen Souveränität, diesen Überschuss zu reflektieren, um dem Patienten in den therapeutischen Erwartungen gerecht zu werden.
Die Güte des Therapeuten und Forschers zeigt sich aber auch in der intellektuellen Souveränität, sein System zu reflektieren und die Fiktion von der quasi-experimentellen Anordnung der analytischen Situation endlich zu überwinden: dass die „freien Assoziationen" keine freien, sondern gelenkte sind; dass die „gleichschwebende Aufmerksamkeit" keine unselegierte ist, sondern eine selegierte und gelenkte Wahrnehmung aufgrund des schulentypischen Entzifferungsschlüssels; dass die Deutungen „Assoziationsgebote" (Ferenczi) sind, die aufgrund der selegierten Wahrnehmung einen schulenspezifischen Materialfluss bewirken; dass also der Rahmen, innerhalb dessen

der Patient wahrnehmen und handeln lernen soll, vom Therapeuten und seiner Anschauung der therapeutischen Situation und dem zugrunde liegenden Menschenbild bestimmt wird.

Mit jenen Fiktionen von der neutralen Sachwalterschaft der therapeutischen Position sollte der selbstkritische Therapeut bei sich aufgeräumt und die Bedingungen seiner Einflussnahme durchschaut haben, um dem Patienten ein wirklicher Helfer auf dessen Weg zur Souveränität sein zu können. Eine solche Selbstaufklärung gerade des psychodynamisch denkenden und arbeitenden Therapeuten vermittelt dem Patienten jene Aura von Aufrichtigkeit, die doch als Imperativ der psychoanalytischen Situation gilt und Voraussetzung für die Selbstbemündigung eines Patienten sein sollte. Denn die Änderung des affektiven und kognitiven Selbsterlebens ist nach unserer Vorstellung an die Erfahrung eines freien und offenen Geistes im therapeutischen Prozess gebunden.

Eine zu praktizierende Ethik der Kommunikation hätte als unerlässliche Voraussetzung den Anspruch auf Selbstaufklärung des Therapeuten, auf Aufklärung seines therapeutischen Systems und der darin verwickelten Machtproblematik in der Spanne zwischen hilfegewährender Macht des Therapeuten und hilfesuchender Ohnmacht des Patienten. Typischerweise wird die ethische Frage immer nur in Bezug auf die Vertretbarkeit von Forschungsuntersuchungen an Patienten aufgeworfen, obwohl sie sich eigentlich stellen müsste in Bezug auf die immer noch verleugnete Problematik der Selbstbemächtigung des Patienten als Ziel eines beidseitig bestimmten Emanzipationsprozesses. Allerdings scheint uns die sogenannte Forschungsethik eher eine moralisierende Redensart zu sein, die von der entscheidenden Ethikfrage nach der Souveränität des Therapeuten und seiner für den Patienten souveränen Handhabung der Machtfunktion ablenken soll und die Voraussetzungen und Bedingungen im Therapeuten für die Selbstbemächtigung des Patienten ignoriert; vor allem die erforderliche intellektuelle Souveränität eines Therapeuten in der Wahl entwicklungshemmender (inkulpierender) oder entwicklungsförderlicher (selbstautoritisierender) Therapietheorien nicht in den Blick nimmt.

Aspekte unserer klinischen Erfahrungen und wissenschaftlichen Untersuchungen finden wir auch in den Ergebnissen der amerikanischen Studien zur empirischen Psychotherapieforschung (z. B. Menninger-Studie und Bostoner Forschungsprojekt) wieder, die aber die nahegelegten Konsequenzen für eine psychotherapeutische Praxistheorie nicht aufgenommen haben und zu keiner kritischen Revision fixierter Vorurteile über die Mechanismen des therapeutischen Prozesses gekommen sind. Die Ergebnisse des Bostoner Forschungsprojekts (Kantrowitz 1997) bestätigten die Erkenntnisse der Menninger Studie, dass der therapeutische Nutzen einer psychoanalytischen Behandlung sich aus supportiven Techniken[126] ergeben kann; dass es keinen Beweis für die Annahme gibt, dass selbst nur eine partielle Auflösung der Übertragungsneurose das heilende Moment in der Behandlung war; und dass auch Patienten mit sog. Übertragungsheilungen eine bemerkenswerte Stabilität der Besserung aufweisen. Das Zusammenpassen von Therapeut und Patient in unserem Sinne der passenden Entsprechung des Therapeuten (Interventionen und Interventionstechniken) zum Patientensystem macht die besondere Bedeutung der suggestiven Mechanismen offenkundig. Auch die Bostoner Studie brachte die Erkenntnis[127], dass die Entwicklung von „selbstanalytischen Fähigkeiten" als Zeichen eines erfolgreichen Therapieprozesses zu lesen ist und sieht dies im Zusammenhang der nicht aufgelösten Übertragung zum ehemaligen Therapeuten.

Erfolgreiche Analysanden unterscheiden sich nämlich von weniger erfolgreichen nach Sampson und Weiss (1983) nicht durch die Auflösung der Übertragung, sondern allein dadurch, dass die erfolgreichen in der Lage sind, die Übertragungskonstellation schnell und intensiv wiederzubeleben und dieses aktivierte psychoanalytische Erkenntnispotential für die Wahrnehmung aktueller unbewusster Konstellationen kreativ einsetzen können – wie es die Kommentare der Patienten zu den „Ursachen" des Therapieerfolgs in unseren katamnestischen Untersuchungen belegen. Generell gesehen erweist sich der erfolgreiche Abschluss einer psychodynamischen Therapie in der Stärke des Selbstverstehens („selbstanalytische Fähigkeit").

---

[126] Der Begriff supportive Techniken ist eine beschönigende Umschreibung für suggestive Techniken, und solche Schönfärberei verdankt sich der Unterwerfung unter das Diktat einer wissenschaftspolitischen Correctness: Aber wer sich nicht in die Gefahr des Denkens begibt, kommt in der allgemeinen Gedankenlosigkeit um – frei nach Brecht: „Wer sich nicht in Gefahr begibt, kommt darin um."

[127] Allerdings haben weder die Therapeuten der Menninger noch der Bostoner Studie eigentliche Konsequenzen aus diesen Ergebnissen gezogen und keine kritische Revision der Nach-Freud zu Stereotypen geronnenen Grundannahmen psychoanalytischer Prozessgestaltung aufgenommen. Immerhin hätte es in den Möglichkeiten der deutschen Psychoanalyse gelegen, die auf eine tiefgründende geistes- und sozialwissenschaftliche Tradition der psychoanalysenahen kritischen Theorie der Gesellschaft und des Subjekts zurückgreifen kann (s. Adorno, Horkheimer, Marcuse, Habermas), sich durch die Ergebnisse der Therapieforschung zum Nachdenken über ein formelhaft erstarrtes Therapiesystem bewegen zu lassen und sich der Herausforderung zur kritischen Reflexion einer Nach-Freud erfahrungsentleerten Begrifflichkeit zu stellen.

Wir bevorzugen den Begriff des Selbstverstehens, weil er die Verbindung zum Selbstkonzept unmittelbar herstellt. Die sog. selbstanalytischen Fähigkeiten stehen hier für die Selbstkompetenz eines Patienten, Interessen-, Bedürfnis- und Konfliktkonstellationen in der Intersubjektivität durch Selbstreflexion besser lösen zu können: in nachhaltiger Identifikation mit dem Therapeuten sich selbst so wahrnehmen zu können wie der Therapeut den Patienten, dessen Szene, ehemals wahrgenommen hat. Die fortwährende Wirksamkeit der Einflussnahme im beobachtenden und selbstwahrnehmenden Aspekt des Ich(-Ideals) des Patienten ist ein Zeichen für erfolgreiche Therapie und Bedingung für die Stabilität der Veränderung. Der Indikator für den Umschlag in die Selbstreflexivität, für die Änderung von Selbstwahrnehmung und Selbstgefühl des Patienten, der von hoher klinischer Relevanz ist, zeigt sich in der Selbstkonfrontation des internalisierten therapeutischen Dialogs: „Was hätte der Therapeut dazu gesagt, was würde er sagen und wie würde er die Situation sehen?“ – eine Redewendung, die anzeigt, dass der Patient sich aus den Augen des Therapeuten verstehen gelernt hat, sich selbst gegenüber den Therapeuten vertritt in der Reflexion des therapeutischen Blicks auf sich selbst.

Die Übertragung des äußeren Dialogs in den dyadischen inneren Monolog ist nach unserer klinischen Erfahrung das entscheidende Zeichen für den inganggekommenen therapeutischen Prozess. Und die Abfolge identifikatorischer Schritte des Patienten wird im zunehmenden Spektrum der Möglichkeiten seiner Selbstreflexivität sichtbar. Die anhaltende Identifikation mit dem Therapeuten über den therapeutischen Prozess hinaus sichert die Stabilität der Veränderung in der emotionalen und kognitiven Korrektur des Selbstkonzepts – gerade im Gegensatz zum Klischee von der Auflösung der Übertragung. In diesem Zusammenhang sind all jene Techniken der Einflussnahme, wie wir sie in den Heuristiken unter den Variationen der Techniktheorie beschrieben haben und wie sie in der Fallkonzeptualisierung als fall- und strukturspezifische Behandlungsstrategien angewandt werden, Mittel der Beförderung und Aktivierung der Selbstgestaltung. Ohne diese technische Kunst gäbe es keinen progressionsfördernden psychodynamischen Prozess, dessen Erfolg sich am Ausmaß der Selbstbemächtigung eines Subjekts erweisen muss.

Das entscheidende, umfassende Wirkprinzip dieser „Umstellung“ im Selbstkonzept der Patienten, der Weg zur Selbstbemächtigung, gründet nach unserer Praxistheorie in der psychodynamischen Klärungsarbeit an der Symptomatik; vor allem die Umwertung der Symptombedeutung in ihrer protektiven Funktion für den Patienten hat nach unserer Erfahrung vorrangiges Gewicht für die Erwartungsänderung des Patienten, aber auch die Veränderungserwartung des Therapeuten. Und die Bedarfsschätzung auf den Therapiedimensionen, welche die jeweils behandelnden Therapeuten nach der gemeinsam erarbeiteten Fallkonzeptualisierung mit den Autoren im klinischen Gesamtteam für den Patienten entwickelt haben, war eine Herausforderung, mit und für den Patienten eine Hoffnungsperspektive zu gewinnen.

Der gezielte therapeutische Einsatz von „spezifischen Faktoren", das heißt die bewusste Handhabung von Wirksamkeitsprinzipien klinischer Psychodynamik, die wir im rhetorischen Prinzip der Überzeugung und Glaubwürdigkeit und vor allem im technischen Prinzip der „korrigierenden kognitiven Erfahrung" als essentielle Wirkmechanismen ausgearbeitet haben, ist bewusst in Abwandlung des Terminus der „unspezifischen Faktoren" (Persönlichkeitsvariable) so von uns benannt. Denn die „spezifischen Faktoren", wie sie sich in den störungsspezifischen Interventionsstrategien darstellen, sind eigentlich die sog. unspezifischen, weil die Heilwirkung nach den Ergebnissen der Psychotherapieforschung primär durch die Persönlichkeitsvariable bestimmt wird.

Das essentielle Wirkprinzip liegt in unserer Praxistheorie in der „korrigierenden kognitiven Erfahrung", die zugleich auch eine „korrigierende emotionale Erfahrung" bedingt und die Insertionsstelle für die Umbewertung der defizitären Lebenserfahrung, des defektorientierten Symptomerlebens ist. Die Umwertung der Symptombedeutung, die Sinnerhellung des bisher sinnlos Erscheinenden, führt in der korrigierenden kognitiven Erfahrung zum Gefühl des kognitiven Beherrschens, Herr über etwas zu sein, nicht mehr unterlegen zu sein, die Situation und die Szene selbst bestimmen oder mitbestimmen zu können: der Inbegriff der Erfahrung von Souveränität. Und der darin liegende narzisstische Gewinn in der Steigerung des Selbstgefühls bedingt eine korrigierende emotionale Erfahrung, ein anderes affektives Erleben und damit die Neuerfahrung von Selbstvermögen.

Das integrale Phänomen der Selbstbemächtigung ist in der Selbstzuversicht des Patienten zu sehen, die sich nach unseren langjährigen Erfahrungen klinischer Psychodynamik im Marburger Programm bei den Patienten allgemein im Zuwachs an Selbstherrschaft, Selbstaktivität und Selbstgestaltung in ihrer Lebensführung zeigte. In den dargestellten evaluierten Einzelfallstudien ist über alle Strukturen hinweg der Grundzug wachsender Selbstherrschaft eines jeden Patienten nachzuvollziehen: in der größeren Angstfreiheit, dem produktiveren Umgang mit Problemen, der Ausweitung des Handlungsspielraums, der aktiveren Lebensgestaltung, der erhöhten Durchsetzungsfähigkeit und gelungeneren Konfrontationsbewältigung, der größeren Kontaktoffenheit und Unabhängigkeit von der Meinung Anderer, der bewussteren Selbstwahrnehmung von eigener Attraktivität, der veränderten und befriedigerenden Sexualität, der größeren Freizügigkeit in der Nähe-Distanz-Regulierung und der besseren Selbstregulierung von Spannung und Entspannung.

Die Einstellung der Therapieperspektive auf den für den jeweiligen Patienten passenden Therapiebedarf gibt beiden Beteiligten im Prozess das Bezugssystem für die psychodynamische Arbeit vor und ist das Kriterium für die Bewertung des Prozessergebnisses; ob also der gemeinsame Weg und das vereinbarte Ziel sich bewährt, wofür beide in die Verantwortung genommen sind. In der besonderen Beziehung einer gemeinsamen Verantwortung für den Gang der Therapie gründet der kooperative Arbeitsgeist, aus dem die beidseitigen Erwartungen auf Veränderung unterhalten werden. Therapeuten jeder Schule sind nämlich aufgrund ihrer therapeutischen Machtfunktion die bestimmende Kraft für das Gelingen oder Misslingen des Prozesses; entgegen dem üblichen Abstinenzprinzip neutraler Sachwalterschaft eines Therapeuten, der mit der „Abstinenz des zugenähten Mundes" (Lacan) sich der Verantwortung für den Prozess glaubt entledigen zu können.

In der Anerkennung der besonderen Verantwortung des Therapeuten wie auch in der zu erarbeitenden beidseitigen Verantwortung für den Prozess besteht der eigentliche Charakter des Arbeitsbündnisses für die gemeinsame Erforschung des Symptomhintergrunds, die den bisher fremden und unerklärlichen Erfahrungen eine Bedeutung verleihen soll. Der für den Patienten offensichtliche emotionale Einsatz des Therapeuten, sein Interesse und sein Verlangen nach Aufdeckung des unterdrückten Aufbegehrens, induziert beim Patienten das Begehren, seine unterlassenen Befriedigungen und unterdrückten Ansprüche zu entdecken. Diese gemeinsame Entdeckungsarbeit, die durch eine kognitiv und emotional andere Erfahrung ihren Wert erhält, schafft eine Atmosphäre des Wohlbefindens beim Patienten, die seine Erwartungen auf Verständigung befriedigt. Die psychodynamische Arbeit verändert nicht die Geschichte des Patienten, sondern ihre „Repräsentation" (Petzold u. Orth 1999): die Veränderung der Bewertungssysteme lässt die Lebensgeschichte eines Menschen in einem anderen Licht erscheinen; sie verändert die Selbsteinschätzung und bewirkt eine andere Lebensperspektive durch die neue kognitive und emotionale Bewertung.

Entgegen den Vorstellungen über eine Wiederaufnahme von Entwicklungswachstum und Beseitigung von strukturellen Defekten sind wir der Ansicht, dass die Auswirkungen der Beschädigung des Subjekts allein durch Aneignung neuer Funktionen im Rahmen einer menschlich befriedigenden, anderen Beziehungserfahrung in der Therapie kompensiert werden können; das heißt, durch die therapeutisch aktivierte Erfahrung bisher nicht gelebter Möglichkeiten gewinnt der Patient neue Lebensaussichten.

Das Gefühl der Stimmigkeit in der emotionalen Gleichung zwischen Therapeut und Patient ist der Indikator für das Ingangkommen eines konstruktiven Prozesses, der in der ersten Phase der Therapie zur Einverständigung, in der zweiten Phase zur Integration des bisher Dissoziierten, zur Integration der Persönlichkeit und in der dritten Phase zur sozialen Integration führen soll. Diesen phasentypischen Verlauf konnten wir in unserer Therapiebewertung durch die Selbstaussagen der Patienten bestätigen, die für den Beginn der Therapie die einsichts- und verständnisvolle Haltung des Therapeuten als die hilfreichste beurteilten, für die mittlere Phase der Therapie eine konfrontative Haltung des Therapeuten eher als hilfreich ansahen. Und die letzte Phase der Therapie, die soziale Integration der Patienten unter den Bedingungen ihrer naturalistischen Lebenspraxis haben wir in den Aussagen der Katamnesen bestätigt gefunden. Soziale Integration wird von uns aber nicht als Anpassung an die Gegebenheiten verstanden, sondern als Behauptung der bisher dissoziierten Eigenheiten der Person, das heißt, als Anpassung an sich selbst.

Der Selbstgewinn eines jeden Patienten in der Perspektive des Marburger Programms zielt auf Selbstherrschaft, auf ein bewusstes Selbstregiment des Begehrens, und die Güte des therapeutischen Prozesses ist daran zu ermessen, ob die Selbstaneignung des im Symptom liegenden Aufbegehrens gelungen ist. Der psychodynamische Prozess entspricht dem Weg eines jeden Menschen durch die Passagen seines Lebens, auf den Umwegen zu sich selbst dem Gelingen näher zu kommen. Nietzsches triumphale Bejahung seiner selbst: „Es kehrt mir endlich heim mein eigen Selbst“, ist der Abgesang eines immerwährenden Prozesses der Lebensbemächtigung.

Epilog als Prolog

Das Buch ist eine Exploration im Ermöglichungsgrund des Subjekts,
der Patient ist das Subjekt auf der Suche nach seinen verlorenen Wünschen,
und der Therapeut ist der Übersetzer der Textur des verborgenen Begehrens.

Namenregister

Sachregister

Bibliographie

Abrahams J.-J. (1977): Jetzt werden Sie analysiert, Doktor! Rogner und Bernhard: München

Adorno Th. W., Frenkel-Brunswick E., Levinson D. J. u. R. N. Sanford (1964): The authoritarian personality. Part. 1 and 2. Wiley & Sons: New York

(1971): Minima Moralia. Suhrkamp: Frankfurt am Main

(1972): Soziologische Schriften 1. Suhrkamp: Frankfurt am Main

Alexander S. u. P. M. French (1946): Psychoanalytic therapy: Principles and application. Ronald Press: New York

Anzieu D. (1976): The Sound Image of the Self. International Review of Psycho-Analysis, 6: 23-36

Arbeitskreis OPD (Hg.) (1998): Manual zur operationalisierten psychodynamischen Diagnostik. Huber: Bern

Arften A. J. u. S. O. Hoffmann (1978): Stationäre psychoanalytische Psychotherapie als eigenständige Behandlungsform. Prax. Psychother. 23, 233-245

Aslin R., Pisoni D. u. P. Jusczyk (1983): Auditory development and speech perception in infancy. In: Haith M. u. J. Campos (Eds.): Infancy and Developmental Psychobiology. Mussen P. (Gen. Ed.): Handbook of Child Psychology, Vol. 2: 573-687. Wiley: New York

Balint M. (1937): Frühe Entwicklungsstadien des Ich. Primäre Objekt-Liebe. In: Balint A. u. M. Balint, Die Urformen der Liebe und die Technik der Psychoanalyse. Fischer 1969: Frankfurt am Main

(1966): Die Urformen der Liebe und die Technik der Psychoanalyse. Huber: Bern; Klett: Stuttgart

(1968): Therapeutische Aspekte der Regression. Die Theorie der Grundstörung. Rowohlt: Reinbek

Bataille G. (1963): Der heilige Eros. Luchterhand: Darmstadt und Neuwied

(1978): Die psychologische Struktur des Faschismus. Die Souveränität. Matthes und Seitz: München

(1981): Die Tränen des Eros. Matthes und Seitz: München

Baudrillard J. (1982): Der symbolische Tausch und der Tod. Matthes und Seitz: München

Bautz M. (1975): Zur Objektivierung von Prozeßhypothesen psychoanalytischer Gruppentherapie. Eine Untersuchung mit der Holtzmann-Inkplot-Technique, Diss. Ulm

Bautz-Holzherr M. (1998): Das Marburger Psychotherapie-Programm. Ein klinisches Anleitungsprogramm für eine psychodynamisch-systemische Therapieorganisation. Fundamenta Psychiatrica 12, 174-184

(2000): Zur Psychodynamik des feministischen Begehrens. Journal 38, Psychoanalytisches Seminar Zürich 38, S. 33-43

(2001): Exkurs über Geschlechtsidentität. Wege zum Menschen. 53. Jg., 4: 225-241. Vandenhoeck u. Ruprecht: Göttingen

(in Vorb.): Psychodynamische Therapieforschung: Evaluationsstudien zum Marburger Psychotherapie-Programm

Bellak L. u. L. Small (1972): Kurzpsychotherapie und Notfallpsychotherapie. Suhrkamp: Frankfurt am Main

Belknap I. (1956): Human Problems of a State Mental Hospital. New York

Bion W. R. (1961): Experiences in groups and other papers. Tavistock Publications: London

(1984): Second Thoughts. Selected Papers on Psycho-Analysis. Aronson: New York

Birbaumer N. u. R. F. Schmidt (1996): Biologische Psychologie. 3. Auflage. Springer: Berlin

Bloch E. (1972): Das Materialismusproblem. Seine Geschichte und Substanz. Suhrkamp: Frankfurt am Main

(1973): Das Prinzip Hoffnung. Suhrkamp: Frankfurt am Main

Bloch K. u. A. Reif (Hg.) (1978): „Denken heißt überschreiten". In memoriam Ernst Bloch 1885-1977. Europäische Verlagsanstalt: Köln/Frankfurt

Blum H. (1989): The value, use, and abuse of infant developmental research. In: Dowling S. u. A. Rothstein (Hg.): The Significance of Infant Observational Research for Clinical Work with Children, Adolescents, and Adults. Madison, Connecticut: Int. Univ. Pr., 157-174

Bochenski I. M. (1975): Die zeitgenössischen Denkmethoden. Francke: München

Bowlby J. (1969): Attachment and Loss. Vol. I: Attachment. Basic Books: New York; (1975): Bindung. Kindler: München

Brown N. O. (1962): Zukunft im Zeichen des Eros. (Life Against Death) Neske: Pfullingen

Bruner J. S. et al. (1956): A study of thinking. New York

(1973): Beyond the information given. Toronto

Castel R. (1976): Psychoanalyse und gesellschaftliche Macht Athenäum: Kronberg

Château de P. (1976) : Neonatal Care Routine: Influences on Maternal and Infant Behavior and on Breast Feading. Diss. Universität UMEA, Schweiz

(1979): Die psychiatrische Ordnung. Suhrkamp: Frankfurt am Main

Chomsky N. (1996): Syntactic structures. Gruyter: Amsterdam

Cierpka M., Heuft G., Senf W., Janssen P., Lamprecht F. u. R. Meermann (1995): Praktikabilitätsstudie zur qualitativen und quantitativen Ergebnisdokumentation stationärer Psychotherapie. Psychother. Psychosom. med. Psychol. 45, 303-309

Cremerius J. (1962): Die Beurteilung des Behandlungserfolges in der Psychotherapie. Springer: Berlin/New York

(1981): Kohuts Behandlungstechnik. Eine kritische Analyse. In: Psychoanalytisches Seminar Zürich (Hg.): Die neuen Narzissmustheorien: Zurück ins Paradies? Syndikat: Frankfurt am Main

(1990): Neue Themen – alte Hemmungen? In: Sexualität. Freiburger literaturpsychologische Gespräche. Königshausen und Neumann: Würzburg

(1995): Die Zukunft der Psychoanalyse. In: Cremerius J.: Die Zukunft der Psychoanalyse. 9-55, Suhrkamp: Frankfurt am Main

(2000): Brief an den Verfasser. Anmerkungen zum Aufsatz von Dieter Nitzgen. In: Freiburger Literaturpsychologische Gespräche, 19: 177-180

Deleuze G. u. F. Guattari (1974): Anti-Ödipus. Suhrkamp: Frankfurt am Main

Demos V (1982a): Affect in early infancy: Physiology or psychology? Psychoanal. Inquiry 1, 533-574

Deneke F.-W. u. U. Stuhr (1992): Das Komplexitätsproblem und der reduktionistische Lösungsweg – kritische Anmerkungen aus psychoanalytischer Sicht. Psychother. Psychosom., med. Psychol., 9/10, 357-361

Derrida J. (1972): Die Schrift und die Differenz. Suhrkamp: Frankfurt am Main

(1998): Vergessen wir nicht – die Psychoanalyse! edition Suhrkamp: Frankfurt am Main

Descartes R. (1960): Discours de la Méthode – Von der Methode des richtigen Vernunftgebrauchs und der wissenschaftlichen Forschung. Meiner: Hamburg

de Schill S. (1997): Die Bequemlichkeit bequemer Annahmen. In: de Schill S., Lebovici S. u. H. Kächele (Hg.): Psychoanalyse und Psychotherapie. Herausforderungen und Lösungen für die Zukunft. Thieme: Stuttgart/New York

de Schill S. u. D. LaHullier (1997): Intensive verlängerte analytische Gruppentherapie – eine Verheißung für viele. In: de Schill S., Lebovici S. u. H. Kächele (Hg.): Psychoanalyse und Psychotherapie. Herausforderungen und Lösungen für die Zukunft. Thieme: Stuttgart/New York

Devereux G. (1967): Angst und Methode in den Verhaltenswissenschaften. Hanser: München

Dohrenwend B. P. u. B. S. Dohrenwend (1965): The Problem of Validity in Field Studies of Psychological Disorder. J. Abn. Psychol. 70, 52-69

DSM-IV (1998): Diagnostisches und Statistisches Manual Psychischer Störungen. Hogrefe: Göttingen

Duby G. (1996): Unseren Ängsten auf der Spur. Vom Mittelalter zum Jahr 2000. DuMont: Köln

Eagle M. N. (1988): Neuere Entwicklungen in der Psychoanalyse. Verlag Internationale Psychoanalyse: München/Wien

Eliade M. (1954): Die Religionen. Otto Müller: Salzburg

Elias N. (1976): Der Prozess der Zivilisation. Suhrkamp: Frankfurt am Main

Emmelkamp P. M. (1982): Phobic and obsessive-compulsive disorders: Theory, research and practice. Plenum: New York

Erdheim M. (1984): Die gesellschaftliche Produktion von Unbewusstheit. suhrkamp taschenbuch wissenschaft 465: Frankfurt am Main

Erikson E. H. (1965): Kindheit und Gesellschaft. Klett: Stuttgart

(1995): Der vollständige Lebenszyklus. 3. Aufl., Suhrkamp: Frankfurt am Main

Fairbairn W. R. D. (1952) : Psychoanalytic studies of the personality. Tavistock Publications/Routledge & Kegan Paul: London

Federn P. (1956): Ichpsychologie und die Psychosen. Hans Huber: Bern

Ferenczi S. (1984): Die Bausteine zur Psychoanalyse (1927). Ullstein: Frankfurt am Main

(1988): Ohne Sympathie keine Heilung. Das klinische Tagebuch von 1932. Fischer: Frankfurt am Main

Feuerbach L. (1960): Kleine Schriften. Suhrkamp: Frankfurt am Main

Fillmore Ch. J. (1969): The case for case. In: Bach E. u. R. T. Harms (Hg.): Universals in linguistic theory. New York, 1-90

Fish J. M. (1973): Placebo therapy. Jossey-Bass: San Francisco

Foucault M. (1971): Die Ordnung der Dinge. Suhrkamp: Frankfurt am Main

(1973): Archäologie des Wissens. Suhrkamp: Frankfurt am Main

(1974): Von der Subversion des Wissens. Hanser: München

(1976a): Die Geburt der Klinik. Eine Archäologie des ärztlichen Blicks. Ullstein: Frankfurt am Main

(1976b): Überwachen und Strafen. Suhrkamp: Frankfurt am Main

(1978): Wahnsinn und Gesellschaft. Eine Geschichte des Wahns im Zeitalter der Vernunft. Suhrkamp: Frankfurt am Main

(1986): Die Sorge um sich. Sexualität und Wahrheit 3. Suhrkamp: Frankfurt am Main

Frank J. D. (1961): Persuasion and healing. The John Hopkins University Press: Baltimore

(1997): Die wichtigen therapeutischen Elemente aller Psychotherapien. In: de Schill S., Lebovici S. u. H. Kächele (Hg.): Psychoanalyse und Psychotherapie. Herausforderungen und Lösungen für die Zukunft. Thieme: Stuttgart/New York

Freud A. (1936): Das Ich und die Abwehrmechanismen. In: Die Schriften der Anna Freud. Bd. I, Schindler: München

Freud S. (1928-1933): Neue Folge der Vorlesungen zur Einführung in die Psychoanalyse. Bd. XV, 7. Auflage 1979, Fischer: Frankfurt am Main

Gesammelte Werke, Bde. I-XVII. London 1940-1952: Gesamtedition 18 Bde. Fischer: Frankfurt am Main; Bd. XVIII (1960), Fischer: Frankfurt am Main

GW II/II: Die Traumdeutung: Die Traumentstellung, 139-168

GW V: Drei Abhandlungen zur Sexualtheorie, 17-145

GW VIII: Über Psychoanalyse. 3. Vorlesung, 31-40
Über Psychoanalyse. 5. Vorlesung, 52-60
Die zukünftigen Chancen der psychoanalytischen Therapie, 104-115
Zur Dynamik der Übertragung, 363-374

GW X: Das Motiv der Kästchenwahl, 23-37

GW XII: Das Unheimliche, 227-268
Aus der Geschichte einer infantilen Neurose, 64-157

GW XIII: Jenseits des Lustprinzips, 1-69
Massenpsychologie und Ich-Analyse, 73-161

GW XIV: Nachwort zur Frage der Laienanalyse, 287-296

GW XV: Die Weiblichkeit, XXXIII. Vorlesung, 119-145

GW XVI: Die endliche und unendliche Analyse, 59-99

(1962): Aus den Anfängen der Psychoanalyse, 1887-1902. Briefe an Wilhelm Flies. Fischer: Frankfurt am Main

Frommer J. (1995): Qualitative Diagnostikforschung. Springer: Berlin/Heidelberg

Fürstenau P. (1994): Entwicklungsförderung durch Therapie. Leben lernen 81. Pfeiffer: München

Gadamer H.-G. u. P. (1973): Rhetorik, Hermeneutik und Ideologiekritik. In: Apel, K. D. u. a. (Hg): Hermeneutik und Ideologiekritik. Suhrkamp: Frankfurt am Main

Garfield S. L. (1982): Psychotherapie: Ein eklektischer Ansatz. Beltz: Weinheim/Basel

Gedo J. E. (1980): Reflections on some current controversies in psychoanalysis. Journal of the American Psychoanalytic Association, 28, 363-383

Gill M. M. (1997): Psychoanalyse: Perspektiven und Vorschläge für die Zukunft. In: de Schill S., Lebovici S. u. H. Kächele (Hg.): Psychoanalyse und Psychotherapie. Herausforderungen und Lösungen für die Zukunft. Thieme: Stuttgart/New York

Glover E. (1937): Die Grundlagen der therapeutischen Resultate. Int. Zs. Psychoanal., 23, 42-50

Goethe J. W. v. (1965): Gesammelte Werke. Bde. 1-6. Insel: Frankfurt am Main

Goldschmidt G.-A. (1999): Als Freud das Meer sah. Ammann: Zürich

Green A. (1996): Welche Forschung für die Psychoanalyse? International Psychoanalysis. The Newsletter of the IPV, Vol. 5, 1, 10-14

Grassi E. (1979a): Die Macht der Phantasie. Athenäum: Königsstein

(1979b): Die Macht des Bildes. Ohnmacht der rationalen Sprache. Fink: München

Grawe K., Donati R. u. F. Bernauer (1994): Psychotherapie im Wandel. Von der Konfession zur Profession. Hogrefe: Göttingen/Bern

Grawe K. (1998): Psychologische Therapie. Hogrefe: Göttingen/Bern

Grünbaum A. (1988): Die Grundlagen der Psychoanalyse. Eine philosophische Kritik. Reclam: Stuttgart

Habermas J. (1971): Analytische Wissenschaftstheorie und Dialektik. Ein Nachtrag zur Kontroverse zwischen Popper und Adorno. Suhrkamp: Frankfurt am Main

(1985): Der philosophische Diskurs der Moderne. 12 Vorlesungen. Suhrkamp: Frankfurt am Main

Harlow H. F. (1958): The nature of love. American Psychologist, 13, 673 ff.

Harlow H. F. u. I. K. Harlow (1962): Social deprivation in monkeys. Scientific American 207, 5, 136-146

Hartmann H. (1939): Ich-Psychologie und Anpassungsproblem. Psyche 14 (1960): 81-164

Hayek F. A. von (1952): The Sensory Order. London/Chicago

Haynal A. (1989): Die Technik-Debatte in der Psychoanalyse. Freud, Ferenczi, Balint. Fischer: Frankfurt am Main

Heisenberg W. (1981): Die Bedeutung des Schönen in der exakten Naturwissenschaft. In: Piper K. (Hg.): Lust am Denken. Ein Lesebuch aus Philosophie, Natur- und Humanwissenschaften (1947-1981). Piper: München

(1984): Gesammelte Werke, Bd. I. Physik und Erkenntnis (1927-1955). Piper: München/Zürich

(1985): Gesammelte Werke, Bd. III. Physik und Erkenntnis (1969-1976). Piper: München/Zürich

Hempel C. G. (1952): Fundamentals of Concept Formation in Empirical Science. Int. Enc. of Un. Science, II, 7

Henry W. P., Strupp H. H., Schacht T. E., Binder J. L. u. S. F. Butler (1993): The effects of training in time-limited, dynamic psychotherapy: Mediators of therapists' response to training. J. Cons. Clin. Psychol., 61

Heuft G., Senf W., Janssen P., Lamprecht F. u. R. Meermann (1995): Praktikabilitätsstudie zur qualitativen und quantitativen Ergebnisdokumentation stationärer Psychotherapie. Psychother Psychosom Med Psychol 45: 303-309

Heuft, G. u. W. Senf (1998a): Praxis der Qualitätssicherung in der Psychotherapie: Das Manual der Psy-BaDo. Thieme: Stuttgart/New York

(1998b): Psy-BaDo-Basisdokumentation in der Psychotherapie. Dt. Ärzteblatt 95, Heft 43: C-1910-C-1912

Heym G. (1962): Dichtungen und Schriften, Bd. 3. Tagebücher Träume Briefe. Hg. Karl L. Schneider. Wissenschaftliche Buchgesellschaft: Darmstadt

Hollingshead A. B. u. F. C. Redlich (1958): Social Class and Mental Illness. Wiley: New York

Horkheimer M. u. T. W. Adorno (1969): Dialektik der Aufklärung. Philosophische Fragmente. Fischer: Frankfurt am Main

Horney K. (1939): Neue Wege in der Psychoanalyse. Kindler: München

Howard H. I, Kopta S. M., Krause M. S. u. D. E. Orlinsky (1986): The dose-effect relationship in psychotherapy. American Psychologist, 41, 159-164

ICD-10 der WHO (1991): Internationale Klassifikation psychischer Störungen. Huber: Bern/Göttingen/Toronto

Jacoby R. (1978): Soziale Amnesie. Eine Kritik der konformistischen Psychologie von Adler bis Laing. Suhrkamp: Frankfurt am Main

(1985): Die Verdrängung der Psychoanalyse oder der Triumph des Konformismus. Fischer: Frankfurt am Main

Janssen P. L. (1987): Psychoanalytische Therapie in der Klinik. Klett-Cotta: Stuttgart

Jones E. (1962): Das Leben und Werk von Sigmund Freud. Bd. II. Huber: Bern/ Stuttgart

(1970): Die Empfängnis der Jungfrau Maria durch das Ohr. In: Jones E., Zur Psychoanalyse der christlichen Religion. Suhrkamp: Frankfurt am Main

Jung C. G. (1949): Psychologische Typen. Rascher: Zürich

Kächele H. (1993): Der Lange Weg von der Novelle zur Einzelfallanalyse. In: Stuhr U. u. F.-W. Deneke (Hg.): Die Fallgeschichte. Beiträge zu ihrer Bedeutung als Forschungsinstrument. Asanger: Heidelberg

(1995): Klaus Grawes Konfession und die psychoanalytische Profession. Psyche, 49, 5, 481-493

Kantrowitz J., Katz A. L., Greenman D., Morris H., Paolitto F., Sashin J. u. L. Solomon (1989): The Patient-Analyst-Match and The Out-Come of Psychoanalysis: a pilot study. J. Amer. Psychoanal. Assn., 37, 893-920

Kantrowitz J. L. (1997): Ergebnisforschung in der Psychoanalyse. Rückblick und Neubewertung. In: Leuzinger-Bohleber M. u. U. Stuhr (Hg.): Psychoanalysen im Rückblick. Psychosozial: Gießen

Kernberg O. (1975): Borderline conditions and pathological narcissim. Aronson: New York

(1976a): Borderline-Störungen und pathologischer Narzissmus. Suhrkamp: Frankfurt am Main

(1976b): Object-Relations theory and clinical Psychoanalysis. Jason Aronson: New York

Klauss M. H., Jerauld N. C., Kreger W., McAlpine M. u. J. H. Kennell (1972): Maternal Attachment: Importance of the First Post-Partum-Days. N. Engl. J. Med., 286, 460-463

Klein M. (1962): Das Seelenleben des Kleinkindes. Klett: Stuttgart

Klossowski P. (1986): Nietzsche und der Circulus vitiosus deus. Matthes und Seitz: München

Klug J. (1977): Stabilitäten und Übergangswahrscheinlichkeiten psychiatrischer Diagnosen. In: Tack W. H. (Hg.): Bericht v. 30. Kongress d. Dtsch. Ges. f. Psychologie, Bd. 2, 15-17, Hogrefe: Göttingen

Krause R (1983): Zur Onto- und Phylogenese des Affektsystems und ihrer Beziehungen zu psychischen Störungen. Psyche 37, 1016-1043

Kohut H. (1973): Narzißmus. Suhrkamp: Frankfurt am Main

(1979): Die Heilung des Selbst. Suhrkamp: Frankfurt am Main

Kottler J. A. (1990): The compleat therapist. Jossey-Bass: San Francisco

Kuhn T. S. (1976): Die Struktur wissenschaftlicher Revolutionen. Suhrkamp: Frankfurt am Main

(1978): Die Entstehung des Neuen. Studien zur Struktur der Wissenschaftsgeschichte. Suhrkamp: Frankfurt am Main

Lacan J. (1974): Das Seminar von Jacques Lacan. Die vier Grundbegriffe der Psychoanalyse. Walter: Olten

(1978): Die vier Grundbegriffe der Psychanalyse. Das Seminar von Jacques Lacan, Buch XI (1964). Walter: Olten

(1980a): Schriften II. Walter: Olten

(1980b): Das Ich in der Theorie Freuds und in der Technik der Psychoanalyse. Walter: Olten

Laplanche J. u. J.-B. Pontalis (1972): Das Vokabular der Psychoanalyse. Suhrkamp: Frankfurt am Main

Leuzinger-Bohleber M. (1994): Veränderungen kognitiv-affektiver Prozesse in Psychoanalysen. Versuch einer Kombination von (qualitativer) On-Line- und (quantitativer) Off-Line-Forschung bei der Untersuchung psychoanalytischer Prozesse. In: Faller H. u. J. Frommer (Hg.): Qualitative Psychotherapieforschung. Grundlagen und Methoden. Asanger: Heidelberg

(1997): Psychoanalytische Katamneseforschung. In: Leuzinger-Bohleber M. u. U. Stuhr (Hg.): Psychoanalysen im Rückblick. Psychosozial: Gießen

Leuzinger-Bohleber M., Stuhr U., Rüger B. u. M. Beutel (2001): Langzeitwirkungen von Psychoanalysen und Psychotherapien: Eine multiperspektivische, repräsentative Katamnesestudie. Psyche 3

Lewin B. D. (1946): Sleep, the Mouth and the Dream Screen. Psa. Quart., XV

(1950): The Psychoanalysis of Elation. W. W. Norton: New York

Loch W. (1965): Voraussetzungen, Mechanismen und Grenzen des psychoanalytischen Prozesses. Huber: Bern

(1972): Zur Theorie, Technik und Therapie der Psychoanalyse. Fischer: Frankfurt am Main

(1974): Der Analytiker als Gesetzgeber und Lehrer. In: Psyche, 28: 431-460

Luborsky L. (1988): Einführung in die analytische Psychotherapie. Springer: Berlin/ Heidelberg

Luborsky L., Crits-Christoph P., Mintz J. u. A. Auerbach (1988): Who will benefit from Psychotherapy? Predicting Therapeutic Outcomes. Basic Books: New York

Mahler M. (1968): Symbiose und Individuation. Bd. 1: Psychosen im frühen Kindesalter. Klett-Cotta: Stuttgart (2. Aufl. 1979)

Malan D. H. (1972): Psychoanalytische Kurztherapie. Eine kritische Untersuchung. Rororo: Reinbek

Marcuse H. (1970): Der eindimensionale Mensch. Luchterhand: Neuwied u. Berlin

(1972): Versuch über die Befreiung. Suhrkamp: Frankfurt am Main

(1973): Triebstruktur und Gesellschaft. Suhrkamp: Frankfurt am Main

Mitscherlich A. u. F. Mielke (1960): Medizin ohne Menschlichkeit. Dokumente des Nürnberger Ärzteprozesses. Fischer: Frankfurt am Main

Morgenthaler F. (1978): Technik. Zur Dialektik der psychoanalytischen Praxis. Syndikat: Frankfurt am Main

Nacht S. (1962): The curative factors in psychoanalysis. Int. J. Psycho-Anal., 43: 206-211

Neisser U. (1979): Kognition und Wirklichkeit. Prinzipien und Implikationen der kognitiven Psychologie. Klett: Stuttgart

Orlinsky D. E. u. K. I. Howard (1986): Process and Outcome in Psychotherapy. In: Bergin A. E. u. S. L. Garfield (Hg.) Handbook of psychotherapy and behavior change. Wiley: New York

Orlinsky D. E., Grawe K. u. B. Parks (1994) Process and Outcome in Psychotherapy – noch einmal. In: Bergin A. E. u. S. L. Garfield (Hg.) Handbook of psychotherapy and behavior change. Wiley: New York

Parin P. (1978): Warum die Psychoanalytiker so ungern zu brennenden Zeitproblemen Stellung nehmen. Eine ethnologische Betrachtung. Psyche 32, 385-399

Parin P., Morgenthaler F. u. G. Parin-Matthèy (1971): Fürchte Deinen Nächsten wie Dich selbst. Suhrkamp: Frankfurt am Main

Parin P. u. G. Parin-Matthèy (1983): Das obligat unglückliche Verhältnis der Psychoanalytiker zur Macht. In: Lohmann H.-M. (Hg.): Das Unbehagen in der Psychoanalyse. Qumran: Frankfurt am Main

(1986): Subjekt im Widerspruch. Syndikat: Frankfurt am Main

Peterfreund E. (1978): Some critical comments on psychoanalytic conceptions of infancy. International Journal of Psychoanalysis, 59, 427-441

Petzold H. G. u. I. Orth (1999): Die Mythen der Psychotherapie. Ideologien, Machtstrukturen und Wege kritischer Praxis. Junfermann: Paderborn

Pohlen M. (1972a): Gruppenanalyse. Eine methodenkritische Studie und empirische Untersuchung im klinischen Feld. Vandenhoeck u. Ruprecht: Göttingen

(1972b): Versuch einer systemkritischen Analyse der Gruppenkonzepte. Gruppenpsychotherapie und Gruppendynamik 2, 135-151

(1987): Zu den Wurzeln von Gewalt. Ein psychoanalytischer Beitrag zur Genealogie der Gewalt der Familie und zur Genealogie des Faszinosums des Faschismus. In: Passett P. u. E. Modena (Hg.): Krieg und Frieden aus psychoanalytischer Sicht. 1. Aufl. 1983, Stroemfeld/Roter Stern: Frankfurt. 2. Aufl. Piper: München

(1998): Organisation Psychoanalyse. Psychoanalyse im Widerspruch 10, 45-53

(1999): Was ist Psychotherapie als Wissenschaft? Forum Psychoanal. 15, 71-80

(in Vorbereitung): Eine Analyse bei Freud. Die Sitzungsprotokolle Ernst Blums von 1922 – Ein Dokument Freudscher Interpretation

Pohlen M. u. M. Bautz (1972): Eine empirische Untersuchung über die therapeutische Funktion des Schwesternpersonals in einem neuen klinischen Organisationsmodell. Z. Psychother. med. Psychol. 22, S. 161-176

(1973a): Neue Forschungsaspekte sozialpsychiatrischer Epidemiologie als Konsequenz psychotherapeutischer Prozeßforschung. Teil I. Z. Psychother. med. Psychol. 23, 1-15

(1973b): Neue Forschungsaspekte sozialpsychiatrischer Epidemiologie als Konsequenz psychotherapeutischer Prozeßforschung. Teil II. Z. Psychother. med. Psychol. 23, 41-50

(1973c): Das Münchner Kooperationsmodell. Gruppentherapie in einem neuen klinischen Organisationsmodell. Nervenarzt 44, 476-483

(1974): Gruppenanalyse als Kurzpsychotherapie. Eine empirische Vergleichsuntersuchung bei spezifisch inhomogenen Gruppen von Psychotikern und Neurotikern. Nervenarzt 45, 514-533

(1978): Die Rolle des Therapeuten im Münchner Kooperationsmodell. Gruppenpsychotherapie und Gruppendynamik 13, 1-24

Pohlen M. u. M. Bautz-Holzherr (1991): Eine andere Aufklärung – Das Freudsche Subjekt in der Analyse. Suhrkamp: Frankfurt am Main

(1995a): Psychoanalyse – das Ende einer Deutungsmacht. rowohlts enzyklopädie: Reinbek

(1995b): Auf dem Weg zur wissenschaftlichen Therapeutik in der Psychotherapie. Fundamenta Psychiatrica 4, 163-220

(2000): Die Gleichschaltung der Psychoanalyse mit der neuen psychotherapeutischen Ordnung. Die PsyBaDo (Psychotherapeutische Basisdokumentation) – ein Instrument medizingerechter Psychotherapie. Forum Psychoanal.16, 148-164

Pohlen M., Kauß E. L. u. L. Wittmann (1979): Der „therapeutische Raum" als psychotherapeutisches Behandlungsprinzip im klinischen Feld. In: Die Psychologie des 20. Jahrhunderts. Bd. 8. Kindler: Zürich/München

Pohlen M. u. L. Wittmann (1980): Die Unterwelt bewegen – Versuch über Wahrnehmung und Phantasie in der Psychoanalyse. Syndikat: Frankfurt am Main

Popper K. R. (1982): Das Ich und sein Gehirn. Teil I. In: Popper K. R. u. J. C. Eccles (Hg.): Das Ich und sein Gehirn. Piper: München

Ranke-Graves R. von (1955): Griechische Mythologie. Quellen und Deutung. Rowohlts Deutsche Enzyklopädie: Hamburg

Rapaport D. (1951): Toward a Theory of Thinking. In: Organization and Pathology of Thought. Columbia University Press: New York

Rapaport D. (1958): The theory of ego autonomy: A generalization. Bull. Menninger Clin., 13-35

Reich W. (1933): Massenpsychologie des Faschismus. Verlag für Sexualpolitik: Kopenhagen

(1969): Charakteranalyse. de Munter: Amsterdam

(1970): Charakteranalyse. Kiepenheuer und Witsch: Köln/Berlin

Rhode-Dachser C. (1979): Das Borderline-Syndrom. Huber: Bern/Stuttgart

Ritter J. (1980): Historisches Wörterbuch der Philosophie, Bd. V, Schwabe & Co.: Basel/Stuttgart

Ritter J. u. K. Gründer (1998): Historisches Wörterbuch der Philosophie, Bd. X, Schwabe & Co.: Basel

Rohde J. J. (1962): Soziologie des Krankenhauses. Enke: Stuttgart

(1975): Soziologie und Sozialpsychologie des klinischen Feldes. In: Schraml W. J. u. U. Baumann (Hg.): Klinische Psychologie I. Huber: Bern

Rosenfeld H. (1990): Sackgassen und Deutungen, Verlag Internationale Psychoanalyse: München und Wien

Rosenhan D. (1973): On being sane on insane places. Science 179, 250-258

Rosenthal R. (1963): On the social psychology of the psychological experiment. Am. Scientist 51, 268-283

Sade D. A. F., Marquis de (1962): Auswahl. Die 120 Tage von Sodom, Merlin: Hamburg

(1970): Die Philosophie im Boudoir. Merlin: Hamburg

(1983): Verbrechen der Liebe. Merlin: Hamburg

(1987): Justine oder Die Leiden der Tugend gefolgt von Juliette oder Die Wonnen des Lasters. Greno: Nördlingen

Sampson H. u. J. Weiss (1983): Testing hypothesis. The Approach of the Mount Zion Psychotherapy Research Group. In: Greenberg L u. W. Pinsof (Hg.): The psychoanalytic process. A research handbook. Guilford: New York

Sander L. (1980): New knowledge about the infant from current research: Implications for psychoanalysis. J. Amer. Psychoanal. Assn. 28, 181-198

Schepank H. (1995): Der Beeinträchtigungsschwere-Score (BSS). Beltz: Weinheim

Schilder P. (1923): Das Körperschema. Springer: Berlin

Schneider K. (1950): Klinische Psychopathologie. Thieme: Stuttgart

Schopenhauer A. (1988): Die Welt als Wille und Vorstellung, II. Haffmans: Zürich

Senf W. u. M. Broda (1998): Thesen zur Psychotherapie in Deutschland. Rundschreiben an die Lehrstuhlinhaber für Psychotherapie und Psychosomatik

Senst R., Kloß R., Oberbillig R., Schowalter M., Kielmann S. u. G. Heuft (2000): Erfahrung mit der Basis- und Ergebnisdokumentation Psy-BaDo – Einsatz in einer Ein-Jahres-Katamnese. Psychotherapeut, 45

Shorter E. (1999): Geschichte der Psychiatrie. Alexander Fest: Berlin

Spitz R. A. (1957): Die Entstehung der ersten Objektbeziehungen. Klett: Stuttgart

(1967): Vom Säugling zum Kleinkind. Klett: Stuttgart

(1978): Nein und Ja. Die Ursprünge der menschlichen Kommunikation. Klett-Cotta: Stuttgart

Stanton A. H. u. M. S. Schwartz (1954): The Mental Hospital. New York

Stechler G. u. A. Halton (1987): The emergence of assertion and aggression during infancy: A psychoanalytic systems approach. J. Amer. Psychoanal. Assn. 35, 821-838

Steiner G. (1990): Von realer Gegenwart. Hanser: München

(2001): Interview mit George Steiner. Arte

Stone J., Smith H. u. L. Murphy (1973): The Competent Infant. Basic Books: New York

Strotzka H. (1965): Einführung in die Sozialpsychiatrie. Rowohlts Deutsche Enzyklopädie: Reinbek

(1969): Kleinburg – eine sozialpsychiatrische Feldstudie. Wien

Strupp H. H. (1960): Psychotherapists in action. Grune u. Stratton: New York

(1993): Psychotherapie: Zeitgenössische Strömungen. Psychotherapie Forum 1, 1-7

(1996): Nachhaltige Lektionen aus der psychotherapeutischen Praxis und Forschung. Psychotherapeut, 41, 84-87

Strupp H. H. u. S. W. Hadley (1979): Specific versus nonspecific factors in psychotherapy. Arch. Gen. Psychiatry 36, 1125-1136

Strupp H. H. u. J. L. Binder (1991): Kurzpsychotherapie. Klett-Cotta: Stuttgart

Stuhr R. U. (1997): Psychoanalyse und qualitative Psychotherapieforschung In: Stuhr U. u. M. Leuzinger-Bohleber (Hg.): Psychonalysen im Rückblick. Methoden, Ergebnisse und Perspektiven der neueren Katamneseforschung. Psychosozial: Gießen

Swift Jonathan (1731): Das im Menschen-Koth gefundene Gold – oder das große Geheimnis aus des Menschen Unflath und Urin ... nebst einem curieusen Entwurff, wie die Secreter bequem und nützlich anzulegen. Auf Kosten guter Freunde: Hamburg

(1985), Gullivers Reisen. 4. Teil: Reisen in das Land der Houmyhnhms. Wissenschaftliche Buchgesellschaft: Darmstadt

Thomä H. (1984): Der Beitrag des Psychoanalytikers zur Übertragung. Psyche 38: 29-62

Thomä H. u. H. Kächele (1973): Wissenschaftstheoretische und methodische Probleme der klinisch-psychotherapeutischen Forschung. Teil I u. II. Psyche 27 u. 28

(1985): Lehrbuch der psychoanalytischen Therapie. Bd. I: Grundlagen. Springer: Berlin/Heidelberg

Titchener E. B. (1908): Lectures on the elementary psychology of feeling and attention. New York

Tschuschke V., Heckrath C. u. W. Tress (1997): Zwischen Konfusion und Makulatur. Zum Wert der Berner Psychotherapie-Studie von Grawe, Donati und Bernauer. Vandenhoeck u. Ruprecht: Göttingen

van Ussel J. (1970): Sexualunterdrückung. Geschichte der Sexualfeindschaft. Rowohlt-Taschenbuch: Reinbek bei Hamburg

Vico G. (1965): Die neue Wissenschaft über die gemeinschaftliche Natur der Völker. de Gruyter: Berlin

(1981): Die neue Wissenschaft von der gemeinschaftlichen Natur der Nationen. Klostermann: Frankfurt am Main

Vincent J.-D. (1990): Biologie des Begehrens. Rowohlt: Reinbek bei Hamburg

Völker K. (1976): Bertold Brecht. Eine Biographie. Hanser: München

Wallerstein R. S., Robbins L. L., Sargent H. D. u. L. Luborsky (1956): The Psychotherapy research project of the Menninger Foundation: rational method and sample use. First report. Bull. Menninger Clin., 20, S. 221-278

Wallerstein R. S. (1986): Forty-two Lives in Treatment: A Study of Psychoanalysis and Psychotherapy. Guilford Press: New York

(1990): Zum Verhältnis von Psychoanalyse und Psychotherapie. Wiederaufnahme einer Diskussion. Psyche, 44, 967-994

Weber M. (1904): Die „Objektivität" sozialwissenschaftlicher und sozialpolitischer Erkenntnis. In: Winkelmann J. (Hg.) (1988): Max Weber – Gesammelte Aufsätze zur Wissenschaftslehre, S. 145-214. Mohr: Tübingen

(1920): Die protestantische Ethik I. Winckelmann J. (Hg.), 1973, 3. Auflage, Siebenstern Taschenbuch: Hamburg

Weiss J., Sampson H. and The Mount Zion Psychotherapy Research Group (1986): The psychoanalytic process: Theory, clinical observation and empirical research. Guilford Press: New York

Winnicott D. W. (1974): Reifungsprozesse und fördernde Umwelt. Kindler: München

Psychodiagnostik- und Behandlungsinventar des Marburger Psychotherapie-Programms

Aus

M. Pohlen und M. Bautz-Holzherr

Eine andere Psychodynamik

Psychotherapie als Programm zur Selbstbemächtigung des Subjekts

Das auf der CD-ROM befindliche Psychodiagnostik- und Behandlungsinventar (90 Seiten) ist auf der Grundlage der psychodynamischen Therapietheorie konstruiert, als Anleitung für eine psychodynamische Fallkonzeptualisierung gedacht und verlangt für den angemessenen Gebrauch psychodynamisches Verständnis und Wissen, um den Informationsgehalt der Verfahren produktiv für den therapeutischen Prozess nutzen zu können.
Wir empfehlen, vor dem Gebrauch der Instrumente die jeweiligen Legenden zu den einzelnen Verfahren des Inventars zu lesen, um sich mit der psychodynamischen Perspektive vertraut zu machen (s. Kapitel IV).
Die Dateien sind PDFs und lassen sich mit dem Acrobat Reader ab Version 4.0 lesen und ausdrucken (Achtung: Beim Ausdrucken des Kästchens „Seitengröße" – nur Version 4 – nicht ankreuzen, sonst wird der Druck verkleinert). Das Programm befindet sich ebenfalls auf der CD, die neueste Version ist stets erhältlich auf der Website www.adobe.com.
Die Datei „gesamt.pdf" enthält alle Formulare und ist querverlinkt. Außerdem gibt es die einzelnen Formulare als Einzeldateien.